面向21世纪高等院校应用型本科教材

基础化学

(第二版)

徐云升　宋维春　胡劲召　符冠烨　王开强　编

华南理工大学出版社
·广州·

内 容 简 介

本书以当前我国高等教育发展的新形势和面向21世纪人才培养目标的要求为指导思想，结合相关学科对化学知识的基本要求，以基础概念、基本原理和基本方法为重点，以实际应用为知识点的连接手段，采用"模块式"结构来编写的。本书由无机篇、分析篇、有机篇和附录四个模块组成。无机篇包括溶液的性质，化学反应速率与化学平衡，电解质溶液和离解平衡，氧化还原和电化学，原子结构与分子结构，配位化合物，重要元素和化合物；分析篇包括定量分析、误差与数据处理，滴定分析法概述和酸碱滴定，分光光度法简述，分析过程；有机篇包括有机化合物的概念、结构、价键、特性、反应类型，开链烃、环烃、卤代烃、醇、酚、醚、醛、酮、醌，羧酸及其衍生物，胺及含硫磷有机化合物，碳水化合物；附录包括化学与日常生活，化学与能源，化学与环境，化学与生命。

本书可作为化工、轻工、食品、环境、生物、体育等相关专业的基础课教材，也可供相关人员参考阅读。

图书在版编目（CIP）数据

基础化学/徐云升，宋维春，胡劲召，等编. —2版. —广州：华南理工大学出版社，2011.8
（2024.7 重印）

ISBN 978-7-5623-3453-8

Ⅰ. ①基⋯　Ⅱ. ①徐⋯②宋⋯③胡⋯　Ⅲ. 化学-高等学校-教材　Ⅳ. ①O6

中国版本图书馆 CIP 数据核字（2011）第 110264 号

总 发 行：	华南理工大学出版社（广州五山华南理工大学17号楼，邮编 510640）
	营销部电话：020-87113487　87111048（传真）
	E-mail: scutc13@scut.edu.cn　http://hg.cb.scut.edu.cn
责任编辑：	张　颖
印 刷 者：	广州小明数码印刷有限公司
开　　本：	787mm×1092mm　1/16　印张：27.75　字数：722千
版　　次：	2011年8月第2版　2024年7月第15次印刷
定　　价：	68.00元

版权所有　盗版必究

再版前言

随着我国高等教育由精英教育转向大众教育,高等教育的人才培养模式也将发生相应转变。我国原有高等学校化学相关专业的基础化学教学一直采用"四大化学"(无机化学、有机化学、分析化学、物理化学)课程体系,对该课程体系改革的主要原因是:第一,该课程体系各门课程为保证各自体系的完整性,它们之间的重复内容较多,相关的专业课中还有部分内容重复。第二,随着科学技术的快速发展,新的知识不断充实到教学内容之中,就要压缩原有的教学课时。第三,为了全面推进素质教育,培养学生分析问题、解决问题的能力和创新的思维与能力,给学生更多自主学习的空间,提高大学生的应用能力,增加实践教学的课时,减少理论教学的课时是必然趋势。因此原有课程体系的教材已经不能适应大众化高等教育的要求,教材的改革势在必行。

本教材采用了"基础化学"课程与"专业化学"课程相结合的化学课程教学改革思路,将原无机化学、有机化学、化学分析及部分物理化学基础知识整合优化为基础化学模块,使其成为化学化工、轻化工、食品、环境、生物、体育等相关专业的一门基础课。在此基础上结合各专业的要求和特点开设"物理化学"和"仪器分析"课程,向化学化工类专业学生开设"高等无机"、"高等有机"课程,食品类开设"食品化学",环境类开设"环境化学",生物类开设"生物化学"等课程,进行有针对性的加深提高。

本教材是在第一版的基础上,经过总结四年实际教学的经验,在保持第一版原有风格的基础上,对部分章节进行了修改,为满足应用型人才培养和非化学专业化学理论教学的要求而编写,由无机篇、分析篇、有机篇和化学与生活四部分组成。无机篇包括:溶液的性质,化学反应速率与化学平衡,电解质溶液和离解平衡,氧化还原和电化学,原子结构与分子结构,配位化合物,重要元素和化合物;分析篇包括:定量分析、误差与数据处理,滴定分析法概述和酸碱滴定,分光光度法简述,分析过程;有机篇包括:有机化合物的概念、结构、价键、特性、反应类型,开链烃、环烃、卤代烃,醇、酚、醚、醛、酮、醌,羧酸及其衍生物,胺及含硫磷有机化合物,碳水化合物;化学与生活包括:化学与日常生活,化学与能源,化学与环境,化学与生命。

参加本教材的编写人员有:徐云升(有机篇第5~9章),宋维春(有机篇第1~4章),胡劲召(无机篇),符冠烨(分析篇第3~5章),王开强(分析篇第1~2章和附录)。本教材吸纳了诸多同行的宝贵意见,得到了林宏凤、黎瑞珍等许多热心人士的帮助,在此深表感谢。

由于编者的水平有限,书中难免有不当之处,诚请同行赐教,以便改正提高,把基础化学的教学改革推向深入,以适应大众化高等教育的要求。

编 者

2011年5月

前　言

化学作为一门中心学科,深深地影响着许许多多的技术学科。我国高等学校的化学化工类专业的基础化学教学,一直采用"四大化学"(无机化学、有机化学、分析化学、物理化学)课程体系。但是,自20世纪60年代以后,化学学科迅速发展,学科的分化和交叉渗透成为发展的特点,新的成果和领域不断出现,化学作为一级学科,已很难按四大化学来划分。西方不少发达国家已将四大化学合并为一门课,按一级学科设置内容,实施板块式教学。因此,目前四大化学课程体系已不适应当前学科发展的形势和人才培养目标的要求,从一级学科出发合理设计基础化学教学内容的知识板块已成为化学教学界的共识。第一,四大化学单独设课,各门课程为保证各自体系的完整性,使其之间内容重复较多,且专业课的相关化学中还有一部分重复内容;第二,随着科学技术的快速发展,新的知识不断充实到教学内容之中,也要求压缩原有的教学课时;第三,为了提高大学生的动手能力,就要加大实践教学的课时,减少理论教学的课时;第四,在教学内容方面,为了全面推进素质教育,培养学生分析问题、解决问题的能力和创新的思维与能力,给学生更多自主学习的空间,削减课内学时是必然趋势。这就形成了教学内容的更新和教学学时不断减少的矛盾。为了更加适合人才培养的整体目标和市场经济的需要,化学课程的改革应与相关专业的课程改革密切结合,从而适应以素质教育为中心的教学改革的总体目标,国内不少大学的基础化学教学改革都有突破四大化学课程体系框架的愿望。为此,我们在学习国内外基础化学教学改革的经验,总结20世纪80年代教学改革的经验和教训的基础上,提出了"基础化学"课程与"专业化学"课程相结合的模块式教学模式的化学课程教学改革思路,将原无机化学、有机化学、化学分析及部分物理化学基础知识整合优化为基础化学模块,使其成为化学化工、食品、环境、生物、体育等相关专业的一门基础课。在此基础上,结合各专业的要求和特点,另行开出"物理化学"和"仪器分析",向化学化工类专业开设高等无机、高等有机化学,食品类专业开设食品化学,环境类专业开设环境化学,生物类专业开设生物化学等课程,进行有针对性的加深提高。

本教材由无机篇、分析篇、有机篇和附录四个模块组成。无机篇包括溶液的性质,化学反应速率与化学平衡,电解质溶液和离解平衡,氧化还原和电化学,原子结构与分子结构,配位化合物,重要元素和化合物。分析篇包括定量分析,误差与数据处理,滴定分析法概述和酸碱滴定,分光光度法简述,分析过程。有机篇包括有机化合物的概念、结构、价键、特性、反应类型,开链烃、环烃、卤代烃,醇、酚、醚、醛、酮、醌,羧酸及其衍生物,胺及含硫磷有机化合物。附录包括化学与日常生活,化学与能源,化学与环境,化学与生命。

本教材的特点是以基础概念、基本原理和基本方法为重点,以实际应用为知识点的连接手段,采用"模块式"的培养模式,初步具备模块式教学功能,可满足不同的专业教学课时数要求。

参加本书的编写人员有:徐云升(有机篇第5~9章),符冠烨(分析篇),宋维春(有机篇第1~4章),胡劲召(无机篇第1~6章),司春雷(无机篇第7、8章和附录)。该教材是基础化学教学改革的一种尝试,无论在内容的组织和具体素材的选用上都会有不同的意见,但这毕竟是把基础化学的教学改革向前推进了一步。由于编者的水平有限,书中难免有不当之处甚至错误,诚请同行赐教,以便再版时改正提高,把基础化学的教学改革推向深入,以适应时代的要求。

编 者
2006 年 12 月

目 录

第一篇 无机篇

第1章 溶液和胶体 (1)
1.1 溶液 (1)
　1.1.1 分散系 (1)
　1.1.2 溶液组成量度的表示方法 (1)
　1.1.3 稀溶液的通性 (2)
1.2 胶体 (6)
　1.2.1 胶体的制备 (7)
　1.2.2 胶体溶液的性质 (7)
　1.2.3 胶粒带电的原因 (8)
　1.2.4 胶团结构 (9)
　1.2.5 电动电势 (10)
　1.2.6 溶胶的稳定性与聚沉 (10)
习题 (11)

第2章 化学反应速率和化学平衡 (13)
2.1 化学反应速率及其表示方法 (13)
　2.1.1 化学反应的平均速率和瞬时速率 (13)
　2.1.2 用反应进度表示的反应速率 (13)
2.2 化学反应速率理论简述 (14)
　2.2.1 碰撞理论 (14)
　2.2.2 过渡状态理论 (15)
2.3 影响化学反应速率的因素 (16)
　2.3.1 浓度对化学反应速率的影响 (16)
　2.3.2 温度对化学反应速率的影响 (18)
　2.3.3 催化剂对化学反应速率的影响 (18)
2.4 化学反应平衡及平衡常数 (19)
　2.4.1 可逆反应与化学平衡 (19)
　2.4.2 平衡常数 (20)
2.5 化学平衡的移动 (22)
　2.5.1 浓度对化学平衡的影响 (22)
　2.5.2 压力对化学平衡的影响 (22)
　2.5.3 温度对化学平衡的影响 (23)
习题 (23)

第3章 电解质溶液 (25)
3.1 强电解质溶液 (25)
　3.1.1 表观离解度 (25)
　3.1.2 离子强度 (25)
3.2 弱电解质溶液 (27)
　3.2.1 弱电解质的离解平衡 (27)
　3.2.2 同离子效应和盐效应 (28)
3.3 酸碱质子理论 (28)
　3.3.1 酸碱的定义 (28)
　3.3.2 酸碱反应的实质 (29)
　3.3.3 共轭酸碱对与酸碱离解常数之间的关系 (29)
　3.3.4 酸碱指示剂 (30)
3.4 溶液的酸碱性 (31)
　3.4.1 水的离解和pH标度 (31)
　3.4.2 弱酸或弱碱溶液pH值的计算 (32)
　3.4.3 盐类水解 (33)
　3.4.4 缓冲溶液 (35)
3.5 沉淀溶解平衡 (38)
　3.5.1 溶度积常数 (38)
　3.5.2 溶度积和溶解度的相互换算 (38)
　3.5.3 溶度积规则 (39)

3.5.4 沉淀的生成 …………… (39)
3.5.5 沉淀的溶解 …………… (41)
习题 ……………………………… (42)
第4章 氧化还原反应 ……………… (44)
4.1 氧化还原反应的基本概念 … (44)
4.1.1 氧化还原反应 ………… (44)
4.1.2 氧化数 ………………… (44)
4.1.3 氧化还原电对 ………… (45)
4.2 氧化还原反应方程式的
配平 ………………………… (45)
4.2.1 氧化数法 ……………… (45)
4.2.2 离子-电子法 …………… (46)
4.3 原电池 ……………………… (47)
4.3.1 原电池的概念 ………… (47)
4.3.2 原电池符号 …………… (48)
4.3.3 原电池的电极类型 …… (48)
4.4 电极电势 …………………… (49)
4.4.1 电极电势的形成 ……… (49)
4.4.2 标准电极电势 ………… (49)
4.5 影响电极电势的因素 ……… (52)
4.5.1 能斯特方程式 ………… (52)
4.5.2 溶液酸度对电极电势的
影响 …………………… (53)
4.5.3 离子浓度改变对电极电
势的影响 ……………… (54)
4.6 电极电势的应用 …………… (55)
4.6.1 计算原电池的电动势 … (55)
4.6.2 判断氧化剂、还原剂的
相对强弱 ……………… (56)
4.6.3 判断氧化还原反应进行的
方向 …………………… (56)
4.6.4 判断氧化还原反应进行
的程度 ………………… (57)
4.6.5 求弱电解质的电离常数
和难溶电解质的溶度积
常数 …………………… (58)
习题 ……………………………… (59)
第5章 原子结构 …………………… (60)
5.1 核外电子的运动特性 ……… (60)

5.1.1 氢原子光谱和玻尔
理论 …………………… (60)
5.1.2 核外电子运动的波粒
二象性 ………………… (63)
5.2 核外电子的运动状态描述 … (64)
5.2.1 薛定谔方程 …………… (64)
5.2.2 波函数与原子轨道 …… (65)
5.2.3 概率密度和电子云 …… (67)
5.3 原子核外电子的排布 ……… (68)
5.3.1 屏蔽效应 ……………… (68)
5.3.2 钻穿效应 ……………… (68)
5.3.3 鲍林原子轨道近似
能级图 ………………… (69)
5.3.4 原子核外电子排布的
规则 …………………… (70)
5.4 元素周期律 ………………… (71)
5.4.1 原子的电子层结构和
元素周期表 …………… (71)
5.4.2 元素性质的周期性 …… (72)
习题 ……………………………… (76)
第6章 化学键与分子结构 ………… (77)
6.1 化学键的键参数 …………… (77)
6.1.1 键能 …………………… (77)
6.1.2 键长 …………………… (78)
6.1.3 键角 …………………… (78)
6.1.4 键的极性 ……………… (78)
6.2 离子键理论 ………………… (78)
6.2.1 离子键的形成 ………… (78)
6.2.2 离子键的特点 ………… (79)
6.2.3 离子键的强度 ………… (80)
6.2.4 离子的特征 …………… (80)
6.3 共价键理论 ………………… (83)
6.3.1 价键理论 ……………… (84)
6.3.2 杂化轨道理论 ………… (87)
6.4 分子间作用力和氢键 ……… (91)
6.4.1 分子的极性 …………… (91)
6.4.2 分子的极化 …………… (93)
6.4.3 分子间力 ……………… (94)
6.4.4 氢键 …………………… (95)

习题 …………………………… (97)
第7章 配位化合物 ……………… (99)
7.1 配合物的基本概念 ………… (99)
7.1.1 配合物的定义 ………… (99)
7.1.2 配合物的组成 ………… (100)
7.1.3 配合物化学式的书写和命名 ……………… (101)
7.2 配合物的价键理论 ………… (103)
7.2.1 配合物价键理论的基本要点 ……………… (103)
7.2.2 配合物的空间结构 …… (103)
7.2.3 外、内轨型配合物及其判别方法 …………… (104)
7.3 配合物的稳定性 …………… (105)
7.3.1 逐级稳定常数(K_i) … (105)
7.3.2 累积稳定常数(β_i) … (106)
7.3.3 不稳定常数($K_{不稳,i}$) … (106)
7.4 螯合物 ……………………… (107)
习题 …………………………… (109)
第8章 重要元素和化合物 ……… (111)
8.1 s区元素 …………………… (111)
8.1.1 s区元素的一般性质 … (111)
8.1.2 碱金属和碱土金属的单质 …………………… (114)
8.1.3 s区元素的重要化合物 ……………………… (115)
8.1.4 重要盐类的性质 ……… (117)
8.2 p区元素 …………………… (117)
8.2.1 硼及其重要化合物 …… (118)
8.2.2 铝及其重要化合物 …… (119)
8.2.3 碳、硅及其重要化合物 ……………………… (119)
8.2.4 锡、铅及其重要化合物 ……………………… (121)
8.2.5 氮及其重要化合物 …… (122)
8.2.6 磷及其重要化合物 …… (124)
8.2.7 硫及其重要化合物 …… (126)
8.2.8 卤素 …………………… (129)
8.3 d区元素 …………………… (131)
8.3.1 钛及其重要化合物 …… (131)
8.3.2 钒及其重要化合物 …… (133)
8.3.3 铬、钼、钨及其重要化合物 ……………… (134)
8.3.4 锰及其重要化合物 …… (135)
8.3.5 铁、钴、镍及其重要化合物 ……………… (136)
8.4 ds区元素 ………………… (138)
8.4.1 铜及其重要化合物 …… (138)
8.4.2 金、银及其重要化合物 ……………………… (139)
8.4.3 锌、镉、汞及其重要化合物 ……………… (141)
习题 …………………………… (143)

第二篇 分析篇

第1章 误差和分析数据的处理 … (147)
1.1 误差及其产生的原因 ……… (147)
1.1.1 系统误差 ……………… (147)
1.1.2 随机误差 ……………… (148)
1.2 测定值的准确度与精密度 ……………………………… (148)
1.2.1 准确度与误差 ………… (148)
1.2.2 精密度与偏差 ………… (149)
1.2.3 准确度与精密度的关系 …………………… (150)
1.3 随机误差的正态分布 ……… (151)
1.3.1 频率分布 ……………… (151)
1.3.2 正态分布 ……………… (152)
1.3.3 标准正态分布 ………… (153)
1.4 分析数据的处理 …………… (154)
1.4.1 Q检验法 ……………… (154)
1.4.2 格鲁布斯法 …………… (155)
1.5 有效数字及其运算规则 …… (156)
1.5.1 有效数字的意义和位数 …………………… (156)
1.5.2 数字修约规则 ………… (157)
1.5.3 有效数字的运算规则 …………………… (158)

1.5.4	有效数字运算规则在分析化学中的应用	(158)
习题		(159)
第2章	**滴定分析法概论**	(161)
2.1	滴定分析法简介	(161)
2.1.1	滴定分析法的过程和方法特点	(161)
2.1.2	滴定分析法对滴定反应的要求	(161)
2.1.3	几种滴定方式	(162)
2.2	标准溶液浓度的表示方法	(162)
2.2.1	物质的量浓度	(162)
2.2.2	滴定度	(162)
2.3	标准溶液的配制和浓度的标定	(163)
2.3.1	直接配制法	(163)
2.3.2	间接配制法(标定法)	(164)
2.4	滴定分析中的计算	(165)
2.4.1	滴定分析计算的依据和常用公式	(165)
2.4.2	滴定分析法的有关计算	(166)
习题		(169)
第3章	**酸碱滴定法**	(171)
3.1	酸碱质子理论	(171)
3.1.1	基本概念	(171)
3.1.2	酸碱反应的平衡常数	(172)
3.1.3	酸碱的强度、共轭酸碱对 K_a、K_b 的关系	(173)
3.2	水溶液中弱酸(碱)各型体的分布	(174)
3.2.1	处理水溶液中酸碱平衡的方法	(174)
3.2.2	酸度对弱酸(碱)各型体分布的影响	(176)
3.3	酸碱溶液中氢离子浓度的计算	(178)
3.3.1	一元强酸(碱)溶液中 H^+ 浓度的计算	(178)
3.3.2	一元弱酸(碱)溶液 pH 的计算	(179)
3.3.3	多元弱酸(碱)溶液 pH 的计算	(181)
3.3.4	两性物质溶液 pH 的计算	(184)
3.4	酸碱缓冲溶液	(186)
3.4.1	缓冲溶液 pH 的计算	(187)
3.4.2	缓冲容量与缓冲范围	(190)
3.4.3	缓冲溶液的选择与配制	(191)
3.5	酸碱指示剂	(192)
3.5.1	指示剂的作用原理	(192)
3.5.2	指示剂变化的 pH 范围	(194)
3.5.3	影响指示剂变色范围的因素	(195)
3.5.4	混合指示剂	(195)
3.6	强酸(碱)和一元弱酸(碱)的滴定	(196)
3.6.1	强碱(酸)滴定强酸(碱)	(196)
3.6.2	强碱(酸)滴定一元弱酸(碱)	(199)
3.6.3	直接准确滴定一元弱酸(碱)的可行性判据	(201)
3.6.4	终点误差	(202)
3.7	酸碱滴定法的应用	(203)
3.7.1	混合碱的分析	(203)
3.7.2	铵盐中含氮量的测定	(205)
习题		(206)
第4章	**吸光光度法**	(208)
4.1	物质对光的选择性吸收	(208)

4.1.1 光的基本性质………… (208)
4.1.2 物质对光的选择性
吸收………………… (209)
4.2 光吸收的基本定律……… (210)
4.2.1 朗伯-比尔定律 …… (210)
4.2.2 引起偏离朗伯-比尔
定律的因素………… (212)
4.3 吸光光度法的应用……… (213)
4.3.1 定量分析…………… (213)
4.3.2 酸碱解离常数的
测定………………… (214)
习题……………………………… (214)

第 5 章 分析过程 ……………… (216)
5.1 试样的制备和分解……… (216)
5.1.1 试样的采集和制备… (216)
5.1.2 试样的分解………… (217)
5.2 被测组分或干扰组分的
分离……………………… (219)
5.2.1 沉淀分离法………… (219)
5.2.2 萃取分离法………… (220)
5.2.3 离子交换分离法…… (221)
5.2.4 色谱分离法………… (222)
5.3 分析方法的选择………… (224)
习题……………………………… (224)

第三篇 有机篇

第 1 章 引言 …………………… (225)
1.1 有机化学发展史………… (225)
1.2 有机化合物的特点……… (226)
1.3 有机化学的研究内容与
步骤……………………… (226)
1.3.1 有机化学的研究内
容…………………… (226)
1.3.2 研究有机化合物的
一般步骤…………… (227)
1.4 有机化合物的分类……… (227)
1.5 有机化合物的基础理论…… (229)
1.5.1 有机结构理论与共价
键…………………… (229)

1.5.2 共价键的理论解释…… (229)
1.5.3 原子轨道杂化与分子
结构………………… (231)
1.5.4 价键理论和分子轨道
理论对典型共价键的
解释………………… (232)
1.5.5 共价键的属性……… (234)
1.5.6 共价键断裂方式与
有机反应类型……… (234)
1.5.7 有机物的立体结构
与构型的 R、S 命名
规则………………… (235)
1.5.8 有机物的电子效应…… (237)

第 2 章 开链烃 ………………… (240)
2.1 烷烃……………………… (240)
2.1.1 烷烃的同系列和同分
异构现象…………… (240)
2.1.2 烷烃的命名………… (241)
2.1.3 烷烃的构象………… (243)
2.1.4 烷烃的物理性质…… (246)
2.1.5 烷烃的化学性质…… (247)
2.1.6 卤代反应机理(自由
基反应机理)………… (249)
2.1.7 烷烃的来源与制备… (250)
2.1.8 重要的烷烃………… (251)
2.2 烯烃……………………… (251)
2.2.1 烯烃中的碳碳双键…… (251)
2.2.2 烯烃的同系列和同分
异构现象…………… (252)
2.2.3 烯烃的命名………… (253)
2.2.4 烯烃的物理性质…… (255)
2.2.5 烯烃的化学性质…… (256)
2.2.6 烯烃的来源与制备… (262)
2.2.7 重要的烯烃………… (262)
2.3 二烯烃…………………… (263)
2.3.1 二烯烃的分类和命
名…………………… (263)
2.3.2 共轭二烯烃的结构及
其共轭效应………… (264)

2.3.3　共轭二烯烃的性质……(264)
　　2.3.4　重要的二烯烃…………(266)
2.4　炔烃………………………………(267)
　　2.4.1　炔烃的命名………………(267)
　　2.4.2　炔烃的物理性质…………(268)
　　2.4.3　炔烃的化学性质…………(268)
　　2.4.4　炔烃的来源与制备………(274)
　　2.4.5　重要的炔烃——乙炔…(274)
习题……………………………………(275)

第3章　环烃………………………(278)
3.1　脂环烃……………………………(278)
　　3.1.1　脂环烃的分类……………(278)
　　3.1.2　环烷烃的异构现象和
　　　　　命名……………………(278)
　　3.1.3　环烷烃的结构……………(280)
　　3.1.4　环烷烃的性质……………(282)
　　3.1.5　脂环烃的来源与制
　　　　　备…………………………(283)
3.2　芳香烃……………………………(284)
　　3.2.1　芳香烃的分类及命
　　　　　名…………………………(284)
　　3.2.2　苯的结构…………………(286)
　　3.2.3　苯及其衍生物的物理
　　　　　性质………………………(287)
　　3.2.4　苯及其衍生物的化学
　　　　　性质………………………(288)
　　3.2.5　苯环上取代基的定位
　　　　　效应和规律………………(293)
　　3.2.6　芳烃的来源………………(297)
　　3.2.7　多环芳烃与稠环芳
　　　　　烃…………………………(298)
　　3.2.8　重要的芳烃………………(301)
习题……………………………………(302)

第4章　卤代烃……………………(305)
4.1　卤代烃的分类、命名和同
　　分异构现象………………………(305)
　　4.1.1　卤代烃的分类……………(305)
　　4.1.2　卤代烃的命名……………(305)
　　4.1.3　卤代烃的同分异构现
　　　　　象…………………………(306)
4.2　卤代烃的性质……………………(306)
　　4.2.1　卤代烃的物理性质………(306)
　　4.2.2　卤代烃的化学性质………(307)
4.3　亲核取代反应历程………………(310)
　　4.3.1　脂肪族卤代烃的亲核
　　　　　取代反应历程……………(310)
　　4.3.2　芳香族卤代烃的亲核
　　　　　取代反应历程……………(314)
4.4　消除反应历程……………………(315)
　　4.4.1　单分子消除反应历
　　　　　程…………………………(315)
　　4.4.2　双分子消除反应历
　　　　　程…………………………(315)
　　4.4.3　单分子共轭碱消除
　　　　　(E1cB)反应历程…………(316)
4.5　消除反应与取代反应的
　　竞争………………………………(317)
4.6　卤代烃的制备……………………(318)
　　4.6.1　由烃制备…………………(318)
　　4.6.2　由醇制备…………………(318)
　　4.6.3　卤代物的互换……………(318)
4.7　重要的卤代烃……………………(319)
习题……………………………………(319)

第5章　醇、酚、醚………………(321)
5.1　醇…………………………………(321)
　　5.1.1　醇的结构、分类和
　　　　　命名………………………(321)
　　5.1.2　醇的物理性质……………(323)
　　5.1.3　醇的化学性质……………(324)
　　5.1.4　醇的制备…………………(331)
　　5.1.5　重要的醇…………………(333)
5.2　酚…………………………………(335)
　　5.2.1　酚的结构、分类和
　　　　　命名………………………(335)
　　5.2.2　酚的物理性质……………(336)
　　5.2.3　酚的化学性质……………(337)
　　5.2.4　重要的酚…………………(341)
5.3　醚…………………………………(343)

- 5.3.1 醚的结构和命名……(343)
- 5.3.2 醚的物理性质……(344)
- 5.3.3 醚的化学性质……(344)
- 5.3.4 醚的制备……(346)
- 5.3.5 重要的醚……(347)
- 习题……(349)

第6章 醛、酮、醌
- 6.1 醛、酮……(351)
  - 6.1.1 醛、酮的分类和命名……(351)
  - 6.1.2 醛、酮的结构和性质……(351)
  - 6.1.3 醛、酮的制备……(357)
- 6.2 醌……(357)
  - 6.2.1 醌的命名……(357)
  - 6.2.2 醌的结构与性质……(358)
- 6.3 醛、酮、醌的重要代表化合物及其应用……(358)
  - 6.3.1 甲醛……(358)
  - 6.3.2 乙醛……(359)
  - 6.3.3 丙酮……(359)
  - 6.3.4 苯甲醛……(359)
  - 6.3.5 环己酮……(360)
- 习题……(360)

第7章 羧酸及其衍生物……(362)
- 7.1 羧酸的结构、分类和命名……(362)
  - 7.1.1 羧酸的结构……(362)
  - 7.1.2 羧酸的分类……(362)
  - 7.1.3 羧酸的命名……(362)
- 7.2 羧酸的物理性质……(363)
  - 7.2.1 溶解性……(363)
  - 7.2.2 熔、沸点……(363)
  - 7.2.3 气味……(363)
  - 7.2.4 相对密度……(363)
  - 7.2.5 状态……(363)
- 7.3 羧酸的化学性质……(364)
  - 7.3.1 酸性……(364)
  - 7.3.2 羧基中羟基被取代的反应……(365)
  - 7.3.3 羧基中羰基的还原反应……(366)
  - 7.3.4 α-H 的卤代反应……(366)
  - 7.3.5 羧基的脱羧反应……(366)
- 7.4 羧基的制备……(367)
- 7.5 重要的羧酸……(367)
- 7.6 羧酸衍生物的命名……(369)
  - 7.6.1 酰卤和酰胺的命名……(369)
  - 7.6.2 酸酐的命名……(369)
  - 7.6.3 酯的命名……(369)
- 7.7 羧酸衍生物的性质……(369)
  - 7.7.1 羧酸衍生物的物理性质……(369)
  - 7.7.2 羧酸衍生物的化学性质……(370)
- 7.8 重要的羧酸衍生物……(373)
  - 7.8.1 酰氯和酸酐……(373)
  - 7.8.2 乙酰乙酸乙酯……(374)
  - 7.8.3 丙二酸二乙酯……(374)
  - 7.8.4 尿素……(375)
  - 7.8.5 氨基甲酸酯类……(375)
  - 7.8.6 碳酸二酰氯……(376)
- 习题……(376)

第8章 胺及硫、磷有机物……(379)
- 8.1 胺及含氮有机物……(379)
  - 8.1.1 胺的分类和命名……(379)
  - 8.1.2 胺的物理性质……(379)
  - 8.1.3 胺的化学性质……(380)
  - 8.1.4 胺的合成……(382)
  - 8.1.5 重氮化合物及其反应……(383)
- 8.2 含硫化合物……(386)
  - 8.2.1 含硫有机化合物的主要类型和命名……(386)
  - 8.2.2 有机硫化合物的性质及在有机合成上的应用……(387)
- 8.3 含磷有机化合物……(388)
  - 8.3.1 含磷有机化合物的分类……(388)
  - 8.3.2 含磷有机化合物的

命名 …………………… (388)
　8.3.3　磷脂 …………………… (388)
　8.3.4　有机磷农药 …………… (389)
习题 …………………………………… (390)

第9章　碳水化合物 …………… (392)
9.1　碳水化合物的定义及分类 ……………………………… (392)
　9.1.1　碳水化合物的定义 …… (392)
　9.1.2　碳水化合物的分类 …… (392)
9.2　单糖 ……………………………… (392)
　9.2.1　单糖的分类 ……………… (392)
　9.2.2　单糖的结构 ……………… (393)
　9.2.3　单糖的物理性质 ………… (395)
　9.2.4　单糖的化学性质 ………… (395)
　9.2.5　重要的单糖 ……………… (398)
9.3　二糖 ……………………………… (398)
　9.3.1　二糖及分类 ……………… (398)
　9.3.2　重要的二糖 ……………… (399)
9.4　多糖 ……………………………… (401)
　9.4.1　淀粉 ……………………… (401)
　9.4.2　纤维素 …………………… (402)
习题 …………………………………… (402)

附录　化学与生活

第一节　民以食为天——化学与饮食 ……………………… (403)
一、人的能量从哪里来 …………… (403)
二、饮水 …………………………… (403)
　1. 水——生命的摇篮 …………… (403)
　2. 硬水的功与过 ………………… (404)
　3. 形形色色的水 ………………… (404)
三、说茶 …………………………… (404)
　1. 茶——健康之友 ……………… (404)
　2. 各种各样的茶 ………………… (405)
　3. 药物忌茶 ……………………… (405)
四、话酒 …………………………… (405)
　1. 酿酒 …………………………… (405)
　2. 饮酒过量为何醉 ……………… (406)
　3. 怎样判断司机酒后开车 ……… (406)
　4. 水果解酒 ……………………… (406)
　5. 漫话啤酒 ……………………… (406)
五、化学与味觉 …………………… (406)
　1. 食醋 …………………………… (406)
　2. 酱油 …………………………… (407)
　3. 糖 ……………………………… (407)
　4. 食盐 …………………………… (407)
　5. 味精 …………………………… (408)
六、常见食品里的化学 …………… (409)
　1. 馒头、饼干里的小洞 ………… (409)
　2. 油条与化学 …………………… (409)
　3. 漫话豆腐 ……………………… (409)
　4. 鲜蛋何以变皮蛋 ……………… (410)
七、水果蔬菜 ……………………… (410)
　1. 水果的生熟 …………………… (410)
　2. 香蕉为什么会变色 …………… (411)
　3. 去皮的苹果为什么会"生锈" ………………………………… (411)
八、食品保质与防腐 ……………… (411)
　1. 食品防腐剂 …………………… (411)
　2. 食品中的色素 ………………… (412)
　3. 绿色食品 ……………………… (412)

第二节　学问就在你身边——化学与日用品 ……………… (412)
一、牙膏里的化学 ………………… (412)
　1. 防治龋齿 ……………………… (412)
　2. 预防齿质过敏 ………………… (412)
　3. 消除牙垢 ……………………… (413)
　4. 杀菌剂 ………………………… (413)
二、肥皂里的化学 ………………… (413)
　1. 肥皂的历史 …………………… (413)
　2. 肥皂去污的奥秘 ……………… (413)
　3. 合成洗涤剂 …………………… (413)
三、浅谈化妆品 …………………… (414)
　1. 防晒霜为什么能防晒？ ……… (414)
　2. 定型摩丝为什么能固定发型？ ………………………… (414)
　3. 越陈越香的花露水 …………… (415)
四、笔墨与化学 …………………… (415)

1. 铅笔 …………………………… (415)
2. 钢笔 …………………………… (415)
3. 圆珠笔 ………………………… (415)
4. 毛笔 …………………………… (415)
5. 粉笔 …………………………… (416)
五、颜料与化学 …………………… (416)
六、铁制品怎么生锈了 …………… (416)
七、最准确的钟 …………………… (417)
八、霓虹灯的秘密 ………………… (417)

第三节 关注我们的身体——化学与健康 ………………… (417)
一、空气与健康 …………………… (417)
　1. 浅说空气 …………………… (417)
　2. 空气污染与肺部疾病 ……… (418)
二、维生素与健康 ………………… (418)
　1. 维生素A …………………… (418)
　2. 维生素B族 ………………… (418)
　3. 维生素C …………………… (419)
　4. 维生素D和维生素E ……… (419)

第四节 化学与能源 ……………… (419)
一、火 ……………………………… (419)
二、煤 ……………………………… (419)
　1. 煤是什么 …………………… (419)
　2. 煤的综合利用 ……………… (420)
　3. 谈谈煤气中毒 ……………… (420)
三、石油 …………………………… (420)
　1. 像金子一样宝贵的石油 …… (420)

2. 液化气 ……………………… (420)
3. 生产"人造石油" …………… (420)
四、新型能源 ……………………… (421)
　1. 氢气——一种有前途的能源 ……………………… (421)
　2. 用太阳能来发电 …………… (421)
　3. 打开原子能利用的大门 …… (421)
五、什么是绿色能源 ……………… (421)

第五节 化学与环境 ……………… (422)
一、温室效应 ……………………… (422)
二、环境的保护神——臭氧 ……… (422)
三、关于酸雨 ……………………… (422)
四、新时代的"白色恐怖" ………… (423)
　1. 新时代的"白色恐怖"
　　——废塑料 ………………… (423)
　2. 塑料引起的危害 …………… (423)
　3. 消灭"白色恐怖",变废为宝 ………………………… (423)
五、警惕无形杀手——居室污染 … (423)
　1. 厨房是居室污染的重要污染源之一 …………………… (424)
　2. 室内吸烟是居室污染空气的常见因素 ………………… (424)
　3. 家具和装饰装修材料是居室污染的重要因素 ……… (424)

参考文献 ………………………… (425)

第一篇 无机篇

第1章 溶液和胶体

1.1 溶液

1.1.1 分散系

在进行科学研究时,首先必须确定要研究的对象,例如,某特定容器中装的水或气体物质等。这种被划定出的研究对象,就称为体系(或物系)。而体系以外与体系密切相关,影响所能及的部分,则被称为环境。根据体系和环境之间的物质或能量的交换情况,体系分为封闭体系(体系和环境之间没有物质交换,但可以发生能量交换)、敞开体系(体系和环境之间可以有能量和物质交换)和隔离体系(体系和环境之间没有物质和能量交换)三类。

体系中物理性质和化学性质完全相同的任何均匀部分,且同其他部分有一定的界限分隔开来的称为一个相。只有一个相的体系称为单相体系或均相体系,有两个或两个以上相的体系称为不均匀体系或多相体系。例如,糖溶液、碘酒都只有一个相,所以是单相体系。而在容器中浮有冰块的水就构成了一个二相不均匀体系。

一种或几种物质以细小的粒子分散在另一种物质里所形成的体系称为分散系。被分散的物质称为分散质或分散相,把分散质分散开来的物质称为分散剂或分散介质。溶液是指分散质以分子或者比分子更小的质点(如原子和离子)均匀地分散在分散剂中所得到的分散系。在形成溶液时,物态不改变的组分称为溶剂。如果溶液由几种相同物态的组分形成时,往往把其中数量最多的一种组分称为溶剂。通常所说的溶液是指以水为溶剂的水溶液。

1.1.2 溶液组成量度的表示方法

在一定量的溶液或溶剂中所含溶质的量,叫做溶液的浓度。由于溶质、溶剂和溶液的量可用不同的单位来表示,因此,溶液浓度表示方法有多种。

1. 溶质 B 的质量分数

溶质 B 的质量分数定义为:溶质 B 的质量(m_B)除以溶液的质量(m)。即

$$w_B = \frac{m_B}{m} \tag{1-1}$$

质量分数没有单位,常用符号 w_B 来表示。

2. 溶质 B 的质量浓度

溶质 B 的质量浓度定义为：溶质 B 的质量(m_B)除以溶液的体积(V)。即

$$\rho_B = \frac{m_B}{V} \tag{1-2}$$

质量浓度的 SI 单位是 $kg \cdot m^{-3}$，常用符号 ρ_B 表示。

3. 物质 B 的量分数

物质 B 的量分数定义为：物质 B 的物质的量(n_B)除以混合物各组分物质的量之和(n)，常用 x_B 表示。即

$$x_B = \frac{n_B}{n} \tag{1-3}$$

物质的量分数简称摩尔分数，无单位。若某溶液仅由溶质 B 和溶剂 A 组成，则

$$x_A + x_B = \frac{n_A}{n_A + n_B} + \frac{n_B}{n_A + n_B} = 1$$

4. 物质 B 的量浓度

物质 B 的量浓度定义为：物质 B 的物质的量(n_B)除以溶液的体积(V)，表示符号是 c_B。即

$$c_B = \frac{n_B}{V} \tag{1-4}$$

物质 B 的量浓度 SI 单位为 $mol \cdot L^{-1}$。物质的量浓度使用时应该注明基本单元。基本单元可以是原子、分子、离子或其他粒子，也可以是其某些粒子的特定组合，但无论是何种粒子或何种组合形式，都应以其化学式来表示。

5. 物质 B 的质量摩尔浓度

物质 B 的质量摩尔浓度定义为：物质 B 的物质的量(n_B)除以溶剂 A 的质量(m_A)，表示符号是 b_B(或 m_B)。即

$$b_B(m_B) = \frac{n_B}{m_A} \tag{1-5}$$

质量摩尔浓度的 SI 单位是 $mol \cdot kg^{-1}$。

例 1-1 在 20℃ 时，硫酸溶液的密度是 $1.52 g \cdot mL^{-1}$，每升溶液中含 H_2SO_4 为 590.5g。计算溶液中 H_2SO_4 的：(1)质量分数；(2)物质的量浓度；(3)质量摩尔浓度；(4)H_2SO_4 和 H_2O 的摩尔分数。

解 (1)硫酸的质量分数为：$590.5/(1000 \times 1.52) = 38.85\%$

(2)硫酸的物质的量浓度为：$(590.5/98.08)/1 = 6.021(mol \cdot L^{-1})$

(3)硫酸的质量摩尔浓度为：$(590.5/98.08)/[(1520-590.50)/1000] = 6.477(mol \cdot kg^{-1})$

(4)H_2SO_4 的摩尔分数：$6.021/[6.021 + (1520-590.5)/18.02] = 0.1045$

H_2O 的摩尔分数：$[(1520-590.5)/18.02]/[6.021 + (1520-590.5)/18.02] = 0.8955$

1.1.3 稀溶液的通性

物质的溶解是一个物理化学过程，溶解作用的结果，不但溶质的性质起了变化，而且溶剂的性质也发生了变化。这些变化包括溶液的颜色、体积、导电性及溶液的蒸气压、沸点、凝

固点的改变。溶液的蒸气压下降、沸点升高和凝固点降低以及溶液的渗透压等仅仅与溶剂的性质及溶液中溶质的量(即溶液浓度)有关,而与溶质的本性无关,故称为溶液的依数性。它实际是溶液由于加入溶质后,溶剂的性质发生了变化。这种依数性在非电解质稀溶液中表现出了明显规律,并且知道了一种依数性性质可以推算出其他依数性性质。

由表 1-1 可以看出,$0.5mol \cdot kg^{-1}$糖水和 $0.5mol \cdot kg^{-1}$尿素水溶液的沸点都比纯水高,并且升高的程度差不多,它们的凝固点比纯水低,降低的程度也差不多,而在 20℃这两种溶液的密度差别却很大,故密度不是依数性。

表 1-1 溶液的几种性质

溶 液	$t_b/(℃)$	$t_f/(℃)$	$\rho_b/(g \cdot cm^{-3})$
纯水	100	0.00	0.9982
$0.5mol \cdot kg^{-1}$糖水	100.27	-0.93	1.0687
$0.5mol \cdot kg^{-1}$尿素水溶液	100.24	-0.94	1.0012

注:ρ_b 为 20℃温度下的密度。

1.1.3.1 溶液的蒸气压下降

实验研究表明,溶剂中溶解任何一种难挥发的非电解质物质时,溶液中溶剂的蒸气压就要下降。这是因为溶质溶入溶剂后,每个溶质分子与若干个溶剂分子结合,形成溶剂化分子,这样一方面减少了一些高能量的溶剂分子,另一方面又占据了一部分溶剂的表面,结果使得在单位表面、单位时间内逸出的溶剂分子相应减少。因此,在同一温度下平衡时,难挥发溶质的溶液蒸气压必定低于纯溶剂的蒸气压。在相同温度时,纯溶剂蒸气压和溶液蒸气压的差值叫做溶液的蒸气压下降。图 1-1 是溶液蒸气压下降示意图。

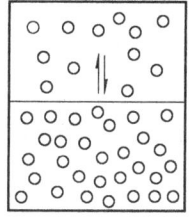
(a) 纯溶剂的蒸气压

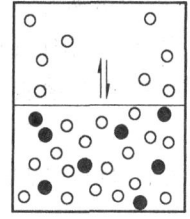
(b) 溶液的蒸气压

图 1-1 溶液蒸气压下降示意图

1887 年,法国科学家拉乌尔根据实验结果指出:"在一定温度下,难挥发非电解质稀溶液的蒸气压等于纯溶剂的蒸气压乘以溶液中溶剂的摩尔分数",即

$$p = p^0 x_A \qquad (1-6)$$

式中,p 为稀溶液的蒸气压;p^0 为纯溶剂的蒸气压;x_A 为溶液中溶剂的摩尔分数。

对只含一种溶质的稀溶液,式(1-6)可变换为如下:

$$\Delta p = p^0 - p = p^0 x_B \qquad (1-7)$$

式中,x_B 为溶液中溶质的摩尔分数;Δp 为溶液的蒸气压下降值。

依式(1-7),拉乌尔定律又可表示为:一定温度下,难挥发非电解质稀溶液的蒸气压下降等于纯溶剂的蒸气压乘以溶质的摩尔分数。

拉乌尔定律仅适用于难挥发的非电解质稀溶液,溶液越稀越符合这一定律。表 1-2 列出了糖水溶液的蒸气压降低的实验值与计算值。

表 1-2 20℃时糖水溶液的蒸气压降低值

$b/(\text{mol}\cdot\text{kg}^{-1})$	Δp(实验值)/Pa	Δp(计算值)/Pa	误差/%
0.0984	4.1	4.1	0.0
0.3945	16.4	16.5	0.6
0.5858	24.8	24.8	0.0
0.9968	41.3	41.0	0.7

1.1.3.2 溶液的沸点升高和凝固点降低

纯物质都有一定的沸点和凝固点,但当溶剂中加入难挥发的非电解质溶质后,由于溶液蒸气压下降而使溶液的沸点升高和凝固点降低。

水溶液的沸点升高和凝固点降低见图1-2。在同一温度下,溶液的蒸气压低于纯溶剂的蒸气压,要使溶液沸腾,就必须提高溶液的温度,即溶液的沸点总是高于纯溶剂的沸点。溶液的沸点和纯溶剂的沸点之差就称为溶液沸点升高。其数学表达式为

$$\Delta t_b = t_b - t_b^0 = K_b b_B$$

式中,t_b 为溶液沸点;t_b^0 为纯溶剂沸点;b_B 为溶质的质量摩尔浓度;K_b 为沸点升高常数,其与溶剂有关,而与溶质无关。

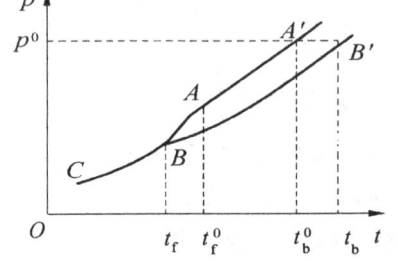

图 1-2 水溶液的沸点升高和凝固点降低示意图
(CAA'为纯溶剂曲线,CBB'为溶液曲线)

不同溶剂的 K_b 列于表1-3。根据溶液的沸点升高值可以计算溶液的沸点,也可以测定难挥发非电解质的摩尔质量。

表 1-3 常见溶剂的 K_f 和 K_b 值

溶剂	$t_b/(℃)$	$K_b/(\text{K}\cdot\text{mol}^{-1}\cdot\text{kg})$	t_f/K	$K_f/(\text{K}\cdot\text{mol}^{-1}\cdot\text{kg})$
水	100	0.512	273.15	1.86
苯	80	2.53	5.5	5.10
乙酸	118	2.93	17	3.90
萘	218	5.80	80	5.9

凝固点是指固相和液相共存(即两相蒸气压相等)时的温度,溶液的凝固点下降同样是由于溶液蒸气压下降引起的。由于溶液蒸气压下降,0℃时溶液的蒸气压小于冰的蒸气压,即使在溶液中放入冰块,蒸气压大的冰也要融化,即冰与溶液不能共存,所以 0℃ 的溶液不会结冰。要使溶液结冰必须降低温度,当体系温度降低到 0℃ 以下某一温度时,冰和溶液的蒸气压相等,冰和溶液达到平衡,此时的温度就是溶液的凝固点。

溶液凝固点低于纯溶剂凝固点的现象称为溶液的凝固点降低,其凝固点下降值与溶质的质量摩尔浓度成正比。数学表达式为

$$\Delta t_f = t_f^0 - t_f = K_f b_B$$

式中,K_f 为溶液凝固点下降常数,常用溶剂的 K_f 值列于表 1-3 中;b_B 为溶质的质量摩尔浓度;t_f^0 为纯溶剂的凝固点;t_f 为溶液的凝固点。

利用测定凝固点下降或沸点上升的方法可以求溶质的相对分子质量。由于凝固点下降值较容易准确测定,它常被用作测定物质相对分子质量。

例 1-2 纯苯的凝固点是 5.40℃,0.322g 萘溶于 80g 苯所配制成的溶液凝固点为 5.24℃。已知苯的 K_f 值为 5.12,求萘的摩尔质量。

解 根据溶液凝固点下降公式 $\Delta t_f = K_f b_B$,萘($C_{10}H_8$)的质量摩尔浓度为

$$b_B = \frac{\Delta t_f}{K_f} = \frac{(5.40 - 5.24)℃}{5.12℃ \cdot kg \cdot mol^{-1}} = 0.0313 mol \cdot kg^{-1}$$

1000g 纯苯中所含萘的质量为 $1000g \times 0.322g/80g = 4.03g$

萘的摩尔质量为 $M = 4.03 \times 10^{-3} kg/0.0313 mol = 129 g \cdot mol^{-1}$

溶液凝固点的下降原理具有实际意义。当稀溶液达到凝固点时,溶液开始是水结冰而析出。随着冰的析出,溶液浓度不断增大,凝固点不断降低,最后溶液的浓度达到该溶质的饱和溶液浓度时,冰和溶质同时析出,即所谓的冰晶共析。此时,溶液继续冷却,但凝固的温度保持不变,直到溶液全部凝固为止。所以,用食盐和冰混合,温度可降到 -22℃,用 $CaCl_2 \cdot 2H_2O$ 和冰混合,温度可以降低到 -55℃。它们可以做冷冻剂。另一方面,利用溶液的凝固点下降,在溶剂中加入某种溶质可以防止溶剂凝固。例如,冬季建筑工人在砂浆中加食盐或氯化钙。又如汽车水箱的冷却水在冬季常需加入适量的乙二醇或甲醇以防水的冻结。

1.1.3.3 渗透压

首先看下面的一个实验:用半透膜(只允许溶剂分子通过,而不允许溶质分子通过)将等体积的蔗糖溶液和纯溶剂水隔开(图 1-3),放置一段时间后,出现溶液一侧的液面比纯溶剂一侧的液面升高的现象。如果实验一侧是蔗糖的浓溶液,一侧是稀溶液,也有同样的现象发生。

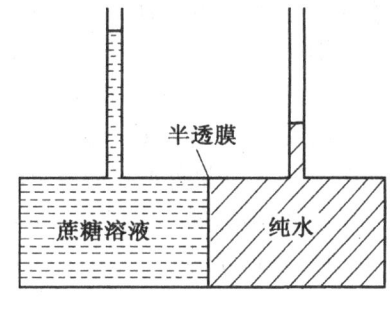

图 1-3 渗透压示意图

实验刚开始的时候,单位时间内由纯溶剂进入溶液的溶剂分子数目,要比由溶液进入纯溶剂的溶剂分子数目要多。溶剂通过半透膜进入溶液中的过程叫做渗透。由于渗透作用,蔗糖溶液的体积会逐渐增大、液面逐渐上升。随着管内溶液液面的升高,管内液柱向下的静压力也逐渐增大,使溶液中溶剂分子向纯溶剂中的渗透逐渐加快,最后达到一定的液柱高度,此时单位时间内溶剂分子从两个相反方向穿过半透膜的数目彼此相等,达到渗透平衡。这时,溶液液面上方液柱所产生的压力,就是该溶液的渗透压。因此,渗透压也是阻止溶剂通过半透膜流入溶液所需要施加于溶液上方的最小额外压力。溶液的渗透压,常用符号 Π 表示,单位为 Pa 或 kPa。

若是两种不同浓度的溶液用半透膜隔开,也会产生渗透,溶剂从稀溶液渗透到浓溶液。为阻止渗透的发生,需在较浓溶液液面施加压力,这一压力既不是浓溶液的渗透压,也不是稀溶液的渗透压,而是两种溶液的渗透压之差。

1886 年,荷兰物理学家范特霍夫(Van't Hoff)总结出渗透压与溶液浓度和温度的关系式:

$$\varPi V = n_B RT \quad \text{或} \quad \varPi = c_B RT$$

式中，$\varPi$ 是渗透压(单位为 kPa)；T 是绝对温度(单位为 K)；V 是溶液体积(单位为 dm^3)；n_B 是溶质的物质的量(单位为 mol)；c_B 是溶质的浓度(单位为 $mol \cdot dm^{-3}$)。从上式可以看出，在一定的温度和体积下，难挥发非电解质稀溶液的渗透压与溶液浓度、绝对温度成正比，与溶质的本性无关。

渗透现象的产生必须具备两个条件：①必须有半透膜的存在。②半透膜两侧要存在浓度差，且浓度差越大，渗透作用越强，渗透压也越大。

通过测定溶液的渗透压，可以计算溶质的相对分子质量。特别是对于蛋白质等高分子化合物的相对分子质量(M_r)，用渗透压法测定比使用凝固点降低法灵敏很多，很稀的高分子化合物溶液，它的 Δt_f 很小，无法用一般仪器测得，但溶液的 $\varPi$ 却足以达到可观察和测量的程度。

有机体的细胞膜大多具有半透膜性质，因此，渗透现象在生物学上具有重要意义，渗透压是引起水在动植物体内运动的主要力量。一般植物细胞汁的渗透压可以达到 2000kPa，所以，水分可以从植物根部被输送到高达数十米的顶端；农作物施肥后，需立即浇水，否则土壤溶液的渗透压高于植物细胞液的渗透压，水从植物细胞转入周围土壤中，使植物枯萎而"烧死"；人体血液的渗透压约为 780kPa，由于人体有保持渗透压在正常范围的要求，因此，当我们吃了过多食物或大量排汗后，由于组织中的渗透压升高，就会有口渴的感觉。饮水可以减小组织中的可溶物浓度，从而使渗透压降低；淡水鱼和海水鱼靠鱼鳃渗透功能的不同，维持其体液与水质之间的渗透平衡，所以海鱼和淡水鱼不能互换环境，因为海水和淡水的渗透压不同，否则将引起鱼体细胞破裂或萎缩。

在医学上了解溶液和体液的渗透压也是非常重要的。根据两种溶液渗透压的大小，溶液有等渗溶液、高渗溶液、低渗溶液之分。人的血液平均渗透压约为 780kPa，给病人补充水分和营养物质时，有时就要使用到"生理等渗溶液"和高渗溶液。

在图 1-3 中，如果外加在溶液上的压力超过了渗透压，则会使溶液中的溶剂分子向纯溶剂方向移动，使纯溶剂的体积增加，这个过程叫做反渗透。反渗透的原理广泛应用于海水淡化、工业废水处理和溶液的浓缩等方面。

1.2 胶体

碘分散在酒精中成碘酒、油分散在水中形成乳状液、泥土分散在水中成泥浆，它们各自形成一个分散系。按分散相粒子的大小，分散系可以分为

(1)分子或离子分散系(又称真溶液)：分散粒子平均直径约为 1×10^{-9}m，如氯化钠溶液、蔗糖水溶液等。

(2)胶态分散体系：分散粒子的平均直径在 $1 \times 10^{-9} \sim 1 \times 10^{-7}$m 范围内，分散相颗粒比分子或离子大很多，每个颗粒都是由多个分子或离子聚集而成。

(3)粗分散体系：分散颗粒的平均直径在 $1 \times 10^{-7} \sim 1 \times 10^{-5}$m 范围内，如黏土分散在水中形成的悬浮液等。

胶体分散系属于多相分散体系，并且溶胶粒子高度分散。因此，胶体分散系的一系列性质与其他分散系有所不同。

1.2.1 胶体的制备

要制得稳定的溶胶,必须满足两个条件:溶胶粒子的大小要适宜;溶胶粒子在液体介质中能长期保持分散而不聚集。溶胶的制备方法原则上有两种:①分散法——将固体研细;②凝聚法——使分子聚结成溶胶粒子。下面,以硅溶胶为例介绍胶体的制备方法。

硅溶胶分子式可表示为 $m\mathrm{SiO}_2 \cdot \mathrm{H}_2\mathrm{O}$,$\mathrm{SiO}_2$ 的质量分数一般为 10%~35%,粒径一般在 5~100nm 之间。外观为乳白色、半透明,无臭无毒,多呈碱性。目前,世界上硅溶胶年消费量在 3 万吨左右(以 SiO_2 计),是一种重要的无机高分子材料,广泛应用于化工、精密铸造、纺织、造纸等领域。

硅胶的制备原理有两种:一是利用含硅物质在水溶液中反应生成 SiO_2 超细微粒,再使其成核、长大,最后形成硅溶胶,这种方法称为凝聚法;二是采用机械方法把 SiO_2 微粒均匀分散于水中,从而得到硅溶胶,这种方法称为分散法。根据工艺路线的差异,硅溶胶制备方法具体又分为离子交换法、单质硅溶解法、直接酸中和法、胶溶法、分散法和电解电渗析法等。

例如,单质硅溶解法就是在加热和碱催化剂存在条件下,让硅粉与水反应,首先生成水合硅酸,水合硅酸再慢慢聚合,由单体自行脱水逐渐聚合成二元体、三元体乃至多元体而成为水合硅酸的水溶液,即硅溶胶。其化学反应方程式和工艺流程可表示如下:

$$m\mathrm{Si} + (2m+n)\mathrm{H}_2\mathrm{O} \xrightarrow{\mathrm{NaOH}, 65\sim 90℃} m\mathrm{SiO}_2 + (2m+n)\mathrm{H}_2 \uparrow$$

硅粉　催化剂 $\mathrm{H}_2\mathrm{O}$　H_2
↓　　　↓　　　↓　　↑
活化处理→水化反应→静置过滤→硅溶胶→检测

1.2.2 胶体溶液的性质

1.2.2.1 光学性质[丁达尔(Tyndall)效应]

当聚光光束通过处于暗处的溶胶时,从侧面(与光垂直的方向)可以看见一个发光的圆锥体,这个光柱或光锥又称乳光,是 Tyndall 首先发现的,故称 Tyndall 现象(图 1-4)。

Tyndall 现象产生的根本原因是基于溶胶颗粒对光的散射作用。当光线射入到胶体溶液中,可能发生三种情况:

(1)当分散相颗粒直径大于入射光波长时,主要发生光的反射,如粗分散体系情况。

(2)当分散相颗粒直径远小于入射光波长时,大部分光透过,无明显乳光。

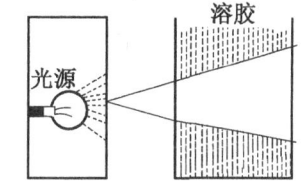

图 1-4　丁达尔(Tyndall)效应图

(3)当分散相颗粒直径略小于入射光波长时,则主要发生光的散射。这时每一个溶胶颗粒本身好像一个小光源,向各个方向发射与入射光波长相同的光波。

溶胶颗粒直径一般在 1~100nm 之间,而可见光波长在 400~700nm。所以,溶胶颗粒直径接近并略小于可见光波长,故溶胶颗粒可使通过溶液的可见光向四面八方散射,产生乳光。所以,丁达尔现象就是溶胶颗粒对光散射的结果。

丁达尔现象的一个重要应用就是能鉴别胶体溶液和真溶液。由于胶体微粒的大小一般不超过100nm,略小于可见光波长(400～700nm)。因此,当可见光透过胶体溶液时会产生能用人的肉眼观察到的明显的散射现象。而对于真溶液,由于其中分子和离子体积太小,散射光的强度弱得难以被肉眼观察到。这就是为什么光束通过氢氧化铁胶体时会看到一条明亮的"光柱",而通过硫酸铜溶液或氯化钠溶液则不会形成明亮的"光柱"的原因。

1.2.2.2 动力学性质

溶胶中悬浮的胶粒永不停息地做无规则运动的现象叫做布朗运动。它是1827年植物学家布朗(Brown)在观察悬浮在液面上花粉颗粒的运动时首先发现的。

布朗运动是不断热运动的液体分子对胶粒冲击的结果。许许多多做无规则运动的液体分子,不断地随机撞击胶粒,因为胶粒非常小,它受到来自各个方向液体分子的撞击作用是不平衡的。所以,它们时刻以不同的方向、不同的速度作不规则运动。胶粒越小,介质粘度越小,温度越高,布朗运动就越激烈。

1.2.2.3 电学性质

电泳是在外加电场作用下,胶粒在分散介质中做定向移动的现象。溶胶粒子在外加电场中,向阳极或阴极的定向运动表明溶胶粒子本身是带负电或正电。图1-5是电泳实验装置,在U形管内装入$Fe(OH)_3$溶胶,小心地注入纯水,并注意保持纯水与溶胶之间的明显界面,然后在纯水中插入铂电极,通电后可以观察到红棕色$Fe(OH)_3$溶胶的界面向负极上升,而正极溶胶界面下降。

电泳实验研究表明,大多数金属氢氧化物的胶粒带正电荷,称为正溶胶;大多数金属硫化物、硅酸、土壤、淀粉及金、银等胶粒带负电荷,称为负溶胶。

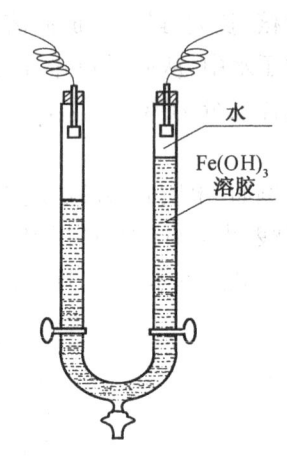

图1-5 电泳装置

1.2.3 胶粒带电的原因

1.2.3.1 选择性吸附

胶粒表面容易吸附溶胶中存在的其他离子以降低表面能,从而导致胶粒带电。在此过程中,胶粒总是选择性吸附与其组成相似的离子。

例如,水解法制备$Fe(OH)_3$溶胶,FeO^+离子就被选择性吸附而使得$Fe(OH)_3$胶粒带正电:

$$FeCl_3 + H_2O \rightleftharpoons Fe(OH)_3 + HCl$$

$$FeCl_3 + HCl \rightleftharpoons FeOCl + 2H_2O$$

$$FeOCl \longrightarrow FeO^+ + Cl^-$$

需要说明的是,胶粒在不同情况下可带相反电荷。例如,用$AgNO_3$和KI制备AgI溶胶时,I^-与Ag^+都是其组成离子,都有可能被AgI吸附。此时,若KI过量,就吸附I^-形成负溶胶;若$AgNO_3$过量,就吸附Ag^+成正溶胶。

1.2.3.2 表面分子的解离

表面分子的解离作用也是导致有些胶粒带电的原因。例如,硅酸溶胶的胶粒表面SiO_2分子与水接触后,形成硅胶H_2SiO_3,而H_2SiO_3解离出进入溶液的H^+和留在胶粒表面的

SiO_3^{2-},从而形成带负电荷的溶胶。有关反应为

$$SiO_2 + H_2O \rightleftharpoons H_2SiO_3$$
$$H_2SiO_3 \rightleftharpoons HSiO_3^- + H^+$$
$$HSiO_3^- \rightleftharpoons SiO_3^{2-} + H^+$$

1.2.4 胶团结构

根据大量的实验事实,人们提出了胶团的双电层结构理论。下面以 $FeCl_3$ 通过水解反应制取 $Fe(OH)_3$ 溶胶为例进行说明。

首先,由 Fe^{3+} 水解产生大量的 $Fe(OH)_3$ 分子聚集在一起,形成 $1\sim100$nm 的胶体颗粒,称为胶核,用 $[Fe(OH)_3]_m$ 表示。胶核表面又继续选择性吸附与其有共同组成的 FeO^+ 离子,而使胶核成为带正电荷的粒子,被吸附的 FeO^+ 称为电位离子;溶液中过量的 Cl^- 称为反离子;被吸附在胶核表面部分的反离子(Cl^-)称为束缚反离子。电位离子(FeO^+)层和束缚反离子(Cl^-)层共同组成了胶体的吸附层。胶核与吸附层一起称为胶粒。在吸附层外,反离子(Cl^-)还松散地分散在胶粒的外表面形成扩散层,形成扩散层的这部分反离子(Cl^-)称为自由反离子。胶粒与扩散层一起称为胶团。由于扩散层中的反离子与胶体微粒所吸附的离子间的吸附力很弱,所以胶体微粒运动时,扩散层中大部分反离子会脱离开,这个脱开的界面称为滑动面。在胶体化学中通常是将吸附层边界作为滑动面。氢氧化铁胶团结构如图1-6所示,也可用下式表示:

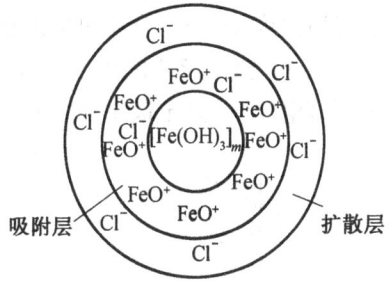

图1-6 $Fe(OH)_3$ 胶体粒子的胶团

$$\underbrace{\underbrace{\underbrace{[Fe(OH)_3]_m}_{\text{胶核}} \cdot \underbrace{nFeO^+ \cdot (n-x)Cl^-}_{\text{吸附层}}\}^{x+} \cdot xCl^-}_{\text{胶粒}}}_{\text{胶团}}\text{扩散层}$$

显然,整个胶团是电中性的。同样,硅溶胶的胶团结构可用化学式表示如下:

$$\underbrace{\underbrace{\underbrace{[SiO_2]_m}_{\text{胶核}} \underbrace{nSiO_3^{2-}2(n-x)H^+}_{\text{吸附层}}\}^{2x-} \cdot \underbrace{2xNa^+}_{\text{(反离子)}}}_{\text{胶粒}}}_{\text{胶团}}\text{扩散层} \quad (m, n \text{ 很大,且 } m \ll n)$$

例 1-3 将 12.5mL 0.2mol/L 的 $AgNO_3$ 和 1000mL 0.005mol/L 的 KI 混合制备 AgI 溶胶,试写出胶团的结构并指出电泳方向。

解
$$KI(过) + AgNO_3 \Longrightarrow AgI + K^+ + NO_3^-$$
$$[(AgI)_m \cdot nI^- \cdot (n-x)K^+]^{x-} \cdot xK^+$$

带负电,向正极移动。

1.2.5 电动电势

胶核与溶液主体之间由于表面电荷的存在而产生的电位称为 ψ 电位,它的大小与胶粒吸附或解离出来的离子浓度有关,而与其他离子的存在无关。胶粒与溶液主体之间由于胶粒剩余电荷的存在而产生的电位称为 ξ 电位。ξ 电位只有在电场作用下,胶粒和介质作相对移动时才能表现出来,故又称电动电势。其数值可通过下面公式进行计算:

$$\xi = 4\pi\mu u/DE$$

式中,μ 为液体的粘滞系数,Pa;u 为液体的移动速度,cm/s;D 为液体的介电常数;E 为两电极间单位距离外加电位差,V。

图 1-7 是胶粒与介质间的双电层及电势差示意图。图中 MN 为胶核界面,AB 为滑动面,MA 为吸附层厚度,AC 为扩散层厚度。横坐标表示溶液中某点与胶粒固相表面之间的距离,纵坐标表示电势的高低。从胶核界面(MN)到液体内部(C)的电势差即为 ψ 电位(图中用 E 值表示)。滑动面(AB)到液体内部(C)的电势差即为 ξ 电位。在胶体溶液中,当外加电解质浓度增大时,会有更多的反离子进入吸附层,使扩散层变薄,导致 ξ 电位绝对值降低(图 1-8)。当电解质的浓度增加到一定值时,扩散层厚度变为零,此时 ξ 电位值等于零,胶粒不带电,溶胶处于最不稳定状态。

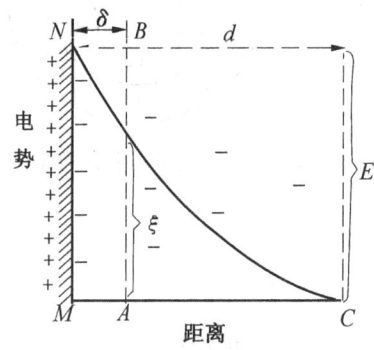

图 1-7　胶粒与介质之间的双电层及电势差

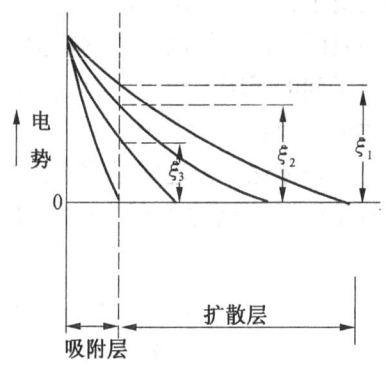

图 1-8　电解质对 ξ 电势的影响

1.2.6 溶胶的稳定性与聚沉

溶胶是热力学上的不稳定体系,但事实上又往往能存在很长时间,具有相对稳定性。主要原因可从以下三个方面考虑:首先,分散度大、粒径小的溶胶粒子在介质中不断做剧烈的布朗运动,能够克服重力引起的沉降作用。其次,胶体微粒因为带有相同电荷,静电斥力能够阻止它们相互接近而聚集成较大粒子沉降下来,这是多数溶胶能稳定存在的主要原因。最后,胶粒表面水合膜的保护作用,同样起到了阻止胶粒聚集沉降的作用。

如果溶胶失去了保持稳定性的条件,胶粒相互碰撞、聚集成较大粒子,最后以沉淀形式析出,这一过程称为聚沉。

在溶胶中加入少量电解质,即可引起溶胶的聚沉。能使溶胶聚沉所需电解质的最低浓度称为聚沉值,单位为 $mmol \cdot L^{-1}$。电解质使溶胶聚沉起主要作用的是与胶粒带相反电荷的离子,这种离子价态越高,聚沉能力就越强,临界聚沉浓度越小。另外,价态相同的不同离子,其对正、负溶胶的聚沉能力也不相同。

例如,As_2S_3 是负溶胶,电解质中与其带相反电荷的 K^+、Na^+、Ca^{2+}、Mg^{2+}、Al^{3+} 等阳离子可使其聚沉。但 Na^+、Ca^{2+}、Al^{3+} 对 As_2S_3 溶胶的聚沉能力不同,聚沉能力顺序为:$Al^{3+}>Ca^{2+}>Na^+$;所需临界聚沉浓度:$[Na^+]>[Ca^{2+}]>[Al^{3+}]$。同样,因为 $Fe(OH)_3$ 是正溶胶,电解质中与其带相反电荷的 Cl^-、SO_4^{2-}、PO_4^{3-} 等阴离子能使其聚沉。+1 价金属离子对负溶胶的聚沉能力是 $Cs^+>Rb^+>K^+>Na^+>Li^+$;-1 价阴离子对正溶胶的聚沉能力则是 $Cl^->Br^->NO_3^->I^-$。

电解质对溶胶的聚沉作用另一个原因是加入电解质可以使扩散层中较多的反离子受到电解质相同符号离子的排斥而进入吸附层,从而使扩散层厚度减小,ξ 电位减小,水化膜变薄,胶粒间互相碰撞时聚结成较大粒子而沉降。

把电性相反的两种溶胶混合时,由于异性吸引,互相中和电性也会发生聚沉。例如,将 $Fe(OH)_3$ 正溶胶和 As_2S_3 负溶胶混合,由于带不同电荷的胶粒相互吸引,胶粒所带的电荷被中和,胶粒相互碰撞聚结而沉降。明矾的净水作用就是溶胶相互聚沉的典型例子。因为天然水中胶态的悬浮物大多带负电,而明矾在水中水解产生的 $Al(OH)_3$ 溶胶是带正电的,它们相互聚沉而使水得到净化。

习 题

1. 25℃ 时,质量分数为 0.0947 的稀硫酸溶液的密度为 $1.06\times10^3 kg\cdot m^{-3}$,在该温度下纯水的密度为 $997 kg\cdot m^{-3}$。计算硫酸的物质的量浓度和质量摩尔浓度。

2. 20℃ 时,葡萄糖$(C_6H_{12}O_6)$15g 溶解于 200g 水中,试计算蒸汽压 p;沸点 t_b;凝固点 t_f 和渗透压 π(20℃ 时水的蒸汽压为 2338Pa)。

3. 现有两种溶液,一种为 1.50g 尿素溶于 200g 水中;另一种为 42.75g 未知物(非电解质)溶于 1000g 水中。这两种溶液在同一温度结冰,问未知物的摩尔质量是多少?

4. 将 $12cm^3$、$0.01mol\cdot dm^{-3}$ 的 KCl 溶液和 $100cm^3$、$0.005mol\cdot dm^{-3}$ 的 $AgNO_3$ 溶液混合以制备 AgCl 溶胶。写出胶团结构式。电泳时胶粒向哪一个电极移动?

5. 为使水的凝固点降低 0.15℃,将某非电解质 0.5g 溶于 50g 水中,已知水的 $K_f=1.86 K\cdot kg\cdot mol^{-1}$,则该非电解质的相对分子质量是多少?

6. 在某温度时,液体 A 和液体 B 的蒸气压分别为 300Pa 和 400Pa,问等物质量的这两种液体相互混合组成的理想溶液的总蒸气压是多少?

7. 在 500g 溶液中含有 50g 氯化钠,溶液的密度为 $1.071g\cdot cm^{-3}$。求此溶液的物质的量浓度、质量摩尔浓度、氯化钠的摩尔分数。(已知 $M_{NaCl}=58.44g\cdot mol^{-1}$)

8. 为什么海水鱼不能生活在淡水中?为什么在冰冻的田上撒些草木灰后冰较易融化?

9. 25℃ 时,1L 含 10g 淀粉的淀粉水溶液的渗透压力是 0.496kPa,求淀粉的平均相对分子质量。

10. 将下列水溶液按照其凝固点的高低顺序排列:

$1 mol\cdot kg^{-1} NaCl$; $1 mol\cdot kg^{-1} H_2SO_4$; $1 mol\cdot kg^{-1} C_6H_{12}O_6$;

$0.1 mol\cdot kg^{-1} CH_3COOH$; $0.1 mol\cdot kg^{-1} NaCl$; $0.1 mol\cdot kg^{-1} C_6H_{12}O_6$;

$0.1 mol\cdot kg^{-1} CaCl_2$。

11. 将50g蔗糖溶于水,加热后配制成100g糖浆,计算此糖浆中蔗糖的质量分数。

12. 将0.9g NaCl配成100mL水溶液,求此溶液中NaCl的质量浓度。

13. 生理盐水中NaCl的质量分数为0.0090,试计算NaCl的物质的量分数。

14. 100mL正常人血清中含Ca^{2+} 10mg,计算血清中Ca^{2+}的物质的量浓度。

15. 500mL乳酸钠($C_3H_5O_3Na$)注射液中含有56.0g乳酸钠,计算该注射液的质量浓度和物质的量浓度。

16. 50g水中溶有2.0g甘油($C_3H_8O_3$),求该溶液的质量摩尔浓度。

第 2 章 化学反应速率和化学平衡

2.1 化学反应速率及其表示方法

化学反应进行的速率差别很大,有些进行得很快,几乎在瞬间完成;有些则要历时几十万年。为了认识反应快慢的规律性,必须研究反应的速率,给出反应速率的定义、数学表达式、实验测定方法以及研究外界条件对反应速率的影响等。

2.1.1 化学反应的平均速率和瞬时速率

化学反应速率通常用单位时间内反应物浓度的减少或产物浓度的增加来表示,浓度单位常用 $mol \cdot L^{-1}$,时间单位视反应快慢可用秒(s)、分(min)、小时(h)、天(d)或年(a)等。对绝大多数化学反应,反应速率随着反应的进行而不断改变,因此描述化学反应进行快慢的速率有平均速率和瞬时速率之分。

平均速率是指在一定时间间隔内反应物浓度或生成物浓度变化的平均值。瞬时速率是指某一反应在某一时刻的真实速率,它等于时间间隔趋于无限小时的平均速率的极限值。即

$$\text{平均速率 } \bar{v} = -\frac{\Delta c_{\text{反应物}}}{\Delta t} \quad \text{或} \quad \bar{v} = \frac{\Delta c_{\text{生成物}}}{\Delta t}$$

$$\text{瞬时速率 } v = -\frac{dc_{\text{反应物}}}{dt} \quad \text{或} \quad v = \frac{dc_{\text{生成物}}}{dt} \quad (\Delta t \to 0)$$

反应的瞬时速率可通过作图法求得。以水溶液中 H_2O_2 的分解反应为例,取一定时间间隔(如 1min),测定系统内 H_2O_2 的浓度,得到反应时间与浓度的相关数据,然后画出 H_2O_2 浓度-时间图,图中曲线某一特定点的反应速率,等于通过该点的切线斜率的负值。

2.1.2 用反应进度表示的反应速率

对于一般的化学反应,由于方程式中各物质的计量系数并不都相等,对同样一个反应,当选取不同计量系数的物质的浓度变化来表示反应速率时,会导致反应速率数值不一样的混乱结果。为解决这个问题,国际上普遍采用反应进度(ξ)随时间的变化来定义反应速率(v)。

对任一反应

$$v_A A + v_B B + \cdots = v_C C + v_D D + \cdots \tag{2-1}$$

设 B 为反应中的某一反应物或生成物,根据反应进度(ξ)的定义

$$\xi = \frac{n_B - n_B^0}{v_B} = \frac{\Delta n_B}{v_B} \tag{2-2}$$

式中，n_B^0 为反应起始时反应物质 B 的物质的量(mol)；n_B 为反应进行到 t 时物质 B 的物质的量(mol)；Δn_B 为物质 B 的物质的量的变化(mol)。

对于反应式(2-1)，反应进度可表示为

$$\xi = \frac{\Delta n_A}{v_A} = \frac{\Delta n_B}{v_B} = \frac{\Delta n_C}{v_C} = \frac{\Delta n_D}{v_D} \tag{2-3}$$

ξ 与反应计量方程的写法有关，其值越大反应进行得越快，反之，反应进行得越慢。

将式(2-2)两边微分，可得到

$$d\xi = \frac{dn_B}{v_B} \tag{2-4}$$

式(2-4)与式(2-1)实质是相同的，是反应进度的另一种定义形式。

化学反应速率用反应进度随时间的变化率来定义称为转化速率，用符号($\dot{\xi}$)表示，SI 单位为 $mol \cdot s^{-1}$。其数学表达式为

$$\dot{\xi} = \frac{d\xi}{dt} \tag{2-5}$$

IUPAC 物理化学部推荐用 v 作为反应速率的另一种表示方法，v 定义为

$$v = \frac{\dot{\xi}}{V} = \frac{1}{V} \cdot \frac{d\xi}{dt} \tag{2-6}$$

式中，V 为反应系统的体积，v 的单位为 $mol \cdot L^{-1} \cdot s^{-1}$。

将式(2-4)代入式(2-6)得

$$v = \frac{1}{V} \cdot \frac{1}{v_B} \cdot \frac{dn_B}{dt} = \frac{1}{v_B} \cdot \frac{dc_B}{dt} \tag{2-7}$$

式中，c_B 是物质 B 的浓度，dc_B/dt 就是前面定义的用某种物质浓度随时间的变化率来描述的反应速率。

2.2 化学反应速率理论简述

化学反应的实质是旧化学键的断裂和新化学键的生成。为了阐明反应的机理，人们提出了两种不同的化学反应速率理论——碰撞理论和过渡状态理论。

2.2.1 碰撞理论

碰撞理论建立于 20 世纪初，主要适用于气态双分子反应。该理论认为：分子之间必须通过碰撞的过程才能发生化学反应。这种碰撞可以是反应物分子、原子、离子或原子团。由高能分子在特定方位上发生的相互碰撞，才可以破坏旧的化学键，形成新的化学键，从而导致化学反应的发生。旧的化学键在碰撞发生后，并没有完全断裂，而是首先形成一种称为活化体的中间物质。

需要注意的是，在分子发生的所有碰撞中，并非每次碰撞都是有效的。我们把能发生化学反应的少数或极少数能量较高的分子之间的碰撞，称为有效碰撞。分子发生有效碰撞所必须具备的最低能量，称为临界能或阈能(E_C)。具有等于或大于临界能的分子称为活化分子。非活化分子的能量则低于临界能，其要转化为活化分子就必须吸收足够的能量。活化

分子具有的平均能量($\overline{E}^*$)与反应物分子的平均能量($\overline{E}$)之差称为反应的活化能(E_a)。

另外，分子发生有效碰撞，除了要具有足够高的能量外，还必须处于有利的几何方位。例如反应：
$$O_3(g) + NO(g) \longrightarrow NO_2(g) + O_2(g)$$

图 2-1 为 O_3 和 NO 碰撞反应的示意图，很直观地表明了两种分子之间由于碰撞而发生化学反应的情况。

碰撞理论比较直观，提出了有效碰撞和无效碰撞的概念，较好解释了简单气体双原子反应的速率与活化能的关系。但该理论对于说明结构复杂的分子之间的反应适应性较差，因为其把分子仅仅当作刚性球体，而忽略了内部结构。

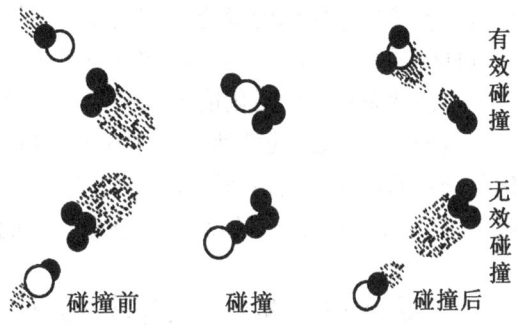

图 2-1 O_3 和 NO 的有效碰撞和无效碰撞
●表示 O；○表示 N

2.2.2 过渡状态理论

过渡状态理论认为，化学反应不是只通过简单碰撞就生成产物，而是当两个具有足够能量的反应物分子相互接近时，分子的价键要经过重排，分子内各种作用的能量要经过重新分配，形成一个中间过渡状态后方能变成产物分子。这个过渡状态又称活化络合物，其价键结构处于原有化学键被削弱、新化学键正在形成的一种过渡状态，势能较高、极不稳定、易分解为产物。反应过程可表示如下：

$$A + BC \longrightarrow A\cdots B\cdots C \longrightarrow AB + C$$
反应物　　活化络合物　　产物
（始态）　　（过渡态）　　（终态）

过渡态的位能高于始态和终态的位能，形成一个能垒，这种关系可用图 2-2 简单表示。过渡态和始态的位能差就是活化能。如果正反应、逆反应的活化能分别用 $E_{a正}$、$E_{a逆}$ 表示，则化学反应的热效应($\Delta_r H_m$)在数值上就等于产物的能量($\overline{E}_{生成物}$)与反应物的能量($\overline{E}_{反应物}$)之差。即

$$\Delta_r H_m = \overline{E}_{生成物} - \overline{E}_{反应物} = E_{a正} - E_{a逆}$$

可见，可逆反应中吸热反应的活化能总是大于放热反应的活化能。

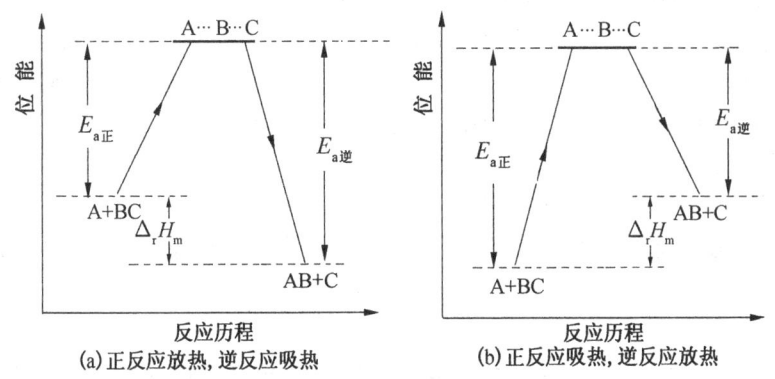

图 2-2 过渡状态位能示意图

尽管难以从实验上把很多化学反应的活化络合物分离出来,也不能确定和证实它们的结构,但过渡状态理论将反应中涉及的物质微观结构与反应速率结合起来,这是它相比碰撞理论的进步。过渡状态理论之所以在化学反应机理研究中得到了广泛采用,就是因为它很好地解释了反应中的能量变化,也解释了副产物的生成问题(当活化络合物 A⋯B⋯C 分解时,可能分解为 AB+C,也可能部分分解为其他产物)。

过渡状态理论中活化能的定义与碰撞理论不同,但含义一致且二者的数值差别很小。实验表明,大多数反应的活化能在 $60\sim250\text{kJ}\cdot\text{mol}^{-1}$ 之间。对于 $E_a<42\text{kJ}\cdot\text{mol}^{-1}$ 的反应,活化分子占的百分数大,有效碰撞次数多,反应速率很大,可以瞬间完成,如酸碱中和反应等;对于 $E_a>420\text{kJ}\cdot\text{mol}^{-1}$ 的反应,活化分子占的百分数小,反应速率很低。

2.3 影响化学反应速率的因素

对某一具体的化学反应,化学反应的速度与反应条件的关系非常密切。这些影响条件主要是浓度、温度和催化剂等。

2.3.1 浓度对化学反应速率的影响

2.3.1.1 基元反应和非基元反应

首先,看下面两个分解反应:

$$2NO_2 \longrightarrow 2NO + O_2$$

$$2NOCl \longrightarrow 2NO + Cl_2$$

实验研究表明,在这两个反应中,反应物分子内化学键断裂后直接得到了生成物。

基元反应就是指反应物分子在碰撞中一步直接转化为生成物分子的反应。由一个基元反应生成产物的反应称为简单反应。由若干个基元反应生成产物的反应称为复杂反应或非基元反应。绝大多数化学反应都是非基元反应,反应物分子往往要经过若干个基元反应才能最后转化为生成物分子。这些基元反应昭示了反应所经过的途径,在化学动力学中称为反应历程。

例如,复杂反应 $H_2 + I_2 \longrightarrow 2HI$ 就可以看作是由 $I_2 \rightleftharpoons 2I$ 和 $H_2 + 2I \rightleftharpoons 2HI$ 两个基元反应组成的。

2.3.1.2 基元反应的速率方程——质量作用定律

基元反应的速率与反应物浓度的乘积成正比,其中各浓度的方次就是反应式中各相应物质的系数。基元反应的这个规律称为质量作用定律。其适用范围是气体或有溶液参加的均相反应,不适用于固体与气体和溶液之间的非均相反应。

例如,对基元反应

$$aA + bB + \cdots = gG + hH + \cdots$$

式中,a、b、g、h 分别是化合物 A、B、G、H 的化学计量数。由质量作用定律可得其反应速率方程

$$r = k \cdot c_A^a \cdot c_B^b \cdots$$

式中,比例常数 k 称为反应的速率常数(或速度比),它相当于反应物浓度都等于 1 时基元反应的反应速度。不同的基元反应,速率常数值是不同的,它们的大小直接反应了基元反应

的速率高低和反应进行的难易程度。对于同一反应,速率常数的值与反应条件(如温度、催化剂、溶剂等)有关,有时甚至还与反应容器的材料、表面状态及面积有关。

2.3.1.3 反应分子数与反应级数

反应的分子数是指参加基元反应的分子数目。反应分子数的概念仅对基元反应才有意义,已知的反应分子数有1、2和3。在化学反应的速率方程中,各反应物浓度项的指数之和称为该反应的级数,通常用字母 n 表示。用公式表示为:

$-dc_A/dt = k_0$ 为零级反应,零级反应的反应速率与浓度无关。

$-dc_A/dt = k_1 c_A$ 为一级反应,反应速率与反应物浓度的一次方成正比。

$-dc_A/dt = k_2 c_A^2$ 和 $-dc_A/dt = k_2 c_A c_B$ 均为二级反应,它们的反应速率均与反应物浓度的二次方成正比。

例如,氯乙烷的分解反应 $C_2H_5Cl \longrightarrow C_2H_4 + HCl$ 是单分子反应;酯化反应 $CH_3COOH + C_2H_5OH \longrightarrow CH_3COOC_2H_5 + H_2O$ 是双分子反应;$H_2 + 2I \cdot \longrightarrow 2HI$ 是三分子反应等。

对一氧化氮氧化生成二氧化氮的反应,其速率方程表达式为:$r = k[NO]^2[O_2]$。该反应对一氧化氮是二级反应、对氧是一级反应,而整个反应是三级反应。

需要注意的是,反应的分子数和反应的级数是两个不同的概念。化学反应可以是单分子反应、双分子反应、三分子反应等,但不可能有零分子反应。在基元反应中,反应的分子数和反应级数是一致的(零级反应除外)。

2.3.1.4 不同级数化学反应的速率方程

1. 一级反应

反应速率与反应物浓度的一次方成正比者称为一级反应,其速率方程为

$$-\frac{dc}{dt} = kc \tag{2-8}$$

式中,c 为反应物 t 时刻的浓度;c_0 表示反应物的初浓度($t = 0$ 时的浓度);k 为反应速率常数。对上式积分得

$$k = \frac{2.303}{t}\lg\frac{c_0}{c} \tag{2-9}$$

由式(2-9)可以看出,反应速率常数 k 的单位是 $[t]^{-1}$,如 s^{-1} 等,它表明 k 与所用的浓度单位无关。

2. 二级反应

反应速率与两种反应物浓度的乘积成正比或与一种反应物浓度的平方成正比的反应都是二级反应。若反应方程式为

$$A + B \longrightarrow 生成物$$

则其速率方程可表示为

$$-\frac{dc_A}{dt} = -\frac{dc_B}{dt} = kc_A c_B \quad 或 \quad \frac{dx}{dt} = k(a-x)(b-x) \tag{2-10}$$

式中,a 和 b 分别表示反应物 A 和 B 的初始浓度;x 表示产物的浓度。

若 $a = b$,式(2-10)积分得

$$\frac{1}{a-x} - \frac{1}{a} = kt \tag{2-11}$$

若 $a \neq b$,式(2-10)积分得

$$\frac{1}{a-b}\ln\frac{b(a-x)}{a(b-x)} = kt \tag{2-12}$$

所以，对二级反应来说，其反应速率常数 k 的单位是 $[c]^{-1} \cdot [t]^{-1}$，如 $mol^{-1} \cdot L \cdot s^{-1}$，它与浓度的单位有关。

3. 零级反应

反应速率与反应物浓度无关的反应，叫做零级反应。其反应速率方程为

$$-\frac{dc}{dt} = k \tag{2-13}$$

积分得

$$c_0 - c = kt \tag{2-14}$$

所以，对零级反应，反应速率常数 k 的单位是 $[c] \cdot [t]^{-1}$。

2.3.2 温度对化学反应速率的影响

温度对反应速率的影响大致有四种类型：①反应速率随温度升高而逐渐加快，它们之间有指数关系。②温度开始升高时，对反应速率影响不大，但温度升高到一定程度后，反应以爆炸的高速率进行。③温度低于某一特定值时，反应速率随温度升高而增加；温度超过特定值后，反应速率逐渐降低。④温度升高，反应速率反常地下降。

上述几种类型中，第一种类型最为常见。图 2-3 是温度升高与活化分子数关系示意图。温度每升高 10℃，反应速率增加 2~4 倍，根据这个经验规律可以大致估计温度对反应速率的影响。阿伦尼乌斯根据大量的实验数据，提出了速率常数与温度之间的关系式

$$k = Ae^{\frac{E_a}{RT}} \tag{2-15}$$

式中，E_a 为表观活化能；R 为气体常量；常数 A 称为频率因子（或指前因子）。

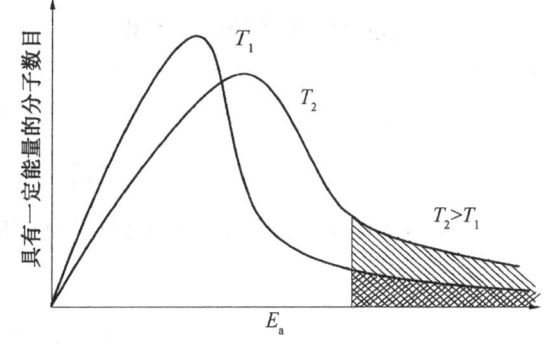

图 2-3 温度升高与活化分子数示意图

2.3.3 催化剂对化学反应速率的影响

如果把某些物质（可以是一种或几种）加到化学反应体系中，可以改变化学反应的速率（即反应趋向平衡的速度）而本身在反应前后没有数量上的变化，同时也没有化学性质的改变，则这种物质称为催化剂。这种作用称为催化作用。其中，能加快化学反应速率的物质称为正催化剂；能减慢化学反应速率的物质称为负催化剂或阻化剂。通常正催化剂用得比较多，所以一般若不特别说明，催化剂都是指正催化剂而言。催化剂的基本特性是：

(1) 在反应前后，催化剂本身组成、数量和化学性质虽然都不发生变化，但往往伴随物理性质的改变。例如，分解 $KClO_3$ 的催化剂 MnO_2，反应后会从块状变为粉状。又如，氨氧化反应使用的铂网催化剂，几星期后铂网表面会变得比较粗糙。

(2) 催化剂具有选择性。这主要包括两个方面的含义：一是不同类型的反应需要选择不

同的催化剂。二是对同样的反应物,如果选择的催化剂不同,得到的产物也不同。

(3)催化剂不影响化学平衡;有些反应其速度和催化剂的浓度成正比。

(4)在催化剂或反应体系中加入少量的杂质可以强烈影响催化剂的作用,这些杂质起着助催化剂或毒物的作用。

(5)催化剂能加快反应达到平衡的速度,是由于改变了反应历程,降低了原来化学反应的活化能。

设在没有催化剂情况下,A+B⟶AB反应需要的活化能为E_a。如果物质C是这个反应的催化剂,在C的参与下,原来的反应途径改变可设想如下:

$$A+B \xrightarrow{E_{a1}} [AC]$$

$$[AC]+B \xrightarrow{E_{a2}} AB+C$$

其中,E_{a1}、E_{a2}分别是第一、第二步化学反应分别对应的活化能,它们均小于原反应途径的活化能E_a的值,使得反应变得容易发生(图2-4)。

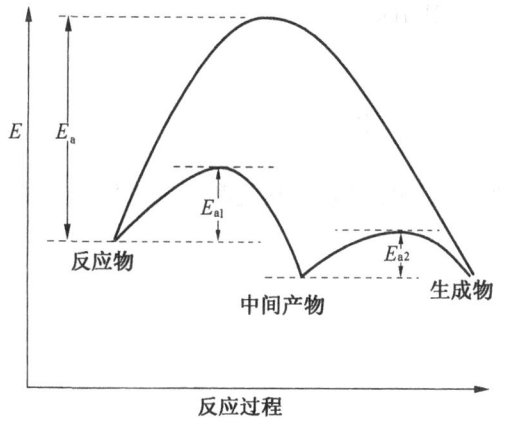

图2-4 催化作用示意图

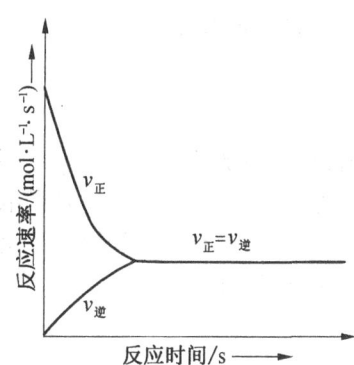

图2-5 可逆反应的反应速率变化示意图

2.4 化学反应平衡及平衡常数

2.4.1 可逆反应与化学平衡

在同一条件下,既能向某一方向进行又能向相反方向进行的反应,称为可逆反应。习惯上,把从左向右进行的反应叫做正反应;从右向左进行的反应叫做逆反应。在一定条件下,可逆反应处于正、逆反应速率相等时的极限状态就称为化学平衡。

化学平衡的重要特征有两个:一是只要外界条件不变,平衡后反应中各物质浓度或分压不再随时间而变化,无论经过多长时间,这种状态都不会发生变化,生成物不再增多,也就是反应达到了进行的限度。二是化学平衡是动态平衡,从宏观上看,化学反应达到平衡状态时,反应似乎"停止",但从微观上看,正逆两个方向反应仍在进行、反应速率大小相等,如图2-5所示,各物质的浓度或分压也不再随时间而改变。

2.4.2 平衡常数

2.4.2.1 经验平衡常数

在一定温度下,可逆反应达到化学平衡时,体系中各物质的浓度不再改变。生成物的浓度以方程式中化学计量系数为指数的幂的乘积与反应物的浓度以方程式中化学计量系数为指数的幂的乘积之比为一常数,称为经验平衡常数。其中,以浓度表示的称为浓度平衡常数(K_c),以分压表示的称为压力平衡常数(K_p)。对任一可逆反应

$$aA + bB \rightleftharpoons dD + gG$$

在一定温度下达到平衡时,都有

$$\frac{[D]^d[G]^g}{[A]^a[B]^b} = K_c \quad (\text{浓度平衡常数})$$

对于气相反应,由于温度一定时气体的压力和浓度成正比,在平衡常数表达式中通常用平衡时气体的分压代替浓度。如 $H_2(g)$、$I_2(g)$ 生成 $HI(g)$ 的反应

$$H_2(g) + I_2(g) \rightleftharpoons 2HI(g)$$

反应平衡常数可表示为

$$\frac{p_{HI}^2}{p_{H_2} p_{I_2}} = K_p \quad (\text{压力平衡常数})$$

可以看出,经验平衡常数一般是有量纲的,只有当反应物的计量系数之和与生成物的计量系数之和相等时,经验平衡常数才是量纲为 1 的量。

2.4.2.2 化学反应等温式和标准平衡常数

对任一化学反应

$$aA + bB \rightleftharpoons dD + gG$$

定义反应熵(J)为

$$J = \frac{a_D^d a_G^g}{a_A^a a_B^b}$$

式中,a_A、a_B、a_D、a_G 的量纲为 1;纯溶剂或固体的 a 值规定为 1。

对理想溶液,a_A、a_B、a_D、a_G 分别表示 A、B、D、G 相对于标准态的浓度(相对浓度),即

$$a_A = \frac{c_A}{c^\ominus}, \quad a_B = \frac{c_B}{c^\ominus}, \quad a_D = \frac{c_D}{c^\ominus}, \quad a_G = \frac{c_G}{c^\ominus} \quad (c^\ominus = 1 \text{mol} \cdot L^{-1})$$

c_A、c_B、c_D、c_G 均表示反应进行到某一时刻溶液的浓度。

对于理想气体,a 定义为相对于标准态的分压(相对分压),即 $a = \frac{p}{p^\ominus}$,标准压力 $p^\ominus = 100\text{kPa}$。

范特霍夫(Van'Hoff)化学反应等温方程式为

$$\Delta_r G_m = \Delta_r G_m^\ominus + RT \ln \frac{a_D^d a_G^g}{a_A^a a_B^b} = \Delta_r G_m^\ominus + RT \ln J$$

式中,$\Delta_r G_m^\ominus$ 为化学反应在标准态下的吉布斯自由能变,J 为反应熵。当反应处于平衡状态时,$\Delta_r G_m = 0$,并且 J 为一个常数(用另外一个符号 $K^\ominus$ 表示,以示与非平衡态时的反应熵有所区别),则有

$$\Delta_r G_m^\ominus = -RT \ln K^\ominus \tag{2-16}$$

其中
$$K^{\ominus} = \frac{[a_D]^d [a_G]^g}{[a_A]^a [a_B]^b} \tag{2-17}$$

式中,$[a_A]$、$[a_B]$、$[a_D]$、$[a_G]$为平衡态的相对浓度或相对分压。

式(2-16)表明:在一定温度下,生成物的相对浓度以方程式中化学计量系数为指数的幂的乘积与反应物的相对浓度以方程式中化学计量系数为指数的幂的乘积之比为一常数,称为标准平衡常数。标准平衡常数是一个无量纲的物理量。其可由两种方法计算:一是根据式(2-16)$\Delta_r G_m^{\ominus} = -RT\ln K^{\ominus}$计算求得;二是根据有关物种的平衡浓度或平衡分压由式(2-17)求出。

对任一化学反应 $aA + bB \rightleftharpoons dD + gG$ 的 $\Delta_r G_m^{\ominus}$ 计算式可写为
$$\Delta_r G_m^{\ominus} = d\Delta_f G_m^{\ominus}(D) + g\Delta_f G_m^{\ominus}(G) - a\Delta_f G_m^{\ominus}(A) - b\Delta_f G_m^{\ominus}(B)$$

式中,$\Delta_f G_m^{\ominus}$ 为物质的标准摩尔生成自由能。

有关标准平衡常数的几点说明:

(1)标准平衡常数表达式中,各物质浓度或分压均为平衡时的相对浓度或分压。标准平衡常数无量纲或单位为1,其数值越大,表明正反应进行得越彻底。

(2)标准平衡常数与温度有关,而与物质的浓度或分压无关。所以,书写标准平衡常数表达式时,一般应该注明温度,若未注明温度时,通常指室温298K。

(3)反应中的固态或纯液态,不列入标准平衡常数表达式中。如反应
$$CO_2(g) + C(g) \rightleftharpoons 2CO(g)$$
的标准平衡常数表达式通常为
$$K^{\ominus} = \frac{(p_{CO}/p^{\ominus})^2}{p_{CO_2}/p^{\ominus}}$$

(4)平衡常数的表达式及数值与反应式的书写有关,如
$$H_2(g) + I_2(g) \rightleftharpoons 2HI(g)$$
$$K_1^{\ominus} = \frac{(p_{HI}/p^{\ominus})^2}{p_{H_2}/p^{\ominus} \cdot p_{I_2}/p^{\ominus}}$$
$$\frac{1}{2}H_2(g) + \frac{1}{2}I_2(g) \rightleftharpoons HI(g)$$
$$K_2^{\ominus} = \frac{p_{HI}/p^{\ominus}}{(p_{H_2}/p^{\ominus})^{1/2} \cdot (p_{I_2}/p^{\ominus})^{1/2}} = \sqrt{K_1^{\ominus}}$$

(5)反应体系所包含的相不同,标准平衡常数的表达式不同。对于气相反应,用有关物质的相对分压代替浓度,如 $H_2(g) + I_2(g) \rightleftharpoons 2HI(g)$ 的 $K^{\ominus}$ 为
$$K^{\ominus} = \frac{(p_{HI}/p^{\ominus})^2}{p_{H_2}/p^{\ominus} \cdot p_{I_2}/p^{\ominus}}$$

对于溶液中的反应,如 $Sn^{2+}(aq) + 2Fe^{3+}(aq) \rightleftharpoons Sn^{4+}(aq) + 2Fe^{2+}(aq)$ 的 $K^{\ominus}$ 为
$$K^{\ominus} = \frac{[Sn^{4+}]/c^{\ominus} \cdot ([Fe^{2+}]/c^{\ominus})^2}{[Sn^{2+}]/c^{\ominus} \cdot ([Fe^{3+}]/c^{\ominus})^2}$$

对于复相反应,其中气相物质用相对分压表示,溶液中的物质用相对浓度表示,如反应 Zn(s) + 2H⁺(aq) ⇌ Zn²⁺(aq) + H₂(g) 的 $K^\ominus$ 为

$$K^\ominus = \frac{[Zn^{2+}]/c^\ominus \cdot p_{H_2}/p^\ominus}{([H^+]/c^\ominus)^2}$$

2.5 化学平衡的移动

化学平衡只能在一定条件下维持,外界条件(如浓度、压力和温度等)的改变使可逆反应从一种平衡状态向另一种平衡状态转变的过程,称为化学平衡的移动。

2.5.1 浓度对化学平衡的影响

标准平衡常数($K^\ominus$)仅是温度的函数,而反应熵(J)则随化学反应中各物质起始浓度的不同而具有不同的数值。对任一化学反应

$$aA + bB \rightleftharpoons dD + gG$$

根据范特霍夫(Van'Hoff)等温方程式

$$\Delta_r G_m = \Delta_r G_m^\ominus + RT\ln J = RT\ln J/K^\ominus$$

可以知道,在一定温度下,体系的反应熵(J)与标准平衡常数($K^\ominus$)的比值 $J/K^\ominus$ 决定了化学反应处于任意状态时的吉布斯自由能变 $\Delta_r G_m$ 的符号,从而也决定了化学平衡移动的方向。当

$J < K^\ominus$ 时,$\Delta_r G_m < 0$,化学平衡向正反应方向移动;

$J = K^\ominus$ 时,$\Delta_r G_m = 0$,反应体系处于平衡状态;

$J > K^\ominus$ 时,$\Delta_r G_m > 0$,化学平衡向逆反应方向移动。

对于已达到化学反应平衡的体系,增加反应物的浓度或减少生成物的浓度,则能够使 $J < K^\ominus$,促使化学平衡向正反应方向移动;反之,减少反应物的浓度或增加生成物的浓度,则能够使 $J > K^\ominus$,促使化学平衡向逆反应方向移动。

2.5.2 压力对化学平衡的影响

压力的变化对固相或液相物质参加的化学平衡的影响不大,但对于有气体参加且化学反应前后气体的物质的量有变化的反应,压力的变化将对化学平衡的移动产生显著影响。在具体讨论化学平衡的移动问题时,使用经验平衡常数和标准平衡常数都是可以的。

下面,结合对气相反应:

$$aA(g) + bB(g) \rightleftharpoons dD(g) + gG(g)$$

使用反应熵和标准平衡常数对问题进行研究说明。

在一定温度下,增加平衡时系统的总压,使其为原来的 $m(m>1)$ 倍。此时反应熵为

$$J = \frac{(mp_D/p^\ominus)^d \cdot (mp_G/p^\ominus)^g}{(mp_A/p^\ominus)^a \cdot (mp_B/p^\ominus)^b} = \frac{(p_D/p^\ominus)^d \cdot (p_G/p^\ominus)^g}{(p_A/p^\ominus)^a \cdot (p_B/p^\ominus)^b} \cdot m^{(d+g)-(a+b)} = K^\ominus \cdot m^{\sum v_i}$$

故对 $\sum v_i < 0$ 的反应,$J < K^\ominus$,增加平衡反应系统总压,化学平衡向正反应方向移动,即向气体分子数减少的方向移动;对 $\sum v_i > 0$ 的反应,$J > K^\ominus$,增加平衡反应系统的总压,化学

平衡向逆反应方向移动,平衡仍然向气体分子数减少的方向移动;对 $\sum v_i = 0$ 的反应,无论系统总压如何变化,都有 $J = K^{\ominus}$,此时系统总压变化对化学平衡无影响。

2.5.3 温度对化学平衡的影响

温度对平衡体系的影响与浓度和压力对平衡体系的影响有着本质的区别。当化学反应达到平衡后,改变浓度或压力可以改变反应熵并影响化学平衡的移动,但却不能改变化学反应的平衡常数。而改变温度则可以改变化学反应的平衡常数,从而影响化学平衡的移动。

由式(2-16) $\Delta_r G_m^{\ominus} = -RT\ln K^{\ominus}$ 和 $\Delta_r G_m^{\ominus} = \Delta_r H_m^{\ominus} - T\Delta_r S_m^{\ominus}$ 得

$$\ln K^{\ominus} = -\frac{\Delta_r H_m^{\ominus}}{RT} + \frac{\Delta_r S_m^{\ominus}}{R}$$

对于吸热反应($\Delta_r H_m^{\ominus} > 0$),温度升高,$K^{\ominus}$ 增大,平衡向正反应方向移动;温度降低,$K^{\ominus}$ 减小,平衡向逆反应方向移动。

对于放热反应($\Delta_r H_m^{\ominus} < 0$),温度升高,$K^{\ominus}$ 减小,平衡向逆反应方向移动;温度降低,$K^{\ominus}$ 增大,平衡向正反应方向移动。

习 题

1. 反应 $2A + B \longrightarrow A_2B$ 是基元反应,当某温度时若两反应物的浓度为 $0.01 \text{mol} \cdot \text{dm}^{-3}$,则初始反应速率为 $2.5 \times 10^{-3} \text{mol} \cdot \text{dm}^{-3} \cdot \text{s}^{-1}$。若 A 的浓度为 $0.015 \text{mol} \cdot \text{dm}^{-3}$,B 的浓度为 $0.030 \text{mol} \cdot \text{dm}^{-3}$,那么初始反应速率为若干?

2. 通过试验得到反应 $A + B + C \longrightarrow$ 产物的一些数据如下表所示(浓度单位为 $\text{mol} \cdot \text{dm}^{-3}$,初始反应速率单位是 $\text{mol} \cdot \text{dm}^{-3} \cdot \text{s}^{-1}$):

编号	[A]	[B]	[C]	初始反应速率
1	0.01	0.01	0.01	0.05
2	0.01	0.02	0.01	0.05
3	0.01	0.05	0.01	0.05
4	0.01	0.05	0.02	0.20
5	0.01	0.05	0.03	0.45
6	0.02	0.01	0.01	0.10
7	0.03	0.01	0.01	0.15

求:(1)反应的速率方程式和反应级数;
(2)速率常数;
(3)当 A、B、C 的浓度均为 $0.50 \text{mol} \cdot \text{dm}^{-3}$ 时的初始反应速率。

3. 某化学反应,当温度由 300K 升高到 310K 时,其反应速率增加 1 倍,求此反应的活化能。

4. 从活化分子和活化能角度,简单分析浓度、温度和催化剂对化学反应速率的影响。

5. 某一化学反应 $B \longrightarrow C + D$,当 $c_B = 0.200 \text{mol} \cdot \text{L}^{-1}$ 时,B 的反应速率是 $6.00 \times 10^{-3} \text{mol} \cdot \text{L}^{-1} \cdot \text{s}^{-1}$。如果:(1)对 B 是零级反应;(2)对 B 是一级反应;(3)对 B 是二级反应。问上述情况下的速率常数分别是多少?

6．区别如下概念：

活化能和活化分子；反应级数和反应分子数；平均速率和瞬时速率；速率和速率常数

7．反应 $2NO(g) + Cl_2(g) \longrightarrow 2NOCl(g)$ 为基元反应。写出

(1)该反应的质量作用定律的表达式；

(2)反应级数为几级？速率常数的单位是什么？

(3)其他条件不变，如果容器体积增大到原来的 2 倍，反应速率如何变化？

(4)如果容器体积不变，将 NO 的浓度增加到原来的 3 倍，反应速率又将怎样变化？

8．在体积为 1L 的容器中放入 10.4g PCl_5，加热到 150℃时建立如下平衡：

$$PCl_5(g) \Longleftrightarrow PCl_3(g) + Cl_2(g)$$

如果平衡时的总压力是 193.53kPa，计算各物质的平衡分压、平衡常数以及 PCl_5 的平衡转化率。

9．什么是质量作用定律？

10．比较碰撞理论和过渡态理论的异同点。

11．解释下列名词：

化学反应速率；有效碰撞；活化分子；活化能；速率常数；反应分子数；反应级数

12．判断下列说法是否正确：

(1)对一个可逆反应，当温度升高时，正、逆反应速率同时增大相同的倍数。

(2)温度升高，使活化分子百分数增大，反应物分子有效碰撞增多，反应速率增大。

(3)催化剂的加入使正、逆反应速率增加相同的倍数，是因为它们的活化能减少了相同的倍数。

(4)相同温度时，活化能越大的反应，其反应速率越小，温度系数也越小。

(5)在相同浓度和相同温度时，反应级数大的反应，其速率也大。

第3章 电解质溶液

电解质是在溶于水或熔融状态下具有导电能力的化合物。强电解质是指在水溶液中能够完全离解成离子的电解质(如 NaCl),这些物质在水溶液中不存在解离平衡。弱电解质是指在水溶液中只能部分离解成离子的电解质(如 HAc),这些物质在水溶液中可建立离解平衡。

电解质在水溶液中达到离解平衡时,其离解程度可以用离解度或电离度(已离解电解质的分子数与离解前电解质的分子数的比值,表示符号为 α)来表示。在温度、浓度相同的条件下,电离度大的,电解质较强;电离度小的,电解质较弱。电解质的电离度的大小除与电解质的本性有关外,还与溶液的浓度、温度等因素有关。同一电解质,在一定温度下,浓度越小,电离度越大。电离度通常是由测定电解质溶液的电导而得到的。通过电离度可以计算电离平衡时各离子的浓度,从而进一步计算其电离常数。

电解质在水溶液中离解出来的离子全部是水化的(如 H_3O^+,$Na^+ \cdot xH_2O$),但为简便起见,常以简单离子符号表示(如 H^+,Na^+)。

3.1 强电解质溶液

3.1.1 表观离解度

在弱电解质溶液中,离子浓度较小,离子间的相互作用可以忽略。但在强电解质溶液中,由于电解质完全离解,溶液中离子浓度很大。离子间的库仑力使得每个离子周围都吸引了很多带有相反电荷的离子,每一个正离子周围形成了负离子组成的"离子氛";每一个负离子周围形成了正离子组成的"离子氛",离子之间的这种相互牵制作用,使得离子不能完全自由运动。如果将电解质溶液通以电流,在电场中,中心正离子向负极迁移,但它的"离子氛"却向正极迁移。所以中心正离子向负极迁移的速率显然要比未受到牵连的正离子慢一些。离子浓度越高,离子间的作用力就越大,其迁移速率就愈慢。同理,中心负离子也一样。

因此,根据溶液导电性所测定的单位体积电解质溶液中所含的离子数目,比按照电解质完全电离计算得到的数目要少,即由实验测得的强电解质的电离度都小于1。这种由实验测得的电离度,并不代表强电解质在溶液中实际的电离百分数,它反映了溶液中离子间的相互作用的强弱,因此称为表观离解度。

例如,18℃时,0.10mol·L^{-1} 酸或碱的表观离解度,HCl 是 0.92,H_2SO_4 是 0.58,KOH 是 0.89,NaOH 是 0.84 等。

3.1.2 离子强度

3.1.2.1 电解质的平均活度和平均活度系数

理想溶液中任一组分 i 的化学势都可以用式子 $\mu_i = \mu_i^0(T,p) + RT\ln(m_i/m^\ominus)$ 来表

示，其中 m_i 是溶液 i 组分的质量摩尔浓度，$\mu_i^0(T,p)$ 是当 $m_i=1$，即纯组分 i 在温度 T、压力 p 时的化学势。而实际溶液并不遵守上述公式。为了让实际溶液的热力学计算仍然能保持简单的数学关系，路易斯(Lewis)提出了活度概念，即对实际溶液仍然保留理想溶液热力学公式的形式，而以活度来代表相应的浓度项。其定义活度概念如下：

$$a_{i,m} = \gamma_{i,m} \frac{m_i}{m^\ominus}, (m_i \to 0, \gamma_{i,m} \to 1)$$

式中，$a_{i,m}$ 为组分 i 在溶液中的活度，m_i 为组分 i 在溶液中的质量摩尔浓度，$m^\ominus$ 为标准态质量摩尔浓度，$\gamma_{i,m}$ 为组分 i 在溶液中与其 m_i 相对应的活度系数。

强电解质溶于水后，对全部电离后生成正、负离子来说，则分别有

$$a_+ = \gamma_+ \frac{m_+}{m^\ominus}, \quad a_- = \gamma_- \frac{m_-}{m^\ominus}$$

式中，$a_+(a_-)$、$\gamma_+(\gamma_-)$、$m_+(m_-)$ 分别表示正(负)离子的活度、离子活度系数和离子质量摩尔浓度。

需要说明的是，在电解质溶液中，由于正、负离子的同时存在，实验上还不能测定出单个离子的活度和活度系数，而离子的平均活度系数则可以通过实验方法测定出来。

对任意价型化学式为 $M_{v_+}A_{v_-}$ 的强电解质 B，其离子平均活度 $a_\pm$、离子平均活度系数 $\gamma_\pm$、离子平均质量摩尔浓度 $m_\pm$，以及物质 B 的活度分别定义如下：

$$a_\pm = \sqrt[v]{a_+^{v_+} \cdot a_-^{v_-}}, \quad \gamma_\pm = \sqrt[v]{\gamma_+^{v_+} \cdot \gamma_-^{v_-}}, \quad m_\pm = \sqrt[v]{m_+^{v_+} \cdot m_-^{v_-}}, \quad a_B = a_+^{v_+} \cdot a_-^{v_-}$$

式中 $v = v_+ + v_-$。可以看出有 $a_\pm = \gamma_\pm \dfrac{m_\pm}{m^\ominus}$。

例如，对电解质 HCl 的稀溶液

$$a_\pm = \sqrt{a_{H^+} \cdot a_{Cl^-}}, \quad \gamma_\pm = \sqrt{\gamma_{H^+} \cdot a_{Cl^-}}, \quad m_\pm = \sqrt{m_{H^+} \cdot m_{Cl^-}}, \quad a_{HCl} = a_{H^+} \cdot a_{Cl^-} = a_\pm^2$$

3.1.2.2 离子强度

离子的平均活度系数可以用凝固点、蒸气压等热力学方法测定。表 3-1 列出了一些强电解质溶液在 25℃ 和不同浓度时的平均活度系数。在溶液中，影响离子平均活度系数的主要因素是离子的浓度和价数，且价型越高，影响越大。据此，1921 年路易斯(Lewis)又提出了离子强度的概念。

表 3-1 一些强电解质的平均活度系数(25℃)

电解质	$\gamma/(\text{mol}\cdot\text{kg}^{-1})$							
	0.005	0.01	0.02	0.05	0.10	0.20	0.50	1.00
HCl	0.928	0.904	0.874	0.830	0.795	0.766	0.757	0.810
KOH	0.927	0.901	0.868	0.810	0.759	0.710	0.671	0.679
KCl	0.926	0.899	0.866	0.815	0.764	0.712	0.644	0.597
KNO$_3$	0.927	0.899	0.863	0.794	0.724	0.653	0.543	0.449
BaCl$_2$	0.781	0.725	0.659	0.556	0.496	0.440	0.396	0.399
K$_2$SO$_4$	0.781	0.715	0.642	0.529	0.441	0.361	0.262	0.210
MgSO$_4$	0.572	0.471	0.378	0.262	0.195	0.142	0.091	0.067
CuSO$_4$	0.560	0.444	0.343	0.230	0.164	0.108	0.066	0.044

离子强度(I)等于溶液中每种离子 i 的质量摩尔浓度(m_i)乘以该离子的价数(z_i)的平方所得诸项和的一半。用公式表示为

$$I = \frac{1}{2} \sum m_i z_i^2 \tag{3-1}$$

式中,m_i 是离子 i 的真实质量摩尔浓度,若是弱电解质,其真实浓度等于它的浓度与电离度的乘积。严格来讲,此处离子强度应该用 I_m 表示,因为这是质量摩尔浓度的标度,但通常下标 m 会省去。I 的量纲与 m_i 相同。

离子强度 I 是溶液中由于离子电荷所形成的静电场的强度的一种度量。它反映了离子间作用力的强弱,I 值越大,离子间的作用力愈大,活度系数就愈小。离子强度只与溶液中各离子的浓度和电荷有关,而与离子的种类无关。

路易斯(Lewis)根据实验进一步得出稀溶液中物质的活度系数和离子强度之间符合如下经验式:

$$\lg \gamma_\pm = -k\sqrt{I} \quad (k \text{ 为常数})$$

3.2 弱电解质溶液

3.2.1 弱电解质的离解平衡

对一元弱酸(HA),在水溶液中存在下列离解平衡

$$HA \rightleftharpoons H^+ + A^-$$

其酸离解常数($K_a^\ominus$)为

$$K_a^\ominus = \frac{(c_{H^+}/c^\ominus) \cdot (c_{A^-}/c^\ominus)}{c_{HA}/c^\ominus} \tag{3-2}$$

式中,c_{HA}、c_{H^+}、c_{A^-} 分别表示平衡时溶液中 HA、H^+、A^- 的浓度。

对一元弱碱(MOH),在水溶液中存在下列离解平衡

$$MOH \rightleftharpoons M^+ + OH^-$$

其碱离解常数 $K_b^\ominus$ 为

$$K_b^\ominus = \frac{(c_{M^+}/c^\ominus) \cdot (c_{OH^-}/c^\ominus)}{c_{MOH}/c^\ominus} \tag{3-3}$$

式中,c_{MOH}、c_{OH^-}、c_{M^+} 分别表示平衡时溶液中 MOH、OH^-、M^+ 的浓度。

在一定温度下,$K_a^\ominus$、$K_b^\ominus$ 数值的大小,不随电解质溶液的浓度改变而改变,它们可以反映特定条件下弱酸或弱碱离解度的大小,也能够比较溶液酸碱性的强弱。弱电解质离解常数与离解度 α 的关系,以弱酸为例推导如下。

设弱酸电解质 HB 的起始浓度为 c,离解度为 α,离解常数为 $K_a^\ominus$,达到离解平衡时:

$$HB \rightleftharpoons H^+ + B^-$$

起始浓度 c 0   0

平衡浓度 $c - c\alpha$ $c\alpha$ $c\alpha$

根据式(3-2)有

$$K_a^\ominus = \frac{(c_{H^+}/c^\ominus) \cdot (c_{B^-}/c^\ominus)}{c_{HB}/c^\ominus} = \frac{(c\alpha/c^\ominus) \cdot (c\alpha/c^\ominus)}{(c-c\alpha)/c^\ominus} \approx \alpha^2 \cdot c/c^\ominus$$

所以

$$\alpha = \sqrt{\frac{K_a^\ominus}{c/c^\ominus}} \tag{3-4}$$

式(3-4)表明：在一定温度下，同一弱电解质的离解度与其浓度的平方根成反比。溶液浓度愈稀，离解度愈大。这个关系式称为奥斯特瓦尔德(Ostwald)稀释定律。

3.2.2 同离子效应和盐效应

同离子效应是指在弱电解质电离平衡体系中，加入一种含有相同离子的电解质，就会使平衡向着减少该离子浓度的方向移动，使弱电解质电离度降低的现象。同离子效应体现的是浓度对离解平衡的影响，其能降低弱电解质的电离度，但不能改变它的离解常数。

盐效应是指在弱电解质溶液(弱酸或弱碱)中，若加入不与弱电解质具有相同阳离子和阴离子的强电解质时，则该弱电解质的离解度增大的现象。盐效应的发生是由于强电解质的加入，使离子总浓度增加，离子之间的牵制作用增大，从而降低了离子的活度，离子之间相互碰撞结合成分子的机会减少，结果使弱酸或弱碱的离解度增大。

例如，用 pH 试纸测定 0.1mol/L 醋酸溶液的 pH 值为 3，但在醋酸溶液中加入少量醋酸铵后，溶液 pH 值变为 5。这说明醋酸溶液中加入醋酸铵后，溶液的酸性减弱，即氢离子浓度减小。反应式如下：

$$HAc \rightleftharpoons H^+ + Ac^-$$
$$NH_4Ac \longrightarrow NH_4^+ + Ac^-$$

随着醋酸根离子浓度增加，则醋酸的电离平衡向左移动，从而使醋酸的电离度降低，导致溶液中氢离子浓度减小。如果向醋酸溶液中加入强电解质盐酸，也会使醋酸的电离平衡发生移动，醋酸电离度减小。

向 HAc 溶液中加入少量 NaOH 时，会使 HAc 离解度增大。同离子效应发生的同时，必然伴随着盐效应的发生。对于极稀溶液来说，一般情况下，不需要考虑盐效应。

3.3 酸碱质子理论

最初，人们从物质表现出来的性质来区分酸碱。认为具有酸味、能使石蕊变为红色的物质就是酸。而具有涩味、滑腻感、使红色石蕊变蓝，并能与酸反应生成盐和水的物质才是碱。后来，阿伦尼乌斯(S.A.Arrhenius)的电离理论、富兰克林(E.C.Franklin)的溶剂理论、布朗斯特德(J.N.Bronsted)的质子理论、路易斯(G.N.Lewis)的电子理论和软硬酸碱理论等相继被提出。这里只简单介绍质子理论。

3.3.1 酸碱的定义

酸碱质子理论给出的酸碱定义如下：凡是能给出质子(氢离子)的物质都是酸，凡是能接

受质子的物质都是碱。用简式可以表示为

$$酸 \rightleftharpoons 碱 + 质子$$

酸可以是分子、正离子或负离子。例如在水溶液中,HCl 电离为氢离子和氯离子;$H_2PO_4^-$ 电离为氢离子和磷酸氢根离子;NH_4^+ 离解生成氢离子和氨分子;HAc 离解生成氢离子和醋酸根离子等。HCl、$H_2PO_4^-$、NH_4^+、HAc 都能释放出质子,它们都是酸。

酸释放出质子后,剩余的部分就是碱。碱同样可以是分子或离子,如 Cl^-、HPO_4^{2-}、NH_3、Ac^- 都是碱。根据酸碱质子理论,酸与碱相互依赖,它们之间的这种关系叫做共轭关系。一种酸与其释放出一个质子后产生的碱称为一对共轭酸碱对。有些物质在一个共轭酸碱对中是酸,在另外一个共轭酸碱对中则是碱,这类物质称为两性物质,如 $NaHCO_3$、$NaHC_2O_4$、Na_2HPO_4、NH_4Ac、$(NH_4)_2S$ 等。

根据酸碱质子理论,酸碱在溶液中表现出来的强度,首先取决于物质的本性,也与溶剂本性有关。溶剂分子接收或放出质子能力的大小直接影响酸碱的强弱。通过测定酸碱在同一溶剂中表现出来的强度可以比较酸碱的强弱。在水溶液中,酸的强度取决于它把质子给予水分子的能力。

以水为溶剂时,HAc 比 HCN 释放出质子的能力强,所以,HAc 是比 HCN 强的酸。但在 HNO_3、HCl、$HClO_4$ 的水溶液中,溶剂水能够"同等程度"地将 HNO_3、HCl、$HClO_4$ 等这些强酸的质子夺取过来,这样用 H_2O 这种溶剂来比较这些强酸间的差异就不可能了,即在水中这些强酸的强弱差别被拉平了,看起来它们的强弱似乎是"等同"的,这就是溶剂水的"拉平效应"。具有拉平效应的溶剂称为拉平溶剂。但如果取一种碱性比水弱、酸性比水强的溶剂(如冰醋酸),则可以把水溶液中处于同一水平的强酸,如 HCl、HBr、H_2SO_4、HNO_3、$HClO_4$ 等区别开。其强弱顺序是

$$HClO_4 > HBr > HCl > H_2SO_4 > HNO_3$$

这种由溶剂把原来处于同一强度水平的酸(或碱)区分开来的作用称为区分效应,具有区分效应的溶剂称为区分溶剂。

一般来说,酸性溶剂可以对酸产生区分效应而对碱则产生拉平效应;碱性溶剂则可以对碱产生区分效应而对酸产生拉平效应。

3.3.2 酸碱反应的实质

酸碱质子理论认为,酸碱反应的实质就是两个共轭酸碱对之间质子传递的反应,即酸(A)把质子传递给碱(B),各自再转变为自己对应的共轭碱(A)和共轭酸(B)。例如,HAc 在水中的解离,就是由 HAc-Ac^- 与 H_2O-H_3O^+ 两个共轭酸碱对的半反应结合而成:

$$HAc(酸1) + H_2O(碱2) \rightleftharpoons H_3O^+(酸2) + Ac^-(碱1)$$

单独一个共轭酸碱对的反应是不能进行的。一般来说,质子传递反应的方向总是向着生成比原来更弱的酸和碱的方向进行。

3.3.3 共轭酸碱对与酸碱离解常数之间的关系

弱酸 HA 在水溶液中的离解反应及平衡常数($K_a^\ominus$)可表示为

$$HB + H_2O \rightleftharpoons H_3O^+ + B^-$$

$$K_a^\ominus = \frac{[H_3O^+][B^-]}{[HB]} \tag{3-5}$$

同理,弱碱 B^- 在水溶液中的离解反应及平衡常数($K_b^\ominus$)可表示为

$$B^- + H_2O \rightleftharpoons HB + OH^-$$

$$K_b^\ominus = \frac{[HB][OH^-]}{[B^-]} \tag{3-6}$$

HB 与 B^- 是共轭酸碱对,结合式(3-5)、式(3-6)可得到

$$K_a^\ominus \times K_b^\ominus = \frac{[H_3O^+][B^-]}{[HB]} \cdot \frac{[HB][OH^-]}{[B^-]} = [H_3O^+][OH^-] = K_W^\ominus \tag{3-7}$$

由式(3-7)可以看出,$K_a^\ominus$ 与 $K_b^\ominus$ 互为反比关系,质子酸的酸性愈强,其共轭碱的碱性就愈弱;反之,质子碱的碱性愈强,其共轭酸的酸性就愈弱。部分共轭酸碱对在水溶液中的 $K_a^\ominus$ 与 $K_b^\ominus$ 值见表 3-2。

表 3-2 部分共轭酸碱对在水溶液中的 $K_a^\ominus$ 与 $K_b^\ominus$ 值

共轭酸	K_a	共轭碱	K_b
H_3O^+	1	H_2O	1×10^{-14}
HF	3.53×10^{-4}	F^-	2.8×10^{-9}
HAc	1.76×10^{-5}	Ac^-	5.6×10^{-10}
H_2S	9.1×10^{-8}	HS^-	1.0×10^{-5}
HCN	4.93×10^{-10}	CN^-	2.02×10^{-5}
HCO_3^-	5.61×10^{-11}	CO_3^{2-}	1.78×10^{-4}
NH_4^+	5.64×10^{-10}	NH_3	1.77×10^{-5}
$H_2PO_4^-$	6.23×10^{-8}	HPO_4^{2-}	1.61×10^{-7}
HPO_4^{2-}	2.2×10^{-13}	PO_4^{3-}	4.5×10^{-2}

3.3.4 酸碱指示剂

酸碱滴定一般是用酸碱指示剂颜色的突变来指示滴定终点的。酸碱指示剂一般是一些有机弱酸或弱碱,当溶液的 pH 变化达到某一范围时,其结构发生突变,导致颜色的变化。例如,酚酞为无色的二元弱酸、甲基橙是一种有机弱碱。指示剂具有变色范围,可由其在溶液中的平衡移动过程来解释。现以 HIn 表示弱酸型指示剂,其在水溶液中的离解平衡为

$$HIn + H_2O \rightleftharpoons H_3O^+ + In^-$$

$$K_{HIn}^\ominus = \frac{[H_3O^+][In^-]}{[HIn]} \tag{3-8}$$

$K_{HIn}^\ominus$ 为指示剂常数,在一定温度下,它是个常数。式(3-8)可以改写为

$$\frac{[In^-]}{[HIn]} = \frac{在碱性溶液中的颜色(碱色)}{在酸性溶液中的颜色(酸色)} = \frac{K_{HIn}^\ominus}{[H_3O^+]} \tag{3-9}$$

从式(3-9)可以看出,指示剂颜色的转变是由[In⁻]和[HIn]的比值来决定,从而取决于指示剂的 $K_{HIn}^{\ominus}$ 和溶液的[H_3O^+]。在一定条件下,对某种指示剂来说,$K_{HIn}^{\ominus}$ 为常数。所以,指示剂颜色的变化仅随溶液中[H_3O^+]浓度的变化而变化。

一般当酸色浓度或碱色浓度相差 10 倍以上时,人眼才能明显观察出颜色的改变,指示剂的变色范围是 $pK_{HIn}^{\ominus} \pm 1$。几种常见酸碱指示剂的变色范围见表 3-3。

表 3-3 常见酸碱指示剂的变色范围

指示剂	颜 色			$pK_{HIn}^{\ominus}$	变色间隔
	酸形色	混合色	碱形色		
甲基橙(弱碱)	红	橙	黄	3.4	3.1~4.4
甲基红(弱酸)	红	橙	黄	5.0	4.4~6.2
溴百里酚蓝(弱酸)	黄	绿	蓝	7.3	6.0~7.6
百里酚蓝(二元弱酸)	红(H_2In)	橙	黄(HIn^-)	1.65(1)	1.2~2.8
	黄(HIn^-)	绿	黄(In^{2-})	9.20(2)	8.0~9.6
酚酞(弱酸)	无色	粉红	红	9.1	8.2~10.0

3.4 溶液的酸碱性

3.4.1 水的离解和 pH 标度

纯水有微弱的导电能力,说明水分子能够离解

$$H_2O + H_2O \rightleftharpoons H_3O^+ + OH^-$$

上式可简写为

$$H_2O \rightleftharpoons H^+ + OH^-$$

在 25℃时,测得水中的 H^+ 和 OH^- 浓度都是 $1.0 \times 10^{-7} mol \cdot L^{-1}$。所以

$$K_W^{\ominus} = (c_{H^+}/c^{\ominus}) \cdot (c_{OH^-}/c^{\ominus}) = 1.0 \times 10^{-14}$$

$K_W^{\ominus}$ 称为水的离子积常数,简称水的离子积,也称为水的质子自递平衡常数。它是指在一定温度下,水中氢离子浓度和氢氧根离子浓度的乘积为一常数。水的离子积不仅适用于纯水,也适用于一切稀水溶液。

一般来讲,当溶液中[H^+]大于 $1 mol \cdot L^{-1}$ 时,直接用[H^+]表示溶液酸碱性比较方便。但当溶液中[H^+]很小时,如果直接用[H^+]表示溶液的酸碱性,使用和记忆都不太方便,此时常采用 pH 值来表示溶液的酸碱性。pH 值的概念是索伦森(S.P.L,Sorewsen)于 1909 年首先提出的。

溶液中氢离子活度 a_{H^+} 的负对数叫做溶液的 pH 值。

$$pH = -\lg a_{H^+}$$

在稀溶液中,pH 值可近似定义为

$$pH = -\lg(c_{H^+}/c^{\ominus})$$

3.4.2 弱酸或弱碱溶液 pH 值的计算

3.4.2.1 一元弱酸或弱碱溶液

以浓度为 c 的一元弱酸(HA)溶液为例进行说明。在其溶液中,存在下列两个离解平衡

$$HA \rightleftharpoons H^+ + A^- \qquad K_a^\ominus = \frac{(c_{H^+}/c^\ominus) \cdot (c_{A^-}/c^\ominus)}{c_{HA}/c^\ominus}$$

$$H_2O \rightleftharpoons H^+ + OH^- \qquad K_W^\ominus = (c_{H^+}/c^\ominus) \cdot (c_{OH^-}/c^\ominus)$$

(1) 若 $cK_a^\ominus \geqslant 20 K_W^\ominus$

可以忽略水的质子自递平衡,只考虑弱酸的质子传递平衡。此时

$$K_a^\ominus = \frac{(c_{H^+}/c^\ominus) \cdot (c_{A^-}/c^\ominus)}{c_{HA}/c^\ominus} = \frac{(c\alpha/c^\ominus) \cdot (c\alpha/c^\ominus)}{(c-c\alpha)/c^\ominus} = \frac{\alpha^2 \cdot (c/c^\ominus)}{1-\alpha} \quad (3\text{-}10)$$

由式(3-10),可以先求得电离度 α,再由 $[H^+] = c\alpha$ 求出溶液的 $[H^+]$。

(2) 若 $c/K_a^\ominus \geqslant 500$ 或 $\alpha < 5\%$

此时,发生离解的弱酸分子很少,$1-\alpha \approx 1$,式(3-10)可简化为

$$K_a^\ominus = c\alpha^2/c^\ominus$$

所以
$$[H^+] = c\alpha = c\sqrt{K_a^\ominus/c} = \sqrt{cK_a^\ominus} \quad (3\text{-}11)$$

同理可推导出计算一元弱碱溶液中 $[OH^-]$ 浓度的计算公式。

3.4.2.2 多元弱酸或弱碱溶液

能释放出两个或两个以上质子的弱酸称为多元酸。无机酸中许多弱酸都是多元酸,如 H_2CO_3、H_2S、H_3PO_4、H_3AsO_4 等,多元弱酸在水溶液中是分级离解的。例如,浓度为 c 的二元弱酸(H_2A),在水溶液中分两级离解

$$H_2A \rightleftharpoons H^+ + HA^- \qquad K_{a1}^\ominus = \frac{(c_{H^+}/c^\ominus) \cdot (c_{HA^-}/c^\ominus)}{c_{H_2A}/c^\ominus} \quad (3\text{-}12)$$

$$HA^- \rightleftharpoons H^+ + A^{2-} \qquad K_{a2}^\ominus = \frac{(c_{H^+}/c^\ominus) \cdot (c_{A^{2-}}/c^\ominus)}{c_{HA^-}/c^\ominus} \quad (3\text{-}13)$$

$$H_2O \rightleftharpoons H^+ + OH^- \qquad K_W^\ominus = (c_{H^+}/c^\ominus) \cdot (c_{OH^-}/c^\ominus) \quad (3\text{-}14)$$

式中,$K_{a1}^\ominus$、$K_{a2}^\ominus$ 分别为二元弱酸(H_2A)的第一级、第二级离解常数。

(1) 若 $cK_{a2}^\ominus > 20 K_W^\ominus$,水的质子自递平衡可以忽略。

(2) 若 $K_{a1}^\ominus/K_{a2}^\ominus > 10^2$,第二级离解反应可以忽略,该二元弱酸可以当作一元弱酸处理,此时溶液中 $[H^+]$ 浓度近似等于 $[HA^-]$ 的浓度。

(3) 若 $c/K_{a1}^\ominus \geqslant 500$,则

$$[H^+] = \sqrt{K_{a1}^\ominus \cdot [H_2A]} = \sqrt{K_{a1}^\ominus \cdot c_{H_2A}}$$

该式是忽略了多元酸的第二级离解和水的离解,按一元弱酸处理计算 $[H^+]$ 浓度的近似计算公式。因为第二级离解很弱,所以 $[H^+] \approx [HA^-]$,根据式(3-13),故 $[A^{2-}] \approx K_{a2}^\ominus$,$[OH^-] \approx K_W^\ominus/[H^+]$。

3.4.3 盐类水解

酸的水溶液显酸性,碱的水溶液呈碱性,水溶液的酸碱性主要取决于溶液中 H^+ 浓度和 OH^- 浓度的相对大小。$NaAc$、Na_2CO_3、NH_4Cl、$NaCl$ 等盐类物质,在水中既不能离解出 H^+,也不能离解出 OH^-,它们的水溶液似乎应该是中性的,但事实并非如此。要了解各种盐的水溶液呈现不同酸碱性的原因,就有必要研究盐溶液中的电离平衡及其移动规律。

盐的离子与溶液中水电离出的 H^+ 或 OH^- 作用产生弱电解质的反应,叫做盐的水解。盐类离子与溶液中水电离出的 H^+ 或 OH^- 作用,生成弱酸或弱碱,引起水的电离平衡发生移动。各种类型盐类的水解情况、盐类水溶液的酸碱性讨论如下。

3.4.3.1 一元强碱弱酸盐的水解

在强碱弱酸盐 $NaAc$ 的水溶液中

$$NaAc \longrightarrow Na^+ + Ac^-, \quad H_2O \rightleftharpoons H^+ + OH^-, \quad H^+ + Ac^- \rightleftharpoons HAc$$

$NaAc$ 总的水解反应方程式为

$$Ac^- + H_2O \rightleftharpoons HAc + OH^- \tag{3-15}$$

$$K_h^\ominus = \frac{(c_{HAc}/c^\ominus) \cdot (c_{OH^-}/c^\ominus)}{c_{Ac^-}/c^\ominus} = \frac{K_W^\ominus}{K_a^\ominus} \tag{3-16}$$

$K_h^\ominus$ 称为盐的水解常数。$K_h^\ominus$ 愈大,盐的水解程度愈大。在一定温度下,水解常数($K_h^\ominus$)与弱酸的解离常数($K_a^\ominus$)成反比。

根据酸碱质子理论,$K_W^\ominus = K_a^\ominus \times K_b^\ominus$,结合式(3-16)则有 $K_h^\ominus = K_b^\ominus$,所以强碱弱酸盐的水解常数就是该弱酸的共轭碱的碱常数 $K_b^\ominus$。

根据水解常数,可以计算溶液的酸碱性和水解度(h)。水解度即水解百分率,是当一个水解反应达到平衡时,已经水解了的盐的浓度占盐的初始浓度的百分比,表示符号为 h。

$NaAc$ 水解平衡后,溶液中 c_{OH^-} 或 c_{H^+} 可计算如下:

$$Ac^- + H_2O \rightleftharpoons OH^- + HAc$$

初始浓度 c 0   0

平衡浓度 $c - c_{OH^-}$ c_{OH^-} c_{HAc}

$$K_h^\ominus = \frac{(c_{HAc}/c^\ominus) \cdot (c_{OH^-}/c^\ominus)}{c_{Ac^-}/c^\ominus} = \frac{(c_{OH^-}/c^\ominus)^2}{c/c^\ominus} = \frac{K_W^\ominus}{K_a^\ominus}$$

所以

$$c_{OH^-} = c^\ominus \sqrt{\frac{K_W^\ominus}{K_a^\ominus} \cdot \frac{c}{c^\ominus}}$$

3.4.3.2 一元强酸弱碱盐的水解

在强酸弱碱盐 NH_4Cl 的水溶液中

$$NH_4Cl \longrightarrow NH_4^+ + Cl^-$$

$$H_2O \rightleftharpoons H^+ + OH^-$$

$$NH_4^+ + OH^- \rightleftharpoons NH_3 \cdot H_2O$$

NH_4Cl 总的水解方程式为

$$NH_4^+ + H_2O \rightleftharpoons NH_3 \cdot H_2O + H^+$$

$$K_h^\ominus = \frac{(c_{NH_3 \cdot H_2O}/c^\ominus) \cdot (c_{H^+}/c^\ominus)}{c_{NH_4^+}/c^\ominus} = \frac{K_W^\ominus}{K_b^\ominus} \tag{3-17}$$

由式(3-17)可以看出,在一定温度下,弱碱的离解常数($K_b^\ominus$)越小,则溶液中对应的强酸弱碱盐的水解程度越大,溶液的酸性就越强。

根据酸碱质子理论,$K_W^\ominus = K_a^\ominus \times K_b^\ominus$,结合式(3-17)则有 $K_h^\ominus = K_a^\ominus$,所以强酸弱碱盐的水解常数就是该弱碱的共轭酸的酸常数 $K_a^\ominus$。

NH_4Cl 水解反应平衡后,溶液中 c_{H^+} 可计算如下:

$$NH_4^+ + H_2O \rightleftharpoons NH_3 \cdot H_2O + H^+$$

初始浓度 c 0   0

平衡浓度 $c - c_{H^+}$ $c_{NH_3 \cdot H_2O}$ c_{H^+}

根据水解反应方程式,$c_{NH_3 \cdot H_2O} = c_{H^+}$,$c_{NH_4^+} = c - c_{H^+} \approx c$,代入式(3-17)得

$$c_{H^+} = c^\ominus \sqrt{\frac{K_W^\ominus}{K_b^\ominus} \cdot \frac{c}{c^\ominus}}$$

3.4.3.3 一元弱酸弱碱盐的水解

在弱酸弱碱盐 NH_4Ac 的溶液中

$$NH_4Ac \longrightarrow NH_4^+ + Ac^-$$

$$Ac^- + H_2O \rightleftharpoons HAc + OH^-$$

$$NH_4^+ + H_2O \rightleftharpoons NH_3 \cdot H_2O + H^+$$

NH_4Ac 在溶液中总的水解反应方程式为

$$NH_4^+ + Ac^- + H_2O \rightleftharpoons HAc + NH_3 \cdot H_2O$$

$$K_h^\ominus = \frac{(c_{NH_3 \cdot H_2O}/c^\ominus) \cdot (c_{HAc}/c^\ominus)}{(c_{Ac^-}/c^\ominus) \cdot (c_{NH_4^+}/c^\ominus)} = \frac{K_W^\ominus}{K_a^\ominus K_b^\ominus} \tag{3-18}$$

所以,生成弱酸弱碱盐的弱酸、弱碱的离解平衡常数($K_a^\ominus$、$K_b^\ominus$)愈小,则弱酸弱碱盐的水解常数($K_h^\ominus$)就愈大,水解愈剧烈。

NH_4Ac 水解平衡后,溶液中 H^+ 浓度计算如下:

$$NH_4^+ + Ac^- + H_2O \rightleftharpoons NH_3 \cdot H_2O + HAc$$

起始浓度 c c 0   0

平衡浓度 $c - c_{NH_3 \cdot H_2O}$ $c - c_{HAc}$ $c_{NH_3 \cdot H_2O}$ c_{HAc}

水解平衡时,根据水解反应方程,可以知道

$$c_{NH_3 \cdot H_2O} = c_{HAc} \tag{3-19}$$

$$c_{NH_4^+} = c_{Ac^-} \tag{3-20}$$

对 HAc,其离解平衡常数

$$K_a^\ominus = \frac{(c_{H^+}/c^\ominus)(c_{Ac^-}/c^\ominus)}{c_{HAc}/c^\ominus} \tag{3-21}$$

联立式(3-18)、式(3-19)、式(3-20)和式(3-21)可得

$$c_{H^+} = c^{\ominus}\sqrt{\frac{K_w^{\ominus} \cdot K_a^{\ominus}}{K_b^{\ominus}}} \tag{3-22}$$

式(3-22)说明,对弱酸弱碱盐来说,其溶液 H^+ 浓度和盐的浓度无关。在一定温度下,若 $K_a^{\ominus} = K_b^{\ominus}$,则溶液呈中性;若 $K_a^{\ominus} > K_b^{\ominus}$,则溶液呈酸性;若 $K_a^{\ominus} < K_b^{\ominus}$,则溶液呈碱性。

3.4.3.4 水解平衡的移动

盐类水解程度的大小,首先取决于盐的本性(水解常数)和水解产物的性质,而外界因素的改变,对水解平衡也有重大影响。

(1)盐的浓度:对于弱酸强碱盐和强酸弱碱盐,盐的浓度越小,水解度越大,如 NaAc 和 Na_2SiO_3。对于弱酸弱碱盐,水解度与盐的浓度无关,如 NH_4Ac。

(2)温度:中和反应放热,水解反应吸热,根据化学平衡移动原理,升高温度能够促使水解反应的进行。

(3)溶液的酸碱度:水解反应常使溶液呈现酸性或碱性。因此,控制溶液的酸碱度通常可以促进或抑制水解反应的进行。例如,在实验室中,配制一些盐类(Sn^{2+}、Fe^{3+}、Bi^{3+}、Sb^{3+}、Hg^{2+})的溶液时,常由于盐的水解而不能得到澄清的溶液:

$$SnCl_2 + H_2O \Longleftrightarrow Sn(OH)Cl \downarrow + HCl$$

$$Bi(NO_3)_3 + H_2O \Longleftrightarrow BiO(NO_3) \downarrow + 2HNO_3$$

$$SbCl_3 + H_2O \Longleftrightarrow SbOCl \downarrow + 2HCl$$

$$Hg(NO_3)_2 + H_2O \Longleftrightarrow Hg(OH)NO_3 \downarrow + HNO_3$$

若在这些盐的溶液中加入相应的酸(水解产物),就可以抑制水解。在配制这些溶液时,通常是将它们溶于较浓的酸中,然后再用水稀释到所需要的浓度(注意,一般不可先加水后加酸,因为水解产物很难溶解)。

KCN 在水溶液里能够水解生成 HCN,因此实验室里为防止 HCN 的水解生成,就可以在配置的 KCN 水溶液里加入适量氢氧化钠。

$$CN^- + H_2O \Longleftrightarrow HCN + OH^-$$

3.4.4 缓冲溶液

一般水溶液常易受外界加酸、加碱或稀释而改变其原有 pH 值。但也有一类溶液的 pH 值却不会因此而有大的变化。溶液能抵抗外来少量强碱或强酸或稍加稀释,而其 pH 值不易发生改变的作用,叫做缓冲作用。具有缓冲作用的溶液叫做缓冲溶液。

弱酸及其盐(如 HAc-NaAc、H_2CO_3-$NaHCO_3$),多元弱酸酸式盐及其次级盐(NaH_2PO_4-Na_2HPO_4、$NaHCO_3$-Na_2CO_3),弱碱及其盐($NH_3 \cdot H_2O$-NH_4Cl)都有缓冲作用。下面,以 HAc-NaAc 缓冲溶液为例,分析缓冲溶液的缓冲原理。

3.4.4.1 缓冲作用的机理

在 HAc-NaAc 缓冲溶液中,存在下列电离:

$$NaAc \longrightarrow Na^+ + Ac^-, \quad HAc \Longleftrightarrow H^+ + Ac^-$$

溶液中由于 NaAc 完全电离而产生的 Ac^- 浓度比较大,其产生的同离子效应降低了 HAc 的电离度。因此,在该缓冲溶液中,弱酸分子和弱酸根离子浓度都较大,根据 HAc 的电离平

衡,有
$$[H^+] = K_a[HAc]/[Ac^-]$$

如果向该缓冲溶液中加入少量强碱,强碱电离出来的 OH^- 就会与 HAc 分子反应生成 H_2O 和 Ac^-,HAc 电离平衡向右移动。由于溶液中 HAc 浓度较大,足够把加入的少量 OH^- 中和掉。当 HAc 达到新的离解平衡时,HAc 浓度仅略有减少、Ac^- 浓度仅略有增加,它们的比值几乎保持不变。因此,可以维持溶液中 H^+ 浓度基本不变。

同理,如果向上述缓冲溶液中加入少量强酸,溶液中大量存在的共轭碱 Ac^- 就接受强酸电离出来的 H^+,结合生成电离度很小的 HAc,使 HAc 电离平衡向左移动。由于溶液中 Ac^- 浓度较大,加入强酸的量又相对较少,这样大量的 Ac^- 中只有少量用来和 H^+ 结合。当建立起新的平衡时,HAc 浓度仅略有增加,Ac^- 浓度仅略有减小,但它们的比值同样几乎保持不变。因此,溶液中的 H^+ 浓度也能基本保持不变。

所以,缓冲溶液具有的缓冲作用,本质上是溶液中存在的共轭酸碱对,在外来少量强酸或强碱加入后,通过自身的质子转移平衡的移动,从而维持了溶液中 H^+ 浓度不发生显著变化,保持了溶液 pH 值的基本稳定。一些常用的缓冲溶液见表 3-4。

表 3-4 一些常用的缓冲溶液

缓冲溶液	缓冲对		共轭酸的 $pK_a^\ominus$ (25℃)
	共轭酸(抗碱成分)	共轭碱(抗酸成分)	
HAc-NaAc	HAc	Ac^-	4.74
H_2CO_3-$NaHCO_3$	H_2CO_3	HCO_3^-	6.38
$NaHCO_3$-Na_2CO_3	HCO_3^-	CO_3^{2-}	10.25
H_3PO_4-NaH_2PO_4	H_3PO_4	$H_2PO_4^-$	2.12
NaH_2PO_4-Na_2HPO_4	$H_2PO_4^-$	HPO_4^{2-}	7.20
Na_2HPO_4-Na_3PO_4	HPO_4^{2-}	PO_4^{3-}	12.36
H_3BO_3-NaH_2BO_3	H_3BO_3	$H_2BO_3^-$	9.14
NH_4Cl-NH_3	NH_4^+	NH_3	9.26
$H_2C_8H_4O_4$-$KHC_8H_4O_4$ (邻苯二甲酸)(邻苯二甲酸氢钾)	$H_2C_8H_4O_4$	$HC_8H_4O_4^-$	2.95
$KHC_8H_4O_4$-$K_2C_8H_4O_4$	$HC_8H_4O_4^-$	$C_8H_4O_4^{2-}$	5.41
$HTris^+$-Tris [三(羟甲基)氨基甲烷]	$HTris^+$	Tris	8.21

3.4.4.2 缓冲溶液 pH 值的计算

用 c_{HB}、c_{B^-} 分别表示缓冲溶液 HB-NaB(HB 代表弱酸,B^- 代表弱酸 HB 对应的共轭碱)中的弱酸(HB)、盐 NaB 的浓度,根据弱酸的电离平衡

$$HB \rightleftharpoons H^+ + B^-$$

平衡浓度 $\quad c_{HB} - x \quad x \quad c_{B^-} + x$

所以
$$K_a^\ominus = \frac{(c_{B^-} + x) \cdot x}{c_{HB} - x}$$

考虑到同离子效应，x 很小，则
$$c_{HB} - x \approx c_{HB}, \quad c_{B^-} + x \approx c_{B^-}$$
从而
$$c_{H^+} = x = K_a^{\ominus} \cdot \frac{c_{HB}}{c_{B^-}} \tag{3-23}$$

式(3-23)两边取负对数
$$pH = -\lg K_a^{\ominus} - \lg \frac{c_{HB}}{c_{B^-}} = pK_a^{\ominus} + \lg \frac{c_{B^-}}{c_{HB}} \tag{3-24}$$

式(3-24)是计算缓冲溶液酸度的基本公式，称为缓冲公式。$pK_a^{\ominus}$ 为弱酸离解常数的负对数，c_{B^-}/c_{HB} 称为缓冲比，$c_{B^-} + c_{HB}$ 为缓冲溶液的总浓度。从公式可以看出，缓冲溶液的 pH 值取决于 $K_a^{\ominus}$ 和 $\frac{c_{B^-}}{c_{HB}}$ 两个因素。

需要说明的是，缓冲溶液稀释时虽然共轭酸和共轭碱的浓度有改变，但其比值却不变，故缓冲溶液的 pH 值基本不变。然而，稀释能引起溶液离子强度的改变，使 HB 和 B^- 的活度系数受到影响，因此缓冲溶液的 pH 值实际上会有微小变化。

3.4.4.3 缓冲容量和缓冲范围

缓冲溶液缓冲能力的大小，称为缓冲容量(用符号 β 表示)。缓冲容量的大小除与缓冲溶液的总浓度有关外，还与缓冲组分的缓冲比有关。缓冲比愈接近于 1，缓冲容量愈大；缓冲比偏离 1 愈远，缓冲容量愈小，甚至失去缓冲作用。因此，任何缓冲溶液都有一个有效的 pH 范围，称为缓冲范围，它大约在 $pK_a^{\ominus}$(或 $pK_b^{\ominus}$)两侧各一个 pH 单位之内，即

$$pH = pK_a^{\ominus} \pm 1$$
$$pOH = pK_b^{\ominus} \pm 1$$
$$pH = 14 - pOH = 14 - pK_b^{\ominus} \pm 1$$

例如，HAc-NaAc 缓冲溶液，其缓冲范围 $pH = pK_a^{\ominus} \pm 1 = 3.74 \sim 5.74$。

3.4.4.4 缓冲溶液的配制

不同的缓冲溶液只有在不同的 pH 值范围内才有缓冲作用。配制缓冲溶液时应注意：

(1)由任何一对共轭酸碱对所组成的溶液都具有缓冲作用。由弱酸和与弱酸含有共同离子的弱酸盐或由弱碱和与弱碱含有共同离子的弱碱盐也都可以组成缓冲溶液。

(2)使用的缓冲溶液除可发生 H^+ 或 OH^- 参与的反应外，不再与反应物或生成物发生其他作用。

(3)缓冲溶液的 pH 值应在要求的范围内。为了让缓冲溶液具有比较大的缓冲能力，所选择弱酸的 $pK_a^{\ominus}$ 应尽可能接近缓冲溶液的 pH 值，或选择弱碱的 $pK_b^{\ominus}$ 应尽可能接近缓冲溶液的 pOH 值。例如，若需要 pH 值为 4.8、5.0、5.2 等缓冲溶液时，可以选用 HAc-NaAc 缓冲溶液，因为其 pK_a 为 4.74，与所需的 pH 值接近。

(4)如果 pH 与 $pK_a^{\ominus}$ 不完全相等，根据式(3-24)，可以考虑调整酸(碱)和盐的浓度比或体积比。

3.5 沉淀溶解平衡

在化学分析和生产中,经常利用沉淀反应来鉴定和分离某些离子,这涉及一些难溶电解质的沉淀和溶解。在含有固体难溶电解质的饱和溶液中,存在着固体难溶电解质与溶液中相应各离子间的多相平衡,这种平衡称为沉淀－溶解平衡。

3.5.1 溶度积常数

电解质溶解度往往差别很大,习惯上把溶解度小于 $0.01g/100g\ H_2O$ 的电解质称为难溶电解质。

在一定温度下,把难溶电解质晶体 $A_mB_n(s)$ 放入水中时,就开始了难溶电解质的溶解与沉淀过程。任何难溶电解质的溶解和沉淀均是一个可逆过程,在一定条件下,当溶解和沉淀的速度相等时,便建立了固体难溶电解质与溶液中相应离子间的多相平衡:

$$A_mB_n(s) \rightleftharpoons mA^{n+}(aq) + nB^{m-}(aq)$$

该反应的平衡常数是

$$K_{sp}^{\ominus} = [A^{n+}]^m[B^{m-}]^n$$

同其他平衡一样,在平衡常数表示式中,不包括固体物质的量。$K_{sp}^{\ominus}$ 这一反映了物质的溶解能力大小的多相离子平衡常数,叫做沉淀物质 $A_mB_n(s)$ 的溶度积常数,简称溶度积。其与温度和物质本性有关,而与离子浓度无关,既表示难溶电解质在溶液中溶解趋势的大小,也表示生成该难溶电解质沉淀的难易。

在一定温度下,某难溶电解质的溶度积有特定的数值,温度改变,溶度积也随之改变。多数难溶电解质的溶度积随温度升高而增大,但通常变化不大。实际应用中通常采用25℃时溶度积的数值。

严格地说,多相离子平衡常数是相应各离子活度幂的乘积。当难溶电解质溶解度很小、离子强度也很小时,离子活度系数近似为1,就可以用浓度代替活度进行计算,离子浓度幂的乘积才近似等于 $K_{sp}^{\ominus}$。

$$a_{A^{n+}}^m \cdot a_{B^{m-}}^n = [A^{n+}]^m \cdot [B^{m-}]^n \cdot \gamma_{A^{n+}}^m \cdot \gamma_{B^{m-}}^n \approx K_{sp}^{\ominus}$$

3.5.2 溶度积和溶解度的相互换算

溶度积和溶解度的数值都可以用来表示物质的溶解能力,它们之间可以换算。可以从溶解度求溶度积,也可以从溶度积求溶解度。

例 3-1 在某一温度下,15mg CaF_2 溶解于 $1dm^3$ 的水中形成饱和溶液,求该温度下 CaF_2 的溶度积 $K_{sp}^{\ominus}$。

解 有关溶度积的计算,离子浓度的单位应是 $mol \cdot L^{-1}$,否则,必须首先将有关离子浓度单位换算为 $mol \cdot L^{-1}$。根据题意,CaF_2 的溶解度 S 为

$$S = \frac{m}{MV} = \frac{0.015}{78.1 \times 1} = 1.9 \times 10^{-4}(mol \cdot L^{-1})$$

$$CaF_2(aq) \rightleftharpoons Ca^{2+} + 2F^-$$
$$S \quad\quad 2S$$
$$K_{sp}^{\ominus} = S(2S)^2 = 4S^3 = 2.7 \times 10^{-11}$$

例 3-2 25℃时，$Fe(OH)_3$ 的溶度积 $K_{sp}^{\ominus} = 2.64 \times 10^{-39}$，求 $Fe(OH)_3$ 的溶解度。

解 设 $Fe(OH)_3$ 的溶解度 S 为 $x\,mol\cdot L^{-1}$，

$$Fe(OH)_3(s) \rightleftharpoons Fe^{3+} + 3OH^-$$
$$x \quad\quad 3x$$
$$K_{sp,Fe(OH)_3}^{\ominus} = x(3x)^3 = 2.64 \times 10^{-39}$$
$$S = 9.94 \times 10^{-11}\,mol\cdot L^{-1}$$

注意：同一类型的难溶电解质（Ag_2S、Ag_2CrO_4、Cu_2S）可以通过溶度积来比较它们溶解度的大小，溶度积大的溶解度就大。不同类型的难溶电解质（$AgCl$、Ag_2CrO_4 等），则不能直接由它们的溶度积来比较溶解度的大小（参见表 3-5）。

表 3-5 不同类型的难溶电解质的溶度积和溶解度的比较

难溶电解质	$K_{sp}^{\ominus}$	$S/(mol\cdot dm^{-3})$
$AgCl$	1.8×10^{-10}	1.3×10^{-5}
Ag_2CrO_4	1.1×10^{-12}	6.5×10^{-5}
$AgBr$	5.4×10^{-13}	7.3×10^{-7}
AgI	8.5×10^{-17}	9.2×10^{-9}

3.5.3 溶度积规则

根据溶度积常数可以判断沉淀、溶解反应进行的方向。

某难溶电解质溶液中，其离子浓度幂的乘积称为离子积，表示符号为 Q_c。离子积表示任意情况下离子浓度幂的乘积，其数值不恒定，溶度积是离子积的一种特殊情况。

对任一难溶强电解质，其多相离子平衡体系可表示如下：
$$A_mB_n(s) \rightleftharpoons mA^{n+}(aq) + nB^{m-}(aq)$$

离子积为
$$Q_c = (A^{n+})^m \cdot (B^{m-})^n$$

对于某一给定的溶液，依据平衡移动的原理，将 Q_c 和 $K_{sp}^{\ominus}$ 比较，能够判断沉淀的生成和溶解，它们之间的关系有三种情况：

(1) $Q_c = K_{sp}^{\ominus}$，溶液为饱和溶液，体系处于平衡状态；
(2) $Q_c > K_{sp}^{\ominus}$，溶液为过饱和溶液，沉淀从溶液中析出；
(3) $Q_c < K_{sp}^{\ominus}$，溶液为不饱和溶液，无沉淀析出；若有沉淀存在，则沉淀溶解。

以上就是溶度积规则，是判断沉淀生成、溶解、转化的重要依据。

3.5.4 沉淀的生成

3.5.4.1 加入沉淀剂

沉淀剂是能与溶液中离子生成沉淀的试剂。根据溶度积规则，欲使某物质析出沉淀，必须使其离子积大于溶度积，这就要增大离子浓度，使反应向生成沉淀的方向转化。

例 3-3 溶液中的 CrO_4^{2-} 浓度为 $1.0\times10^{-3}\,mol\cdot L^{-1}$，在加入 $AgNO_3$ 溶液时，Ag^+ 的浓度超过多少，便有 Ag_2CrO_4 的红色沉淀析出？（已知 $K_{sp,Ag_2CrO_4}^{\ominus}=2.0\times10^{-12}$）

解 $$Ag_2CrO_4 \rightleftharpoons 2Ag^+ + CrO_4^{2-}$$

根据溶剂的规则，当离子积 $Q_{c,Ag_2CrO_4}\geqslant K_{sp,Ag_2CrO_4}^{\ominus}$ 时，才会有沉淀析出，即要满足

$$Q_{c,Ag_2CrO_4}=[Ag^+]^2\cdot[CrO_4^{2-}]\geqslant K_{sp,Ag_2CrO_4}^{\ominus}$$

所以，$$[Ag^+]\geqslant\sqrt{\frac{K_{sp}^{\ominus}(Ag_2CrO_4)}{[CrO_4^{2-}]}}=\sqrt{\frac{2.0\times10^{-12}}{1.0\times10^{-3}}}=4.5\times10^{-5}(mol\cdot L^{-1})$$

3.5.4.2 同离子效应和盐效应

如果在溶液中还有易溶强电解质，则难溶电解质的溶解度与它们在纯水中的溶解度不同。

1. 同离子效应

在难溶电解质溶液中加入含有相同离子的强电解质，难溶电解质的多相离子平衡体系将发生移动。例如，在 $BaSO_4$ 的饱和溶液中加入 Na_2SO_4、$BaSO_4$ 和 Na_2SO_4，它们都含有相同离子——SO_4^{2-}。根据平衡移动原理，SO_4^{2-} 浓度的增加，将使 $BaSO_4$ 的多相离子平衡向生成 $BaSO_4$ 沉淀的方向移动，这一过程可表示为：

$$Na_2SO_4 \longrightarrow 2Na^+ + SO_4^{2-}, \quad BaSO_4(s)\longrightarrow Ba^{2+}+SO_4^{2-}$$

平衡移动的结果是降低了 $BaSO_4$ 的溶解度。这种由于加入含有共同离子的强电解质而使难溶电解质的溶解度降低的效应，称为沉淀平衡的同离子效应。

2. 盐效应

实验结果表明，加入某种强电解质于难溶电解质的溶液中，在有些情况下，难溶电解质的溶解度将比在纯水中的溶解度大。例如，$PbSO_4$、$AgCl$ 在 KNO_3 溶液中的溶解度比在纯水中的大，并且 KNO_3 的浓度愈大，它们的溶解度就愈大。这种因为加入强电解质而使难溶电解质的溶解度增大的效应，叫做盐效应。

严格地讲，在一定温度下，难溶电解质的溶度积是离子活度幂的乘积。对任一难溶电解质的多相离子平衡：

$$AB(s)\rightleftharpoons A^+ + B^-$$

$$K_{sp}^{\ominus}=a_{A^+}\cdot a_{B^-}=[A^+]\cdot[B^-]\cdot\gamma_{A^+}\cdot\gamma_{B^-}$$

当溶液中加入强电解质时，溶液离子强度增大，离子活度系数减小。而在一定温度下，难溶电解质的溶度积为一常数，所以沉淀-溶解平衡向着生成 A^+、B^- 离子的方向移动，难溶电解质的溶解度增大。

实际工作中，在利用沉淀反应来分离某些离子时，常利用同离子效应，加入过量的沉淀剂，使被测组分沉淀完全。但是，沉淀剂的用量也不是愈多愈好，如果沉淀剂加入量过多，产生同离子效应的同时，也产生盐效应，反而使沉淀溶解度增大。一般定性分析中，只要溶液中被沉淀离子的浓度低于 $10^{-5}\,mol\cdot L^{-1}$ 时，就可以认为沉淀完全了。

3.5.4.3 分步沉淀

前面讨论的沉淀反应都是针对溶液中只有一种离子的情况。实际上，溶液中往往含有多种离子，当加入某种试剂时，可能与溶液中的几种离子发生反应而产生沉淀。在这种情

下,离子的沉淀按什么秩序进行,可根据溶度积规则来进行讨论。

例 3-4 在 I^-、Cl^- 浓度均为 $0.01\text{mol}\cdot L^{-1}$ 的溶液中,逐滴加入 $AgNO_3$ 溶液,可能发生下列反应:

$$Ag^+ + Cl^- = AgCl\downarrow, \quad Ag^+ + I^- = AgI\downarrow$$

两种难溶物质,是同时析出沉淀还是有一种沉淀先析出呢? 根据溶度积规则,显然是银离子浓度较低的碘化银首先析出沉淀,这种先后沉淀的现象叫分步沉淀。

下面,根据溶度积规则,分别计算生成 AgI、AgCl 沉淀所需的 Ag^+ 的最低浓度。

$$[Ag^+]_{AgI} \geq \frac{K_{sp,AgI}^{\ominus}}{[I^-]} = \frac{8.5\times10^{-17}}{0.01} = 8.2\times10^{-15}(\text{mol}\cdot L^{-1})$$

$$[Ag^+]_{AgCl} \geq \frac{K_{sp,AgCl}^{\ominus}}{[Cl^-]} = \frac{1.8\times10^{-10}}{0.01} = 1.8\times10^{-8}(\text{mol}\cdot L^{-1})$$

由计算结果可知,开始沉淀 I^- 所需要 Ag^+ 浓度远比开始沉淀 Cl^- 所需要的 Ag^+ 浓度小得多。当在含有 I^- 和 Cl^- 的混合液中,逐滴加入硝酸银试剂,银离子浓度逐渐增加,AgI 沉淀的溶度积先得到满足,就先生成沉淀。随着 AgI 沉淀的不断析出,溶液中 $[I^-]$ 浓度不断降低,为了继续析出沉淀,$AgNO_3$ 溶液必须继续滴加。当 $[Ag^+]$ 滴加到 $1.8\times10^{-8}\text{mol}\cdot L^{-1}$ 时,AgCl 沉淀才开始沉淀,这时 AgI、AgCl 沉淀同时析出。

当体系中同时含有 AgI、AgCl 两种沉淀时,溶液中的银离子浓度只有一个数值,它同时满足 AgI、AgCl 两个多相离子平衡:

$$[Ag^+][I^-] = K_{sp,AgI}^{\ominus} = 8.5\times10^{-17}$$

$$[Ag^+][Cl^-] = K_{sp,AgCl}^{\ominus} = 1.8\times10^{-10}$$

$$\frac{[Cl^-]}{[I^-]} = 2.12\times10^6$$

所以,当 $[Cl^-] > 2.12\times10^6[I^-]$ 时,AgCl 沉淀开始析出,此时溶液中

$$[I^-] = \frac{0.01}{2.12\times10^6} = 4.7\times10^{-9}(\text{mol}\cdot L^{-1}) \ll 10^{-5}(\text{mol}\cdot L^{-1})$$

说明 AgCl 沉淀开始析出时,$[I^-]$ 已经沉淀完全。可见,对于同一类型的难溶电解质溶度积相差愈大,利用分步沉淀分离效果愈好。

3.5.5 沉淀的溶解

根据溶度积规则,要使沉淀溶解,必须减少该难溶盐饱和溶液中某一离子的浓度,以使离子积小于溶度积。减小离子浓度的方法有以下几种。

3.5.5.1 生成弱电解质

难溶于水的氢氧化物都能溶于酸:

$$Mg(OH)_2(s) \rightleftharpoons Mg^{2+} + 2OH^-$$

$$2HCl \longrightarrow 2Cl^- + 2H^+$$

$$H^+ + OH^- \rightleftharpoons H_2O$$

因为氢氧化镁固体电离出的 OH^- 和酸提供的 H_3O^+ 结合生成了弱电解质 H_2O,使溶液中 OH^- 浓度大大降低,导致离子积小于溶度积,所以平衡向沉淀溶解方向移动。只要加入足

够的酸,氢氧化镁将全部溶解。

在含有碳酸钙的饱和溶液中加入盐酸导致碳酸钙的溶解也是同样的原因,其涉及的有关反应为

$$CaCO_3(s) \rightleftharpoons Ca^{2+} + CO_3^{2-}$$

$$CO_3^{2-} + H^+ \rightleftharpoons HCO_3^-$$

$$HCO_3^- + H^+ \rightleftharpoons H_2CO_3$$

$$H_2CO_3 \rightleftharpoons CO_2 + H_2O$$

3.5.5.2 氧化还原反应

加入氧化剂或还原剂,使某一离子发生氧化还原反应而降低其浓度。对溶度积特别小的难溶电解质(如CuS、PbS),其饱和溶液中的S^{2-}浓度很小,即使加入强酸也不能和浓度很低的S^{2-}作用生成H_2S而使沉淀溶解,但可以用氧化剂氧化S^{2-}使沉淀溶解。反应如下:

$$3CuS + 8HNO_3 \rightleftharpoons 3Cu(NO_3)_2 + 2NO\uparrow + 3S\downarrow + 4H_2O$$

3.5.5.3 生成配合物使沉淀溶解

$$AgCl \rightleftharpoons Ag^+ + Cl^-$$

$$Ag^+ + 2NH_3 \rightleftharpoons [Ag(NH_3)_2]^+$$

由于$[Ag(NH_3)_2]^+$配位离子的生成,降低了Ag^+浓度而使AgCl溶解。

3.5.5.4 沉淀的转化

在含有沉淀的溶液中,加入适当试剂与某一离子结合为更加难溶的物质,称为沉淀的转化。

例如,在白色$BaCO_3$沉淀中,加入淡黄色的铬酸钾试剂后,有黄色沉淀$BaCrO_4$生成。

$$BaCO_3(s) + CrO_4^{2-} \rightleftharpoons BaCrO_4(s) + CO_3^{2-}$$

这一反应之所以能够发生,是由于生成了更难溶解的$BaCrO_4$沉淀。$BaCrO_4$沉淀的生成,降低了溶液中的Ba^{2+}浓度,破坏了$BaCO_3$的沉淀-溶解平衡,使$BaCO_3$溶解。

习 题

1. 计算下列溶液的pH值:

(1)将pH分别为8.00和10.00的NaOH溶液等体积混合后溶液的pH值;

(2)将pH为2.00的强酸和pH为13.00的强碱溶液等体积混合后溶液的pH值。

2. 指出下列各物种在水溶液中,哪些是质子酸?哪些是质子碱?哪些是两性的?它们相应的共轭碱或共轭酸是什么?

Ac^-;NH_4^+;HF;CH_3NH_2;$Al(H_2O)_6^{3+}$;HSO_4^-;PO_4^{3-};HCOOH

3. 在氨水中加入下列物质时,$NH_3 \cdot H_2O$的质子转移平衡将向什么方向移动?

(1)加氯化铵;(2)加氢氧化钠;(3)加盐酸

4. 含0.86% NH_3,密度为$0.99 g \cdot mL^{-1}$的$NH_3 \cdot H_2O$中OH^-浓度和pH值各为多少?(已知$K_{b,NH_3 \cdot H_2O}^{\ominus} = 1.80 \times 10^{-5}$)

5. 计算$0.10 mol \cdot L^{-1} H_2C_2O_4$的溶液中$[H^+]$、$[HC_2O_4^-]$、$[C_2O_4^{2-}]$以及pH值。(已知$H_2C_2O_4$的$K_{a1}^{\ominus} = 5.90 \times 10^{-2}$,$K_{a2}^{\ominus} = 6.46 \times 10^{-5}$)

6. 已知浓度为 0.10mol·L^{-1} 的某钠盐 NaX 溶液的 pH=10.0。试计算弱酸 HX 的离解常数 $K_a^{\ominus}$。

7. 欲配制 pH=4.19 的缓冲溶液,需要 $H_2C_2O_4$ 与 NaOH 固体的物质的量之比是多少?(已知 $H_2C_2O_4$ 的 $K_{a1}^{\ominus}=5.90\times10^{-2}$, $K_{a2}^{\ominus}=6.46\times10^{-5}$)

8. 某一元弱酸与 36.12cm^3、0.10mol·L^{-1} 的氢氧化钠中和;此时,再加入 18.06cm^3、0.10mol·L^{-1} 的盐酸溶液,测得溶液的 pH=4.92,计算该弱酸的离解常数。

9. 强电解质和弱电解质有何区别?它们在水溶液中以什么形式存在?

10. 离子的活度因子与离子强度之间的关系是什么?

第4章 氧化还原反应

化学反应是多种多样的。如果在化学反应中某些元素的氧化态发生了变化,则这类反应就是氧化还原反应;否则就不是氧化还原反应(如酸碱反应、沉淀反应等)。利用氧化还原反应,能制成各种电池,将化学能转变为电能;金属的腐蚀是氧化还原反应作用的结果;分析化学中的氧化还原滴定法的基础是氧化还原反应;在生命活动中,能量是直接依靠营养物质的氧化而获得的。

4.1 氧化还原反应的基本概念

4.1.1 氧化还原反应

在氧化还原反应中,物质中元素氧化值升高的过程称为氧化反应,该物质是还原剂;物质中元素氧化值降低的过程称为还原反应,该物质是氧化剂;在氧化还原反应中,氧化剂氧化值降低的总数与还原剂氧化值升高的总数相等。

氧化还原反应根据氧化值的变化情况可以分为三类:①一般氧化还原反应:氧化值的升高或降低发生在两种或两种以上的物质之间的反应。②自身氧化还原反应:氧化值的升高或降低发生在同一物质的不同元素上的反应。③歧化反应:氧化值的升高或降低发生在同一物质内同一元素上的反应。例如:

$$CuO + H_2 \xrightarrow{\triangle} Cu + H_2O \tag{4-1}$$

$$KClO_3(s) \xrightarrow{\triangle} KCl(s) + \frac{3}{2}O_2(g) \tag{4-2}$$

$$Cl_2 + H_2O \Longrightarrow HCl + HClO \tag{4-3}$$

反应(4-1)、(4-2)、(4-3)分别属于一般氧化还原反应、自身氧化还原反应和歧化反应。

4.1.2 氧化数

氧化数又称氧化值。1970年国际纯化学和应用化学协会对氧化数定义为:氧化数是某元素一个原子的荷电数,是假设把每个键中的电子指定给电负性更大的原子而求得的。

确定氧化数的规则如下:

(1)在单质中,元素的氧化数都为零,如 Fe、H_2、N_2 等物质中,元素氧化数都为零。

(2)氧的氧化数在正常氧化物中都为 -2。例外的是在过氧化物(如 H_2O_2、Na_2O_2 等)中,氧的氧化值为 -1;在超氧化物(如 KO_2)中,氧的氧化值为 $-1/2$;在氟化氧(OF_2)中,氧的氧化值为 $+2$。

(3)氢除了在活泼金属氢化物(如 NaH、CaH_2)中为 -1 外,在一般化合物中的氧化数都为 $+1$。

(4)氟在化合物中的氧化数皆为 -1。

(5) 在离子型化合物中,元素原子的氧化数等于该原子的离子电荷。

(6) 在共价化合物中,将属于两原子的共用电子对指定给两原子中电负性更大的原子后,在两原子上形成的电荷数就是它们的氧化数。所以,共价化合物中元素的氧化数是原子在化合状态时的一种"形式电荷数"。

(7) 在结构未知的化合物中,某元素的氧化数可按下述规则求得:分子或离子的总电荷数等于各元素氧化数的代数和。分子的总电荷数等于零。

根据以上规则,就可以计算出各种化合物中不同元素的氧化数。例如,NaOH 中 Na 的氧化数为 +1,H_2SO_4 中 S 的氧化数为 +6,但 Fe_3O_4 中铁的氧化数则为 $+\frac{8}{3}$。在 Fe_3O_4 中,铁的氧化数实际是 2 个 Fe(Ⅲ) 和 1 个 Fe(Ⅱ) 的平均值,又称为平均氧化数。硫代硫酸钠中硫的氧化数为 $+\frac{5}{2}$,也是平均氧化数。

总之,氧化数是按一定规则指定的形式电荷的数值,它可以是正数、负数、分数。

4.1.3 氧化还原电对

在氧化还原反应中,失去电子的物质使另一物质得到电子被还原,则失去电子的物质是还原剂;还原剂失去电子后本身被氧化。在这一反应中得到电子的物质是氧化剂,氧化剂得到电子后本身被还原。例如,金属锌和硫酸铜溶液之间的反应:

$$Cu^{2+} + Zn \rightleftharpoons Cu + Zn^{2+} \tag{4-4}$$

该氧化还原反应由如下两个"半反应":

$$Zn - 2e \rightleftharpoons Zn^{2+} \tag{4-5}$$

$$Cu^{2+} + 2e \rightleftharpoons Cu \tag{4-6}$$

组成。在半反应(4-5)中,锌元素的两个不同氧化态 Zn 和 Zn^{2+} 之间可以相互转化。在半反应中,同一元素的两个不同氧化态的物种组成电对。由 Zn^{2+} 和 Zn 组成的电对可表示为 Zn^{2+}/Zn。电对中氧化数较大的物种为"氧化型",氧化数较小的物种为"还原型"。通常电对表示为"氧化型/还原型"。

4.2 氧化还原反应方程式的配平

书写氧化还原反应方程式时,为了表现反应物和生成物之间的定量关系,方程式需要配平。氧化还原反应方程式配平有两个基本要求:首先,氧化剂和还原剂的氧化数变化必须相等;其次,方程式两边的各种元素的原子数必须相等。这里只介绍通用的氧化数法和离子-电子法两种配平方法。

4.2.1 氧化数法

下面以制取氯气的高锰酸钾与盐酸的反应为例,说明用氧化数法配平氧化还原反应方程式的步骤:

(1) 根据实验结果写出主要反应物和生成物的化学式,标出氧化数有变化的元素的氧化数。用生成物的氧化数减去反应物的氧化数,计算出氧化剂元素氧化数降低的值和还原剂元素氧化数增加的值。

$$\text{KMnO}_4 + \text{HCl} \longrightarrow \text{MnCl}_2 + \text{Cl}_2$$

上方标注：$+7$, -1, $+2$, 0；$2[0-(-1)]=+2$；下方标注：$2-7=-5$

(2)根据氧化剂中元素氧化数降低的数值和还原剂中氧化数升高的数值必须相等的原则,在氧化剂和还原剂的化学式前,各乘以适当系数。

$$2\text{KMnO}_4 + 10\text{HCl} \longrightarrow 2\text{MnCl}_2 + 5\text{Cl}_2$$

(3)配平反应前后氧化数没有发生变化的原子数,简称"原子数配平"。通常用观察法。

$$2\text{KMnO}_4 + 16\text{HCl} =\!=\!= 2\text{MnCl}_2 + 5\text{Cl}_2 + 2\text{KCl} + 8\text{H}_2\text{O}$$

注意:配平过程最关键的步骤是要求氧化剂和还原剂有关元素氧化数的变化相等。但是难点却常在未发生氧化数变化的原子数配平,特别是氢、氧原子的配平。对于反应前后氧原子数不等的情况,配平氧原子的规律大致如下:① 反应物中氧原子数多了,需要提供氢原子来结合。在酸性介质中,加 H^+；中性、碱性介质中,则加 H_2O,由 H_2O 提供氢原子,与氧原子结合。②若反应物中氧原子数少了,若为酸性介质,加 H_2O 提供氧原子;若为碱性介质,则加 OH^-。

氧化数法的优点是,不仅可以配平水溶液中的反应,也适用于非水溶液、高温的反应。

4.2.2 离子-电子法

离子-电子法配平的主要步骤是:①确定氧化剂和还原剂,并用离子式写出主要的反应物和生成物;②分别写出氧化剂被还原和还原剂被氧化的两个半反应方程式;③分别配平两个半反应方程式,使每个半反应方程式等号两边的电荷数相等,并且各种元素的原子总数各自相等;④找出两个半反应方程式中得失电子数目的最小公倍数,将两个半反应方程式中各项分别乘以适当系数,使得失电子数相同;⑤将两个半反应结合,消去电子,得到配平的氧化还原反应离子方程式。根据需要,改写为分子方程式。

下面,以酸性溶液中 KMnO_4 和 $\text{Na}_2\text{C}_2\text{O}_4$ 的反应为例进行说明。

(1)写出离子反应方程式

$$\text{MnO}_4^- + \text{C}_2\text{O}_4^{2-} + \text{H}^+ \longrightarrow \text{Mn}^{2+} + \text{CO}_2 + \text{H}_2\text{O}$$

(2)写出两个半反应式并配平

$$\text{MnO}_4^- + 8\text{H}^+ + 5e =\!=\!= \text{Mn}^{2+} + 4\text{H}_2\text{O}$$

$$\text{C}_2\text{O}_4^{2-} - 2e =\!=\!= 2\text{CO}_2$$

(3)调整两个半反应,使得失电子数相同

$$2\text{MnO}_4^- + 16\text{H}^+ + 10e =\!=\!= 2\text{Mn}^{2+} + 8\text{H}_2\text{O}$$

$$5\text{C}_2\text{O}_4^{2-} - 10e =\!=\!= 10\text{CO}_2$$

(4)合并两个半反应方程式

$$2\text{MnO}_4^- + 5\text{C}_2\text{O}_4^{2-} + 16\text{H}^+ =\!=\!= 2\text{Mn}^{2+} + 10\text{CO}_2 + 8\text{H}_2\text{O}$$

(5)将离子反应式改为分子反应式

$$2\text{KMnO}_4 + 5\text{Na}_2\text{C}_2\text{O}_4 + 8\text{H}_2\text{SO}_4 \longrightarrow 2\text{MnSO}_4 + 10\text{CO}_2 + 8\text{H}_2\text{O} + \text{K}_2\text{SO}_4 + 5\text{Na}_2\text{SO}_4$$

4.3 原电池

4.3.1 原电池的概念

原电池是一种借助于氧化还原反应将化学能直接转变为电能的装置，其必须满足以下三个条件才能使电荷定向移动有秩序地交换：有一个可以自发进行的氧化还原反应；氧化反应和还原反应要分别在两个电极上自发进行；组装成的内外电路要构成通路。

把锌片插入硫酸铜溶液中后，就会发生如下的氧化还原反应：

$$Zn + Cu^{2+} \rightleftharpoons Zn^{2+} + Cu$$

反应中释放出的化学能转变为热能，随着反应的进行溶液的温度有所升高，由于锌和硫酸铜溶液直接接触，电子从锌原子直接转移到铜离子上，这里电子的流动是无秩序的，所以得不到电流。但如果把该反应设计在如图 4-1 所示的原电池装置上进行，就能够把化学能转变为电能，使电子发生定向移动而产生电流。

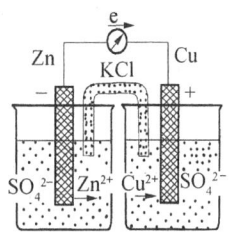

图 4-1 铜-锌原电池

图 4-1 的装置使氧化还原反应的两个半反应分别在两个烧杯中进行，以避免电子的直接转移。在两个容器中分别装入 $ZnSO_4$、$CuSO_4$ 溶液，在 $ZnSO_4$ 溶液中插入锌片，在 $CuSO_4$ 溶液中插入铜片，两金属片之间用导线联接，并在导线中串联一个检流计。两个烧杯中的溶液用一个充满电解质溶液（一般用饱和氯化钾溶液和琼脂做成的胶冻，其特点是溶液不会流出，但离子又可在其中自由移动）的 U 形管联通，这种 U 形管装置称为"盐桥"。

接通电路后可以观察到：①取出盐桥，检流计指针返回到零点；放回盐桥，检流计指针重新发生偏转；说明盐桥起了使整个装置构成通路的作用。②检流计指针发生偏转，说明金属导线上有电流通过，根据指针偏转的方向可以判断电子是从锌片流向铜片，锌片是负极，铜片是正极。③铜片上有金属铜沉积上去，锌片则被溶解。

以上现象涉及的电极反应如下：

$$Zn - 2e \rightleftharpoons Zn^{2+}, \quad Cu^{2+} + 2e \rightleftharpoons Cu$$

电池总反应为

$$Zn + Cu^{2+} \rightleftharpoons Zn^{2+} + Cu$$

在反应进行的每一瞬间，$ZnSO_4$ 溶液中因 Zn^{2+} 过多而带正电荷，而 $CuSO_4$ 溶液因为 SO_4^{2-} 过多（注：Cu^{2+} 变为了 Cu）而带负电荷。如果溶液不能保持电中性，放电作用将会不能继续进行，导线上就不再有电流通过。但由于盐桥中的 Cl^-、K^+ 分别不断地向 $ZnSO_4$ 溶液、$CuSO_4$ 溶液中扩散，能够中和溶液中过剩的电荷，让溶液保持电中性，使得失电子的作用持续进行。

上述铜-锌原电池是由两个半电池组成，铜片和硫酸铜溶液组成一个半电池，锌片和硫酸锌溶液组成另外一个半电池。两个半电池用盐桥连接，并分别对应着 Cu^{2+}/Cu 电对和 Zn^{2+}/Zn 电对。在电极金属和溶液界面上发生的反应（半反应），称为电极反应或半电池反应。

4.3.2 原电池符号

为了表示方便,原电池可以用一定的符号表示,有关规定如下:

(1)习惯上把负极写在左边,正极写在右边,并分别用符号"(-)"和"(+)"标明负极、正极。

(2)半电池中两相之间的界面用符号"│"表示;同相的不同物种之间用符号","隔开。

(3)溶液要注明活度或浓度,气体要注明分压。

(4)连接两个半电池之间的盐桥用符号"‖"表示。

(5)如果组成电极的物质中没有电极导体,则需要外加一惰性电极(能够导电但又不参与电极反应,如铂、石墨电极等)作导体。

例 4-1 设计下列氧化还原反应对应的原电池符号。

$$2MnO_4^- + 16H^+ + 10Cl^- = 2Mn^{2+} + 5Cl_2 + 8H_2O$$

解 ①写出两个半反应

负极: $2Cl^- = Cl_2 + 2e$

正极: $MnO_4^- + 8H^+ + 5e = Mn^{2+} + 4H_2O$

②写出负极和正极的符号

负极符号: $Pt│Cl_2(g)│Cl^-$

正极符号: $Pt│MnO_4^-, Mn^{2+}, 8H^+$

③写出原电池符号

$(-)Pt│Cl_2(g)│Cl^- ‖ MnO_4^-, Mn^{2+}, H^+│Pt(+)$

同理,铜-锌原电池符号书写如下:

$(-)Zn│ZnSO_4(c_1) ‖ CuSO_4(c_2)│Cu(+)$

4.3.3 原电池的电极类型

原电池中电极大致可以分为四种类型。

(1)金属-金属离子电极:金属置于含有该金属离子的盐溶液中构成的电极。例如,Cu^{2+}/Cu 电对和 Zn^{2+}/Zn 电对形成的电极。

(2)气体-离子电极:气体吸附在惰性导电材料(如铂、石墨等)上构成的电极。例如,氢电极(H^+/H_2)和氯电极(Cl_2/Cl^-)。

(3)金属-金属难溶盐电极:金属表面涂以该金属难溶盐,再浸入与该难溶盐具有相同阴离子的溶液中构成的电极。例如,表面涂有 AgCl 的银丝浸在 HCl 溶液中构成的 Ag-AgCl 电极。

(4)氧化还原电极:将惰性导电材料(铂或石墨)放在含有同一元素不同氧化数的两种离子的溶液中构成的电极。例如,Pt 浸入含有 Fe^{3+} 和 Fe^{2+} 的溶液中构成的电极。

4.4 电极电势

4.4.1 电极电势的形成

在前面的铜-锌原电池中,电流从铜极流向锌极,说明铜极电极电势比锌极高,这和金属在溶液中的情况有关。

在金属晶体中,有金属离子和自由运动的电子存在,当把金属放入含有该金属离子的盐溶液中时,就会产生两种反应倾向:一方面,金属 M 表面的离子进入溶液和水分子结合成为水合离子,反应式如下:

$$M(s) \longrightarrow M^{n+}(aq) + ne^-$$

另一方面,溶液中的水合离子有从金属表面获得电子,沉积到金属上的倾向:

$$M^{n+}(aq) + ne^- \longrightarrow M(s)$$

金属开始溶解时,溶液中的金属离子浓度小,溶解趋势占优势。当 M^{n+} 达到一定浓度后,M^{n+} 再向溶液中的转移就遇到困难,速度逐步下降。另外,当金属离子 M^{n+} 不断脱离金属表面进入溶液的同时,金属表面负电荷增多,M^{n+} 沉积到金属表面的速度也会不断增大。当金属的溶解速度等于金属离子的沉积速度时,金属的溶解和沉积就达到了动态平衡:

$$M(s) \rightleftharpoons M^{n+}(aq) + ne^-$$

此时,如果金属溶解趋势大于金属离子沉积趋势,则达到平衡时就会形成如图 4-2a 所示的双电层结构。相反,如果金属溶解趋势小于金属离子沉积趋势,则达到平衡时就会形成如图 4-2b 所示的双电层结构。在金属表面和溶液的界面处形成的这种双电层结构,会产生电势差。这种产生在金属和它的盐溶液之间的电势差称为金属的电极电势。

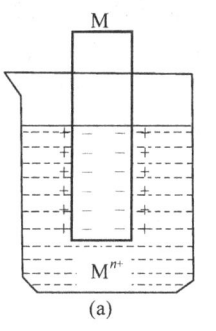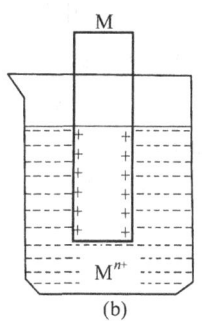

图 4-2 金属的电极电势

影响电极电势差的因素有电极的本性、温度、介质、离子浓度等。当外界条件一定时,电极电势差的高低就取决于电极的本性。对金属电极,则取决于金属离子化倾向的大小。

电极电势表示符号为 φ。

4.4.2 标准电极电势

当离子浓度、温度等因素一定时,电极的电极电势主要取决于金属离子化倾向的大小。由金属电极电势的数值,可以比较不同金属及其离子在溶液中得失电子的能力,从而可以判别溶液中氧化剂、还原剂的强弱。电极电势的绝对值无法测量,为了测量各种电极的电极电势,人们选择标准氢电极的电势作为标准,定为零。当标准氢电极和待测电极组成电池后,通过测量其电动势,就可以获得各种电极的相对数值。通常所说的某电极的"电极电势"就是相对电极电势。

4.4.2.1 标准氢电极

标准氢电极构造如图 4-3 所示。

将铂片表面镀上一层蓬松的铂黑(细粉状的铂),浸入 H^+ 浓度为 $1mol·L^{-1}$ 的酸溶液中(如硫酸)。不断通入压力为 101.3kPa 的氢气流,使 H_2 在铂黑电极上的吸附达到饱和。此时,吸附在铂黑上的 H_2 和溶液中的 H^+ 建立如下平衡:

$$2H^+(aq) + 2e = H_2(g)$$

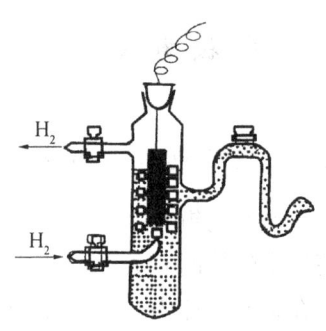

图 4-3 标准氢电极

101.3 kPa 氢气饱和了的铂片和 H^+ 浓度为 $1mol·L^{-1}$ 的酸溶液之间所产生的电势差就是标准氢电极的电极电势,定为零:

$$\varphi^{\ominus}_{H^+/H_2} = 0.0000V$$

标准氢电极的符号为

$$Pt \mid H_2(101.3\ kPa) \mid H^+(1mol·L^{-1})$$

在任何温度下都规定标准氢电极的电极电势为零,实际上电极电势同温度有关。所以,标准氢电极只是一种理想电极。

4.4.2.2 标准电极电势的测定

标准氢电极与其他各种标准状态下的电极组成原电池,标准氢电极在左边,用实验方法测得的这个原电池的电动势数值,就是该电极的标准电极电势,通常测定的温度是 298K。

标准状态是指电池反应中各离子浓度为 $1mol·L^{-1}$,气体分压为 101.3 kPa,液体或固体都是纯净物质。

例如,设计如图 4-4 所示的装置,可以测定 Zn^{2+}/Zn 电对的标准电极电势。当锌半电池与标准氢电极组成原电池

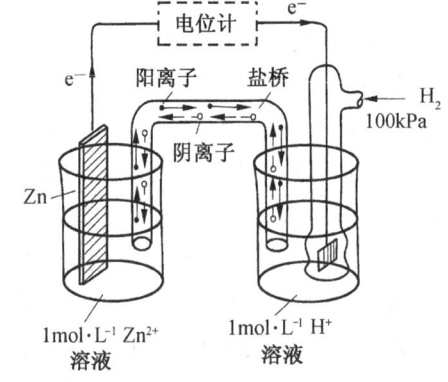

图 4-4 测定锌电极标准电势的装置

$$(-)Pt, H_2 \mid H^+(1mol·L^{-1}) \parallel Zn^{2+}(1mol·L^{-1}) \mid Zn(+)$$

时,电池反应为

$$\frac{1}{2}H_2 + \frac{1}{2}Zn^{2+} \longrightarrow H^+ + \frac{1}{2}Zn$$

标准状态下测得该电池的电动势为

$$E^{\ominus} = 0.7628V$$

根据电流的方向可以判断出标准氢电极为正极、锌极为负极。所以

$$E^{\ominus} = \varphi^{\ominus}_{H^+/H_2} - \varphi^{\ominus}_{Zn^{2+}/Zn}$$

$$\varphi^{\ominus}_{Zn^{2+}/Zn} = \varphi^{\ominus}_{H^+/H_2} - E^{\ominus} = 0.0000 - 0.7628 = -0.7628(V)$$

实验测得的电池电动势总为正值,而电极电势可以为正值、负值。电极电势的正、负是相对于标准氢电极的电势值零而言的。一些常见电极的标准电极电势列于表 4-1。

表 4-1 部分电极的标准电极电势(25℃)

电对 (氧化型/还原型)	电极反应(氧化型 + ne ⇌ 还原型)		$\varphi_A^\ominus$/V (酸性溶液)
Li^+/Li	$Li^+ + e \rightleftharpoons Li$	↑	−3.0451
Ca^{2+}/Ca	$Ca^{2+} + 2e \rightleftharpoons Ca$		−2.87
Al^{3+}/Al	$Al^{3+} + 3e \rightleftharpoons Al$		−1.66
Zn^{2+}/Zn	$Zn^{2+} + 2e \rightleftharpoons Zn$		−0.763
Fe^{2+}/Fe	$Fe^{2+} + 2e \rightleftharpoons Fe$		−0.440
Pb^{2+}/Pb	$Pb^{2+} + 2e \rightleftharpoons Pb$	氧化型的氧化能力增强	−0.126
H^+/H_2	$2H^+ + 2e \rightleftharpoons H_2$		0.00000
Sn^{4+}/Sn^{2+}	$Sn^{4+} + 2e \rightleftharpoons Sn^{2+}$		0.154
Cu^{2+}/Cu	$Cu^{2+} + 2e \rightleftharpoons Cu$		0.337
I_2/I^-	$I_2 + 2e \rightleftharpoons 2I^-$		0.534
Fe^{3+}/Fe^{2+}	$Fe^{3+} + e \rightleftharpoons Fe^{2+}$	还原型的还原能力增强	0.771
Br_2/Br^-	$Br_2(l) + 2e \rightleftharpoons 2Br^-$		1.065
O_2/H_2O	$O_2 + 4H^+ + 4e \rightleftharpoons 2H_2O$		1.229
$Cr_2O_7^{2-}$/Cr^{3+}	$Cr_2O_7^{2-} + 14H^+ + 6e \rightleftharpoons 2Cr^{3+} + 7H_2O$		1.33
Cl_2/Cl^-	$Cl_2(g) + 2e \rightleftharpoons 2Cl^-$		1.36
MnO_4^-/Mn^{2+}	$MnO_4^- + 8H^+ + 5e \rightleftharpoons Mn^{2+} + 4H_2O$		1.51
H_2O_2/H_2O	$H_2O_2 + 2H^+ + 2e \rightleftharpoons 2H_2O$		1.77
F_2/F^-	$F_2(g) + 2e \rightleftharpoons 2F^-$	↓	2.87

电对 (氧化型/还原型)	电极反应(氧化型 + ne ⇌ 还原型)		$\varphi_B^\ominus$/V (碱性介质)
$Ca(OH)_2$/Ca	$Ca(OH)_2 + 2e \rightleftharpoons Ca + 2OH^-$	↑	−3.02
ZnO_2^{2-}/Zn	$ZnO_2^{2-} + 2H_2O + 2e \rightleftharpoons Zn + 4OH^-$		−1.216
$Fe(OH)_2$/Fe	$Fe(OH)_2 + 2e \rightleftharpoons Fe + 2OH^-$	氧化型的氧化能力增强	−0.88
H_2O/H_2	$2H_2O + 2e \rightleftharpoons H_2 + 2OH^-$		−0.828
$Fe(OH)_3$/$Fe(OH)_2$	$Fe(OH)_3 + e \rightleftharpoons Fe(OH)_2 + OH^-$		−0.56
$Cu(OH)_2$/Cu	$Cu(OH)_2 + 2e \rightleftharpoons Cu + 2OH^-$	还原型的还原能力增强	−0.222
CrO_4^{2-}/$Cr(OH)_3$	$CrO_4^{2-} + 4H_2O + 3e \rightleftharpoons Cr(OH)_3 + 5OH^-$		−0.13
O_2/OH^-	$O_2 + 2H_2O + 4e \rightleftharpoons 4OH^-$		0.401
MnO_4^-/MnO_4^{2-}	$MnO_4^- + e \rightleftharpoons MnO_4^{2-}$		0.558
HO_2^-/OH^-	$HO_2^- + H_2O + 2e \rightleftharpoons 3OH^-$	↓	0.878

使用标准电极电势数据时,需明确:

(1)标准电极电势的数值与半反应的方向无关。例如,铜标准电极与锌标准电极组成原电池时,铜极为正极,电极反应为 $Cu^{2+} + 2e \longrightarrow Cu$;而其与银标准电极组成原电池时,铜极为负极,电极反应为 $Cu - 2e \longrightarrow Cu^{2+}$。无论作正极还是负极,电对 Cu^{2+}/Cu 的标准电极电势都为 0.347V。

(2)同一物质在不同的介质中,其标准电极电势不同。例如,在酸性介质中,电对

MnO_4^-/Mn^{2+} 标准电极电势为 1.507V;在强碱性介质中,电对 MnO_4^-/MnO_4^{2-} 标准电极电势为 0.558V;在中性介质中,电对 MnO_4^-/MnO_2 标准电极电势为 0.595V。

(3)对于相同介质中的同一种电对,标准电极电势数值与半反应计量系数无关。例如,$O_2 + 4H^+ + 4e \longrightarrow 2H_2O$ 和 $1/2O_2 + 2H^+ + 2e \longrightarrow H_2O$,电对 O_2/H_2O 标准电极电势都等于 +1.23V。

(4)标准电极电势没有加合性。

4.5 影响电极电势的因素

4.5.1 能斯特方程式

4.5.1.1 电极反应的能斯特方程式

电极电势的大小取决于电对的本性,还与溶液中离子的浓度、反应温度、气体的压力等因素有关。1889 年能斯特(Nernst)推导出电极电势与氧化态(Ox)、还原态(Red)物质浓度的定量关系式。对任一电极反应

$$a\text{Ox} + ne^- \rightleftharpoons b\text{Red}$$

其氧化还原电对的电极电势(φ)可由下式求得:

$$\varphi = \varphi^{\ominus} + \frac{RT}{nF} \ln \frac{a_{\text{Ox}}^a}{a_{\text{Red}}^b} \tag{4-7}$$

该公式称为能斯特方程式。式中,φ 为某电对的电极电势,单位为 V;$\varphi^{\ominus}$ 为某电对的标准电极电势,单位为 V;$R = 8.314\text{J}\cdot\text{mol}^{-1}\cdot\text{K}^{-1}$;$F = 96485\text{C}\cdot\text{mol}^{-1}$(法拉第常数);$T$ 为热力学温度,单位为 K;n 为电极反应中转移的电子数;a、b 为电极反应式中的化学计量系数;a_{Ox}、a_{Red} 分别表示电极反应式中氧化态物质、还原态物质的活度。如果是稀溶液,$a = c/c^{\ominus}$($c^{\ominus} = 1\text{mol/L}$);如果是压力较低的气体,$a = p/p^{\ominus}$($p^{\ominus} = 100\text{kPa}$);如果是固体或纯液体,$a = 1$。

当温度为 298.15K 时,能斯特方程式变换为

$$\varphi = \varphi^{\ominus} + \frac{0.05916}{n} \lg \frac{a_{\text{Ox}}^a}{a_{\text{Red}}^b} \tag{4-8}$$

书写能斯特方程式时,应该注意以下几点:

(1)若组成电极电对的某一物质是固体或纯液体(其浓度规定为1),它们不出现在能斯特方程式中。如果是气体物质,则以气体的相对分压($p/p^{\ominus}$,$p^{\ominus} = 100\text{kPa}$)代入计算。

(2)若在电极反应式中氧化态、还原态物质前的化学计量系数不等于1,则氧化态物质和还原态物质的活度是以各自的化学计量系数作为指数。

(3)若在电极反应中,有 H^+ 或 OH^- 参加了反应,则这些离子的浓度也应该根据配平的电极反应式写在能斯特方程式中,但 H_2O 作为纯液体不写入。

在实际工作中,通常知道溶液的浓度而不是活度,所以在使用浓度代入能斯特方程式计算电极电势时,需要引入活度系数,此时式(4-8)变形为

$$\varphi = \varphi^{\ominus} + \frac{0.05916}{n} \lg \frac{\{[\text{Ox}]\cdot\gamma_{\text{Ox}}\}^a}{\{[\text{Red}]\cdot\gamma_{\text{Red}}\}^b} \tag{4-9}$$

在溶液的离子强度不大时,可忽略离子强度的影响,以浓度代替活度进行近似计算:

$$\varphi = \varphi^{\ominus} + \frac{0.05916}{n} \lg \frac{[\text{Ox}]^a}{[\text{Red}]^b} \tag{4-10}$$

例 4-2 根据电极反应,写出对应的能斯特方程表达式。

(1) $$Zn^{2+} + 2e \Longrightarrow Zn$$

$$\varphi_{Zn^{2+}/Zn} = \varphi^{\ominus}_{Zn^{2+}/Zn} + \frac{0.05916}{2} \lg \frac{c_{Zn^{2+}}}{c^{\ominus}}$$

(2) $$Br_2(l) + 2e \Longrightarrow 2Br^{-}$$

$$\varphi_{Br_2/Br^-} = \varphi^{\ominus}_{Br_2/Br^-} + \frac{0.05916}{2} \lg \frac{1}{(c_{Br^-}/c^{\ominus})^2}$$

(3) $$O_2 + 4H^+ + 4e \Longrightarrow 2H_2O$$

$$\varphi_{O_2/H_2O} = \varphi^{\ominus}_{O_2/H_2O} + \frac{0.05916}{4} \lg \frac{P_{O_2}}{P^{\ominus}} \cdot (c_{H^+}/c^{\ominus})^4$$

(4) $$Cr_2O_7^{2-} + 14H^+ + 6e \Longrightarrow 2Cr^{3+} + 7H_2O$$

$$\varphi_{Cr_2O_7^{2-}/Cr^{3+}} = \varphi^{\ominus}_{Cr_2O_7^{2-}/Cr^{3+}} + \frac{0.05916}{6} \lg \frac{(c_{Cr_2O_7^{2-}}/c^{\ominus})(c_{H^+}/c^{\ominus})^{14}}{(c_{Cr^{3+}}/c^{\ominus})^2}$$

4.5.1.2 电池的电动势和化学反应吉布斯自由能的关系

在等温等压下,体系吉布斯自由能的减少等于体系对外所做的最大有用功(非膨胀功)。在电池反应中,如果非膨胀功只有电功一种,则反应过程中吉布斯自由能的降低就等于电池所做的最大电功(W'_R)。即

$$-\Delta_r G_m = W'_R$$

电功(W'_R)等于电池的电动势(E)和通过电量(Q)的乘积,即

$$W'_R = E \cdot Q$$

如果在电池反应中发生了 n mol 电子转移,根据法拉第定律有

$$Q = nF$$

式中,F 为法拉第常数。所以

$$-\Delta_r G_m = W'_R = E \cdot Q = nFE$$

$$\Delta_r G_m = -nFE \tag{4-11}$$

这就是电池反应的电动势与其吉布斯自由能的关系。若参与电池反应的各物质均处于标准态,则又有

$$\Delta_r G_m^{\ominus} = -nFE^{\ominus} \tag{4-12}$$

由 $\Delta_r G_m^{\ominus}$(或 $E^{\ominus}$)可以判断氧化还原反应进行的方向和限度($E^{\ominus} > 0$,反应能自动进行;$E^{\ominus} < 0$,反应不能自动进行;$E^{\ominus} = 0$,反应处于平衡状态)。

4.5.2 溶液酸度对电极电势的影响

在许多电极反应中,H^+ 或 OH^- 的氧化数虽然没有变化,却参与了电极反应,它们浓度的改变对电极电势会产生影响。

对重铬酸根和铬离子的电极反应

$$Cr_2O_7^{2-} + 14H^+ + 6e \Longrightarrow 2Cr^{3+} + 7H_2O \quad (\varphi^{\ominus}_{Cr_2O_7^{2-}/Cr^{3+}} = 1.33\text{V})$$

氢离子在氧化型中出现,参与了电极反应,反应后生成水。氢离子浓度和电极电势的关系,根据能斯特方程可表示如下:

$$\varphi_{Cr_2O_7^{2-}/Cr^{3+}} = \varphi^{\ominus}_{Cr_2O_7^{2-}/Cr^{3+}} + \frac{0.05916}{6}\lg\frac{(c_{Cr_2O_7^{2-}}/c^{\ominus})(c_{H^+}/c^{\ominus})^{14}}{(c_{Cr^{3+}}/c^{\ominus})^2}$$

如果将重铬酸根和铬离子浓度都固定为 $1mol\cdot L^{-1}$,只改变氢离子浓度,电极电势计算如下:

① $[H^+] = 1.00 mol\cdot L^{-1}$,则

$$\varphi_{Cr_2O_7^{2-}/Cr^{3+}} = \varphi^{\ominus}_{Cr_2O_7^{2-}/Cr^{3+}} = 1.33V$$

② $[H^+] = 1.00\times 10^{-3} mol\cdot L^{-1}$,则

$$\varphi_{Cr_2O_7^{2-}/Cr^{3+}} = 1.33 + \frac{0.05916\times 14}{6}\lg[1.00\times 10^{-3}] = 0.916(V)$$

所以,当溶液 H^+ 浓度由 $1.00 mol\cdot L^{-1}$ 改变到 $1.00\times 10^{-3} mol\cdot L^{-1}$ 时,电极电势降低了 $1.33 - 0.916 = 0.41(V)$,说明酸度对电极电势有重要影响。

在上述电极反应中,由于氢离子浓度项的指数很大,氢离子浓度成为控制电极电势的重要因素。在酸性溶液中,重铬酸钾能氧化的某些物质,在中性溶液中就不一定能氧化了。

4.5.3 离子浓度改变对电极电势的影响

根据能斯特方程可以求出离子浓度改变时电极电势的变化。改变离子浓度的方式很多,例如,反应进行时离子浓度会变化;稀释可以改变离子的浓度;向体系中加入沉淀剂或配位剂,生成沉淀或配合物时,离子浓度也会发生改变。下面,分别举例说明。

例 4-3 求 298K 时金属锌放在 $0.1 mol\cdot L^{-1} Zn^{2+}$ 溶液中的电极电势。($\varphi^{\ominus}_{Zn^{2+}/Zn} = -0.7628V$)

解 $$Zn - 2e \rightleftharpoons Zn^{2+}$$

$$\varphi_{Zn^{2+}/Zn} = \varphi^{\ominus}_{Zn^{2+}/Zn} + \frac{0.05916}{2}\lg[Zn^{2+}] = -0.7924(V)$$

计算结果表明,氧化型物质浓度降低时,电极电势更负,正值减小。

溶液中金属离子的沉淀或配合物的生成也会使溶液中游离的离子浓度减少。因此,沉淀的析出或配合物的形成可以使电极电势值发生改变。

例 4-4 在含有 Cu^{2+} 和 Cu^+ 的溶液中,加入 KI 达到平衡时,$[I^-] = [Cu^{2+}] = 1 mol\cdot L^{-1}$。求 298.15K 时,此电极的电极电势(已知 $\varphi^{\ominus}_{Cu^{2+}/Cu^+} = 0.153V$ $K^{\ominus}_{sp,CuI} = 1.1\times 10^{-12}$)。

解 $$Cu^+ + I^- \rightleftharpoons CuI(s), \quad K^{\ominus}_{sp,CuI} = [Cu^+][I^-]$$

所以, $$[Cu^+] = \frac{K^{\ominus}_{sp,CuI}}{[I^-]} = 1.1\times 10^{-12}(mol\cdot L^{-1})$$

对电极反应 $Cu^{2+} + e \rightleftharpoons Cu^+$,根据能斯特方程有

$$\varphi_{Cu^{2+}/Cu^+} = \varphi^{\ominus}_{Cu^{2+}/Cu^+} + \frac{0.05916}{1}\lg\frac{[Cu^{2+}]}{[Cu^+]} = 0.859(V)$$

例 4-5 有电极反应为 $Cu^+ + e \rightleftharpoons Cu$。向溶液中加入 CN^- 时,生成难离解的 $[Cu(CN)_2]^-$ 配离子。假定反应平衡时 CN^-、$[Cu(CN)_2]^-$ 浓度都为 $1.00 mol\cdot L^{-1}$。求

298.15K时,此电极的电极电势(已知 $\varphi^{\ominus}_{Cu^+/Cu} = 0.521V$,配离子稳定常数 $K^{\ominus}_{s,[Cu(CN)_2]^-} = 1.00 \times 10^{24}$)。

解
$$Cu^+ + 2CN^- \rightleftharpoons Cu(CN)_2^-$$

$$K^{\ominus}_{s,[Cu(CN)_2]^-} = \frac{[Cu(CN)_2^-]}{[Cu^+][CN^-]^2}$$

所以,$[Cu^+] = 1.00 \times 10^{-24} mol \cdot L^{-1}$

$$Cu^+ + e \rightleftharpoons Cu$$

根据能斯特方程有

$$\varphi_{Cu^+/Cu} = \varphi^{\ominus}_{Cu^+/Cu} + \frac{0.05916}{1}\lg[Cu^+] = -0.899(V)$$

因此,溶液中的 CN^- 加入,由于生成了难离解的配合物 $[Cu(CN)_2]^-$,使溶液中 Cu^+ 浓度降低,从而降低了电极电势。计算出的电极电势其实就是下列电对的标准电极电势:

$$[Cu(CN)_2]^- + e \rightleftharpoons Cu^+ + 2CN^-, \quad \varphi^{\ominus}_{[Cu(CN)_2]^-/CN^-} = -0.899V$$

4.6 电极电势的应用

4.6.1 计算原电池的电动势

根据能斯特方程分别计算原电池中两个电极的电极电势。在组成原电池的两个电极中,电极电势代数值较大的电极是原电池的正极,电极电势代数值较小的电极是原电池的负极。原电池的电动势(E)等于正极的电极电势减去负极的电极电势。即

$$E = \varphi_{(+)} - \varphi_{(-)}$$

例 4-6 对电池反应 $Pb^{2+} + Sn \rightleftharpoons Pb + Sn^{2+}$,当 $[Pb^{2+}] = 0.0010 mol \cdot L^{-1}$,$[Sn^{2+}] = 1.0 mol \cdot L^{-1}$ 时。计算原电池的电动势并写出该电池反应对应的原电池符号(已知 $\varphi^{\ominus}_{Pb^{2+}/Pb} = -0.126V$,$\varphi^{\ominus}_{Sn^{2+}/Sn} = -0.138V$)。

解 (1)写出电极反应
$$Pb^{2+} + 2e \rightleftharpoons Pb(s), \quad Sn - 2e \rightleftharpoons Sn(s)$$

(2)根据能斯特方程,计算电极电势

$$\varphi_{Pb^{2+}/Pb} = \varphi^{\ominus}_{Pb^{2+}/Pb} + \frac{0.05916}{2}\lg\frac{c_{Pb^{2+}}}{c^{\ominus}} = -0.22(V)$$

$$\varphi_{Sn^{2+}/Sn} = \varphi^{\ominus}_{Sn^{2+}/Sn} + \frac{0.05916}{2}\lg\frac{c_{Sn^{2+}}}{c^{\ominus}} = -0.14(V)$$

(3)判断原电池的正、负极

根据电极电势计算结果,判断此原电池:Pb^{2+}/Pb 为负极,Sn^{2+}/Sn 为正极。

(4)计算原电池的电动势(E)为:

$$E = \varphi_{Sn^{2+}/Sn} - \varphi_{Pb^{2+}/Pb} = 0.08(V)$$

(5)写出原电池符号

$$(-)Pb \mid Pb^{2+}(0.0010 mol \cdot L^{-1}) \parallel Sn^{2+}(1.0 mol \cdot L^{-1}) \mid Sn(+)$$

4.6.2 判断氧化剂、还原剂的相对强弱

电极电势的高低反映了电对中氧化型物质得到电子的能力和还原型物质失去电子的能力的大小。从标准电极电势表中查得电对的标准电极电势值,就可以判断标准状态下氧化剂、还原剂氧化还原能力的相对强弱。

在标准电极电势大的电对中,氧化型物质的氧化能力强,是强氧化剂;而对应的还原型物质的还原能力弱,是弱还原剂。在标准电极电势小的电对中,还原型物质的还原能力强,是强还原剂;而对应的氧化型物质的氧化能力弱,是弱氧化剂。

例 4-7 比较标准状态下,下列电对 MnO_4^-/Mn^{2+}、Cu^{2+}/Cu、Fe^{3+}/Fe^{2+}、I_2/I^-、Cl_2/Cl^-、Sn^{4+}/Sn^{2+} 中物质氧化还原能力的相对大小(已知它们的标准电极电势分别为 1.51V、0.337V、0.771V、0.5345V、1.36V、0.154V)。

解 氧化型物质氧化能力由大到小的顺序为

$$MnO_4^- > Cl_2 > Fe^{3+} > I_2 > Cu^{2+} > Sn^{4+}$$

还原型物质还原能力由大到小的顺序为

$$Sn^{2+} > Cu > I^- > Fe^{2+} > Cl^- > Mn^{2+}$$

4.6.3 判断氧化还原反应进行的方向

氧化还原反应是争夺电子的反应,反应总是在得电子能力大的氧化剂和失电子能力大的还原剂之间发生。氧化还原反应进行的方向总是由较强的氧化剂与较强的还原剂相互反应生成较弱的氧化剂和较弱的还原剂。

例 4-8 判断下列两个氧化还原反应自发进行的方向

(a) $Pb + Sn^{2+}(1 mol \cdot L^{-1}) \Longleftrightarrow Pb^{2+}(0.1 mol \cdot L^{-1}) + Sn$

(b) $Pb + Sn^{2+}(0.1 mol \cdot L^{-1}) \Longleftrightarrow Pb^{2+}(1 mol \cdot L^{-1}) + Sn$

(已知 $\varphi^{\ominus}_{Pb^{2+}/Pb} = -0.126V$, $\varphi^{\ominus}_{Sn^{2+}/Sn} = -0.138V$)

解 (1)假设反应按所写方程式正向进行,则该氧化还原反应对应的原电池中:Pb^{2+}/Pb 为负极,Sn^{2+}/Sn 为正极。

(2)写出正、负电极反应和电极电势表达式

负极: $Pb - 2e \Longleftrightarrow Pb^{2+}$, $\varphi_- = \varphi^{\ominus}_{Pb^{2+}/Pb} + \dfrac{0.05916}{2}\lg(c_{Pb^{2+}}/c^{\ominus})$

正极: $Sn^{2+} + 2e \Longleftrightarrow Sn$, $\varphi_+ = \varphi^{\ominus}_{Sn^{2+}/Sn} + \dfrac{0.05916}{2}\lg(c_{Sn^{2+}}/c^{\ominus})$

(3)计算氧化还原反应(a)组成的原电池的电极电势和电动势

$$\varphi_+ = \varphi^{\ominus}_{Sn^{2+}/Sn} + \frac{0.05916}{2}\lg(c_{Sn^{2+}}/c^{\ominus}) = -0.138(V)$$

$$\varphi_- = \varphi^{\ominus}_{Pb^{2+}/Pb} + \frac{0.05916}{2}\lg(c_{Pb^{2+}}/c^{\ominus}) = -0.156(V)$$

$$E = \varphi_+ - \varphi_- = 0.02V > 0$$

(4)计算氧化还原反应(b)组成的原电池的电极电势和电动势

$$\varphi_+ = \varphi_{Sn^{2+}/Sn}^{\ominus} + \frac{0.05916}{2}\lg(c_{Sn^{2+}}/c^{\ominus}) = -0.168(V)$$

$$\varphi_- = \varphi_{Pb^{2+}/Pb}^{\ominus} + \frac{0.05916}{2}\lg(c_{Pb^{2+}}/c^{\ominus}) = -0.126(V)$$

$$E = \varphi_+ - \varphi_- = -0.042(V) < 0$$

(5) 判断反应自发进行的方向

对反应(a),因为原电池电动势 $E = 0.02V > 0$,所以,反应正向可以自发进行。

对反应(b),因为原电池电动势 $E = -0.042V < 0$,所以,反应逆向可以自发进行。

4.6.4 判断氧化还原反应进行的程度

结合式(2-16)和式(4-12),可得氧化还原反应的平衡常数和电动势以及电极电势之间的关系为

$$\Delta_r G_m^{\ominus} = -nFE^{\ominus} = -nF(\varphi_+^{\ominus} - \varphi_-^{\ominus}) = -RT\ln K^{\ominus}$$

所以

$$\ln K^{\ominus} = \frac{nFE^{\ominus}}{RT} = \frac{nF(\varphi_+^{\ominus} - \varphi_-^{\ominus})}{RT} \tag{4-13}$$

298.15K 时,代入常数后得

$$\lg K^{\ominus} = \frac{nE^{\ominus}}{0.05916} = \frac{n(\varphi_+^{\ominus} - \varphi_-^{\ominus})}{0.05916} \tag{4-14}$$

式(4-14)表明,电动势愈大,氧化还原反应的标准平衡常数愈大,氧化还原反应进行得愈完全。

例 4-9 对反应 $Ag^+ + Fe^{2+} \rightleftharpoons Ag + Fe^{3+}$,计算:(1)该反应的平衡常数;(2)如果 Fe^{2+} 初始浓度为 $0.1 mol \cdot L^{-1}$,平衡时 Ag^+ 浓度为 $1.0 mol \cdot L^{-1}$,求 Fe^{2+} 的转化率(Fe^{3+} 的初始浓度为0)。(已知 $\varphi_{Ag^+/Ag}^{\ominus} = 0.7996V$,$\varphi_{Fe^{3+}/Fe^{2+}}^{\ominus} = 0.771V$)。

解 (1)计算反应的平衡常数

根据 $\varphi_{Ag^+/Ag}^{\ominus} = 0.7996V$,$\varphi_{Fe^{3+}/Fe^{2+}}^{\ominus} = 0.771V$ 可知标准状态下电池反应

$$Ag^+ + Fe^{2+} \rightleftharpoons Ag + Fe^{3+}$$

构成的原电池中,Ag^+/Ag 为正极,Fe^{3+}/Fe^{2+} 为负极。由式(4-14)可得

$$\lg K^{\ominus} = \frac{nE^{\ominus}}{0.05916} = \frac{n(\varphi_+^{\ominus} - \varphi_-^{\ominus})}{0.05916} = 0.483$$

所以 $K^{\ominus} = 3.05$

(2)计算 Fe^{2+} 的转化率

	Ag^+	$+$	Fe^{2+}	$\rightleftharpoons$	Ag	$+$	Fe^{3+}
起始浓度($mol \cdot L^{-1}$)			0.1				0
平衡浓度($mol \cdot L^{-1}$)	1.0		$0.1-x$				x

$$K^{\ominus} = \frac{[c_{Fe^{3+}}/c^{\ominus}]}{[c_{Ag^+}/c^{\ominus}][c_{Fe^{2+}}/c^{\ominus}]} = \frac{x}{1.0 \times (0.1-x)} = 3.05$$

$$x = 0.076$$

所以,Fe^{2+} 的转化率 $= 76\%$。

例 4-10 试估计反应 $Zn + Cu^{2+} \rightleftharpoons Zn^{2+} + Cu$ 进行的程度(25℃)。
(已知 $\varphi^{\ominus}_{Cu^{2+}/Cu} = 0.337V, \varphi^{\ominus}_{Zn^{2+}/Zn} = -0.763V$)

解 $Zn + Cu^{2+} \rightleftharpoons Zn^{2+} + Cu$

根据式(4-14)

$$\lg K^{\ominus} = \frac{nE^{\ominus}}{0.05916} = \frac{2 \times (\varphi^{\ominus}_{Cu^{2+}/Cu} - \varphi^{\ominus}_{Zn^{2+}/Zn})}{0.05916} = 37.2$$

$$K^{\ominus} = 1.6 \times 10^{37}$$

如果平衡时 Zn^{2+} 浓度为 $1.0 mol \cdot L^{-1}$,则溶液中剩余 Cu^{2+} 浓度可计算如下:

$$[Cu^{2+}] = \frac{[Zn^{2+}]}{K^{\ominus}} = 6 \times 10^{-39}(mol \cdot L^{-1})$$

说明溶液中剩余的 Cu^{2+} 浓度很小,锌置换铜的反应进行得非常完全。

通常来说,氧化还原反应的速度比酸碱反应和沉淀反应要慢。有时氧化剂和还原剂的电极电势之差虽然足够大,反应也应该进行得很完全,但由于反应速度很慢,实际上很难观察到反应的发生。例如,高锰酸钾和锌粉在酸性溶液中进行的反应:

$$2MnO_4^- + 5Zn + 16H^+ \rightleftharpoons 2Mn^{2+} + 5Zn^{2+} + 8H_2O$$

电动势 $E^{\ominus} = \varphi^{\ominus}_{MnO_4^-/Mn^{2+}} - \varphi^{\ominus}_{Zn^{2+}/Zn} = 1.51 - (-0.763) = 2.27(V)$

但实际上,此反应很难发生。如果在溶液中引入少量 Fe^{3+} 后,反应就进行得很快,高锰酸钾溶液的紫色就褪去了。这里,Fe^{3+} 起了催化剂的作用。

4.6.5 求弱电解质的电离常数和难溶电解质的溶度积常数

氧化还原反应的平衡常数与原电池的标准电动势有直接关系,可以利用测定原电池电动势的方法来确定反应的平衡常数,如弱酸的电离常数、难溶电解质的溶度积常数等。

例 4-11 已知298K时有下列半反应,求 AgCl 的 K_{sp} 值。

$$Ag^+ + e \rightleftharpoons Ag, \quad \varphi^{\ominus}_{Ag^+/Ag} = 0.800V$$

$$AgCl + e \rightleftharpoons Ag + Cl^-, \quad \varphi^{\ominus}_{AgCl/Ag} = 0.222V$$

解 难溶电解质 AgCl 的多相离子平衡反应式为

$$AgCl(s) \rightleftharpoons Ag^+ + Cl^-$$

设计一个原电池如下:

$$(-)Ag-AgCl(s) | Cl^-(1.0 mol \cdot L^{-1}) \| Ag^+(1.0 mol \cdot L^{-1}) | Ag(+)$$

半电池反应为

正极 $Ag^+ + e \rightleftharpoons Ag$

负极 $Ag + Cl^- - e \rightleftharpoons AgCl$

电池反应为

$$Ag^+ + Cl^- \rightleftharpoons AgCl(s)$$

所以,电池电动势 $E^{\ominus} = \varphi^{\ominus}_{Ag^+/Ag} - \varphi^{\ominus}_{AgCl/Ag} = +0.578V$

根据式(4-14),则反应的平衡常数 $\lg K^{\ominus} = \dfrac{nE^{\ominus}}{0.05916}$,又因为 $K_{sp,AgCl} = \dfrac{1}{K^{\ominus}}$

所以, $K_{sp,AgCl} = 1.8 \times 10^{-10}$

同样,根据平衡常数与原电池标准电动势的关系,也可以由溶度积常数求电极电势。此处不再举例说明。

习 题

1. 已知电对 $Ag^+ + e \Longrightarrow Ag$, Ag_2CrO_4 的溶度积为 1.12×10^{-12},求电对 $Ag_2CrO_4 + 2e \Longrightarrow 2Ag + CrO_4^{2-}$ 的标准电极电势。

2. 判断 25℃ 时反应 $K_2Cr_2O_7 + HCl \longrightarrow CrCl_3 + Cl_2 + KCl + H_2O$ 能否正向进行(参与反应的各离子浓度均为 $1 mol \cdot L^{-1}$, $p_{Cl_2} = p^0$)? 若 $[HCl] = 12 mol \cdot L^{-1}$,其余条件不变时,反应能否正向进行?

3. 计算反应 $Ag + Fe^{3+}(1 mol \cdot L^{-1}) \Longrightarrow Ag^+(0.5 mol \cdot L^{-1}) + Fe^{2+}(0.10 mol \cdot L^{-1})$ 的平衡常数。

4. 已知原电池 $(-)Cd|Cd^{2+}(x mol \cdot L^{-1}) \| Ni^{2+}(3.00 mol \cdot L^{-1})|Ni(+)$ 在 298K 时,测得其电动势为 0.225V,则其中 Cd^{2+} 的浓度为多少?

5. 由标准 Zn^{2+}/Zn 半电池和标准 Cu^{2+}/Cu 半电池组成一个原电池:

$$(-)Zn|Zn^{2+}(1.0 mol \cdot L^{-1}) \| Cu^{2+}(1.0 mol \cdot L^{-1})|Cu(+)$$

(1) 改变下列条件对该原电池的电动势有何影响? ① 增大 Zn^{2+} 的浓度; ② 增大 Cu^{2+} 的浓度; ③ 往 Cu^{2+} 的溶液中加入 H_2S 饱和溶液。

(2) 当上述原电池工作半小时以后,原电池的电动势是否会发生变化? 为什么?

(3) 在原电池工作过程中 Zn 的溶解和 Cu 的析出在质量上有什么关系?

6. 有一 Br^- 与 Cl^- 的混合溶液,它们的浓度均为 $1.0 mol \cdot L^{-1}$,现欲使用 $1.0 mol \cdot L^{-1}$ $KMnO_4$ 溶液只氧化 Br^- 而不氧化 Cl^-,问系统中的 H^+ 浓度范围是多少? (假定 Mn^{2+} 和气体均处于标准状态下)

7. 现有一原电池,其中一极:Cu^{2+}/Cu, Cu^{2+} 的平衡浓度为 $0.010 mol \cdot L^{-1}$。另一极: 在 Ag^+/Ag 电极中加入足够量的 I^-,并使 I^- 的平衡浓度为 $0.10 mol \cdot L^{-1}$,温度为 298K。要求:(1) 写出该原电池的电池符号以及电池反应;(2) 计算电池反应的平衡常数。 ($K_{sp,AgI}^{\ominus} = 8.51 \times 10^{-17}$)

8. 用标准电极电势判断下列反应的方向:

(1) $Zn + Fe^{2+} \Longrightarrow Fe + Zn^{2+}$

(2) $2Br^- + 2Fe^{3+} \Longrightarrow Br_2 + 2Fe^{2+}$

(3) $Pb + Fe^{2+} \Longrightarrow Pb^{2+} + Fe$

(4) $10Br^- + 2MnO_4^- + 16H^+ \Longrightarrow 5Br_2(l) + 2Mn^{2+} + 8H_2O$

9. 由标准 Zn^{2+}/Zn 半电池和标准 Cu^{2+}/Cu 半电池组成一个原电池:

$$(-)Ag-AgCl(s)|Cl^-(0.010 mol \cdot L^{-1}) \| Ag^+(0.010 mol \cdot L^{-1})|Ag(+)$$

电动势为 0.34V,求 $K_{sp,AgCl}^{\ominus}$。

已知:$\varphi_{Ag^+/Ag}^{\ominus} = 0.7996V$; $\varphi_{Cr_2O_7^{2-}/Cr^{3+}}^{\ominus} = 1.232V$; $\varphi_{Cl_2/Cl^-}^{\ominus} = 1.358V$; $\varphi_{Br_2/Br^-}^{\ominus} = 1.07V$; $\varphi_{Fe^{3+}/Fe^{2+}}^{\ominus} = 0.771V$; $\varphi_{Fe^{2+}/Fe}^{\ominus} = -0.447V$; $\varphi_{Ni^{2+}/Ni}^{\ominus} = -0.257V$; $\varphi_{Cd^{2+}/Cd}^{\ominus} = -0.403V$; $\varphi_{Cu^{2+}/Cu}^{\ominus} = 0.3419V$; $\varphi_{Zn^{2+}/Zn}^{\ominus} = -0.7618V$; $\varphi_{Pb^{2+}/Pb}^{\ominus} = -0.126V$; $\varphi_{MnO_4^-/Mn^{2+}}^{\ominus} = 1.51V$。

第5章 原子结构

原子是化学变化中的最小微粒,是组成物质的"基石",原子之间按照不同方式结合,就构成了种类繁多、性质各异的物质。为了了解物质的性质,说明化学变化的本质,掌握化学变化的规律,就必须深入到微观世界中,了解和掌握原子结构方面的知识。

5.1 核外电子的运动特性

5.1.1 氢原子光谱和玻尔理论

5.1.1.1 氢原子光谱

1859年,德国海德堡大学的基尔霍夫(G. R. Kirchhoff 1824～1887)和本生(R. W. Bunsen 1811～1899)发明了光谱仪,奠定了光谱学的基础,使光谱分析成为认识物质和鉴定元素的重要手段。

光谱通常可以分为连续光谱和不连续光谱两大类。

将太阳光通过三棱镜后,在显示屏上就会出现红橙黄绿青蓝紫的七色光,这些不同的色光看起来总是连绵不断而无严格界线,所以通常称为连续光谱。如果使用分光镜观察在高温或放电管中气体的发光时,所看到的光谱表现为一些孤立而明亮的线条(称为光谱线),整个光谱就是由一条条不连续的光谱线组成的,所以称为不连续光谱或线状光谱。

从实验中发现线状光谱都是由原子在受火焰、电火花或其他一些方法灼热时产生的,故又称为原子光谱。实验表明,不同元素的原子光谱,它们的谱线特征是不同的。氢原子光谱是最简单的。氢原子光谱实验如图5-1所示。在一只装有高纯低压氢气的高真空玻璃放电管内,氢原子被激发后所发出的光经过分光镜,就得到了氢原子光谱。它们的特征如下:

(1)是不连续的线状光谱。从红外区到紫外区呈现多条具有特征波长的谱线,H_α、H_β、H_γ、H_δ 等为可见光区的主要谱线(图5-2)。

(2)从长波到短波,H_α、H_β、H_γ、H_δ 等谱线间的距离越来越小,表现出明显的规律性。

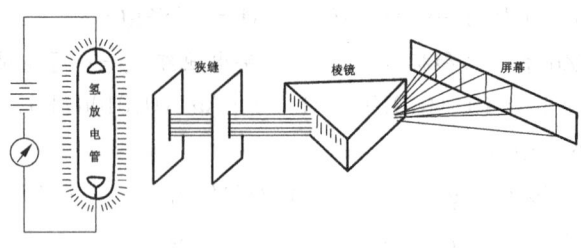

图5-1 氢原子光谱实验示意图

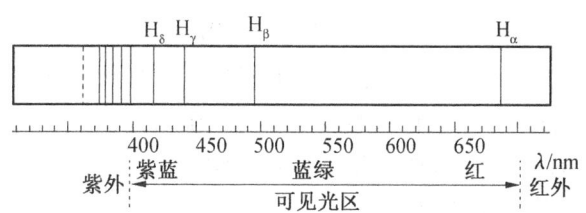

图 5-2 氢原子光谱图

氢原子光谱只由几根分立的线状谱线组成,其波长和代号如下所示:

谱线	H_α	H_β	H_γ	H_δ	H_ϵ	…
编号(n)	1	2	3	4	5	…
波长/nm	656.279	486.133	434.048	410.175	397.009	…

需要明确的是,在某一瞬间一个氢原子只能释放出一条谱线,许多氢原子才能放出不同的谱线。在实验中能够观察到全部谱线,是无数个氢原子受到激发到了高能级,而后又回到低能级的结果。1885 年,瑞士科学家巴尔麦(J.J.Balmer,1825~1898)猜想到氢原子光谱中,这些谱线的波长之间一定存在某种数学关系。经过研究,他发现谱线频率符合下列公式:

$$\nu = R_\infty c \left(\frac{1}{2^2} - \frac{1}{n^2} \right) \tag{5-1}$$

这就是巴尔麦公式。式中,ν 是频率,根据 $\lambda = c/\nu$(c 为光速),可求出谱线的波长 λ;R_∞ 是里德堡常数,其值等于 $3.289 \times 10^{15} s^{-1}$ 或 $1.097 \times 10^7 m^{-1}$;n 为 2 以上的正整数,当 $n = 3$、4、5、6 时,上式就分别给出 H_α、H_β、H_γ、H_δ 四条谱线的频率。

1913 年,瑞典物理学家里德堡(J.R.Rydberg,1854~1919)将巴尔麦公式进行改写,并提出了用于可见区以外氢原子各谱线的通式(里德堡公式):

$$\frac{1}{\lambda} = R_\infty \left(\frac{1}{n_1^2} - \frac{1}{n_2^2} \right) \tag{5-2}$$

式中,λ 为波长;n_1、n_2 为正整数,且 $n_2 > n_1$;$R_\infty = 1.0973709 \times 10^7 m^{-1}$,称为里德堡常数。当 $n_1 = 2$ 时,式(5-2)即为巴尔麦公式。

对于氢原子光谱这样明显的规律性,时隔几十年都没有得到满意的解释。直到 1913 年,丹麦科学家玻尔提出了原子结构理论,才初步圆满解释了氢原子光谱。

5.1.1.2 玻尔理论

里德堡公式仅是一个通过实验而得到的经验公式,并非理论推得。1913 年,丹麦物理学家玻尔(Niels Bohr,1885~1962)为里德堡观察到的规律性现象提供了理论依据。他首先运用了普朗克的量子论概念,并在此基础上提出了自己的理论,其要点是:

1. 提出定态轨道概念

核外电子不能沿任意的轨道绕核运动,而只能在有确定半径和能量的轨道上运动。这些轨道的角动量 L 必须等于 $h/2\pi$ 的整数倍,即

$$L = mvr = n \cdot \frac{h}{2\pi} \tag{5-3}$$

上式称为玻尔的量子化条件,其中 m 为电子的质量,v 为电子运动的速度,r 为轨道半径,h 为普朗克常数,n 为正整数。这些轨道的能量状态不随时间而变化,因而被称为定态轨道。电子在定态轨道上运动时,既不吸收能量,也不辐射能量。

2. 提出轨道能级、基态、激发态概念

不同定态轨道的能量也不相同。离核越近的轨道,能量越低,电子被原子核束缚得越牢;离核越远的轨道,能量越高。轨道的这些不同能量状态,称为能级。

正常情况下,电子尽可能处于离核最近的轨道上运动,此时原子的能量最低,即原子处于基态。当原子从外界吸收能量,电子可以跃迁到离核较远、能量较高的轨道上运动,这时原子和电子所处的状态,称为激发态。电子在离核愈远的轨道上运动,其能量愈大,甚至可以发生电离。

3. 解释了激发态发光

处于激发态的电子不稳定,可以跃迁到离核较近的轨道上,同时释放出光能。电子跃迁以光的形式释放或吸收能量,光的频率取决于较高能级轨道与较低能级轨道之间的能量差

$$\nu = \frac{E_2 - E_1}{h} \tag{5-4}$$

式中,E_1、E_2 分别是电子处于较低能级轨道和较高能级轨道的能量;h 为普朗克常数;ν 为光的频率。

根据以上假设,玻尔推导出氢原子的各种定态轨道半径(r_n)和能量(E_n)公式:

$$r_n = 52.9 n^2 (\text{pm}) \tag{5-5}$$

$$E_n = -2.179 \times 10^{-18} \frac{1}{n^2} (\text{J}) \tag{5-6}$$

式中,n 为正整数。上面两个式子表明氢原子中的核外电子运动轨道半径和能量的量子化,它们只能取一些不连续的值,其大小取决于 n,这是核外电子运动的重要特征。氢原子处于基态时,$n=1$,能量最低,为 2.179×10^{-18} J,半径为 52.9 pm,称为玻尔半径,用符号 a_0 表示。

玻尔理论成功地解释了氢原子和类氢原子(如 He^+、Li^{2+}、Be^{3+} 等)的光谱现象。根据玻尔理论,当氢原子从外界吸收能量后,核外电子可以从基态跃迁到激发态,处于激发态的电子不稳定,将迅速跳回到较低能级,并将能量以光子的形式释放出来。由于轨道能量是量子化,所以放出的光子的频率(或波长)也是不连续的。这就是氢原子光谱为线状光谱(或不连续光谱)的原因。氢原子光谱的产生与氢原子的能级见图 5-3。

玻尔理论引入了量子化条件,从而提出了能级概念,成功解释了氢原子光谱。但是,把电子的绕核运动看成具有特定的轨道,没有考虑电子运动的特殊性和电子间的相互作用等。因而不能说明原子的其他性质,如氢原子光谱的精细结构、多电子光谱的复杂性和原子的成键情况等。要解决这些问题,必须对微观粒子的基本属性作进一步的了解。下面,介绍微观粒子波粒二象性。

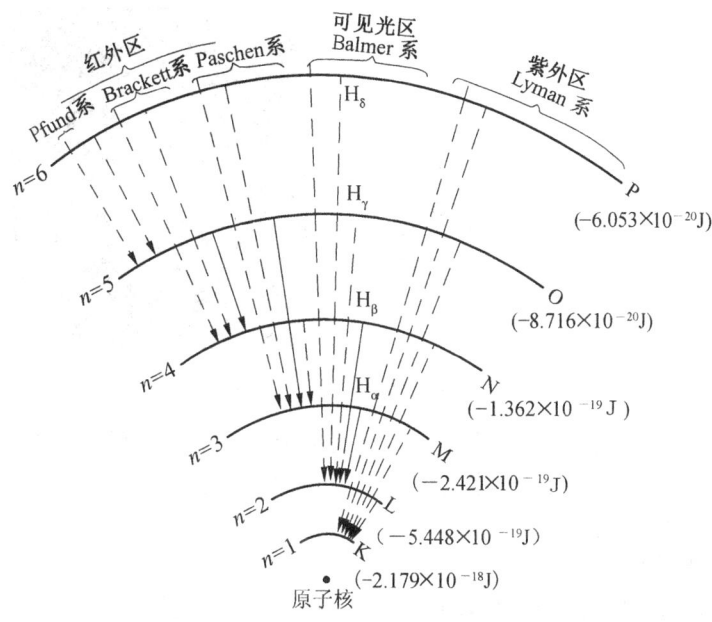

图 5-3 氢原子光谱的产生与氢原子的能级

5.1.2 核外电子运动的波粒二象性

电子作为一种微粒,其体积和质量都非常小,运动速度又很快。1923年,法国物理学家德布罗依最早提出设想,即电子及一切微观粒子都具有波粒二象性。电子运动的波粒二象性就是指电子既是一种有确定大小(直径约 10^{-15} m)和质量(9.109×10^{-31} kg)的粒子,运动时又像是一种具有确定波长或频率的波。

5.1.2.1 德布罗依波

1924年,法国物理学家德布罗依(de Broglie,1892~1987)预言:假如光具有波粒二象性,则微观粒子在某些情况下,也能呈现波动性。也就是说,实物粒子除具有粒子性外,还具有波的性质,这种波称为德布罗依波或物质波。他指出:具有质量 m、运动速度 v 的粒子,相应的波长 λ 可以由下式求出:

$$\lambda = \frac{h}{p} = \frac{h}{mv} \tag{5-7}$$

此式称为德布罗依关系式。这一关系式将实物微粒的粒子性(动量 p 是粒子性特征)和波动性(波长 λ 是波动性特征)通过普朗克常数定量联系了起来。这就是电子的波粒二象性。

1927年,戴维森(C.J.Davisson,1881~1958)和杰尔麦(L.H.Germer)用已知能量的电子在晶体上的衍射试验证明了德布罗依的预言。一束电子从阴极灯丝射出,经过电位差为 V 的电场加速后,再通过一小孔后成为很细的电子束。镍晶体中质点间有一定的距离,相当于小狭缝。当电子束穿过镍单晶片投射到有感光底片的屏幕上时,就可以得到一系列明暗相间的衍射环纹(图5-4)。电子发生衍射现象,说明电子运动与光相似,具有波动性。随后人们又证实了质子、中子、原子、分子等一切微观粒子都具有波动性。

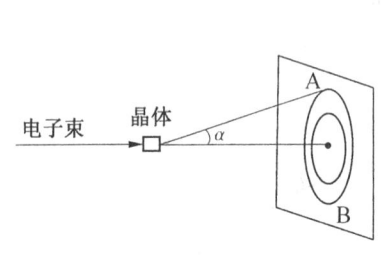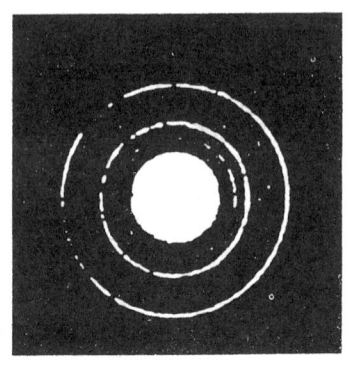

图 5-4 电子衍射示意图和电子衍射图谱

任何运动物体都具有波动性,宏观物体只是由于质量太大因而导致波长极短,根本无法进行测量。所以,宏观物体不必考察其波动性,而对高速运动着的质量很小的微观物体,如核外电子,就不能不考察其波动性。

5.1.2.2 测不准原理

根据经典力学,可以准确知道运动着的宏观物体在某一瞬间的速度和位置。电子既然是具有波粒二象性的微观粒子,是否也能像确定宏观物体的运动状态一样,同时用速度和位置的物理量来准确描述其运动状态呢? 1927 年,德国物理学家海森堡(W. Heisenberg,1901~1976)认为,微观粒子的位置与动量之间有如下的测不准关系:

$$\Delta x \cdot \Delta p \approx h$$

式中,x 为微观粒子在空间某一方向的位置坐标,Δx 为确定微粒位置时的不准量;Δp 为确定粒子动量的不准值;h 为普朗克常数。

根据测不准关系式,对于具有波粒二象性的微粒而言,不可能同时准确测定它们在某瞬间的位置和速度(或动量)。如果微粒的运动位置测得愈准确,则相应的速度愈不易测准,反之亦然。

按照经典力学,宏观物体运动有确定的轨道,即宏观物体在任一瞬间都有确定的位置坐标和动量。而对于具有波粒二象性的微观粒子来说,则不能同时求到准确的位置和动量。所以,不能用经典力学的方法来描述电子的运动。

5.2 核外电子的运动状态描述

由于氢原子核外只有一个电子,结构最简单。因此,量子力学是从研究氢原子结构入手,研究氢原子核外电子的运动状态,并认为微观粒子的运动状态可以用波函数 $\Psi(x,y,z)$ 来描述。量子力学用其描述核外电子的运动状态,波函数可以通过解量子力学的基本方程——薛定谔方程求得。

5.2.1 薛定谔方程

在经典力学中,质点在某一瞬间的运动状态可以用坐标(或位置)和动量(或速度)来描述。微观粒子的运动由于具有波粒二象性,其运动规律必须用量子力学来描述。在量子力学中,任何原子体系的运动状态都可以用一个与体系粒子的位置有关的函数——波函数

(Ψ)来表示。微观体系的波函数可以通过求解薛定谔方程式得到。

薛定谔方程是量子力学的基本方程,它是奥地利物理学家薛定谔在1926年提出的一个二阶偏微分方程

$$\frac{\partial^2 \Psi}{\partial x^2} + \frac{\partial^2 \Psi}{\partial y^2} + \frac{\partial^2 \Psi}{\partial z^2} + \frac{8\pi^2 m}{h^2}(E-V)\Psi = 0 \tag{5-8}$$

式中,Ψ 称为波函数,是微观粒子的波动性在方程中的体现;E 是体系的总能量;V 是体系的势能;m 是微观粒子的质量;h 是普朗克常数;x、y、z 是空间坐标,表明微观粒子是在核外三维空间运动。对于氢原子来说,Ψ 是描述氢原子核外电子运动状态的数学函数式,E 是氢原子的总能量,V 是原子核对电子的吸引能,m 是电子的质量。

求解薛定谔方程就是解出其中的波函数(Ψ)和与波函数相对应的能量 E,这样就可以了解电子运动的状态和能量的高低。把体系势能 V 表达式找出,代入薛定谔方程中,求解得到波函数(Ψ)和能量 E,原则上讲,任何体系的电子运动状态都可知道了。但薛定谔方程至今只能对单电子体系(如 H、He^+、Li^{2+}等)精确求解,稍微复杂的体系只能求近似解。

为了方便薛定谔方程求解,需要进行变量分离,变为三个只含有一个变量的常微分方程。为进行变量分离,要先将直角坐标(x,y,z)转换成球坐标(r,θ,ϕ)。两种坐标之间的关系如图 5-5 所示,图中 P 为空间中一点。

坐标变换之后,直角坐标函数 $\Psi(x,y,z)$ 则转变成为球极坐标函数 $\Psi(r,\theta,\phi)$,变量分离后写成

$$\Psi(r,\theta,\phi) = R(r) \cdot \Theta(\theta) \cdot \Phi(\phi) \tag{5-9}$$

式中,$R(r)$ 称为径向分布函数,其与电子离核的远近距离有关;$\Theta(\theta) \cdot \Phi(\phi)$ 与角度有关,称为角度分布函数。解薛定谔方程就是分别求得此三个函数的解。再将三者相乘,就得到波函数 $\Psi(r,\theta,\phi)$。

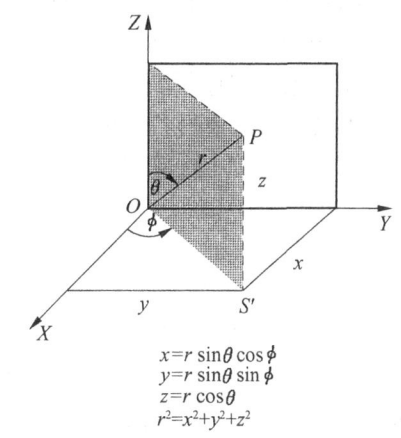

图 5-5 球极坐标和直角坐标的关系

通常把与角度有关的两个函数合并为 $Y(\theta,\phi)$,则

$$\Psi(r,\theta,\phi) = R(r)Y(\theta,\phi) \tag{5-10}$$

式中,$R(r)$ 称为波函数的径向部分,表示 θ、ϕ 一定时,波函数 Ψ 随 r 变化的关系;$Y(\theta,\phi)$ 称为波函数的角度部分,表示 r 一定时,波函数 Ψ 随 θ、ϕ 变化的关系。

5.2.2 波函数与原子轨道

解偏微分方程(5-8),就是要解出其中的波函数 $\Psi(x,y,z)$ 和与波函数相对应的能量 E(这里只用到求解结果)。从数学上看,薛定谔方程有很多解,但这些解中并不都是能正确描述电子运动状态的合理解。为了保证解的合理性,必须引用只能取某些整数值的三个参数,称它们为量子数。这三个量子数分别是主量子数(n)、角量子数(l)、磁量子数(m)。每个波函数 $\Psi(x,y,z)$ 和三个量子数(n,l,m)的取值有关,当三个量子数的取值确定,波函数的值也就确定了。但要全面描述电子的空间运动状态,还需引入另一个量子数,即自旋量子数(m_s)。包含着 n、l、m 三个常数项的波函数通常记作 $\Psi_{n,l,m}$。

1. 主量子数(n)

主量子数决定电子在原子核外出现几率最大区域离核的平均距离,其在确定电子运动的能量时起着最重要的作用。例如,氢原子中电子的能量完全由 n 值决定:$E = -13.6/n^2$ (eV)(n 可取 1,2,3,4,5,…)。主量子数增加时,电子的能量随着增加,其电子出现离核的平均距离也相应增大。因此,主量子数也可以称为电子层数。在一个原子内,具有相同主量子数的电子,近乎在同样的空间范围内运动。n 只能取 1,2,3,… 等正整数,一个 n 值表示一个电子层,$n=1,2,3,4,5,6,7$ 分别对应的电子层符号是 K、L、M、N、O、P、Q,也可称为第一、二、三、四、五、六、七电子层。

2. 角量子数(l)

角量子数与波函数的角度部分有关,它决定轨道角动量大小、决定电子在空间角度的分布、决定原子轨道的形状。

量子力学证明角量子数(l)的取值受主量子数(n)的限制,只能取小于主量子数的正整数,即 $l=0,1,2,3,…,n-1$。$l=0,1,2,3,4$ 时,相对应的电子亚层能级符号分别为 s、p、d、f、g。例如,当 $n=1$ 时,$l=0$,表明第一电子层只有一个 1s 电子亚层;当 $n=2$ 时,$l=0,1$,表明第二电子层有一个 2s 电子亚层和一个 2p 电子亚层。

角量子数确定原子轨道的形状并在多电子原子中和主量子数一起决定电子的能级。$l=0$,即 s 轨道,轨道形状为球对称形;$l=1$,即 p 轨道,形状为哑铃形;$l=2$,即 d 轨道,形状为花瓣形;$l=3$,即 f 轨道,形状比较复杂,在此不做说明。

3. 磁量子数(m)

角量子数相同时,原子轨道形状相同。某种形状的原子轨道,可以在空间取不同的伸展方向,而得到几个空间取向不同的原子轨道。这是根据线状光谱在磁场中还能发生分裂,显出微小的能量差别的现象得出的结果。磁量子数(m)就是决定原子轨道在空间伸展方向的量子数。磁量子数可以取值:$m = 0, \pm 1, \pm 2, \pm 3, …, \pm l$。共有($2l+1$)个值,每一个 m 值代表一个取向,即一个原子轨道。例如:

$l=0$ 时,$m=0$,是球形对称的,没有方向性,说明 s 亚层只有一个轨道。

$l=1$ 时,$m=-1,0,+1$,表明 p 亚层中有 3 种不同取向的原子轨道,就是 p_x、p_y、p_z 轨道。同理,d 亚层有 5 个轨道。

波函数 $\Psi_{n,l,m}$ 不是一个具体的数值,而是由 n,l,m 决定的数学函数式,是表征微观粒子运动状态的一个函数,是薛定谔方程的合理解。在量子力学中,三个量子数 n,l,m 都有确定值的波函数 $\Psi_{n,l,m}$ 称为一个"原子轨道函数",简称"原子轨道"。

原子轨道在空间的不同取向,也是量子化的,电子在空间运动的状态数就等于磁量子数。这些不同状态的能量在没有外加磁场时是相同的,所以,又称它们为简并状态。通常情况下,n 和 l 相同,m 不同的轨道,能量相同,称为简并轨道或等价轨道。

4. 自旋量子数(m_s)

自旋量子数(m_s)不是由薛定谔方程得到的,其值与 n、l、m 无关,它是根据后来的理论和实验的要求引入的。实验表明,电子除了围绕原子核旋转运动外,还有本身的自旋运动。电子的自旋方向有"顺时针"和"逆时针"两种,用自旋量子数(m_s)描述电子的自旋运动,$m_s = 1/2$ 或 $-1/2$,通常用符号 ↑ 和 ↓ 表示。

综上所述,只有当 n、l、m、m_s 四个量子数都相同时,我们才能判别两个电子的运动状态完全相同,事实上在同一原子中不存在运动状态完全相同的两个电子。

5.2.3 概率密度和电子云

描述微观粒子运动状态的波函数 $\Psi_{n,l,m}$ 本身没有直观的物理意义,只能说它是描述核外电子运动状态的数学表达式,反映了电子运动的规律。但其绝对值的平方 $|\Psi_{n,l,m}|^2$ 却有明确的物理意义,表示原子核外空间某处单位微体积内电子出现的概率大小,即概率密度或几率密度。通常将电子在原子核外出现的概率密度大小用小黑点的疏密程度表示。电子出现概率密度大的地方用密集的小黑点表示;反之,用稀疏的小黑点表示,这样得到的图像称为电子云。

氢原子 1s 电子云如图 5-6 所示。显然,电子云是形象化表示电子在原子核外空间各点出现概率相对大小的图形,是概率密度的形象化描述。

1s 电子云是球形对称的,2s 电子云和所有的 s 电子云都是球形对称的。

图 5-6 氢原子的 1s 电子云示意图

p 电子云呈哑铃形,对称地沿坐标轴分布在原子核的两侧,沿轴的方向概率密度最大,所以 p 电子云是有方向性的。p 亚层有 3 个轨道,沿 x 轴伸展的叫 p_x 轨道,沿 y 轴伸展的叫 p_y 轨道,沿 z 轴伸展的叫 p_z 轨道。3 个轨道形状相同,只是伸展方向不同,互相垂直。每个轨道上可以有 1 到 2 个电子,p 轨道上的电子叫做 p 电子。

d 电子云呈花瓣形。根据理论计算,共有 5 种伸展方向不同的 d 轨道。每个轨道上可以有 1 到 2 个电子,d 轨道上的电子叫做 d 电子。d 电子有 5 种取向,分别叫 d_{xy}、d_{yz}、d_{xz}、$d_{x^2-y^2}$、d_{z^2} 电子。d 电子云在原子核外空间有五种不同分布,即 d_{xy}、d_{yz}、d_{xz}、$d_{x^2-y^2}$、d_{z^2}。其中,d_{xy}、d_{yz}、d_{xz} 三种电子云互相垂直,各有四个花瓣,分别在 xOy、yOz、xOz 平面内,而且沿坐标轴的夹角平分线方向分布。$d_{x^2-y^2}$ 电子云形状和上面 d_{xy}、d_{yz}、d_{xz} 电子云形状相同,分布在 xOy 平面内,四个花瓣沿坐标轴分布。d_{z^2} 电子云沿 z 轴有两个较大的花瓣,并围绕 z 轴在 xOy 平面上有一个圆环形分布。

f 轨道共有 7 个,形状和方向非常复杂,这里不再介绍。

有关电子云在空间的取向见图 5-7。

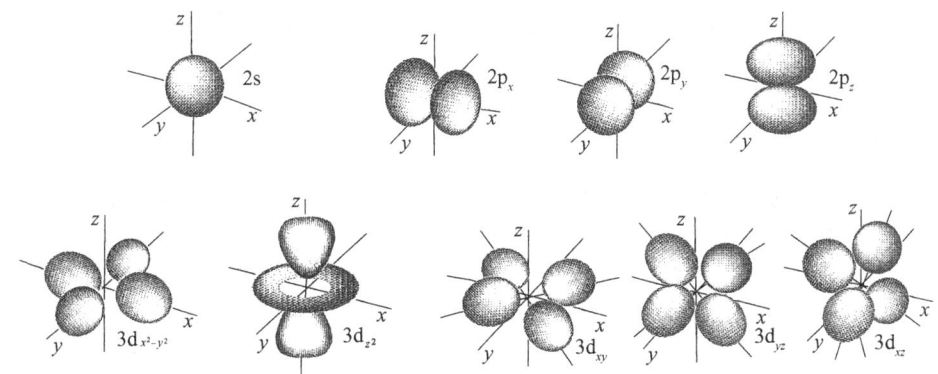

图 5-7 电子云在空间的取向

5.3 原子核外电子的排布

氢原子核外只有 1 个电子。除氢外，其他元素的原子核外都不止一个电子，这些原子统称为多电子原子。多电子原子的核外电子是按能级顺序分层排布的。原子核外电子的排布也称为原子的电子构型或电子组态。掌握原子核外电子的排布，有助于理解分子的形成、结构和性质。

5.3.1 屏蔽效应

对氢原子来讲，其原子核外只有一个电子，所以只存在原子核和这一个电子之间的作用力。其电子运动的能级由式 $E=-13.6/n^2(\text{eV})$ 决定。在多电子原子中，每个电子不仅受到来自原子核的吸引作用，同时还受到其他电子的相互排斥作用。其他电子对某个选定电子的排斥作用，相当于降低了部分核电荷的吸引力，称为屏蔽作用。其他电子的屏蔽作用对选定电子产生的效果叫做屏蔽效应。

在多电子原子中，对所选定的任何一个电子所受的作用，可以看成来自一个核电荷为 $(Z-\sigma)$ 的单中心势场，Z 表示原子的核电荷数（即原子序数），σ 叫做"屏蔽常数"。$(Z-\sigma)=Z^*$ 叫做"有效核电荷数"。

斯莱特（J.C.Slater）根据光谱数据，归纳出一套估算屏蔽常数 σ 的方法：

(1) 将电子分组：(1s)(2s,2p)(3s,3p)(3d)(4s,4p)(4d)(4f)(5s,5p)等。
(2) 外层电子对内层电子没有屏蔽作用，各组的 $\sigma=0$。
(3) 同一组，$\sigma=0.35$（但 1s，$\sigma=0.30$）。
(4) $(n-1)$ 组对 ns，np 的 $\sigma=0.85$；对 nd，nf 的 $\sigma=1.00$。
(5) 更内的各组 $\sigma=1.00$。
(6) 如果被屏蔽电子为 $(n$d$)$ 或 $(n$f$)$ 组中的电子，同组中其他各电子对被屏蔽电子的 $\sigma=0.35$；按上述顺序，所以左侧各组中的各电子对被屏蔽电子的 σ 均为 1.00。

该方法用于主量子数为 4 的轨道准确性比较好，主量子数大于 4 后准确度较差。所有电子的屏蔽常数之总和，即为总的屏蔽常数。屏蔽作用的效果是降低了原子核对核外电子的吸引力，能够使被屏蔽的电子能级升高。对同一原子来说，主量子数 n 愈大，相应的原子轨道离原子核愈远，轨道中电子受到其他电子的屏蔽作用也愈大，其相应的轨道能级也愈高。

5.3.2 钻穿效应

主量子数较大的电子在离核较远的地方出现的概率大，但在离核较近的地方也有出现的概率。这种外层电子避开其他电子的屏蔽，能够钻到原子的内层空间而在离原子核更近的空间出现的现象就是钻穿效应。它是由于电子云的径向分布随角量子数的不同而不同所造成的，钻穿效应的强弱顺序为

$$n\text{s} > n\text{p} > n\text{d} > n\text{f}$$

如果钻穿效应大，电子云深入内层，内层电子对它的屏蔽效应变小，钻穿效应的结果是，电子在离核较近的区域出现的几率增大，从而受到其他电子的屏蔽作用就愈小，受原子核的

吸引作用就愈强,相应的能级就愈低。

5.3.3 鲍林原子轨道近似能级图

1939 年,美国化学家鲍林(L.Pauling)根据光谱实验结果,提出了多电子原子中原子轨道的近似能级图,如图 5-8 所示。图中圆圈代表原子轨道,其位置的高低表示各轨道能级的相对高低。图中虚线方框中的几个轨道能量是相近的,称为一个能级组。

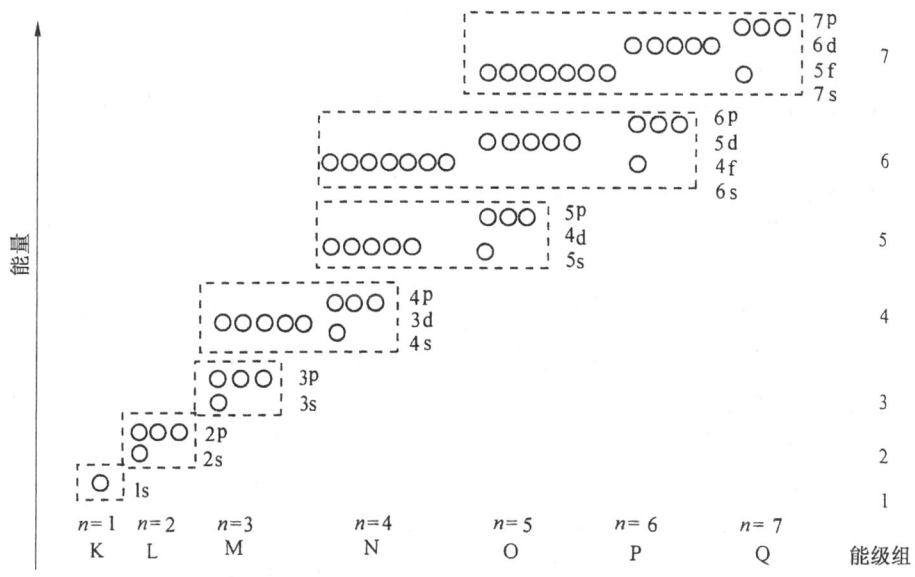

图 5-8 鲍林原子轨道近似能级图

为了便于记忆图 5-8 这个近似能级图,可按图 5-9 所示方式(图中每个小圆圈代表一个原子轨道,圆括号中的数字代表该轨道在排入近似能级图时的顺序),把各层电子层按层次由小到大顺序排列,然后按图中箭头方向顺序去读,就自然得到了图 5-8 中各能级高低的先后顺序。

鲍林近似能级图的意义是它反映了与元素周期律一致的核外电子填充的一般顺序。按照能级图中各轨道的能量高低的顺序来填充电子得到的结果,与光谱实验得到的各元素原子内电子的排布情况相比,大都是相符的。同一能级组中的轨道能量比较接近,不同能级组的原子轨道能量差别很大。能级组通常分为 7 个,即

第一能级组只包括 1 个 1s 电子亚层,有 1 个原子轨道;

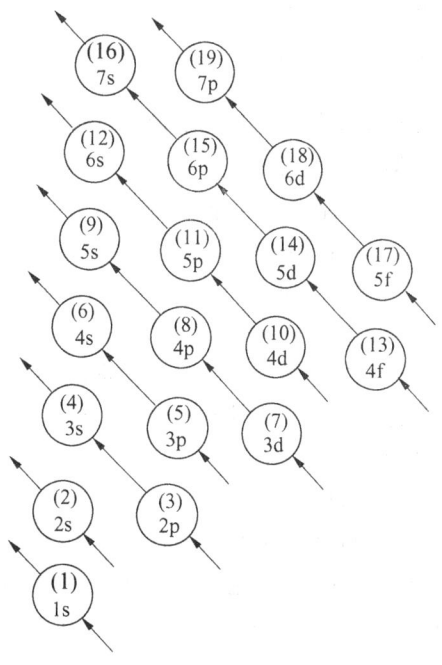

图 5-9 鲍林原子轨道近似能级顺序记忆图

第二能级组包括 1 个 2s 电子亚层和 1 个 2p 电子亚层,有 4 个原子轨道;

第三能级组包括 1 个 3s 电子亚层和 1 个 3p 电子亚层,有 4 个原子轨道;

第四能级组包括 1 个 4s 电子亚层、1 个 3d 电子亚层和 1 个 4p 电子亚层,有 9 个原子轨道;

第五能级组包括 1 个 5s 电子亚层、1 个 4d 电子亚层和 1 个 5p 电子亚层,有 9 个原子轨道;

第六能级组包括 1 个 6s 电子亚层、1 个 4f 电子亚层、1 个 5d 电子亚层和 1 个 6p 电子亚层,有 16 个原子轨道;

第七能级组包括 1 个 7s 电子亚层、1 个 5f 电子亚层、1 个 6d 电子亚层和 1 个 7p 电子亚层,有 16 个原子轨道。

结合鲍林原子轨道近似能级图,需要注意:

(1)能级图中共分 7 个能级组,能级组之间的能量差异较大,而能级组内各能级间的能量差异很小。

(2)一个小圆圈代表一个原子轨道,3 个 p 轨道的能量相同(只是空间取向不同),它们是简并轨道或等价轨道。简并度是指能量相同的轨道的数目。所以,p 轨道是三重简并的。同理,d 轨道是五重简并、f 轨道是七重简并。

(3)多电子原子的能级不仅与主量子数 n 有关,还与角量子数 l 有关。l 相同时,n 值越大,则能级越高(如 $E_{1s}<E_{2s}<E_{3s}<\cdots$;$E_{2p}<E_{3p}<E_{4p}<\cdots$)。当 n 相同,l 不同时,l 越大则能级越高(如 $E_{ns}<E_{np}<E_{nd}<E_{nf}<\cdots$),这种现象称为能级分裂。

(4)当 n 和 l 同时变动时,能级的能量次序比较复杂,发生能级交错现象(如 $E_{4s}<E_{3d}<E_{4p}$;$E_{5s}<E_{4d}<E_{5p}$;$E_{6s}<E_{4f}<E_{5d}<E_{6p}$)。

能级交错和能级分裂现象都可以通过屏蔽效应和钻穿效应加以解释。

5.3.4 原子核外电子排布的规则

原子核外电子排布基本遵循下面三个原则。

1. 泡利(W. Pauli,1900~1958)不相容原理

泡利不相容原理的表述方式有:

(a)同一原子中不可能存在 4 个量子数(n、l、m、m_s)完全相同的电子。

(b)在一个轨道里最多只能容纳 2 个自旋方向相反的电子。

(c)在同一个原子中,不可能有两个电子处于完全相同的状态。

以上几个说法是等效的。根据泡利不相容原理可以知道,s、p、d、f 电子亚层中分别最多只能容纳 2、6、10、14 个电子。各个电子层中电子的最大容纳量是该电子层中原子轨道数 n^2 的两倍,即 $2n^2$ 个。

2. 洪特规则

在属于同一电子亚层的各个轨道上,电子的分布尽可能先占据不同的轨道,而且自旋方式相同(自旋平行)。这个规律就是洪特(Hund)规则,也叫最多等价轨道规则。例如,p 轨道上有两个电子时,这两个电子应分别进入 2 个 p 简并轨道中,且自旋方向平行,电子之间的排斥力达到最小。

作为洪特规则的特例,当简并轨道全空(p^0、d^0、f^0)、全满(p^6、d^{10}、f^{14})或半满(p^3、d^5、f^7)时

比较稳定。

例如,碳原子原子核外有 6 个电子,电子排布式为
$$1s^2 2s^2 2p^2$$
轨道表示式为

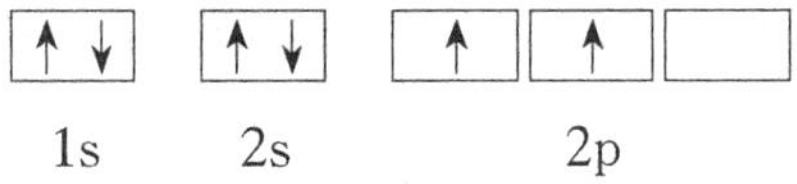

↑↓	↑↓	↑	↑	
1s	2s		2p	

3. 能量最低原理

原子处于稳定的基态时,其电子尽可能先占据最低的能级,使整个原子的能量处于最低状态,这就是能量最低原理。这就要求电子在原子轨道上排布时,应先填充 1s 轨道,然后按照近似能级图所示次序依次向高能级填充。

需要注意的是,原子能量的高低除了取决于轨道能量外,还与电子之间相互作用能有关。某电子的"轨道能"不仅与核电荷数、主量子数、角量子数等参数有关,而且还动态地与电子的数目以及其他电子各处在什么轨道上有关。所以,"整个原子"的能量不能机械地看做各电子所处轨道的能量之和。

5.4 元素周期律

元素的性质随着核电荷数的递增而呈周期性变化,这个规律叫做元素周期律。元素周期律反映了元素及由它形成的单质和化合物的性质,揭示了元素之间的相互关系,对指导我们研究各种物质具有重要作用。1869 年门捷列夫(A. N. Mehaeneeb,1834~1907)公布的第一张元素周期表中只有 66 种元素。到 1994 年,由德国科学家安布鲁斯特领导的达姆施塔特重离子加速器中心宣布发现 110 号元素,元素周期表不断得到发展完善。

5.4.1 原子的电子层结构和元素周期表

1. 周期的划分

根据原子的电子层结构差异,元素周期表中的元素被划分为 7 个周期。第一周期为特短周期,有 2 个元素;第二、第三周期都属于短周期,各有 8 个元素;第四、第五周期是长周期,各有 18 个元素;第六周期是特长周期,有 32 个元素;第七周期是未完成周期,现有 26 个元素。

元素所在的周期数等于该元素原子的电子层数。即第一周期元素原子有 1 个电子层,主量子数 $n=1$;第三周期元素原子有 3 个电子层,最外层主量子数 $n=3$;以此类推,可以知道周期数等于最外电子层的主量子数(n)。

各周期元素的数目等于相应能级组中原子轨道能容纳的电子总数。例如,第四周期相应能级组中的原子轨道为 4s3d4p,电子最大容纳数量为 18,所以,第四周期元素数目为 18 个。

2. 族的划分

在元素周期表中,共有 7 个主族、7 个副族、1 个零族和 1 个Ⅷ族。

主族:7 个主族分别用符号ⅠA~ⅦA 表示。主族元素的族数=原子的最外电子层的电子数(ns+np)。主族元素的最高氧化数,恰好等于原子最外电子层上的电子数目。在同一

族内,虽然不同元素的原子电子层数不相同,但都有相同的外层电子数。因此,同一族元素的性质非常相似。

副族:7个副族分别用符号ⅠB~ⅦB表示。副族次外层上电子数目多于8个而少于18个,它们除了能失去最外层的电子外,还能失去次外层上的一部分d电子。ⅠB~ⅡB的族数等于原子最外层的电子数,ⅢB~ⅦB的族数等于原子的最外层电子数与次外层d电子数之和。

零族:除氦外,其他零族元素原子最外层都是具有8个电子的稳定构型(ns^2np^6)。

Ⅷ族:原子外围电子构型是$(n-1)d^{6\sim10}ns^{0\sim2}$。

3. 区的划分

元素周期表中的元素除了按周期和族划分外,还根据原子的电子层结构特征分为s、p、d、ds和f五个区。

s区元素:最外电子层结构是$ns^{1\sim2}$,包括ⅠA族碱金属、ⅡA族碱土金属。这些元素原子容易失去1个或2个电子,是活泼金属。

p区元素:包括ⅢA~ⅦA族、零族,原子价电子构型为$ns^2np^{1\sim6}$。零族元素除He原子外层只有2个电子外,其余稀有气体元素原子的最外电子层的s和p轨道都是充满的,共有8个电子,这样的电子层结构是比较稳定的,它们不会形成化合物,称为惰性气体,化合价为零,故为零族。

d区元素:又称为过渡元素,包括ⅢB~ⅦB族、Ⅷ族元素。该区元素原子的电子层结构最外层ns的电子数为1到2个,次外层$(n-1)d$轨道上电子数为1至9个。

ds区元素:包括ⅠB、ⅡB族元素,原子价层电子构型为$(n-1)d^{10}ns^{1\sim2}$,最后填入电子一般为次外层的d亚层。

f区元素:包括镧系元素、锕系元素。

5.4.2 元素性质的周期性

原子的电子层结构随着核电荷的递增呈现周期性变化。因此,元素的某些性质(如原子半径、电离能、电子亲合能和电负性等)也呈现周期性的变化。

1. 原子半径

原子大小可以用"原子半径"描述,但因为电子云没有确定界面,所以原子半径的概念不容易被界定。确定原子半径常用的一种标度是先通过实验方法测定物质结构,再进行原子半径计算。测定原子形成各种分子或固体物质后的核间距,对于同种原子,测得的核间距的一半就是该原子的半径;对于异种原子,测得它们的核间距后,如果再知道了其中一种元素的原子半径,就可以求取另一种元素的原子半径。据此定义了三种原子半径。

(1)共价半径:由共价分子或原子晶体中原子的核间距计算得到。

(2)金属半径:由金属晶体中原子的最短核间距计算得到。

(3)范德华半径:由共价分子之间的最短距离计算得到。

同一主族元素从上到下,因为元素原子的电子层数在增多,所以,元素原子的原子半径从上到下也逐渐增大。

副族元素的原子半径从上到下变化不明显。

同一周期中的元素,从左到右随着核电荷数的增加,原子核对外层电子的吸引力也在不断增加,这个因素会使得原子半径变小。但从左到右核电荷数增加的同时,核外电子数也在不断增加,电子之间的斥力增强,这个因素会使得原子半径增大。所以,同一周期中从左到右,元素原子半径的变化是上述两个因素综合作用的结果,但由于增加的电子数不足以完全屏蔽增加的核电荷数,因而从左到右有效核电荷数逐渐增加,原子半径逐渐减小。

元素周期表中各元素的原子半径见表5-1。

原子半径越大,核对外层电子的引力越弱,原子就越易失去电子;相反,原子半径越小,核对外层电子的引力越强,原子就越易得到电子。

表5-1 原子半径　　　　　　　　　　　　　　　　　　(单位:10^{-12}m)

ⅠA	ⅡA	ⅢB	ⅣB	ⅤB	ⅥB	ⅦB	Ⅷ			ⅠB	ⅡB	ⅢA	ⅣA	ⅤA	ⅥA	ⅦA	0
H																	He
32																	93
Li	Be											B	C	N	O	F	Ne
123	89											82	77	70	66	64	112
Na	Mg											Al	Si	P	S	Cl	Ar
154	136											118	117	110	104	99	154
K	Ca	Sc	Ti	V	Cr	Mn	Fe	Co	Ni	Cu	Zn	Ga	Ge	As	Se	Br	Kr
203	174	144	132	122	118	117	117	116	115	117	125	126	122	121	117	114	169
Rb	Sr	Y	Zr	Nb	Mo	Tc	Ru	Rh	Pd	Ag	Cd	In	Sn	Sb	Te	I	Xe
216	191	162	145	134	130	127	125	125	128	134	148	144	140	141	137	133	190
Cs	Ba		Hf	Ta	W	Re	Os	Ir	Pt	Au	Hg	Tl	Pb	Bi	Po	At	Rn
235	198		144	134	130	128	126	127	130	134	144	148	147	146	146	145	220

镧系元素

La	Ce	Pr	Nd	Pm	Sm	Eu	Gd	Tb	Dy	Ho	Er	Tm	Yb	Lu
169	165	164	164	163	162	185	162	161	160	158	158	158	170	158

2. 电离能(I)

使原子失去电子变成正离子,要消耗一定的能量以克服原子核对电子的吸引力。原子失去电子的难易可用电离能(I)来衡量。气态原子要失去电子变为气态阳离子(即电离),必须克服核电荷对电子的引力而消耗能量,这种能量称为电离能(I),其单位采用$kJ\cdot mol^{-1}$。使某元素一个基态的气态原子失去一个电子形成正一价的气态离子时所需要的能量,叫做这种元素的第一电离能(常用符号I_1表示)。从正一价离子再失去一个电子形成正二价离子时,所需要的能量叫做元素的第二电离能(I_2)。依次可定义第三、第四、第五电离能等。如

$$Mg(g) - e^- \longrightarrow Mg^+(g) \quad (I_1 = 738 kJ\cdot mol^{-1});$$
$$Mg^+(g) - e^- \longrightarrow Mg^{2+}(g) \quad (I_2 = 1451 kJ\cdot mol^{-1})$$

对各级电离能来说,总有$I_1 < I_2 < I_3 < I_4\cdots$。通常是用$I_i$的大小说明原子失去电子的能力,$I_i$越大,原子越难失去电子;$I_i$越小,原子越容易失去电子。因此,电离能可以衡量原子失去电子的难易,并常常用它说明元素的金属性。电离能数据可以通过实验测出(表5-2)。

表 5-2　一些元素第一电离能数据　　　　　　　　　（单位：kJ·mol^{-1}）

IA	IIA	IIIB	IVB	VB	VIB	VIIB	VIII			IB	IIB	IIIA	IVA	VA	VIA	VIIA	0
H 1312																	He 2372
Li 520	Be 900											B 801	C 1086	N 1402	O 1314	F 1681	Ne 2081
Na 496	Mg 738											Al 578	Si 787	P 1012	S 1000	Cl 1251	Ar 1521
K 419	Ca 590	Sc 631	Ti 658	V 650	Cr 653	Mn 717	Fe 759	Co 758	Ni 737	Cu 746	Zn 906	Ga 579	Ge 762	As 944	Se 941	Br 1140	Kr 1351
Rb 403	Sr 550	Y 616	Zr 660	Nb 664	Mo 685	Tc 702	Ru 711	Rh 720	Pd 805	Ag 731	Cd 868	In 558	Sn 709	Sb 832	Te 869	I 1008	Xe 1170
Cs 376	Ba 503	La 538	Hf 654	Ta 761	W 770	Re 760	Os 840	Ir 880	Pt 870	Au 890	Hg 1007	Tl 589	Pb 716	Bi 703	Po 812	At 912	Rn 1037

La	Ce	Pr	Nd	Pm	Eu	Gd	Tb	Dy	Ho	Er	Tm	Yb	Lu
538	528	523	530	536	547	592	564	572	581	589	597	603	524

数据摘自 J.E.Huheey. Inorganic Chemistry: Principles of Structure and Reactivity. 2nd edition.

电离能的大小主要取决于原子核电荷、原子半径，以及原子的电子层结构。其大小只能反映气态原子失去电子变为气态离子的难易程度，至于金属在溶液中发生化学反应形成阳离子的倾向，还是应该根据金属的电极电势来进行估量。

同一周期主族元素，从左向右过渡时，电离能逐渐增大。副族元素从左向右过渡时，电离能变化没有明显的规律。同一主族元素从上往下过渡时，原子的电离能逐渐减小。副族元素从上往下原子半径只是略微增大，而且第五、六周期元素的原子半径又非常接近，核电荷数增多的因素起了作用，电离能变化没有明显的规律。

3. 电子亲和能

气态电中性基态原子获得一个电子变为气态一价负离子时放出的能量叫做该元素的第一电子亲和能（E_1）。负离子再得到一个电子的能量变化叫做第二电子亲和能（E_2），依此类推。电子亲和能的表示符号为 E，单位为 kJ·mol^{-1} 或 eV。如

$$O(g) + e \longrightarrow O^-(g) \quad E_1 = +141.0 \text{kJ·mol}^{-1}$$
$$O^-(g) + e \longrightarrow O^{2-}(g) \quad E_2 = -780 \text{kJ·mol}^{-1}$$

E_1 表示 1mol 气态氧原子得到 1mol 电子转变为 1mol 气态 O^- 时所放出的能量为 141.0kJ；E_2 表示 1mol 气态 O^- 得到 1mol 电子转变为 1mol 气态 O^{2-} 时所吸收的能量为 780kJ；一般元素的第一电子亲和能为正值，表示得到一个电子形成负离子时放出能量，也有元素的第一电子亲和能为负值，表示得到电子要吸收能量，说明这种元素的原子变成负离子比较困难。当负离子要继续获得电子时，由于阴离子本身是个负电场，对外加电子有排斥作用，要再加合电子时，环境也必须对体系做功，体系要吸收能量，因此元素的第二电子亲和能都是负值。

在同一周期中,从左向右,元素原子的电子亲和能总的变化趋势是增大的;在同一主族中,从上到下元素原子的电子亲和能总的变化趋势是逐渐减小的。

表 5-3 是元素原子的第一电子亲和能数据。

表 5-3 元素原子的第一电子亲和能数据(kJ·mol^{-1})

H 72.765																	
Li 59.8	Be -240											B 27	C 122.3	N -7(-800)	O 141.0(-780)	F 327.9	
Na 52.7	Mg -230											Al 44	Si 133.6	P 71.7	S 200.4(-590)	Cl 348.8	
K 48.36	Ca -156	Sc 20	Ti 50	V 64	Cr	Mn 24	Fe 70	Co 111	Ni 118.3	Cu	Zn	Ca 29	Ge 120	As 77	Se 194.9(-420)	Br 324.6	
Rb 46.89	Sr	Y 50	Zr 100	Nb 100	Mo 70	Tc 110	Ru 120	Rh 60	Pd 125.7	Ag	Cd	In 29	Sn 121	Sb 101	Te 190.14	I 295.3	
Cs 45.49	Ba -52	La 50	Hf 60	Ta 60	W 15	Re 110	Os 160	Ir 205.3	Pt 222.73	Au	Hg	Tl 30	Pb 110	Bi 110	Po 180	At 270	
Fr 44.0																	

数据摘自 James E. Huheey. Inorganic Chemistry. 3rd edition. 1983,48.
括号内数值为第二电子亲和能。

4. 电负性(χ)

电离能主要反映元素原子失去电子能力的大小,电子亲和能则主要反映元素原子得到电子能力的大小。但在形成化合物时,元素的原子通常是既不完全失去电子也不完全得到电子,电子只是在不同原子之间发生偏移。因此,只用电离能或电子亲和能判断元素的性质就有了一定的局限性。原子相互作用从而使分子中各种原子吸引电子的能力不同,有大有小,为了全面衡量分子中原子争夺电子的能力,就提出了电负性的概念。

电负性常用符号 χ(读作 kai)表示。元素的电负性数值越大,表示原子在分子中吸引电子的能力越强。对同一元素原子的电负性数据,标度不同,数值不同。电负性可以通过实验和理论方法建立标度,常用的电负性标度有鲍林标度、莫立根标度和阿莱-罗周标度。

1932 年,鲍林提出了电负性(χ_p)的概念,指出电负性是分子中元素原子吸引电子的能力,并指定最活泼的非金属元素氟原子的电负性为 3.98,然后通过计算得到其他元素原子的电负性值。

1934 年,莫立根(R.S.Muliken)对元素电负性(χ_m)的定义是把元素原子的第一电离能和电子亲和能的平均值作为电负性的标度。即

$$\chi_m = \frac{1}{2}(I_1 + E)$$

由于电子亲和能数据不全,莫里根电负性数值不多,但它们和鲍林电负性数值有很好的线性关系。

1957 年,阿莱(A.L.Allred)-罗周(E.G.Rcohow)认为可由下式求出电负性:

$$\chi = \frac{0.359Z^*}{r^2} + 0.744$$

式中,Z^* 为原子核有效电荷;r 为原子半径。

关于电负性的标度有 20 种之多,各种标度的电负性数值虽然不同,但它们的相关性比较好。在元素周期表中,元素原子的电负性变化规律是一致的:同一周期中,从左向右,电负性逐渐增大;同一主族中,从上往下电负性逐渐减小;过渡元素原子的电负性变化不明显。通常使用比较多的是鲍林电负性标度。

习 题

1. 试计算电子从 $n=6$ 能级回到 $n=2$ 能级时,由辐射能量产生的谱线的频率、波长及能量?

2. 当主量子数 $n=4$ 时,有几个能级?各能级有几个轨道,最多各容纳多少电子?

3. 为什么说 p 轨道有方向性?d 轨道是否有方向性?

4. 区别下列概念:(1)ψ 与 $|\psi|^2$;(2)电子云与原子轨道;(3)几率与几率密度。

5. 确定一个基态原子的电子构型时,应该遵循哪些规则?指出下列各种电子排布是否正确,为什么?

(1)N($Z=7$):$1s^2 2s^2 2p_x^2 2p_y^1$

(2)Ni($Z=28$):$1s^2 2s^2 2p^6 3s^2 3p^6 3d^{10}$

(3)Sc($Z=21$):$1s^2 2s^2 2p^6 3s^2 3p^6 4s^3$

6. 原子的第四层最多可以容纳多少个电子?周期表第四周期最多包含多少元素?两者是否相同?

7. 在下列电子构型中,哪些属于原子的基态?哪些属于原子的激发态?哪些纯属错误?

(1)$1s^2 2s^3 2p^1$ (2)$1s^2 2p^2$ (3)$1s^2 2s^2$

(4)$1s^2 2s^2 2p^6 3s^1 3d^1$ (5)$1s^2 2s^2 2p^5 4f^1$ (6)$1s^2 2s^2 2p^1$

8. 满足下列条件之一的是哪一族或哪一个元素?

(1)最外层具有 6 个 p 电子;

(2)价电子数是 $n=4$、$l=0$ 的轨道上有 2 个电子和 $n=3$、$l=2$ 的轨道上有 5 个电子;

(3)次外层 d 轨道全满,最外层有一个 s 电子;

(4)某元素+3 价离子和氩原子的电子构型相同;

(5)某元素+3 价离子的 3d 轨道全充满。

9. 解释下列现象:

(1)钠的第一电离能小于镁,而钠的第二电离能却大大超过镁;

(2)钠和氖是等电子体,为什么它们的第一电离能数值差别很大?

第6章 化学键与分子结构

各种原子结合成原子或分子晶体时,在相邻原子之间将产生强烈的吸引作用,这种吸引作用叫做化学键。原子通过化学键结合成分子(或晶体),以及原子间化学键的破裂和重新组合成键,就是化学变化及伴随的能量变化的本质。物质的性质不仅和原子结构有关,而且还和物质的分子结构或晶体结构有关。因此,学习化学键理论对于认识化学变化的本质及有关现象有着重要意义,下面介绍有关化学键和分子结构方面的知识。

6.1 化学键的键参数

化学键的性质可以用键能、键长、键角和键的极性等物理量来描述,这些物理量统称为键参数。下面分别进行介绍。

6.1.1 键能

键能(E)是指在标准状态下气态分子每断裂 1mol 化学键所需要的能量,单位为 $kJ \cdot mol^{-1}$。对双原子分子,在标准状态下,将 1mol 理想气态分子离解为理想气态原子所需要的能量称为离解能(D)。通常,键能越大,键越牢固,由该键构成的分子也就越稳定。

对双原子分子而言,键能在数值上等于键离解能。

$$H_2(g) \longrightarrow 2H(g) \qquad D_{H-H}^{\ominus} = E_{H-H}^{\ominus} = 436.00 \, kJ \cdot mol^{-1}$$

对多原子分子,要断裂其中的键成为单个原子,需要多次离解。故离解能不等于键能,而是多次离解能的平均值,例如

$$NH_3(g) \longrightarrow NH_2(g) + H(g) \qquad D_{1,N-H}^{\ominus} = 435 \, kJ \cdot mol^{-1}$$
$$NH_2(g) \longrightarrow NH(g) + H(g) \qquad D_{2,N-H}^{\ominus} = 398 \, kJ \cdot mol^{-1}$$
$$NH(g) \longrightarrow N(g) + H(g) \qquad D_{3,N-H}^{\ominus} = 339 \, kJ \cdot mol^{-1}$$
$$E_{(N-H)}^{\ominus} = (D_{1,N-H}^{\ominus} + D_{2,N-H}^{\ominus} + D_{3,N-H}^{\ominus})/3 = (435 + 398 + 339)/3 = 391 \, (kJ \cdot mol^{-1})$$

表 6-1 列出了一些普通双原子分子的键能。

表 6-1 双原子分子的键能   单位:kJ/mol

分子名称	键能	分子名称	键能	分子名称	键能
F_2	155	HF	565	RbH	163
Cl_2	247	HCl	431	CsH	176
Br_2	193	HBr	366	CO	1071
I_2	151	HI	299	NO	628
N_2	946	LiH	243	Li_2	105

续表 6-1

分子名称	键能	分子名称	键能	分子名称	键能
O_2	493	NaH	197	Na_2	71.1
H_2	435	KH	180	K_2	50.2

数据录自 Mahan, H. University Chemistry. 1975, 472.

6.1.2 键长

分子内成键的两原子核间的平衡距离叫做键长或核间距(L_b)。理论上用量子力学近似方法可以计算键长。实际上对于复杂分子往往是通过光谱或衍射等实验方法来测定键长。同一种键在不同分子中的键长数值基本上是个定值(如 H—O 键)。通常,两个原子之间形成的键越短,键就越牢固。表 6-2 列出了一些化学键的键长数据。

表 6-2 单键、双键、叁键的键能和键长

键 型	C—C	C=C	C≡C	N—N	N=N	N≡N
键长/pm	154	134	120	146	125	110
键能/(kJ·mol^{-1})	346	610	835	138	161	945.6

6.1.3 键角

键角是分子中两个相邻化学键之间的夹角。键角是反映分子空间结构的重要因素之一。例如,水分子的两个 H—O 键之间的夹角是 104.5°,表明水分子是角形结构。又如,CO_2 中 O—C—O 键角是 180°,表明 CO_2 分子是直线型结构;NH_3 中 N—H 键的夹角为 107°18′,表明 NH_3 分子是三角锥形的空间结构。

6.1.4 键的极性

在共价键中,若成键两个原子的电负性相同,原子核正、负电荷重心重合,这样的化学键叫做非极性共价键。若成键两个原子的电负性不相同,成键原子的电荷分布不对称,电负性较大的原子带负电荷,电负性较小的原子带正电荷,正、负电荷重心不重合,这样的化学键叫做极性共价键。

6.2 离子键理论

6.2.1 离子键的形成

为了说明诸如 NaCl、CsCl、MgO 这些离子型化合物的成键情况,1916 年德国化学家柯塞尔(W. Kossel)提出了离子键理论。该理论认为当电负性大的活泼非金属原子与电负性小的活泼金属原子相遇时,由于两个原子之间的电负性值相差较大(生成离子键的条件是原

子间的电负性相差比较大,通常要大于 1.7),它们都有达到稳定结构的倾向。对主族元素来说,它们生成的离子多数都具有 p 轨道为全充满的稀有气体结构,即稳定结构。对过渡元素,它们生成的离子的 d 轨道一般都处于半充满状态,也达到了稳定结构。电离能较小的金属原子和电离能较大的非金属原子化合时,前者易失去外层电子形成达到稳定结构的正离子,后者易获得电子形成达到稳定结构的负离子,正、负离子在静电引力作用下相互靠近,达到一定距离时体系出现能量最低点,形成离子键。

以氯化钠为例,离子键的形成过程可简单表示如下:

$$Na(3s^1) - e^- \longrightarrow Na^+(2s^22p^6)$$
$$Cl(3s^23p^5) + e^- \longrightarrow Cl^-(3s^23p^6)$$
$$Na^+(2s^22p^6) + Cl^-(3s^23p^6) \longrightarrow NaCl$$

当氯离子和钠离子相互靠近时,有正、负离子之间的静电吸引作用,也有两个原子核之间的排斥作用、两个离子外层电子之间的排斥作用。随着正、负离子之间距离的变化,吸引和排斥作用也不断变化,整个体系的能量(主要体现为势能)也发生相应变化。

体系的势能与核间距之间的关系如图 6-1 所示,其中横坐标 R 表示核间距;纵坐标 V 表示体系的势能;纵坐标的零点表示当 R 无穷大时,即两核之间无限远时,势能为零;R_0 是平衡核间距,当正、负离子的间距为 R_0 时,体系具有最低势能。

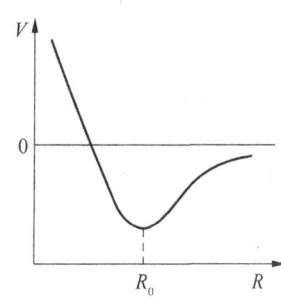

图 6-1 离子势能与原子核间距关系示意图

Na^+ 和 Cl^- 彼此接近:当 $R > R_0$ 时,随着两个离子间距离的减小,静电吸引作用占主导因素,电子和原子核之间的排斥作用不明显,所以体系势能逐渐降低,体系趋于稳定;当 $R = R_0$ 时,静电吸引作用与电子和原子核之间的排斥作用相当,所以体系处于平衡状态,体系势能达到最低,此时体系最稳定,表明形成了离子键;当 $R < R_0$ 时,随着离子间距离的减小,电子和原子核之间的排斥作用占主导地位,体系势能迅速增大。

6.2.2 离子键的特点

1. 离子键的本质是正、负离子之间的静电作用
2. 离子键没有方向性和饱和性

由于离子键是正、负离子之间通过静电作用形成的化学键,因此,决定了离子键没有方向性和饱和性。

离子键没有方向性是指由于离子的电荷分布是球形对称的,离子可以在任何方向上吸引带有相反电荷的离子,也就是说,离子在空间各个方向上吸引异号电荷离子的能力是相同的,不存在某一个方向上更有利的问题。

离子键没有饱和性是指只要空间条件允许,每个离子可吸引尽可能多的带相反电荷的离子。也就是说,对于某一个离子来说,只要其他带相反电荷的离子进入它的静电势场,则不管这种离子的数量多少,都会受到吸引作用。

需要注意的是,尽管离子键没有饱和性,但并不是说一种离子周围排列的带相反电荷离子的数目是任意的。事实上,每种离子周围排列的带相反电荷离子的数目是确定的。例如,

在氯化钠晶体中,每一个钠离子周围在距离 r_0 处均匀分布着 6 个带相反电荷的氯离子,这并不意味着每个钠离子周围吸引了 6 个氯离子后它的电场就饱和了,在超过 r_0 距离的更远处,仍然会有一些氯离子被钠离子所吸引,但静电引力随距离的增大已经非常弱了。

3. 离子键的离子性与元素电负性差值有关

离子键形成的重要条件是原子的电负性差值要足够大,元素的电负性相差越大,它们之间形成的化学键的离子性也越大,通常用"离子性百分数"表示键的离子性相对于共价性的大小。一般来说,当电负性差值大于 1.7 时,单键约具有 50% 的离子性,所以通常把电负性差值大于 1.7 的化合物看做是离子结构。

但需要注意的是,即使电负性最低的铯和电负性最高的氟所形成的氟化铯,也不是纯粹的静电作用,仍有部分共价键的性质,在氟化铯中离子性约占 92%。所以,电负性差值 1.7 并不是离子型化合物和共价型化合物的截然界线,只是一个有用的参考数据。

6.2.3 离子键的强度

离子键强度用晶格能(U)表示。晶格能是指在标准状态下,互相远离的气态正、负离子结合生成 1mol 离子晶体时所释放的能量,或 1mol 离子晶体离解成自由气态离子时所吸收的能量,单位是 $kJ \cdot mol^{-1}$。以上两个过程的能量相同,符号相反,但晶格能通常以正值表示,晶格能越大,离子键强度就越大。

晶格能可以采用玻恩-哈伯(Born-Haber)循环法通过热化学计算求得。下面以氯化钠为例,说明玻恩-哈伯循环。

$$\begin{array}{c}
Na(s) + \frac{1}{2}Cl_2(g) \xrightarrow{\Delta_f H^{\ominus}_{NaCl}} NaCl(s) \\
\downarrow S \quad\quad \downarrow \frac{1}{2}D \\
Na(g) \quad\quad Cl(g) \quad\quad\quad \uparrow U \\
\downarrow I \quad\quad \downarrow E \\
Na^+(g) + Cl^-(g) \longrightarrow
\end{array}$$

式中,S 为钠的升华能,表示 1mol 固态物质转变为气态时所吸收的能量;D 为 Cl_2 的离解能,表示 1mol 气态双原子分子离解为 2mol 气态原子时所吸收的能量;I 是电离能;E 是电子亲和能;U 为晶格能;$\Delta_f H^{\ominus}_{NaCl}$ 为生成热。根据能量守恒定律,生成热 $\Delta_f H^{\ominus}_{NaCl}$ 应等于各步能量变化的总和:

$$\Delta_f H^{\ominus}_{NaCl} = S + \frac{1}{2}D + I + E + U$$

通过实验可以测得

$$\Delta_f H^{\ominus}_{NaCl} = -411 kJ \cdot mol^{-1} (298K, 101.3kPa)$$

$S = 109 kJ \cdot mol^{-1}$, $I = 496 kJ \cdot mol^{-1}$, $D = 121 kJ \cdot mol^{-1}$, $E = -349 kJ \cdot mol^{-1}$
所以,可得氯化钠的晶格能 $U = -788 kJ \cdot mol^{-1}$。

6.2.4 离子的特征

离子化合物的性质和离子键的强度有非常密切的联系,而离子键的强度又和离子的电荷、离子的半径和离子的电子构型等有关系。

6.2.4.1 离子的电荷

离子电荷是指原子在形成离子化合物过程中失去或得到电子的数目。离子电荷的多少直接影响离子键的强度,进而影响离子化合物的性质,如熔点、沸点、硬度和氧化还原能力等。即使是同一种元素,当形成不同电荷的离子时,由它们所组成的离子型化合物的性质也会有较大的差异。例如,铁元素能形成 Fe^{2+}、Fe^{3+} 两种离子,Fe^{3+} 比 Fe^{2+} 的正电荷多,在一定条件下,Fe^{3+} 能夺取 1 个电子变成 Fe^{2+},相反,Fe^{2+} 则有失去 1 个电子变为 Fe^{3+} 的倾向,这两种离子及其化合物在性质上就大不相同。

在水溶液中,Fe^{3+} 是以淡紫色的 $[Fe(H_2O)_6]^{3+}$ 形式存在;Fe^{2+} 是以淡绿色的 $[Fe(H_2O)_6]^{2+}$ 形式存在。由于 Fe^{3+} 比 Fe^{2+} 的正电荷多、半径小,故 Fe^{3+} 比 Fe^{2+} 容易发生水解反应。

6.2.4.2 离子的电子构型

离子的电子构型是指原子失去或得到电子后形成的带电离子的电子层结构,其对离子型化合物的性质有一定的影响。例如,碱金属和铜都能形成 +1 价离子,其中 Na^+ 和 Cu^+ 所带电荷数相同,都是 +1 价阳离子,它们的离子半径分别是 97pm 和 96pm,非常接近。但 NaCl 易溶于水,而 CuCl 不溶于水。显然,造成这种性质上差异的原因主要在于 Na^+ 的电子构型($2s^22p^6$)和 Cu^+ 的电子构型($3s^23p^63d^{10}$)的不同。

简单的 Cl^-、F^-、O^{2-} 等负离子,它们的最外层都为稳定的稀有气体结构,即 8 电子构型。但正离子的电子构型主要有如下几种。

(1) 2 电子构型:最外层为 2 个电子的离子,如 Be^{2+}。
(2) 8 电子构型:最外层为 8 个电子的离子,如 Na^+、K^+、Ca^{2+}。
(3) 18 电子构型:最外层为 18 个电子的离子,如 Cd^{2+}、Ag^+、Zn^{2+}。
(4) (18+2) 电子构型:最外层为 2 个电子、次外层为 18 个电子的离子,如 Sn^{2+}、Pb^{2+}。
(5) (9~17) 电子构型:最外层为 9~17 个电子的离子,如 Fe^{2+}、Fe^{3+}、Mn^{2+}。

6.2.4.3 离子的半径

离子半径的定义和测定原理与原子半径相似。离子半径本来应该指离子电子云分布的范围,但是电子云的分布范围没有一个明显的界面。因此,严格地讲,一个离子的半径是不能够明确确定的。通常所说的离子半径是指离子晶体中正、负离子的接触半径,或者说是正、负离子的作用范围大小。如果把正、负离子都看成相互接触的刚性球体,它们的核间距离(d)就是正离子半径(r_+)和负离子半径(r_-)之和。通过实验方法可以测得正、负离子的核间距离,如果再知道了其中一个离子的半径,便可以求得另外一个离子的半径。

离子半径数据与推算方法有关,哥德希密特、鲍林、桑诺提出的离子半径应用较多。

1927 年,哥德希密特(V.M.Goldschmidt)以测得的氟离子(F^-)半径(133 pm)和氧离子(O^{2-})半径(132pm)作为标准,再根据核间距实验数据,计算出了 80 多种离子的半径。例如,实验测得氟化钠的核间距 d = 230pm,则钠离子(Na^+)的半径为 230 - 133 = 97(pm)。

1960 年,鲍林以 NaF、KCl、RbBr、CsI、Li_2O 五种晶体的核间距为依据,得到 1-1 价离子晶体中离子半径的半经验计算公式:

$$r = C_n/(Z - \sigma)$$

式中,C_n 为由最外电子层主量子数 n 决定的常数;Z 为核电荷数;σ 为屏蔽常数。再结合 X 射线测得的正、负离子的核间距(d),从而推算出离子的半径。鲍林通过校正,又推算出各种价态的离子半径。

哥德希密特和鲍林离子半径数据见表6-3。

表6-3 哥德希密特和鲍林离子半径

离子	$r_G/\times 10^{-12}$m	$r_P/\times 10^{-12}$m	离子	$r_G/\times 10^{-12}$m	$r_P/\times 10^{-12}$m
H^-	—	208	Mn^{2+}	91	80
Li^+	70	60	Mn^{4+}	52	—
Be^{2+}	34	31	Mn^{7+}	—	46
B^{3+}	—	20	Fe^{2+}	83	75
C^{4-}	—	260	Fe^{3+}	67	60
C^{4+}	20	15	Co^{2+}	82	72
N^{3-}	—	171	Co^{3+}	65	—
N^{3+}	16	—	Ni^{2+}	78	70
N^{5+}	15	11	Cu^+	—	96
O^{2-}	132	140	Cu^{2+}	72	—
F^-	133	136	Zn^{2+}	83	74
Na^+	98	95	Ca^{3+}	62	62
Mg^{2+}	78	65	Ge^{2+}	65	—
Al^{3+}	55	50	Ge^{4+}	55	53
Si^{4-}	198	271	As^{3-}	191	222
Si^{4+}	40	41	As^{3+}	69	47
P^{3-}	186	212	Se^{2-}	193	198
P^{3+}	44	—	Se^{6+}	35	42
P^{5+}	35	34	Br^-	196	195
S^{2-}	182	184	Br^{5+}	47	—
S^{4+}	37	—	Br^{7+}	—	39
S^{6+}	30	29	Rb^+	149	148
Cl^-	181	181	Sr^{2+}	118	113
Cl^{5+}	34	—	Y^{3+}	95	93
Cl^{7+}	—	26	Zr^{4+}	80	80
K^+	133	133	Nb^{5+}	—	70
Ca^{2+}	105	99	Mo^{6+}	65	62
Sc^{3+}	83	81	Tc^{7+}	56	—
Ti^{3+}	75	69	Ru^{4+}	65	—
Ti^{4+}	64	68	Rh^{4+}	65	—
V^{2+}	88	66	Pd^{2+}	80	—
V^{5+}	—	59	Pd^{4+}	65	—
Cr^{3+}	65	64	Ag^+	113	126
Cr^{6+}	36	52	Ag^{2+}	89	—
Cd^{2+}	99	97	Os^{4+}	88	—
In^{3+}	92	81	Os^{6+}	69	—

续表6-3

离子	$r_G/\times 10^{-12}$m	$r_P/\times 10^{-12}$m	离子	$r_G/\times 10^{-12}$m	$r_P/\times 10^{-12}$m
Sn^{2+}	102	—	Ir^{4+}	66	—
Sn^{4+}	74	71	Pt^{2+}	106	—
Sb^{3-}	208	245	Pt^{4+}	92	—
Sb^{3+}	90	—	Au^+	—	137
Sb^{5+}	—	62	Au^{3+}	85	—
Te^{2+}	212	221	Hg_2^{2+}	127	—
Te^{4+}	89	—	Hg^{2+}	112	110
Te^{3+}	—	56	Tl^+	149	144
I^-	220	216	Tl^{3+}	105	95
I^{5+}	94	—	Pb^{2+}	132	121
I^{7+}	—	50	Pb^{4+}	84	84
Cs^+	170	169	Bi^{3+}	120	—
Ba^{2+}	138	135	Bi^{5+}	—	74
La^{3+}	115	—	Po^{6+}	67	—
Hf^{4+}	86	—	At^{7+}	62	—
Ta^{5+}	73	—	Fr^+	180	—
W^{6+}	65	—	Ra^{2+}	142	—
Re^{7+}	56	—			

数据引自：①物质结构简明教程.高等教育出版社.1965.
②Weast.Handbook of Chemistry and Physics.51th edition.1970.

1976年，桑诺(R.D.Shanon)等用高分辨率的X射线测得1000余种氧化物和氟化物中正、负离子的核间距(d)数据，假定正、负离子半径之和等于离子间的距离，并考虑到配位数、几何构型和电子自旋状况等对离子半径的影响，经过多次修正，提出了一套较完整的离子半径数据，称为有效离子半径。

6.3 共价键理论

离子键理论虽然能够较好地解释离子化合物的特点和性质，但却不能说明由同种元素原子组成的单质分子(如O_2、N_2、H_2、Cl_2等)，也不能说明由电负性相差较小的元素原子结合所生成的化合物分子(如H_2O、CO、HCl等)。因为它们形成分子时，其原子不可能形成稳定的正、负离子。1916年，美国化学家路易斯首先提出了共价键的概念以及经典的共价键理论，认为分子中的两个相邻原子间可以通过共用一对或几对电子而结合成分子，共用电子对后的分子中的每个原子应该具有类似稀有气体原子的电子层结构。分子中原子之间通过共用电子对结合而成的化学键，称为共价键。

路易斯的经典共价键理论成功解释了上述分子的形成，但未能揭示共价键的本质和特性。另外八隅规则也有很多例外，例如，BF_3中B为6电子结构，PCl_5中的P为10电子结构，但也都能稳定存在。

1927年,海特勒(Heitler)和伦敦(London)将量子力学应用于H_2分子的结构,阐明了共价键的本质。然后,鲍林等人继承并发展了这一成果,创立了现代价键理论,也称为电子配对理论,简称VB法。

6.3.1 价键理论

6.3.1.1 共价键的形成

海特勒和伦敦应用量子力学研究两个H原子形成H_2分子的过程,得到H_2分子形成过程能量与核间距离的两条关系曲线,如图6-2所示。其中实线(虚线)表示电子自旋方向相反(相同)的两个氢原子在靠近。在距离较近时,两个氢原子间的相互作用与电子的自旋方向有着密切关系。

如果电子自旋方向相反的两个氢原子互相靠近时,在达到平衡距离(R_0)前,此时原子之间主要表现为相互吸引作用。随着核间距离的减小,电子运动的空间轨道发生重叠,电子在两个氢原子核之间出现的几率比较高,核间电子密度增大,整个体系能量会随着核间距离的减小而不断降低。当达到平衡距离(R_0)时,体系能量达到最低点(D_0),从而形成稳定的氢分子。当两个氢原子之间继续靠近并小于平衡距离时,两个氢原子核之间迅速增大的斥力又使体系能量急剧升高,氢分子又处于不稳定状态。这种排斥作用又将氢原子核推回到平衡位置。

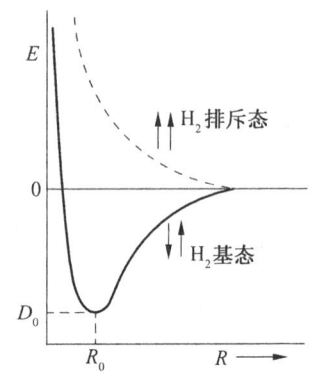

图6-2 H_2分子形成过程能量随核间距的变化

因此,稳定状态的氢分子中的两个原子,总是在平衡距离(R_0)附近振动,两个氢原子在平衡距离时能够形成最稳定的化学键——共价键。此时,氢分子处于稳定的基态,$R_0 = 74$ pm,即为H_2共价键的键长。如果电子自旋方向相同,则两个氢原子相互作用总是排斥的。此时,不可能形成稳固的氢气分子结构。

6.3.1.2 价键理论的基本要点

1. 电子配对原理

如果A、B两个原子都各有一个自旋方向相反的未成对电子,则这两个电子可以为两个原子共有,互相配对形成稳定的共价单键。

如果A、B两个原子各有两个或三个未成对的价电子,则自旋方向相反的单电子可以两两配对形成共价双键或共价三键。如两个氮原子可形成共价三键。

如果A原子有两个成单电子,B原子只有一个成单电子,那么就可以形成AB_2型分子,如H_2O分子等。

如果A、B两个原子中都没有成单电子,或有成单电子但电子的自旋方向相同,则不能形成共价键。如氦原子虽然有2个1s电子,但不能形成He_2分子。

2. 能量最低原理

自旋方向相反的单电子互相接近时,核间电子密度较大,可形成稳定的化学键。在形成共价键的过程中会放出能量,此时整个体系的能量最低,符合能量最低原理。

3. 原子轨道最大重叠原理

共价键尽可能沿着原子轨道最大重叠的方向形成,叫做最大重叠原理。也就是说,轨道重叠越多,电子在两核间出现的机会越大,形成的共价键也就越稳定。

只有当原子轨道对称性相同的部分发生重叠,两原子之间的电子出现的概率密度才会比重叠前增大,使两个原子间的结合力大于两核间的排斥力,体系能量降低,才能形成稳定的化学键,这称为对称性原则。

能形成共价键的原子轨道的重叠称为有效重叠或正重叠。与有效重叠或正重叠对应的是非有效重叠或负重叠,此时是两个原子轨道以对称性不同部分重叠,两原子间电子出现的几率密度比重叠前减小,由于核间排斥力占优势,使体系能量升高,难以成键。

最大重叠原理说明共价键具有方向性,说明原子轨道之间不是在任意方向的重叠都可以形成稳定的化学键。

6.3.1.3 共价键的特点

根据价键理论要点,可以推知共价键具有饱和性和方向性。

1. 饱和性

共价键的饱和性是指每个原子成键的总数或以单键相连的原子数目是一定的。原子未成对的单电子数是一定的,所以形成共用电子对的数目也就一定。例如,N原子有3个未成对电子,因此两个N原子间最多只能形成叁键,即形成N≡N分子。同样,氮原子可以与3个氢原子构成氨分子,形成3个共价单键。

需要注意的是,稀有气体元素的原子由于没有未成对电子,原子间不能成键。因此,它们以单原子分子的形式存在。

2. 方向性

原子轨道在空间有一定的取向,除了s轨道呈球形对称外,p、d、f轨道都有一定的空间伸展方向。因此,除了s轨道与s轨道成键没有方向限制外,为了形成稳定的共价键,原子轨道必须沿着一定的方向进行,才会有最大的重叠,这就是共价键有方向性的原因。

6.3.1.4 共价键的类型

1. 极性共价键和非极性共价键

按照是否有极性,共价键分为非极性共价键和极性共价键两大类型。

同种元素的原子之间形成共价键,由于电负性相同,电子云在两个原子核之间均匀分布,成键原子的正、负电荷中心重合,这样的共价键称为非极性共价键。例如,在 H_2、O_2、Cl_2 等分子中都是非极性共价键。

不同种元素的原子间形成共价键时,由于原子电负性不同,共用电子对将偏向电负性大的原子一方,成键原子的正、负电荷中心不重合,形成极性共价键。

共价键 { 极性共价键 { 强极性键:如 H_2O、HCl 中的共价键 / 弱极性键:如 H_2S、HI 中的共价键 } / 非极性共价键:如 H_2、Cl_2、N_2 中的共价键 }

2. σ键和π键

按照原子轨道重叠的方式不同,可以形成σ键和π键。

若原子轨道按照"头碰头"的方式发生轨道重叠,轨道重叠部分沿着键轴(即两个原子原子核的连线)呈圆柱形对称,这种共价键叫做σ键,形成σ键的电子叫做σ电子。例如,两个s轨道的重叠、一个s轨道和一个p轨道的重叠以及两个 p_x 轨道对称性相同部分的重叠等都能形成σ键,如图6-3a所示。σ键绕键轴任意旋转,轨道的形状和符号都不改变。

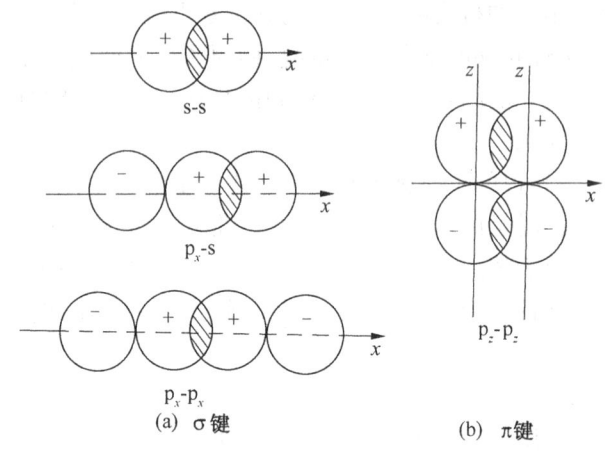

(a) σ 键 (b) π 键

图 6-3　σ 键和 π 键

若原子轨道按"肩并肩"的方式发生轨道重叠，轨道重叠部分对通过键轴的一个平面具有镜面反对称，这种共价键叫做 π 键，如图 6-3b 所示。形成 π 键的电子称为 π 电子。π 键的特点是其原子轨道重叠部分通过键轴所在平面具有镜面反对称性，即重叠部分对等地处在包含键轴(这里指 x 轴)的 xOy 平面的上、下两侧，形状相同而符号相反，对 xOy 平面具有反对称性。在该平面上，电子出现的概率密度几乎为零。

共价单键只能是 σ 键，在共价双键和叁键中，既有 σ 键又有 π 键。π 键通常只能与 σ 键共存于共价双键和叁键中。

以 N_2 的结构为例，氮原子的外层电子构型为 $2s^2 2p_x^1 2p_y^1 2p_z^1$，两个氮原子原子核的连线即为键轴。每个氮原子有 3 个 2p 单电子，分别密集于三个相互垂直的对称轴上。设键轴为 x 轴，当两个氮原子化合时，其中两个 p_x 原子轨道以"头碰头"方式重叠形成一个共价键(即 σ 键)。这时，每个氮原子其余的 2 个 p_y 原子轨道和 2 个 p_z 原子轨道就只能以"肩并肩"方式重叠，形成两个相互垂直的共价键(即 π 键)。因此，在氮气分子中，两个氮原子是以一个 σ 键和两个 π 键相结合的。氮气分子的结构式可以用 :N≡N: 表示。氮分子的化学键形成如图 6-4 所示。

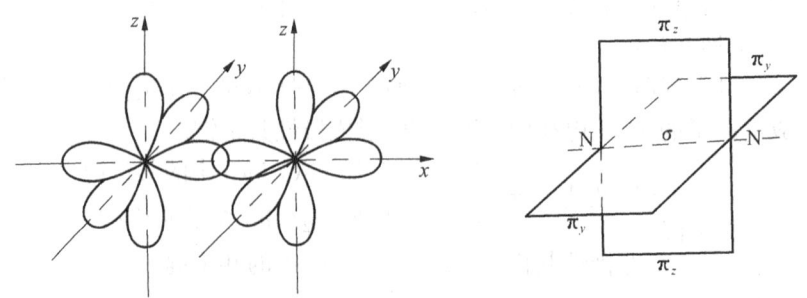

图 6-4　氮分子形成示意图

σ 键的一对成键电子的电子密度分布，对于键轴呈圆柱形对称，而 π 键的电子云分布的界面图好像两个长圆形的冬瓜，是对于通过键轴的一个平面对称的。π 键原子轨道的重叠程度比 σ 键小很多，所以 π 键的键能也比 σ 键的键能要小，π 键容易断开，化学性质比较活泼。

3. 配位共价键

通常,共价键中共用的两个电子是由成键原子各提供未成对电子形成的,也可以由一个原子单独提供,由两个原子共用。共用电子对由成键的某一个原子单独提供,而成键的另一个原子提供空轨道,这样形成的共价键称为配位共价键,简称配位键。配位键是有极性的。配位键常用符号"→"而不用"—"表示,以与普通共价键相区别。"→"箭头表示从提供电子对的原子指向接受共用电子对的原子。

形成配位键的两个条件是:①成键原子的一方至少要含有一对孤对电子;②成键原子中接受孤对电子的一方要有空的价电子层轨道。

只要具备条件,分子内、分子间、离子间以及分子与离子间均有可能形成配位键。

很多无机化合物的分子或离子都有配位键,例如,CO 分子的结构式是:

$$:C \equiv O:$$

其中有一个配位键,共用电子对由氧原子提供。

碳原子的外层电子构型为 $2s^2 2p_x^1 2p_y^1 2p_z^0$,其中有两个成对的 s 电子、两个未成对的 p 电子和一个空的 p 轨道;氧原子的外层电子构型为 $2s^2 2p_x^2 2p_y^1 2p_z^1$,其中有 2 个成对的 s 电子、两个成对的 p 电子和两个未成对的 p 电子。当碳原子和氧原子化合形成 CO 分子时,除碳原子的两个未成对的 p 电子和氧原子的两个未成对的 p 电子形成一个 σ 键和一个 π 键外,氧原子已经成对的一对 p 电子对还可以和碳原子空的 p 轨道形成一个配位键,配位键的形成过程如下:

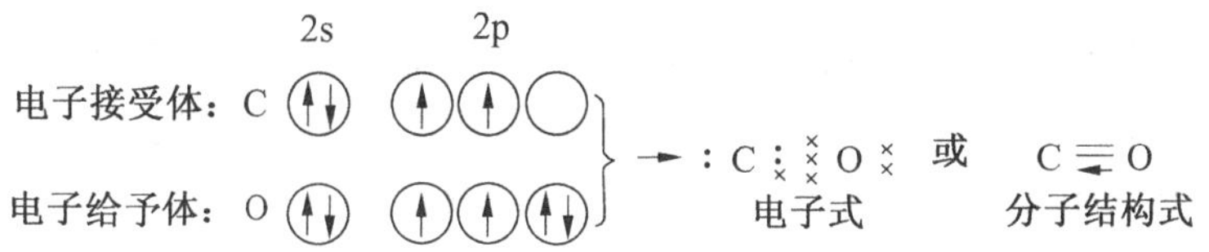

6.3.2 杂化轨道理论

价键理论很好地解释了共价键的本质、方向性和饱和性,但在解释很多化合物分子的空间结构时却遇到了困难。

例如,根据价键理论,甲烷分子的四个 C—H 键的性质应该不完全相同;水分子中两个 O—H 键的键角应该为 90°;氨分子中的三个 N—H 键应该是相互垂直的。

但事实上,甲烷(CH_4)分子是正四面体的空间结构,碳原子在正四面体的中心,与位于四面体顶点上的四个氢原子之间形成了四个完全一样的 C—H 键;水分子的键角为 104.5°;氨分子中的键角为 107°。以上这些问题都是价键理论所不能合理解释的。

显然,轨道重叠、电子配对的价键理论不足以解释一般多原子分子的价键形成和几何构型问题。为了解释多原子分子的空间几何构型,1931 年,鲍林在价键理论的基础上提出了杂化轨道理论,进一步丰富和发展了价键理论。

6.3.2.1 杂化轨道理论的要点

杂化轨道理论认为,由于原子间的相互影响,原子轨道在成键过程中不是一成不变的。同一原子中能量相近的一些原子轨道,可以重新组合成一系列能量相等的新轨道而改变原来轨道的状态,这个过程叫做原子轨道的"杂化"。杂化后形成的新轨道叫做"杂化轨道"。

根据杂化轨道理论,在形成分子时,通常存在激发、杂化、轨道重叠等过程。

1. 激发

原子轨道在杂化过程中,一般是中心原子首先经历激发过程,其成对价电子被拆开,有一个电子可能被激发到能量相近的空轨道中,从而形成多个单电子占据不同轨道的状态。此过程需要的能量可由成键后释放出的部分能量来补偿。

2. 杂化

原子轨道的杂化,只在形成分子的过程中才会发生,而孤立的原子是不可能发生的。同时只有能量相近的原子轨道才能发生杂化,例如 2s 和 2p 轨道由于能量相近可以发生杂化,而 1s 和 2p 轨道由于能量相差较大,是不能发生杂化的。常见杂化类型有 $ns\,np$、$ns\,np\,nd$ 和 $(n-1)d\,ns\,np$ 等。杂化后轨道的形状变为一头大一头小,其成键能力高于未杂化轨道。

杂化后形成的杂化轨道数目等于参加杂化的原子轨道的数目。例如,碳原子的 1 个 2s 轨道和 3 个能量相近的 2p 原子轨道杂化后,可以形成 4 个 sp^3 杂化轨道。

3. 轨道重叠

在满足原子轨道最大重叠原理的条件下,杂化轨道与其他原子的原子轨道重叠形成化学键,组成分子。由于成键原子轨道杂化后,轨道角度分布图的形状发生了变化(形状是一头大,一头小),它的大头在成键时与原来的轨道相比能够形成更大的重叠。因此,通常杂化轨道成键能力比未杂化的各原子轨道的成键能力强。化合物的空间构型是由满足原子轨道最大重叠的方向所决定的。

6.3.2.2 杂化轨道类型

由杂化轨道理论可以知道,在同一原子中,只要能量相近的原子轨道均可形成杂化轨道。因此,s、p、d 轨道间可以形成的杂化轨道的类型很多,如 sp 型杂化(又可分为 sp、sp^2、sp^3 杂化)、spd 型杂化、dsp 型杂化。下面,仅介绍 sp 型杂化。

1. sp 杂化轨道

1 个 ns 轨道和 1 个 np 轨道发生杂化后形成的两个杂化轨道称为 sp 杂化轨道。每个 sp 杂化轨道都含有 (1/2)s 和 (1/2)p 成分。两个杂化轨道之间的夹角为 180°,呈直线型。

例如,$BeCl_2$ 分子的形成中,基态 Be 原子的最外层电子构型为 $2s^2$,当它与氯原子相遇时被激发成 $2s^1 2p^1$,随即发生杂化,生成 2 个新的 sp 杂化轨道。激发和杂化过程如下:

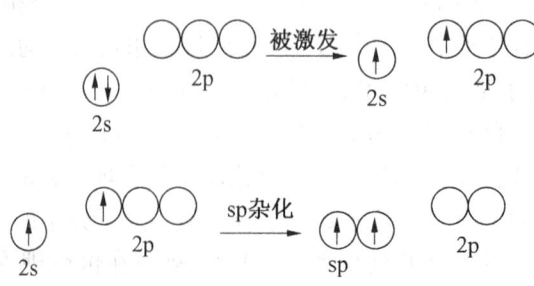

每个 sp 杂化轨道与氯原子的 3p 轨道,以"头碰头"方式重叠,生成两个 σ 键,形成 $BeCl_2$ 分子。$BeCl_2$ 分子构型和其 sp 杂化轨道示意图分别如图 6-5、图 6-6 所示。

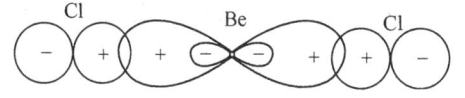

图 6-5 BeCl$_2$ 分子构型示意图　　　　图 6-6 sp 杂化轨道示意图

2. sp² 杂化

一个 ns 轨道和两个 np 轨道发生杂化形成的 3 个杂化轨道,叫做 sp² 杂化轨道。每一个 sp² 杂化轨道都含有(1/3)s 成分和(2/3)p 成分,杂化轨道之间夹角为 120°,呈正三角形。

下面以气态氟化硼(BF$_3$)为例说明 sp² 杂化轨道的形成。

在 BF$_3$ 分子的形成中,基态 B 原子的最外层电子构型 $2s^22p^1$,当它与氟原子相遇时被激发成 $2s^12p_x^12p_y^1$,随即发生杂化生成 3 个新的 sp² 杂化轨道。激发和杂化过程如下:

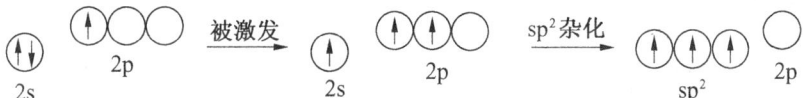

3 个氟原子的 2p 轨道以"头碰头"方式与各杂化轨道的大头重叠生成 3 个 σ 键,得到 BF$_3$ 分子。BF$_3$ 分子形成示意图见图 6-7。

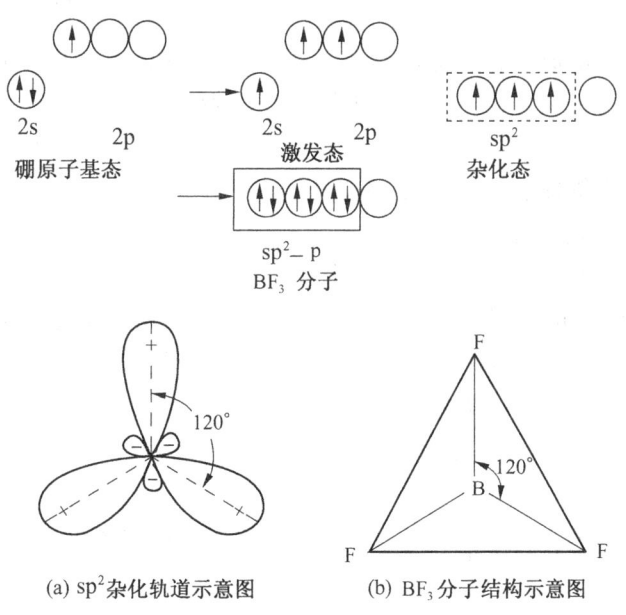

图 6-7 BF$_3$ 分子形成示意图

3. sp³ 杂化

一个 ns 轨道和三个 np 轨道发生杂化后形成的 4 个杂化轨道,称为 sp³ 杂化轨道。每个 sp³ 杂化轨道中,都含有(1/4)s 轨道成分和(3/4)p 轨道成分。4 个 sp³ 杂化轨道互相成 109°28′ 的夹角,形成正四面体的空间结构。

例如,CH$_4$ 分子的形成中,基态碳原子的最外层电子构型为 $2s^22p^2$,当它与氢原子相遇

时被激发成 $2s^12p_x^12p_y^12p_z^1$，随即发生杂化，生成 4 个新的 sp^3 杂化轨道。杂化过程如下：

这四个杂化轨道的"大头"指向正四面体的四个顶角，分别与氢原子的 1s 轨道形成 σ 键，得到 CH_4 分子。

CH_4 分子的结构经实验测知为正四面体结构，四个 C—H 键均等同，键角为 109°28′。除 CH_4 分子外，CCl_4、CF_4、SiH_4、$SiCl_4$、$CeCl_4$ 等分子也是采取 sp^3 杂化的方式成键的。

sp、sp^2、sp^3 杂化轨道和空间构型见图 6-8。

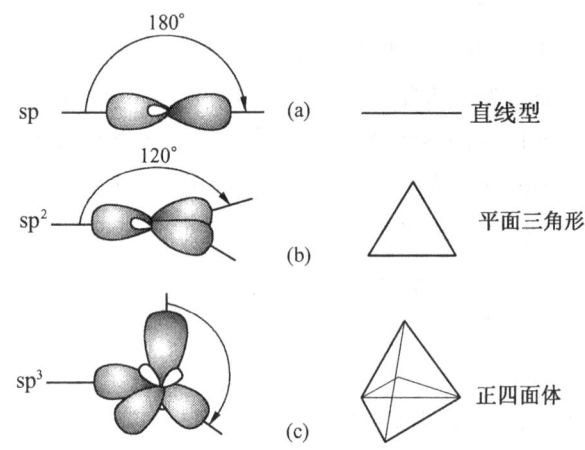

图 6-8　sp、sp^2、sp^3 杂化轨道和空间构型示意图

4. 等性杂化和不等性杂化

具有不成对电子的原子轨道能够参与杂化，具有成对电子的原子轨道也可参与杂化。杂化轨道可以分为等性杂化轨道和不等性杂化轨道两种。

凡是由不同类型的原子轨道"混合"起来，重新组合成一组完全相同（成分相同、能量相同）的杂化轨道，叫做等性杂化轨道，这种杂化叫做等性杂化。前述的 $BeCl_2$ 分子的 sp 杂化轨道、BF_3 分子的 sp^2 杂化轨道、CH_4 分子的 sp^3 杂化轨道等，都属于等性杂化轨道。

如果杂化轨道中有不参与成键的孤对电子存在，由此造成各杂化轨道不完全相同（即所含的原子轨道成分、夹角、能量不完全相等），这种杂化叫不等性杂化。例如，在 NH_3 分子和 H_2O 分子中，N、O 原子都是不等性的 sp^3 杂化。

在 NH_3 分子形成过程中，基态氮原子的最外层电子构型为 $2s^22p_x^12p_y^12p_z^1$，在与氢原子成键时，1 个 2s 原子轨道和 3 个 2p 原子轨道发生 sp^3 杂化：

形成 4 个 sp^3 杂化轨道，其中三个 sp^3 杂化轨道各有一个未成对电子，一个 sp^3 杂化轨道被一对孤对电子占据。由于孤对电子占据的轨道能量较低，所以形成的各个 sp^3 杂化轨道的能量不完全相同，且各杂化轨道中含 s 和 p 的成分也不相同。因此，NH_3 分子中的氮原子在与氢原子成键时，发生的是不等性 sp^3 杂化。由于杂化轨道上的孤对电子不参与成键，且离中心原子较近，其电子云在原子核外占据较大空间，对其他成键电子云产生排斥作用，因而使 3 个 N—H 键之间的键角从 109°28′ 被压缩到 107°18′，以至 NH_3 分子呈三角锥形（如图 6-9 所示）。

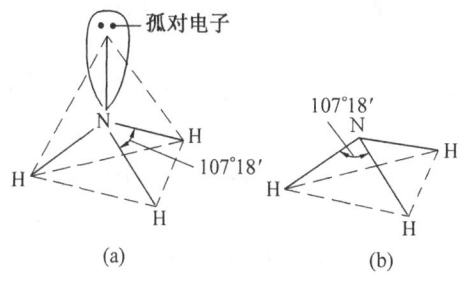

图 6-9 氨分子的空间结构示意图

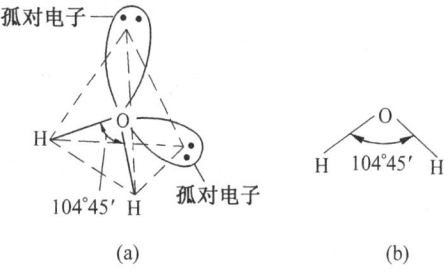

图 6-10 水分子的空间结构示意图

同理,基态氧原子的价层电子构型是:
$$2s^2 2p_x^2 2p_y^1 2p_z^1$$

水分子的空间结构如图 6-10 所示。在 H_2O 分子形成过程中,氧原子在与氢原子成键过程中,首先发生 sp^3 不等性杂化:

形成 4 个成分或能量都不完全等同的不等性 sp^3 杂化轨道,其中两个 sp^3 杂化轨道各有一个未成对电子,其余两个 sp^3 杂化轨道都被一对孤对电子占据。在 H_2O 分子中,氧原子上有两对孤对电子,它们对成键电子云的排斥力更大,造成 H_2O 分子的键角为 104°45′(比 NH_3 分子的更小)。因此,H_2O 分子的构型(V 型)不同于 NH_3 分子的三角锥形构型。

6.4 分子间作用力和氢键

在离子晶体中,离子间是以离子键结合;在原子晶体中,原子间是通过共价键结合。离子键和共价键都是化学键,是原子间比较强的相互作用,键能为 $100\sim800\text{kJ}\cdot\text{mol}^{-1}$。除了这些原子间的较强相互作用力外,在分子和分子之间还存在着一种较弱的相互作用,即"分子间作用力"(简称"分子间力"),其结合能只有几个到几十个 $\text{kJ}\cdot\text{mol}^{-1}$,比化学键键能小 1~2 个数量级。早在 1873 年,范德华(Van der Waals)在研究气体行为时,首先提出了这种相互作用,所以通常把分子间作用力称为"范德华力"。

分子间力的大小是决定物质处于不同聚集状态的主要因素之一。气体、液体的状态方程、粘滞系数、扩散系数、表面张力、沸点、熔点、汽化热和溶解度等物理量,都和分子间力有关系。有关分子间力的理论,能帮助我们进一步认识这些物理量的实质和它们所服从的内在规律。

6.4.1 分子的极性

任何分子都是由带正电荷的原子核和带负电荷的电子组成的,由于正、负电荷数量相等,整个分子是电中性的。分子中所有的正电荷或负电荷可以设想都分别集中于某点上,这一点就叫做"正电荷中心"或"负电荷中心"。分子有无极性就取决于其正、负电荷中心是否重合。在分子中如果正、负电荷中心不重合在同一点上,那么这两个中心又可看作分子的正、负两极,称为"偶极"。

非极性分子是分子中的正、负电荷中心重合于一点,整个分子不存在正、负两极,即分子不具有极性,如 H_2、O_2、N_2、CO_2、BF_3、CH_4 等分子。

极性分子是分子的正、负电荷中心不能重合,分子中存在有正、负两极,即分子具有极性,如 HCl、H_2O 等分子。

对于双原子分子来说,分子的极性与化学键的极性一致。如 HCl、CO、NO 等为极性分子;H_2、O_2、N_2 为非极性分子。有极性键的双原子分子一定是极性分子,极性双原子分子内一定含有极性键。

在多原子分子中,键的极性和分子的极性并不完全一致。分子的极性与化学键的极性和分子的空间几何结构都有关系。分子是否有极性,不能单从键的极性来判断。因为含有极性键的多原子分子可能是极性分子,也可能是非极性分子,要视分子的组成和分子的几何构型而定。例如,CO_2、BF_3 分子中的化学键都是极性键,但 CO_2 分子呈直线型中心对称结构,BF_3 的空间结构是平面正三角形,所以它们是非极性分子。

分子极性的大小常用偶极矩(μ)来衡量。物理学中,把大小相等符号相反彼此距离为 d 的两个电荷($+q$ 和 $-q$)组成的体系,叫做偶极子,其电量与距离之积,叫做偶极矩,单位为 C·m。

$$\mu = q \cdot d$$

偶极矩是一个矢量,既有大小,又有方向,其方向是从正极指向负极。

分子中有正电荷部分(各原子核)和负电荷部分(电子)。例如,H_2 分子中的正电荷部分就在两个原子核上,负电荷部分集中在两个电子(共用电子对)上,像对物体的质量取中心那样,我们可以在分子中取一个正电荷中心和负电荷中心。对于 H_2 分子来说,正、负电荷中心恰好在两核之间,重合在一起。所以,H_2 分子的偶极矩为零。

偶极矩的数据可以通过实验测定,偶极矩为零的分子叫做非极性分子,偶极矩不为零的分子叫做极性分子。极性分子的正、负电荷中心没有重合在一起。例如,H_2O 分子的偶极矩为 6.17C·m,说明它是极性分子。在 H_2O 分子中,正电荷分布在两个 H 核和一个 O 核上,其正电荷中心应在三角形平面中的某一点;负电荷由于 O—H 共用电子对偏向 O 原子,其负电荷中心也在三角形平面中,但更靠近 O 原子核。因此,它们的正、负电荷中心不重合。

偶极矩越大,分子的极性越强。根据偶极矩数值的大小可以比较分子极性的相对强弱。一些分子的偶极矩见表 6-4。

表 6-4 一些分子的偶极矩　　　　　单位:$\times 10^{-30}$ C·m

分子式	偶极矩	分子式	偶极矩	分子式	偶极矩
H_2	0	CO	0.40	NH_3	4.90
N_2	0	$CHCl_3$	3.50	HF	6.37
CO_2	0	H_2S	3.67	HCl	3.57
CS_2	0	SO_2	5.33	HBr	2.67
CH_4	0	H_2O	6.17	HI	1.40

6.4.2 分子的极化

分子中的原子核和电子无时无刻不在运动,每个电子都可能离开它的平衡位置,尤其是那些离核稍远的电子更是如此。不过,脱离了平衡位置的电子很快又会被拉回来,轻易不能摆脱核骨架的束缚。但平衡是相对的,分子构型只是表现了在一段时间内的大体情况,每一瞬间都是不平衡的。通过实验,在外加电场的作用下,分子内部的电荷分布将发生相应的变化。由于同性相斥、异性吸引,非极性分子原来重合的正、负电荷中心被拉开,而极性分子原来不重合的正、负电荷中心则被进一步拉开。

这种在外加电场作用下,正、负电荷中心分化的过程叫做极化。分子由于极化而出现的偶极称为诱导偶极。电场越强,分子的变形愈显著,诱导偶极愈大。当外电场消失后,诱导偶极也随之消失,分子恢复为非极性状态。

分子变形性大小的定量标度可以用诱导极化率表示:

$$\mu_{\text{诱导偶极}} = aE_{\text{外}}$$

式中,比例常数 a 为衡量分子在外界电场作用下变形大小的标度,称为诱导极化率,简称极化率,可由实验测出,单位是 $C \cdot m^2 \cdot V^{-1}$。可以看出,在一定强度的电场作用下,a 越大的分子,$\mu_{\text{诱导偶极}}$ 越大,分子的变形性也就越大。

把非极性分子置于电容器的两个平板之间,则平板上的电荷就会影响分子内部电荷的分布,分子中带正电荷的原子核被吸引向负极板、带负电荷的电子云被吸引向正极板,其结果是原来分子中的电子云与原子核发生相对位移,使分子中原来重合的正、负电荷中心彼此分离,造成分子的形变,非极性分子暂时变成了极性分子。非极性分子在电场中的变形极化情况见图 6-11。

图 6-11 非极性分子在电场中的变形极化示意图

极性分子本身就存在着偶极,这种偶极叫做固有偶极或永久偶极。在气态及液态时,如果没有外电场的作用,它们一般都做不规则的热运动。但在外电场作用下,极性分子偶极的正极一端将被引向负电极,分子偶极的负极一端则被引向正电极,亦即都顺着电场的方向整齐地排列,这一作用称为取向作用。而且在电场的进一步作用下,极性分子也能发生变形,从而产生诱导偶极。这时,分子的偶极为固有偶极和诱导偶极之和,分子的极性有所增强(图 6-12)。另外,分子的极化不仅能在电容器的极板间发生,由于极性分子自身就存在着正、负两极,作为一个微电场,极性分子与极性分子之间,极性分子与非极性分子之间,同样也会发生极化作用。这种极化作用对分子间力的产生有重要影响。一个极性分子使其他分子发生变形的能力称为极化力,分子的极性愈强,其极化力就愈大。

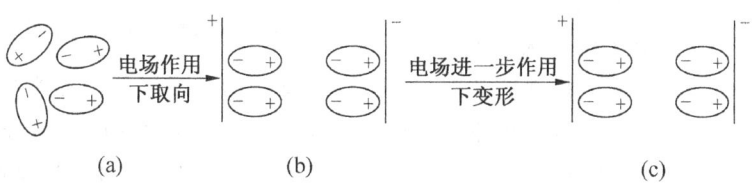

图 6-12 极性分子在电场中的变形极化示意图

6.4.3 分子间力

分子间力包括取向力、诱导力和色散力三种。

1. 取向力

当极性分子相互靠近时,由于分子固有偶极之间同性相斥、异性相吸,使分子在空间按一定的取向排列,相互处于异极相邻的状态,因而产生了分子间力。这种由于极性分子的取向而产生的固有偶极间的作用力称为取向力(图 6-13)。

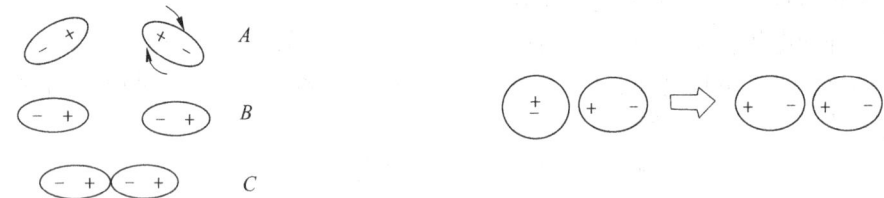

图 6-13 极性分子相互作用示意图　　图 6-14 极性和非极性分子相互作用示意图

2. 诱导力

当极性分子与非极性分子相互靠近时,分子间除了色散力外,还存在诱导力。这是因为极性分子的固有偶极对非极性分子的电子云和原子核要产生吸引或排斥作用,使得非极性分子的正、负电荷中心不重合,发生相对位移,而产生诱导偶极。这种诱导偶极和极性分子的固有偶极之间产生的作用力叫做诱导力(图 6-14)。与此同时,诱导偶极又作用于极性分子,使其偶极矩进一步增大。

诱导力可以产生在极性分子和非极性分子之间,也可以产生在极性分子和极性分子之间。同样,在极性分子和极性分子之间,除了产生取向力外,由于极性分子微电场之间的相互影响,极性分子也会发生形变,产生诱导偶极,结果是使极性分子之间也产生了一种作用力,亦即诱导力。

诱导力的大小不仅和极性分子的极性大小有关,还和被极化的非极性分子的极化率有关。一般非极性分子的极化率愈大,分子之间的诱导力也愈大。

3. 色散力

当非极性分子相互靠近时,由于每个分子中的电子和原子核都在不断运动,经常发生电子云和原子核之间的相对位移,而让分子中本来重合的正、负电荷中心不重合,产生瞬时偶极。这种瞬时偶极也会诱导邻近的分子产生瞬时偶极,于是两个分子可以靠瞬时偶极相互作用吸引在一

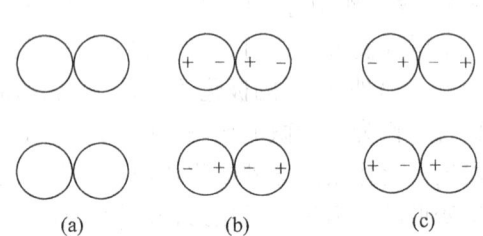

图 6-15 非极性分子相互作用示意图

起,即瞬时偶极之间处于异极相邻的状态(图6-15)。这种由于瞬时偶极而产生的相互作用称为色散力。虽然瞬时偶极存在的时间极短,而且方向也不断变化,但上述的异极相邻的状态总是存在的,这样分子间就总存在色散力。一般来说,分子的相对分子质量越大,分子所包含的电子数越多,分子间的色散力就越大。非极性物质分子(I_2、Br_2、H_2、O_2)之间正是由

于色散力的作用才能凝聚为液体,或凝固为固体。

分子间力有以下特点:

(1)一般只有几个到几十个 kJ·mol^{-1},比化学键键能小 1~2 个数量级。但其对由共价型分子所组成物质的一些物理性质(如沸点、熔点、溶解度、表面吸附等)影响很大。

(2)作用范围约几百皮米(pm),一般不具方向性和饱和性。当分子间距离增大到分子本身直径的 4~5 倍时,分子间作用力可以忽略不计。

(3)对大多数分子,色散力是主要的。只有极性很大的分子,取向力才占较大比重。诱导力通常都很小。在非极性分子之间只有色散力;在极性分子和非极性分子之间有色散力和诱导力;在极性分子和极性分子之间存在取向力、诱导力和色散力。

6.4.4 氢键

结构相似的同系列物质的熔、沸点一般随着相对分子质量的增大而升高。从表 6-5 可以看出,HF 的熔、沸点都明显偏高,说明在 HF 分子之间除存在范德华力外,还存在另外一种特殊的分子间作用力——氢键。

表 6-5　卤化氢的沸点和熔点

卤化氢	HF	HCl	HBr	HI
沸点/℃	19.9	-85.0	-66.7	-35.4
熔点/℃	-83.57	-114.18	-86.81	-50.79

6.4.4.1 氢键的形成

以 HF 为例说明氢键的形成。氟原子的最外层电子构型是 $2s^22p^5$,其中 2p 亚层的一个未成对电子与氢原子的 1s 电子配对,形成共价键。由于氟原子的电负性(4.0)比氢原子的电负性(2.1)大很多,共用电子对强烈偏向氟原子一边,但氢原子核外只有一个电子,这样就导致氢原子核几乎裸露出来。由于氟原子上还有三对孤对电子,这个几乎裸露的氢原子核与另一个 HF 分子中氟原子上的某一对孤对电子之间产生一种强烈的静电吸引作用,这种吸引作用叫做氢键(如图 6-16 所示)。氢键的强度虽然不到化学键的 1/10,但与分子间的其他吸引作用合在一起足以让 HF 的沸点、熔点高出很多。

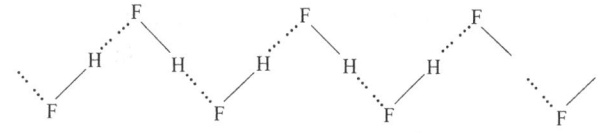

图 6-16　氟化氢分子中氢键缔合示意图

氢键通常可以用 X—H…Y 表示,式中,X 和 Y 代表 F、O、N 等电负性大而原子半径较小的原子。X 和 Y 可以是两种相同的元素,也可以是两种不同的元素。例如,H$_2$O 和 NH$_3$ 分子之间就可以形成氢键:

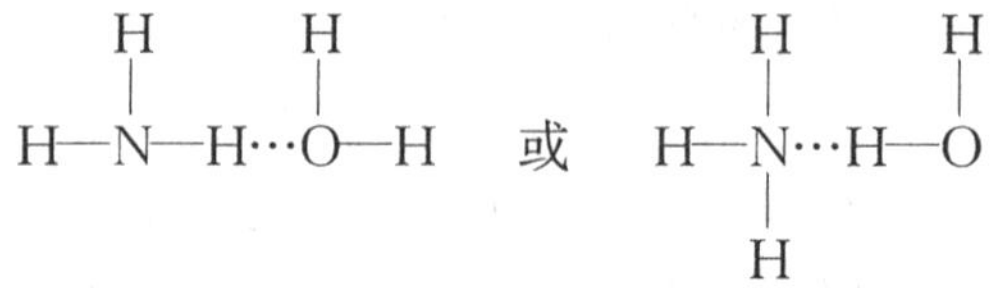

$$\begin{array}{ccccccc} & H & & H & & H & H \\ & | & & | & & | & | \\ H-N-H&\cdots&O-H & \text{或} & H-N&\cdots&H-O \\ & | & & & & | & \\ & H & & & & H & \end{array}$$

形成氢键通常要具备两个条件：①分子中必须有一个电负性很大的元素 X 与氢原子形成强极性共价键 H—X；②分子中必须有另外一个电负性较大、半径较小且带孤电子对的原子 Y(如 F、O、N 等)存在。只有满足上面两个条件，氢原子才能在同 X 原子形成共价键后还能与另一分子中的 Y 原子产生较强的静电作用形成氢键。

实验证明存在着两种氢键：①分子间氢键，即一个分子的 H—X 键与另一个分子的原子 Y 相结合而形成的氢键。例如，在 KHF_2 二氟化物离子中，发现了最强的氢键(F⋯H⋯F)。F—F 距离只有 226pm，两个 F 原子与氢原子的距离相等，而一般氢键 X—H⋯Y 中，H 原子总是离 X 原子近而离 Y 原子远。②分子内氢键，即一个分子的 H—X 键与自身分子内部的原子 Y 相结合而形成的氢键。如在苯酚的邻位上有—CHO，—COOH，—OH，—NO_2 等时可形成氢键的螯合环。硝酸、邻硝基苯酚也可以形成分子内氢键，分子内氢键由于受环状结构的限制，X—H⋯Y 往往不能在同一直线上：

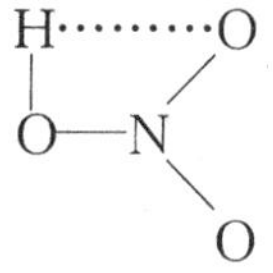

$$\begin{array}{c} H\cdots\cdots\cdots O \\ \diagdown \quad \diagup \\ O-N \\ \diagdown \\ O \end{array}$$

6.4.4.2 氢键的特点

1. 氢键具有方向性和饱和性

氢键在形成过程中，两个电负性较大、带有部分负电荷的原子之间相互排斥，从而使氢键的方向与 X—H 键键轴方向保持一致，氢键中的 X、H、Y 三个原子一般是在同一直线上，键角 180°。这样两个电负性大的原子相距最远、斥力最小、系统能量最低。所以，氢键具有方向性。氢键的饱和性是指氢原子形成氢键后，就不能再与其他电负性大的原子形成第二个氢键。这是由于氢原子的半径比 X、Y 原子的半径小得多，当 X—H 中的氢原子与一个 Y 原子结合成一个氢键后，另一个 Y 原子就难以靠近它，不可能再形成第二个氢键。

2. 氢键的强度

氢键的强弱与 X、Y 原子电负性的大小以及原子半径的大小有关，X、Y 原子的电负性越大，原子半径越小，形成的氢键就越强。例如，在 HF 分子中，F 原子的电负性最大，半径又小，所以形成的氢键最强；在 NH_3 分子中，N 原子的电负性虽大，但原子半径较 F 大，因而形成的氢键比 HF 的弱一些。

氢键的强度也可以用氢键的键能表示。氢键键能是指每拆开 1mol X—H⋯Y—R 分解成 X—H 和 Y—R 时所需要的能量。氢键的键能一般在 $42kJ·mol^{-1}$ 以下，比一般化学键键能弱 1~2 个数量级，但比范德华力稍强。而且，氢键的形成和破坏所需的活化能也小，加之其形成的空间条件较易出现，所以在物质不断运动情况下，氢键可以不断形成和断裂。表 6-6 给出了部分氢键的键能和键长数据。

表 6-6　部分氢键的键能和键长数据

氢键	键能/(kJ·mol^{-1})	键长/($\times 10^{-12}$m)	举例
F—H⋯F	42.0	255	(HF)$_n$
N—H⋯F	20.9	266	NH$_4$F
O—H⋯O	18.8	276	冰
N—H⋯O	—	286	CH$_3$CONH$_2$
N—H⋯N	5.4	358	NH$_3$

备注：氢键的键长是指在 X—H⋯Y 中，从 X 原子中心到 Y 原子中心的距离。

3. 氢键形成对物质性质的影响

分子间有氢键的物质熔化或汽化时，除了要克服纯粹的分子间力外，还必须提高温度，额外地供应一份能量来破坏分子间的氢键，所以这些物质的熔点、沸点比同系列氢化物的熔点、沸点高。例如，HCl、HBr、HI 的熔点、沸点依次升高，是由于色散力依次增加的结果。但 HF 熔点、沸点比较反常就是因为 HF 分子间可以形成氢键，熔化或汽化需要消耗一定的能量来破坏部分氢键。

在极性溶剂中，如果溶质分子与溶剂分子之间可以形成氢键，则溶质的溶解度增大。例如，NH$_3$ 除具有很强的极性外，其与水分子还可形成分子间氢键，所以 NH$_3$ 在水中的溶解度极大。又如，C$_2$H$_5$OH 在水中溶解度比 CH$_3$—O—CH$_3$ 大很多，就与前者可与 H$_2$O 形成分子间氢键有关。

分子间有氢键的液体，一般粘度较大。例如，甘油、磷酸、浓硫酸等多羟基化合物，由于分子间可形成众多的氢键，这些物质通常为粘稠状液体。液体分子如 HF、H$_2$O 间若形成氢键，有可能发生缔合现象，使液体密度增大。

习　题

1. 写出 BF$_3$ 和 NF$_3$ 的杂化轨道类型和分子构型。判断 BF$_3$ 和 NF$_3$ 是极性分子还是非极性分子？在 BF$_3$ 分子间和 NF$_3$ 分子间的作用力是什么？

2. 按沸点由低到高的顺序依次排列下列两个系列中的各个物质，并说明理由。
   (1) H$_2$，CO，Ne，HF　　　　(2) CI$_4$，CF$_4$，CBr$_4$，CCl$_4$

3. 试判断下列各组化合物中，哪种化合物键的极性较大？
   (1) ZnO，ZnS　　　　(2) HI，HBr，HCl，HF
   (3) H$_2$S，H$_2$Se，H$_2$Te　　　　(4) F$_2$O，H$_2$O

4. 键参数能用来说明分子稳定性的是(　　)。
   (1) 键长　　(2) 键角　　(3) 键型　　(4) 键长和键能

5. 分子几何构型为平面三角形的是(　　)。
   (1) PH$_3$　　(2) NH$_3$　　(3) BCl$_3$　　(4) PCl$_3$

6. 下列哪种晶体熔化时需要破坏共价键？
   (1) HCl　　(2) Cu　　(3) NaCl　　(4) SiO$_2$

7. "色散作用只存在于非极性分子之间"，"取向作用只存在于极性分子之间"，这两句话是否正确？为什么？

8. 氢键不是共价键,为什么它也有方向性和饱和性?

9. "所有正四面体形分子都是非极性分子","所有 AB_4 型分子都是四面体,也都是非极性分子",这两句话是否正确?为什么?

10. 下列各种气体中,分子间力最大的是( )。

(1)Cl_2 (2)N_2 (3)H_2 (4)O_2

11. 下列说法中错误的是( )。

(1)双原子分子中键的偶极矩等于分子的偶极矩

(2)极性分子的偶极矩大于零,非极性分子的偶极矩等于零

(3)非极性分子中的化学键,一定是非极性的共价键

(4)非极性分子间只存在色散力

第7章 配位化合物

配位化合物简称配合物,1704年普鲁士人在染料作坊中寻找到了第一个配合物亚铁氰化铁 $Fe_4[Fe(CN)_6]_3$。1893年,瑞士化学家维尔纳创立配位理论后,配位化合物逐渐成为现代无机化学研究中的主要课题,并形成了一门新兴的前沿化学学科——配位化学。

7.1 配合物的基本概念

7.1.1 配合物的定义

1980年中国化学会颁布的《无机化学命名原则》定义,配合物是由可以给出孤对电子或多个不定域电子的一定数目的离子或分子(称为配体)和具有接受孤对电子或多个不定域电子空轨道的原子或离子(称为中心原子或离子)按一定的组成和空间构型所形成的化合物。

例如,在硝酸银溶液中加入适量氯离子后,开始有白色氯化银沉淀生成,然后再加入过量氨水,可以观察到白色沉淀消失,向溶液中继续加入少量氯离子,不能再次产生白色沉淀。通过X射线进行结构分析表明,Ag^+ 和 NH_3 分子之间形成了一种在溶液中很稳定的复杂的正离子 $[Ag(NH_3)_2]^+$,这种复杂的正离子其实就是一种配合物阳离子。有关反应如下:

$$Ag^+ + Cl^- \longrightarrow AgCl(s)$$
$$AgCl(s) + 2NH_3 \longrightarrow [Ag(NH_3)_2]^+ + Cl^-$$

在另一个实验中,向硫酸铜溶液中滴加少量氨水,开始有蓝色的碱式硫酸铜沉淀 $Cu_2(OH)_2SO_4$ 生成。当氨水过量时,蓝色沉淀消失,溶液逐渐变成深蓝色。往该深蓝色溶液中加入乙醇,立即有深蓝色晶体析出。X射线结构分析表明该深蓝色晶体为 $[Cu(NH_3)_4]SO_4$。有关反应如下:

$$CuSO_4 + 4NH_3 \Longleftrightarrow [Cu(NH_3)_4]SO_4$$

$$Cu^{2+} + 4NH_3 \Longleftrightarrow \left[\begin{array}{c} H_3N \quad \diagdown \quad NH_3 \\ Cu \\ H_3N \quad \diagup \quad NH_3 \end{array} \right]^{2+}$$

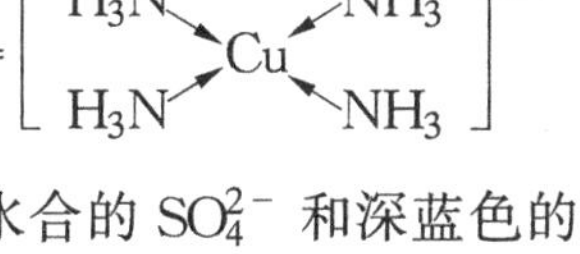

在纯的 $[Cu(NH_3)_4]SO_4$ 溶液中,除了水合的 SO_4^{2-} 和深蓝色的 $[Cu(NH_3)_4]^{2+}$ 外,几乎检测不到 Cu^{2+} 和 NH_3 分子的存在。$[Cu(NH_3)_4]^{2+}$、$[Ag(NH_3)_2]^+$ 等这些配位离子不仅存在于溶液中,也存在于晶体中。

反应中能够提供共用电子对的原子(或离子)称为电子对的给予体,它必须有孤对电子,如氨分子中的氮原子。能够接受共用电子对的原子(或离子)叫电子对的接受体,它必须有空轨道,如银离子、铜离子。生成的 $[Ag(NH_3)_2]^+$、$[Cu(NH_3)_4]^{2+}$ 叫做配位离子。配位正离子与氯离子、硫酸根离子分别组成化合物 $[Ag(NH_3)_2]Cl$、$[Cu(NH_3)_4]SO_4$。

7.1.2 配合物的组成

1. 内界和外界

配合物的组成一般可以分为内界和外界两个组成部分。

内界是配合物的特征部分,通常包括中心原子(或离子)和一定数目的配位体。内界通常是配位离子,可以是阳配位离子,也可以是阴配位离子。内界一般要用方括号标明。

外界是配合物中除内界以外的其他部分。配合物的外界与中心离子较远,与配位离子带有异号电荷。

例如,在配合物$[Cu(NH_3)_4]SO_4$中,$[Cu(NH_3)_4]^{2+}$是其内界、SO_4^{2-}是其外界;在配合物$K_2[HgI_4]$中,$[HgI_4]^{2-}$是其内界、K^+是其外界。

但中性分子的配合物如$[CoCl_3(NH_3)]$、$[Ni(CO)_4]$、$[PtCl_4(NH_3)_2]$等没有外界。

配合物的内界是中心原子和配体之间以配位键结合,比较稳定,在水溶液中不容易离解;而配合物的内、外界之间是以离子键相结合,所以外界在水溶液中可以全部离解。

2. 中心离子

中心离子也称配合物形成体。一般是金属离子,特别是过渡金属离子(如Ag^+、Cu^{2+}、Fe^{3+}、Ni^{2+}等)。但也有中性原子(如Ni和Fe等)做配合物形成体的。中心离子是电子对受体,位于配合物的中心。像配合物$[Cu(NH_3)_4]SO_4$中的Cu^{2+}、$K_2[HgI_4]$中的Hg^{2+}、$[Ag(NH_3)_2]NO_3$中的Ag^+等都是它们所在配合物的中心离子。而配合物$Ni(CO)_4$中的Ni原子、$Fe(CO)_5$中的Fe原子等也都是它们所在配合物中的中心原子。

但少数的非金属元素也可以作为中心离子,如$[SiF_6]^{2-}$中的Si^{4+}、$[BF_4]^-$中的B^{3+}等离子。

3. 配体

配体是含有孤对电子的分子或离子,如NH_3、H_2O、Cl^-、Br^-、I^-、CN^-、SCN^-、OH^-等。配体中具有孤对电子、能够与中心原子形成配位键的原子,称为配位原子,如F^-、NH_3、OH^-等配体中的氟原子、氮原子、氧原子等。通常作为配位原子的是电负性较大的非金属元素原子,如N、P、O、C、S、F、Cl、Br、I原子等。

一个配体和中心原子只以一个配位键相结合的,叫做单齿配体,如NH_3、Cl^-等。一个配体和中心原子以两个或两个以上的配位键相结合的,叫做多齿配体,如乙二胺为双齿配体,氨基三乙酸为四齿配体等。常见配体见表7-1。

4. 配位数

直接与中心原子成键的配位原子的数目,称为该中心离子(或原子)的配位数。配位数的大小与中心原子和配体的性质有关,一般中心离子的配位数是2、4、6。

例如,$[Ag(NH_3)_2]^+$中Ag^+的配位数是2;$[Cu(NH_3)_4]SO_4$中Cu^{2+}的配位数是4;$[Co(NH_3)_6]Cl_3$中Co^{3+}、$[Co(NH_3)_5H_2O]Cl_3$中Co^{3+}、$[FeF_6]^{3-}$中Fe^{3+}和$[CoCl_3(NH_3)_3]$中Co^{3+}的配位数都是6。

需要说明的是,在配合物$[Co(NH_3)_6]Cl_3$中,同Co^{3+}直接络合的配位原子是6个氨分子中的氮原子。而在配合物$[Co(NH_3)_5H_2O]Cl_3$中,同Co^{3+}直接络合的配位原子是5个氨分子中的氮原子和1个水分子中的氧原子。

表 7-1 常见配体

类型	配体名称	简称	化学式	配位原子
单齿配体	卤离子	X	$:F^-$ $:Cl^-$ $:Br^-$ $:I^-$	F、Cl、Br、I
	氨		$:NH_3$	N
	水		$H_2O:$	O
	硝基		$:NO_2$	N
	亚硝酸根	$:SCN^-$	$:ONO^-$	O 硫氰根
	异硫氰根		$:NCS^-$	N
	氰根		$:CN^-$	C
	羧基		$-\overset{\overset{\displaystyle O}{\|}}{C}-\ddot{O}H$	O
	羰基		$:CO$	C
	吡啶	py	$:N\diagup\diagdown$	N
二齿配体	乙二胺	en	$H_2\ddot{N}-CH_2-CH_2-\ddot{N}H_2$	N
四齿配体	氨三乙酸	nta	$:N(CH_2COOH)_3$	N、O
六齿配体	乙二胺四乙酸	EDTA	$\begin{array}{l}CH_2-\ddot{N}(CH_2COOH)_2\\ \|\\ CH_2-\ddot{N}(CH_2CONH)_2\end{array}$	N、O

下面,结合两种配合物 $[Cu(NH_3)_4]SO_4$、$K_4[Fe(CN)_6]$,具体说明其所有组成部分如下:

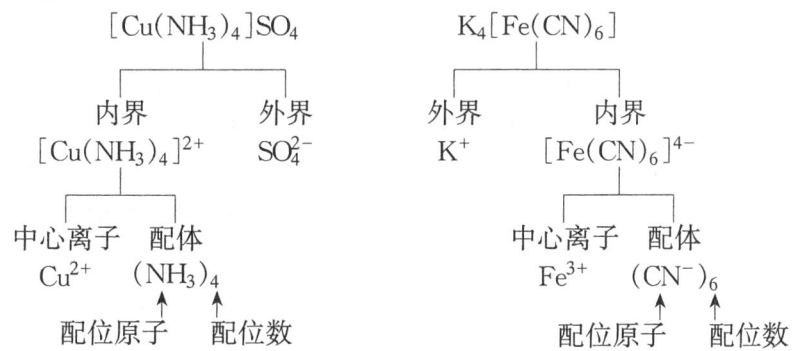

7.1.3 配合物化学式的书写和命名

7.1.3.1 配合物的化学式书写

(1)书写含配位离子的化合物,如 $[Cu(NH_3)_4]SO_4$、$K_4[Fe(CN)_6]$ 的化学式时,阳离子要写在前面,阴离子写在后面。

(2)在书写配位离子化学式时,先列出中心原子(或离子)的元素符号,再依次列出阴离子和中性分子配体,最后将整个配位个体的化学式括在方括号内。在括号内同类配体的次序,以配位原子元素符号的英文字母次序为准。

7.1.3.2 配合物的命名

配合物的命名基本服从一般无机化合物的命名规则。若配合物为配位离子化合物,则命名时阴离子在前、阳离子在后。若为配位阳离子化合物,则称"某化某"或"某酸某";若为配位阴离子化合物,则配位阴离子和外界阳离子间用"酸"字连接。

配合物的命名重点在于配合物内界的命名,一般命名原则如下:配位体数(汉字)—配位体名称(不同配位体名称之间用圆点"·"隔开)—"合"字—中心原子(或离子)名称—(用罗马数字表示的中心原子或离子的氧化数)。

不同配体的命名顺序原则如下:无机配体先于有机配体,阴离子先于中性分子,简单配体先于复杂配体。

有些配体与不同的中心原子结合时,如果所用配位原子不同,命名时注意区别,例如:

NO_2^- ——硝基(氮为配位原子)　　　　ONO^- ——亚硝酸根(氧为配位原子)
SCN^- ——硫氰酸根(硫为配位原子)　　NCS^- ——异硫氰酸根(氮为配位原子)

表 7-2 是列举的一些配合物命名实例。

表 7-2　一些配合物的化学式、系统命名示例

类别	化学式	命名
配位酸	$H_2[SiF_6]$	六氟合硅(Ⅳ)酸
	$H_2[PtCl_6]$	六氯合铂(Ⅳ)酸
配位碱	$[Ag(NH_3)_2](OH)$	氢氧化二氨合银(Ⅰ)
配位盐	$[Cu(NH_3)_4]SO_4$	硫酸四氨合铜(Ⅱ)
	$[CrCl_2(H_2O)_4]Cl$	一氯化二氯·四水合铬(Ⅲ)
	$[Co(NH_3)_5(H_2O)]Cl_3$	三氯化五氨·一水合钴(Ⅲ)
	$K_4[Fe(CN)_6]$	六氰合铁(Ⅱ)酸钾
	$Na_3[Ag(S_2O_3)_2]$	二(硫代硫酸根)合银(Ⅰ)酸钠
	$K[PtCl_5(NH_3)]$	五氯·一氨合铂(Ⅳ)酸钾
	$NH_4[Cr(NH_3)_2(NCS)_4]$	四(异硫氰酸根)·二氨合铬(Ⅲ)酸铵
	$NH_4[Cr(NH_3)_2(SCN)_4]$	四(硫氰酸根)·二氨合铬(Ⅲ)酸铵
	$K_3[Fe(NCS)_6]$	六异硫氰酸根合铁(Ⅲ)酸钾
中性分子	$Fe(CO)_4$	四羰基合铁
	$Ni(CO)_5$	五羰基合镍
	$[PtCl_4(NH_3)_2]$	四氯·二氨合铂(Ⅳ)
	$[Co(NO_2)_3(NH_3)_3]$	三硝基·三氨合钴(Ⅲ)

7.2 配合物的价键理论

配位化合物中的化学键主要是指中心离子与配位体间的作用力。关于配合物化学键的理论主要有三种:价键理论、晶体场理论和配位场理论(又称分子轨道理论)。1928年,鲍林首先把杂化轨道理论应用于配位化合物的研究,提出了配合物的价键理论。

7.2.1 配合物价键理论的基本要点

价键理论认为,中心离子是通过杂化的空轨道与配位体形成配位键,它是由配位原子以其孤对电子投入到中心离子的杂化轨道所形成的。

1. 中心离子的空轨道接受配位体的孤对电子形成配位键

过渡元素以及在周期表中靠近这些系列的元素,特别是金属元素,它们的离子有空的价层轨道可用来接受配位体所给予的孤对电子,容易形成配位离子。

2. 中心离子成键杂化轨道的方向性决定了配位离子的空间构型

在配位离子中,中心离子空的价层轨道通常是能量相近的$(n-1)d$、ns、np轨道,有时也包括nd轨道。它们在配位体的作用下形成杂化轨道。由于杂化轨道有一定的方向性,所以配位离子也有一定的空间构型。

3. 中心离子杂化轨道的类型决定了配位离子的类型

如果中心原子或离子全部以外层空轨道(ns,np,nd)参与杂化成键,则形成外轨型配合物;如果中心原子或离子的次外层$(n-1)d$轨道参与杂化成键,则形成内轨型配合物。

7.2.2 配合物的空间结构

X射线对配合物晶体的衍射实验表明,配体在中心离子(或原子)周围是按一定的方式结合,形成了有规律的空间结构。配体的数目不同,配合物的空间结构也不同。知道了中心离子(或原子)的配位数,就可以判断配合物的空间结构。常见配位离子的空间构型列于表7-3。

表7-3 常见配位离子的空间构型

配位数	轨道杂化类型	空间结构	结构示意图	实 例
2	sp	直线型	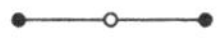	$[Ag(NH_3)_2]^+$,$[Cu(NH_3)_2]^+$
3	sp^2	平面三角形	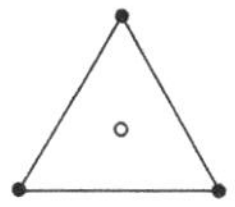	$[CuCl_3]^{2-}$,$[HgI_3]^-$
4	sp^3	四面体	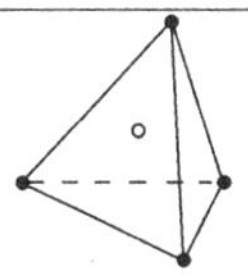	$[ZnCl_4]^{2-}$,$[FeCl_4]^-$,$[Ni(CO)_4]$,$[Zn(CN)_4]^{2-}$

续表 7-3

配位数	轨道杂化类型	空间结构	结构示意图	实例
4	$dsp^2(sp^2d)$	平面正方形	□	$[Pt(NH_3)_2Cl_2]$, $[Cu(NH_3)_4]^{2+}$, $[Ni(CN)_4]^{2-}$, $[PtCl_4]^{2-}$

7.2.3 外、内轨型配合物及其判别方法

中心离子(或原子)的内层电子结构不发生变化,只利用其外层的(ns、np、nd)空轨道参与杂化成键,这样形成的配合物叫做外轨型配合物。

当配位原子的电负性较小时,如 CN^- 中的 C 原子、NO_2^- 中的 N 原子等,这些配位原子容易给出孤对电子,从而使中心离子(或原子)$(n-1)d$ 轨道上的成单电子重新配对,腾出能量较低的空 d 轨道来接受配位原子的孤对电子,这样形成的配合物叫做内轨型配合物。

例如,对配位离子$[FeF_6]^{3-}$,其中心离子 Fe^{3+} 的价层电子结构为

当 Fe^{3+} 与 6 个 F^- 作用时,Fe^{3+} 的 1 个 4s、3 个 4p 和 2 个 4d 轨道进行杂化,形成 6 个 sp^3d^2 型杂化轨道,接受 6 个 F^- 提供的 6 对孤对电子而形成 6 个配位键:

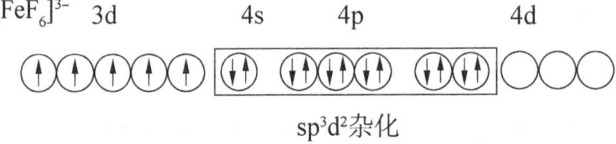

所以,$[FeF_6]^{3-}$ 的几何构型为正八面体形,属外轨型配合物。

而当 Fe^{3+} 与 6 个 CN^- 结合为$[Fe(CN)_6]^{3-}$ 时,由于配体 CN^- 的强烈作用,导致 Fe^{3+} 原有的 5 个未成对电子中有 4 个配成两对,空出的 2 个 3d 轨道与 1 个 4s、3 个 4p 轨道组成 6 个 d^2sp^3 型杂化轨道,接受 6 个 CN^- 中 C 原子提供的 6 对孤对电子而形成 6 个配位键:

所以,$[Fe(CN)_6]^{3-}$ 的几何构型虽然也为正八面体形,但却是内轨型配合物。

配合物是内轨型的还是外轨型的,主要取决于中心离子的电子层结构、电荷的多少和配位原子电负性大小。一般来说,具有 d^{10} 构型的离子只能形成外轨型配位离子;具有 d^8 构型的离子如 Ni^{2+}、Pt^{2+} 等,在多数情况下形成内轨型配位离子;具有其他构型的离子,形成两种类型的配位离子都有可能。中心离子电荷多,有利于形成内轨型配位离子。电负性较大

的配位原子(如 F),大多与中心离子形成外轨型配位离子;电负性小的配位原子(如 CN^-、CO 中的碳原子),与中心离子形成内轨型配位离子。

通过测定配位离子磁矩可以确定一种配合物是内轨型的还是外轨型的。物质的磁性与组成物质的原子或分子中的电子运动有关。如果物质中正自旋电子数和反自旋电子数相等,电子自旋所产生的磁效应相互抵消,该物质就表现为反磁性。而当物质中正、反自旋电子数不等时,总磁效应不能互相抵消,整个原子或分子就具有顺磁性。

过渡金属离子(或原子)一般在 d 轨道上具有未成对电子,能显示出磁性,其强弱可用磁矩来衡量。如果略去轨道对磁矩的影响,磁矩(μ)与未成对电子数(n)有下面的近似关系:

$$\mu = \sqrt{n(n+2)}$$

式中,μ 为配合物磁矩,单位为 $A \cdot m^2$;n 为配合物中未成对电子数。

根据上式可估算出未成对电子数 $n = 1 \sim 5$ 的 μ 理论值。反之,测定配合物的磁矩,也可了解中心离子未成对电子数,从而可以确定该配合物磁性($\mu > 0$ 具有顺磁性,$\mu = 0$ 具有反磁性),以及是内轨型还是外轨型的。形成外轨型配合物时,中心原子或离子的价层结构受配体影响非常小,其未成对电子数较多,磁矩较大;而形成内轨型配合物时,中心原子或离子受配体影响大,价层结构发生变化,未成对电子数减少甚至为零,因而磁矩较小或为零。

价键理论成功解释了配合物的形成、空间构型、中心离子的配位数、磁性和稳定性。从原则上看,中心离子与配位体必然发生相互作用,并且不同的中心离子与配位体之间相互作用强弱也必然不同,因而配位离子的性质也就有所不同。但价键理论仅考虑了中心原子或离子的轨道杂化,而忽略了配体对中心原子或离子的影响作用。因此,它不能解释内轨型配合物中,中心离子的电子为什么要重新分布,以及由于 d 电子数不同,所形成的配合物的稳定性不同的规律。价键理论还只是个定性理论,不能定量说明一些配位离子的特征颜色和吸收光谱等性质。所以,价键理论有一定的局限性。

7.3 配合物的稳定性

稳定性是配合物的重要性质,通常是指配合物在水溶液中离解出其组成成分的难易程度。例如,配合物 $[Fe(CN)_6]^{3-}$ 和 $[Co(NH_3)_6]^{3+}$ 在水溶液中很难离解出它们的中心离子和配体,说明这两种配合物的稳定性高。相反,$[CuCl_4]^{2-}$ 和 $[ZnCl_4]^{2-}$ 就容易离解出中心离子和配体,说明它们的稳定性低。配合物的稳定性可以定量地用稳定常数或不稳定常数来表示。

7.3.1 逐级稳定常数(K_i)

配位离子的生成通常是分步进行的。因此,溶液中存在着一系列的配位平衡,对应于这些平衡也有一系列稳定常数,即逐级稳定常数。

设 ML_n 为某配合物(M 为中心离子,L 为配体,n 为配位数),为书写方便,在配位平衡中常略去离子的电荷。因此,其在水溶液中的各级离解平衡及对应的逐级稳定常数(K_i)可表示如下：

$$M + L \rightleftharpoons ML \qquad K_1 = \frac{[ML]}{[M][L]}$$

$$ML + L \rightleftharpoons ML_2 \qquad K_2 = \frac{[ML_2]}{[ML][L]}$$

$$\vdots$$

$$ML_{n-1} + L \rightleftharpoons ML_n \qquad K_n = \frac{[ML_n]}{[ML_{n-1}][L]}$$

上述 $K_1, K_2, \cdots, K_n$ 分别叫做配合物 ML_n 形成过程中的第一级，第二级，$\cdots$，第 n 级的稳定常数，也就是逐级稳定常数。

7.3.2 累积稳定常数(β_i)

如果某一个配位离子有多个逐级稳定常数(K_i)，则还可定义累积稳定常数 β_i。下面，仍以配合物 ML_n 为例进行说明，假设 $K_1, K_2, \cdots, K_n$ 分别是配合物 ML_n 形成过程中的第一级，第二级，$\cdots$，第 n 级的逐级稳定常数。则

$$\beta_1 = K_1 = \frac{[ML]}{[M][L]}$$

$$\beta_2 = K_1 K_2 = \frac{[ML]}{[M][L]} \cdot \frac{[ML_2]}{[ML][L]} = \frac{[ML_2]}{[M][L]^2}$$

$$\vdots$$

$$\beta_n = K_1 \cdot K_2 \cdot \cdots \cdot K_n = \frac{[ML]}{[M][L]} \cdot \frac{[ML_2]}{[ML][L]} \cdot \cdots \cdot \frac{[ML_n]}{[ML_{n-1}][L]} = \frac{[ML_n]}{[M][L]^n}$$

配合物 ML_n 的总稳定常数为

$$K_{稳} = \beta_n = K_1 K_2 \cdots K_n = \frac{[ML_n]}{[M][L]^n}$$

7.3.3 不稳定常数($K_{不稳,i}$)

配合物的不稳定常数是每个配位离子的离解平衡常数，其也可以表征配合物的稳定性。下面，同样以 ML_n 配合物为例进行说明，其在水溶液中的各级离解平衡及对应的不稳定常数 $K_{不稳,i}$ 可表示如下：

$$ML_n \rightleftharpoons ML_{n-1} + L \qquad K_{不稳,1} = \frac{[ML_{n-1}][L]}{[ML_n]} = \frac{1}{K_n}$$

$$ML_{n-1} \rightleftharpoons ML_{n-2} + L \qquad K_{不稳,2} = \frac{[ML_{n-2}][L]}{[ML_{n-1}]} = \frac{1}{K_{n-1}}$$

$$\vdots$$

$$ML \rightleftharpoons M + L \qquad K_{不稳,n} = \frac{[M][L]}{[ML]} = \frac{1}{K_1}$$

上述 $K_{不稳,1}, K_{不稳,2}, \cdots, K_{不稳,n}$ 分别叫做配合物 ML_n 的第一级，第二级，$\cdots$，第 n 级不稳定常数。配合物 ML_n 总的不稳定常数为

$$K_{不稳} = \frac{[M][L]^n}{[ML_n]} = \frac{1}{\beta_n}$$

下面，以配位离子$[Cu(NH_3)_4]^{2+}$为例，具体说明配合物的逐级稳定常数、累积稳定常数和总稳定常数如下：

$$Cu^{2+} + NH_3 \rightleftharpoons Cu(NH_3)^{2+} \qquad K_1 = \frac{[Cu(NH_3)^{2+}]}{[Cu^{2+}][NH_3]}$$

$$Cu(NH_3)^{2+} + NH_3 \rightleftharpoons Cu(NH_3)_2^{2+} \qquad K_2 = \frac{[Cu(NH_3)_2^{2+}]}{[Cu(NH_3)^{2+}][NH_3]}$$

$$Cu(NH_3)_2^{2+} + NH_3 \rightleftharpoons Cu(NH_3)_3^{2+} \qquad K_3 = \frac{[Cu(NH_3)_3^{2+}]}{[Cu(NH_3)_2^{2+}][NH_3]}$$

$$Cu(NH_3)_3^{2+} + NH_3 \rightleftharpoons Cu(NH_3)_4^{2+} \qquad K_4 = \frac{[Cu(NH_3)_4^{2+}]}{[Cu(NH_3)_3^{2+}][NH_3]}$$

K_1、K_2、K_3、K_4分别是配位离子$[Cu(NH_3)_4]^{2+}$形成过程的第一级、第二级、第三级、第四级的稳定常数，也就是逐级稳定常数。

$$\beta_1 = K_1 = \frac{[Cu(NH_3)^{2+}]}{[Cu^{2+}][NH_3]}, \qquad \beta_2 = K_1 K_2 = \frac{[Cu(NH_3)_2^{2+}]}{[Cu^{2+}][NH_3]^2}$$

$$\beta_3 = K_1 K_2 K_3 = \frac{[Cu(NH_3)_3^{2+}]}{[Cu^{2+}][NH_3]^3}, \qquad \beta_4 = K_1 K_2 K_3 K_4 = \frac{[Cu(NH_3)_4^{2+}]}{[Cu^{2+}][NH_3]^4}$$

配位离子$[Cu(NH_3)_4]^{2+}$的总稳定常数

$$K_{稳} = \beta_4 = K_1 K_2 K_3 K_4 = \frac{[Cu(NH_3)_4^{2+}]}{[Cu^{2+}][NH_3]^4}$$

在相同条件下，配合物的稳定常数越大或不稳定常数越小，则配合物稳定性越高；反之则配合物稳定性越低。配合物的稳定常数大都是由实验测出来的。利用配合物的稳定常数，可以计算配合物溶液中某种离子的浓度、判断难溶盐的溶解性和生成的可能性、判断配位反应进行的程度和方向，还可以计算有关电对的电极电势等。

例 7-1 室温下，$0.010 \text{mol} \cdot L^{-1}$硝酸银固体溶于 1L $0.020 \text{mol} \cdot L^{-1}$氨水中(假设体积不变)，求此溶液中游离银离子浓度。(已知$\beta_1 = 1.74 \times 10^3$，$\beta_2 = 1.12 \times 10^7$)

解 设平衡后溶液中银离子浓度为$x \text{mol} \cdot L^{-1}$，此时溶液中存在下列平衡：

$$Ag^+ + 2NH_3 \rightleftharpoons Ag(NH_3)_2^+$$

平衡时 x $2x$ $0.010 - x$

$$\beta_2 = \frac{[Ag(NH_3)_2^+]}{[Ag^+][NH_3]^2} = \frac{0.010 - x}{x \cdot (2x)^2} \approx \frac{0.010}{4x^3}$$

所以 $\qquad x = 6.07 \times 10^{-4}$

即达到平衡时，溶液中游离银离子浓度为$6.07 \times 10^{-4} \text{mol} \cdot L^{-1}$。

7.4 螯合物

螯合物也叫做内配合物，它是由配合物的中心离子和同一配体的两个或两个以上配位原子键合而成的具有环状结构的配合物。能与中心离子形成螯合物的配体，称为螯合剂。

例如，$H_2N-CH_2-CH_2-NH_2$（乙二胺，缩写 en）、$-OOC-COO^-$（草酸根）、

$H_2N—CH_2—COO^-$(氨基乙酸根)都是双齿配体,Co^{3+}作为中心离子和它们作用都能形成螯合物,螯合结构如图 7-1 所示。

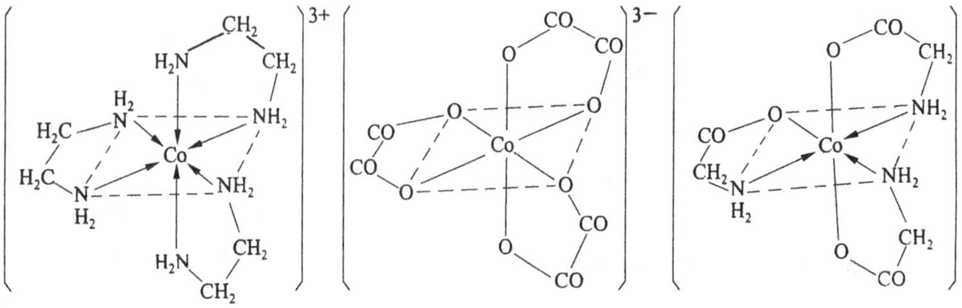

图 7-1 Co^{3+}的三种螯合物结构式

在螯合物结构式中,常用箭头表示中心离子与配位原子之间的配位键。

螯合物可以是中性分子,也可以是带有电荷的离子。中性的螯合物称为内配盐。螯合物的每一环上有几个原子就称为几元环。螯合就是表示成环的意思,形象地把配位原子比喻为螃蟹的螯,把中心原子钳住。形成螯合物的条件是每一个配体至少含有两个配位原子,而且这两个配位原子要相隔两个原子(形成五元环)或三个原子(形成六元环)。例如,多基配体乙二胺(en)中,能够给出孤对电子的两个氮原子相隔两个碳原子,结构式为

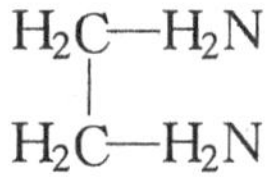

$$\begin{matrix} H_2C—H_2N \\ H_2C—H_2N \end{matrix}$$

其与Cu^{2+}形成的配合物由两个五元环组成,结构如下:

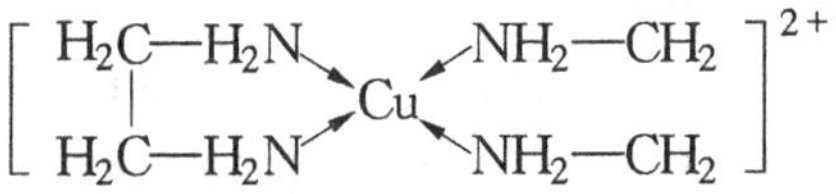

螯合物的稳定性和其环状结构(环的大小和多少)有关,一般来说,具有五元环或六元环的螯合物最稳定,多于或少于五元环、六元环的螯合物都不稳定,且比较少见。另外,螯合剂中的配位原子越多,能够形成的五元环或六元环的数目就越多,相应的螯合物就越稳定。例如,钙离子和 EDTA 作用形成的螯合物中有五个五元环,所以其结构(图 7-2)非常稳定。

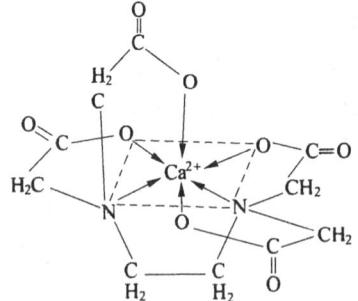

图 7-2 钙离子和 EDTA 形成的螯合物的空间结构

常见的螯合剂有:

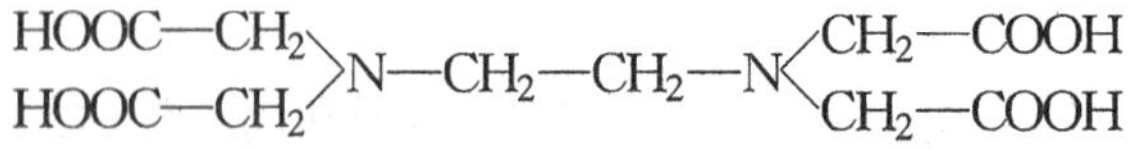

乙二胺四乙酸(EDTA)

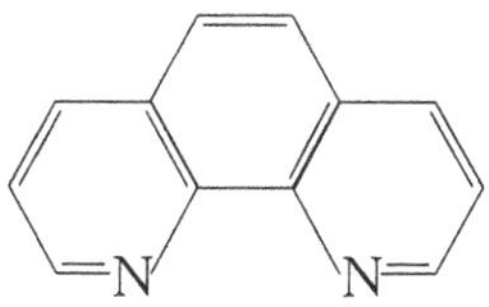

邻二氮菲 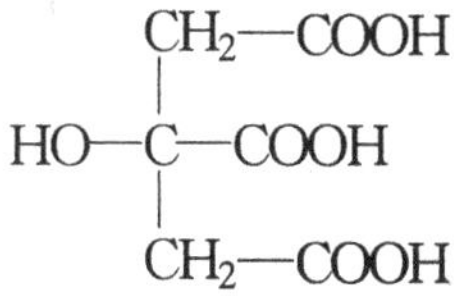　　　　　柠檬酸 　　　　　酒石酸

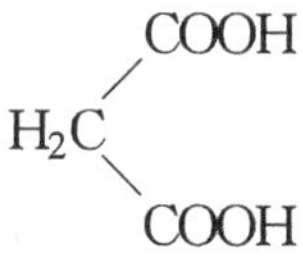

丙二酸 　　　　　草酸　　　　　乙二胺(en)

大多数螯合剂是有机化合物,但也有少数是无机化合物,例如,焦磷酸钾($K_4P_2O_7$)、三聚偏磷酸钠($NaPO_3$)$_3$。前者能与Cu^{2+}螯合,后者能与Ca^{2+}、Mg^{2+}螯合,而形成可溶性螯合物。镀铜时在镀液中加入焦磷酸钾($K_4P_2O_7$)后,Cu^{2+}与$P_2O_7^{4-}$配合形成$[Cu(P_2O_7)_2]^{6-}$,镀液中Cu^{2+}浓度就会大大降低,使Cu^{2+}在电极上放电速率减小,有利于新晶核的产生,Cu^{2+}在镀件表面缓慢析出,得到光滑、均匀、附着力强的镀层。

三聚磷酸钠与钙离子形成的螯合物结构如下:

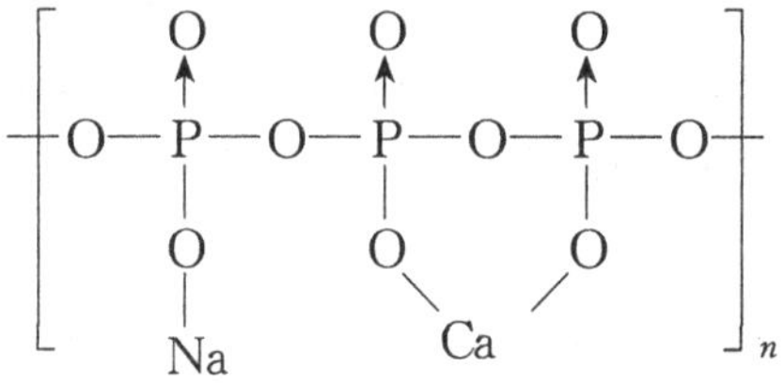

所以,三聚偏磷酸钠可以处理锅炉用水,用以防止Ca^{2+}、Mg^{2+}形成难溶盐沉淀导致锅炉结垢。

习 题

1. 配合物$[CoNH_3(en)_2Cl]Cl_2$中,中心离子的氧化值和配位数分别是(　　)。
   (1) +2,4　　　(2) +3,4　　　(3) +3,6　　　(4) +2,6

2. 下列溶液中,Zn^{2+}浓度最大的是(　　)。
   (1) $1.0 mol \cdot L^{-1}[Zn(CN)_4]^{2-}$　　　(2) $1.0 mol \cdot L^{-1}[Zn(NH_3)_4]^{2+}$
   (3) $1.0 mol \cdot L^{-1}[ZnCl_4]^{2-}$　　　(4) $1.0 mol \cdot L^{-1}[Zn(OH)_4]^{2-}$

3. Cu^{2+}和过量CN^-反应,生成的物质是(　　)。
   (1) $[Cu(CN)_2]^-$　　　(2) $[Cu(CN)_6]^{4-}$
   (3) $[Cu(CN)_4]^{2-}$　　　(4) $[Cu(CN)]$

4. 写出下列配合物的化学式:
   (1) 二水溴化二溴四水合铬(Ⅲ)　　　(2) 三氯三硝基合钴(Ⅲ)酸钾

5. 给出下列配合物的命名:
   (1) $[Co(en)_2(ONO)Cl](SCN)$　　　(2) $[Pt(NH_3)_4(NO_2)Cl]SO_4$

6. 试判断下列配合反应进行的方向和程度：
$$[Ag(NH_3)_2]^+ + 2CN^- \rightleftharpoons [Ag(CN)_2]^- + 2NH_3$$
已知：$K^{\ominus}_{不稳,[Ag(NH_3)_2]^+} = 6.00 \times 10^{-8}$；$K^{\ominus}_{不稳,[Ag(CN)_2]^-} = 1.00 \times 10^{-21}$

7. 根据下列配合物的名称写出它们的化学式：
   (1) 二硫代硫酸根合银(Ⅰ)酸钠
   (2) 四硫氰·二氨合铬(Ⅲ)酸铵
   (3) 硫酸一氯·一氨·二乙二胺合铬(Ⅲ)
   (4) 四氯合铂(Ⅱ)酸六氨合铂(Ⅱ)
   (5) 二氯·草酸根·乙二胺合铁(Ⅱ)离子

8. 将 $0.20 \text{mol} \cdot \text{L}^{-1} \text{K}[Ag(CN)_2]$ 溶液与 $0.20 \text{mol} \cdot \text{L}^{-1} \text{KI}$ 溶液等体积混合，如欲不产生 AgI 沉淀，溶液中至少应该含有多少游离 CN^-？

9. 对 $[FeF_6]^{3-}$ 溶液进行下列操作，有何现象？为什么？
   (1) 加入 Na_2S 溶液   (2) 加入 HCl 溶液   (3) 加入金属锌
   (4) 加入 NH_4SCN 溶液   (5) 加入氢氧化钠溶液   (6) 加入强氧化剂

10. 根据下列配位离子的空间构型，画出它们形成中心离子的价层电子分布，并指出它们以何种杂化轨道成键，估计其磁矩(B.M.)各为多少？
    (1) $[CuCl_2]^-$（直线型）   (2) $[Zn(NH_3)_4]^{2+}$（四面体）
    (3) $[Co(NCS)_4]^{2-}$（四面体） (4) $[FeF_6]^{3-}$（八面体）

11. 计算溶液中与 $1.0 \times 10^{-3} \text{mol} \cdot \text{L}^{-1} [Cu(NH_3)_4]^{2+}$ 和 $1.0 \text{mol} \cdot \text{L}^{-1} NH_3$ 处于平衡状态时游离 Cu^{2+} 的浓度（已知 $[Cu(NH_3)_4]^{2+}$ 的 $K_稳 = 2.09 \times 10^{13}$）。

12. 将 10.0mL、$0.20 \text{mol} \cdot \text{L}^{-1} AgNO_3$ 溶液与 10.0mL、$1.0 \text{mol} \cdot \text{L}^{-1} NH_3 \cdot H_2O$ 混合，计算溶液中 Ag^+ 的浓度。（已知 $[Ag(NH_3)_2]^+$ 的 $K_f = 1.12 \times 10^7$）

13. 将 $100 \text{mL} \ 0.1 \text{mol} \cdot \text{L}^{-1} AgNO_3$ 溶液和 $100 \text{mL} \ 6 \text{mol} \cdot \text{L}^{-1} NH_3 \cdot H_2O$ 混合，分为两等份，一份加入 $0.5 \text{mL} \ 2.0 \text{mol} \cdot \text{L}^{-1} NaCl$ 溶液，是否析出 AgCl 沉淀？另一份加入 $0.5 \text{mL} \ 2.0 \text{mol} \cdot \text{L}^{-1} KI$ 溶液，是否析出 AgI 沉淀？（可以忽略溶液体积的变化）

14. 向含有 $[Ag(NH_3)_2]^+$ 的溶液加入 KCN，此时可能发生下列反应：
$$[Ag(NH_3)_2]^+ + 2CN^- \rightleftharpoons [Ag(CN)_2]^- + 2NH_3$$
通过计算，判断 $[Ag(NH_3)_2]^+$ 是否可能转化为 $[Ag(CN)_2]^-$。已知：
$$K_f[Ag(NH_3)_2^+] = 1.1 \times 10^7; \quad K_f[Ag(CN)_2^-] = 1.3 \times 10^{21}$$

15. 已知 $\varphi^{\ominus}(Au^+/Au) = 1.83V$，$[Au(CN)_2]^-$ 的 $K_f = 1.99 \times 10^{38}$，计算 $\varphi^{\ominus}\{[Au(CN)_2]^-/Au\}$ 的值。

16. 计算下列电对的标准电极电势：
    (1) $[Zn(NH_3)_4]^{2+} + 2e \rightleftharpoons Zn(s) + 4NH_3$
    (2) $[Hg(SCN)_4]^{2-} + 2e \rightleftharpoons Hg(s) + 4SNC^-$
    (3) $[Fe(CN)_6]^{3-} + e \rightleftharpoons [Fe(CN)_6]^{4-}$

第8章 重要元素和化合物

本章将讨论周期表中各类元素及其化合物的性质。迄今为止,人类已经发现的元素和人工合成的元素共有112种,其中稀有气体元素6种、非金属元素16种、金属元素90种,但110~112号元素尚未确定。地球上天然存在的元素有90多种。地球表面以下16km厚的岩石层称为地壳,元素在地壳中的含量称为丰度。丰度有两种表示方法:① 质量分数,即某元素质量占总元素质量的百分数;② 原子百分数,即某元素的原子数占总原子数的百分数。地壳中丰度居前十位的元素见表8-1。

表8-1 地壳中主要元素的丰度

元素	O	Si	Al	Fe	Ca	Na	K	Mg	H	Ti
质量分数/%	48.6	26.3	7.73	4.75	3.45	2.74	2.47	2.00	0.76	0.42

下面按元素周期表中的分区,就元素性质做简单介绍。

8.1 s区元素

s区元素包括元素周期表中的ⅠA和ⅡA主族元素,价层电子构型为ns^1和ns^2。碱金属是指ⅠA主族中除氢以外的锂、钠、钾、铷、铯、钫六种元素,其中钫是放射性元素;碱土金属是指ⅡA主族中的铍、镁、钙、锶、钡和镭六种元素,其中镭是放射性元素。它们是周期表中最活泼的金属元素,自然界中不存在游离态的碱金属和碱土金属。

8.1.1 s区元素的一般性质

碱金属的密度都小于$2g/cm^3$,硬度在0.6以下(金刚石为10),是典型的轻、软金属。其中锂、钠、钾比水轻,能浮在水面上。钠、钾由于硬度小,用小刀切割后可以看到新鲜表面具有的银白色的金属光泽,但接触空气后由于很快生成氧化物、氮化物和碳酸盐,新鲜表面颜色会很快变暗。

在碱金属的晶体中有活动性较高的自由电子,所以碱金属还具有较高的导电性。碱金属及其离子都有特征的火焰颜色,如锂使火焰呈红色、钠使火焰呈黄色、钾使火焰呈紫色、铷使火焰呈紫红色等。

碱土金属由于核外有两个成键电子,金属键强度较大,它们的熔点、沸点较碱金属高,硬度也较大,但导电性却低于碱金属。在碱土金属中,第一种元素铍的熔点、沸点特别高,硬度最大。因为电负性比较大,铍有较强的形成共价键的倾向,其他碱土金属的氯化物都属于离子型,但$BeCl_2$属于共价型化合物。

碱金属和碱土金属的一般性质分别列于表8-2和表8-3。

表 8-2 碱金属的一般性质

性质	锂(Li)	钠(Na)	钾(K)	铷(Rb)	铯(Cs)
原子序数	3	11	19	37	55
价电子构型	$2s^1$	$3s^1$	$4s^1$	$5s^1$	$6s^1$
熔点/℃	180.5	97.81	63.25	38.89	28.40
沸点/℃	1342	882.9	760	686	669.3
原子半径/pm①	133.6	153.9	196.2	216	235
离子半径/pm②	60	95	133	148	169
电负性	1.0	0.9	0.8	0.8	0.7
固体密度(20℃)/(kg·m^{-3})	0.53	0.97	0.86	1.53	1.88
氧化数	+1	+1	+1	+1	+1
第一电离能/(kJ·mol^{-1})	520.3	495.8	418.9	403	375.7
第二电离能/(kJ·mol^{-1})	7298	4562	3051	2633	2230
电极电势 $\varphi^{\ominus}$/V	-3.04	-2.71	-2.931	-2.925	-2.923
硬度(金刚石=10)	0.6	0.4	0.5	0.3	0.2

注:①原子半径为共价半径;②离子半径为鲍林离子半径。

表 8-3 碱土金属的一般性质

性质	铍(Be)	镁(Mg)	钙(Ca)	锶(Sr)	钡(Ba)
原子序数	4	12	20	38	56
价电子构型	$2s^2$	$3s^2$	$4s^2$	$5s^2$	$6s^2$
熔点/℃	1278	648.8	839	769	725
沸点/℃	2970	1107	1484	1384	1640
原子半径/pm①	90	136	174	191	198
离子半径/pm②	31	65	99	113	135
电负性	1.50	1.20	1.0	1.0	0.9
固体密度(20℃)/(kg·m^{-3})	1.85	1.74	1.54	2.6	3.51
氧化数	+2	+2	+2	+2	+2
第一电离能/(kJ·mol^{-1})	899.5	737.4	589.8	549.5	502.9
第二电离能/(kJ·mol^{-1})	1757	1450.7	1145.4	1064.3	965.3
电极电势 $\varphi^{\ominus}$/V	-1.85	-2.70	-2.868	-2.89	-2.912
硬度(金刚石=10)	4	2.0	1.5	1.8	—

注:①原子半径为共价半径;②离子半径为鲍林离子半径。

碱金属和碱土金属元素原子的价电子构型分别为 ns^1 和 ns^2,在化学反应中它们容易失去最外层的电子。因此,碱金属元素的氧化值通常表现为 +1,而碱土金属则表现为 +2。

在同一周期中,碱金属的原子半径最大、电离能最小、电负性也最小,是最活泼的金属元素,碱土金属的活泼性则仅次于碱金属。在同族元素中,从 Li 到 Cs 和从 Be 到 Ba,碱金属和碱土金属元素的活泼性逐渐增加,能够和氧、卤素、氢、水和酸等发生反应。

碱金属因为有非常高的反应活性,在空气中容易形成碳酸盐覆盖层,所以要保存在无水的煤油中。在碱金属中,锂的某些化学性质与其他碱金属不一致。例如,由于锂的离子半径特别小而对晶格能有较大贡献的原因,锂能与氮气直接作用生成氮化物。

碱金属和碱土金属均能与水反应,但反应的剧烈程度各不相同。钠与水反应放出的热使钠熔化成小球;铷、铯与水剧烈反应并发生爆炸;铍仅能与水蒸气反应;镁在热水中反应;钙、锶、钡在冷水中都能发生比较剧烈的反应。

碱金属和碱土金属都能溶于液氨中,成为蓝色的还原性的溶液。

碱金属和碱土金属的主要化学反应分别见表 8-4、表 8-5。

表 8-4 碱金属的主要化学反应

反应式	备注
$4Li + O_2(过量) \longrightarrow 2Li_2O$	其他金属可以形成 Na_2O_2、K_2O_2、KO_2、RbO_2、CsO_2
$2M + S \longrightarrow M_2S$	反应非常激烈,也有多硫化物产生
$2M + H_2 \longrightarrow 2MH$	在高温下反应,HLi 最稳定
$2M + 2H_2O \longrightarrow 2MOH + H_2$	Li 反应缓慢,K 发生爆炸,和酸反应都发生爆炸
$2M + X_2 \longrightarrow 2MX$	X 表示卤素
$3M + E \longrightarrow M_3E$	E 表示 P、As、Sb、Bi,反应条件为加热
$M + Hg \longrightarrow 汞齐$	
$6Li + N_2 \longrightarrow 2Li_3N$	室温条件

表 8-5 碱土金属的主要化学反应

反应式	备注
$2M(s) + O_2(g) \longrightarrow 2MO(s)$	加热可以燃烧,钡可以形成过氧化钡 BaO_2
$M(s) + S(s) \longrightarrow MS(s)$	加热可水解
$M(s) + 2H_2O(l) \longrightarrow M(OH)_2(s) + H_2(g)$	Be 只和水蒸气反应;Be、Mg 与冷水反应缓慢
$M(s) + 2H^+ \longrightarrow M^{2+} + H_2$	Be 反应缓慢,其他反应较快
$M(s) + H_2 \longrightarrow 2MH_2(s)$	仅高温下反应(但 Be 不反应,Mg 需要高压)
$M(s) + X_2 \longrightarrow MX_2(s)$	
$3M(s) + N_2 \longrightarrow M_3N_2(s)$	水解生成 NH_3
$2OH^- + Be \longrightarrow BeO_2^{2-} + H_2$	其余不发生反应
$M(s) + 2C \longrightarrow MC_2(s)$	高温下反应

8.1.2 碱金属和碱土金属的单质

碱金属和碱土金属是周期表中最活泼的金属元素,它们在自然界中不存在游离态,而是以化合态形式存在。它们的矿物主要有钠长石 $Na[AlSi_3O_8]$、钾长石 $K[AlSi_3O_8]$、光卤石 $KCl \cdot MgCl_2 \cdot 6H_2O$、明矾石 $K_2SO_4 \cdot Al_2(SO_4)_3 \cdot 3H_2O$、锂辉石 $LiAl(SiO_3)_2$、绿柱石 $Be_3Al_2(SiO_3)_6$、硅铍石 $2BeO \cdot SiO_2$、铝铍石 $BeO \cdot Al_2O_3$、萤石 CaF_2、天青石 $SrSO_4$、重晶石 $BaSO_4$、碳酸锶矿 $SrCO_3$、石膏 $CaSO_4 \cdot 2H_2O$、毒重石 $BaCO_3$ 等。

碱金属和碱土金属的性质非常活泼,通常用电解它们的熔融化合物的方法制取。其他制取碱金属的方法还有热还原法、金属置换法和热分解法。

1. **熔盐电解法**

锂和钠主要采用电解熔融盐的方法制取。例如,电解熔融氯化钠可制金属钠:

$$2NaCl \xrightarrow{\text{电解}} 2Na + Cl_2(g)$$

电解氯化钠时,要在原料中加入氯化钙形成混合盐,达到降低熔点的作用(混合盐熔点约为873K、NaCl 熔点为 1073K),也能防止钠的挥发(Na 的沸点为 1156K),还可减小金属钠在熔液中的分散(熔融混合物的密度比钠大,钠浮在液面上)。电解时电极反应如下:

阳极　　$2Cl^- == Cl_2 + 2e^-$

阴极　　$2Na^+ + 2e^- == 2Na$

总反应　$2NaCl == 2Na + Cl_2$

2. **热还原法**

通常用碳或碳化物做还原剂。如

$$MgO(s) + CaC_2(s) == Mg(s) + CaO(s) + 2C(s,\text{石墨})$$

$$MgO(s) + C(s) == Mg(s) + CO(g)$$

3. **金属置换法**

在电解过程中产生的 KO_2 和 K 会发生爆炸反应,所以,钾通常不用熔融盐电解法制取。钾、铷、铯常用强还原性金属在高温低压下还原其氯化物的方法制取。如

$$KCl + Na == NaCl + K \uparrow$$

$$2RbCl + Ca == CaCl_2 + 2Rb \uparrow$$

4. **热分解法**

$$4KCN == 4K + 4C + 2N_2$$

$$2RbN_3 == 2Rb + 3N_2$$

$$2CsN_3 == 2Cs + 3N_2$$

碱金属和碱土金属的单质及合金具有重要应用。由于金属钠和钾具有大的比热、低的熔点、良好的导热和导电性,把它们相互溶解形成的液体合金,如钠钾合金(77.2% K 和 22.8% Na,熔点 260.7 K)可以用作核反应堆的冷却剂。钠光灯的黄色光能很好地穿透雾气,可广泛用于公路照明。铷、铯主要用于制造光电池,还可用于制造最准确的计时仪器——铷、铯原子钟。

8.1.3 s区元素的重要化合物

1. 氢化物

碱金属和碱土金属中的 Ca、Sr、Ba 的电负性与氢相差较大,在高温下氢能从它们的外层电子中夺得一个电子形成负离子,可以分别生成离子型氢化物 M^+H^- 或 $M^{2+}(H^-)_2$。这些氢化物都是白色的似盐化合物,常因混有痕量杂质而发灰。电解它们的熔融盐,在阴极上析出金属,在阳极上放出氢气。

在离子型氢化物中,LiH 最为稳定,其他氢化物加热未到熔点便分解放出氢气,可做储氢材料。它们均具有强还原性,都能与水发生剧烈作用而放出氢气,如:

$$TiCl_4 + 4NaH = Ti + 4NaCl + 2H_2\uparrow$$

$$LiH + H_2O = LiOH + H_2$$

$$CaH_2 + 2H_2O = Ca(OH)_2 + 2H_2$$

2. 氧化物

碱金属和碱土金属与氧化合可形成正常氧化物(含 O^{2-} 离子)、过氧化物(含 O_2^{2-} 离子)、超氧化物(含 O_2^- 离子)等多种氧化物。此外,碱金属同氧还可以形成臭氧化物 MO_3。

(1) 正常氧化物。所有碱土金属和碱金属中的锂在空气中燃烧时,生成正常氧化物 MO 和 Li_2O。而其他碱金属的正常氧化物是用金属与它们的过氧化物或硝酸盐相互作用而得到的。如

$$4Li + O_2 = 2Li_2O$$

$$2Mg + O_2 = 2MgO$$

$$Na_2O_2 + 2Na = 2Na_2O$$

$$2KNO_3 + 10K = 6K_2O + N_2(g)$$

碱金属正常氧化物的颜色从 Li_2O 到 Cs_2O 逐渐加深,Li_2O 和 Na_2O 为白色,K_2O 为淡黄色,Rb_2O 为亮黄色,Cs_2O 为橙红色。

碱土金属的碳酸盐、硝酸盐、氢氧化物等加热后分解得到正常氧化物:

$$CaCO_3 = CaO + CO_2\uparrow$$

$$2Sr(NO_3)_2 = SrO + 4NO_2\uparrow + O_2\uparrow$$

碱金属和碱土金属的正常氧化物与水反应均生成相应的氢氧化物。Li_2O 与水反应很慢;Rb_2O、Cs_2O 与水发生剧烈反应;钙、锶、钡的氧化物可与水迅速反应并放出大量的热,反应的剧烈程度从 CaO 到 BaO 依次增大。

碱土金属氧化物都是难溶于水的白色粉末,熔点都很高。BeO、MgO、CaO、SrO、BaO 的熔点分别是 2530、2800、2576、2430、1923℃。

(2) 过氧化物。过氧化物是含有 O_2^{2-} 离子的化合物。除铍和镁外,所有的碱金属和碱土金属元素在一定条件下都能形成过氧化物。其中只有钠和钡的过氧化物是由金属在空气中燃烧直接得到的。例如,钠燃烧制过氧化钠:

$$2Na + O_2 = Na_2O_2$$

过氧化钠可作氧化剂、氧气发生剂和漂白剂。在防毒面具、高空飞行和潜艇中常用 Na_2O_2 作 CO_2 的吸收剂和供氧剂。过氧化钠与水、稀酸、二氧化碳等的反应为

$$Na_2O_2 + 2H_2O =\!=\!= 2NaOH + H_2O_2$$
$$Na_2O_2 + H_2SO_4 =\!=\!= Na_2SO_4 + H_2O_2$$
$$2Na_2O_2 + 2CO_2 =\!=\!= 2Na_2CO_3 + O_2$$

钙、锶、钡的氧化物与过氧化氢作用,可以得到相应的过氧化物。如

$$MO + H_2O_2 + 7H_2O =\!=\!= MO_2 \cdot 8H_2O$$

碱土金属的过氧化物中以过氧化钡 BaO_2 较为重要。工业上把氧化钡在空气中加热到 600℃ 以上可转化为过氧化钡:

$$2BaO + O_2 =\!=\!= 2BaO_2$$

(3) 超氧化物。超氧化物中含超氧离子 O_2^-。除锂、铍、镁外,碱金属和碱土金属都能形成超氧化物。钾、铷、铯在过量的氧气中燃烧可直接生成相应的超氧化物。超氧化物是强氧化剂,可以与水、二氧化碳等发生反应:

$$K + O_2 =\!=\!= KO_2$$
$$2KO_2 + 2H_2O =\!=\!= 2KOH + H_2O_2 + O_2$$
$$2KO_2 + 2CO_2 =\!=\!= 2K_2CO_3 + 3O_2$$

(4) 臭氧化物。K、Rb、Cs 的氢氧化物与臭氧 O_3 反应,可以制得臭氧化物。

$$6KOH(s) + 4O_3(g) =\!=\!= 4KO_3(s) + 2KOH \cdot H_2O(s) + O_2(g)$$

3. 氢氧化物

碱金属和碱土金属的氧化物(BeO 和 MgO 除外)与水作用,即可得到相应的氢氧化物。

$$M_2O + H_2O =\!=\!= 2MOH$$
$$MO + H_2O =\!=\!= M(OH)_2$$

碱金属和碱土金属的氢氧化物又称苛性碱,均为白色固体,在空气中容易潮解,容易和二氧化碳作用生成碳酸盐。它们的碱性强弱顺序如下:

LiOH(中强碱) < NaOH(强碱) < KOH(强碱) < RbOH(强碱) < CsOH(强碱)

$Be(OH)_2$(两性) < $Mg(OH)_2$(中强碱) < $Ca(OH)_2$(强碱) < $Sr(OH)_2$(强碱) < $Ba(OH)_2$(强碱)

碱金属氢氧化物在水中都是易溶的,而碱土金属氢氧化物的溶解度则较小。20℃ 时 $Be(OH)_2$、$Mg(OH)_2$、$Ca(OH)_2$、$Sr(OH)_2$、$Ba(OH)_2$ 的溶解度分别是 8×10^{-6}、5×10^{-4}、1.8×10^{-2}、6.7×10^{-2}、2×10^{-1} mol·L^{-1}。

$Be(OH)_2$ 为两性氢氧化物,既可溶于酸也可溶于碱。氢氧化钠能和某些金属氧化物、非金属氧化物、金属单质、金属离子发生作用。有关反应如下:

$$Be(OH)_2 + 2H^+ =\!=\!= Be^{2+} + 2H_2O$$
$$Be(OH)_2 + 2OH^- =\!=\!= [Be(OH)_4]^{2-}$$
$$Mg^{2+} + 2OH^- =\!=\!= Mg(OH)_2 \downarrow (白色)$$
$$Fe^{3+} + 3OH^- =\!=\!= Fe(OH)_3 \downarrow (黄棕色)$$
$$2Al + 2OH^- + 2H_2O =\!=\!= 2AlO_2^- + 3H_2$$
$$Al_2O_3 + 2OH^- =\!=\!= 2AlO_2^- + H_2O$$

8.1.4 重要盐类的性质

碱金属和碱土金属的常见盐类有卤化物、碳酸盐、硝酸盐、硫酸盐和硫化物等。需要注意的是,铍和钡的可溶性盐是极毒的。下面从焰色反应、溶解性和热稳定性三个方面就它们盐的特性做简单介绍。

1. 焰色反应

碱金属和碱土金属中的钙、锶、钡的挥发性化合物在高温火焰中灼烧时,原子中的电子吸收了能量,从能量较低的轨道跃迁到能量较高的轨道,但处于能量较高轨道上的电子是不稳定的,很快跃迁回能量较低的轨道,这时就将多余的能量以光的形式放出。由于原子结构不同,电子跃迁时能量的变化就不相同,而发出不同波长的光,使火焰呈现不同的颜色,这就是焰色反应。特征焰色反应如下:

离子	Li^+	Na^+	K^+	Rb^+	Cs^+	Ca^{2+}	Sr^{2+}	Ba^{2+}
焰色	红色	黄色	紫色	紫红色	紫红色	橙红色	红色	黄绿色

2. 盐类的溶解性

碱金属盐类最显著的特征是它们易溶于水,并且在水中完全电离,它们的碳酸盐、硫酸盐的溶解度从 Li 到 Cs 逐渐增大。但也有少数盐是难溶的,如 LiF、LiOH、Li_2CO_3、Li_3PO_4、$KClO_4$、K_2PtCl_6、$KB(C_6H_5)_4$、$RbSnCl_6$、$K_2Na[Co(NO_2)_6]$、$NaAc \cdot ZnAc_2 \cdot 3UO_2Ac_2 \cdot 9H_2O$ 等。而碱土金属盐类的重要特征是它们的微溶性,除了卤化物、硝酸盐、硫酸镁、铬酸镁易溶于水外,多数碱土金属盐类溶解度较小。

3. 热稳定性

碱金属盐一般具有较高的热稳定性。它们的卤化物在高温时只挥发而不分解;硫酸盐在高温时既不挥发也难分解;碳酸盐中只有 Li_2CO_3 在 700℃ 时部分分解为 Li_2O 和 CO_2,其他的碳酸盐在 800℃ 下均没有反应,非常稳定;只有硝酸盐不稳定,加热分解:

$$4LiNO_3 \xrightarrow{700℃} 2Li_2O + 4NO_2 + O_2$$

$$2NaNO_3 \xrightarrow{730℃} 2NaNO_2 + O_2$$

$$2KNO_3 \xrightarrow{670℃} 2KNO_2 + O_2$$

碱土金属的碳酸盐中,$BeCO_3$ 稳定性较差,温度低于 100℃ 就分解。碱土金属的其他碳酸盐、硫酸盐、硝酸盐等的稳定性都随金属离子半径的增大而增强,即分解温度是逐渐提高的。但碱土金属的盐常温下也都是稳定的。

8.2 p 区元素

p 区元素包括元素周期表中的ⅢA 和ⅦA 五个主族和零族的所有元素。

ⅢA 主族也称为硼族元素,包括 B、Al、Ga、In、Tl 五种元素,价层电子构型为 ns^2np^1;

ⅣA 主族也称为碳族元素,包括 C、Si、Ge、Sn、Pb 五种元素,价层电子构型为 ns^2np^2;

ⅤA 主族也称为氮族元素,包括 N、P、As、Sb、Bi 五种元素,价层电子构型为 ns^2np^3;

ⅥA主族也称为氧族元素,包括O、S、Se、Te、Po五种元素,价层电子构型为ns^2np^4;

ⅦA主族也称为卤族元素,包括F、Cl、Br、I、At五种元素,价层电子构型为ns^2np^5;

零族元素包括He、Ne、Ar、Kr、Xe、Rn六种元素,价层电子构型为ns^2np^6(氦为$1s^2$)。

p区元素的原子半径自上而下逐渐增大,它们获得电子的能力逐渐减小,元素的非金属性逐渐减弱,金属性逐渐增强。下面,对p区主要元素及其化合物进行介绍。

8.2.1 硼及其重要化合物

硼原子序数为5;价层电子构型$2s^22p^1$;熔点2300℃,沸点2550℃;原子晶体结构。硼的化合物完全是共价型的,在水溶液中不存在B^{3+}离子。硼的重要化合物有四硼酸钠(俗称硼砂)($Na_2B_4O_7 \cdot 10H_2O$)、硼酸(H_3BO_3)、三氧化二硼(B_2O_3)、三氟化硼(BF_3)和氮化硼(BN)。

硼砂是无色透明的晶体,在干燥空气中容易风化脱水。加热到350~400℃时会进一步脱水成为无水四硼酸钠($Na_2B_4O_7$)。不同的金属氧化物溶解于熔融的硼砂(熔点878℃)中,可以形成具有特征颜色的硼酸的复盐。

$$Na_2B_4O_7 + CoO = Co(BO_2)_2 \cdot 2NaBO_2(蓝色)$$

$$Na_2B_4O_7 + MnO = Mn(BO_2)_2 \cdot 2NaBO_2(绿色)$$

化学分析中经常用硼砂的这个性质鉴定某些金属离子,俗称硼砂珠实验。硼砂溶解金属氧化物,焊接时可作为助熔剂,熔去金属表面的杂质。硼砂还可用于制造耐温度骤变的特种玻璃。

硼酸(H_3BO_3)分子为平面三角形,其中硼原子以sp^3杂化轨道与氧原子成键,在晶体内这些分子通过氢键相互连接为层状结构。因此,硼酸晶体呈鳞片状,可作为润滑剂。大量的硼酸用于搪瓷工业。硼砂溶于沸水中并加入盐酸,放置后即析出分子为平面三角形的硼酸晶体:

$$Na_2B_4O_7 + 2HCl + 5H_2O = 4H_3BO_3 + 2NaCl$$

硼酸包括偏硼酸(HBO_2)、正硼酸(H_3BO_3)和多硼酸($xB_2O_3 \cdot yH_2O$)等。硼酸灼烧后可以得到玻璃状三氧化二硼:

$$2H_3BO_3 = B_2O_3 + 3H_2O$$

硼的卤化物有BF_3(气体)、BCl_3(气体)、BBr_3(液体)、BI_3(固体),它们都是分子晶体,分子结构都为平面三角形。硼的卤化物在潮湿空气中容易水解发烟:

$$BX_3 + 3H_2O = B(OH)_3 + 3HX$$

硼的卤化物都能强烈水解,特别是三氟化硼水解后形成氟硼酸:

$$4BF_3 + 3H_2O = H_3BO_3 + 3H[BF_4]$$

氟硼酸是一种强酸,酸性大于氢氟酸。但氟硼酸的钠盐、钾盐的水溶液却只呈微酸性,因为溶液中存在下述水解反应:

$$BF_4^- + H_2O = HF + [HOBF_3]^-$$

三氟化硼和三氯化硼的制备反应如下:

$$B_2O_3 + 3CaF_2 + 3H_2SO_4 \xrightarrow{\Delta} 2BF_3 + 3CaSO_4 + 3H_2O$$

$$B_2O_3 + 3C + 3Cl_2 \xrightarrow{\Delta} 2BCl_3 + 3CO$$

8.2.2 铝及其重要化合物

铝原子序数为 13;价层电子构型 $3s^23p^1$;熔点 660℃,沸点 2467℃;金属晶体。铝是典型的两性元素,既有明显的金属性又有明显的非金属性。铝及其氧化物能溶于酸生成相应的铝盐,也能溶于碱生成铝酸盐。铝的重要化合物有氧化铝(α-Al_2O_3)、无水氯化铝($AlCl_3$)、硫酸铝($Al_2(SO_4)_3 \cdot 18H_2O$)、钾铝矾($KAl(SO_4)_2 \cdot 12H_2O$)。

氧化铝包括三种晶体结构不同的氧化物:α-Al_2O_3、β-Al_2O_3、γ-Al_2O_3。

α-Al_2O_3 又称为刚玉,硬度仅次于金刚石和金刚砂(SiC),不溶于水,但能吸收空气中的水分。化学性质不活泼,不溶于无机酸、酒精和醚,但能溶于熔融碱,能和 $K_2S_2O_7$ 发生反应:

$$Al_2O_3 + 3K_2S_2O_7 = 3K_2SO_4 + Al_2(SO_4)_3$$

$$Al_2O_3(s) + 2NaOH(s) = 2NaAlO_2(s) + H_2O(加热熔融)$$

无水氯化铝为无色透明晶体。常压下加热到 183℃ 发生升华。无水氯化铝易挥发,在潮湿空气中可强烈吸水而发烟,水解时反应激烈并放出大量的热。

浓硫酸和氢氧化铝反应或用硫酸直接处理矾土或粘土,都能制得硫酸铝:

$$2Al(OH)_3 + 3H_2SO_4 = Al_2(SO_4)_3 + 6H_2O$$

$$Al_2O_3 + 3H_2SO_4 = Al_2(SO_4)_3 + 3H_2O$$

硫酸铝易溶于水,因水解而使溶液呈酸性。硫酸铝与碱金属(Li 除外)的硫酸盐常结合成一类复盐,这类复盐称为"矾",通式是:$M^{(I)}Al(SO_4)_2 \cdot 12H_2O$,$M^{(I)}$ 代表碱金属离子。明矾就是 $KAl(SO_4)_2 \cdot 12H_2O$,是无色晶体,易溶于水并发生水解,可用作净水剂。

在铝离子溶液中,加入茜素的氨溶液,生成红色沉淀,反应的灵敏度很高,可鉴定铝离子的存在:

$$Al^{3+} + 3NH_3 + 3H_2O = Al(OH)_3 \downarrow + 3NH_4^+$$

$$Al(OH)_3 + 3C_{14}H_6O_2(OH)_2(茜素) = Al(C_{14}H_7O_4)_3(红色) + 3H_2O$$

在铝离子溶液中,加入氨水,则生成 $Al(OH)_3$ 胶状沉淀:

$$Al^{3+} + 3NH_3 \cdot H_2O = Al(OH)_3 \downarrow + 3NH_4^+$$

氢氧化铝难溶于水,但能和酸、碱等发生反应:

$$Al(OH)_3 + 3H^+ = Al^{3+} + 3H_2O$$

$$Al(OH)_3 + OH^- = Al(OH)_4^-(四羟基合铝离子)$$

铝和四氧化三铁的细粉组成"铝热剂",点燃后反应产生高达 3000℃ 温度,可以用来焊接钢轨:

$$8Al + 3Fe_3O_4 = 4Al_2O_3 + 9Fe$$

8.2.3 碳、硅及其重要化合物

碳、硅的原子序数分别为 6、14;价层电子构型分别为 $2s^22p^2$、$3s^23p^2$;熔点分别为 3550℃、1410℃;沸点分别为 4329℃、2355℃;均为原子晶体结构。

碳、硅的重要化合物有二氧化碳(CO_2)、二氧化硅(SiO_2)、碳酸钠($Na_2CO_3 \cdot 10H_2O$)、碳酸氢钠($NaHCO_3$)和硅酸钠(Na_2SiO_3)。

碳的同素异形体有金刚石、石墨、C_{60}、无定形碳等几种。金刚石熔点很高,硬度很大,是典型的原子晶体;石墨熔点也很高,但质软、有金属光泽,是层状晶体,层与层之间以分子间力相结合,有很好的层向导电、导热和润滑性质,是常用来制作电极的材料。

一氧化碳(CO)是无色、无臭、有毒的气体,微溶于水。CO 常与过渡金属的原子或离子结合生成金属羰合物,如羰基铁($Fe(CO)_5$)、羰基镍($Ni(CO)_4$)、羰基钴($Co_2(CO)_8$)。CO 还能作为还原剂,和金属氧化物发生反应:

$$3CO + Fe_2O_3 = 2Fe + 3CO_2$$

$$CO + CuO = Cu + CO_2$$

$$CO + PdCl_2 + H_2O = CO_2 + Pd\downarrow + 2HCl \text{(可检验微量 CO 的存在)}$$

二氧化碳是直线型分子,结构式为 O=C=O,热稳定性很高,在 2000℃ 时才有 1.8% 的二氧化碳分子离解成一氧化碳和氧。二氧化碳是造成温室效应的主要气体。固体二氧化碳称为干冰,干冰能直接升华为气体,可以作为冷却剂。

二氧化硅又称为硅石,分为晶态和无定形两大类。石英是天然的二氧化硅晶体,是一种坚硬、脆性、难溶、无色透明的原子晶体。纯净的石英又称为水晶。石英在 1600℃ 熔化成粘稠液体,急速冷却后形成石英玻璃。石英玻璃是一种无定形二氧化硅,耐热耐冷、膨胀系数小、能透过可见光和紫外光,所以石英玻璃常用来制作紫外灯和光学仪器等。它不溶于水,有较高的耐酸腐蚀性(氢氟酸除外),但不耐碱:

$$SiO_2 + 4HF = SiF_4\uparrow + 2H_2O$$

$$SiO_2 + 2NaOH = Na_2SiO_3 + H_2O$$

硅酸 H_2SiO_3 是很弱的酸,可由硅酸钠(Na_2SiO_3)与 HCl 或 NH_4Cl 反应制得:

$$Na_2SiO_3 + 2HCl = H_2SiO_3 + 2NaCl$$

$$Na_2SiO_3 + 2NH_4Cl = H_2SiO_3 + 2NaCl + 2NH_3$$

在硅酸盐中,Na_2SiO_3(俗称水玻璃)、K_2SiO_3 是易溶于水的化合物,其他都难溶于水。几种主要天然硅酸盐的化学式见表 8-6。

表 8-6 几种主要天然硅酸盐的化学式

名称	化学式	名称	化学式
正长石	$K_2O \cdot Al_2O_3 \cdot 6SiO_2$	滑石	$3MgO \cdot 4SiO_2 \cdot H_2O$
白云石	$K_2O \cdot 3Al_2O_3 \cdot 6SiO_2 \cdot 2H_2O$	泡沸石	$Na_2O \cdot Al_2O_3 \cdot 2SiO_2 \cdot nH_2O$
高岭土	$Al_2O_3 \cdot 2SiO_2 \cdot 2H_2O$	石棉	$CaO \cdot 3MgO \cdot 4SiO_2$

碳的卤化物中,CF_4 是气体,CCl_4 是液体,CBr_4 和 CI_4 是固体。其中 CCl_4 是无色液体,有微弱的特殊臭味,沸点 77℃,几乎不溶于水,在通常情况下,不和酸或碱反应,也不能燃烧,是优良的溶剂,还可以作为灭火剂。

硅的卤化物中,常温下,SiF_4 是气体,$SiCl_4$ 和 $SiBr_4$ 是液体,SiI_4 是固体。用萤石、石英砂和浓硫酸的混合物加热反应,可以制得 SiF_4:

$$CaF_2 + H_2SO_4 = CaSO_4 + 2HF$$

$$SiO_2 + 4HF = SiF_4 + 2H_2O$$

8.2.4 锡、铅及其重要化合物

锡原子序数为 50；价层电子构型 $5s^25p^2$；熔点 232℃，沸点 2270℃；原子晶体(灰锡)或金属晶体(白锡)结构。

铅原子序数为 82；价层电子构型 $6s^26p^2$；熔点 327℃，沸点 1744℃；金属晶体。

锡、铅的重要化合物有二氧化锡(SnO_2)、二氯化锡($SnCl_2 \cdot 2H_2O$)、四氯化锡($SnCl_4$)、二氧化铅(PbO_2)、硝酸铅($Pb(NO_3)_2$)等。

锡、铅分别以锡矿石(SnO_2)、方铅矿(PbS)形式存在于自然界。它们的氧化物有 MO 和 MO_2 两类，氢氧化物也有 $M(OH)_2$ 和 $M(OH)_4$ 两类，都是两性物质。

二氧化锡(SnO_2)是白色固体，不溶于水、酸或碱。二氯化锡($SnCl_2 \cdot 2H_2O$)是无色针状或片状晶体，能溶于水和乙醇中，易水解，是一种重要的还原剂。

铅的氧化物有 PbO(俗称密陀僧)、PbO_2(褐色固体,强氧化剂)、Pb_3O_4(俗称铅丹)。铅丹的防锈效果很好，常用来作为防锈剂，PbO 主要用于制作铅蓄电池、制造玻璃等的原料。

下面是有关铅、锡化合物的一些化学反应方程式：

$$Sn + 2HCl = SnCl_2 + H_2 \text{(Sn 缓慢溶解)}$$

$$Sn + 4HCl(浓) = H_2[SnCl_4] + H_2 \text{(由于生成配合物,Sn 溶解较快)}$$

$$Sn + 4HNO_3(浓) = H_2SnO_3 + 4NO_2 + H_2O$$

$$Sn + 2OH^- + 4H_2O = [Sn(OH)_6]^{2-} + 2H_2$$

$$SnO_2 + 2C = Sn + 2CO$$

$$SnO_2 + 2NaOH = Na_2SnO_3(锡酸钠) + H_2O$$

$$SnO_2 + 2Na_2CO_3 + 4S = Na_2SnS_3(硫代锡酸钠) + Na_2SO_4 + 2CO_2$$

$$Sn(OH)_2 + 2HCl = SnCl_2 + 2H_2O$$

$$Sn(OH)_2 + 2NaOH = Na_2[Sn(OH)_4]$$

$$Sn(OH)_4 + 4HCl = SnCl_4 + 4H_2O$$

$$Sn(OH)_4 + 2NaOH = Na_2Sn(OH)_6$$

$$SnCl_4 + 2H_2O = Sn(OH)_4(s) + 4HCl$$

$$SnCl_4 + 4NH_3 \cdot H_2O = Sn(OH)_4(s) + 4NH_4Cl$$

$$SnCl_2 + 2HgCl_2 = SnCl_4 + Hg_2Cl_2(s,白色)$$

$$SnCl_2 + Hg_2Cl_2 = SnCl_4 + 2Hg(s,黑色)$$

$$Pb + 2HCl = PbCl_2 + H_2$$

$$Pb + 2H_2SO_4(浓度大于 79\%) = Pb(HSO_4)_2 + H_2$$

$$Pb + 4HNO_3 = Pb(NO_3)_2 + 2NO_2 + 2H_2O$$

$$Pb + Cl_2 = PbCl_2$$

$$2Pb + O_2 = 2PbO$$

$$2PbS + 3O_2 = 2PbO + 2SO_2$$

$$5PbO_2 + 2Mn^{2+} + 4H^+ = 2MnO_4^- + 5Pb^{2+} + 2H_2O$$

$$2PbO_2 + 2H_2SO_4 = 2PbSO_4 + 2H_2O + O_2(加热)$$

$$2PbO_2 \Longrightarrow 2PbO + O_2(加热)$$
$$PbO_2 + 2NaOH + 2H_2O \Longrightarrow Na_2Pb(OH)_6(加热)$$
$$PbO + C \Longrightarrow Pb + CO$$
$$PbO + CO \Longrightarrow Pb + CO_2$$
$$Pb_3O_4 + 4HNO_3 \Longrightarrow PbO_2(s) + 2Pb(NO_3)_2 + 2H_2O$$
$$Pb(OH)_2 + 2HCl \Longrightarrow PbCl_2 + 2H_2O$$
$$Pb(OH)_2 + 2NaOH \Longrightarrow Na_2[Pb(OH)_4]$$
$$PbSO_4 + H_2SO_4(浓) \Longrightarrow Pb(HSO_4)_2$$
$$2Pb^{2+} + 2CO_3^{2-} + H_2O \Longrightarrow [Pb(OH)]_2CO_3(s)(碱式碳酸铅,俗称铅白) + CO_2$$
$$Pb^{2+} + CrO_4^{2-} \Longrightarrow PbCrO_4(s,俗称铬黄)(可鉴定 Pb^{2+} 或 CrO_4^{2-})$$
$$3PbS(黑色) + 8H^+ + 2NO_3^- \Longrightarrow 3Pb^{2+} + 3S(s) + 2NO + 4H_2O$$
$$PbS(黑色) + 2H^+ + 4Cl^- \Longrightarrow [PbCl_4]^{2-} + H_2S$$

8.2.5 氮及其重要化合物

氮气分子是由两个氮原子以叁键结合而成的双原子分子,由于其叁键键能极大,所以常温下氮气表现出非常高的化学惰性。氮有从 -3 到 $+5$ 之间的多种氧化态。

8.2.5.1 氮的氢化物

1. 氨

氨分子构型呈三角锥形。氨是无色刺激性气体,分子间有氢键,容易液化。氨在水里面的溶解度非常大(293K 时,一体积水中能够溶解 700 体积的氨),氨水中存在下列平衡:

$$NH_3 + H_2O \Longleftrightarrow NH_3 \cdot H_2O \Longleftrightarrow NH_4^+ + OH^-$$

工业上用氮气和氢气在高温高压(450~550℃,300atm*)下合成制氨。实验室一般用铵盐和强碱共热来制取氨。

$$N_2 + 3H_2 \Longrightarrow 2NH_3$$
$$2NH_4Cl + Ca(OH)_2 \Longrightarrow CaCl_2 + 2NH_3 + 2H_2O$$

氨的化学性质非常活泼,能发生加合、取代和氧化还原三种类型的反应。氨分子中的氮原子上有一对孤对电子,加合作用就是通过这对孤对电子进行的,从而使氨可以和许多金属离子形成配合物。如 Cu^{2+}、Ag^+、Co^{2+} 作为中心离子可以和氨分别形成配合物 $Cu(NH_3)_4^{2+}$、$Ag(NH_3)_2^+$、$Co(NH_3)_6^{3+}$。

氨分子中氧化态为 $+1$ 的氢,可以被活泼金属取代。氨分子中氮的氧化态为 -3,不能再被还原,但可以发生氧化反应,如氨在纯氧中燃烧。还可以发生以下反应:

$$2Na + 2NH_3 \Longrightarrow 2NaNH_2(氨基化钠) + H_2$$
$$HgCl_2 + 2NH_3 \Longrightarrow Hg(NH_2)Cl\downarrow(白色) + NH_4Cl \text{ (可鉴定 } Hg^{2+})$$
$$4NH_3 + 3O_2 \Longrightarrow 6H_2O + 2N_2$$
$$3Cu + 2NH_3 \Longrightarrow 3Cu + N_2 + 3H_2O$$

---

* atm 为废弃单位,1atm$=1.013\times10^5$Pa。

2. 联胺(H_2N-NH_2)和羟胺(NH_2OH)

联胺也叫肼,无色液体,熔点1.4℃,沸点113.5℃,可以作为火箭燃料。燃烧反应为:

$$N_2H_4(l) + O_2(g) = N_2(g) + 2H_2O(l)$$

联胺的制备反应如下:

$$2NH_3 + Cl_2 = NH_2Cl(氯胺) + NH_4Cl$$

$$2NH_3 + NH_2Cl = N_2H_4 + NH_4Cl$$

羟胺是由氨基(NH_2)和羟基($-OH$)联结得到。熔点33℃,不稳定的固体(高于15℃时发生分解生成NH_3、N_2、NO和H_2O,高温分解则发生爆炸)。但其水溶液非常稳定,碱性比氨弱。

3. 铵盐和叠氮酸

氨与酸作用即可以得到相应的铵盐,除$(NH_4)ClO_4$、$(NH_4)_3[Co(NO_2)_6]$等大阴离子盐难溶解外,其他铵盐都易溶于水。例如,20℃时,硝酸铵、高氯酸铵、高氯酸钾的溶解度分别为192、20和1.80 g/100g H_2O。铵盐不稳定,受热易分解:

$$NH_4Cl \xrightarrow{\Delta} NH_3\uparrow + HCl\uparrow$$

$$(NH_4)_2SO_4 \xrightarrow{\Delta} NH_3\uparrow + NH_4HSO_4$$

$$NH_4NO_3 \xrightarrow{\Delta} N_2O + 2H_2O$$

$$5NH_4NO_3 \xrightarrow{>240℃,催化剂} 4N_2 + 2HNO_3 + 9H_2O$$

$$NH_4NO_2 \xrightarrow{\Delta} N_2 + 2H_2O$$

$$NH_4HCO_3 \xrightarrow{\Delta} NH_3\uparrow + CO_2 + H_2O$$

叠氮酸(HN_3)是无色有刺激臭味的液体,非常不稳定,振动可引起其爆炸。叠氮酸的盐叫做叠氮化物,性质也不稳定,军事上常用叠氮化铅$Pb(N_3)_2$做起爆剂。

8.2.5.2 氮的氧化物和含氧酸及其盐

氮的氧化物有一氧化二氮(N_2O)、一氧化氮(NO)、三氧化二氮(N_2O_3)、二氧化氮(NO_2)、五氧化二氮(N_2O_5)五种。

一氧化氮(NO)是无色气体,在水中溶解度很小,在液态或固态时呈现蓝色。常温下很容易被氧化成二氧化氮;实验室中用金属铜和稀硝酸反应制取;与卤素化合生成亚硝酰(NOX)。二氧化氮(NO_2)是红棕色气体,21.2℃时凝聚为红棕色液体。其可以与水、氢氧化钠发生反应。有关一氧化氮和二氧化氮的反应如下:

$$2NO + O_2 = 2NO_2$$

$$3Cu + 8HNO_3(稀) = 3Cu(NO_3)_2 + 2NO + 4H_2O$$

$$2NO + Cl_2 = 2NOCl$$

$$3NO_2 + H_2O = 2HNO_3 + NO$$

$$2NO_2 + 2NaOH = NaNO_3 + NaNO_2 + H_2O$$

$$2NO_2 = N_2O_4$$

氮的含氧酸有硝酸(HNO_3)和亚硝酸(HNO_2)。

亚硝酸只存在于很稀的溶液中,是一种弱酸,容易分解;在酸性溶液中亚硝酸能将 I^- 氧化为 I_2,利用该反应可以测定亚硝酸含量。

$$2HNO_2 \rightleftharpoons H_2O + N_2O_3 \rightleftharpoons H_2O + NO + NO_2$$

$$2HNO_2 + 2I^- + 2H^+ \rightleftharpoons 2NO + I_2 + 2H_2O$$

硝酸是无色液体,密度 $1.53g/cm^3$,沸点 86℃,凝固点 -41℃。质量分数 86% 以上的硝酸易挥发产生白烟,通常称为发烟硝酸。利用氨氧化和硝石都可以制得硝酸。浓硝酸不稳定,受热或见光容易分解。有关的一些反应如下:

$$4NH_3(g) + 5O_2(g) \xrightarrow{800℃,Pt} 4NO(g) + 6H_2O(g)$$

$$3NO_2 + H_2O = NO + 2HNO_3$$

$$NaNO_3 + H_2SO_4 = NaHSO_4 + HNO_3$$

$$4HNO_3 = 4NO_2 + 2H_2O + O_2$$

$$Cu + 4HNO_3(浓) = Cu(NO_3)_2 + 2NO_2 + 2H_2O$$

$$3Cu + 8HNO_3(稀) = 3Cu(NO_3)_2 + 2NO + 4H_2O$$

$$4Zn + 10HNO_3(稀) = 4Zn(NO_3)_2 + N_2O + 5H_2O$$

$$3Pt + 4HNO_3 + 18HCl = 3H_2[PtCl_6] + 4NO + 8H_2O$$

$$HNO_3 + 3HCl = Cl_2 + NOCl(氯化亚硝酰) + 2H_2O$$

浓硝酸和浓盐酸以 1:3 的体积比混合即为王水,能够溶解金属铂、金等。

氮的含氧酸盐有硝酸盐和亚硝酸盐。

硝酸盐都易溶于水。固体硝酸盐在常温下较稳定,高温时受热迅速分解,分解产物因硝酸盐中的金属活泼性不同而不同,碱金属和碱土金属硝酸盐产生相应的亚硝酸盐;电位顺序在 Mg 和 Cu 之间的硝酸盐产生相应的氧化物;电位顺序在 Cu 以后的最不活泼的金属硝酸盐产生相应的金属。如

$$2NaNO_3 = 2NaNO_2 + O_2$$

$$2Pb(NO_3)_2 = 2PbO + 4NO_2 + O_2$$

$$2AgNO_3 = 2Ag + 2NO_2 + O_2$$

亚硝酸盐大多数无色、易溶于水($AgNO_2$ 除外),所有的亚硝酸盐都是极毒的。亚硝酸盐的制备及有关的化学反应如下:

$$NO + NO_2 + 2NaOH = 2NaNO_2 + H_2O$$

$$NaNO_3 + Pb = NaNO_2 + PbO$$

$$2NaNO_2 + 2KI + 2H_2SO_4 = 2NO + I_2 + Na_2SO_4 + K_2SO_4 + 2H_2O$$

$$2KMnO_4 + 5KNO_2 + 3H_2SO_4 = 2MnSO_4 + 5KNO_3 + K_2SO_4 + 3H_2O$$

8.2.6 磷及其重要化合物

8.2.6.1 磷单质

磷的同素异形体主要有白磷、红磷和黑磷三种。

白磷是无色、透明、质软的蜡状固体,白磷不溶于水,易溶于 CS_2 中,有毒(约 0.15 g 剂量可致人死亡)。白磷很活泼,在空气中易氧化自燃,需要保存在水中以隔绝空气。工业上

用白磷来制备高纯度的磷酸,生产有机磷杀虫剂、烟幕弹等。

将白磷隔绝空气加热到230~300℃,可得到粉末状红磷。红磷化学性质比较稳定,加热到400℃以上才着火。大量红磷用于火柴生产,火柴盒侧面所涂物质就是Sb_2S_3与红磷等的混合物。

黑磷是磷的一种最稳定的变体,在高温高压下,白磷可以转化为黑磷。黑磷能导电,故有"金属磷"之称。在磷的主要三种同素异形体中,黑磷密度最大($2.7 g \cdot cm^{-3}$),不溶于有机溶剂,一般不易发生化学反应。黑磷具有石墨状的层状结构,但与石墨又有所不同,同一层的磷原子不在同一平面上。

8.2.6.2 磷的氢化物、卤化物和氧化物

磷有两种氢化物:气态的称为膦(也叫磷化氢,PH_3);液态的称为联膦(P_2H_4)。

PH_3是无色的、剧毒、有类似大蒜臭味的气体。其在$-87.4℃$凝结为液体,在$-133℃$结晶为固体,着火点为150℃。PH_3微溶于水,水溶液的碱性也比氨水弱得多。膦可以用白磷和氢氧化钠的加热反应制取,也可以用水或氢氧化钾与碘化磷作用制取,还可以由某些金属的磷化物水解制得。反应如下:

$$P_4 + 3NaOH + 3H_2O = PH_3 + 3NaH_2PO_2$$

$$PH_4I + KOH = PH_3\uparrow + KI + H_2O$$

$$Mg_3P_2 + 6H_2O = 2PH_3\uparrow + 3Mg(OH)_2$$

磷的卤化物有PX_3和PX_5两种类型。三卤化磷的分子呈三角锥形的结构,磷原子位于三角锥的顶点。五氯化磷则是三角双锥形结构。磷的卤化物中,三氯化磷和五氯化磷最为重要。

三氯化磷(PCl_3)在室温下是无色液体,在潮湿的空气中强烈发烟,在水中极易水解。五氯化磷(PCl_5)是白色晶体,也易发生水解。它们的水解反应如下:

$$PCl_3 + 3H_2O = H_3PO_3 + 3HCl$$

$$PCl_5 + H_2O = POCl_3 + 2HCl$$

$$POCl_3 + 3H_2O = H_3PO_4 + 3HCl$$

磷的氧化物有三氧化二磷(P_2O_3或P_4O_6)和五氧化二磷(P_2O_5或P_4O_{10})两种。P_2O_3是亚磷酸的酸酐,称为亚磷酸酐;P_2O_5是磷酸的酸酐,称为磷酸酐。

三氧化二磷为白色易挥发固体,熔点23.8℃,沸点175.4℃。在冷水中能缓慢反应,加热到210℃以上就逐渐分解。五氧化二磷(P_2O_5或P_4O_{10})是白色雪花状晶体,熔点563℃,359℃发生升华。极易吸水,在P_2O_5上的水的蒸汽压几乎为零,溶于水发出咝咝声。三氧化二磷和五氧化二磷的有关化学反应有:

$$P_4O_6 + H_2O(冷) = 4H_3PO_3(亚磷酸)$$

$$2P_4O_6 = 2P + 3P_2O_4$$

$$P_4O_{10} + 6H_2SO_4 = 6SO_3 + 4H_3PO_4$$

$$P_4O_{10} + 12HNO_3 = 6N_2O_5 + 4H_3PO_4$$

8.2.6.3 磷的含氧酸及其盐

磷的含氧酸主要有正磷酸(H_3PO_4)、焦磷酸($H_4P_2O_7$)、三聚磷酸($H_5P_3O_{10}$)、偏磷酸(HPO_3)、亚磷酸(H_3PO_3)和次磷酸(H_3PO_2)。

正磷酸简称磷酸。纯净的磷酸为无色晶体,熔点 42.3 ℃,其不形成水合物,但能与水以任何比例混溶,市售磷酸是含 83%～98% H_3PO_4 的粘稠状浓溶液。磷燃烧生成五氧化二磷后,再用水吸收可以制得磷酸:

$$4P + 5O_2 == 2P_2O_5$$

$$P_2O_5 + 3H_2O == 2H_3PO_4$$

P_2O_5 与水作用时,根据加合水分子数目的不同,可以生成其他不同的磷的含氧酸:

$$P_2O_5 + H_2O == 2HPO_3(偏磷酸)$$

$$3P_2O_5 + 5H_2O == 2H_5P_3O_{10}(三磷酸)$$

$$P_2O_5 + 2H_2O == H_4P_2O_7(焦磷酸)$$

磷酸受热时逐渐脱水生成焦磷酸、偏磷酸。所以,磷酸没有自身的沸点。

亚磷酸通常指正亚磷酸 H_3PO_3(其他还有偏亚磷酸 HPO_2、焦亚磷酸 $H_4P_2O_5$)。亚磷酸是无色晶体,熔点 74 ℃,易溶于水,为二元中强酸。

亚磷酸可通过下述反应生成:

$$P_2O_3 + 3H_2O == 2H_3PO_3(亚磷酸)$$

$$2P + 3Br_2 + 6H_2O == 2H_3PO_3(亚磷酸) + 6HBr$$

焦磷酸 $H_4P_2O_7$ 是无色玻璃状固体,易溶于水。在冷水中,会缓慢地转变为正磷酸,在热水中则转变较快。$H_4P_2O_7$ 是四元酸,其酸性强于正磷酸,它与硝酸银作用生成白色的焦磷酸银沉淀,而正磷酸则生成黄色沉淀。

偏磷酸是硬而透明的玻璃状物质,易溶于水,在溶液中逐渐转变为正磷酸。常见的偏磷酸有三聚偏磷酸和四聚偏磷酸。偏磷酸溶液具有使蛋白沉淀的特性。

正磷酸能生成三种类型的盐:M_3PO_4(正盐)、M_2HPO_4(酸式盐,磷酸氢二盐)和 MH_2PO_4(酸式盐,磷酸二氢盐),其中 M 是 +1 价离子。正磷酸盐比较稳定,而磷酸一氢盐或磷酸二氢盐受热却容易脱水生成焦磷酸盐或偏磷酸盐。大多数磷酸二氢盐都易溶于水,而磷酸氢盐和正盐中,除了 K^+、Na^+ 和 NH_4^+ 的盐以外,都难溶于水。天然磷酸盐都不溶于水,不能被作物吸收。工业上利用天然磷酸钙生产磷肥,反应如下:

$$Ca_3(PO_4)_2 + 2H_2SO_4 + 4H_2O == 2CaSO_4·2H_2O + Ca(H_2PO_4)_2$$

$$Ca_3(PO_4)_2 + 4H_3PO_4 == 3Ca(H_2PO_4)_2$$

所生成的硫酸钙和磷酸二氢钙的混合物称为过磷酸钙,其中有效成分是可溶于水、易被植物吸收的 $Ca(H_2PO_4)_2$。

磷酸盐与过量钼酸铵在浓硝酸溶液中反应有淡黄色磷钼酸铵晶体析出,可以鉴定 PO_4^{3-} 的存在:

$$PO_4^{3-} + 12MoO_4^{2-} + 3NH_4^+ + 24H^+ == (NH_4)_3PO_4·12MoO_3\downarrow + 12H_2O$$

焦磷酸盐有 $M_2^ⅠH_2P_2O_7$ 和 $M_4^ⅠP_2O_7$ 两种,钠盐溶于水。焦磷酸盐可由磷酸氢盐加热脱水聚合而来:

$$2Na_2HPO_4 == Na_4P_2O_7 + H_2O$$

8.2.7 硫及其重要化合物

硫有许多同素异形体,最常见的是晶状的斜方硫和单斜硫。

斜方硫不溶于水而溶于有机溶剂(如 CS_2)。它的分子是由 8 个硫原子组成的环状结构,S_8 环状分子之间依靠弱的分子间力联系,所以熔点很低(113℃)。斜方硫加热到 95.5℃以上时,就转变为单斜硫。单斜硫的分子也是 S_8 环状结构,与斜方硫相比只是晶格排列不同,在 95.5～119℃(熔点)范围内非常稳定。

斜方硫在温度高于 95.5℃ 以上时转变为单斜硫;单斜硫在温度低于 95.5℃ 以下时转变为斜方硫。所以,95.5℃ 是这两种同素异形体的转变温度。

硫是活泼的元素,其主要化合物介绍如下。

8.2.7.1 硫化氢和硫化物

硫化氢作为火山爆发或细菌作用的产物广泛存在于自然界中。H_2S 是无色有臭鸡蛋气味的剧毒气体,吸入后会引起头痛、眩晕,大量吸入时引起严重中毒,甚至死亡。H_2S 微溶于水,20℃时,1 体积水能溶解 2.5 体积 H_2S,此时水溶液浓度约为 $0.1 mol \cdot L^{-1}$。H_2S 水溶液称为氢硫酸,是一种弱酸。

硫化氢具有较强的还原性,能和许多氧化剂(如 Cl_2、Br_2、$KMnO_4$、浓 H_2SO_4 等)发生反应;在空气中燃烧时产生浅蓝色火焰;H_2S 水溶液在空气中放置后会逐渐变浑浊;H_2S 还可做沉淀剂,使溶液中的某些金属离子以硫化物形式发生沉淀等。有关反应如下:

$$2KMnO_4 + 5H_2S + 3H_2SO_4 = K_2SO_4 + 2MnSO_4 + 8H_2O + 5S\downarrow$$

$$H_2S + 4Cl_2 + 4H_2O = H_2SO_4 + 8HCl$$

$$H_2SO_4(浓) + H_2S = SO_2\uparrow + 2H_2O + S\downarrow$$

$$2H_2S + 3O_2 = 2H_2O + 2S\downarrow$$

$$2H_2S + O_2 = 2H_2O + 2S\downarrow$$

$$H_2S + Br_2 = 2HBr + S\downarrow$$

氢硫酸能生成两类盐:硫化物(正盐,如 Na_2S)和硫氢化物(酸式盐,如 $NaHS$)。碱金属和碱土金属的硫化物(如 K^+、Na^+、NH_4^+、Mg^{2+}、Ca^{2+}、Sr^{2+}、Ba^{2+} 等)易溶于水,其他绝大多数金属硫化物难溶于水,有些还难溶于酸,并且大都具有颜色,如 FeS(黑色)、MnS(肉色)、ZnS(白色)、CdS(黄色)、Sb_2S_3(橙色)、SnS(棕色)等。利用这个特征可以分离鉴定各种金属离子。

因为氢硫酸是一种二元弱酸,在水溶液中按下列方式电离:

$$H_2S \rightleftharpoons H^+ + HS^-$$

$$HS^- \rightleftharpoons H^+ + S^{2-}$$

所以,无论是易溶或微溶于水的硫化物,在水溶液中都会发生一定程度的水解而使溶液显碱性。如

$$Al_2S_3 + 6H_2O = 2Al(OH)_3\downarrow + 3H_2S\uparrow$$

8.2.7.2 硫的含氧化合物

硫氧化物有 SO、SO_2、SO_3、SO_4、S_2O_3 等多种,其中以 SO_2 和 SO_3 最稳定也最重要。

1. 二氧化硫、亚硫酸和亚硫酸盐

二氧化硫是 V 形分子构型,是无色、有刺激性气味、易液化(常压下 263 K 就能液化)的有毒气体,熔点 -75.5 ℃,沸点 -10.02 ℃。硫在空气中燃烧或煅烧硫铁矿 FeS_2 可得 SO_2:

$$S + O_2 = SO_2$$
$$3FeS_2 + 8O_2 = Fe_3O_4 + 6SO_2$$

SO_2 溶于水后生成亚硫酸(H_2SO_3),水溶液中存在下列平衡:
$$SO_2 + H_2O \rightleftharpoons H_2SO_3 \rightleftharpoons H^+ + HSO_3^- \rightleftharpoons 2H^+ + SO_3^{2-}$$

亚硫酸不稳定,能和一些氧化剂、还原剂发生作用。如
$$H_2SO_3 + O_2 = H_2SO_4$$
$$H_2SO_3 + 2H_2S = 3S + 3H_2O$$
$$H_2SO_3 + I_2 + H_2O = H_2SO_4 + 2HI$$

亚硫酸是二元酸,能形成正盐(如亚硫酸钠 Na_2SO_3)和酸式盐(如亚硫酸氢钠 $NaHSO_3$)。

2. 三氧化硫、硫酸和硫酸盐

常温常压下,三氧化硫是无色液体或白色固体,凝固点 16.8℃。无色的气态三氧化硫(SO_3)主要是以单分子存在,分子构型为平面三角形。SO_3 可由 SO_2 经催化(Pt 或 V_2O_5)氧化法制得:
$$2SO_2 + O_2 = 2SO_3$$

SO_3 是一种强氧化剂,当磷与其接触时就起火燃烧。三氧化硫也容易和水化合生成硫酸并放出大量的热:
$$SO_3 + H_2O = H_2SO_4$$

纯硫酸是无色油状液体,10.5℃时凝固成晶体。硫酸溶液是强的二元酸,第一步电离是完全的,第二步是部分电离:
$$H_2SO_4 \longrightarrow H^+ + HSO_4^-$$
$$HSO_4^- \rightleftharpoons H^+ + SO_4^{2-} \quad (K = 1.26 \times 10^{-2})$$

三氧化硫和水能生成一系列水合物,它们是 $H_2SO_4(SO_3 \cdot H_2O)$、$H_2S_2O_7(2SO_3 \cdot H_2O)$、$H_2SO_4 \cdot H_2O(SO_3 \cdot 2H_2O)$、$H_2SO_4 \cdot 2H_2O(SO_3 \cdot 3H_2O)$、$H_2SO_4 \cdot 4H_2O(SO_3 \cdot 5H_2O)$ 等。这些水合物非常稳定,所以浓硫酸有很强的吸水性,在工业上和实验室常用做干燥剂(如干燥 Cl_2、H_2、CO_2 等)。

浓硫酸是一种氧化性酸,加热时氧化性更显著,可以氧化许多非金属和金属:
$$Cu + 2H_2SO_4(浓) = CuSO_4 + SO_2 + 2H_2O$$
$$Zn + 2H_2SO_4(浓) = ZnSO_4 + SO_2 + 2H_2O$$
$$3Zn + 4H_2SO_4(浓) = 3ZnSO_4 + S + 4H_2O$$
$$4Zn + 5H_2SO_4(浓) = 4ZnSO_4 + H_2S + 4H_2O$$

上述浓硫酸的反应不放出氢气,只有稀硫酸和比氢活泼的金属作用时,才放出氢气。

浓硫酸虽然是一种强氧化性酸,但金和铂甚至在加热时也不与浓硫酸作用。此外,冷浓硫酸(80%～96%)不和铁、铝等金属作用,因为铁、铝的表面在冷浓硫酸中被钝化,故可将浓硫酸(80%～96%)装在钢罐中运输。

工业上硫酸是采用接触氧化法制得的,以五氧化二钒为催化剂,在450℃时使二氧化硫氧化为三氧化硫,再用浓硫酸进行吸收。将三氧化硫溶解在100%的硫酸中,得到发烟

硫酸。

除亚硫酸和硫酸外,硫的其他含氧酸有连二亚硫酸($H_2S_2O_4$)、硫代硫酸($H_2S_2O_3$)、焦硫酸($H_2S_2O_7$)、连四硫酸($H_2S_4O_6$)、过一硫酸(H_2SO_5)、过二硫酸($H_2S_2O_8$)等。冷却发烟硫酸可以析出一种无色的晶体,叫做焦硫酸($H_2S_2O_7$),而焦硫酸与水结合又能生成硫酸。反应如下:

$$SO_3 + 4H_2SO_4 \Longrightarrow H_2S_2O_7$$

$$H_2S_2O_7 + H_2O \Longrightarrow 2H_2SO_4$$

硫酸是二元酸,能形成两种盐,即酸式盐和正盐。大部分硫酸盐都易溶于水,但硫酸铅和硫酸钙溶解度很小,碱土金属(除 Be、Mg 外)和铅的硫酸盐微溶。特别是硫酸钡既不溶于水也不溶于酸。

把碱金属的酸式硫酸盐加热到熔点以上,可得焦硫酸盐。焦硫酸盐在无机合成上的重要用途是与一些难溶的碱性金属氧化物共熔生成可溶性的硫酸盐。有关反应如下:

$$2KHSO_4 \Longrightarrow K_2S_2O_7 + H_2O$$

$$Fe_2O_3 + 3K_2S_2O_7 \Longrightarrow Fe_2(SO_4)_3 + 3K_2SO_4$$

$$Al_2O_3 + 3K_2S_2O_7 \Longrightarrow Al_2(SO_4)_3 + 3K_2SO_4$$

亚硫酸盐和硫作用,生成硫代硫酸盐,反应式为

$$Na_2SO_3 + S \Longrightarrow Na_2S_2O_3$$

硫代硫酸钠($Na_2S_2O_3 \cdot 5H_2O$)又称海波或大苏打,是无色透明的晶体,熔点 48.5℃,易溶于水,其水溶液显弱碱性。它是一种中等强度的还原剂,能定量地被 I_2 氧化(是碘量分析法的理论基础);若遇更强的氧化剂,硫代硫酸钠可被氧化为硫酸钠;在中性、碱性溶液中硫代硫酸钠很稳定,但在酸性溶液中迅速分解。有关反应如下:

$$2Na_2S_2O_3 + I_2 \Longrightarrow Na_2S_4O_6(连四硫酸钠) + 2NaI$$

$$Na_2S_2O_3 + 4Cl_2 + 5H_2O \Longrightarrow Na_2SO_4 + H_2SO_4 + 8HCl$$

$$Na_2S_2O_3 + 2HCl \Longrightarrow 2NaCl + S + SO_2 + H_2O$$

8.2.8 卤素

卤族包括氟(F)、氯(Cl)、溴(Br)、碘(I)、砹(At)五种元素。卤族元素原子价层电子构型为 ns^2np^5。卤素都是非金属元素,其中氟是所有元素中非金属性最强的元素。

卤素单质有 F_2(g,浅黄色)、Cl_2(g,黄绿色)、Br_2(g,红棕色)、I_2(g,紫色)。卤素单质的制备都是用氧化其相应卤化物的方法,可以采用电解的方法氧化,也可以用氧化剂氧化。实验室中,常用二氧化锰与浓盐酸反应来制取氯气;用氯气氧化溴化钠中的溴离子可得到单质溴;用氯气或次氯酸钠氧化碘离子可得到碘单质;电解三份氟氢化钾(KHF_2)和两份无水氟化氢的混合物(熔点 72℃),在阳极可生成氟气。有关反应如下:

$$MnO_2 + 4HCl \Longrightarrow MnCl_2 + Cl_2 + 2H_2O$$

$$Cl_2 + 2Br^- \Longrightarrow Br_2 + 2Cl^-$$

$$Cl_2 + 2I^- \Longrightarrow I_2 + 2Cl^-$$

$$2HF \xrightarrow{电解} H_2\uparrow + F_2\uparrow$$

此外,溴化钠和碘化钠与浓硫酸作用能生成单质溴或碘,碘离子被空气中的氧气氧化也能生成碘:

$$2NaBr + 2H_2SO_4(浓) =\!=\!= Br_2 + Na_2SO_4 + SO_2 + 2H_2O$$

$$8NaI + 5H_2SO_4(浓) =\!=\!= I_2 + 4Na_2SO_4 + H_2S + 4H_2O$$

$$4I^- + 4H^+ + O_2 =\!=\!= 2I_2 + 2H_2O$$

F_2、Cl_2、Br_2 都能氧化水,I_2 不能氧化水;Cl_2、I_2 在碱溶液中都能发生歧化反应。如

$$2F_2 + 2H_2O =\!=\!= 4HF + O_2$$

$$Cl_2 + H_2O =\!=\!= HCl + HClO$$

$$Cl_2 + 2OH^-(冷) =\!=\!= Cl^- + ClO^- + H_2O$$

$$3Cl_2 + 6OH^-(热) =\!=\!= 5Cl^- + ClO_3^- + 3H_2O$$

$$3I_2 + 6OH^-(热) =\!=\!= 5I^- + IO_3^- + 3H_2O$$

HClO 在光的作用下容易分解放出氧气,受热分解则生成氯酸和盐酸:

$$2HClO =\!=\!= O_2 + 2HCl$$

$$3HClO =\!=\!= HClO_3 + 2HCl$$

卤素的氢化物有氟化氢(HF)、氯化氢(HCl)、溴化氢(HBr)、碘化氢(HI)。常温下,它们都是无色、有刺激性气味、易溶于水的气体。它们的水溶液叫氢卤酸。

浓硫酸和氟化钙作用可以制取氟化氢;氯化钠和浓硫酸在加热作用下可以制取氯化氢;溴化氢和碘化氢是分别用水与 PBr_3、PI_3 作用得到:

$$CaF_2 + H_2SO_4(浓) =\!=\!= CaSO_4 + 2HF$$

$$NaCl + H_2SO_4(浓) =\!=\!= NaHSO_4 + HCl$$

$$PBr_3 + 3H_2O =\!=\!= H_3PO_3 + 3HBr$$

需要注意的是,溴化氢和碘化氢不能用浓硫酸与溴化物和碘化物作用的方法制得,因为它们具有显著的还原性,能和浓硫酸发生进一步的氧化还原反应:

$$2HBr + H_2SO_4(浓) =\!=\!= Br_2 + SO_2 + 2H_2O$$

$$8HI + H_2SO_4(浓) =\!=\!= 4I_2 + H_2S + 4H_2O$$

二氧化硅或硅酸盐都能与氢氟酸作用,反应如下:

$$SiO_2 + 4HF =\!=\!= SiF_4\uparrow + 2H_2O$$

$$Na_2SiO_3 + 6HF =\!=\!= SiF_4\uparrow + 2NaF + 3H_2O$$

氯的氧化物有一氧化二氯(Cl_2O,黄棕色气体)、二氧化氯(ClO_2,黄绿色气体)、六氧化二氯(Cl_2O_6,深红色液体)、七氧化二氯(Cl_2O_7,无色油状液体)等。氯的氧化物都是强氧化剂,其中 ClO_2 和 Cl_2O 的氧化性最强,Cl_2O_7 氧化性稍差。它们和还原剂接触,或受热撞击等,会立即发生爆炸,分解为氯和氧。二氧化氯与水反应生成亚氯酸和氯酸:

$$2ClO_2 + H_2O =\!=\!= HClO_2 + HClO_3$$

氯、溴、碘的几种含氧酸见表 8-7。

表 8-7 氯、溴、碘的几种含氧酸

名称	次卤酸	亚卤酸	卤酸	高卤酸
氯	HClO	$HClO_2$	$HClO_3$	$HClO_4$
溴	HBrO	$HBrO_2$	$HBrO_3$	$HBrO_4$
碘	HIO	—	HIO_3	HIO_4

8.3 d区元素

d区元素通常称为过渡元素，在元素周期表中包括ⅢB～ⅦB族和Ⅷ族的所有元素，元素原子的价层电子构型为$(n-1)d^{1\sim9}ns^{1\sim2}$（钯$4d^{10}5s^0$）。同一周期的过渡元素性质相似，如金属性递变不明显，原子半径、电离能随原子序数增加的变化不显著。所以，也可将过渡元素按周期分为三个系列。第一过渡系元素包括第4周期的钪～镍；第二过渡系的元素包括第5周期的钇～钯；第三过渡系元素包括第6周期的镧～铂。

过渡元素有一些共性：

(1)它们都是金属，密度大，硬度高，熔点和沸点也较高。例如，锇的密度为$22.4\text{g}\cdot\text{cm}^{-3}$；铬的mohor硬度为9，是最硬金属；钨的熔点为3460℃，是熔点最高的金属等。

(2)大部分过渡金属的电极电势为负值，表现出比较强的还原能力。

(3)除少数外，都存在多种氧化态，一般可由+2价依次增加到与族数相同的氧化态，这种氧化态的表现在第一过渡系最为典型。

(4)它们的水合离子和酸根离子通常带有一定的颜色。例如，Sc^{3+}、La^{3+}、Ti^{4+}无色；Ti^{3+}紫红色、V^{4+}蓝色、Ni^{2+}绿色、V^{3+}绿色、Cr^{3+}紫色、Co^{2+}桃红色、V^{2+}紫色、Fe^{2+}淡绿色、Cr^{2+}蓝色、Mn^{2+}淡红色、Fe^{3+}淡紫色。

(5)过渡元素原子或离子容易在金属原子和碳原子之间形成化学键，生成金属有机化合物，如$[Ni(CO)_4]$、$[Fe(CO)_5]$、$[Mn_2(CO)_{10}]$、$[(C_5H_5)_2Fe]$等。

下面就d区部分元素的单质及其化合物做重点介绍。

8.3.1 钛及其重要化合物

钛是银白色金属，有很高的机械强度（接近钢，是铝的两倍），但密度小（$4.5\text{g}\cdot\text{cm}^{-3}$），熔点高（1940 K）。因为钛的表面覆盖着一层致密的氧化膜，钛的抗腐蚀性能强，室温下钛对空气和水十分稳定。

在室温下，钛不与无机酸反应，但能溶于浓、热的盐酸和硫酸中，也易溶于氢氟酸或含有氟离子的酸（将氟化物加入酸中），形成配合物。有关反应如下：

$$2Ti + 6HCl(浓) =\!=\!= 2TiCl_3 + 3H_2$$

$$2Ti + 3H_2SO_4(浓) =\!=\!= Ti_2(SO_4)_3 + 3H_2$$

$$Ti + 6HF =\!=\!= [TiF_6]^{2-} + 2H^+ + 2H_2$$

钛的重要化合物有二氧化钛（TiO_2）、硫酸钛酰（$TiOSO_4\cdot H_2O$）、四氯化钛（$TiCl_4$）、三氯化钛（$TiCl_3$）等。

TiO_2 俗称钛白,是白色粉末,熔点 1825℃,不溶于水。用热水水解硫酸钛酰($TiOSO_4$),可得到难溶于水的二氧化钛水合物($TiO_2 \cdot nH_2O$),H_2TiO_3 叫做偏钛酸。加热 $TiO_2 \cdot nH_2O$ 可得到白色粉末状的 TiO_2。二氧化钛也可由四氯化钛与空气在高温下反应生成:

$$TiO_2 \cdot nH_2O \xrightarrow{900℃} TiO_2 + nH_2O$$

$$TiCl_4 + O_2 \xrightarrow{964℃} TiO_2 + 2Cl_2$$

TiO_2 不溶于水,也不溶于稀酸,但能溶于氢氟酸和热的浓硫酸中:

$$TiO_2 + 6HF =\!=\!= [TiF_6]^{2-} + 2H_2O + 2H^+$$

$$TiO_2 + 2H_2SO_4 =\!=\!= TiOSO_4 + H_2O$$

$$TiO_2 + 2NaOH =\!=\!= Na_2TiO_3 + H_2O$$

天然存在的 TiO_2 由于含有少量杂质(铁、铌、钽、铬、钒等)而呈现红色或橙色,所以又称为金红石。钛白是世界上最白的化合物,既有锌白(ZnO)的持久性,又有铅白[$Pb(OH)_2]CO_3$ 的遮盖性,并且黏附性很强,化学性质相对稳定,无毒。所以,白色的 TiO_2 可作为白色颜料的主要成分。

四氯化钛($TiCl_4$)是无色液体,熔点 -24.1℃,沸点 136.45℃,在潮湿空气中发烟。$TiCl_4$ 通常可由 TiO_2、Cl_2 和碳在高温下反应制得:

$$TiO_2 + 2Cl_2 + C =\!=\!= TiCl_4 + 2CO$$

四氯化钛水解可生成偏钛酸(H_2TiO_3)沉淀;与浓盐酸作用生成 $H_2[TiCl_6]$;在加热情况下,能被氢气还原;被镁还原可得到海绵钛。有关反应如下:

$$TiCl_4 + 3H_2O =\!=\!= H_2TiO_3 \downarrow + 4HCl \quad (可制作烟幕弹)$$

$$TiCl_4 + 2HCl(浓) =\!=\!= H_2[TiCl_6]$$

$$2TiCl_4 + H_2 =\!=\!= 2TiCl_3 + 2HCl$$

$$TiCl_4 + 2Mg =\!=\!= Ti + 2MgCl_2$$

在中等酸度的钛(Ⅳ)盐溶液中,加入 H_2O_2,生成桔黄色的络合物[$TiO(H_2O_2)$]$^{2+}$,这一特征反应经常用于比色法来测定钛:

$$TiO^{2+} + H_2O_2 =\!=\!= [TiO(H_2O_2)]^{2+}$$

向含有 Ti^{3+} 的溶液中加入碳酸盐,可形成沉淀 $Ti(OH)_3$;Ti^{3+} 还容易被空气中的氧氧化;在有机化学中,常用 Ti^{3+} 证实硝基化合物的存在,因为它能把硝基还原为氨基。有关化学反应式为:

$$2Ti^{3+} + 3CO_3^{2-} + 3H_2O =\!=\!= 2Ti(OH)_3 \downarrow + 3CO_2$$

$$4Ti^{3+} + O_2 + 2H_2O =\!=\!= 4TiO^{2+} + 4H^+$$

$$6Ti^{3+} + RNO_2 + 4H_2O =\!=\!= RNH_2 + 6TiO^{2+} + 6H^+$$

用锌处理钛(Ⅳ)盐的盐酸溶液,或将钛溶于热浓盐酸中得到三氯化钛的水溶液,浓缩后可以析出紫色的六水合三氯化钛 $TiCl_3 \cdot 6H_2O$ 晶体:

$$2TiCl_4 + Zn =\!=\!= 2TiCl_3 + ZnCl_2$$

$$2Ti + 6HCl =\!=\!= 2TiCl_3 + 3H_2O$$

8.3.2 钒及其重要化合物

钒是一种银灰色金属,硬度比钢大,熔点高。室温下,钒不与空气、强碱的水溶液、稀酸等作用。

钒能溶于王水或硝酸中生成 VO_2^+ 离子,也能和氢氟酸作用;高温时,钒还能和大多数非金属化合,并可与熔融的苛性碱发生作用。如

$$2V + 6HF = 2VF_3 + 3H_2$$

$$4V + 5O_2 = 2V_2O_5$$

$$V + 2Cl_2 = VCl_4$$

钒(Ⅲ)几乎不生成自己的矿物而是分散在铁矿和铝矿中。除了钒钛铁矿,钒的主要矿物还有绿硫钒矿(VS_2 或 V_2S_5)、铅钒矿($Pb_5[VO_4]_3$)、钒云母($KV_2[AlSi_3O_{10}](OH)_2$)、钒酸钾铀矿($K_2[UO_2]_2[VO_4] \cdot 3H_2O$)等。

钒的重要化合物有五氧化二钒(V_2O_5)、偏钒酸铵(NH_4VO_3)、正钒酸钠($Na_3VO_4 \cdot 16H_2O$)、偏钒酸钠($NaVO_3$)等。其中,五氧化二钒和钒酸盐是制取其他钒化合物的重要原料,也是从矿石中提取钒的主要中间产物。

五氧化二钒(V_2O_5)是橙黄色晶体、熔点 650～750℃(700℃以上开始分解放出氧气)、无味、有毒、微溶于水(每 100g 水能溶解 0.8g V_2O_5)。偏钒酸铵 NH_4VO_3 在灼热时,分解生成 V_2O_5:

$$2NH_4VO_3 = V_2O_5 + 2NH_3 + H_2O$$

V_2O_5 是一种较强的氧化剂,能和强碱、强酸反应。有关反应方程式如下:

$$V_2O_5 + 2NaOH = 2NaVO_3 + H_2O$$

$$V_2O_5 + 6NaOH = 2Na_3VO_4 + 3H_2O$$

$$V_2O_5 + 2H^+ = 2VO_2^+ (钒酰离子) + H_2O$$

$$V_2O_5 + 4H^+ + SO_3^{2-} = 2VO_2^+ + SO_4^{2-} + 2H_2O$$

$$V_2O_5 + 6HCl = 2VOCl_2 + Cl_2 + 3H_2O$$

VO_2^+ 有较强的氧化性,可发生下述反应:

$$2VO_2^+ + 2H^+ + SO_3^{2-} = 2VO^{2+} (亚钒酰离子) + SO_4^{2-} + H_2O$$

$$2VO_2^+ + 2H^+ + H_2C_2O_4 = 2VO^{2+} + 2CO_2 + 2H_2O$$

上述反应可用于氧化还原容量法测定钒。

钒酸盐可分为偏钒酸盐($M^{I}VO_3$)、正钒酸盐($M_3^{I}VO_4$)和多钒酸盐($M_2^{I}V_2O_6$、$M_3^{I}V_3O_9$)等。在钒酸盐中只有钠、钾等少数金属盐是易溶于水的,水溶液呈无色或黄色。需要说明的是,在含有钒(Ⅴ)化合物的溶液中,当 pH>12.6 时,钒(Ⅴ)主要以 VO_4^{3-}(正钒酸根离子)形式存在;当增加溶液的酸性时,VO_4^{3-} 逐步缩合为多钒酸根离子:

$$VO_4^{3-} + H^+ \rightleftharpoons [VO_3(OH)]^{2-}$$

$$2[VO_3(OH)]^{2-} + H^+ \rightleftharpoons [V_2O_6(OH)]^{3-} + H_2O$$

$$3[V_2O_6(OH)]^{3-} + 3H^+ \rightleftharpoons 2V_3O_9^{3-} + 3H_2O$$

⋮

当 pH<1 时，钒(Ⅴ)主要以 VO_2^+（钒酰离子）形式存在。

8.3.3 铬、钼、钨及其重要化合物

铬(Cr)、钼(Mo)、钨(W)是ⅥB族元素，又称铬族元素，它们都是灰白色、高熔点、高沸点的金属。钨的熔点和沸点是所有金属中最高的，铬是金属中最硬的。室温下，铬、钼、钨在空气和水中都非常稳定，因为它们的表面容易形成一层氧化膜。钼、钨只能溶于热的浓盐酸和硫酸。没有保护膜的纯铬能溶于稀盐酸和硫酸溶液中，但不溶于硝酸和磷酸。铬溶于稀盐酸的反应如下：

$$Cr + 2HCl = CrCl_2(蓝色) + H_2$$
$$4CrCl_2 + 4HCl + O_2 = 4CrCl_3(绿色) + 2H_2O$$

铬的重要化合物有三氧化铬(CrO_3，又称铬酐)、铬酸钾(K_2CrO_4)、重铬酸钾($K_2Cr_2O_7$，又称红矾)、三氧化二铬(Cr_2O_3，又称铬绿)、三氯化铬($CrCl_3 \cdot 6H_2O$)、硫酸钾铬($KCr(SO_4)_2 \cdot 12H_2O$，又称铬钾矾)等。

借助碱熔法煅烧自然界存在的铬铁矿 $Fe(CrO_2)_2$，再通过浸取和浓缩，可得到易溶于水的 Na_2CrO_4 晶体，并进一步转化为重铬酸盐。以重铬酸盐为原料就可以制取三氧化铬、氯化铬酰 CrO_2Cl_2、铬钾矾和三氯化铬等。有关化学反应式如下：

$$4Fe(CrO_2)_2 + 8Na_2CO_3 + 7O_2 \xrightarrow{1000℃} 8Na_2CrO_4 + 2Fe_2O_3 + 8CO_2$$
$$2Na_2CrO_4 + H_2SO_4 = Na_2Cr_2O_7 + Na_2SO_4 + H_2O$$

金属铬在氧气中燃烧或重铬酸铵加热分解均可制得三氧化二铬。Cr_2O_3 是两性物质，溶于酸也溶于强碱：

$$4Cr + 3O_2 \xrightarrow{\Delta} 2Cr_2O_3$$
$$(NH_4)_2Cr_2O_7 \xrightarrow{\Delta} Cr_2O_3 + N_2 + 4H_2O$$
$$Cr_2O_3 + 3H_2SO_4 = Cr_2(SO_4)_3 + 3H_2O$$
$$Cr_2O_3 + 2NaOH = 2NaCrO_2(亚铬酸钠) + H_2O$$
$$2CrO_3 + 2NH_3 + H_2O \xrightarrow{冷} (NH_4)_2Cr_2O_7$$

重铬酸盐大部分易溶于水。重铬酸钾($K_2Cr_2O_7$)是常用的氧化剂，在酸性溶液中，亚铁离子、碘离子和硫化氢都能与其发生氧化还原反应；向 $Cr_2O_7^{2-}$ 溶液中加入某些金属离子（如 Ag^+、Ba^{2+}、Pb^{2+}），可生成颜色不同的铬酸盐沉淀。如

$$Cr_2O_7^{2-} + 14H^+ + 6Fe^{2+} = 6Fe^{3+} + 2Cr^{3+} + 7H_2O$$
$$Cr_2O_7^{2-} + 14H^+ + 6I^- = 3I_2 + 2Cr^{3+} + 7H_2O$$
$$Cr_2O_7^{2-} + 8H^+ + 3H_2S = 3S + 2Cr^{3+} + 7H_2O$$
$$Cr_2O_7^{2-} + 2Pb^{2+} + H_2O = 2PbCrO_4 \downarrow (黄色) + 2H^+$$
$$Cr_2O_7^{2-} + 2Ba^{2+} + H_2O = 2BaCrO_4 \downarrow (淡黄色) + 2H^+$$
$$Cr_2O_7^{2-} + 4Ag^+ + H_2O = 2Ag_2CrO_4 \downarrow (砖红色) + 2H^+$$

钼、钨的主要化合物有：三氧化钼(MoO_3，白色滑石样粉末，加热可变为黄色)；三氧化钨(WO_3，黄色粉末)；钼酸铵($(NH_4)_6Mo_7O_{24} \cdot 4H_2O$，无色或淡绿色晶体)；钨酸钠($Na_2WO_4 \cdot$

$2H_2O$,半透明片状晶体)。

将盐酸加入钼酸铵溶液中,则析出难溶于水的钼酸,钼酸受热脱水可得到三氧化钼。在 Na_2WO_4 溶液中加入适量盐酸,则析出黄色的钨酸沉淀。

$$(NH_4)_2MoO_4 + 2HCl =\!=\!= H_2MoO_4(钼酸,白色)\downarrow + 2NH_4Cl$$

$$H_2MoO_4 \xrightarrow{\Delta} MoO_3 + H_2O$$

$$Na_2WO_4 + 2HCl =\!=\!= H_2WO_4(钨酸,黄色)\downarrow + 2NaCl$$

MoO_4^{2-} 和 WO_4^{2-} 都容易被还原剂还原:

$$2MoO_4^{2-} + 3Zn + 16H^+ =\!=\!= 2Mo^{3+} + 3Zn^{2+} + 8H_2O$$

$$MoO_4^{2-} + 3H_2S + 2H^+ =\!=\!= MoS_3\downarrow + 4H_2O$$

$$WO_4^{2-} + 3H_2S + 2H^+ =\!=\!= WS_3\downarrow + 4H_2O$$

把硝酸酸化的钼酸铵溶液加热到50℃,再加入磷酸氢二钠溶液,可生成磷钼酸铵黄色沉淀:

$$12MoO_4^{2-} + 3NH_4^+ + HPO_4^{2-} + 23H^+ =\!=\!= (NH_4)_3PO_4 \cdot 12MoO_3 \cdot 6H_2O\downarrow + 6H_2O$$

该反应能用来鉴定溶液中 PO_4^{3-} 和 MoO_4^{2-} 的存在。

8.3.4 锰及其重要化合物

锰在自然界主要以软锰矿($MnO_2 \cdot xH_2O$)形式存在,金属锰常用铝热法由软锰矿还原制得:

$$3MnO_2 =\!=\!= Mn_3O_4 + O_2$$

$$3Mn_3O_4 + 8Al =\!=\!= 9Mn + 4Al_2O_3$$

锰是质硬而脆的白色金属,化学性质比较活泼,能与稀酸、熔融的强碱、卤素、S、C、N 等非金属反应。如

$$Mn + 2H_2O =\!=\!= Mn(OH)_2 + H_2$$

$$Mn + 2H^+ =\!=\!= Mn^{2+} + H_2$$

$$2Mn + 4KOH + 3O_2 =\!=\!= 2K_2MnO_4 + H_2O$$

$$3Mn + N_2 =\!=\!= Mn_3N_2(高温条件)$$

锰的主要氧化物有氧化锰(MnO)、三氧化二锰(Mn_2O_3)、二氧化锰(MnO_2)、锰酸酐(MnO_3)、高锰酸酐(Mn_2O_7)等。锰的主要化合物有高锰酸钾($KMnO_4$)、锰酸钾(K_2MnO_4)、硫酸锰($MnSO_4 \cdot 7H_2O$)、氯化锰($MnCl_2 \cdot 4H_2O$)等。

二氧化锰是一种黑色无定形粉末,不溶于水。在空气中加热到530℃时分解为 Mn_3O_4 和 O_2。二氧化锰既可以被氧化也可以被还原,能与浓盐酸、浓硫酸、氢氧化钾等发生反应:

$$MnO_2 + 4HCl =\!=\!= MnCl_2 + Cl_2 + 2H_2O$$

$$4MnO_2 + 6H_2SO_4(浓) =\!=\!= 2Mn_2(SO_4)_3 + O_2 + 6H_2O$$

$$3MnO_2 + 6KOH + KClO_3 =\!=\!= 3K_2MnO_4(暗绿色) + KCl + 3H_2O$$

$$2MnO_2 + 4KOH + O_2 =\!=\!= 2K_2MnO_4 + 2H_2O$$

在酸性或近中性溶液中,MnO_4^{2-} 和 Mn^{3+} 都容易发生歧化反应:

$$2Mn^{3+} + 2H_2O = Mn^{2+} + MnO_2 + 4H^+$$
$$3MnO_4^{2-} + 2H_2O = 2MnO_4^- + MnO_2 + 4OH^-$$
$$3MnO_4^{2-} + 4H^+ = 2MnO_4^- + MnO_2 + 2H_2O$$

工业上,以 K_2MnO_4 为原料生产 $KMnO_4$ 的方法有三种。

(1)通过向 K_2MnO_4 溶液中加醋酸或通二氧化碳的方法制备。反应式为
$$3K_2MnO_4 + 2CO_2 = 2KMnO_4 + MnO_2 + 2K_2CO_3$$

(2)电解法:以一定浓度的 K_2MnO_4 溶液为电解液,镍板为阳极,铁板为阴极。总的电解反应为
$$2K_2MnO_4 + 2H_2O = 2KMnO_4 + 2KOH + H_2$$

(3)用氯气、次氯酸盐等氧化的方法: $2K_2MnO_4 + Cl_2 = 2KMnO_4 + 2KCl$

高锰酸钾($KMnO_4$)是紫色晶体、强氧化剂、溶于水。在酸性、碱性或中性溶液中,高锰酸钾都会发生分解反应:
$$4MnO_4^- + 4H^+ = 4MnO_2 + 2H_2O + 3O_2$$
$$4MnO_4^- + 4OH^- = 4MnO_4^{2-} + 2H_2O + O_2$$
$$4KMnO_4 + 2H_2O = 4MnO_2 + 4KOH + 3O_2$$

在光照作用下,上述反应大大加速,所以通常用棕色瓶盛装高锰酸钾溶液。

MnO_4^- 有氧化性,但在酸性、碱性和中性介质中,它的还原产物不同。如
$$2MnO_4^- + 5SO_3^{2-} + 6H^+ = 2Mn^{2+} + 5SO_4^{2-} + 3H_2O$$
$$2MnO_4^- + 3SO_3^{2-} + H_2O = 2MnO_2 + 3SO_4^{2-} + 2OH^-$$
$$2MnO_4^- + SO_3^{2-} + 2OH^- = 2MnO_4^{2-} + SO_4^{2-} + H_2O$$

8.3.5 铁、钴、镍及其重要化合物

铁、钴、镍都是具有光泽的银白色金属,属于元素周期表中ⅧB族元素。铁、钴、镍元素原子的价电子层结构分别为 $3d^64s^2$、$3d^74s^2$、$3d^84s^2$,最外层都有 2 个电子,原子半径很相近,性质很相似。所以,铁、钴、镍通常称为铁系元素。而钌、铑、钯、锇、铱、铂称为铂系元素。

铁、钴、镍都是中等活泼的金属,都能溶于稀酸,通常形成水合离子 $[M(H_2O)_6]^{2+}$。在常温和无水情况下,铁系元素均较稳定。但在加热条件下,Fe、Co、Ni 能与许多非金属(如 O、S、N、Cl 等)剧烈反应。例如,温度高于 150 ℃时,Fe 和 O_2 反应生成 Fe_3O_4 和 Fe_2O_3;温度高于 500℃时,Co 和 O_2 反应生成 CoO 和 Co_3O_4。

铁的主要矿物有赤铁矿 Fe_2O_3、磁铁矿 Fe_3O_4、菱铁矿 $FeCO_3$、褐铁矿 $2Fe_2O_3 \cdot 3H_2O$ 和黄铁矿 FeS_2 等。铁的冶炼反应如下:
$$3Fe_2O_3(s) + CO(g) = 2Fe_3O_4(s) + CO_2(g)$$
$$Fe_3O_4(s) + CO(g) = 3FeO(s) + CO_2(g)$$
$$FeO(l) + CO(g) = Fe(l) + CO_2(g)$$

1. 铁的重要化合物

铁的氧化物有三种:黑色的氧化亚铁(FeO)、黑色的四氧化三铁(Fe_3O_4)和红棕色的氧化铁(Fe_2O_3,俗称铁红),它们都不溶于水。其中,四氧化三铁是 Fe(Ⅱ)和 Fe(Ⅲ)混合型氧化物,能被磁铁吸引。

铁的重要化合物有三氯化铁 $FeCl_3$（棕褐色固体，易升华）、硝酸铁 $Fe(NO_3)_3 \cdot 9H_2O$（淡紫色晶体）、二氯化铁 $FeCl_2 \cdot 4H_2O$（透明淡蓝色晶体）、硫酸亚铁 $FeSO_4 \cdot 7H_2O$（淡绿色晶体，俗称绿矾）、硫酸亚铁铵 $(NH_4)_2Fe(SO_4)_2 \cdot 6H_2O$（绿色晶体）等。

在实验室中，常用铁或亚铁的含氧酸盐在受热条件下的分解反应制取 Fe_2O_3 或 FeO：

$$4Fe(NO_3)_3 = 2Fe_2O_3 + 12NO_2 + 3O_2$$

$$FeC_2O_4 = FeO + CO_2 + CO$$

Fe_2O_3 难溶于水，是两性化合物，能与酸反应，也能与碳酸盐或氢氧化物熔融反应：

$$Fe_2O_3 + 6HCl = 2FeCl_3 + 3H_2O$$

$$Fe_2O_3 + Na_2CO_3 = 2NaFeO_2 + CO_2$$

Fe^{3+} 具有氧化性，可以和 $SnCl_2$、H_2S、I^-、SO_2 等还原性物质作用；也能和强碱或氨水反应，生成相应沉淀；同时，Fe^{3+} 在溶液中也容易发生水解反应。如

$$Fe_2(SO_4)_3 + SnCl_2 + 2HCl = 2FeSO_4 + SnCl_4 + H_2SO_4$$

$$2Fe^{3+} + H_2S = 2Fe^{2+} + S + 2H^+$$

$$2Fe^{3+} + Fe = 3Fe^{2+}$$

$$2Fe^{3+} + Cu = 2Fe^{2+} + Cu^{2+}$$

$$2Fe^{3+} + 2I^- = 2Fe^{2+} + I_2$$

$$2Fe^{3+} + Fe = 3Fe^{2+}$$

$$Fe^{3+} + 3OH^- \rightleftharpoons Fe(OH)_3 \downarrow （红棕色）$$

$$[Fe(H_2O)_6]^{3+} \rightleftharpoons [Fe(OH)(H_2O)_5]^{2+} + H^+$$

工业上常利用 Fe^{3+} 的氧化性，在铁制品刻字或在铜板上制造印刷线路。

在浓碱溶液中，$Fe(OH)_3$ 还可以被 $NaClO$ 氧化生成紫红色的 FeO_4^{2-}：

$$2Fe(OH)_3 + 3ClO^- + 4OH^- = 2FeO_4^{2-} + 3Cl^- + 5H_2O$$

亚铁离子 Fe^{2+} 可以和强碱或氨水作用，生成相应的沉淀。也能在溶液中和 KCN 作用，首先生成白色氰化亚铁沉淀，当 KCN 过量时，则溶解生成 $[Fe(CN)_6^{4-}]$。同时，在水溶液中也能发生水解反应。如

$$Fe^{2+} + 2OH^- \rightleftharpoons Fe(OH)_2 \downarrow （白色）$$

$$Fe^{2+} + 2CN^- \rightleftharpoons Fe(CN)_2 \downarrow$$

$$Fe(CN)_2 + 4CN^- \rightleftharpoons Fe(CN)_6^{4-}$$

$$[Fe(H_2O)_6]^{2+} \rightleftharpoons [Fe(OH)(H_2O)_5]^+ + H^+$$

Fe^{2+}、Fe^{3+} 都能与 CN^- 形成稳定的铁氰配合物铁氰化钾和亚铁氰化钾。

铁氰化钾 $K_3[Fe(CN)_6]$ 化学名六氰合铁(Ⅲ)酸钾，俗称赤血盐，深红色晶体。亚铁氰化钾 $K_4[Fe(CN)_6] \cdot 3H_2O$ 化学名六氰合亚铁(Ⅱ)酸钾，俗称黄血盐，黄色晶体。

用氯气氧化黄血盐离子 $[Fe(CN)_6^{4-}]$ 可以得到赤血盐离子 $[Fe(CN)_6^{3-}]$：

$$2Fe(CN)_6^{4-} + Cl_2 = 2Fe(CN)_6^{3-} + 2Cl^-$$

Fe^{3+} 和亚铁氰化钾（$K_4[Fe(CN)_6] \cdot 3H_2O$）反应，生成蓝色沉淀，在化学分析中可用于检测 Fe^{3+} 的存在：

$$K^+ + Fe^{3+} + Fe(CN)_6^{4-} =\!=\!= KFe[Fe(CN)_6]\downarrow (蓝色沉淀)$$

2. 钴、镍的重要化合物

钴、镍的重要氧化物有灰绿色的 CoO、暗褐色的 Co_2O_3、绿色的 NiO、灰黑色的 Ni_2O_3 以及类似 Fe_3O_4 的 Co_3O_4 和 Ni_3O_4 等。钴、镍的重要化合物有二氯化钴($CoCl_2 \cdot 6H_2O$,粉红色晶体)、硫酸钴($CoSO_4 \cdot 7H_2O$,淡紫色晶体)、氯化镍($NiCl_2 \cdot 6H_2O$,草绿色晶体)、硫酸镍($NiSO_4 \cdot 7H_2O$,暗绿色晶体)、硝酸镍($Ni(NO_3)_2 \cdot 6H_2O$,青绿色晶体)等。

Co_2O_3 与浓盐酸作用放出氯气:$Co_2O_3 + 6HCl =\!=\!= 2CoCl_2 + Cl_2 + 3H_2O$

$CoCl_2 \cdot 6H_2O$ 在受热脱水过程中,伴随有颜色的变化:

$$CoCl_2 \cdot 6H_2O \xleftarrow{325K} CoCl_2 \cdot 2H_2O \xleftarrow{363K} CoCl_2 \cdot H_2O \xleftarrow{393K} CoCl_2$$
粉红色　　　　　紫红色　　　　　紫蓝色　　　　　蓝色

根据这一性质可以把 $CoCl_2 \cdot 6H_2O$ 掺入硅胶中从而制得变色硅胶。

8.4　ds 区元素

ds 区元素在元素周期表中包括ⅠB(铜族元素)、ⅡB族(锌族元素),有铜、银、金、锌、镉、汞六种元素。铜族、锌族元素原子的价层电子构型分别为 $(n-1)d^{10}ns^1$、$(n-1)d^{10}ns^2$,它们都容易失去最外层 s 电子,呈现 +1 或 +2 氧化值。和 d 区元素相比,ds 区元素原子的 $(n-1)d$ 轨道处于全满状态,不再参与成键,使得单质内部金属键很弱,单质熔点、沸点较低。另外,汞是常温下唯一呈液态形式存在的金属。

8.4.1　铜及其重要化合物

辉铜矿(Cu_2S)和黄铜矿($Cu_2S \cdot FeS_3$)(通常简写为 $CuFeS_2$)是工业炼铜的主要矿物。其他矿物还有孔雀石($Cu_2(OH)_2CO_3$)、氯铜矿($Cu_2(OH)_3Cl$)、赤铜矿(Cu_2O)和单质矿等。

铜主要用作导电材料,铜还是很多合金如青铜(Cu-Sn-Zn)、黄铜(Cu-Zn)、白铜(Cu-Ni-Zn)的重要组成成分。工业上由铜矿石冶炼铜的反应主要是:

$$2CuFeS_2(s) + O_2(g) =\!=\!= Cu_2S(s) + 2FeS(s) + SO_2(g)$$
$$2FeS(s) + 3O_2(g) =\!=\!= 2FeO(s) + 2SO_2(g)$$
$$FeO(s) + SiO_2(s) =\!=\!= FeSiO_3(s)$$
$$2Cu_2S(s) + 3O_2(g) =\!=\!= 2Cu_2O(s) + 2SO_2(g)$$
$$2Cu_2O(s) + Cu_2S(s) =\!=\!= 6Cu(s) + SO_2(g)$$

铜常见氧化值为 +1 和 +2。在干燥空气中,铜的化学性质比较稳定,但在潮湿空气中,铜的表面会形成铜锈。反应如下:

$$2Cu + O_2 + H_2O + CO_2 =\!=\!= Cu_2(OH)_2CO_3(碱式碳酸铜,也叫铜绿)$$

碱式碳酸铜 $Cu_2(OH)_2CO_3$ 受热分解则生成氧化铜:

$$Cu_2(OH)_2CO_3 =\!=\!= 2CuO + H_2O + CO_2$$

铜不能与稀盐酸或稀硫酸作用放出氢气,但当有氧气存在时,铜可以缓慢溶解在稀盐酸和稀硫酸中;在加热条件下,铜可以和浓盐酸、浓硝酸和浓硫酸作用;铜和 CN^-、NH_3 作用还能生成相应的配合物:

$$2Cu + 8HCl(浓) = 2H_3[CuCl_4] + H_2$$
$$2Cu + O_2 = 2CuO$$
$$2Cu + 8CN^- + 2H_2O = 2[Cu(CN)_4]^{3-} + 2OH^- + H_2$$
$$2Cu + 8NH_3 + O_2 + 2H_2O = 2[Cu(NH_3)_4]^{2+} + 4OH^-$$
$$3Cu + 6H^+ + ClO_3^- = 3Cu^{2+} + Cl^- + 3H_2O$$
$$2Cu + O_2 + 4HCl = 2CuCl_2 + 2H_2O$$
$$2Cu + O_2 + H_2SO_4 = 2CuSO_4 + 2H_2O$$
$$Cu + 4HNO_3(浓) = Cu(NO_3)_2 + 2NO_2\uparrow + 2H_2O$$
$$Cu + 8HNO_3(稀) = 3Cu(NO_3)_2 + 2NO\uparrow + 4H_2O$$
$$Cu + 2H_2SO_4(浓) = CuSO_4 + SO_2\uparrow + 2H_2O$$

铜的氧化物主要有氧化铜(CuO,棕黑色粉末)、硫酸铜($CuSO_4 \cdot 5H_2O$,蓝色晶体,也叫胆矾)、硝酸铜($Cu(NO_3)_2 \cdot 3H_2O$,蓝色晶体)、氯化铜($CuCl_2 \cdot 2H_2O$,绿色晶体)、氯化亚铜($CuCl$或Cu_2Cl_2,白色四面体晶体)等。

硫酸铜由于吸水前后颜色有变化($CuSO_4 \cdot 5H_2O$蓝色,$CuSO_4$白色),可以用来检测液态有机物中的微量水。另外,硫酸铜还具有杀菌能力,与石灰乳的混合液可以用来杀灭果树害虫。

Cu_2O能溶于稀酸,也能溶于氨水:
$$Cu_2O + 2H^+ = Cu + Cu^{2+} + H_2O$$
$$Cu_2O + 4NH_3 + H_2O = 2[Cu(NH_3)_2]^+ + 2OH^-$$

$[Cu(NH_3)_2]^+$很容易被空气中的氧气氧化为$[Cu(NH_3)_4]^{2+}$:
$$4[Cu(NH_3)_2]^+ + O_2 + 8NH_3 + 2H_2O = 4[Cu(NH_3)_4]^{2+} + 4OH^-$$

CuO高温下容易热分解,也易溶于酸生成Cu^{2+}:
$$4CuO = 2Cu_2O + O_2$$
$$CuO + 2H^+ = Cu^{2+} + H_2O$$

$Cu(OH)_2$受热容易脱水,既能溶于酸又能溶于强碱:
$$Cu(OH)_2 = CuO + H_2O$$
$$Cu(OH)_2 + 2H^+ = Cu^{2+} + 2H_2O$$
$$Cu(OH)_2 + 2OH^- = [Cu(OH)_4]^{2-}$$
$$Cu(OH)_2 + 4NH_3 = [Cu(NH_3)_4]^{2+} + 2OH^-$$

Cu^{2+}能与I^-反应生成CuI沉淀:$2Cu^{2+} + 4I^- = 2CuI\downarrow + I_2$

8.4.2 金、银及其重要化合物

硫化物和砷化物是金和银在自然界存在形式的主要矿物。银有闪银矿(Ag_2S)、角银矿($AgCl$)。金、银的提取方法有些相同,即都先用氰化钠与矿石作用,再用锌还原获得产物。如果用M代表Au、Ag,则金、银的提取反应可表示如下:
$$4M(s) + 8NaCN(aq) + 2H_2O(l) + O_2(g) = 4Na[M(CN)_2](aq) + 4NaOH(aq)$$
$$2[M(CN)_2]^-(aq) + Zn(s) = [Zn(CN)_4]^{2-}(aq) + 2M(s)$$

银化学性质不活泼,但能溶于浓、稀硝酸和浓硫酸中;能和空气中的 H_2S 作用;高温下还能与氧气、硫发生反应等:

$$2Ag(s) + H_2S(g) =\!\!=\!\!= Ag_2S(s) + H_2(g)$$

$$2Ag(s) + 2HI(aq) =\!\!=\!\!= 2AgI(s) + H_2(g)$$

$$2Ag + 2H_2SO_4(浓) =\!\!=\!\!= Ag_2SO_4 + SO_2\uparrow + 2H_2O$$

$$3Ag + 4HNO_3(稀) =\!\!=\!\!= 3AgNO_3 + NO + 2H_2O$$

$$4Ag + O_2 + 2H_2S =\!\!=\!\!= 2Ag_2S\downarrow(黑色) + 2H_2O$$

$$4Ag + O_2 =\!\!=\!\!= 2Ag_2O$$

$$2Ag + S =\!\!=\!\!= Ag_2S$$

金、银单质的有关性质见表 8-8。金、银的重要化合物有氧化银 Ag_2O(暗棕色粉末)、硝酸银 $AgNO_3$(无色菱形片状晶体)、硫酸银 Ag_2SO_4(白色晶体)、卤化银、三氯化金 Au_2Cl_6(深红色吸水性固体)等。

表 8-8 金、银单质的基本性质

金属	颜色	密度/(g·cm^{-3})	硬度(金刚石=10)	熔点/K	沸点/K
金	黄色	18.88	2.5~3	1337.43	3353
银	银白色	10.50	2.5~4	1234.93	2485

硝酸银是无色晶体,受热或在强光下容易分解,要保存在棕色瓶中;硝酸银溶液和卤化物作用,可以生成相应的卤化银;银离子还可以与 NH_3、$S_2O_3^{2-}$、CN^- 等形成稳定性不同的配位离子:

$$2AgNO_3 =\!\!=\!\!= 2Ag + NO_2 + O_2$$

$$Ag^+ + 2Cl^- =\!\!=\!\!= [AgCl_2]^-$$

$$Ag^+ + 2NH_3 =\!\!=\!\!= [Ag(NH_3)_2]^+$$

$$Ag^+ + 2S_2O_3^{2-} =\!\!=\!\!= [Ag(S_2O_3)_2]^{3-}$$

$$Ag^+ + 2CN^- =\!\!=\!\!= [Ag(CN)_2]^-$$

$$Ag^+ + 2CN^- =\!\!=\!\!= [Ag(CN)_2]^-$$

加碱到 Ag^+ 溶液中可得到棕色的 Ag_2O 沉淀。Ag_2O 能溶于氨水,温度高于150℃时发生分解。反应如下:

$$Ag_2O + 4NH_3 + H_2O =\!\!=\!\!= 2[Ag(NH_3)_2]^+ + 2OH^-$$

$$2Ag_2O(s) \xrightarrow{150℃} 4Ag(s) + O_2(g)$$

金的化学性质比较稳定,不溶于一般的酸,但能溶于王水中,高温下也能和氯气发生反应:

$$Au + 4HCl + HNO_3 =\!\!=\!\!= H[AuCl_4] + NO\uparrow + 2H_2O$$

$$2Au + 3Cl_2 =\!\!=\!\!= Au_2Cl_6$$

Au^+ 在水溶液中不能单独存在,其容易发生歧化反应,但其配位离子 $[Au(CN)_2]^-$ 却很稳定。有关反应如下:

$$3Au^+ = Au^{3+} + 3Au$$
$$4Au + 8CN^- + O_2 + 2H_2O = 4[Au(CN)_2]^- + 4OH^-$$
$$2[Au(CN)_2]^- + Zn = 2Au + [Zn(CN)_4]^{2-}$$

利用上述反应可以从矿石中提取金。

8.4.3 锌、镉、汞及其重要化合物

锌的主要矿石有闪锌矿(ZnS)、菱锌矿($ZnCO_3$)。锌提炼的化学反应如下：
$$2ZnS(s) + 3O_2(g) = 2ZnO(s) + 2SO_2(g)$$
$$ZnO(s) + C(s) = Zn(l) + CO(g)$$

汞的矿源是朱砂(又名辰砂)HgS。汞的制取反应为：
$$HgS + O_2 = Hg + SO_2$$
$$4HgS + 4CaO = 4Hg + 3CaS + CaSO_4$$

镉的主要矿石是 CdS 矿。

锌、镉、汞是银白色金属(Zn 略带蓝色)，它们单质的有关性质见表8-9。

表 8-9 锌、镉、汞的基本性质

金属	颜色	密度/($g \cdot cm^{-3}$)	硬度(金刚石=10)	熔点/K	沸点/K
锌(Zn)	银白色	7.133	2.5	692.58	1180
镉(Cd)	银白色	8.65	2.0	593.9	1038
汞(Hg)	银白色	13.546	液态	234.158	629.58

汞是常温下唯一呈液态的金属。在 0~200℃ 之间，汞的膨胀系数随温度升高而均匀改变，并且不润湿玻璃，可用来制作温度计。另外，汞能溶解很多金属(如钠、钾、金、锌、镉、锡、铅等)形成合金，这种合金称为汞齐。汞齐根据组成不同，可呈现液态或固态，但汞齐中的其他金属仍保留着这些金属的原有性质。汞齐在化学化工冶金工业中有重要用途，钠汞齐与水反应能缓慢放出氢气，可作为有机合成的还原剂。钛汞齐在213K才凝固，可做低温温度计。

通常情况下，汞只能溶于热的硝酸和浓硫酸，但也可以和冷的稀硝酸反应：
$$Hg + 2H_2SO_4(浓) = HgSO_4 + SO_2 + 2H_2O$$
$$3Hg + 8HNO_3(热) = 3Hg(NO_3)_2 + 2NO + 4H_2O$$
$$6Hg + 8HNO_3(冷,稀) = 3Hg_2(NO_3)_2(硝酸亚汞) + 2NO + 4H_2O$$

锌在加热时可以与大多数非金属，也可以与稀酸和强碱反应：
$$Zn + S = ZnS$$
$$2Zn + O_2 = 2ZnO$$
$$Zn + 2H^+ = Zn^{2+} + H_2$$
$$Zn + 2OH^- + 2H_2O = [Zn(OH)_4]^{2-} + H_2$$
$$Zn + 4NH_3 + 2H_2O = [Zn(NH_3)_4]^{2+} + H_2 + 2OH^-$$
$$4Zn + 2O_2 + 2H_2O + CO_2 = ZnCO_3 \cdot 3Zn(OH)_2$$

锌、镉的主要化合物有氧化锌 ZnO(白色粉末)、硫酸锌 $ZnSO_4 \cdot 7H_2O$(无色晶体)、氯化锌 $ZnCl_2 \cdot 3/2H_2O$(无色晶体)、硫酸镉 $3CdSO_4 \cdot 8H_2O$(无色粗大晶体)、氯化镉 $CdCl_2$(白色物质)等。汞的主要化合物有氯化汞 $HgCl_2$(升汞,无色针状晶体)、氯化亚汞 Hg_2Cl_2(甘汞,白色粉末)、硝酸汞 $Hg(NO_3)_2 \cdot 1/2H_2O$(无色晶体)、硝酸亚汞 $Hg_2(NO_3)_2 \cdot 2H_2O$(无色晶体)、氧化汞 HgO(有鲜红色和黄色两种颜色)等。

Zn^{2+}、Cd^{2+}、Hg^{2+} 能和强碱溶液发生作用;ZnO 和 $Zn(OH)_2$ 是两性化合物,既能与酸发生反应,也能与碱发生反应;另外,$Zn(OH)_2$ 和 $Cd(OH)_2$ 还能溶于氨水形成配位离子。有关化学反应如下:

$$Zn^{2+} + 2OH^- \rightleftharpoons Zn(OH)_2 \downarrow (白色) \xrightarrow{OH^- 过量} [Zn(OH)_4]^{2-}$$

$$Cd^{2+} + 2OH^- \rightleftharpoons Cd(OH)_2 \downarrow (白色)$$

$$Hg^{2+} + 2OH^- \rightleftharpoons HgO \downarrow (黄色) + H_2O$$

$$ZnO + 2H^+ \rightleftharpoons Zn^{2+} + H_2O$$

$$ZnO + 2OH^- \rightleftharpoons ZnO_2^{2-} + H_2O$$

$$Zn(OH)_2 + 2H^+ \rightleftharpoons Zn^{2+} + 2H_2O$$

$$Zn(OH)_2 + 2OH^- \rightleftharpoons [Zn(OH)_4]^{2-}$$

$$Zn(OH)_2 + 4NH_3 \rightleftharpoons [Zn(NH_3)_4]^{2+} + 2OH^-$$

$$Cd(OH)_2 + 4NH_3 \rightleftharpoons [Cd(NH_3)_4]^{2+} + 2OH^-$$

在 Zn^{2+}、Cd^{2+} 溶液中通入 H_2S,都会有硫化物沉淀析出;在硫酸锌溶液中加入 BaS,也能生成沉淀物质:

$$Zn^{2+} + H_2S \rightleftharpoons ZnS \downarrow (白色) + 2H^+$$

$$Cd^{2+} + H_2S \rightleftharpoons CdS \downarrow (黄色) + 2H^+$$

$$Zn^{2+} + SO_4^{2-} + Ba^{2+} + S^{2-} \rightleftharpoons ZnS \cdot BaSO_4 \downarrow$$

$ZnS \cdot BaSO_4$ 叫锌钡白,俗称立德粉,是一种在空气中非常稳定的无毒白色颜料,$HgCl_2$ 是无色晶体,溶于水,有剧毒(致死剂量为 0.3g)。$HgCl_2$ 可以与碱反应;在酸性溶液中,也能和 SO_2、$SnCl_2$ 等还原剂发生作用:

$$HgCl_2 + 2NaOH \rightleftharpoons HgO \downarrow (黄色) + 2NaCl + H_2O$$

$$HgCl_2 + 2NH_3 \rightleftharpoons NH_2HgCl \downarrow (白色,氨基氯化汞) + NH_4Cl$$

$$2HgCl_2 + SnCl_2 + 2HCl \rightleftharpoons Hg_2Cl_2 \downarrow (白色) + H_2SnCl_6$$

有下列两个反应可以制得 $HgCl_2$:

$$HgSO_4 + 2NaCl \xrightarrow{300℃} Na_2SO_4 + HgCl_2 \uparrow$$

$$Hg + Cl_2 \rightleftharpoons HgCl_2$$

氯化亚汞(Hg_2Cl_2)分子结构为直线型,与 NH_3 作用生成氨基氯化亚汞:

$$Hg_2Cl_2 + 2NH_3 \rightleftharpoons NH_2Hg_2Cl + NH_4Cl$$

硝酸汞和硝酸亚汞都易溶于水。硝酸汞可由汞或氧化汞和硝酸反应得到;硝酸亚汞可由硝酸汞与汞作用制得:

$$HgO + 2HNO_3 = Hg(NO_3)_2 + H_2O$$
$$Hg + 4HNO_3 = Hg(NO_3)_2 + 2NO_2 + 2H_2O$$
$$Hg(NO_3)_2 + Hg = Hg_2(NO_3)_2$$

习 题

1. 为什么ⅠA、ⅡA族元素只有+1和+2价化合物,而副族元素大多数都有可变化合价?

2. 写出钾可能形成的氧化物的分子式,并标出氧在各物质中的氧化数。

3. 写出下列物质的化学式:

明矾、刚玉、赤血盐、钛白、石膏、升汞、重晶石、大苏打

4. 下列各组物质能否共存?如果不能共存,请说明原因,并写出有关化学反应方程式。
   (1) Sn^{4+}、Sn^{2+}和Sn　　　　(2) Na_2O_2和H_2O
   (3) $NaHCO_3$和$NaOH$　　　　(4) NH_4Cl和Zn

5. 试用简便方法鉴别下列各组物质,写出有关的化学反应方程式。
   (1) 大苏打($Na_2S_2O_3 \cdot 5H_2O$)和小苏打($NaHCO_3$)
   (2) $Pb(NO_3)_2$和$SnCl_2$
   (3) 大理石($CaCO_3$)和橄榄石(Mg_2SiO_4)
   (4) CaH_2、CaC、$CaCl_2$

6. 解释下列实验事实:
   (1) 新沉淀的$Mn(OH)_2$是白色的,但在空气中会慢慢变成棕色;
   (2) 铜溶于稀硝酸,但不溶于稀硫酸。

7. 用适当方法区别下列物质:
   (1) Zn^{2+}和Cd^{2+}　　　　(2) Zn^{2+}和Cr^{3+}
   (3) $AgCl$和Hg_2Cl_2　　　　(4) Hg_2Cl_2和$HgCl_2$

8. 试述制备金属与非金属单质常用的方法。

9. 为什么铝是典型的两性元素?为什么铝制品不能置换水中的氢,而能置换碱中的氢?

10. 配制$SnCl_2$溶液时,应注意什么事项?

11. 简述磷酸的工业制法和实验室制法。

12. 简述Sn^{2+}和$S_2O_3^{2-}$的鉴定反应。

13. 金属与水、金属与酸、金属与碱、非金属单质与水蒸气、非金属单质与碱作用都能产生氢气。试各举一例,并写出相应的化学反应方程式。

14. 举出鉴别Fe^{3+}、Fe^{2+}、Co^{2+}、Ni^{2+}的常用方法。

15. 写出下列反应的实验现象:
    (1) $AgNO_3 + NaOH$　　　　(2) $AgNO_3 + K_2CrO_4$
    (3) $AgNO_3 + H_2S$　　　　(4) $AgNO_3 + NaCN$

16. 写出下列反应方程式:
    (1) 将H_2S通入酸化的重铬酸钾溶液中;
    (2) 氢氧化铬(Ⅲ)与氢氧化钠反应;

(3) 在酸化的重铬酸钾溶液中加入碘化钾；
(4) 将二氧化硫通入酸化的高锰酸钾溶液中；
(5) 在酸化的高锰酸钾溶液中加入过氧化氢；
(6) 在碱性溶液中，高锰酸钾与亚硫酸钠作用；
(7) 高锰酸钾与亚硝酸钾作用；
(8) 在溴水中加入硝酸银溶液产生浅黄色沉淀。

第二篇 分析篇

分析化学是化学的一个重要学科,它是研究物质化学组成的分析方法及有关理论的一门学科。分析化学的任务是鉴定物质的化学结构、化学成分及测定各成分的含量。它们分别属于结构分析、定性分析和定量分析所研究的内容。

分析化学涉及的范围极为广泛。从分析对象来说,包括各种气态、液态或固态的无机物和有机物;从分析要求来说,包括各种元素、化合物、原子团和有机官能团等的定性与定量分析;从分析方法来说,包括各种化学方法、物理方法的物理化学方法等。但基础分析化学的主要内容是无机定性与定量化学分析。

在化学科学中,分析化学是一门既老又新的学科。早期的分析技术直接引导了化学的革命,如燃素说的推翻。科学的定量实验方法使化学建立在坚实的事实基础上。例如,通过精确的定量分析工作,建立了定组成定律、倍比定律和道尔顿原子假说等。而在现代化学每一分支的研究和发展中,都需要运用各种分析手段来解决所遇到的问题,并且对分析化学的要求也越来越高。

分析化学在工农业生产和科学实验等方面的应用十分广泛。作为一门工具学科,人们借助于分析化学可以扩大和加深对自然界的认识。例如,在农业方面,对土壤的性质、灌溉用水、化肥、农药以及作物生长过程的研究等,都要用到分析化学。在工业生产方面,如对矿产资源的勘探开发,工业原料的选择,工艺流程的控制,工业成品的检验,新产品的试制及废弃物的处理与利用等,都必须以分析结果为重要依据。在许多科学领域中,如在矿物学、地质学、海洋学、天文学、生物学、医药学、物理学,乃至考古学等方面,也都离不开分析化学。只需看到这样一个事实,即在有关分析化学杂志上刊载的文章,一半以上并不是由分析化学家,而是由各行各业中从事分析工作的科技人员所提供的,我们就不难理解分析化学的应用是何等的广泛。

在化学的教育与教学过程中,分析化学是一门重要的基础课。此外,它还起着特定的作用,即通过该课程的学习,学生除了能够掌握分析化学的基本原理、方法及操作之外,还能够准确地树立量的概念,养成定量分析严格要求的习惯,逐步形成严密的科学思维方法与实验方法。

分析化学是高等学校化学及相关专业的基础课程之一。通过学习此课程,学生可以掌握分析化学的基本原理和测定方法,准确树立量的概念,正确进行有关的计算,培养严肃认真、实事求是的科学态度,以及严谨细致地进行科学实验的技能、技巧和创新能力。分析化学是一门以实验为基础的学科,在学习过程必须注意理论与实践相结合,加强基本操作和技能的训练,提高分析问题和解决问题的能力,为将来的工作打下良好的基础。

分析化学是近年来发展最为迅速的学科之一。据统计,全世界有关分析化学的杂志已有数百种,所发表的论文每5～7年就增加一倍;分析化学的国际会议平均每年召开10余次。分析化学正处于日新月异、突飞猛进的发展之中。出现这种情况是与现代科学技术总的发展分不开的,它一方面给分析化学提出了更高的要求,同时也向分析化学提供了新的理论、方法和手段,迅速地改变着分析化学的面貌。

从对分析化学的要求来看,分析手段必须越来越灵敏、准确、简便和自动化。例如,半导体技术中的原子级加工,要求测出单个原子数目;环境保护工作要求测定超微量有害物质;在地质普查、勘探工作中,需要获得上百万、上千万个数据,不仅要求快速和自动化,而且要求发展遥测技术。分析化学的任务也不再限于测定物质的组分和含量,而是要求提供物质更多、更全面的信息;从常量到微量、痕量及微粒分析;从组成到形态分析;从总体到微区、表面、逐层分析;从宏观组分到微观结构分析;从静态到快速追踪分析;从破坏试样到无损分析;从离线到在线分析等等。

现在,分析化学的方法正向着仪器化、自动化及各种分析方法联用的方向发展。许多由计算机控制的完全自动化的分析仪器已经商品化,不但节省了时间,也大大提高了分析工作的水平和效能。

尽管如此,目前化学分析仍是分析化学的基础,经典的分析方法无论在教育价值和实用价值上都是不可忽视的,许多仪器分析方法必须与试样分解、分离富集、掩蔽干扰等化学处理手段相结合,才能适应测定痕量组分和复杂试样的要求。一个缺乏分析化学基础理论和基本知识的分析工作者,不可能仅仅依靠现代分析仪器就能正确地解决日益复杂的分析课题。因此,分析化学作为一门基础课,仍然要从化学分析学起,并以化学分析作为本课程教学的基础。

第1章 误差和分析数据的处理

定量分析的目的是准确测定试样中物质的含量,因此要求结果准确可靠。不准确的测定结果将会导致生产上的重大损失和科学研究的错误结论,因而应当尽可能避免。

在定量分析过程中,由于受到所采用的分析方法、仪器和试剂、工作环境和分析者自身等主客观因素的制约,即使由技术熟练并富有经验的人员,采用当前最完善的分析方法和精密的仪器进行测定,所得的结果与待测组分的真实含量也不可能完全相符,它们之间的差值就称为误差。而且同一分析者在相同的条件下,对同一试样细致地进行多次测定(称平行测定),其结果也不会彼此等同。

上述事实表明,在分析过程中误差是客观存在且不可避免的,它可能出现在测定过程的每一步骤中,从而影响着分析结果的准确性。因此,分析工作者不仅要对试样进行测定,还需根据实际要求,对分析结果的可靠性和精确程度作出合理的评价和正确的表示。同时还应查明产生误差的原因及其规律性,采取减免误差的有效措施,从而不断提高分析测定的准确程度。通过本章的学习,要求牢固地建立量的概念,并始终贯穿于定量分析理论与实验的学习之中。

1.1 误差及其产生的原因

根据误差产生的原因及其性质的差异,可将误差分为系统误差和随机误差两类。

1.1.1 系统误差

系统误差是定量分析误差的主要来源,对测定结果的准确度有较大影响。它是由分析过程中某些确定的、经常性的因素引起的,因此对测定值的影响比较恒定。系统误差的特点是具有"重现性"、"单向性"和"可测性"。即在相同的条件下,重复测定时会重复出现;使测定结果偏高或偏低,其数值大小也有一定的规律。如果能找出产生误差的原因,并设法测出其大小,那么系统误差可以通过校正的方法予以减小或消除,因此也称之为可测误差。产生系统误差的原因主要有以下几点:

1. 方法误差

方法误差来源于分析方法本身不够完善或缺陷。例如,反应未能定量完成,干扰组分的影响,在滴定分析中滴定终点与化学计量点不相符合,在重量分析中沉淀的溶解损失、共沉淀和后沉淀的影响等,都可能导致系统的测定结果偏高或偏低。

2. 仪器和试剂误差

由于仪器不够精密或未经校准,从而引起仪器误差。例如,砝码因磨损或锈蚀造成其真实质量与名义质量不符;滴定分析器皿或仪表的刻度不准而又未经校正;由于实验容器被侵蚀引入了外来组分等。试剂不纯和蒸馏水中的微量杂质也可能带来试剂误差。

由上述两种因素造成的误差,其大小一般不因人而异。

3. 操作误差

由于分析者的实际操作与正确的操作规程有所出入而引起操作误差。例如,使用了缺乏代表性的试样;试样分解不完全或反应的某些条件控制不当等。

还有些误差是由于分析者的主观因素造成的,称之为"个人误差"。例如,在判断滴定终点的颜色时,有的人习惯偏深,有的人则偏浅;在读取滴定剂的体积时,有的人偏高,有的人则偏低等。还有的操作者有着"先入为主"的成见,特别对于那些终点不太明显的体系,他们不是注意溶液颜色的变化,而总是盯着滴定管的刻度,根据前次的结果来决定终点,从而产生操作误差。

操作误差的大小可能因人而异,但对于同一操作者则往往是恒定的。

1.1.2 随机误差

在平行测定中,即使消除了系统误差的影响,所得的数据仍然是参差不齐的,这是随机误差影响的结果。与系统误差不同,随机误差是由一些随机因素引起的。例如,测定时周围环境的温度、湿度、气压和外电路电压的微小变化,尘埃的影响,测量仪器自身的变动性,分析者处理各份试样时的微小差别以及读数的不确定性等。这些因素很难被人们觉察或控制,也无法避免,随机误差就是这些偶然因素综合作用的结果。它不但造成测定结果的波动,也使得测定值与真实值发生偏离。由于上述原因,随机误差的特点是其大小和正负都难以预测,且不可被校正,故随机误差又称为偶然误差或不可测误差。

对于有限次数的测定,随机误差似乎无规律可循。但是经过相当多次重复测定后,就会发现它的出现服从统计规律,并且可以通过适当地增加平行测定的次数予以减小。

虽然系统误差与随机误差的性质和处理方法不同,但它们经常同时存在,有时也难以区分。例如,在重量分析中,因称量时试样吸潮而产生系统误差,但吸潮的程度又有偶然性。又如,滴定管的刻度误差属系统误差,但在一般的分析工作中常因其误差较小而不予校正,将其作为随机误差处理。

除了上述两种原因之外,在分析过程中还存在着因操作者的过失而引起的误差,如损失试样、加错试剂、记录或者计算错误等,有时甚至找不到确切的原因。过失是造成测定大误差的重要因素,但在实际上它只是一种错误,并不具备上述误差具有的性质。作为分析者应加强责任感,培养严谨细致的工作作风,严格按照操作规程进行操作,那么过失所引起的误差是可以避免的。

若在测定值中出现了误差很大的数据,就应该分析其产生的原因,如确系过失所引起的则应将其弃去,以保证测定结果准确可靠。

1.2 测定值的准确度与精密度

在实际工作中,常根据准确度和精密度评价测定结果的优劣。

1.2.1 准确度与误差

真值是试样中某组分客观存在的真实含量,测定值 x 与真值 T 相接近的程度称为准确度。测定值与真值愈接近,其误差(绝对值)愈小,测定结果的准确度愈高。因此误差的大小

是衡量准确度高低的标志,其表示方法如下:

绝对误差 $$E_a = x - T \tag{1-1}$$

相对误差 $$E_r = \frac{E_a}{T} \times 100\% \tag{1-2}$$

式中,x 为单次测定值。如果进行了数次平行测定,$\bar{x}$ 为全部测定结果的算术平均值,此时

$$E_a = \bar{x} - T \tag{1-3}$$

统计学已经证明,在一组平行测定值中,平均值是最可信赖的值,它反映了该组数据的集中趋势,因此人们常用平均值表示测定结果。

当测定值大于真值时误差为正值,表明测定结果偏高;反之,误差为负值则测定值偏低,因此绝对误差有正负之分。由于相对误差反映出了绝对误差在真值中所占的百分率,更便于比较各种情况下测定结果的准确度,因而更具有实际意义。

一般来说,真值是未知的。随着分析测试技术的发展,测定结果越来越趋近于真值,但它毕竟不等于真值。在实际工作中,将公认的权威机构发售的标准参考物质(如标准试样),其证书上给出的数值称为真值。它是由许多资深的分析工作者,采用原理不同的方法(以消除系统误差),经过多次测定并对数据进行统计处理后得出的结果。它反映了当前分析工作中的最(较)高水平,因而是相当准确的,但也是相对的真值。

在分析过程中,准确度的高低体现了系统误差和随机误差对测定结果综合影响的大小,它决定了测定值的正确性。

1.2.2 精密度与偏差

一组平行测定结果相互接近的程度称为精密度,它反映了测定值的再现性。由于在实际工作中真值常常是未知的,因此精密度就成为人们衡量测定结果的重要因素。

精密度的高低取决于随机误差的大小,通常用偏差来量度。如果测定数据彼此接近,则偏差小,测定的精密度高;相反,如数据分散,则偏差大,精密度低,说明随机误差的影响较大。由于平均值反映了测定数据的集中趋势,因此各测定值与平均值之差也就体现了精密度的高低。偏差的表示方法如下:

1. 绝对偏差、平均偏差和相对平均偏差

绝对偏差即各单次测定值与平均值之差,即

$$d_i = x_i - \bar{x} \quad (i = 1, 2, \cdots, n) \tag{1-4}$$

平均偏差 $$\bar{d} = \frac{|d_1| + |d_2| + \cdots + |d_n|}{n} = \frac{1}{n} \sum |d_i| \tag{1-5}$$

相对平均偏差 $$\bar{d}_r = \frac{\bar{d}}{\bar{x}} \times 100\% \tag{1-6}$$

平均偏差和相对平均偏差由于取了绝对值因而都是正值。

2. 标准偏差和相对标准偏差

由于在一系列测定值中,偏差小的值总是占多数,这样按总测定次数来计算平均偏差时会使所得的结果偏小,大偏差值将得不到充分的反映。因此在数理统计中,一般不采用平均偏差而广泛采用标准偏差(简称标准差)来衡量数据的精密度。

在分析化学中,将一定条件下无限多次测定数据的全体称为总体,而随机从总体中抽出的一组测定值称为样本,样本中所含测定值的数目称为样本的大小或容量。例如,欲对某一

批煤中硫的含量进行测定,首先按照有关部门的规定进行取样、粉碎和缩分,最后制成一定质量(如 500 g)的分析试样,这就是供分析用的总体。如果从中称取 10 份煤样进行测定得到 10 个测定值,它们就是该总体的一个随机样本,样本容量为 10。

若样本容量为 n,平行测定数据为 $x_1, x_2, \cdots, x_n$,则此样本平均值为

$$\overline{x} = \frac{1}{n} \sum x_i \tag{1-7}$$

当测定次数无限增多时,所得的平均值称为总体平均值,即

$$\lim_{n \to \infty} \overline{x} = \mu$$

数理统计方法已经证明,在消除了系统误差之后得到的总体平均值 μ(实用上 $n > 30$ 次)即为待测组分的真值 T。

当测定次数趋于无限时,总体标准偏差 σ 表示了各测定值 x_i 对总体平均值 μ 的偏离程度,其表达式为

$$\sigma = \sqrt{\frac{\sum (x_i - \mu)^2}{n}} \tag{1-8}$$

在计算标准偏差时,由于将各测定值与 μ 的偏差进行了平方,即强调了大偏差数据的作用,因此它较平均偏差能更准确地反映测定值的精密度。

在一般的分析工作中,由于只做有限次测定($n < 20$ 次),总体平均值是不知道的,故只有采用样本标准偏差来衡量该组数据的精密度,才能表示各测定值对样本平均值的偏离程度。样本的标准偏差用 S 表示:

$$S = \sqrt{\frac{\sum (x_i - \overline{x})^2}{n - 1}} = \sqrt{\frac{\sum d_i^2}{n - 1}} \tag{1-9}$$

式中,$n - 1$ 称为自由度,用 f 表示。它表示在上述样本中,其偏差的自由度为 $n - 1$。偏差也可以理解为,对于有限次数的测定,以 $\overline{x}$ 代替 μ 时,由于 $\sum (x_i - \overline{x})^2 < \sum (x_i - \mu)^2$ 所引起的误差,当在式(1-9)中以 $n - 1$ 代替 n 时就给予了校正。当测定次数 n 相当多时,它与自由度的差别变得极微,此时 $\overline{x}$ 亦趋近于 μ,即

$$\lim_{n \to \infty} \frac{1}{n - 1} \sum (x_i - \overline{x})^2 = \frac{1}{n} \sum (x_i - \mu)^2$$

同时

$$\lim_{n \to \infty} S = \sigma$$

样本的相对标准偏差为

$$S_r = \frac{S}{\overline{x}} \times 100\% \tag{1-10}$$

以下用具体例子说明标准偏差比平均偏差能更精确地反映数据的精密度。例如,测定某铜合金中铜的质量分数(%),两组测定值分别为:

10.3, 9.8, 9.6, 10.2, 10.1, 10.4, 10.0, 9.7, 10.2, 9.7

10.0, 10.1, 9.3, 10.2, 9.9, 9.8, 10.5, 9.8, 10.3, 9.9

显然第二组数据比较分散,但计算结果却表明它们的平均偏差相同,说明用平均偏差已不能正确地反映出这两组测定值精密度的差异。如果采用标准偏差则有 $S_1 = 0.28\%$,$S_2 = 0.33\%$,$S_1 < S_2$,表明第一组数据的精密度较第二组的高。

1.2.3 准确度与精密度的关系

综上所述,系统误差影响测定的准确度,而随机误差对精密度和准确度均有影响。评价

测定结果的优劣,要同时衡量其准确度和精密度。例如,由甲、乙、丙、丁四人同时测定某铜合金中铜的质量分数(w = 10.00%),各测定 6 次,其结果如图1-1 所示。其中乙的测定值具有较高的精密度和准确度,因而是比较可靠的。甲测定的精密度虽较高,但其平均值与真值相差较大,说明有系统误差存在,测定的准确度低。丙的测定结果精密度很差,表明随机误差的影响很大。虽然平均值

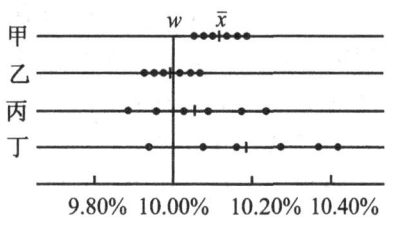

图 1-1 四人测定结果的比较

靠近真值,这是因为正负误差几乎互相抵消的偶然结果,因而是不可靠的。至于丁的测定精密度低,其准确度低也是必然的。可以说,丙的情况仅仅是丁的一种特例。

上述情况说明,精密度高表明测定条件稳定,这是保证准确度高的先决条件。精密度低的测定结果是不可靠的,因而是不准确的。但是高精密度的测定值中也可能包含有系统误差,只有在消除了系统误差的前提下,精密度高其准确度才会高。

对于含量未知的试样,由于仅凭测定的精密度难以正确评价测定结果,因此常同时测定一个或数个标准试样,以检查标样测定值的精密度,并对照真实值确定它的准确度,从而对试样测定结果的可靠性作出评价。

1.3 随机误差的正态分布

事实证明,大多数定量分析误差是符合或基本符合正态分布规律的。本节运用统计学的初步知识阐述随机误差的规律性;介绍随机误差正态分布的概率密度函数式及其主要参数的意义等。以下讨论不涉及系统误差的影响。

1.3.1 频率分布

例如,在相同的条件下对某试样中镍的质量分数(%)进行重复测定,得到 90 个测定值如表 1-1 所示。

表 1-1 某试样中镍的质量分数测定值

1.60	1.67	1.67	1.64	1.58	1.64	1.67	1.62	1.57	1.60
1.59	1.64	1.74	1.65	1.64	1.61	1.65	1.69	1.64	1.63
1.65	1.70	1.63	1.62	1.70	1.65	1.68	1.66	1.69	1.70
1.70	1.63	1.67	1.70	1.70	1.63	1.57	1.59	1.62	1.60
1.53	1.56	1.58	1.60	1.58	1.59	1.61	1.62	1.55	1.52
1.49	1.56	1.57	1.61	1.61	1.61	1.50	1.53	1.53	1.59
1.66	1.63	1.54	1.66	1.64	1.64	1.64	1.62	1.62	1.65
1.60	1.63	1.62	1.61	1.65	1.61	1.64	1.63	1.54	1.61
1.60	1.64	1.65	1.59	1.58	1.59	1.60	1.67	1.68	1.69

这些数据参差不齐,有高有低,它们之间的差别显然是由随机误差引起的。为了探讨这些数据的分布规律,我们按照统计学的方法对它们进行分析。

首先视样本容量的大小将所有数据分成若干组:容量大时分为 10～20 组,容量小时($n<50$)分为 5～7 组,本例分为 9 组。

然后将全部数据由小至大排列成序,找出其中的最大值和最小值,算出极差 R。本例中,$R=1.74\%-1.49\%=0.25\%$。由极差除以组数算出组距,即每组中的最大值和最小值的差。此例中组距为 $0.25\% \div 9 = 0.03\%$。将组界值较测定值多取一位,以保证每个数据只能进入某一组内。

统计测定值落在每组内的个数(也称为频数),再计算出数据出现在各组内的频率(即相对频数,为频数与样本容量之比)。将各组值范围、频数和频率值列入表 1-2 中,据此绘出如图 1-2 所示的频率分布图。

由表 1-2 和图 1-2 可以看出,例中测定数据的分布并非杂乱无章,而是呈现出某种规律性。在全部测定数据中,平均值 1.62% 所在的组(第 5 组)具有最大的频率值,处于它两侧的数据组,其频率值次之。该事实说明测定值出现在平均值附近的频率相当高,具有明显的集中趋势;而与平均值相差越大的数据出现的频率越小,例如小于 1.52% 和大于 1.72% 的数据仅有 3 个。类似峰状的图形显示了测定数据既有分散性又具有集中趋势的分布特性,这是基于对大量数据进行分析、比较后得出的统计规律。

表 1-2 不同测定值的频数和频率

分　组	频数	频率(相对频数)
1.485%～1.515%	2	0.022
1.515%～1.545%	6	0.067
1.545%～1.575%	6	0.067
1.575%～1.605%	17	0.189
1.605%～1.635%	22	0.244
1.635%～1.665%	20	0.222
1.665%～1.695%	10	0.111
1.695%～1.725%	6	0.067
1.725%～1.755%	1	0.011
$\sum$	90	1.000

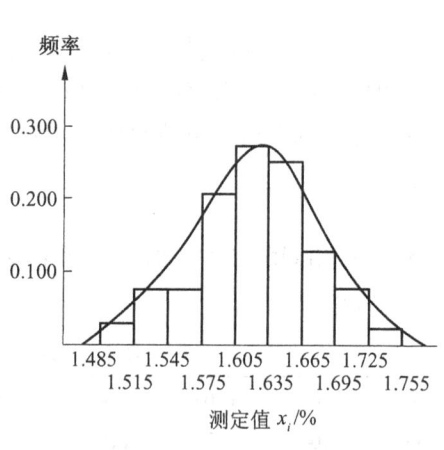

图 1-2 频率分布直方图

1.3.2 正态分布

可以设想,当测定次数无限增加,组距减至微分量,即测定值连续变化时,图 1-2 中直方图的形状将逐渐趋于一条峰状的连续曲线,它是正态分布曲线,反映了定量分析中来自同一总体的大量测定数据的分布规律。

图 1-3 为 μ 相同但 σ 不同的两条正态分布曲线。正态分布又称高斯分布,它的数学表达式即正态分布概率密度函数式(又称高斯方程)为

$$y = f(x) = \frac{1}{\sigma\sqrt{2\pi}} e^{-\frac{(x-\mu)^2}{2\sigma^2}} \tag{1-11}$$

式中,y 表明测定次数趋于无限时,测定值 x_i 出现的概率密度函数。若以 x 值表示横坐标,y 值表示纵坐标,就得到测定值的正态分布曲线。曲线有最高点,它对应的横坐标值 μ 即为总体平均值,这就说明了在等精密度(σ 相同)的许多测定值中,平均值是出现概率(可能性)最大的值。μ 的数值决定了正态分布曲线在横坐标上的位置,反映了来自某一总体的测定值向某具体数值集中的趋势,在消除了系统误差之后,μ 就是真值。

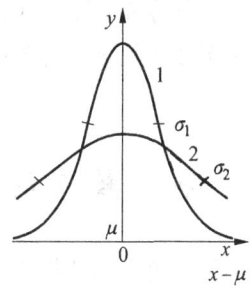

图 1-3 正态分布曲线
(μ 相同,$\sigma_2 > \sigma_1$)

式(1-11)中的 σ 为总体标准偏差,是曲线两侧的拐点之一到直线 $x = \mu$ 的距离,它表征了测定值的分散程度。图 1-3 是来自同一总体(曲线最高点对应的横坐标值相同),但精密度不同的两组测定值的正态分布曲线。其中,σ_1 较小,相应的曲线陡峭,表明测定值位于 μ 附近的概率较大(峰高而尖),即测定的精密度较高。与此相反,具有较大 σ_2 值的曲线形如小丘、比较平坦,说明该组数据比较分散,测定的精密度较低。

综上所述,一旦 μ 和 σ 确定后,正态分布曲线的位置和形状也就确定了,因此 μ 和 σ 是正态分布的两个基本参数,这种正态分布用 $N(\mu, \sigma^2)$ 表示。

定量分析中,来自同一总体的随机误差一般也是服从正态分布的。在图 1-3 中,若用随机误差 $x - \mu$ 取代测定值 x 表示横坐标,可得到随机误差的正态分布曲线。由于曲线的形状与前相比并未发生改变,可见来自同一总体的测定值和随机误差具有相同的分布规律。

正态分布曲线关于直线 $x = \mu$ 呈钟形对称,形象地反映了随机误差具有对称性、单峰性和有界性等特点规律。

1.3.3 标准正态分布

由于 μ 和 σ 不同时就有不同的正态分布,曲线的形状也随之而变化。为了使用方便,将正态分布曲线的横坐标改用 u 来表示(以 σ 为单位表示随机误差),并定义

$$u = \frac{x - \mu}{\sigma} \tag{1-12}$$

代入式(1-11)中得
$$y = f(x) = \frac{1}{\sigma\sqrt{2\pi}} e^{-\frac{u^2}{2}}$$

由于
$$dx = \sigma du$$

故
$$f(x)dx = \frac{1}{\sqrt{2\pi}} e^{-\frac{u^2}{2}} du = \Phi(u) du$$

u 称为标准正态变量,此时式(1-11)就转化成只有变量 u 的函数表达式,即

$$y = \Phi(u) = \frac{1}{\sqrt{2\pi}} e^{-\frac{u^2}{2}} \tag{1-13}$$

经过上述变换,总体平均值为 μ,总体标准偏差为 σ 的任一正态分布均可化为 $\mu = 0$,$\sigma^2 = 1$

的标准正态分布,以 $N(0,1)$ 表示。标准正态分布曲线如图 1-4 所示,曲线的形状与 μ 和 σ 的大小无关。

1.4 分析数据的处理

在平行测定的数据中,有时会出现一两个与其它结果相差较大的测定值,称为可疑值或异常值(也叫离群值、极端值等)。对于为数不多的测定数据,可疑值的取舍往往会对平均值和精密度造成显著的

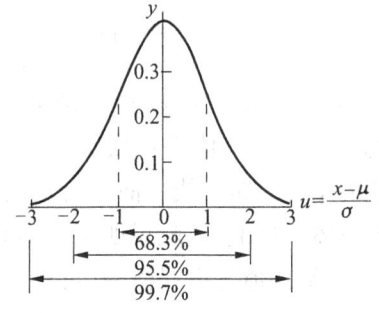

图 1-4　标准正态分布曲线

影响。初学者多倾向于舍弃它,以获得精密度较好的测定结果,这种做法是不科学的。

对可疑值的取舍实质是区分可疑值与其它测定值之间的差异到底是由过失,还是由随机误差引起的。如果已经确定测定中发生过失,则无论此数据是否异常,一概都应舍去;而在原因不明的情况下,就必须按照一定的统计方法进行检验,然后再作出判断。根据随机误差分布的规律,在为数不多的测定值中,出现大偏差的概率是极小的,因此通常就认为这样的可疑值是由过失所引起的,而应将其舍去,否则就予以保留。当然,作舍弃或作保留均以一定的概率进行。以下介绍效果较好的格鲁布斯(Grubbs)法和使用简便的 Q 检验法。

1.4.1　Q 检验法

该法由迪安和狄克逊在 1951 年提出,具体步骤如下:

将测定值由小到大按顺序排列:$x_1, x_2, x_3, \cdots, x_{n-1}, x_n$,其中可疑值为 x_1 或 x_n。

求出可疑值与其最邻近值之差 $x_n - x_{n-1}$ 或 $x_2 - x_1$,然后用它除以极差 $x_n - x_1$,计算出统计量 Q:

$$Q = \frac{x_n - x_{n-1}}{x_n - x_1} \quad 或 \quad Q = \frac{x_2 - x_1}{x_n - x_1} \tag{1-14}$$

Q 值越大,说明 x_1 或 x_n 离群越远,远至一定程度时则应将其舍去,故 Q 值称为舍弃商。

根据测定次数 n 和所要求的置信度(P)查表 1-3 中的 $Q_{P,n}$ 值,若 $Q > Q_{P,n}$,则以一定的置信度舍去可疑值,反之则保留。分析化学中通常取 0.90 的置信度。

表 1-3　$Q_{P,n}$ 值表

P \ n	3	4	5	6	7	8	9	10
$Q_{0.90}$	0.94	0.76	0.64	0.56	0.51	0.47	0.44	0.41
$Q_{0.95}$	0.97	0.84	0.73	0.64	0.59	0.54	0.51	0.49

如果测定数据较少,测定的精密度也不高,因 Q 与 $Q_{P,n}$ 值相近而对可疑值的取舍难以判断时,最好补测 1~2 次再进行检验就更有把握。

例 1-1　测定水中砷的含量,3 次结果分别为 1 mg·L^{-1},2 mg·L^{-1},9 mg·L^{-1}。问可疑值"9"应否舍去?($P = 0.90$)

解 根据式(1-14)得

$$Q = \frac{9-2}{9-1} = 0.88$$

查表 1-3 得 $Q_{0.90,3} = 0.94$,因 $Q < Q_{0.90,3}$,故 9 mg·L^{-1}这一数据不应弃去。

应该指出的是,由于日常的分析工作通常进行 3 次重复测定,若从 3 个数据中选取两个较接近者报告测定结果是不合理的。但是在上例中,因 Q 值并不明显地小于 $Q_{P,n}$,若将"9"保留取平均值报结果也不合理,此时应补测 1~2 次为宜。

1.4.2 格鲁布斯法

设有 n 个数据,其递增的顺序为 $x_1, x_2, \cdots, x_{n-1}, x_n$,其中 x_1 或 x_n 为可疑值。先计算出该组数据的平均值 $\bar{x}$ 和标准偏差 S,再计算统计量 G。

若 x_1 为可疑值
$$G = \frac{\bar{x} - x_1}{S} \tag{1-15}$$

若 x_n 为可疑值
$$G = \frac{x_n - \bar{x}}{S} \tag{1-15a}$$

根据事先确定的置信度和测定次数查阅表 1-4 中的 $G_{P,n}$ 值,如果 $G > G_{P,n}$,说明可疑值相对平均值偏离较大,则以一定的置信度将其舍去,否则保留。

表 1-4 $G_{P,n}$ 值表

测定次数 n	置信度 P		测定次数 n	置信度 P	
	95%	99%		95%	99%
3	1.15	1.15	12	2.29	2.55
4	1.46	1.49	13	2.33	2.61
5	1.67	1.75	14	2.37	2.66
6	1.82	1.94	15	2.41	2.71
7	1.94	2.10	16	2.44	2.75
8	2.03	2.22	17	2.47	2.79
9	2.11	2.32	18	2.50	2.82
10	2.18	2.41	19	2.53	2.85
11	2.23	2.48	20	2.56	2.88

例 1-2 6 次标定某 NaOH 溶液的浓度,其结果为 0.1050 mol·L^{-1},0.1042 mol·L^{-1},0.1086 mol·L^{-1},0.1063 mol·L^{-1},0.1051 mol·L^{-1} 和 0.1064 mol·L^{-1}。用格鲁布斯法判断 0.1086 mol·L^{-1}这个数据是否应该舍去?($P = 0.95$)

解 6 次测定值递增的顺序为(单位 mol·L^{-1}):

0.1042, 0.1050, 0.1051, 0.1063, 0.1064 和 0.1086, $\bar{x} = 0.1059$, $S = 0.0016$ $G = \frac{0.1086 - 0.1059}{0.0016} = 1.69$,查表得 $G_{0.95,6} = 1.82$,$G < G_{0.95,6}$ 故 0.1086 mol·L^{-1}这一数据不应舍去。

在运用格鲁布斯法判断可疑值的取舍时,由于引入了 t 分布中最基本的两个参数 $\bar{x}$ 和 S,故该方法的准确度较 Q 检验法高,因此得到普遍采用。

还需指出的是,在运用上述方法时,如置信度过大,则容易将可疑值保留;反之则可能将合理的测定值舍去。通常选择 0.90 或 0.95 的置信度是合理的。

1.5 有效数字及其运算规则

在定量分析中,为了得到可靠的结果,不仅要准确测定每一数据,而且要进行正确的记录和计算。由于测定值不仅表示了试样中被测组分的含量多少,而且还反映了测定的准确程度。因此了解有效数字的意义,掌握正确的使用方法,避免随意性,是非常重要的。

1.5.1 有效数字的意义和位数

测定常量组分的含量时,使用万分之一的分析天平进行称量。由于天平的感量是 $\pm 0.0001\,\mathrm{g}$,一般情况下在读数和记录质量时应该保留小数点后面的 4 位数字,如欲标定某溶液的浓度,称取了基准物质 $1.0010\,\mathrm{g}$。又如,欲配制溶液称取了某试剂 $1.0\,\mathrm{g}$,由于该质量仅保留了小数点后面 1 位数字,因此可以判断它是在感量为 $\pm 0.1\,\mathrm{g}$ 的台秤上称得的。

上述例子表明,在分析测定中,记录实验数据和计算测定结果究竟应该保留几位数字,应该根据分析方法和分析仪器的准确度来确定,人为地增减数字的位数是错误的。因此,所谓有效数字是指在分析工作中实际能测量到的数字。

从量器和仪表上读出的数据不可避免地带有不确定性。例如,滴定中用去标准溶液的体积 $21.68\,\mathrm{mL}$,前 3 位数字因滴定管上有刻度都能准确读数,但第 4 位数字因在两个刻度之间,只能由分析者估计读出,故此数字不太准确,我们称它为不确定数字或可疑数字。由于不确定数字所表示的量是客观存在的,仅因为受到仪器、量器的刻度精细程度的限制,在估计时会受到观测者主观因素的影响而不能对它准确认定,因此它仍然是一位有效数字(通常有 ± 1 个单位的绝对误差)。同理,上述基准物的质量为 $0.0010\,\mathrm{g}$,其中最后一位数字"0"也是不确定数字。

综上所述,有效数字是由全部准确数字和最后一位(只能是一位)不确定数字组成,它们共同决定了有效数字的位数。

有效数字位数的多少反映了测量的准确度。例如,用分析天平称取了 $1.0010\,\mathrm{g}$ 试样,一般情况下称量的绝对误差是 $\pm 0.0002\,\mathrm{g}$,那么相对误差是

$$\frac{\pm 0.0002}{1.0010} \times 100\% = \pm 0.02\%$$

若用台秤称取试样 $1.0\,\mathrm{g}$,称量的绝对误差为 $\pm 0.2\,\mathrm{g}$,则相对误差为

$$\frac{\pm 0.2}{1.0} \times 100\% = \pm 20\%$$

可见测量的准确度较前者低得多。上述结果表明,在测定准确度允许的范围内,数据中有效数字的位数越多,表明测定的准确度越高。当然,超过了测量准确度范围的过多位数是毫无意义的。同时,数字后面的"0"也体现出了一定的测量准确度,因而亦不可任意取舍。当使用准确度较高的容量器皿(滴定管、容量瓶和移液管等)量度溶液的体积时,数据应记至小数点后面 2 位,例如 $20.00\,\mathrm{mL}$,而不应写成 $20\,\mathrm{mL}$,否则使人误解是用量筒量取的溶液体积。同理,滴定管的初始读数为零时,应记作 $0.00\,\mathrm{mL}$,而不是 $0\,\mathrm{mL}$。

对于数据中的"0",其情况要作具体分析。例如,下面各数有效数字的位数分别为

1.000 5　　　五位　　　　　　0.5000,31.05%,6.023×10²³　　四位
0.0540,1.86×10⁻⁵　三位　　　　0.054,0.40%　　两位
0.5,0.002%　一位　　　　　　　100,2800　　较含糊

以上情况表明,数字之间与数字之后的"0"是有效数字,因为它们是由测量所得到的。而数字前面的"0"是起定位作用的,它的个数与所取的单位有关而与测量的准确度无关,因而不是有效数字。例如,20.00 mL 改为 L 为单位时,表示成 0.02000L,有效数字均是四位。上述数据中的最后两个,其有效数字的位数都比较模糊,例如,2800 一般可视为四位。如果根据测量的实际情况,采用科学计数法将其表示成 $2.8×10^3$,$2.80×10^3$ 或 $2.800×10^3$,则分别表示二、三或四位有效数字,其位数就明确了。

对于非测量所得的数字,如倍数、分数关系,它们有不确定性,其有效数字可视为无限多位,应根据具体的情况来确定。还有 π、e 等常数也如此处理。

pH、pc、lgk 等对数和负对数值,其有效数字的位数仅取决于小数点后数字的位数,因其整数部分只说明了该数据的方次。例如,[H⁺] = 0.0020mol·L⁻¹,亦可写成 $2.0×10^{-3}$mol·L⁻¹ 或 pH=2.70,其有效数字均为两位。

此外,在乘除运算中,如果有效数字位数最少因数的首数是"8"或"9",则积或商的有效数字位数可以比这个因数多取一位,如,9.0×0.241÷2.84,其中 9.0 的有效数字的位数最少,只有两位,但是它的相对误差约为±1%,与 10.0 等三位有效数字的相对误差接近,所以最后结果可保留三位,即等于 0.764。

1.5.2 数字修约规则

在分析测试过程中,可能涉及使用数种准确度不同的仪器或量器,因而所得数据的有效数字位数也不尽相同。在进行具体的计算中,必须按照统一的规则确定一致的位数,再舍去一致数据后面多余的数字(称尾数),这个过程称为"数字修约",它遵循的原则是"四舍六入五留双"。具体的做法是,当尾数≤4 时将其舍去;尾数≥6 时就进一位;如果尾数 5 而后面的数为零时则看前方:前为奇数就进位,前为偶数则舍去;当"5"后面还有不是零的任何数时,都须向前进一位,无论前方是奇数还是偶数,"0"均以偶数论。例如,将下列数据全部修约为四位有效数字时:

0.53664→0.5366　　　　　0.58346→0.5835
10.2750→10.28　　　　　16.4050→16.40
27.1850→27.18　　　　　18.06501→18.07

必须注意,进行数字修约时只能一次修约到指定的位数,不能数次修约,否则会得出错误的结果。例如,将 15.4565 修约成两位有效数字时,应一步到位:15.4565→15。如果按下述方式进行则是错误的:15.4565→15.456→15.46→15.5→16。

过去人们习惯采用的"四舍五入"数字修约规则,逢五就进,必然会造成测量结果系统偏高。采用目前的规则,逢五有舍有入,就不会因此而引起系统误差了。

使用计算器进行计算时,一般不对中间每一步骤的计算结果进行修约,仅对最后的结果进行修约,使其符合事先所确定的位数。

1.5.3 有效数字的运算规则

1. 加减法

当几个数据相加或相减时,它们的和或差保留几位有效数字,应以小数点后位数最少(即绝对误差最大)的数为依据。例如,0.0121,25.64 和 1.027 三个数相加,由于 25.64 中的"4"已经是不确定数字,这样三个数相加后,小数点后的第 2 位就已不确定了。因此我们首先按照数字修约规则,使其余两数都修约至小数点后面两位,然后再加(式中打"*"者为不确定数字):

原数	绝对误差	修约后
0.0121*	±0.0001	0.01
25.64*	±0.01	25.64
+) 1.027*	+) ±0.001	+) 1.03
26.67*9*1*	±0.01	26.68

显而易见,三个数据中以第二个数的绝对误差最大,它决定了总和的绝对误差为 ±0.01,其它误差较小的数不起决定作用。三数之和为 26.68,其中仅最后一位是不确定数字。先修约,可以使计算简便。

2. 乘除法

对几个数据进行乘除运算时,它们的积或商的有效数字位数,应以其中相对误差最大的(即有效数字位数最少的)那个数为依据。例如,欲求 0.0121,25.64 和 1.027 相乘之积,三个数的相对误差分别为:

$$\frac{\pm 0.0001}{0.0121} + 100\% = \pm 0.8\%$$

$$\frac{\pm 0.01}{25.64} + 100\% = \pm 0.04\%$$

$$\frac{\pm 0.001}{1.027} + 100\% = \pm 0.1\%$$

第一个数是三位有效数字,其相对误差最大。因此,应以它为根据对其它两数进行修约,即各数均保留三位有效数字后再相乘,最后结果的有效数字仍为三位。

$$0.0121 \times 25.6 \times 1.03 = 0.319$$

1.5.4 有效数字运算规则在分析化学中的应用

(1)根据分析仪器和分析方法的准确度正确读出和记录测定值,且只保留一位不确定数字。在定量分析中,使用万分之一的分析天平,称量误差一般为 $\pm 0.000x$ g;测量滴定体积,读数误差一般为 $\pm 0.0x$ mL;测定溶液的 pH,误差为 $\pm 0.00x$ 单位;测量试液的吸光度,误差为 $\pm 0.00x$,等等。当然主要还要根据具体的要求和实际情况而定。

(2)在计算测定结果之前,先根据运算方法(加减或乘除)确定欲保留的位数,然后按照数字修约规则对各测定值进行修约,先修约,后计算。最后的计算结果需保留几位有效数字,一定要符合事先确定的情况。

(3)分析化学中的计算主要有两大类。一类是各种化学平衡中有关浓度的计算。该过程中一般都要使用有关的平衡常数,如 K_a、K_b、K、E 和 K_{sp} 等。此时可依照上述平衡常数的位数来确定计算结果有效数字的位数,一般为两至三位。

还有一类是计算测定结果,确定其有效数字位数与待测组分在试样中的相对含量有关。一般具体要求如下:对于高含量组分(一般大于10%)的测定,四位有效数字;对中含量组分(1%~10%),三位有效数字;微量组分(<1%),两位有效数字,等等。例如,采用滴定分析法测定常量组分(含量>1%)时,为了使测定结果达到上述要求的准确度,配制的标准溶液度应具有四位有效数字,此时应使用万分之一的分析天平进行称量,在测量滴定的体积时,应估计到 $\pm 0.0x$ mL。

对于各种误差的计算,一般只要求一至两位有效数字,采用过多的位数是无意义的。

习 题

1. 指出在下列情况下,各会引起哪种误差? 如果是系统误差,应该采用什么方法消除其误差?

(1)砝码被腐蚀;

(2)天平的两臂不等长;

(3)容量瓶和移液管不配套;

(4)试剂中含有微量的被测组分;

(5)天平的零点有微小变动;

(6)读取滴定体积时最后一位数字估计不准;

(7)滴定时不慎从锥形瓶中溅出一滴溶液;

(8)标定 HCl 溶液用的 NaOH 标准溶液中吸收的 CO_2。

2. 如果分析天平的测量误差为 ± 0.2 mg,拟分别称取试样 0.1 g 和 1 g 左右,称量的相对误差各为多少? 这些结果说明了什么问题?

3. 滴定管的读数误差为 ± 0.02 mL。如果滴定中用去标准溶液的体积分别为 2 mL 和 20 mL 左右,读数的相对误差各是多少? 从相对误差的大小说明了什么问题?

4. 下列数据包括了几位有效数字?

(1)0.0330　　　(2)10.030　　　(3)0.01020

(4)8.7×10^{-5}　　(5)$pK_a = 4.74$　(6)$pH = 10.00$

5. 用返滴定法测定软锰矿中 MnO_2 的质量分数,其结果按下式进行计算:

$$w_{MnO_2} = \frac{\left(\dfrac{0.8000}{126.07} - 8.00 \times 0.1000 \times 10^{-3} \times \dfrac{5}{2}\right) \times 86.94}{0.5000} \times 100\%$$

问测定结果应以几位有效数字报出?

6. 两位分析者同时测定某一试样中硫的质量分数,称取试样均为 3.5 g,分别报告结果为

甲:0.042%,0.041%;乙:0.040 99%,0.042 01%。

问哪一份报告是合理的,为什么?

7. 标定浓度约为 0.1 mol·L^{-1} 的 NaOH,欲消耗 NaOH 溶液 20 mL 左右,应称取基准物

质 $H_2C_2O_4 \cdot 2H_2O$ 多少克？其称量的相对误差能否达到 0.1‰？若不能，可以用什么方法予以改善？若改用邻苯二甲酸氢钾为基准物，结果又如何？

8. 衡量样本平均值的离散程度时，应采用（　　）。
A. 标准偏差　　B. 相对标准偏差　　C. 极差　　D. 平均值的标准偏差

9. 测定某铜矿试样，其中铜的质量分数分别为 24.87%，24.93% 和 24.69%。真值为 25.06%，计算：(1)测定结果的平均值；(2)绝对误差；(3)相对误差。

10. 测定铁矿石中铁的质量分数（以 $w_{Fe_2O_3}$ 表示），5 次结果分别为 67.48%，67.37%，67.47%，67.43% 和 67.40%。计算：(1)平均偏差；(2)相对平均偏差；(3)标准偏差；(4)相对标准偏差；(5)极差。

11. 测定石灰中铁的质量分数（%），4 次测定结果为 1.59，1.53，1.54 和 1.83。(1)用 Q 检验法判断第四个结果应否弃去；(2)如第五次测定结果为 1.65，此时情况又如何（P 均为 0.90）？

12. 用 $K_2Cr_2O_7$ 基准试剂标定 $Na_2S_2O_3$ 溶液的浓度（$mol \cdot L^{-1}$），4 次结果为 0.1029，0.1056，0.1032 和 0.1034。用格鲁布斯法检验上述测定值中有无可疑值（$P=0.95$），是否应舍弃？

13. 根据有效数字的运算规则进行计算：
(1) $7.9936 \div 0.9967 - 5.02$
(2) $0.0325 \times 5.103 \times 60.06 \div 139.8$
(3) $(1.276 \times 4.17) + 1.7 \times 10^{-4} - (0.0021764 \times 0.0121)$
(4) pH=1.05，求 $[H^+]$

14. 用电位滴定法测定铁精矿中铁的质量分数（%），6 次测定结果如下：
　　60.72,　60.81,　60.70,　60.78,　60.56,　60.84

(1)用格鲁布斯法检验有无应舍去的测定值（$P=0.95$）；
(2)已知此标准试样中铁的真实含量为 60.75%，问上述测定方法是否准确可靠（$P=0.95$）？

第 2 章 滴定分析法概论

滴定分析法是化学分析中主要的定量分析方法。根据滴定反应的类型不同,可将滴定分析法分为酸碱滴定法、络合滴定法、氧化还原滴定法和沉淀滴定法。本章主要就滴定分析法(titrimetric analysis)的共性问题进行阐述。

2.1 滴定分析法简介

2.1.1 滴定分析法的过程和方法特点

进行滴定分析时,先将试样配制成溶液置于容器(通常为锥形瓶)之中,在适宜的反应条件下,再将另一种已知准确浓度的试剂溶液,即标准溶液(又称滴定剂)由滴定管滴加到被测物质的溶液中去,直到两者按照一定的化学方程式所表示的计量关系完全反应为止,这时称反应到达化学计量点(stoichiometric point),简称计量点(以 sp 表示),这一操作过程称为滴定。然后根据滴定反应的化学计量关系、标准溶液的浓度和体积用量,计算出被测组分的含量,这种定量分析的方法称为滴定分析法。一般来说,由于在计量点时试液的外观并无明显变化,因此还需加入适当的指示剂,使滴定进行至指示剂的颜色发生突变时而终止(或用仪器进行检测),此时称为滴定终点(titration end point),简称终点(以 ep 表示)。滴定终点(实测值)与化学计量点(理论值)往往并不相同,由此引起测定结果的误差称为终点误差(end point error,E_t),又称滴定误差。终点误差的大小不仅取决于滴定反应的完全程度,还与使用的指示剂是否恰当有关,它是滴定分析中误差的主要来源之一。这些内容将在以后各章中讨论。

滴定分析法因其主要操作是滴定故而得名,又因为它是以测量溶液体积为基础的分析方法,因此也称为容量分析法。

滴定分析法主要用于组分含量在 1% 以上(称常量组分)物质的测定;有时采用微量滴定管也能进行微量分析。该法的特点是准确度高,能满足常量分析的要求;操作简便、快速;使用的仪器简单、价廉,并且可应用于多种化学反应类型的测定,方法成熟。滴定分析法在生产实践和科学研究中广泛应用。

2.1.2 滴定分析法对滴定反应的要求

(1)被测物质与标准溶液之间的反应要按照一定的化学计量关系(由确定的化学反应式表示)定量进行。通常要求在计量点时,反应的完全程度应达到 99.9% 以上,这是定量计算的基础。

(2)反应速率要快,最好在滴定剂加入后即可完成;或是能够采取某些措施,如加热或加入催化剂等来加快反应速率。

(3)要有简便可行的方法来确定滴定终点。

2.1.3 几种滴定方式

1. 直接滴定法

凡是符合上述条件的反应,就可以直接采用标准溶液对试样溶液进行滴定,称之为直接滴定法。这是最常用和最基本的滴定方式,简便、快速,引入的误差较小。若某些反应不能完全满足以上三个要求,在可能的条件下,还可以采用下述滴定方式进行测定。

2. 返滴定法

先加入一定量且过量的标准溶液,待其与被测物质反应完全后,再用另一种滴定剂滴定剩余的标准溶液,从而计算被测物质的量,因此返滴定法又称剩余量滴定法。若滴定反应速率缓慢、滴定固体物质反应不能立即完成或者没有合适的指示剂时,可采用返滴定法进行测定。例如,EDTA 滴定法测定 Al^{3+},酸碱滴定法测定固体 $CaCO_3$ 的含量等。

除上述两种滴定法外,还有置换滴定法和间接滴定法。通过采用不同的滴定方式,可使滴定分析法的应用范围大为扩展。

2.2 标准溶液浓度的表示方法

2.2.1 物质的量浓度

物质的量浓度指单位体积溶液中所含溶质 B 的物质的量,以符号 c_B 表示。即

$$c_B = n_B / V_B \tag{2-1}$$

$$n_B = m_B / M_B \tag{2-2}$$

故有
$$m_B = c_B V_B M_B \tag{2-3}$$

在式(2-1)中,B 代表溶质的化学式;n_B 为溶质 B 的物质的量,它的 SI 单位是 mol;V_B 表示溶液的体积,其 SI 单位是 m^3;所以物质的量浓度(简称浓度)c_B 的 SI 单位是 $mol \cdot m^{-3}$。由于此单位太小,使用不便,故实用的是其倍数单位 $mol \cdot dm^{-3}$ 或 $mol \cdot L^{-1}$(此时 V_B 的单位为 L),我国也将此列为表示溶液浓度的法定计量单位。

在式(2-2)中,m_B 是物质 B 的质量,常用单位为 g;M_B 是物质 B 的摩尔质量,其 SI 单位是 $kg \cdot mol^{-1}$,在分析化学中常用它的分数级单位 $g \cdot mol^{-1}$。以此为单位时,任何原子、分子或离子的摩尔质量在数值上就等于其相对原子质量、相对分子质量或相对离子质量。

2.2.2 滴定度

在生产部门的例行分析中,由于测定对象比较固定,常使用同一标准溶液测定同种物质,采用滴定度表示标准溶液的浓度,使计算简便快速。所谓滴定度是指每毫升标准溶液相当于被测物质的质量(g 或 mg),以符号 $T_{B/A}$ 表示,其中 B、A 分别表示标准溶液中的溶质、被测物质的化学式,单位为 $g \cdot mL^{-1}$(或 $mg \cdot mL^{-1}$)。例如,1.00 mL H_2SO_4 标准溶液恰能与 0.0400g NaOH 完全反应,则此 H_2SO_4 溶液对 NaOH 的滴定度 $T_{H_2SO_4/NaOH} = 0.04000$

g·mL^{-1}。如采用该溶液滴定某烧碱溶液,用去 H_2SO_4 溶液 22.00 mL,则试样中 NaOH 的质量为

$$m_{NaOH} = 0.04000 \text{ g·mL}^{-1} \times 22.00 \text{ mL} = 0.8800 \text{ g}$$

如果同时固定试样的质量(为什么?),滴定度还可以用每毫升标准溶液相当于被测组分的质量分数(%)来表示。例如,$T_{H_2SO_4/NaOH}\% = 2.69\%\cdot\text{mL}^{-1}$,则表明固定试样为某一质量时,滴定中每消耗 1.00 mL H_2SO_4 标准溶液,就可以中和试样中 2.69% 的 NaOH。测定时如用去 H_2SO_4 溶液 10.50 mL,则试样中 NaOH 的质量分数为:

$$w_{NaOH} = 2.69\%\cdot\text{mL}^{-1} \times 10.50 \text{ mL} = 28.24\%$$

此外,还可以用单位体积中含某物质的质量来表示浓度,称为质量浓度(ρ),如 g·L^{-1}、mg·L^{-1} 或 mg·mL^{-1} 等。

2.3 标准溶液的配制和浓度的标定

标准溶液是指已知其准确浓度的溶液(常用四位有效数字表示),它是滴定分析中进行定量计算的依据之一,无论采用何种滴定方式都是不可缺少的。因此,正确配制标准溶液,确定其准确浓度并妥善进行保存,都关系到滴定分析结果的准确性。配制标准溶液的方法一般有直接配制法和间接配制法(标定法)两种。

2.3.1 直接配制法

在分析天平上准确称取一定质量的某物质,溶解于适量水后定量转入容量瓶中,然后稀释、定容并摇匀。根据溶质的质量和容量瓶的体积,即可计算出该溶液的准确浓度。

能用于直接配制标准溶液的化学试剂称为基准物质(基准试剂)。它是用来确定某一溶液准确浓度的标准物质,必须符合以下要求:

(1)该物质的实际组成应与其化学式完全符合。若含结晶水时,如硼砂 $Na_2B_4O_7\cdot10H_2O$,其结晶水的含量也应与化学式相符。

(2)试剂的纯度要足够高,即主成分的含量应在 99.9% 以上,所含的杂质应不影响滴定反应的准确度。

(3)试剂应该相当稳定。例如,不易吸收空气中的水分和 CO_2,不易被空气氧化,加热干燥时不易分解等。

(4)试剂的摩尔质量较大,这样可以减小称量误差。

应该注意的是,有些高纯试剂和光谱纯试剂虽然纯度很高,但只能说明其中金属杂质的含量很低。由于可能含有组成不定的水分和气体杂质,使其组成与化学式不一定准确,且主要成分的含量也可能达不到 99.9%,此时就不能用作基准物质。

在分析化学中,常用的基准物质有纯金属和纯化合物等。表 2-1 列出了一些滴定分析中最常用的基准物质及其应用范围等,在使用中,应按规定进行保存和干燥处理。

表 2-1 滴定分析常用基准物质

标定对象	基准物质		干燥后组成	干燥条件/℃
	名　称	化学式		
酸	碳酸氢钠	$NaHCO_3$	Na_2CO_3	270~300
	十水合碳酸钠	$Na_2CO_3 \cdot 10H_2O$	Na_2CO_3	270~300
	无水碳酸钠	Na_2CO_3	Na_2CO_3	270~300
	碳酸氢钾	$KHCO_3$	K_2CO_3	270~300
	硼砂	$Na_2B_4O_7 \cdot 10H_2O$	$Na_2B_4O_7 \cdot 10H_2O$	放在装有 NaCl 和蔗糖饱和溶液的干燥器中
碱或 $KMnO_4$	二水合草酸	$H_2C_2O_4 \cdot 2H_2O$	$H_2C_2O_4 \cdot 2H_2O$	室温空气干燥
碱	邻苯二甲酸氢钾	$KHC_8H_4O_4$	$KHC_8H_4O_4$	105~110
还原剂	重铬酸钾	$K_2Cr_2O_7$	$K_2Cr_2O_7$	120
	溴酸钾	$KBrO_3$	$KBrO_3$	180
	碘酸钾	KIO_3	KIO_3	180
	铜	Cu	Cu	室温干燥器中保存
氧化剂	三氧化二砷	As_2O_3	As_2O_3	硫酸干燥器中保存
	草酸钠	$Na_2C_2O_4$	$Na_2C_2O_4$	105
EDTA	碳酸钙	$CaCO_3$	$CaCO_3$	110
	锌	Zn	Zn	室温干燥器中保存
	氧化锌	ZnO	ZnO	800
$AgNO_3$	氯化钠	NaCl	NaCl	500~550
	氯化钾	KCl	KCl	500~550
氧化物	硝酸银	$AgNO_3$	$AgNO_3$	硫酸干燥器中保存

2.3.2 间接配制法(标定法)

许多化学试剂不能完全符合上述基准物质必备的条件。例如，NaOH 易于吸收空气中的水分和 CO_2，纯度不高；市售的盐酸中 HCl 的准确含量难以确定，且易挥发；$KMnO_4$ 和 $Na_2S_2O_3$ 等均不易提纯，且见光易分解。因此，不能采用直接法将这类试剂配制成具有准确浓度的溶液，而只能采用间接法配制。即先将这类物质配制成近似于所需浓度的溶液，然后利用该物质与某基准物质或另一种标准溶液之间的反应来确定其准确浓度，这一操作过程称为标定。例如，欲标定某 NaOH 溶液的浓度，可以先准确称取一定质量的邻苯二甲酸氢钾(KHP)基准试剂溶解后，用待标定的 NaOH 溶液进行滴定，直至两者定量反应完全，再根据滴定中消耗 NaOH 溶液的体积计算出其准确浓度。大多数标准溶液的准确浓度是通过标定的方法确定的。

另外，还可以用 NaOH 溶液滴定一定体积的某 HCl 标准溶液(或者相反)，然后根据两者定量反应时的体积和 HCl 溶液的准确浓度，计算出 NaOH 溶液的浓度，这一过程称为"浓度的比较"。显然，直接采用基准物质进行标定有助于提高测定结果的准确度。

在常量组分的测定中，标准溶液的浓度一般为 $0.01 \sim 1 \text{mol} \cdot \text{L}^{-1}$（指大致浓度范围），浓度为 $0.001 \text{mol} \cdot \text{L}^{-1}$ 的溶液用于微量组分的测定。通常根据待测组分含量的高低来选择标准溶液浓度的大小。

为了提高标定的准确度，一般应注意以下几点：

(1) 标定时应平行测定 3~4 次，至少 2~3 次，并要求测定结果的相对偏差不大于 0.2%。

(2) 为了减小测量误差，称取基准物质的量不应太少；滴定时消耗标准溶液的体积（用毫升计）也不应太少。例如，草酸为二元酸，其摩尔质量不很大，使用中为减小称量误差，可以事先称取一定量的草酸，于容量瓶中配成已知准确浓度的溶液，再分取部分溶液用于标定。

(3) 配制和标定溶液时使用的量器，如滴定管、容量瓶和移液管等，在必要时应校正其体积，并考虑温度的影响。

(4) 标定后的标准溶液应妥善保存。有些标准溶液若保存得当，其溶液可以长期保持不变或改变极小。保存在瓶中的溶液由于蒸发，瓶内壁上常有水珠凝聚，致使溶液的浓度发生变化，因而在每次使用前都应将其摇匀。有些溶液不够稳定，如见光易分解的 $AgNO_3$ 和 $KMnO_4$ 等标准溶液应储存于棕色瓶中，并置于暗处保存。强碱溶液能吸收空气中的 CO_2 并腐蚀玻璃容器，最好装在塑料瓶中，并在瓶口装上碱石灰管以吸收空气中的 CO_2 和水。对于性质不太稳定的溶液，久置后，在使用前还需重新标定其浓度。

2.4 滴定分析中的计算

在滴定分析中涉及一系列的计算问题，如标准溶液的配制与标定、滴定剂与被测物质间量的换算及分析结果的计算等，下面将对这些问题进行讨论。

2.4.1 滴定分析计算的依据和常用公式

在下述直接滴定法中，设标准溶液中的溶质 B 与被滴定物质 A 之间的化学反应为：
$$a\text{A} + b\text{B} =\!=\!= c\text{C} + d\text{D}$$
式中，C 和 D 为滴定产物。当上述反应定量完成达到计量点时，$b\,\text{mol}$ 的 B 物质恰与 $a\,\text{mol}$ 的 A 物质完全作用，生成了 $c\,\text{mol}$ 的 C 物质和 $d\,\text{mol}$ 的 D 物质。即滴定剂 B 的物质的量 n_B 与物质 A 的物质的量 n_A 之间的反应计量数之比为
$$n_B : n_A = b : a$$
于是 A 的物质的量 n_A 为
$$n_A = (a/b) n_B \tag{2-4}$$
由式(2-1)和式(2-2)可以得出以下两个公式：
$$c_A V_A = (a/b) c_B V_B \tag{2-5}$$
$$m_A / M_A = (a/b) c_B V_B \tag{2-6}$$

式中，c_B 和 V_B 分别为滴定剂 B 的浓度与体积；c_A 和 V_A 分别表示被滴定物 A 的浓度与体积；m_A 与 M_A 则分别代表 A 物质的质量与摩尔质量。

在式(2-6)中，c_B 的单位为 $\text{mol} \cdot \text{L}^{-1}$，$V_B$ 的单位采用 L，M_A 的单位采用 $\text{g} \cdot \text{mol}^{-1}$，$m_A$

的单位为 g。由于在滴定中,滴定剂的体积 V_B 常以 mL 为单位,因此将数值代入到式(2-6)计算时,应注意将体积的单位由 mL 化为 L。式(2-5)和式(2-6)是滴定分析中最常用的基本运算公式,其具体应用如下。

2.4.2 滴定分析法的有关计算

2.4.2.1 标准溶液的配制(直接法)、稀释与增浓

基本公式 $\quad m_B = c_B V_B M_B, \quad c_A V_A = c'_A V'_A$

式中,c_A、V_A 与 c'_A、V'_A 分别代表稀释或增浓前后溶液的浓度和体积。

例 2-1 已知浓盐酸的密度为 $1.19\ \mathrm{g\cdot mL^{-1}}$,其中 HCl 含量约为 37%。计算:(1)每升浓盐酸中所含 HCl 的物质的量和浓盐酸的浓度;(2)欲配制浓度为 $0.10\ \mathrm{mol\cdot L^{-1}}$ 的稀盐酸 5.0×10^2 mL,需量取上述浓盐酸多少毫升?

解 (1)已知 $M_{HCl} = 36.46\ \mathrm{g\cdot mol^{-1}}$,由式(2-2)

$$n_{HCl} = \left(\frac{m}{M}\right)_{HCl} = \frac{1.19\ \mathrm{g\cdot mL^{-1}} \times 1.0\times10^3\ \mathrm{mL} \times 0.37}{36.46\ \mathrm{g\cdot mol^{-1}}} = 12\ \mathrm{mol}$$

由式(2-1)得 $\quad c_{HCl} = \left(\dfrac{n}{V}\right)_{HCl} = \dfrac{12\ \mathrm{mol}}{1.0\ \mathrm{L}} = 12\ \mathrm{mol\cdot L^{-1}}$

(2)稀释前 $c_{HCl} = 12\ \mathrm{mol\cdot L^{-1}}$;稀释后 $c'_{HCl} = 0.10\ \mathrm{mol\cdot L^{-1}}$,$V'_{HCl} = 5.0\times10^2\ \mathrm{mL}$。依据公式 $c_A V_A = c'_A V'_A$,得

$$V_{HCl} = \frac{c'_{HCl} V'_{HCl}}{c_{HCl}} = \frac{0.10\ \mathrm{mol\cdot L^{-1}} \times 5.0\times10^2\ \mathrm{mL}}{12\ \mathrm{mol\cdot L^{-1}}} = 4.2\ \mathrm{mL}$$

例 2-2 现有 $0.0982\ \mathrm{mol\cdot L^{-1}} H_2SO_4$ 溶液 1.000×10^3 mL,欲使其浓度增至 $0.1000\ \mathrm{mol\cdot L^{-1}}$,问需加入多少毫升 $0.2000\ \mathrm{mol\cdot L^{-1}} H_2SO_4$ 溶液?

解 设需加入 $0.2000\ \mathrm{mol\cdot L^{-1}} H_2SO_4$ 溶液为 V(mL),根据溶液增浓前后物质的量相等的原理,则

$$0.0982\ \mathrm{mol\cdot L^{-1}} \times 1.000\times10^3\ \mathrm{mL} + 0.2000\ \mathrm{mol\cdot L^{-1}} \times V$$
$$= (1.000\times10^3\ \mathrm{mL} + V) \times 0.1000\ \mathrm{mol\cdot L^{-1}}$$

解之得 $\quad V = 18.00\ \mathrm{mL}$

例 2-3 在稀 H_2SO_4 溶液中,用 $0.02012\ \mathrm{mol\cdot L^{-1}} KMnO_4$ 溶液滴定某 $Na_2C_2O_4$ 溶液,如欲两者消耗的体积相等,则 $Na_2C_2O_4$ 溶液的浓度为多少?若需配制该溶液 100.0 mL,应称取 $Na_2C_2O_4$ 多少克?

解 已知 $M_{Na_2C_2O_4} = 134.00\ \mathrm{g\cdot mol^{-1}}$,标定反应为

$$5C_2O_4^{2-} + 2MnO_4^- + 16H^+ = 10CO_2\uparrow + 2Mn^{2+} + 8H_2O$$

因此 $\quad n_{Na_2C_2O_4} = (5/2) n_{KMnO_4}$

由式(2-5)得 $\quad (cV)_{Na_2C_2O_4} = (5/2)(cV)_{KMnO_4}$

依题意,欲使 $V_{Na_2C_2O_4} = V_{KMnO_4}$,则

$$c_{Na_2C_2O_4} = (5/2) c_{KMnO_4}$$
$$= 2.5 \times 0.02012\ \mathrm{mol\cdot L^{-1}} = 0.05030\ \mathrm{mol\cdot L^{-1}}$$

若配制 $0.05030\ \text{mol·L}^{-1}\text{Na}_2\text{C}_2\text{O}_4$ 溶液 $100.0\ \text{mL}$，根据式(2-3)，应称取 $\text{Na}_2\text{C}_2\text{O}_4$ 的质量为

$$m_{\text{Na}_2\text{C}_2\text{O}_4} = (cVM)_{\text{Na}_2\text{C}_2\text{O}_4}$$
$$= 0.05030\ \text{mol·L}^{-1} \times 100.0 \times 10^{-3}\text{L} \times 134.00\ \text{g·mol}^{-1} = 0.6740\ \text{g}$$

2.4.2.2 标定溶液浓度的有关计算

基本公式 $\qquad m_A/M_A = (a/b)c_B V_B$

式中，A 代表基准物质。上式可计算待标定溶液中溶质 B 的浓度，估算基准物质的称量范围和估算滴定剂的体积。

例 2-4 用 $\text{Na}_2\text{B}_4\text{O}_7\cdot 10\text{H}_2\text{O}$ 标定 HCl 溶液的浓度。称取 $0.4806\ \text{g}$ 硼砂，滴定至终点时消耗 HCl 溶液 $25.20\ \text{mL}$，计算 HCl 溶液的浓度。

解 已知 $M_{\text{Na}_2\text{B}_4\text{O}_7\cdot 10\text{H}_2\text{O}} = 381.42\ \text{g·mol}^{-1}$，滴定反应为

$$\text{Na}_2\text{B}_4\text{O}_7 + 2\text{HCl} + 5\text{H}_2\text{O} = 4\text{H}_3\text{BO}_3 + 2\text{NaCl}$$

即 $\qquad n_{\text{Na}_2\text{B}_4\text{O}_7\cdot 10\text{H}_2\text{O}} = (1/2)n_{\text{HCl}}$

由式(2-6)得 $\qquad \left(\dfrac{m}{M}\right)_{\text{Na}_2\text{B}_4\text{O}_7\cdot 10\text{H}_2\text{O}} = \dfrac{1}{2}(cV)_{\text{HCl}}$

$$c_{\text{HCl}} = \dfrac{0.4806\ \text{g} \times 2}{25.20 \times 10^{-3}\text{L} \times 381.42\ \text{g·mol}^{-1}} = 0.1000\ \text{mol·L}^{-1}$$

例 2-5 要求在标定时用去 $0.20\ \text{mol·L}^{-1}$ NaOH 溶液 $20\sim 25\ \text{mL}$，问应称取基准试剂邻苯二甲酸氢钾(KHP)多少克？如果改用草酸($\text{H}_2\text{C}_2\text{O}_4\cdot 2\text{H}_2\text{O}$)作基准物质，又应称取多少克？

解 已知 $M_{\text{KHP}} = 204.22\ \text{g·mol}^{-1}$，以邻苯二甲酸氢钾为基准物质，其滴定反应为

$$\text{KHP} + \text{NaOH} = \text{KNaP} + \text{H}_2\text{O}$$

即 $\qquad n_{\text{KHP}} = n_{\text{NaOH}}$

依题意 $\qquad m_{\text{KHP}} = (cV)_{\text{NaOH}} M_{\text{KHP}}$

$V = 20\ \text{mL}$ 时 $\quad m_{\text{KHP}} = 0.20\ \text{mol·L}^{-1} \times 20 \times 10^{-3}\text{L} \times 204.22\ \text{g·mol}^{-1} = 0.80\ \text{g}$

$V = 25\ \text{mL}$ 时 $\quad m_{\text{KHP}} = 0.20\ \text{mol·L}^{-1} \times 25 \times 10^{-3}\text{L} \times 204.22\ \text{g·mol}^{-1} = 1.0\ \text{g}$

因此，邻苯二甲酸氢钾的称量范围为 $0.80\sim 1.0\ \text{g}$。

若改用草酸为基准物质，已知 $M_{\text{H}_2\text{C}_2\text{O}_4\cdot 2\text{H}_2\text{O}} = 126.07\ \text{g·mol}^{-1}$，此时滴定反应为

$$\text{H}_2\text{C}_2\text{O}_4 + 2\text{NaOH} = \text{Na}_2\text{C}_2\text{O}_4 + 2\text{H}_2\text{O}$$

即 $\qquad n_{\text{H}_2\text{C}_2\text{O}_4\cdot 2\text{H}_2\text{O}} = (1/2)n_{\text{NaOH}}$

因此 $\qquad m_{\text{H}_2\text{C}_2\text{O}_4\cdot 2\text{H}_2\text{O}} = (1/2)(cV)_{\text{NaOH}} M_{\text{H}_2\text{C}_2\text{O}_4\cdot 2\text{H}_2\text{O}}$

$V = 20\ \text{mL}$ 时 $\quad m_{\text{H}_2\text{C}_2\text{O}_4\cdot 2\text{H}_2\text{O}} = \dfrac{1}{2} \times 0.20\ \text{mol·L}^{-1} \times 20 \times 10^{-3}\text{L} \times 126.07\ \text{g·mol}^{-1} = 0.26\ \text{g}$

$V = 25\ \text{mL}$ 时 $\quad m_{\text{H}_2\text{C}_2\text{O}_4\cdot 2\text{H}_2\text{O}} = \dfrac{1}{2} \times 0.20\ \text{mol·L}^{-1} \times 25 \times 10^{-3}\text{L} \times 126.07\ \text{g·mol}^{-1} = 0.32\ \text{g}$

故草酸的称量范围为 $0.26\sim 0.32\ \text{g}$。

由以上计算可知，由于邻苯二甲酸氢钾的摩尔质量较大，草酸的摩尔质量较小，且又是

二元酸,所以在标定同一浓度的 NaOH 溶液时,后者的称量范围要小得多。显然在分析天平的(绝对)称量误差一定时,采用摩尔质量较大的邻苯二甲酸氢钾作为基准试剂,可以减小称量的相对误差。

2.4.2.3 物质的量浓度与滴定度之间的换算

滴定度是指每毫升标准溶液相当于被测物质 A 的质量,即

$$T_{B/A} = m_A/V_B$$

式中,B 为标准溶液(滴定剂)中溶质的化学式,A 为被测物质的化学式,m_A 的单位为 g,V_B 的单位为 mL。根据滴定度的定义和式(2-4)可得

$$\frac{c_B \times 1.00 \times 10^{-3}}{T_{B/A}/M_A} = \frac{n_B}{n_A} = \frac{b}{a}$$

因此

$$c_B = \frac{10^3 \times T_{B/A}}{M_A} \cdot \frac{b}{a}$$

式(2-7)即为物质的量浓度与滴定度之间的换算公式。

例 2-6 要加多少毫升纯水到 1.000×10^3 mL 0.2500 mol·L^{-1} HCl 溶液中,才能使稀释后的 HCl 标准溶液对 CaCO$_3$ 的滴定度 $T_{HCl/CaCO_3} = 0.01001$ g·mL^{-1}?

解 已知 $M_{CaCO_3} = 100.09$ g·mol^{-1},HCl 与 CaCO$_3$ 的反应为

$$CaCO_3 + 2H^+ = Ca^{2+} + H_2O + CO_2 \uparrow$$

即

$$b/a = 2$$

根据式(2-7),稀释后 HCl 标准溶液的浓度为

$$c_{HCl} = \frac{10^3 \times T_{HCl/CaCO_3}}{M_{CaCO_3}} \times 2$$

$$= \frac{1.000 \times 10^3 \text{mL·L}^{-1} \times 0.01001 \text{g·mL}^{-1} \times 2}{100.09 \text{g·mol}^{-1}} = 0.2000 \text{ mol·L}^{-1}$$

设稀释时加入纯水为 V(mL),依题意

$$0.2500 \text{mol·L}^{-1} \times 1.000 \times 10^3 \text{mL} = 0.2000 \text{mol·L}^{-1} \times (1.000 \times 10^3 \text{ mL} + V)$$

解之得

$$V = 250.0 \text{ mL}$$

2.4.2.4 被测物质的质量和质量分数的计算

若以被测物质的质量来表示测定结果,可直接运用式(2-6)进行计算,即

$$m_A = (a/b)c_B V_B M_A$$

式中,A 表示待测物质,B 表示标准溶液中的溶质。若此时试样的质量为 m_s(g),则待测组分 A 在试样中的质量分数为

$$w_A = \frac{m_A}{m_s} = \frac{(a/b)c_B V_B M_A}{m_s} \tag{2-8}$$

式中,w_A 也可用百分数表示,即乘以 100%。也可以用两个不相等的质量单位之比来表示,如 mg·g^{-1} 等。关于待测组分含量的计算可参见滴定分析法各章的应用示例。

例 2-7 K$_2$Cr$_2$O$_7$ 标准溶液的 $T_{K_2Cr_2O_7/Fe} = 0.01117$ g·mL^{-1}。测定 0.5000 g 含铁试样时,用去该标准溶液 24.64 mL。计算 $T_{K_2Cr_2O_7/Fe_2O_3}$ 和试样中 Fe$_2$O$_3$ 的质量分数。

解 已知 $M_{Fe} = 55.85 \text{ g·mol}^{-1}$, $M_{Fe_2O_3} = 159.69 \text{ g·mol}^{-1}$, 滴定反应为

$$6Fe^{2+} + Cr_2O_7^{2-} + 14H^+ = 6Fe^{3+} + 2Cr^{3+} + 7H_2O$$

因为 $Fe_2O_3 \Longleftrightarrow Fe$, 故

$$T_{K_2Cr_2O_7/Fe_2O_3} = T_{K_2Cr_2O_7/Fe} \cdot \frac{M_{Fe_2O_3}}{2M_{Fe}}$$

$$= 0.01117 \text{ g·mL}^{-1} \times \frac{159.69 \text{ g·mol}^{-1}}{2 \times 55.85 \text{ g·mol}^{-1}} = 0.01597 \text{ g·mL}^{-1}$$

所以

$$w_{Fe_2O_3} = \frac{m_{Fe_2O_3}}{m_s} = \frac{T_{K_2Cr_2O_7/Fe_2O_3} \cdot V_{K_2Cr_2O_7}}{m_s}$$

$$= \frac{0.01597 \text{ g·mL}^{-1} \times 24.64 \text{ mL}}{0.5000 \text{ g}} = 0.7870$$

习 题

1. 解释以下名词术语：滴定分析法，滴定，标准溶液（滴定剂），标定，化学计量点，滴定终点，滴定误差，指示剂，基准物质。

2. 滴定度的表示方法 $T_{B/A}$ 和 $T_{B/A}\%$ 的意义是什么？

3. 基准试剂(1)$H_2C_2O_4·2H_2O$ 因保存不当而部分风化；(2)Na_2CO_3 因吸潮带有少量湿存水。用(1)标定 NaOH（或用(2)标定 HCl）溶液的浓度时，结果是偏高还是偏低？用此 NaOH(HCl)溶液测定某有机酸（有机碱）的摩尔质量时，结果偏高还是偏低？

4. 分析纯 NaCl 试剂，如不作任何处理，用来标定 $AgNO_3$ 溶液的浓度，结果会偏高。为什么？

5. 下列各分析纯物质，用什么方法将它们配制成标准溶液？如需标定，应该选用哪些相应的基准物质？

H_2SO_4 KOH 邻苯二甲酸氢钾 无水碳酸钠

6. 下列情况将对分析结果产生何种影响：
　　A. 正误差　　B. 负误差　　C. 无影响　　D. 结果混乱

(1) 标定 HCl 溶液浓度时，使用的基准物 Na_2CO_3 中含有少量 $NaHCO_3$（　）

(2) 用递减法称量试样时，第一次读数时使用了磨损的砝码（　）

(3) 加热使基准物溶解后，溶液未经冷却即转移至容量瓶中并稀释至刻度，摇匀，马上进行标定（　）

(4) 配制标准溶液时未将容量瓶内溶液摇匀（　）

(5) 用移液管移取试样溶液时，事先未用待移取溶液润洗移液管（　）

(6) 称量时，承接试样的锥形瓶潮湿（　）

7. 欲配制 $c_{KMnO_4} \approx 0.0200 \text{ mol·L}^{-1}$ 的溶液 5.0×10^2 mL，需称取 $KMnO_4$ 多少克？如何配制？

8. 应在 500.0 mL 0.8000 mol·L^{-1} NaOH 溶液加多少毫升水，才能使最后得到的溶液浓度为 0.2000 mol·L^{-1}？

9. 要加多少毫升水到 1.000 L 0.2000 mol·L^{-1} HCl 溶液里，才能使稀释后的 HCl 溶液对 CaO 的滴定度 $T_{\text{HCl/CaO}} = 0.005000\text{ g·mL}^{-1}$？

10. 准确称取 0.5877 g 基准试剂 Na_2CO_3，溶解后在 100 mL 容量瓶中配制成溶液，其浓度为多少？移取该标准溶液 20.00 mL 标定某 HCl 溶液，滴定中用去 HCl 溶液 21.96 mL，计算该 HCl 溶液的浓度。

11. 称取分析纯试剂 $MgCO_3$ 1.850 g 溶解于过量的 HCl 溶液 48.48 mL 中，待两者反应完全后，过量的 HCl 需 3.83 mL NaOH 溶液返滴定。已知 30.33 mL NaOH 溶液可以中和 36.40 mL HCl 溶液。计算该 HCl 和 NaOH 溶液的浓度。

12. 称取分析纯试剂 $K_2Cr_2O_7$ 14.709 g，配成 500.0 mL 溶液，试计算：
(1) $K_2Cr_2O_7$ 溶液的物质的量浓度；
(2) $K_2Cr_2O_7$ 溶液对 Fe 和 Fe_2O_3 的滴定度。

13. 已知 1.00 mL HCl 标准溶液中含氯化氢 0.004374 g·mL^{-1}，试计算：
(1) 该 HCl 溶液对 NaOH 的滴定度 $T_{\text{HCl/NaOH}}$；
(2) 该 HCl 溶液对 CaO 的滴定度 $T_{\text{HCl/CaO}}$。

14. 在 1.000 g $CaCO_3$ 试样中加入 0.5100 mol·L^{-1} HCl 溶液 50.00 mL，待完全反应后再用 0.4900 mol·L^{-1} NaOH 标准溶液返滴定过量的 HCl 溶液，用去 NaOH 溶液 25.00 mL。求 $CaCO_3$ 的纯度。

15. 用 0.2000 mol·L^{-1} HCl 标准溶液滴定含有 20% CaO、75% $CaCO_3$ 和 5% 酸不溶物质的混合物，欲使 HCl 溶液的用量控制在 25 mL 左右，应称取混合物试样多少克？

第3章 酸碱滴定法

酸碱滴定法是以酸碱反应为基础的定量分析方法。由于络合平衡、氧化还原平衡和沉淀平衡无一不受到溶液酸度的影响,因此酸碱平衡是四大化学平衡的基础,学习其原理并掌握其基本处理方法不仅是本章也是学习其它章节所必需的。同时,本章学习酸碱滴定法的原理,也是后续学习其它滴定分析方法的必备基础。

3.1 酸碱质子理论

3.1.1 基本概念

酸碱质子理论是本章中处理酸碱平衡的基础,由布朗斯特(J N Bronsted)于1923年提出。根据这一理论,酸是能给出质子的物质,碱是能接受质子的物质。例如:

$$HA(酸) \rightleftharpoons H^+ + A^-(碱)$$

上述反应称为酸碱半反应。反应中或是 HA 失去一个质子生成其共轭碱 A^-;或是碱 A^- 得到一个质子变成共轭酸 HA。HA 和 A^- 称为共轭酸碱对,共轭酸碱彼此只相差一个质子。

酸碱的定义是广义的,可以是中性分子,也可以是阳离子或阴离子。酸或碱又是相对的,与本身和溶剂的性质有关。例如

$$\begin{array}{cc} 酸 & 碱 \\ HAc \rightleftharpoons & H^+ + Ac^- \\ NH_4^+ \rightleftharpoons & H^+ + NH_3 \\ H_2PO_4^- \rightleftharpoons & H^+ + HPO_4^{2-} \\ HPO_4^{2-} \rightleftharpoons & H^+ + PO_4^{3-} \\ Fe(H_2O)_6^{3+} \rightleftharpoons & H^+ + Fe(H_2O)_5(OH)^{2+} \end{array}$$

在上述酸碱半反应中,HPO_4^{2-} 在不同的共轭酸碱对里有时是酸,有时是碱,这类物质称为两性物质。

由于酸碱反应实质上是发生在两对共轭酸碱对之间的质子转移反应,因此它由两个酸碱半反应组成,即酸碱半反应是不能单独存在的。例如,HCl 在水溶液中的解离为:

$$HCl + H_2O \rightleftharpoons H_3O^+ + Cl^-$$

$$酸_1 \quad 碱_2 \quad 酸_2 \quad 碱_1$$

为了书写方便,通常将 H_3O^+ 简写成 H^+,上述反应式就简化为

$$HCl \rightleftharpoons H^+ + Cl^-$$

但它代表的仍然是一个完整的酸碱反应。

又如 HCl 和 NH_3 的反应:

$$HCl + H_2O \rightleftharpoons H_3O^+ + Cl^-$$
$$NH_3 + H_3O^+ \rightleftharpoons NH_4^+ + H_2O$$

$$HCl + NH_3 \rightleftharpoons NH_4^+ + Cl^-$$
$$\text{酸}_1 \quad \text{碱}_2 \quad \text{酸}_2 \quad \text{碱}_1$$

上述的反应中,质子的转移是通过水合质子 H_3O^+ 的媒介作用完成的。水分子既有接受质子,又有提供质子的能力,因此它也是两性物质。

发生在溶剂水分子之间的质子转移作用称为水的质子自递反应,其实质上也是酸碱反应:
$$H_2O + H_2O \rightleftharpoons H_3O^+ + OH^- \tag{1}$$
$$\text{酸}_1 \quad \text{碱}_2 \quad \text{酸}_2 \quad \text{碱}_1$$

参与以上反应的两个共轭酸碱对是 H_3O^+ 与 H_2O、H_2O 与 OH^-。

盐的水解反应也是质子转移反应:
$$A^- + H_2O \rightleftharpoons HA + OH^- \tag{2}$$
$$HB^+ + H_2O \rightleftharpoons B + H_3O^+ \tag{3}$$

例如
$$Ac^- + H_2O \rightleftharpoons HAc + OH^-$$
$$NH_4^+ + H_2O \rightleftharpoons NH_3 + H_3O^+$$

可以看出,反应(1)、(2)、(3)实质是强酸与强碱、强碱与弱酸、强酸与弱碱中和反应的逆反应。

3.1.2 酸碱反应的平衡常数

酸碱反应进行的程度可以用相应平衡常数的大小来衡量。例如,弱酸 HA、弱碱 A^- 在水溶液中的解离反应,即它们与溶剂之间的酸碱反应为
$$HA + H_2O \rightleftharpoons H_3O^+ + A^-$$
$$A^- + H_2O \rightleftharpoons HA + OH^-$$

反应的平衡常数称为酸、碱的解离常数,分别用 K_a 或 K_b 来表示:
$$K_a = \frac{a_{H^+} a_{A^-}}{a_{HA}}, \quad K_b = \frac{a_{HA} a_{OH^-}}{a_{A^-}} \tag{3-1}$$

在稀溶液中,通常将溶剂(此处为水)的活度视为 1。

在水的质子自递反应中,其平衡常数称为水的质子自递常数,或称水的活度积,用 K_W 表示:
$$H_2O + H_2O \rightleftharpoons H_3O^+ + OH^-$$
$$K_W = a_{H^+} a_{OH^-} = 1.0 \times 10^{-14} \quad (25℃)$$

K_a、K_b 和 K_W 表示了在一定温度下,酸碱反应达到平衡时各组分活度之间的关系,称为活度常数,即热力学常数(离子强度 $I=0$),它们仅随溶液的温度而变化。

活度是溶液离子强度等于零时的浓度,在稀溶液中,溶质的活度与浓度的关系为:
$$a = \gamma c \tag{3-2}$$

如果在式(3-1)中,分别用各组分的平衡浓度代替其活度,由此得到的平衡常数就称为浓度

常数 K_a^c。活度常数与浓度常数之间的关系如下：

$$K_a^c = \frac{[H^+][A^-]}{[HA]} = \frac{a_{H^+} a_{A^-}}{a_{HA}} \cdot \frac{\gamma_{HA}}{\gamma_{H^+} \gamma_{A^-}} = \frac{K_a}{\gamma_{H^+} \gamma_{A^-}} \tag{3-3}$$

式中，γ_{HA}、γ_{A^-} 和 γ_{H^+} 分别为各有关组分的活度系数。因 HA 为中性分子，故将其活度系数 γ_{HA} 视为 1。由于离子的活度系数与溶液的离子强度有关，因此浓度常数不仅受温度影响，还随离子强度的大小而变化。

溶液中 a_{H^+} 可以用 pH 计方便地测出，因此，若将 H^+ 用活度表示，而其它组分仍用浓度表示，此时反应的平衡常数就称混合常数 K_a^M：

$$K_a^M = \frac{[A^-] a_{H^+}}{[HA]} = \frac{K_a}{\gamma_{A^-}} \tag{3-4}$$

混合常数也与温度和溶液的离子强度有关，该常数在实际应用中比较方便。

由于分析化学中的反应经常在较稀的溶液中进行，故在处理一般的酸碱平衡时，通常忽略离子强度的影响，以活度常数代替浓度常数进行近似计算。本章的有关计算一般均如此进行。对于式(3-1)此时则有

$$K_a = \frac{[H^+][A^-]}{[HA]}, \qquad K_b = \frac{[HA][OH^-]}{[A^-]} \tag{3-5}$$

式中，$K_a(K_b)$ 值可查得。但在做准确度较高的计算时，如计算标准缓冲溶液的 pH，就必须考虑溶液离子强度的影响。常用 $I = 0.1 \text{mol} \cdot \text{kg}^{-1}$ 时的浓度常数或混合常数值，可在分析化学手册等资料中查到。

3.1.3 酸碱的强度、共轭酸碱对 K_a、K_b 的关系

酸碱的强度是相对的，与本身和溶剂的性质有关，即取决于酸(碱)给出(接受)质子的能力与溶剂分子接受(给出)质子能力的相对大小。在水溶液中，酸碱的强度则由酸将质子给予水分子，或碱由水分子中夺取质子的能力大小来决定，即用它们的水溶液中的解离常数 K_a 和 K_b 的大小来衡量。$K_a(K_b)$ 的值越大，表明酸(碱)与水之间的质子转移反应进行得越完全，即该酸(碱)的酸(碱)性越强。由式(3-1)可知，对于共轭酸碱对 HA 与 A^-，其 K_a 与 K_b 之间的关系为

$$K_a K_b = \frac{a_{H^+} a_{A^-}}{a_{HA}} \cdot \frac{a_{HA} a_{OH^-}}{a_{A^-}} = a_{H^+} a_{OH^-} = K_W \tag{3-6}$$

即在共轭酸碱对中，酸、碱解离常数的乘积等于溶剂的质子自递常数。所以

$$pK_a + pK_b = pK_W = 14.00 \tag{3-6a}$$

由式(3-6a)可知，在共轭酸碱对中，若酸(碱)的酸(碱)性越强，其共轭碱(酸)的碱(酸)性就越弱。

在水溶液中，$HClO_4$、H_2SO_4、HCl 和 HNO_3 都是很强的酸，如果浓度不是太大，它们与水分子之间的质子转移反应都进行得十分完全，因而不能显示出它们之间酸强度的差别，所以 H_3O^+ 是水溶液中实际存在的最强酸的形式。可以想象，上述酸的共轭碱 ClO_4^-、HSO_4^-、Cl^- 和 NO_3^- 都是极弱的碱，几乎没有从 H_3O^+ 处接受质子的能力。同理，OH^- 也是水溶液中最强碱的存在形式。

多元酸(碱)各级解离常数的大小通常有下述关系：

$$K_{a_1} > K_{a_2} > K_{a_3} \cdots \quad \text{或} \quad K_{b_1} > K_{b_2} > K_{b_3} \cdots$$

在水溶液中,多元酸(碱)的解离是逐级进行的,如 H_3PO_4 能形成三个共轭酸碱对:

$$H_3PO_4 \underset{+H^+, K_{b_3}}{\overset{-H^+, K_{a_1}}{\rightleftharpoons}} H_2PO_4^- \underset{+H^+, K_{b_2}}{\overset{-H^+, K_{a_2}}{\rightleftharpoons}} HPO_4^{2-} \underset{+H^+, K_{b_1}}{\overset{-H^+, K_{a_3}}{\rightleftharpoons}} PO_4^{3-}$$

（酸式解离 → ； 碱式解离 ←）

对于每一共轭酸碱对的 K_a 和 K_b 均存在式(3-6a)中所述关系,所以

$$K_{a_1} K_{b_3} = K_{a_2} K_{b_2} = K_{a_3} K_{b_1} = K_W \tag{3-6b}$$

3.2 水溶液中弱酸(碱)各型体的分布

3.2.1 处理水溶液中酸碱平衡的方法

1. 分析浓度与平衡浓度

分析浓度即溶液中溶质的总浓度,用符号 c 表示,单位为 $mol \cdot L^{-1}$。平衡浓度指在平衡状态时,溶质或溶质各型体的浓度,以符号[ ]表示,单位同上。例如,$0.10 mol \cdot L^{-1}$ 的 NaCl 和 HAc 溶液,c_{NaCl} 和 c_{HAc} 均为 $0.10 mol \cdot L^{-1}$,平衡状态时,$[Cl^-] = [Na^+] = 0.10 \, mol \cdot L^{-1}$；而 HAc 是弱酸,因部分解离在溶液中有两种类型存在,平衡浓度分别为[HAc]和$[Ac^-]$。

溶液中 H^+ 的平衡浓度称为酸度,碱度则为 OH^- 的浓度(严格地讲是 H^+ 或 OH^- 的活度)。稀溶液的酸度、碱度常用 pH、pOH 来表示。溶液的酸度、碱度与酸碱的强度及浓度有关,具体内容将在后面的章节中讨论。

2. 物料平衡

在平衡状态时,与某溶质有关的各种型体平衡浓度之和必等于它的分析浓度,这种等衡关系称之为物料平衡,又称质量平衡；其数学表达式即物料平衡方程简写为 MBE。例如,$0.1000 \, mol \cdot L^{-1} Na_2CO_3$ 溶液的 MBE 为

$$[Na^+] = 2c_{Na_2CO_3} = 0.2000 \, mol \cdot L^{-1}$$

$$[H_2CO_3] + [HCO_3^-] + [CO_3^{2-}] = 0.1000 \, mol \cdot L^{-1}$$

3. 电荷平衡

电荷平衡即电中性规则。在电解质溶液中,处于平衡状态时,各种阳离子所带的正电荷的总浓度必等于所有阴离子所带负电荷的总浓度,即溶液是电中性的。根据这一原则,考虑溶液中各离子的平衡浓度和电荷数,列出的数学表达式称为电荷平衡方程,简写为 CBE。例如,在 $0.1000 mol \cdot L^{-1} Na_2CO_3$ 溶液中有如下解离平衡(包括水的解离作用):

$$Na_2CO_3 \rightleftharpoons 2Na^+ + CO_3^{2-}$$
$$CO_3^{2-} + H_2O \rightleftharpoons HCO_3^- + OH^-$$
$$HCO_3^- + H_2O \rightleftharpoons H_2CO_3 + OH^-$$
$$H_2O \rightleftharpoons H^+ + OH^-$$

其 CBE 为

$$[Na^+] + [H^+] = [OH^-] + [HCO_3^-] + 2[CO_3^{2-}]$$

或 $\qquad 0.20\ \text{mol}\cdot\text{L}^{-1} + [\text{H}^+] = [\text{OH}^-] + [\text{HCO}_3^-] + 2[\text{CO}_3^{2-}]$

应该注意的是,某离子平衡浓度前面的系数就等于它所带电荷数的绝对值。由于 1mol CO_3^{2-} 带有 2mol 负电荷,因此在 $[\text{CO}_3^{2-}]$ 前面的系数为 2。由上例还可知,中性分子不包含在电荷平衡方程中。

4. 质子平衡

当酸碱反应达到平衡时,酸给出质子的量(mol)应等于碱所接受的质子的量,即酸失去质子后的产物与碱得到质子后的产物在浓度上必然有一定的关系,这种关系式称为质子平衡方程,又称质子条件式,简写为 PBE。

由于在平衡状态下,同一体系中物料平衡和电荷平衡的关系必然同时成立,因此应先列出该体系的 MBE 和 CBE,然后消去其中代表非质子转移反应所得产物的各项,从而得出 PBE。例如,浓度为 $c(\text{mol}\cdot\text{L}^{-1})$ 的 NaH_2PO_4 溶液中

MBE
$$\left.\begin{aligned}[\text{Na}^+] &= c \\ [\text{H}_3\text{PO}_4] + [\text{H}_2\text{PO}_4^-] + [\text{HPO}_4^{2-}] + [\text{PO}_4^{3-}] &= c\end{aligned}\right\} \qquad (1)$$

CBE
$$[\text{H}^+] + [\text{Na}^+] = [\text{H}_2\text{PO}_4^-] + 2[\text{HPO}_4^{2-}] + 3[\text{PO}_4^{3-}] + [\text{OH}^-] \qquad (2)$$

为了消去式(2)中的非质子转移产物项 $[\text{Na}^+]$ 和 $[\text{H}_2\text{PO}_4^-]$,将式(1)代入式(2),整理后即得出 PBE:

$$[\text{H}^+] + [\text{H}_3\text{PO}_4] = [\text{HPO}_4^{2-}] + 2[\text{PO}_4^{3-}] + [\text{OH}^-]$$

上述方法是最基本的方法,但不够快捷和简便。

由酸碱反应得失质子的等衡关系可以直接写出 PBE。这种方法的要点是:

(1) 从酸碱平衡体系中选取质子参考水准(又称零水准),它们是溶液中大量存在并参与质子转移反应的物质,通常就是起始酸碱组分,包括溶剂分子。

(2) 当溶液中的酸碱反应(包括溶剂的质子自递反应)达到平衡后,根据质子参考水准判断得失质子的产物及其得失质子物质的量,据此绘出得失质子示意图。

(3) 根据得失质子的量相等的原则写出 PBE。注意,在正确的 PBE 中应不包含质子参考水准本身的有关项,也不含有与质子转移无关的组分。对于多元酸碱组分一定要注意其平衡浓度前面的系数,它等于与零水准相比较时该型体得失质子的量。

例 3-1 写出 $\text{NaNH}_4\text{HPO}_4$ 溶液的 PBE。

解 由于与质子转移反应有关的起始酸碱组分为 NH_4^+、HPO_4^{2-} 和 H_2O,因此它们就是质子参考水准。溶液中得失质子的反应可图示如下:

(得质子)　　(质子参考水准)　　(失质子)

$$\begin{array}{r}\text{H}_2\text{PO}_4^- \xleftarrow{+\text{H}^+} \\ \text{H}_3\text{PO}_4 \xleftarrow{+2\text{H}^+} \\ \text{H}_3\text{O}^+ \xleftarrow{+\text{H}^+}\end{array}\ \boxed{\begin{array}{c}\text{NH}_4^+ \\ \text{HPO}_4^{2-} \\ \text{H}_2\text{O}\end{array}}\ \begin{array}{l}\xrightarrow{-\text{H}^+} \text{NH}_3 \\ \xrightarrow{-\text{H}^+} \text{PO}_4^{3-} \\ \xrightarrow{-\text{H}^+} \text{OH}^-\end{array}$$

与质子参考水准 HPO_4^{2-} 比较,H_2PO_4^- 和 H_3PO_4 分别是它得到 1 mol 和 2 mol 质子后的产物(故 $[\text{H}_3\text{PO}_4]$ 项前面的系数为 2),而 PO_4^{3-} 是 HPO_4^{2-} 失去 1 mol 质子后的产物;H_3O^+ 和 OH^- 则分别是 H_2O 得到或失去 1 mol 质子后的产物。然后将得质子产物写在等式

左边，失质子产物写在等式右边，根据得失质子的量等衡的原则，PBE 为

$$[H^+] + [H_2PO_4^-] + 2[H_3PO_4] = [NH_3] + [PO_4^{3-}] + [OH^-]$$

或

$$[H^+] = [NH_3] + [PO_4^{3-}] + [OH^-] - [H_2PO_4^-] - 2[H_3PO_4]$$

在计算各类酸碱溶液中氢离子的浓度时，上述三种平衡方程都是处理溶液中酸碱平衡的依据。特别是 PBE，反映了酸碱平衡体系中得失质子的量的关系，因而最为常用。

3.2.2 酸度对弱酸(碱)各型体分布的影响

在弱酸(碱)平衡体系中，溶质往往以多种型体存在。当酸度增大或减小时，各型体浓度的分布将随溶液的酸度而变化。在分析化学中常常利用这一性质，通过控制溶液的酸度来控制反应物或生成物某种型体的浓度，以便使某反应进行完全，或对某些干扰组分进行掩蔽。酸度对弱酸(碱)各型体分布的影响可用分布分数(摩尔分数)来描述，溶质某种型体的平衡浓度在其分析浓度中所占的分数称为分布分数，以 δ_i 表示，并用下标 i 说明它所属的型体。

3.2.2.1 一元弱酸(碱)各型体的分布分数

设一元弱酸 HA 的浓度为 $c(\text{mol} \cdot L^{-1})$，在水溶液中达到解离平衡后，两种存在型体的浓度分别为 [HA] 和 [A$^-$]，根据分布分数的定义和 K_a 的表达式有

$$\delta_{HA} = \frac{[HA]}{c_{HA}} = \frac{[HA]}{[HA] + [A^-]} = \frac{1}{1 + K_a/[H^+]} = \frac{[H^+]}{[H^+] + K_a} \quad (3\text{-}7)$$

同理

$$\delta_{A^-} = \frac{[A^-]}{c_{HA}} = \frac{K_a}{[H^+] + K_a} \quad (3\text{-}8)$$

显然

$$\delta_{HA} + \delta_{A^-} = 1$$

根据分析浓度 c 和有关的分布分数，就可以计算出在某一酸度的溶液中，一元弱酸两种存在型体的平衡浓度。

例 3-2 计算 pH = 5.00 时，0.10 mol·L^{-1} HAc 溶液中各型体的分布分数和平衡浓度。

解 已知 $K_a = 1.8 \times 10^{-5}$，$[H^+] = 1.0 \times 10^{-5}$ mol·L^{-1}，则

$$\delta_{HAc} = \frac{[H^+]}{[H^+] + K_a} = \frac{1.0 \times 10^{-5}}{1.0 \times 10^{-5} + 1.8 \times 10^{-5}} = 0.36$$

$$\delta_{Ac^-} = 1 - \delta_{HAc} = 0.64$$

$$[HAc] = \delta_{HAc} c_{HAc} = 0.36 \times 0.10 \text{ mol} \cdot L^{-1} = 0.036 \text{ mol} \cdot L^{-1}$$

$$[Ac^-] = \delta_{Ac^-} c_{HAc} = 0.64 \times 0.10 \text{ mol} \cdot L^{-1} = 0.064 \text{ mol} \cdot L^{-1}$$

按照类似的方法计算出不同 pH 时的 δ_{HAc} 和 δ_{Ac^-} 值，并绘出如图 3-1 所示的 δ_i-pH 曲线(型体分布图)。

由图 3-1 可知，随着溶液 pH 的增大，δ_{HAc} 逐渐减小，而 δ_{Ac^-} 则逐渐增大。在两条曲线的交点处，即 $\delta_{HAc} = \delta_{Ac^-} = 0.50$ 时，溶液的 pH = pK_a(4.74)，显然此时有 [HAc] = [Ac$^-$]。当 pH < pK_a 时，溶液中 HAc 占优势；反之，当 pH > pK_a 时，Ac$^-$ 为主要存在型体。

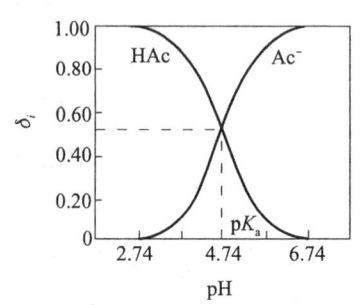

图 3-1 HAc 各型体的 δ_i-pH 曲线

在 pH≈pK_a-2 时,δ_{HAc} 趋近于 1,δ_{Ac^-} 接近于零;而当 pH≈pK_a+2 时,则 δ_{Ac^-} 趋近于 1。因此,可以通过控制溶液的酸度得到所需要的型体。

以上讨论结果,原则上亦适用于其它一元弱酸(碱)。由式(3-7)和式(3-8)可知,在平衡状态下,一元弱酸(碱)各型体分布分数的大小首先与酸(碱)本身的强弱(即 K_a 或 K_b 的大小)有关;对于某酸(碱)而言,分布分数是溶液中[H^+]的函数。

3.2.2.2 多元酸(碱)各型体的分布分数

以二元弱酸草酸为例进行讨论。设其分析浓度为 $c_{H_2C_2O_4}$(mol·L^{-1}),草酸在水溶液中能以 $H_2C_2O_4$、$HC_2O_4^-$ 和 $C_2O_4^{2-}$ 三种型体存在。因此有

$$[H_2C_2O_4] + [HC_2O_4^-] + [C_2O_4^{2-}] = c_{H_2C_2O_4}$$

$$\delta_{H_2C_2O_4} = \frac{[H_2C_2O_4]}{c_{H_2C_2O_4}} = \frac{1}{1 + \frac{[HC_2O_4^-]}{[H_2C_2O_4]} + \frac{[C_2O_4^{2-}]}{[H_2C_2O_4]}}$$

根据相应解离常数的表达式有

$$\frac{[HC_2O_4^-]}{[H_2C_2O_4]} = \frac{K_{a_1}}{[H^+]} \quad \frac{[C_2O_4^{2-}]}{[H_2C_2O_4]} = \frac{K_{a_1}K_{a_2}}{[H^+]^2}$$

代入上式经整理后得

$$\delta_{H_2C_2O_4} = \frac{[H^+]^2}{[H^+]^2 + [H^+]K_{a_1} + K_{a_1}K_{a_2}}$$

同理

$$\delta_{HC_2O_4^-} = \frac{[H^+]K_{a_1}}{[H^+]^2 + [H^+]K_{a_1} + K_{a_1}K_{a_2}}$$

$$\delta_{C_2O_4^{2-}} = \frac{K_{a_1}K_{a_2}}{[H^+]^2 + [H^+]K_{a_1} + K_{a_1}K_{a_2}}$$

且有

$$\delta_{H_2C_2O_4} + \delta_{HC_2O_4^-} + \delta_{C_2O_4^{2-}} = 1$$

草酸的 δ_i-pH 曲线如图 3-2 所示。其中每一共轭酸碱对分布曲线的交点(图中第一和第二个交点)对应的 pH 仍分别等于草酸的 pH_{a_1} 和 pH_{a_2}(这是一般规律)。由图可知,草酸在 pH=2.5~3.3 这一酸度范围内有三种型体共存,其中 $HC_2O_4^-$ 占绝对优势,$H_2C_2O_4$ 和 $C_2O_4^{2-}$ 虽然浓度很低但不可忽略,这是因为草酸的 K_{a_1} 和 K_{a_2} 相关不太大的缘故,在其它有机酸的 δ_i-pH 图中也可以看到类似情况。对于二元弱酸,当 pH<pK_{a_1} 时,溶液中 H_2A 是主要形体;pH>pK_{a_2} 时,A^{2-} 型体占优势;而当 pK_{a_1}<pH<pK_{a_2} 时,HA^- 的浓度明显高于其它两者。pK_{a_1} 与 pK_{a_2} 的值越接近,以 HA^- 型体为主的 pH 范围就越窄,其 δ 的最大值亦将明显小于 1。

二元弱碱各型体的分布分数亦可采用上述相应的公式进行计算。

磷酸为三元酸,在溶液中可形成四种型体:H_3PO_4、$H_2PO_4^-$、HPO_4^{2-} 和 PO_4^{3-},其 δ_i-pH 曲线见图 3-3。由于磷酸的三级解离常数 pK_{a_1}(2.12)、pK_{a_2}(7.20)和 pK_{a_3}(12.36)之间相差很大,故图中未出现两种型体共存的情况,这是无机酸的特点。在曲线的三个交点处,δ_i 值均为 0.5,H_3PO_4、$H_2PO_4^-$、HPO_4^{2-} 和 PO_4^{3-} 四种型体的最大 δ_i 值均近似为 1。

综上所述,在多元弱酸(碱)H_nA(A^{n-})的水溶液中存在 $n+1$ 种可能的型体:H_nA,

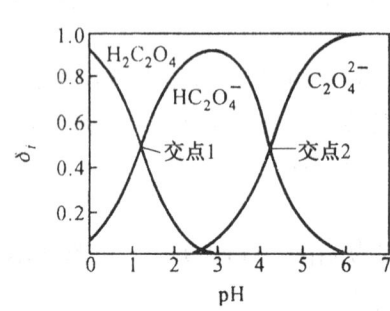

图 3-2 $H_2C_2O_4$ 各型体的 δ_i-pH 曲线

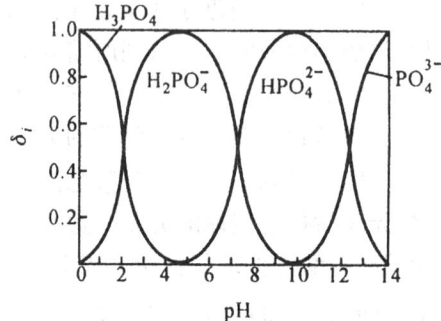

图 3-3 H_3PO_4 各型体的 δ_i-pH 曲线

$H_{n-1}A^-$,…,$HA^{(n-1)-}$ 和 A^{n-}。在计算各型体分布分数的公式中都具有相同的分母,即 $[H^+]^n+[H^+]^{n-1}K_{a_1}+\cdots+[H^+]K_{a_1}K_{a_2}\cdots K_{a_{(n-1)}}+K_{a_1}K_{a_2}\cdots K_{a_n}$,它们共有 $n+1$ 项,而分子则依次为分母中的相应项,具体有如下关系:

型体	H_nA	$H_{n-1}A^-$	…	$HA^{(n-1)-}$	A^{n-}
分布分数	δ_{H_nA}	$\delta_{H_{n-1}A^-}$	…	$\delta_{HA^{(n-1)-}}$	$\delta_{A^{n-}}$
分子	$[H^+]^n$	$[H^+]^{n-1}K_{a_1}$	…	$[H^+]K_{a_1}K_{a_2}\cdots K_{a_{n-1}}$	$K_{a_1}K_{a_2}\cdots K_{a_n}$

在计算中将分母各项相加时,如果某两项的大小相差两个数量级或更多时,较小的项可忽略不计。

3.3 酸碱溶液中氢离子浓度的计算

在讨论下述各类计算公式时,首先根据酸碱平衡的具体情况写出有关的 PBE,由此推导出计算各类溶液中[H^+]的精确式。精确式虽然全面,但计算十分复杂,且在实际中往往也无必要。因此常常根据具体情况略去次要项,保留主要项,从而得到有关的近似计算式,甚至最简式。由于在分析化学中,有关组分平衡浓度的计算一般对计算结果准确度的要求不是很高,而且各平衡常数的测定通常也有百分之几的误差,因而上述近似处理的方法是合理的。在使用近似式或最简式进行计算时,为了控制计算结果的相对误差(与精确式比较)在一定的范围之内(一般定为 5% 以内),必须用有关的条件判别式来限定使用条件,只有这样才能保证计算结果的准确度。

3.3.1 一元强酸(碱)溶液中 H^+ 浓度的计算

以浓度为 $c(\text{mol}\cdot\text{L}^{-1})$ 的 HCl 溶液为例进行讨论。当酸的解离反应和水的质子自递反应处于平衡时,溶液中的 H^+ 来源于酸和水的解离,其浓度等于 Cl^-(酸根阴离子)和 OH^- 的浓度之和。因此有

$$[H^+]=[Cl^-]+[OH^-]=c+K_W/[H^+]$$

即

$$[H^+]^2-c[H^+]-K_W=0$$

解之得

$$[H^+]=\frac{c+\sqrt{c^2+4K_W}}{2} \tag{3-9}$$

式(3-9)称为精确式。一般来说,只要强酸的浓度不是很低,$c \geqslant 10^{-6}\text{mol}\cdot\text{L}^{-1}$,就可以忽略水的解离,质子条件简化为

$$[\text{H}^+] \approx [\text{Cl}^-]$$

得到最简式
$$\text{pH} = -\lg c$$

例 3-3 求浓度分别为 $0.50\ \text{mol}\cdot\text{L}^{-1}$ 和 $1.0\times10^{-7}\text{mol}\cdot\text{L}^{-1}$ HCl 溶液的 pH。

解 因为 $c(0.050\ \text{mol}\cdot\text{L}^{-1}) > 10^{-6}\text{mol}\cdot\text{L}^{-1}$ 故采用最简式进行计算:

$$[\text{H}^+] = 0.050\ \text{mol}\cdot\text{L}^{-1}, \quad \text{pH} = 1.30$$

当 $c(1.0\times10^{-7}\text{mol}\cdot\text{L}^{-1}) < 10^{-6}\text{mol}\cdot\text{L}^{-1}$ 时,须用精确式求解,由式(3-9)得

$$[\text{H}^+] = \frac{c + \sqrt{c^2 + 4K_\text{W}}}{2}$$

$$= \frac{1.0\times10^{-7} + \sqrt{(1.0\times10^{-7})^2 + 4\times1.0\times10^{-14}}}{2}$$

$$= 1.6\times10^{-7}(\text{mol}\cdot\text{L}^{-1})$$

$$\text{pH} = 6.80$$

计算结果表明,浓度为 $1.0\times10^{-7}\ \text{mol}\cdot\text{L}^{-1}$ HCl 溶液的 pH 为 6.80,而不是 7.00。

同理,对于一元强碱,例如浓度为 $c(\text{mol}\cdot\text{L}^{-1})$ 的 NaOH 溶液,其中 OH^- 的浓度为

$$[\text{OH}^-] = [\text{Na}^+] + [\text{H}^+] = c + [\text{H}^+]$$

当 $c \geqslant 10^{-6}\text{mol}\cdot\text{L}^{-1}$ $\quad [\text{OH}^-] \approx c, \quad \text{pOH} = -\lg c$

当 $c < 10^{-6}\text{mol}\cdot\text{L}^{-1}$

$$[\text{OH}^-] = \frac{c + \sqrt{c^2 + 4K_\text{W}}}{2} \tag{3-10}$$

3.3.2 一元弱酸(碱)溶液 pH 的计算

3.3.2.1 一元弱酸溶液 pH 的计算

浓度为 $c(\text{mol}\cdot\text{L}^{-1})$ 的一元弱酸 HA 溶液的 PBE 为

$$[\text{H}^+] = [\text{A}^-] + [\text{OH}^-] = \frac{[\text{HA}]K_\text{a}}{[\text{H}^+]} + \frac{K_\text{W}}{[\text{H}^+]}$$

即

$$[\text{H}^+] = \sqrt{[\text{HA}]K_\text{a} + K_\text{W}} \tag{3-11}$$

式(3-11)是计算一元弱酸溶液 pH 的精确式,其中 $[\text{HA}] = c[\text{H}^+]/([\text{H}^+] + K_\text{a})$,展开后是关于$[\text{H}^+]$的一元三次方程。为了使计算简化,首先将 PBE 简化。

(1) 若 $[\text{A}^-] > 20[\text{OH}^-]$,说明溶液中的 H^+ 绝大部分来自 HA 的解离,由水解提供的 H^+ 不足 5%,相比之下可以忽略。当一元弱酸的 K_a 及其浓度都不是很小(即 cK_a 不是很小)时,这种近似是合理的。此时,PBE 可简化为 $[\text{H}^+] \approx [\text{A}^-]$,精确式简化成近似式:

$$[\text{H}^+] = \sqrt{[\text{HA}]K_\text{a}} = \sqrt{(c - [\text{H}^+])K_\text{a}} \tag{3-12}$$

在忽略水解离的同时,又若弱酸已解离的部分相对其分析浓度较小(解离度$[\text{A}^-]/c < 0.05$,即 $c > 20[\text{A}^-]$),就可以忽略因解离对弱酸浓度的影响,于是 $[\text{HA}] \approx c$,这样式(3-12)就可进一步简化为

$$[H^+] = \sqrt{cK_a} \tag{3-13}$$

式(3-13)称为最简式。为了使近似处理的条件更为明确和实用,由$[A^-] \geqslant 20[OH^-]$和$c \geqslant 20[A^-]$可以得出

$$cK_a > 20K_W, \quad c/K_a > 400$$

这就是使用最简式计算时应具备的条件。

(2) 若$cK_a > 20K_W$,但$c/K_a < 400$,即水的解离可以忽略,但由于HA的解离度$>5\%$,故应考虑因解离其浓度的减小,此时由式(3-12)有

$$[H^+]^2 + K_a[H^+] - cK_a = 0$$

解之得

$$[H^+] = \frac{-K_a + \sqrt{K_a^2 + 4cK_a}}{2} \tag{3-12a}$$

式(3-12a)称为近似式。

(3) 若酸极弱,且浓度极小,即有$cK_a < 20K_W$,但$c/K_a > 400$。因此时水的解离是溶液中H^+的重要来源而不能忽略;但由于酸极弱,故不考虑解离对其浓度的影响,$[HA] \approx c$,由式(3-11)可得

$$[H^+] = \sqrt{cK_a + K_W} \tag{3-14}$$

该式亦称为近似式。

应该说明的是,上述近似处理的条件,是根据对计算结果要求的准确度而确定的,因而相应的条件判别式亦可按照不同的要求而有所变化。

例 3-4 计算$0.10 \text{ mol} \cdot L^{-1}$ HF 溶液的 pH,已知$K_a = 7.2 \times 10^{-4}$。

解 因为$cK_a = 0.10 \times 7.2 \times 10^{-4} > 20K_W$,$c/K_a = 0.10/(7.2 \times 10^{-4}) < 400$,故根据式(3-12a)计算得

$$\begin{aligned}
[H^+] &= \frac{-K_a + \sqrt{K_a^2 + 4cK_a}}{2} \\
&= \frac{-7.2 \times 10^{-4} + \sqrt{(7.2 \times 10^{-4})^2 + 4 \times 0.10 \times 7.2 \times 10^{-4}}}{2} \\
&= 8.2 \times 10^{-3} (\text{mol} \cdot L^{-1})
\end{aligned}$$

故 $\text{pH} = 2.09$

例 3-5 计算$1.0 \times 10^{-4} \text{mol} \cdot L^{-1}$ NH_4Cl 溶液的 pH,已知NH_3的$K_b = 1.8 \times 10^{-5}$。

解 NH_4^+的$K_a = K_W/K_b = 1.0 \times 10^{-14}/(1.8 \times 10^{-5}) = 5.6 \times 10^{-10}$,由于$cK_a = 1.0 \times 10^{-4} \times 5.6 \times 10^{-10} < 20K_W$,$c/K_a = 1.0 \times 10^{-4}/(5.6 \times 10^{-10}) > 400$,应按式(3-14)进行计算:

$$\begin{aligned}
[H^+] &= \sqrt{cK_a + K_W} \\
&= \sqrt{1.0 \times 10^{-4} \times 5.6 \times 10^{-10} + 1.0 \times 10^{-14}} \\
&= 2.6 \times 10^{-7} (\text{mol} \cdot L^{-1})
\end{aligned}$$

$\text{pH} = 6.59$

3.3.2.2 一元弱碱溶液 pH 的计算

对于一元弱碱 B 的溶液,其 PBE 为

$$[HB^+] + [H^+] = [OH^-]$$

用处理一元弱酸类似的方法,可以得到计算一元弱碱溶液 pH 的一系列公式及相应的条件判别式:

	公式	使用条件	
精确式	$[OH^-] = \sqrt{[B]K_b + K_W}$	$cK_b < 20K_W$ $c/K_b < 400$	
近似式(1)	$[OH^-] = \dfrac{-K_b + \sqrt{K_b^2 + 4cK_b}}{2}$	$cK_b > 20K_W$ $c/K_b < 400$	(3-15)
近似式(2)	$[OH^-] = \sqrt{cK_b + K_W}$	$cK_b < 20K_W$ $c/K_b > 400$	(3-16)
最简式	$[OH^-] = \sqrt{cK_b}$	$cK_b > 20K_W$ $c/K_b > 400$	(3-17)

3.3.3 多元弱酸(碱)溶液 pH 的计算

3.3.3.1 多元弱酸溶液 pH 的计算

以浓度为 $c(\text{mol} \cdot \text{L}^{-1})$ 的二元弱酸 H_2A 为例,它在溶液中逐级解离,其解离常数分别为 K_{a_1} 和 K_{a_2}。该溶液的 PBE 为

$$[H^+] = [HA^-] + 2[A^{2-}] + [OH^-] \tag{3-18}$$

将式(3-18)右边各项代入 $[H^+]$ 和有关解离常数的关系式后展开,是一个含 H^+ 浓度的四次方程。因此必须根据多元弱酸逐级解离的主要特点进行近似处理,方可用初等代数方法求解 $[H^+]$。

第一,因为

$$K_{a_1} = \frac{[HA^-][H^+]}{[H_2A]} = \frac{[HA^-]K_W}{[H_2A][OH^-]}$$

所以

$$\frac{[HA^-]}{[OH^-]} = \frac{[H_2A]K_{a_1}}{K_W} \approx \frac{cK_{a_1}}{K_W}$$

若 $cK_{a_1} > 20K_W$,说明 H_2A 的解离是溶液中绝大部分 H^+ 的来源,从而可以忽略水的解离(其提供的 H^+ 小于 5%)。由于 H_2A 的溶液呈酸性,$[H^+] \gg [OH^-]$,因而上述近似是合理的。此时 PBE 可以简化为

$$[H^+] \approx [HA^-] + 2[A^{2-}] \tag{3-19}$$

式(3-19)仍为含 H^+ 浓度的三次方程。

第二,能否忽略 H_2A 的第二级解离,要比较 $[HA^-]$ 与 $[A^{2-}]$ 两项的大小而定。由于

$$\frac{[HA^-]}{2[A^{2-}]} = \frac{\delta_{HA^-}}{2\delta_{A^{2-}}} = \frac{[H^+]}{2K_{a_2}}$$

用 $\sqrt{cK_{a_1}}$ 近似代替 $[H^+]$ 后侧有

$$\frac{[HA^-]}{2[A^{2-}]} \approx \frac{\sqrt{cK_{a_1}}}{2K_{a_2}}$$

当 $\sqrt{cK_{a_1}} > 40K_{a_2}(20 \times 2K_{a_2})$ 时,表明第二级解离的作用小于第一级的 5%,故而将其忽略。

式(3-19)可进一步简化为

$$[H^+] \approx [HA^-] = \frac{[H_2A]K_{a_1}}{[H^+]}$$

$$[H^+] = \sqrt{[H_2A]K_{a_1}} \tag{3-20}$$

对于多元无机酸,其各级解离常数之间相差较大,大多数有机酸的解离常数也是逐级减小的。第一级解离产生的 H^+,不但对水而且对弱酸后几级的解离都会有较大的抑制作用,因而常常是溶液中 H^+ 最主要的来源,仅当 K_{a_1} 与 K_{a_2} 很接近,且酸的浓度很小时,才需考虑第二级解离的影响。因此,$\sqrt{c \cdot K_{a_1}} > 40K_{a_2}$ 是将二元弱酸按一元弱酸近似处理的条件。

在作出了上述两次简化后,因为 $[HA^-] \approx [H^+]$,故

$$[H_2A] \approx c - [HA^-] \approx c - [H^+]$$

代入式(3-20)后则有

$$[H^+] = \sqrt{(c - [H^+])K_{a_1}} \tag{3-21}$$

该式与式(3-12)相似,为含 $[H^+]$ 的二次方程,在类似的条件下,如有 $c/K_{a_1} < 400$(即 H_2A 的第一级解离度 $>5\%$),则有

$$[H^+] = \frac{-K_{a_1} + \sqrt{K_{a_1}^2 + 4cK_{a_1}}}{2} \tag{3-21a}$$

第三,在上式中,如 $c/K_{a_1} > 400$(即 H_2A 的第一级解离度 $<5\%$)时,还可以忽略第一级解离对 H_2A 浓度的影响,此时 $[H_2A] \approx c$,因而得到最简式

$$[H^+] = \sqrt{cK_{a_1}} \tag{3-22}$$

例 3-6 计算 $0.10 \text{ mol} \cdot L^{-1} H_3PO_4$ 溶液中 H^+ 及各型体的浓度。已知 $K_{a_1} = 7.6 \times 10^{-3}$,$K_{a_2} = 6.3 \times 10^{-8}$,$K_{a_3} = 4.4 \times 10^{-13}$。

解 因为 $\sqrt{cK_{a_1}} = \sqrt{0.10 \times 7.6 \times 10^{-3}} > 40K_{a_2}$,$K_{a_2} \gg K_{a_3}$,且 $cK_{a_1} = 0.10 \times 7.6 \times 10^{-3} > 20K_W$,因此 H_3PO_4 的第二、第三级解离和水的解离均可被忽略,于是可以按一元弱酸来处理。又因为 $c/K_{a_1} = 0.10/(7.6 \times 10^{-3}) < 400$,故有

$$[H^+] = \frac{-K_{a_1} + \sqrt{K_{a_1}^2 + 4cK_{a_1}}}{2}$$

$$= \frac{-7.6 \times 10^{-3} + \sqrt{(7.6 \times 10^{-3})^2 + 4 \times 0.10 \times 7.6 \times 10^{-3}}}{2}$$

$$= 2.4 \times 10^{-2}(\text{mol} \cdot L^{-1})$$

$$[H_2PO_4^-] \approx [H^+] = 2.4 \times 10^{-2} \text{mol} \cdot L^{-1}$$

$$[HPO_4^{2-}] \approx [H_2PO_4^-]K_{a_2}/[H^+] \approx K_{a_2} = 6.3 \times 10^{-8}(\text{mol} \cdot L^{-1})$$

$$[PO_4^{3-}] = [HPO_4^{2-}]K_{a_3}/[H^+] \approx K_{a_2}K_{a_3}/[H^+]$$

$$= \frac{6.3 \times 10^{-8} \times 4.4 \times 10^{-13}}{2.4 \times 10^{-2}} = 1.2 \times 10^{-18}(\text{mol} \cdot L^{-1})$$

某些有机多元弱酸,它们的 K_{a_1} 与 K_{a_2} 相差不太大,如同时浓度又较低,那么弱酸的第二级解离就不能忽略,因此不能用上述有关公式计算溶液中 H^+ 的浓度,此时可采用逐步逼近法(迭代法)求解。

例 3-7 计算 $1.0\times 10^{-3}\,\mathrm{mol\cdot L^{-1}}$ 酒石酸 H_2A 溶液中 H^+ 的浓度,已知 $K_{a_1}=9.1\times 10^{-4}$, $K_{a_2}=4.3\times 10^{-5}$。

解 因为
$$\sqrt{cK_{a_1}}=\sqrt{1.0\times 10^{-3}\times 9.1\times 10^{-4}}<40K_{a_2}$$
$$cK_{a_1}=1.0\times 10^{-3}\times 9.1\times 10^{-4}>20K_W$$

故此时水的解离可以忽略,但酸的第二级解离应该考虑,即此时不能按一元弱酸来处理。由其简化的 PBE 得

$$[H^+]\approx [HA^-]+2[A^{2-}]$$
$$[H^+]=\frac{[H_2A]K_{a_1}}{[H^+]}+\frac{2[H_2A]K_{a_1}K_{a_2}}{[H^+]^2}$$

故
$$[H^+]=\sqrt{[H_2A]K_{a_1}(1+2K_{a_2}/[H^+])} \tag{3-23}$$

由于 $c/K_{a_1}=1.0\times 10^{-3}/(9.1\times 10^{-4})<400$,因此先按式(3-21a)近似求出
$$[H^+]_1=6.0\times 10^{-4}\,\mathrm{mol\cdot L^{-1}}$$

然后通过分布分数 δ_{H_2A} 计算出
$$[H_2A]_1=3.8\times 10^{-4}\,\mathrm{mol\cdot L^{-1}}$$

将 $[H^+]_1$ 和 $[H_2A]_1$ 代入式(3-23)中算出
$$[H^+]_2=6.3\times 10^{-4}\,\mathrm{mol\cdot L^{-1}}$$

如以 $[H^+]_2$ 为计算结果,比较 $[H^+]_2$ 与 $[H^+]_1$,结果的相对误差<5%。如希望相对误差<2.5%,可由 $[H^+]_2$ 重复上述步骤运算得
$$[H_2A]_2=3.9\times 10^{-4}\,\mathrm{mol\cdot L^{-1}}$$

再由 $[H^+]_2$ 和 $[H_2A]_2$ 求得
$$[H^+]_3=6.4\times 10^{-4}\,\mathrm{mol\cdot L^{-1}}$$

比较 $[H^+]_2$ 和 $[H^+]_3$,已达到所要求的准确度,因此该溶液中
$$[H^+]=6.4\times 10^{-4}\,\mathrm{mol\cdot L^{-1}}$$

这种方法适用于解高次方程,在多数情况下,逼近两次可满足一般计算的要求。

3.3.3.2 多元弱碱溶液 pH 的计算

仿照上述多元弱酸溶液的讨论方式,可以得出计算多元弱碱溶液 pH 的各近似处理条件和相应公式,具体如同式(3-15)和式(3-17),只需将其中 K_b 换成 K_{b_1} 即可。

将二元弱碱近似视为一元弱碱进行计算的条件是 $\sqrt{cK_{b_1}}>40K_{b_2}$。一般来说,只要多元弱酸(碱)的浓度不是太稀,是可以按照一元弱酸(碱)来处理的。

例 3-8 计算 $0.10\,\mathrm{mol\cdot L^{-1}}\,Na_2C_2O_4$ 溶液中 OH^- 及各型体的浓度。已知 $K_{b_1}=1.6\times 10^{-10}$,

$K_{b_2} = 1.7 \times 10^{-13}$。

解 $Na_2C_2O_4$ 溶液的 PBE 为

$$[H^+] + [HC_2O_4^-] + 2[H_2C_2O_4] = [OH^-]$$

由于 $\sqrt{cK_{b_1}} = \sqrt{0.10 \times 1.6 \times 10^{-10}} > 40K_{b_2}$，$cK_{b_1} = 0.10 \times 1.6 \times 10^{-10} > 20K_W$，故 $C_2O_4^{2-}$ 的第二级解离和水的解离均可以不考虑，则 PBE 简化为

$$[HC_2O_4^-] \approx [OH^-]$$

又因为 $c/K_{b_1} = 0.10/(1.6 \times 10^{-10}) > 400$，故可用最简式求解

$$[OH^-] = \sqrt{cK_{b_1}}$$
$$= \sqrt{0.10 \times 1.6 \times 10^{-10}} = 4.0 \times 10^{-6} (mol \cdot L^{-1})$$

$$[HC_2O_4^-] \approx [OH^-] = 4.0 \times 10^{-6} \, mol \cdot L^{-1}$$

$$[H_2C_2O_4] \approx [HC_2O_4^-]K_{b_2}/[OH^-] \approx K_{b_2} = 1.7 \times 10^{-13} (mol \cdot L^{-1})$$

$$[C_2O_4^{2-}] = c - [H_2C_2O_4] - [HC_2O_4^-] \approx 0.10 \, mol \cdot L^{-1}$$

3.3.4 两性物质溶液 pH 的计算

除了水以外，多元弱酸的酸式盐(如 $NaHCO_3$)、弱酸弱碱盐(如 NH_4Ac)，还有氨基酸(如 H_2NCH_2COOH)等也是两性物质。它们在水溶液中既可以失去质子，又可以得到质子，酸碱平衡的关系比较复杂。因而在有关的计算中，常根据具体情况，忽略溶液中某些次要的平衡关系，进行近似处理，使之简化。

3.3.4.1 多元弱酸的酸式盐溶液 pH 的计算

以下先以二元弱酸的酸式盐 NaHA 为例进行讨论，令其浓度为 $c(mol \cdot L^{-1})$，该溶液的 PBE 为

$$[H^+] + [H_2A] = [A^{2-}] + [OH^-]$$

借助于各级离常数，有

$$[H^+] + \frac{[H^+][HA^-]}{K_{a_1}} = \frac{[HA^-]K_{a_2}}{[H^+]} + [OH^-] \tag{3-24}$$

经整理得

$$[H^+] = \sqrt{\frac{K_{a_1}([HA^-]K_{a_2} + K_W)}{[HA^-] + K_{a_1}}} \tag{3-24a}$$

对于 HA^-，其进一步作酸式、碱式解离的趋势都比较小(即 K_{a_2} 和 K_{b_2} 都很小)，因此 $[HA^-] \approx c$，则式(3-24a)可简化为

$$[H^+] = \sqrt{\frac{K_{a_1}(cK_{a_2} + K_W)}{c + K_{a_1}}} \tag{3-25}$$

若同时又有 $cK_{a_2} > 20K_W$，$c > 20K_{a_1}$ (因 $K_{a_1} = K_W/K_{b_2}$，即 $cK_{b_2} > 20K_W$)，表明与 HA^- 的酸、碱性相比，此时水的酸式、碱式解离作用均可被忽略，故而得到最简式：

$$[H^+] = \sqrt{K_{a_1}K_{a_2}} \tag{3-26}$$

若 $cK_{a_2}>20K_W, c<20K_{a_1}$，可以忽略水的酸式解离，但不能忽略其碱性，于是得到下述近似式

$$[H^+] = \sqrt{\frac{cK_{a_1}K_{a_2}}{c+K_{a_1}}} \tag{3-27}$$

在式(3-25)中，若 $cK_{a_2}<20K_W, c>20K_{a_1}$，说明 HA^- 的酸式解离极微，此时水的酸性不能忽略，但可不考虑其碱性，因此又有以下近似式

$$[H^+] = \sqrt{\frac{K_{a_1}(cK_{a_2}+K_W)}{c}} \tag{3-28}$$

在式(3-28)中，K_{a_2} 相当于两性物质中酸组分的 K_a，而 K_{a_1} 则相当于两性物质中碱组分的共轭酸的 K_a。在使用有关公式时，应根据具体情况作相应的变换。

例 3-9 计算 1.0×10^{-2} mol·L^{-1} Na$_2$HPO$_4$ 溶液的 pH。$K_{a_2}=6.3\times10^{-8}$，$K_{a_3}=4.4\times10^{-13}$。

解 由于 $cK_{a_3}=1.0\times10^{-2}\times4.4\times10^{-13}<20K_W$，但 $c\gg K_{a_2}$，于是

$$[H^+] = \sqrt{\frac{K_{a_2}(cK_{a_3}+K_W)}{c}}$$
$$= \sqrt{\frac{6.3\times10^{-8}\times(1.0\times10^{-2}\times4.4\times10^{-13}+1.0\times10^{-14})}{1.0\times10^{-2}}}$$
$$= 3.0\times10^{-10}(\text{mol}\cdot\text{L}^{-1})$$
$$\text{pH}=9.52$$

3.3.4.2 弱酸弱碱盐溶液 pH 的计算

如浓度为 c(mol·L^{-1})的 NH$_4$Ac 水溶液，其中 NH$_4^+$ 为酸组分，Ac$^-$ 为碱组分，是分子中酸碱组分比为 1:1 的弱酸弱碱的代表，其 PBE 为

$$[H^+]+[HAc]=[NH_3]+[OH^-]$$

$$[H^+]+\frac{[H^+][Ac^-]}{K_{a(HAc)}}=\frac{[NH_4^+]K_{a(NH_4^+)}}{[H^+]}+[OH^-] \tag{3-29}$$

只要 c 不是太小，忽略 NH$_4^+$、Ac$^-$ 的酸式、碱式解离对它们浓度的影响，则有 $[NH_4^+]\approx c$，$[Ac^-]\approx c$。将式(3-29)与式(3-24)、式(3-25)相比较后不难得出

$$[H^+] = \sqrt{\frac{K_{a(HAc)}(cK_{a(NH_4^+)}+K_W)}{c+K_{a(HAc)}}}$$

其它各种近似计算公式均可根据相应的条件而得出。由于 $K_{a(NH_4^+)}=K_{b(Ac^-)}=5.6\times10^{-10}$，说明 NH$_4^+$ 进行酸式解离和 Ac$^-$ 作碱式解离的程度相近，故 NH$_4$Ac 溶液呈中性。

对于多元弱酸与弱碱形成的盐，例如(NH$_4$)$_2$A（其中 A 代表 S^{2-}、CO$_3^{2-}$ 及 C$_2$O$_4^{2-}$ 等），其酸碱平衡时的情况较 NH$_4$Ac 要复杂得多，需根据具体情况分清主次对 PBE 进行简化。以 NH$_4^+$、A^{2-} 和 H$_2$O 作为质子参考水准，这类物质溶液的 PBE 为

$$[H^+]+[HA^-]+2[H_2A]=[NH_3]+[OH^-]$$

对于(NH$_4$)$_2$S 溶液来说，溶液中有下述平衡：

$$(NH_4)_2S \rightleftharpoons 2NH_4^+ + S^{2-}$$

$$NH_4^+ + H_2O \rightleftharpoons NH_3 + H_3O^+ \qquad K_a = 5.6 \times 10^{-10}$$

$$S^{2-} + H_2O \rightleftharpoons HS^- + OH^- \qquad K_{b_1} = K_W/K_{a_2} = 8.3$$

$$HS^- + H_2O \rightleftharpoons H_2S + OH^- \qquad K_{b_2} = K_W/K_{a_1} = 1.8 \times 10^{-7}$$

$$2H_2O \rightleftharpoons H_3O^+ + OH^- \qquad K_W = 1.0 \times 10^{-14}$$

比较各解离平衡常数后可以看出,由于 S^{2-} 的第一级碱式解离是最主要的反应趋势,相比之下可以忽略 S^{2-} 的第二级碱式解离和水的解离,将 S^{2-} 近似为一元弱碱处理。于是得到相应 PBE 的简化式

$$[HS^-] \approx [NH_3]$$

同时

$$[HS^-] = \frac{c[H^+]}{[H^+] + K_{a_2}} \left(= \frac{cK_{b_1}}{[HO^-] + K_{b_1}} \right)$$

此时有

$$\frac{c[H^+]}{[H^+] + K_{a_2}} = \frac{2cK_a}{[H^+] + K_a}$$

展开得

$$[H^+]^2 - K_a[H^+] - 2K_a K_{a_2} = 0$$

$$[H^+] = \frac{K_a + \sqrt{K_a^2 + 8K_a K_{a_2}}}{2} \tag{3-30}$$

对于 $(NH_4)_2S$ 溶液,由于 $K_a K_{a_2}$(等于 1.2×10^{-15})极小,故可在计算中忽略,此时式(3-30)可进一步简化为

$$[H^+] \approx K_a = 5.6 \times 10^{-10} \mathrm{mol \cdot L^{-1}}$$

对于 $(NH_4)_2CO_3$ 溶液来说,由于 CO_3^{2-} 的 $K_{b_1}(1.8 \times 10^{-4}) \gg K_{b_2}(2.4 \times 10^{-8}) > K_a(5.6 \times 10^{-10})$。故亦可以将其视为一元弱碱,按上述相似的方法进行处理,即可用式(3-30)计算其 pH。

$(NH_4)_2C_2O_4$ 的情况略有不同,其 $K_{b_1} = 1.6 \times 10^{-10}$,$K_{b_2} = 1.7 \times 10^{-13}$,$K_a = 5.6 \times 10^{-10}$。可见 NH_4^+ 进行酸式解离、$C_2O_4^{2-}$ 进行碱式解离的趋势比较接近,故溶液应接近中性($[H^+]$ 略大于 $10^{-7} \mathrm{mol \cdot L^{-1}}$),pH 略小于 7。

综上所述,只要把握住溶液中的主要平衡关系,不仅可以使计算过程大为简化,而且计算结果也能基本符合实际情况。

3.4 酸碱缓冲溶液

酸碱缓冲溶液在一定的程度和范围内可以稳定溶液的酸碱度,减小和消除因加入少量酸、碱(或因化学反应产生的少量酸、碱)或适度稀释对溶液 pH 的影响,使其不致发生显著变化。因此,在化学工业、分析化学、农业、生物化学和临床医学等许多领域中都有着十分重要的意义。

分析化学中的定性鉴定、定量测定、待测组分的分离与富集、干扰组分的掩蔽或除去等,一般都需要在一定的酸度条件下进行,因此酸碱缓冲溶液在分析化学中的应用是多方面的。就其作用而言,可以分为两类。一类是用于控制溶液酸度的一般酸碱缓冲溶液,它们大多是由一定浓度的共轭酸碱对所组成,常用的这类缓冲溶液列于表 3-1 中。另一类是酸碱标准

缓冲溶液,它们是由规定浓度的某些逐级解离常数相差较小的两性物质(如酒石酸氢钾等),或由共轭酸碱对(如 $H_2PO_4^-$-HPO_4^{2-} 等)所组成,其值是根据国际纯粹与应用化学联合会(IUPAC)所规定的 pH 操作定义经实验准确测定的,在国际上规定用作测量溶液 pH 时的参照溶液。表 3-2 列出了几种常用标准缓冲溶液及其 pH 的实验值。当使用酸度计测量溶液的 pH 时,选取与被测溶液 pH 范围接近的标准缓冲溶液来校正仪器,可以提高测量的准确度,同时还需注意测量时的温度。本节主要讨论缓冲溶液 pH 的计算及其有关性质等。

表 3-1 常用缓冲溶液体系

缓冲体系	酸的存在形式	碱的存在形式	pK_a
氨基乙酸-HCl	$^+NH_3CH_2COOH$	$NH_3CH_2COO^-$	2.35(pK_{a_1})
氯乙酸-NaOH	$CH_2ClCOOH$	CH_2ClCOO^-	2.86
KHP*	H_2P	HP^-	2.95(pK_{a_1})
甲酸-NaOH	$HCOOH$	$HCOO^-$	3.76
HAc-NaAc	HAc	Ac^-	4.74
六亚甲基四胺-HCl	$(CH_2)_6N_4H^+$	$(CH_2)_6N_4$	5.15
NaH_2PO_4-Na_2HPO_4	$H_2PO_4^-$	HPO_4^{2-}	7.20(pK_{a_2})
三乙醇胺-HCl	$^+NH(CH_2CH_2OH)_3$	$N(CH_2CH_2OH)_3$	7.76
Tris**-HCl	$^+NH_3C(CH_2OH)_3$	$NH_2C(CH_2OH)_3$	8.21
NaB_4O_7-HCl	H_3BO_3	$H_2BO_3^-$	9.24(pK_{a_1})
NaB_4O_7-NaOH	H_3BO_3	$H_2BO_3^-$	9.24(pK_{a_1})
NH_3-NH_4Cl	NH_4^+	NH_3	9.26
乙醇胺-HCl	$^+NH_3CH_2CH_2OH$	$NH_2CH_2CH_2OH$	9.50
氨基乙酸-NaOH	$^+NH_3CH_2COO$	$NH_2CH_2COO^-$	9.60(pK_{a_2})
$NaHCO_3$-Na_2CO_3	HCO_3^-	CO_3^-	10.25(pK_{a_2})

* KHP-邻苯二甲酸氢钾。 ** Tris-三(羟甲基)氨基甲烷。

表 3-2 几种常用的标准缓冲溶液

标准缓冲溶液	pH(实验值,25℃)
饱和酒石酸氢钾(0.034 mol·kg^{-1})	3.56
0.050 mol·kg^{-1}邻苯二甲酸氢钾	4.01
0.025 mol·kg^{-1}KH_2PO_4-0.025 mol·kg^{-1}Na_2HPO_4	6.86
0.010 mol·kg^{-1}硼砂	9.18

注:表中 mol·kg^{-1} 是物质的质量摩尔浓度单位。

3.4.1 缓冲溶液 pH 的计算

3.4.1.1 一般缓冲溶液 pH 的计算

作为控制溶液酸度的一般缓冲溶液,其中共轭酸碱组分的浓度不会很低,加之对计算结果的准确度不需作很高的要求,故经常采用近似公式计算其 pH。以一元弱酸 HA(浓度为

c_{HA})及其共轭碱 NaA(浓度为 c_{A^-})组成的缓冲溶液为例,其 MBE 和 CBE 分别为

MBE
$$[Na^+] = c_{A^-} \tag{3-31}$$
$$[HA] + [A^-] = c_{HA} + c_{A^-} \tag{3-32}$$

CBE
$$[Na^+] + [H^+] = [A^-] + [OH^-] \tag{3-33}$$

将式(3-31)代入式(3-33)得
$$[A^-] = c_{A^-} + [H^+] - [OH^-] \tag{3-34}$$

将式(3-34)代入式(3-32)得
$$[HA] = c_{HA} - [H^+] + [OH^-] \tag{3-35}$$

再将[A⁻]与[HA]代入 HA 解离常数的表达式中,得精确式为
$$[H^+] = \frac{[HA]}{[A^-]} \cdot K_a = \frac{c_{HA} - [H^+] + [OH^-]}{c_{A^-} + [H^+] - [OH^-]} \cdot K_a \tag{3-36}$$

式中,K_a 代表酸碱组分中共轭酸的解离常数。例如,计算 NaH_2PO_4-Na_2HPO_4 缓冲溶液的 pH 时,式(3-36)中的 K_a 应为 H_3PO_4 的 K_{a_2}。

式(3-26)展开后含[H⁺]的三次方程。由于缓冲溶液控制的酸度具有一定的范围,且本身又具有一定的浓度,因此在实际应用中常根据具体情况作如下近似处理。

(1)如缓冲体系在酸性范围(pH≤6)起缓冲作用,例如 HAc-NaAc,由于溶液中[H⁺]≫[OH⁻],式(3-36)可简化为
$$[H^+] = \frac{c_{HA} - [H^+]}{c_{A^-} + [H^+]} \cdot K_a \tag{3-37}$$

(2)若缓冲体系在碱性范围(pH≥8)起缓冲作用,如 NH_3-NH_4^+ 等,则[OH⁻]≫[H⁺],式(3-36)又可简化为
$$[H^+] = \frac{c_{HA} + [OH^-]}{c_{A^-} - [OH^-]} \cdot K_a \tag{3-38}$$

或
$$[OH^-] = \frac{c_{A^-} - [OH^-]}{c_{HA} + [OH^-]} \cdot K_b \tag{3-38a}$$

式(3-37)和式(3-38)均为忽略水的解离后的近似计算式。

(3)如果 c_{HA}、c_{A^-} 远较溶液中的[H⁺]和[OH⁻]大(均大于20倍或更多时),则不但可以忽略水的解离,还可以忽略因共轭酸碱的解离对其浓度的影响,从而得到通常使用的最简计算式,即
$$[H^+] = \frac{c_{HA}}{c_{A^-}} \cdot K_a, \quad pH = pK_a + \lg \frac{c_{A^-}}{c_{HA}} \tag{3-39}$$

当 c_{HA} 或 c_{A^-} 某一方的浓度很小,或者两者的浓度都很小时,有时(还与 K_a 的大小有关)就不宜采用最简式进行计算,以下用具体例子予以说明。

例 3-10 $0.20 mol \cdot L^{-1} NH_3$-$0.30 mol \cdot L^{-1} NH_4Cl$ 溶液,往 200 mL 该缓冲溶液中:(1)加入 50 mL $0.10 mol \cdot L^{-1}$ NaOH 溶液;(2)加入 50 mL $0.10 mol \cdot L^{-1}$ HCl 溶液。溶液的 pH 各改变了多少?已知 NH_4^+ 的 $pK_a = 9.26$。

解 (1)先按最简式计算 0.20 mol·L⁻¹NH₃-0.30mol·L⁻¹NH₄Cl 溶液的 pH

$$pH = pK_a + \lg \frac{c_{NH_3}}{c_{NH_4^+}} = 9.26 + \lg \frac{0.20}{0.30} = 9.08$$

此时[H⁺]=10⁻⁹·⁰⁸mol·L⁻¹,由于 c_{NH_3}、$c_{NH_4^+} \gg [OH^-] \gg [H^+]$,因此用最简式进行计算是合理的。

加入 50 mL0.10mol·L⁻¹NaOH 溶液后

$$c_{NH_3} = \frac{200 \text{ mL} \times 0.20\text{mol·L}^{-1} + 50 \text{ mL} \times 0.10\text{mol·L}^{-1}}{200 \text{ mL} + 50 \text{ mL}} = 0.18 \text{ mol·L}^{-1}$$

$$c_{NH_4^+} = \frac{200 \text{ mL} \times 0.30\text{mol·L}^{-1} - 50 \text{ mL} \times 0.10\text{mol·L}^{-1}}{200 \text{ mL} + 50 \text{ mL}} = 0.22 \text{ mol·L}^{-1}$$

由于 c_{NH_3} 和 $c_{NH_4^+}$ 仍都较大,同理,仍可按最简式计算

$$pH = 9.26 + \lg \frac{0.18}{0.22} = 9.17$$

溶液的 pH 增大了,即 9.17-9.08=0.09 个 pH 单位。

(2)加入 50 mL0.10mol·L⁻¹HCl 溶液后

$$c_{NH_3} = \frac{200 \text{ mL} \times 0.20\text{mol·L}^{-1} - 50 \text{ mL} \times 0.10\text{mol·L}^{-1}}{200 \text{ mL} + 50 \text{ mL}} = 0.14 \text{ mol·L}^{-1}$$

$$c_{NH_4^+} = \frac{200 \text{ mL} \times 0.30\text{mol·L}^{-1} + 50 \text{ mL} \times 0.10\text{mol·L}^{-1}}{200 \text{ mL} + 50 \text{ mL}} = 0.26 \text{ mol·L}^{-1}$$

同理

$$pH = 9.26 + \lg \frac{0.14}{0.26} = 8.99$$

溶液 pH 减小了,即 9.08-8.99=0.09 个 pH 单位。

例 3-11 在 20.00 mL 0.100 0mol·L⁻¹HA($K_a = 1.0 \times 10^{-7}$)溶液中,加入 0.100 0mol·L⁻¹NaOH 溶液 19.98 mL 后,计算溶液的 pH。

解 NaOH 与 HA 反应后,HA 和 A⁻ 的浓度分别为

$$c_{HA} = \frac{0.100\ 0\text{mol·L}^{-1} \times 0.02 \text{ mL}}{20.00 \text{ mL} + 19.98 \text{ mL}} = 5.0 \times 10^{-5}\text{mol·L}^{-1}$$

$$c_{A^-} = \frac{0.100\ 0\text{mol·L}^{-1} \times 19.98 \text{ mL}}{20.00 \text{ mL} + 19.98 \text{ mL}} = 5.0 \times 10^{-2}\text{mol·L}^{-1}$$

先按最简式进行计算

$$pH = pK_a + \lg \frac{c_{A^-}}{c_{HA}} = 7.00 + \lg \frac{5.0 \times 10^{-2}}{5.0 \times 10^{-5}} = 10.00$$

此时[H⁺]=1.0×10⁻¹⁰mol·L⁻¹,[OH⁻]=1.0×10⁻⁴mol·L⁻¹,[OH⁻]≫[H⁺]。虽然 $c_{A^-} \gg [OH^-]$,但由于 $c_{HA} < [OH^-]$,故应采用近似式(3-38a)进行计算;$K_b = K_W/K_a = 1.0 \times 10^{-7}$。

$$[OH^-] = \frac{c_{A^-} - [OH^-]}{c_{HA} + [OH^-]} \cdot K_b = \frac{5.0 \times 10^{-2}\text{mol·L}^{-1} - [OH^-]}{5.0 \times 10^{-5}\text{mol·L}^{-1} + [OH^-]} \times 1.0 \times 10^{-7}$$

解此一元二次方程,得

$$[OH^-] = 5.0 \times 10^{-5}\text{mol·L}^{-1}$$

$$[H^+] = 2.0 \times 10^{-10}\text{mol·L}^{-1} \qquad pH = 9.70$$

3.4.1.2 标准缓冲溶液 pH 的计算

在前面处理酸碱平衡的有关讨论中,都未考虑活度常数和浓度常数的区别,在一般的情况下,这种近似是可以满足要求的。

但是,标准缓冲溶液的 pH 是在较严格的条件下(浓度、温度一定),经准确的实验测得的 H^+ 的活度。如欲通过有关公式进行理论计算,必须考虑溶液中离子强度对各离子的影响,通过计算有关离子的活度系数对其活度进行校正,否则理论计算值将与实验值不相符合。例如,由 $0.025\text{mol} \cdot \text{L}^{-1} \text{KH}_2\text{PO}_4$ 和 $0.025\text{mol} \cdot \text{L}^{-1} \text{Na}_2\text{HPO}_4$ 组成的缓冲溶液,经精确测定,其 pH 为 6.86。若按式(3-39)计算则得

$$\text{pH} = \text{p}K_{a_2} + \lg \frac{c_{\text{HPO}_4^{2-}}}{c_{\text{H}_2\text{PO}_4^-}} = 7.20 + \lg \frac{0.025}{0.025} = 7.20$$

此值与实验值相差颇大。因此正确的计算公式应为

$$\text{pH} = \text{p}K_{a_2} + \lg \frac{a_{\text{HPO}_4^{2-}}}{a_{\text{H}_2\text{PO}_4^-}}$$

式中,K_{a_2} 为 H_3PO_4 的第二级活度解离常数,它反映了溶液中有关组分活度之间的平衡关系,由此计算出的才是 a_{H^+}。

对于高浓度的电解质溶液,离子活度系数目前尚无较准确的定量计算公式;对于离子强度 $I \leqslant 0.1 \text{mol} \cdot \text{kg}^{-1}$ 的稀溶液,一般可采用戴维斯(Davies)经验公式进行计算:

$$\lg \gamma_i = -0.50 Z_i^2 \left[\frac{\sqrt{I}}{1 + \sqrt{I}} - 0.30 I \right] \tag{3-40}$$

式中,γ_i 为第 i 种离子的活度系数;Z_i 为第 i 种离子的电荷数;I 为溶液的离子强度,可由下式求得:

$$I = \frac{1}{2} \sum_{i=1}^{n} c_i Z_i^2 \tag{3-41}$$

式中,c_i 为溶液中第 i 种离子的浓度。由式(3-41)可以看出,由于电荷的作用是以平方关系出现的,因此离子的价态对离子强度的影响较大。溶液的 I 越大,γ 值越小,离子活度与溶液之间的差值越大。在实际溶液中,一般情况下 $\gamma < 1, a < c$。仅当溶液极稀时,由于离子间的相互作用力极弱($I < 10^{-4} \text{mol} \cdot \text{kg}^{-1}$),此时 $\gamma \to 1, a \approx c$,该溶液称为理想溶液。

对于中性分子,由于它们在溶液中不是以离子状态存在,其活度系数虽受离子强度增大的影响,但是这种影响一般很小,因此通常将中性分子的活度系数粗略地视为 1。稀溶液中的溶剂,其活度一般也视为 1。

3.4.2 缓冲容量与缓冲范围

一切缓冲溶液的缓冲作用都是有限度的。比如,当加入强碱(强酸)的浓度接近于缓冲溶液中弱酸(共轭碱)的浓度,或对缓冲溶液进行过度稀释时,都会使其缓冲能力逐渐消失,因此每种缓冲溶液只具有一定的缓冲能力。早在 1922 年,范斯莱克(Van Slyke)就提出以缓冲容量(又称缓冲指数)作为衡量缓冲溶液缓冲能力大小的尺度,其数学表达式为

$$\beta = \text{d}b/\text{dpH} = -\text{d}a/\text{dpH} \tag{3-42}$$

式中,β 为缓冲容量。它的物理意义是:使 1L 溶液的 pH 增加 dpH 单位时所需强碱的量为 $\text{d}b(\text{mol})$;或是使 1L 溶液的 pH 减少 dpH 单位时所需强酸的量为 $\text{d}a(\text{mol})$。由于酸度增加使溶液的 pH 减少,为保持 β 为正,故在 $\text{d}a/\text{dpH}$ 式前加一负号。β 越大,溶液的缓冲能力越

大。可以证明
$$\beta = 2.3c\delta_{HA}\delta_{A^-} = 2.3c\delta_{HA}(1-\delta_{HA}) \tag{3-43}$$
因此缓冲容量的大小与共轭酸碱组分的总浓度 c (等于 $c_{HA} + c_{A^-}$)及其比值有关(即随 δ_{HA} 和 δ_{A^-} 而变化)。当 c_{HA}/c_{A^-} 一定时,总浓度愈大,缓冲容量亦愈大,所以过度的稀释将导致缓冲溶液的缓冲能力显著降低。而当总溶度一定时,c_{HA} 与 c_{A^-} 愈接近(其比值接近于1),缓冲溶液的 β 亦愈大;当 pH = pK_a,即 $c_{HA} = c_{A^-} = 0.5c$ 时,缓冲容量有最大值:
$$\beta_{max} = 2.3 \times 0.5c \times 0.5 = 0.575c$$

缓冲溶液的总浓度一定时,c_{HA}/c_{A^-} 值离 1 越远,缓冲容量越小,甚至可能失去其缓冲作用。因此缓冲溶液的缓冲作用都有一个有效的 pH 范围,它大约在 pK_a 值两侧各一个 pH 单位之内,称之为缓冲范围:
$$pH = pK_a \pm 1$$
当 pH = pK_a ± 1 时,有 c_{HA}/c_{A^-} = 1/10 (或 10/1),由式(3-43)可得此时缓冲溶液的 β 为 $0.19c$,约为最大值的 1/3。一般来说,当 c_{HA}/c_{A^-} 为 1/50 (或 50/1)时,可认为这种 HA-A$^-$ 溶液已不具有缓冲能力。

例如,HAc-NaAc 缓冲体系,pK_a = 4.74,其缓冲范围为 pH = 3.74~5.74;又如,NH$_3$-NH$_4$Cl 缓冲体系,pK_a = 9.26,其缓冲范围是 pH = 8.26~10.26。

缓冲容量 β 与 pH 和 c 的关系,还可以用图示来说明。根据式(3-43)绘制的 HAc-Ac$^-$ 缓冲溶液的 β-pH 曲线如图 3-4 中 1,2 所示。

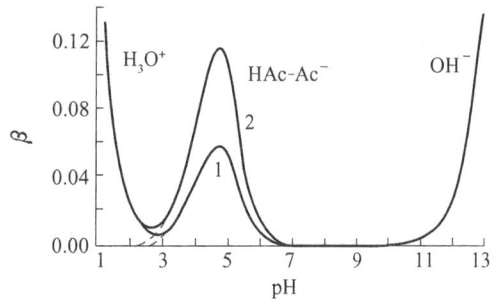

图 3-4 HAc-Ac$^-$ 溶液中 β 与 pH 和 c 的关系
($c_1 = 0.1\ mol \cdot L^{-1}, c_2 = 0.2\ mol \cdot L^{-1}$)

由图中可以看出,当 pH = pK_a 时,曲线有一最高峰,表明此时 β 具有最大值,且峰值的大小又与 $c_{总}$ 有关。在 pH = pK_a ± 1 的范围内,缓冲溶液具有较大的缓冲容量;而超出此范围,缓冲能力将显著下降。

3.4.3 缓冲溶液的选择与配制

选择缓冲溶液时,应使其中酸组分的 pK_a 等于或接近于所需要稳定的 pH,至少使要求控制的酸度落在缓冲溶液的缓冲范围之内;且缓冲溶液还应具有一定的总浓度(一般在 0.01~1 mol·L^{-1} 之间);缓冲剂各组分对分析反应亦不应发生干扰。

例如,若需要控制溶液的酸度在 pH = 5 左右,可以选择 HAc-NaAc 缓冲溶液,因此 pK_a = 4.74;亦可以选择 (CH$_2$)$_6$N$_4$ (六亚甲基四胺)-HCl 体系,因为 (CH$_2$)$_6$N$_4$H$^+$ 的 pK_a = 5.15。

氨基酸是两性物质,它既可与强酸亦可与强碱作用,可配制成缓冲范围不同的缓冲液。例如,氨基乙酸与适量的强酸或强碱反应后,可形成共轭酸碱组分为 $^+$H$_3$NCH$_2$COOH-$^+$H$_3$NCH$_2$COO$^-$ 或为 $^+$H$_3$NCH$_2$COO-H$_2$NCH$_2$COO$^-$ 的缓冲溶液,其缓冲的 pH 范围分别为 pK_{a_1} (2.35) ± 1 和 pK_{a_2} (9.60) ± 1。

除了上述具有一定浓度的共轭酸碱对溶液之外,浓度较高的强酸与强碱也具有一定的缓冲作用。这里由于溶液中 [H$^+$] 或 [OH$^-$] 较大时,少量碱或酸的加入不会使溶液的酸碱度发生显著变化。图 3-4 中两侧的曲线分别说明了一定浓度的强酸在 pH < 2、强碱在 pH >

12时具有较大的缓冲容量。因此,当分析反应要求稳定溶液的酸度在pH=0~2或pH=12~14的范围内时,则可采用一定浓度的强酸或强碱来控制溶液的酸度。但是,当这类溶液稀释时,溶液的pH将发生显著的变化,这点与由共轭酸碱组成的缓冲溶液是不同的。可以证明,若强酸或强碱的浓度为c时,其缓冲容量$\beta=2.3c$。

由一对共轭酸碱组成的缓冲溶液,其缓冲范围都比较窄(pH=$pK_a\pm1$)。为了使同一缓冲溶液能在较广泛的pH范围起缓冲作用,可以采用多元弱酸和弱碱组成的缓冲体系。例如,将柠檬酸($pK_{a_1}=3.13$,$pK_{a_2}=4.76$,$pK_{a_3}=6.40$)和磷酸氢二钠(H_3PO_4的$pK_{a_1}=2.12$,$pK_{a_2}=7.20$,$pK_{a_3}=12.36$)两种溶液按不同的比例混合,可以得到pH为2~8的一系列缓冲溶液,这是因为在这种缓冲体系中,有多个pK_a不同的共轭酸碱对起作用。此外,还可以选用一定浓度的多种弱酸(弱碱)组分,与一定浓度的NaOH(或HCl)溶液按不同比例混合,配制成具有广泛pH范围的一系列缓冲溶液。这类缓冲溶液的配方可以在有关手册中查到。常用缓冲溶液体系见表3-1,由于在弱酸性、弱碱性范围内进行化学反应一般都需要控制酸度,因此,由共轭酸碱组成的缓冲体系应用比较广泛。

例 3-12 怎样配制 1.0 L pH=10.00,$\beta=0.20$ 的缓冲溶液?

解 根据题设条件,由表 3-1 可选择 $pK_a=9.26$ 的 NH_3-NH_4Cl 缓冲溶液,并根据 $\beta=2.3c\delta_{HA}\delta_{A^-}$ 得

$$c=\frac{\beta}{2.3\delta_{HA}\delta_{A^-}}$$

又

$$\delta_{NH_4^+}=\frac{[H^+]}{[H^+]+K_a}=\frac{1.0\times10^{-10}}{1.0\times10^{-10}+5.6\times10^{-10}}=0.15$$

$$\delta_{NH_3}=1-\delta_{NH_4^+}=1-0.15=0.85$$

则

$$c=\frac{0.20}{2.3\times0.15\times0.85}=0.68(mol\cdot L^{-1})$$

因此配制 1.0L 该缓冲溶液需要:

NH_4Cl $0.68 mol\cdot L^{-1}\times1.0L\times0.15=0.10$ mol,约 5.4 g;

NH_3 $0.68 mol\cdot L^{-1}\times1.0L\times0.85=0.58$ mol,38 mL 含 NH_3 为 29% 的溶液。

3.5 酸碱指示剂

3.5.1 指示剂的作用原理

在酸碱滴定的过程中,被滴定的溶液在外观上通常不发生任何变化,需借助酸碱指示剂颜色的改变来指示滴定终点。酸碱指示剂一般是某些有机弱酸或弱碱,或是有机酸碱两性物质,它们在酸碱滴定过程中也能参与质子转移反应,因分子结构的改变而引起自身颜色的变化,并且这种颜色伴随结构的转变是可逆的。当酸碱滴定至计量点附近时,随着溶液 pH 的变化,指示剂不同型体的浓度之比迅速改变,溶液的颜色亦开始变化。当某种型体达到一定的浓度时,溶液因明显地显示它的颜色而指示滴定终点。

例如,酚酞(phenolphthalein,PP)是有机弱酸,称为酸型指示剂,它在水溶液中有如下颜色变化:

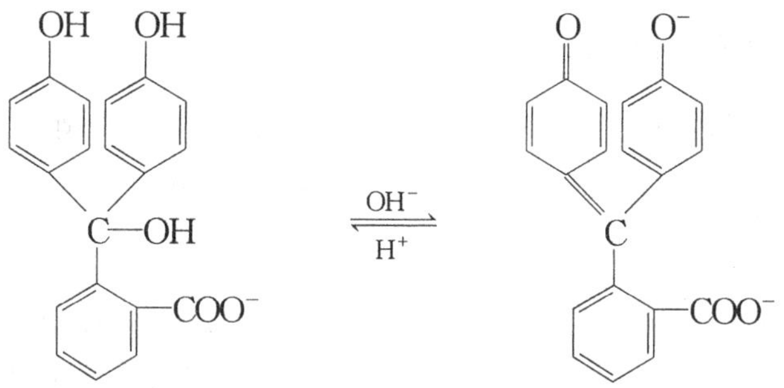

酸型,无色　　　　　　　　　　　　碱型,红色(醌式)

在酸性溶液中,酚酞以各种无色型体存在。随着溶液中 H^+ 浓度的逐渐减小,上述平衡向右移动,当溶液呈碱性时,因酚酞转化为醌式结构而显红色;反之,溶液则由红色变为无色。酚酞的碱型是不稳定的,在浓碱溶液中它会转变成羧酸盐式的无色三价离子而使溶液的红色褪去。类似酚酞,在酸式或碱式型体中仅有一种型体具有颜色的指示剂,称为单色指示剂。

甲基橙(Methyl Orange,MO)是一种有机碱,因其酸式和碱式型体均有颜色而称为双色指示剂。它在水溶液中的解离作用和颜色变化为:

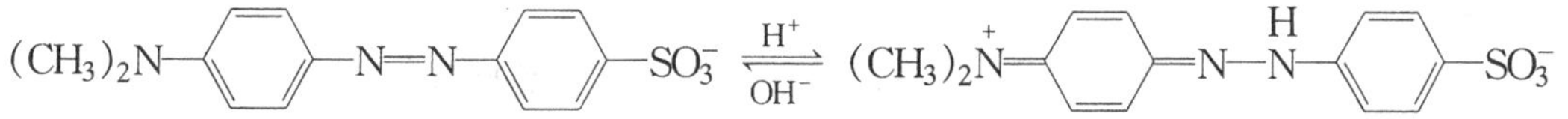

碱型,黄色(偶氮式)　　　　　　　　　　酸型,红色(醌式)

甲基橙是弱碱,称为碱型指示剂。以上平衡关系表明,增大溶液的酸度,平衡向右移动,溶液由黄色转变成红色;反之,则由红色转变为黄色。甲基红的变色情况与甲基橙相似。

应该注意的是,指示剂以酸式或碱式型存在,并不表明此时溶液一定呈酸性或呈碱性,见表3-3。

表3-3　常用的酸碱指示剂

指示剂	变色范围 pH	颜色变化	pK_{HIn}	质量分数	用量 滴/10 mL 试液
百里酚蓝	1.2~2.8 8.0~9.6	红~黄 黄~蓝	1.7 8.9	0.1%的20%乙醇溶液 (同上)	1~2 1~4
甲基黄	2.9~4.0	红~黄	3.3	0.1%的90%乙醇溶液	1
甲基橙	3.1~4.4	红~黄	3.4	0.05%的水溶液	1
溴酚蓝	3.0~4.6	黄~紫	4.1	0.1%的20%乙醇溶液 (或其钠盐的水溶液)	1
溴甲酚绿	4.0~5.6	黄~蓝	5.0	0.1%的20%乙醇溶液 (或其钠盐水溶液)	1~2
甲基红	4.4~6.2	红~黄	5.0	0.1%的60%乙醇溶液 (或其钠盐水溶液)	1
溴百里酚蓝	6.2~7.6	黄~蓝	7.3	0.1%的20%乙醇溶液 (或其钠盐水溶液)	1
中性红	6.8~8.0	红~橙黄	7.4	0.1%的60%乙醇溶液	1
酚酞	8.0~9.6	无~红	9.1	0.1%的90%乙醇溶液	1~2
百里酚酞	9.4~10.6	无~蓝	10.0	0.1%的90%乙醇溶液	1~2

3.5.2 指示剂变化的 pH 范围

现以弱酸型指示剂为例进行讨论，HIn 在溶液中有如下解离平衡：

$$\text{HIn} \rightleftharpoons \text{H}^+ + \text{In}^- \qquad \frac{[\text{In}^-]}{[\text{HIn}]} = \frac{K_a}{[\text{H}^+]}$$

酸式型体　　碱式型体

式中，K_a 为指示剂的解离常数。溶液的颜色是由 $[\text{In}^-]/[\text{HIn}]$ 的比值来决定的。对于某指示剂，在一定的条件下 K_a 是一个常数，因此 $[\text{In}^-]/[\text{HIn}]$ 仅随溶液中 $[\text{H}^+]$ 的变化而改变。当指示剂的酸式型体与碱式型体的浓度相等，即 $[\text{HIn}]/[\text{In}^-]=1$ 时，溶液的 pH$=\text{p}K_a$，称为指示剂的理论变色点，此时溶液呈混合色。若溶液的 pH 由此逐渐减小，指示剂的颜色将向以酸型色为主的方向变化；反之则向以碱型色为主的方向变化。因此当溶液的酸度在指示剂的变色点附近改变时，溶液的颜色亦随之而改变。

需要指出的是，在指示剂的变色点附近，并非溶液的酸度稍有改变时，就能观察到溶液颜色的变化。因为人眼分辨颜色变化的能力是有限度的，当某种颜色占有一定的浓度优势后，就观察不到溶液颜色的变化了。指示剂呈现的颜色与溶液中 $[\text{In}^-]/[\text{HIn}]$ 的比值及 pH 三者之间的关系为：

$[\text{In}^-]/[\text{HIn}] \leqslant 1/10$　　　　　pH $\leqslant \text{p}K_a - 1$　　　　　酸型色

$10 > [\text{In}^-]/[\text{HIn}] > 1/10$　　　pH 在 $\text{p}K_a \pm 1$ 之间　　颜色逐渐变化的混合色

$[\text{In}^-]/[\text{HIn}] \geqslant 10$　　　　　pH $\geqslant \text{p}K_a + 1$　　　　　碱型色

由上可知，当 pH 小于 $\text{p}K_a - 1$ 或大于 $\text{p}K_a + 1$ 时，都观察不出溶液的颜色随酸度而变化的情况。只有当溶液的 pH 由 $\text{p}K_a - 1$ 变化到 $\text{p}K_a + 1$（或由 $\text{p}K_a + 1$ 变化到 $\text{p}K_a - 1$）时，才可以观察到指示剂由酸型（碱型）色经混合色变化到碱型（酸型）色的这一过程。因此，这一颜色变化的 pH 范围，即 pH$=\text{p}K_a \pm 1$ 称为指示剂的变色范围。

指示剂的实际变色范围是由人目测确定的，与理论值 $\text{p}K_a \pm 1$ 并不完全一致，具体数据见表 3-3。这是因为人眼对各种颜色的敏感程度有所差别，以及指示剂两种颜色的强度不同所致。例如，甲基橙的 $\text{p}K_a = 3.4$，理论变色范围应为 pH$=2.4 \sim 4.4$，但实际测量值却是 pH$=3.1 \sim 4.4$。分别计算出在 pH 等于 3.1 和 4.4 时，甲基橙的酸型 HIn^+ 和碱型 In 的分布分数，结果表明，在 pH$=4.4$ 时，$[\text{In}] \approx 10[\text{HIn}^+]$，说明碱型的浓度应大于酸型的 10 倍才能感觉到溶液完全显黄色；而当 pH$=3.1$ 时，$[\text{HIn}^+] \approx 2[\text{In}]$，即酸型的浓度只需大于碱型的 2 倍就能使溶液呈现出红色。产生上述差异的原因是由于人眼对于红色较对黄色更为敏感的缘故，故从红色中辨别黄色比较困难，而在黄色中辨别出红色就比较容易，因此甲基橙的实际变色范围在 pH 较小的一端就短一些，指示剂的变色范围越窄越好，这样当溶液的 pH 值稍有变化时，就能引起指示剂的颜色突变，这对提高测定的准确度是有利的。

在滴定过程中，并不要求指示剂由酸型色完全转变为碱型色或者相反，而只需在指示剂的变色范围内找出能产生明显色变的点，即可据此指示滴定终点。例如，甲基橙在其变色过程中，当 pH$=4$ 时呈明显的橙色，比较容易分辨出来，通常将它称为甲基橙的实际变色点，并用来指示终点。

由于不同的人对同一颜色的敏感程度有所不同，就是同一个人观察同一个颜色变化过程也会有所差异。一般而言，人们观察指示剂颜色的变化有 0.2~0.5pH 单位的误差，称之为观测点的不确定性，用 ΔpH 来表示。$\Delta\text{pH} = \text{pH}_{ep} - \text{pH}_{sp}$，即终点与计量点时溶液 pH 之差。本章按 $\Delta pH = \pm 0.2$ 来考虑,作为使用指示剂目测终点的分辨极限值。若采用电位法或其它仪器分析方法来确定终点,则可以减小检测终点的不确定性,从而提高测定的准确度。常用酸碱指示剂列于表 3-3 中。

3.5.3 影响指示剂变色范围的因素

1. 指示剂的用量

在滴定过程中,适宜的指示剂浓度将使其在终点变色比例敏锐,有助于提高滴定分析的准确度,对于双色指示剂更是如此。如指示剂的浓度过高或过低,会使得溶液的颜色太深或太浅,因变色不够明显而影响对终点的准确判断。同时指示剂的变色也要消耗一定的滴定剂,从而引入误差,故使用时其用量要合适。

对于双色指示剂,当溶液中[H^+]一定时,其酸型与碱型的浓度之比[HIn]/[In^-]是一个定值,因此指示剂的变色范围不受其用量的影响。但是单色指示剂则不然,比如酚酞,当其碱型 In^- 的红色在溶液中达到人眼可觉察的某一最低浓度[In^-]$_{min}$(或是这一最低浓度的红色消失)时,人们就能据此判断滴定终点,而这一最低浓度是一定的。设酚酞的浓度为 c,则变色时

$$[In^-]_{min} = \delta_{In^-} c = \frac{cK_a}{[H^+] + K_a}$$

若酚酞的浓度增大至 c',由于[In^-]$_{min}$不变,则溶液中[H^+]较前者增大,即指示剂将在较前者为低的 pH 变色。以上分析表明,单色指示剂的用量增加,其变色范围向 pH 减小的方向移动。例如,在 50~100 mL 溶液中加入 2~3 滴 0.1% 酚酞,溶液出现微红时其 pH≈9;而在其它条件相同时,加入 10~15 滴酚酞,则在 pH≈8 时溶液即呈微红。

为了达到更好的观测效果,在选择指示剂时还要注意它在终点时的变色情况。例如,酚酞由酸型无色变为碱型红色,颜色变化十分明显,易于辨别,因此比较适宜在以强碱作滴定剂时使用。同理,用强酸滴定强碱时,采用甲基橙就较酚酞适宜。

2. 温度

温度的变化会引起指示剂解离常数和水的质子自递常数发生变化,因而指示剂的变色范围亦随之改变,对碱型指示剂的影响较酸型指示剂更为明显。例如,在 18℃ 时,甲基橙的变色范围为 3.1~4.4;而在 100℃ 时,则为 2.5~3.7。一般酸碱滴定都在室温下进行,若有必要加热煮沸,也须在溶液冷却后再滴定。

3. 中性电解质

由于中性电解质的存在增大了溶液的离子强度,使得指示剂的解离常数发生改变,从而影响其变色范围。此外,电解质的存在还影响指示剂对光的吸收,使其颜色的强度发生变化,因此滴定中不宜有大量中性盐存在。

4. 溶剂

不同的溶剂具有不同的介电常数和酸碱性,因而影响指示剂的解离常数和变色范围。例如,甲基橙在水溶液中 pK_a 为 3.4,而在甲醇中则为 3.8。

3.5.4 混合指示剂

表 3-3 中列出的都是单一指示剂,其变色范围一般都比较宽,有的在变色过程中还出现难以辨别的过渡色。在某些酸碱滴定中,为了达到一定的准确度,需要将滴定终点限制在较

窄小的 pH 范围内(例如对弱酸或弱碱的滴定),这样,一般的指示剂就难以满足需要。混合指示剂利用了颜色之间的互补作用,具有很窄的变色范围,且在滴定终点有敏锐的颜色变化,在上述情况下可以正确地指示滴定终点。

混合指示剂有两种配制方法:一是采用一种颜色不随溶液 H^+ 浓度变化而改变的染料(称为惰性染料)和一种指示剂配制而成;二是选择两种(或多种)pK_a 值比较接近的指示剂,按一定的比例混合使用。

例如,甲基橙(0.1%)和靛蓝二磺酸钠(0.25%)组成的混合指示剂(1∶1),靛蓝二磺酸钠在滴定过程中不变色(蓝色),只作为甲基橙变色的背景。该混合指示剂随溶液 pH 的改变而发生如下的颜色变化:

溶液的酸度	甲基橙	甲基橙+靛蓝二磺酸钠
pH≥4.4	黄色	黄绿色
pH=4.1	橙色	浅灰色
pH≤3.1	红色	紫色

可见,混合指示剂由黄绿色(或紫色)变化为紫色(黄绿色),中间呈近乎无色的浅灰色,变色敏锐,易于辨别。

其它常用混合酸碱指示剂及其配制方法可查阅分析化学手册。

3.6 强酸(碱)和一元弱酸(碱)的滴定

在酸碱滴定的过程中,溶液中 $[H^+]$ 随着滴定剂的加入而逐渐变化的情况可用相应的滴定曲线直观地表示出来。当滴定剂与被滴定物之间的反应定量完成,即滴定到达计量点时,溶液的 pH 用 pH_{sp} 表示。正确地确定 pH_{sp} 是准确进行酸碱滴定的关键,通常借助酸碱指示剂以指示此时的颜色变化予以确定。不同类型的滴定曲线具有各自的变化规律及特征,而不同的指示剂又具有不同的变色范围。因此,什么是滴定突跃及其实用意义,影响滴定突跃的因素有哪些,如何正确地选择指示剂,滴定的可行性判据及终点误差的计算等,是本节主要讲述的内容。下面按照不同类型的滴定反应分别进行讨论。

3.6.1 强碱(酸)滴定强酸(碱)

酸碱滴定中的滴定剂一般为强酸或强碱。上述类型的滴定反应为

$$H^+ + OH^- = H_2O$$

$$K_t = \frac{1}{[H^+][OH^-]} = \frac{1}{K_W} = 1.0 \times 10^{14} \quad (25℃)$$

此类滴定反应的平衡常数(滴定常数)K_t 相当大,说明反应进行得十分完全。事实上,强酸强碱之间的滴定是水溶液中反应完全程度最高,且具有最大 K_t 的酸碱反应。下面以 $0.1000\,mol \cdot L^{-1}$ NaOH 溶液滴定 20.00 mL(V_0)等浓度的 HCl 溶液为例进行讨论。设滴定中加入 NaOH 的体积为 V(mL),整个滴定过程可按以下四个阶段来考虑。

(1)滴定之前($V=0$)。溶液的 pH 由 c_{HCl} 决定,即

$$[H^+] = c_{HCl} = 0.1000\,mol \cdot L^{-1} \quad pH = 1.00$$

(2)滴定开始至化学计量点之前($V < V_0$)。随着滴定剂的加入,溶液中 $[H^+]$ 取决于剩余 HCl 的浓度,即

$$[H^+] = \frac{V_0 - V}{V_0 + V} \cdot c_{HCl}$$

例如,当滴入 19.98 mL NaOH 溶液时(−0.1% 相对误差):

$$[H^+] = \frac{(20.00 - 19.98)\text{mL}}{(20.00 + 19.98)\text{mL}} \times 0.1000 \text{ mol} \cdot L^{-1}$$
$$= 5.0 \times 10^{-5} \text{mol} \cdot L^{-1}$$
$$pH = 4.30$$

(3) 化学计量点时 ($V = V_0$)。滴入 20.00 mL NaOH 溶液时,HCl 与 NaOH 恰好完全反应,溶液呈中性,H^+ 来自水的解离。

$$[H^+] = [OH^-] = \sqrt{K_W} = 1.0 \times 10^{-7} \text{mol} \cdot L^{-1}$$
$$pH = 7.00$$

(4) 计量点后 ($V > V_0$)。溶液的 pH 由过量 NaOH 的浓度决定,即

$$[OH^-] = \frac{V - V_0}{V_0 + V} \cdot c_{NaOH}$$

例如,当滴入 20.02 mL NaOH 溶液时(+0.1% 相对误差):

$$[OH^-] = \frac{(20.00 - 20.00)\text{mL}}{(20.00 + 20.02)\text{mL}} \times 0.1000 \text{ mol} \cdot L^{-1}$$
$$= 5.0 \times 10^{-5} \text{mol} \cdot L^{-1}$$
$$pOH = 4.30 \quad pH = 9.70$$

按照上述方式逐一计算出滴定过程中各阶段溶液 pH 变化的情况,并将主要计算结果列入表 3-4 中。然后以横坐标表示滴定分数(或加入滴定剂的体积),以纵坐标表示 pH 作图,即得 NaOH 滴定 HCl 的滴定曲线,如图 3-5 所示。

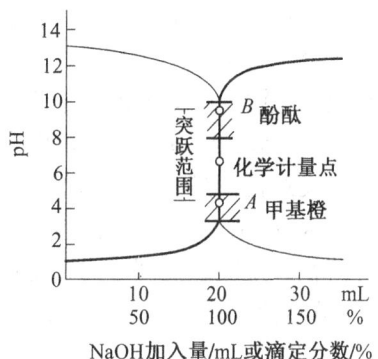

图 3-5 NaOH 滴定 HCl 的滴定曲线
($c_{NaOH} = c_{HCl} = 0.1000 \text{ mol} \cdot L^{-1}$)

表 3-4 NaOH 滴定 HCl 时溶液的 pH*

加入 NaOH 溶液体积/mL	HCl 被滴定的百分数	剩余 HCl 溶液体积/mL	过量 NaOH 溶液体积/mL	$[H^+]$/ $(\text{mol} \cdot L^{-1})$	pH
0.00		20.00		1.0×10^{-1}	1.00
18.00	90.00	2.00		5.3×10^{-3}	2.28
19.80	99.00	0.20		5.0×10^{-4}	3.30
19.96	99.80	0.04		1.0×10^{-4}	4.00
19.98	99.90	0.02		5.0×10^{-5}	4.30
20.00	100.0	0.00		1.0×10^{-7}	7.00
20.02	100.1		0.02	2.0×10^{-10}	9.70
20.04	100.2		0.04	1.0×10^{-10}	10.00
20.20	101.0		0.20	2.0×10^{-11}	10.70
22.00	110.0		2.00	2.0×10^{-12}	11.70
40.00	200.0		20.00	3.0×10^{-13}	12.50

* $c_{NaOH} = c_{HCl} = 0.1000 \text{ mol} \cdot L^{-1}$, $V_{HCl} = 20.00 \text{ mL}$

由图 3-5 和表 3-4 可知,在滴定过程中的不同阶段,加入单位体积的滴定剂时,溶液 pH 变化的快慢是不同的,这是因为被滴定溶液的缓冲容量在不断变化的缘故。从滴定开始至滴入 18.00 mL NaOH 溶液时,HCl 被滴定了 90%,但溶液的 pH 仅增加了 1.3 个单位,这反映了一定浓度的强酸对控制溶液碱度所表现出的缓冲作用。因为 pH<2 正是强酸的缓冲容量最大的区域,故此段滴定曲线比较平坦。随着滴定剂继续加入,溶液中 [H^+] 降低较快,其缓冲作用减小,pH 增大加快。若再滴入 NaOH 溶液 1.98 mL(共加入 19.98 mL,HCl 被滴定了 99.9%),溶液的 pH 将增大 2 个单位,达到 4.30,滴定曲线的斜率也变大。从 19.98 mL 到 20.02 mL,总共加入 0.04 mL NaOH 溶液(约一滴的量),滴定曲线就发生了由量变到质变的转折,溶液从酸性(pH=4.30)急剧变化到碱性(pH=9.70),H^+ 浓度减小了近 2.5×10^5 倍。这种在计量点附近溶液中 [H^+] 发生显著变化的现象称为滴定 pH 突跃。仅仅在计量点前后相对误差为 $-0.1\% \sim +0.1\%$ 的范围内,pH 变化了 5.4 个单位,在滴定曲线上出现了近于垂直的一段,它所包括的 pH 范围称为滴定突跃范围,这种转折在滴定分析中具有十分重要的意义。在此之后,继续加入 NaOH 溶液,随着溶液中 OH^- 浓度增大,pH 的变化减缓,滴定曲线又趋于平坦,这是由于强碱逐渐发挥其缓冲作用的缘故。在加入 NaOH 为 18.00~22.00 mL 的范围内,在滴定突跃的两端,滴定曲线的变化是对称的。

滴定突跃范围是选择指示剂的依据。对于本例来说,凡在突跃范围(pH=4.30~9.70,图 3-5 中 A、B 两点之间)以内能发生颜色变化的指示剂(即指示剂变色的 pH 范围全部或大部分落在滴定突跃范围之内),都可以在该滴定中使用,如酚酞、甲基红和甲基橙(滴至黄色)等。虽然使用这些指示剂确定的终点并非计量点,但是可以保证由此差别引起的误差不超过 $\pm 0.1\%$。

若用 HCl 溶液滴定 NaOH 溶液(条件与前相同),其滴定曲线与上述曲线互相对称(见图 3-5 虚线),但溶液 pH 变化的方向相反。滴定突跃由 pH=9.70 降至 pH=4.30,可选择酚酞和甲基红为指示剂;若采用甲基橙,从黄色滴定至溶液显橙色(pH=4.0),将产生 $\pm 0.2\%$ 的误差。为了消除这种误差,可以进行指示剂校正。即取 40.00 mL 0.050 mol·L^{-1} 的 NaCl 溶液,加入与测定时等量的甲基橙,再以 0.1000 mol·L^{-1} HCl 标准溶液滴定,至其颜色恰好与被测定溶液终点时呈现的颜色相同为止,所消耗 HCl 的量称为校正值,再从滴定 NaOH 溶液的 HCl 用量中减去此校正值即可。

强碱与强酸的相互滴定具有较大的滴定突跃,正是这类反应具有完全程度很高的体现。但滴定突跃的大小还与滴定剂和被滴定物的浓度有关(见图 3-6),浓度越大,滴定突跃亦越大。例如,用 1.000 mol·L^{-1} NaOH 溶液滴定 20.00 mL 1.000 mol·L^{-1} HCl 溶液,突跃范围为 pH=3.3~10.7。说明强酸、强碱溶液的浓度各增大 10 倍,滴定突跃范围则向上下两端各延伸一个 pH 单位。滴定突跃越大,可供选用的指示剂亦越多,此时甲基橙、甲基红和酚酞均可采用。若 NaOH 和 HCl 的

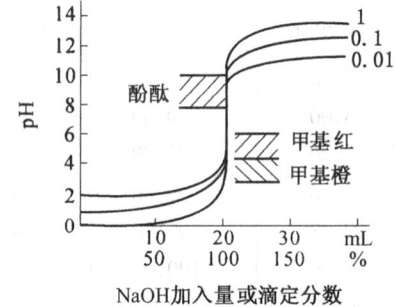

图 3-6 浓度对滴定突跃的影响
NaOH 滴定 HCl,$c_{NaOH} = c_{HCl}$

浓度均为 0.01000 mol·L^{-1},则突跃范围为 pH=5.3~8.7,此时欲使终点误差不大于 0.1%,采用甲基红为指示剂最适宜,酚酞略差一些,若采用甲基橙为指示剂,误差可大于

1%。

必须说明的是,分析者可以根据实际情况及测定结果所要求的准确度(相对误差的大小),并以此作为确定突跃范围和选择指示剂的根据。例如,测定烧碱中 NaOH 的含量,允许误差为 0.5% 左右,若采用甲基橙,可以滴定至红色。

3.6.2 强碱(酸)滴定一元弱酸(碱)

这一类型的滴定反应为

$$OH^- + HA \rightleftharpoons A^- + H_2O \qquad K_t = K_a/K_W$$
$$H^+ + B \rightleftharpoons HB^+ \qquad K_t = K_b/K_W$$

由于此时的 K_t 值较前述类型为小,故反应的完全程度要低一些。

现以 NaOH 溶液滴定 HAc 为例进行讨论。设 HAc 的浓度 $c_0 = 0.1000 \text{ mol·L}^{-1}$,体积为 $V_0(20.00 \text{ mL})$;NaOH 的浓度为 $c = 0.1000 \text{ mol·L}^{-1}$,滴定时加入的体积为 $V(\text{mL})$。同前例一样,以下按四个阶段进行讨论。

(1) 滴定前($V=0$)。溶液中的 H^+ 主要来自 HAc 的解离。因为 $K_a = 1.8 \times 10^{-5}$,$cK_a > 20K_W$,$c/K_a > 400$,则

$$[H^+] = \sqrt{c_0 K_a} = \sqrt{0.1000 \times 1.8 \times 10^{-5}}$$
$$= 1.3 \times 10^{-3}(\text{mol·L}^{-1})$$
$$\text{pH} = 2.89$$

(2) 滴定开始至计量点前($V < V_0$)。因为 NaOH 的滴入,溶液为 HAc 及其共轭碱 Ac^- 的溶液,先按最简式计算其 pH:

$$\text{pH} = pK_a + \lg \frac{c_{Ac^-}}{c_{HAc}}$$

$$c_{Ac^-} = \frac{cV}{V_0 + V}, \quad c_{HAc} = \frac{c_0 V_0 - cV}{V_0 + V}$$

因为 $c = c_0 = 0.1000 \text{ mol·L}^{-1}$,于是

$$\text{pH} = pK_a + \lg \frac{V}{V_0 - V}$$

例如,滴入 19.98 mL NaOH 溶液时

$$\text{pH} = 4.74 + \lg \frac{19.98}{20.00 - 19.98} = 7.74$$

$$[H^+] = 1.8 \times 10^{-8} \text{mol·L}^{-1} \quad [OH^-] = 5.5 \times 10^{-7} \text{mol·L}^{-1}$$

此时
$$c_{HAc} = \frac{0.1000 \text{mol·L}^{-1} \times 0.02 \text{ mL}}{(20.00 + 19.98)\text{mL}} = 5.0 \times 10^{-5} \text{ mol·L}^{-1}$$

$$c_{Ac^-} = \frac{0.1000 \text{mol·L}^{-1} \times 19.98 \text{ mL}}{(20.00 + 19.98) \text{ mL}} = 5.0 \times 10^{-2} \text{ mol·L}^{-1}$$

因为 c_{Ac^-}、$c_{HAc} \gg [OH^-]$,故使用最简式计算是合理的。

(3) 计量点时($V = V_0$)。HAc 与 NaOH 定量反应全部生成 NaAc,又因溶液的体积增大 1 倍,故 $c_{Ac^-} = 0.050 \text{ mol·L}^{-1}$,此时溶液的碱度主要由 Ac^- 的解离所决定。因为 $K_b = K_W/K_a = 5.6 \times 10^{-10}$,$cK_b > 20K_W$,$c/K_b > 400$,于是

$$[OH^-] = \sqrt{c_{Ac^-}K_b} = \sqrt{0.050 \times 5.6 \times 10^{-10}}$$
$$= 5.3 \times 10^{-6}(\text{mol} \cdot \text{L}^{-1})$$
$$pOH = 5.28, pH = 8.72$$

(4)化学计量点后($V > V_0$)。溶液由 OH^- 和 Ac^- 组成,即为强碱与弱碱的混合溶液。由于 NaOH 过量,Ac^- 的解离受到抑制,溶液的碱度主要由过量的 NaOH 决定,其 pH 的计算方法与强碱滴定强酸相同。

计算滴定过程中溶液的 pH,部分结果列于表 3-5 中,滴定曲线如图 3-7 所示。

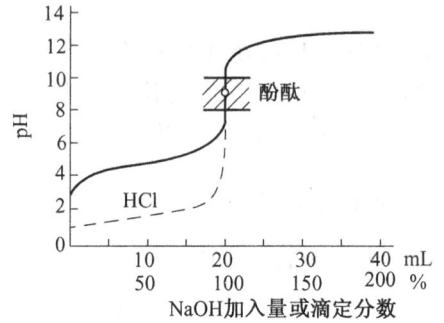

图 3-7 NaOH 滴定 HAc 的滴定曲线
($c_{NaOH} = c_{HAc} = 0.1000 \text{ mol} \cdot \text{L}^{-1}$)

表 3-5 NaOH 滴定 HAc 时溶液的 pH*

加入 NaOH 溶液体积/mL	HAc 被滴定的百分数	剩余 HAc 溶液体积/mL	过量 NaOH 溶液体积/mL	pH
0.00	0.00	20.00		2.89
10.00	50.00	10.00		4.70
18.00	90.00	2.00		5.70
19.80	99.00	0.20		6.74
19.98	99.90	0.02		7.74
20.00	100.0	0.00		8.72
20.02	100.1		0.02	9.70
20.20	101.0		0.20	10.70
22.00	110.0		2.00	11.70
40.00	200.0		20.00	12.50

(突跃范围:7.74~9.70)

* $c_{NaOH} = c_{HAc} = 0.1000 \text{ mol} \cdot \text{L}^{-1}$, $V_{HAc} = 20.00$ mL

与滴定 HCl 相比较,NaOH 滴定 HAc 的滴定曲线有如下特点:

(1)由于 HAc 是弱酸,滴定曲线起点的 pH 为 2.89,高于前者 1.89 个 pH 单位。

(2)滴定开始至计量点之前,溶液的组成为 HAc-Ac^-,在 HAc 被滴定约 10% 之前和 90% 以后,溶液的 pH 随滴定剂的加入上升较快,滴定曲线的斜率较大;而在上述范围之间滴定曲线上升的趋势减缓,这些都与 HAc-Ac^- 溶液缓冲容量大小的变化有关。在加入 NaOH 溶液 2.00~18.00 mL 的范围内,HAc 被滴定了 80%,但溶液的 pH 仅增大约 2 个 pH 单位(3.80~5.70),因为此时正处于 HAc-Ac^- 体系的缓冲范围之内,缓冲作用较强。

(3)在计量点时,由于滴定产物 Ac^- 的解离作用,溶液已呈碱性,pH=8.72。被滴定的酸越弱,其共轭碱的碱性越强,计算点的 pH 亦越大。

(4)滴定突跃范围约 2 个 pH 单位(7.74~9.70),在计量点前后基本对称,而且处于碱性范围内,较 NaOH 滴定等浓度 HCl 溶液的突跃范围(4.30~9.70)减小了很多,这与反应的完全程度较低是一致的。因此只能选择在碱性范围内变色的指示剂,如酚酞、百里酚酞等来指示终点,而在酸性范围内变色的指示剂,如甲基橙和甲基红等已不能使用。

(5)计量点后为 NaAc 与 NaOH 的混合碱溶液,由于 Ac^- 的解离受到过量滴定剂 OH^-

的抑制,故滴定曲线的变化趋势与 NaOH 滴定 HCl 溶液时基本相同。

关于强酸滴定弱碱,如 HCl 溶液滴定 NH_3 溶液(条件同前):

$$H^+ + NH_3 \rightleftharpoons NH_4^+, \quad K_t = K_b/K_W = 1/K_a$$

其滴定曲线与 NaOH 滴定 HAc 的相似,但 pH 变化的方向相反。由于反应的产物是 NH_4^+,故计量点时溶液呈酸性,且整个滴定突跃也位于酸性范围(pH=6.3~4.3),可以选择甲基红与甲基橙为指示剂。同样,由于反应的完全程度低于强酸与强碱的反应,故滴定突跃范围较小。

3.6.3 直接准确滴定一元弱酸(碱)的可行性判据

该判据取决于滴定允许的终点误差和检测终点的准确程度。

滴定反应的完全程度是能否准确滴定的首要条件。当被滴定溶液的浓度一定时,酸碱滴定反应常数 K_t 越大,表明该反应进行得越完全,滴定突跃范围亦越大(相对误差大小一定),此时判断滴定终点较准确易行。

滴定一元弱酸时,其滴定常数 $K_t = K_a/K_W$。由此公式并结合图 3-8 可以看出,当一元弱酸的浓度(滴定剂的浓度与之相同)一定时,其 K_a 愈小,K_t 也愈小,滴定突跃范围亦越小。当弱酸的 $K_a < 10^{-9}$ 时,在滴定曲线上已无明显突跃,表明此时反应的完全程度很低,难以利用指示剂来确定滴定终点。图 3-8 显示,弱酸 K_a 的大小影响计量点和计量点之前的曲线部分。图 3-9 则表明,对于解离常数为 K_a 的某一元弱酸,滴定突跃随其浓度 c 的增大而变大,且浓度主要影响计量点和计量点之后的曲线部分。综上所述,一元弱酸的 c 与 K_a 越大,其滴定突跃范围亦越大。为了保证具有一定大小的突跃范围,在酸碱滴定中,被滴定物的浓度应不小于 10^{-3} mol·L^{-1},一般在 $10^{-3} \sim 1$ mol·L^{-1} 之间为宜。

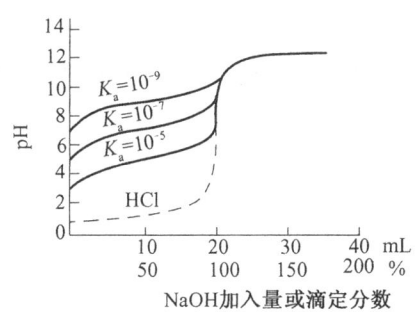

图 3-8 滴定突跃与 K_a 的关系曲线

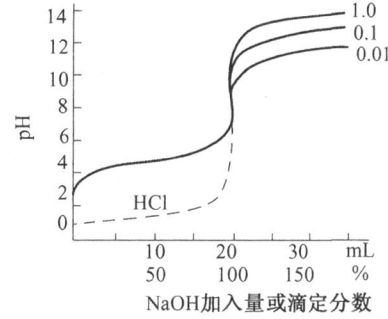

图 3-9 HA 的浓度对滴定突跃的影响
($c_{NaOH} = c_{HA}$)

c 和 $K_a(K_b)$ 一定时,正确选择指示剂就成为提高滴定准确度的关键。由于酸碱指示剂都有一定的变色范围,若采用指示剂判断终点,则要求滴定突跃具有一定的大小。此外,即使指示剂恰好在计量点改变颜色,但由于人们对指示剂实际变色点的判断通常至少有 ± 0.2 个 pH 单位的误差,即 $\Delta pH = \pm 0.2$,因此要求滴定突跃不得小于 0.4 个 pH 单位。要达到这一要求,需要一元弱酸的 $c_{sp}K_a \geq 10^{-8}$。只有这样,才能保证滴定反应具有一定的完全程度,从而可能产生不小于 0.4 个 pH 单位的滴定突跃;若能选择到在此范围内变色的指示剂,就有可能将终点误差控制在 0.1% 之内。因此,$c_{sp}K_a \geq 10^{-8}$ 是采用指示剂判断终点时,

直接准确($|E_t|\leqslant 0.1\%$)滴定某一元弱酸的可行性判据。式中,c_{sp}是按计量点的体积计算时被滴定物质的分析浓度。如果酸再弱,就难以借助指示剂目测终点。

同理,对于一元弱碱,能直接准确滴定的条件为$c_{sp}K_b\geqslant 10^{-8}$。

应该指出的是,$c_{sp}K_a$到底应有多大,与滴定要求的准确度和检测终点的方式有关(如有些教材定为$\Delta pH=\pm 0.3, cK_a\geqslant 10^{-8}, |E_t|\leqslant 0.2\%$)。若允许终点误差大于$0.1\%$,则$c_{sp}K_a$可根据具体情况较$10^{-8}$为小。若采用仪器来指示终点,由于检测终点的不确定性小于目测法(误差小于0.05个pH单位),在滴定突跃更小时也可能得到相对准确的结果,从而对于K_a更小的弱酸(碱)也有较准确滴定的可能。但是$K_a(K_b)$很小时反应的完全程度低,就决定了会有较大的测定误差。也就是说,与检测终点的不确定性相比,滴定反应的完全程度是影响准确度更重要的因素。

3.6.4 终点误差

终点误差也叫滴定误差(以E_t表示),是指由于指示剂的变色点(滴定终点,用ep表示)与化学计量点(用sp表示)不相一致而产生的误差,常用百分数表示,是滴定分析中误差的主要来源之一。这里仅讨论一元强碱(酸)滴定强酸(碱)的终点误差。

仍以NaOH滴定HCl溶液为例。设以浓度为$c(\text{mol}\cdot\text{L}^{-1})$的NaOH滴定浓度为$c_0(\text{mol}\cdot\text{L}^{-1})$、体积为$V_0(\text{mL})$的HCl溶液,若滴定至终点时,用去NaOH溶液的体积为$V(\text{mL})$,则

$$E_t=\frac{\text{滴定剂(NaOH)不足或过量的物质的量}}{\text{强酸(HCl)的物质的量}}\times 100\%$$

即

$$E_t=\frac{cV-c_0V_0}{c_0V_0}\times 100\% \qquad (3\text{-}44)$$

终点误差的正负视cV与c_0V_0的相对大小而定。在滴定终点时,溶液的总体积为V_0+V,由物料平衡:

$$cV/(V_0+V)=[\text{Na}^+]_{ep} \qquad (3\text{-}45)$$

$$c_0V_0/(V_0+V)=[\text{Cl}^-]_{ep} \qquad (3\text{-}46)$$

$$c_0V_0/(V_0+V)=c_{\text{HCl,ep}} \qquad (3\text{-}47)$$

$c_{\text{HCl,ep}}$是按终点体积计算时HCl的分析浓度。又由电荷平衡有

$$[\text{Na}^+]_{ep}+[\text{H}^+]_{ep}=[\text{Cl}^-]_{ep}+[\text{OH}^-]_{ep}$$

故

$$[\text{Na}^+]_{ep}-[\text{Cl}^-]_{ep}=[\text{OH}^-]_{ep}-[\text{H}^+]_{ep} \qquad (3\text{-}48)$$

将式(3-45)、式(3-46)、式(3-47)和式(3-48)代入式(3-44)中得

$$E_t=\frac{[\text{OH}^-]_{ep}-[\text{H}^+]_{ep}}{c_{\text{HCl,ep}}}\times 100\% \qquad (3\text{-}49)$$

滴定至终点时溶液的体积增大几近一倍,且与计量点时的体积相差甚小,若有$c=c_0$,则$c_{\text{HCl,ep}}\approx c_{\text{HCl,sp}}=c_0/2$,$c_{\text{HCl,sp}}$是按计量点体积计算时HCl的分析浓度。将$c_{a,ep}$代替式(3-36)中的$c_{\text{HCl,ep}}$就得到强碱滴定强酸时终点误差的计算公式。若在滴定终点NaOH过量,$[\text{OH}^-]_{ep}>[\text{H}^+]_{ep}$,$E_t>0$,测定结果偏高;反之,NaOH用量不足,$[\text{OH}^-]_{ep}<[\text{H}^+]_{ep}$,

$E_t<0$，测定结果偏低。

同理，强酸滴定强碱时的终点误差可由下式计算：

$$E_t = \frac{[H^+]_{ep} - [OH^-]_{ep}}{c_{b,ep}} \times 100\% \tag{3-50}$$

式中，$c_{b,ep}$为按终点体积计算时强碱的分析浓度。终点误差的正负亦由$[H^+]_{ep}$与$[OH^-]_{ep}$的相对大小来决定。

3.7 酸碱滴定法的应用

3.7.1 混合碱的分析

3.7.1.1 烧碱中 NaOH 和 Na_2CO_3 含量的测定

烧碱（氢氧化钠）在生产和储存过程中因吸收空气中的CO_2而成为 NaOH 和 Na_2CO_3 的混合碱。在测定烧碱中 NaOH 含量的同时，通常测定 Na_2CO_3 的含量，故称为混合碱的分析。分析方法有两种。

1. 双指示剂法

测定时，先在混合碱试液中加入酚酞，用浓度为 c 的 HCl 标准溶液滴定终点；再加入甲基橙并继续滴定至第二终点，前后消耗 HCl 溶液的体积分别为 V_1 和 V_2。滴定过程图解如下：

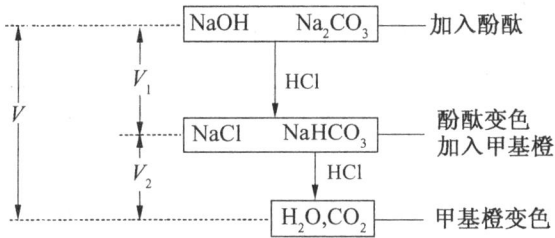

由图可知，$V_1 > V_2$，滴定 NaOH 用去 HCl 溶液的体积为 $V_1 - V_2$，滴定 Na_2CO_3 用去的体积为 $2V_2$。若混合碱试样质量为 m_s，则

$$w_{NaOH} = \frac{[c(V_1 - V_2)]_{HCl} M_{NaOH}}{m_s}$$

$$w_{Na_2CO_3} = \frac{\frac{1}{2}(2cV_2)_{HCl} M_{Na_2CO_3}}{m_s}$$

双指示剂法虽然操作简便，但因在第一计量点时酚酞变色不明显（红→微红），误差在1%左右。若要求提高测定的准确度，可改用下述的氧化钡法。

2. 氯化钡法

先取一份试样溶液，以甲基橙作指示剂，用 HCl 标准溶液滴定至橙色，测得的是碱的总量，设消耗 HCl 溶液的体积为 V_1；另取等体积试液，加入 $BaCl_2$ 溶液，等 $BaCO_3$ 沉淀析出后，以酚酞作指示剂，用 HCl 标准溶液滴定至终点，设用去的体积为 V_2，此时反应的是 NaOH 分量。于是

$$w_{Na_2CO_3} = \frac{\frac{1}{2}[c(V_1-V_2)]_{HCl} M_{Na_2CO_3}}{m_s}$$

$$w_{NaOH} = \frac{(cV_2)_{HCl} M_{NaOH}}{m_s}$$

3.7.1.2 纯碱中 Na_2CO_3 和 $NaHCO_3$ 含量的测定

测定纯碱中 Na_2CO_3 和 $NaHCO_3$ 含量，亦可以采用双指示剂法。其图式如下：

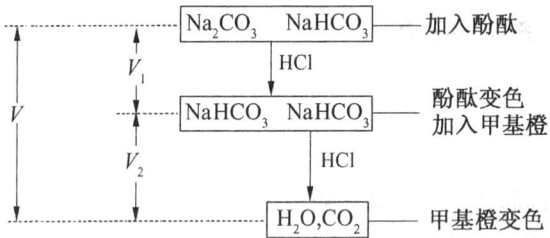

由图示可知，此时消耗 HCl 溶液的体积有 $V_2 > V_1$ 的关系。于是

$$w_{Na_2CO_3} = \frac{\frac{1}{2}(2cV_1)_{HCl} M_{Na_2CO_3}}{m_s}$$

$$w_{NaHCO_3} = \frac{[c(V_2-V_1)]_{HCl} M_{NaHCO_3}}{m_s}$$

双指示剂法测定各组分的误差也有 1% 左右。

用氯化钡法测定时，步骤与前有所不同。首先加入过量的 NaOH 标准溶液，将试液中的 $NaHCO_3$ 完全转变成 Na_2CO_3，然后用 $BaCl_2$ 溶液沉淀 Na_2CO_3，再以酚酞为指示剂，用 HCl 标准溶液滴定剩余的 NaOH。设 c_1、V_1 和 c_2、V_2 分别为 HCl、NaOH 溶液的浓度和所消耗的体积，则

$$w_{NaHCO_3} = \frac{[(c_2V_2)_{NaOH} - (c_1V_1)_{HCl}] M_{NaHCO_3}}{m_s}$$

另取等体积试液，以甲基橙为指示剂用 HCl 标准溶液滴定碱的总量，设用去 HCl 溶液的体积为 V_1'，则

$$w_{Na_2CO_3} = \frac{\frac{1}{2}\{(c_1V_1')_{HCl} - [(c_2V_2)_{NaOH} - (c_1V_1)_{HCl}]\} M_{Na_2CO_3}}{m_s}$$

氯化钡法虽然繁琐，但避免了双指示剂法中酚酞指示终点不明显的缺点，所以测定结果比较准确。

双指示剂不仅可用于混合碱的定量分析，还可用于未知碱样的定性分析：

V_1 和 V_2 的变化	试样的组成（以活性离子表示）
$V_1 \neq 0, V_2 = 0$	OH^-
$V_1 = 0, V_2 \neq 0$	HCO_3^-
$V_1 = V_2 \neq 0$	CO_3^{2-}
$V_1 > V_2 > 0$	$OH^- + CO_3^{2-}$

$V_2 > V_1 > 0$ $\qquad\qquad\qquad\qquad$ $HCO_3^- + CO_3^{2-}$

例 3-13 已知某试样中可能含有 Na_3PO_4 或 Na_2HPO_4、NaH_2PO_4，或这些物质的混合物，同时还有惰性杂质。称取该试样 2.000 g，用水溶解，采用甲基橙为指示剂，以 0.5000 mol·L^{-1}HCl 标准溶液滴定，用去 32.00 mL；而用酚酞作指示剂时，同样质量试样的溶液，只需上述 HCl 溶液 12.00 mL 滴定至终点。问试样由何种成分组成？各成分的含量又是多少？

解 滴定过程可图解如下：

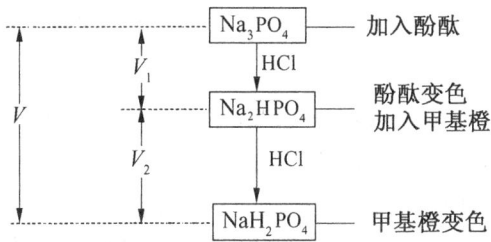

从图中可看出，只有图解上相邻的两种组分才可能同时存在于溶液中。本题中 $V_1 = 12.00$ mL，$V_2 = 32.00$ mL $-$ 12.00 mL $= 20.00$ mL，$V_2 > V_1$，故试样中含有 Na_3PO_4 和 Na_2HPO_4。于是

$$w_{Na_3PO_4} = \frac{\frac{1}{2} \times 2 \times 0.5000\ mol·L^{-1} \times 12.00 \times 10^{-3}L \times 163.94\ g·mol^{-1}}{2.000\ g} = 0.4918$$

$$w_{Na_2HPO_4} = \frac{0.5000\ mol·L^{-1} \times (32.00 \times 10^{-3}L - 2 \times 12.00 \times 10^{-3}L) \times 141.96\ g·mol^{-1}}{2.000\ g} = 0.2839$$

3.7.2 铵盐中含氮量的测定

铵盐[如 NH_4Cl 和 $(NH_4)_2SO_4$ 等]是很弱的酸（NH_4^+，$K_a = 5.6 \times 10^{-10}$），不能直接用碱标准溶液滴定，可采用下述方法间接测定。

3.7.2.1 蒸馏法

向铵盐试样溶液中加入过量的浓碱溶液，加热使 NH_3 逸出，并用过量的 H_3BO_3 溶液吸收，然后用 HCl 标准溶液滴定 H_3BO_3 吸收液。其反应式如下：

$$NH_4^+ + OH^- \xrightarrow{\Delta} NH_3 \uparrow + H_2O$$
$$NH_3 + H_3BO_3 =\!\!=\!\!= NH_4^+ + H_2BO_3^-$$
$$H^+ + H_2BO_3^- =\!\!=\!\!= H_3BO_3$$

终点的产物是 H_3BO_3 和 NH_4^+（混合弱酸），pH$\approx$5，可用甲基红作指示剂，按下式计算氮的含量：

$$w_N = \frac{(cV)_{HCl} M_N}{m_s}$$

此方法的优点是只需要一种标准溶液（HCl）。只要保证过量，吸收剂 H_3BO_3 的浓度和体积均无需准确值。

除硼酸外，还可用过量的酸标准溶液吸收 NH_3，然后以甲基红（橙）作指示剂，再用

NaOH标准溶液返滴定过量的酸。

土壤和有机化合物(如蛋白质、生物碱和其它含氮化合物)中的氮,经过一定的化学处理后(在无水 $CuSO_4$ 或其它催化剂存在下,将试样在浓硫酸中加热消化),可使各种含氮化合物分解并转变成铵盐,然后再按上述蒸馏法进行测定,测得的是试样中的总含氮量,然后再用不同的方式来表示测定结果。这种方法即著名的克氏定氮法,方法准确,在有机化合物分析中有着广泛的应用。对于含氧化态氮的化合物,如有机硝基或偶氮基化合物,在煮沸消化之前还须用还原剂[Fe(Ⅱ)或 $S_2O_3^{2-}$ 等]处理,才能使其中的氮完全转化成 NH_4^+。

3.7.2.2 甲醛法

甲醛与 NH_4^+ 作用,按化学计量关系定量生成 H^+ 和质子化的六亚甲基四胺($K_a = 7.1 \times 10^{-6}$):

$$4NH_4^+ + 6HCHO \Longrightarrow (CH_2)_6N_4H^+ + 3H^+ + 6H_2O$$

以酚酞为指示剂,用 NaOH 标准溶液滴定。如试样中含有游离酸,则事先应以甲基红作指示剂,用碱中和。甲醛法简便快速,在工农业生产中广泛使用。在常见的铵盐中,NH_4HCO_3 含量的测定可以用 HCl 标准溶液直接滴定而得,但不能用甲醛法测定。

习 题

1. 写出下列各酸的共轭碱:H_2O,$H_2C_2O_4$,$H_2PO_4^-$,HCO_3^-,C_6H_5OH,$C_6H_5NH_3^+$,HS^-
2. 写出下列各碱的共轭酸:H_2O,NO_3^-,HSO_4^-,S^{2-},$C_6H_5O^-$,$Cu(H_2O)_2(OH)_2$
3. 通过物料平衡和电荷平衡写出$(NH_4)_2CO_3$、NH_4HCO_3 溶液的 PBE,浓度为 $c(mol \cdot L^{-1})$。
4. 写出下列酸碱组分的 MBE、CEB 和 PBE(设定质子参考水准直接写出),浓度为 $c(mol \cdot L^{-1})$:

   (1)KHP   (2)$NaNH_4HPO_4$ (3)$NH_4H_2PO_4$ (4)NH_4CN

5. (1)讨论两种一元弱酸混合溶液的酸碱平衡问题,推导其 H^+ 浓度计算式。

   (2)计算 $0.10\ mol \cdot L^{-1} NH_4Cl$ 和 $0.10\ mol \cdot L^{-1} H_3BO_3$ 混合液的 pH。

6. 根据图 3-3 说明 NaH_2PO_4-Na_2HPO_4 缓冲溶液适用的 pH 范围。
7. 若需要配制(1)pH=3.0,(2)pH=4.0 的缓冲溶液,现有下列物质,问应该选择哪种缓冲体系? 有关常数见附录。

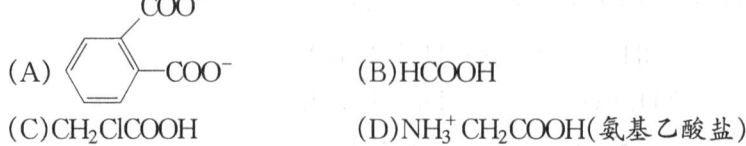

(B)HCOOH

(C)$CH_2ClCOOH$ (D)$NH_3^+CH_2COOH$(氨基乙酸盐)

8. 下列酸碱溶液浓度均为 $0.10\ mol \cdot L^{-1}$,能否采用等浓度的滴定剂直接准确进行滴定? 若能滴定,应选择什么标准溶液和指示剂?

   (1)HF   (2)KHP   (3)NaHS   (4)$NaHCO_3$

9. 强碱(酸)滴定一元弱酸(碱)$c_{sp}K_a(K_b) \geqslant 10^{-8}$ 就可以直接准确滴定。如果用 K_t 表示滴定反应的形成常数,那么该反应的 $c_{sp}K_t$ 应为多少?
10. 为什么一般都用强酸(碱)溶液作酸(碱)标准溶液? 为什么酸(碱)标准溶液的浓度不宜太浓或太稀?

11. HCl 与 HAc 的混合溶液(浓度均为 0.10 mol·L^{-1})能否以甲基橙为指示剂,用 0.1000 mol·L^{-1} NaOH 溶液直接滴定其中的 HCl？此时有多少 HAc 参与了反应？

12. 判断下列情况对测定结果的影响：

(1)用混有少量邻苯二甲酸的邻苯二甲酸氢钾标定 NaOH 溶液的浓度；

(2)用吸收了 CO_2 的 NaOH 标准溶液滴定 H_3PO_4 至第一计量点；继续滴定至第二计量点时,对测定结果各有何影响？

13. 酸碱滴定法选择指示剂时可以不考虑的因素是：
A. 滴定突跃的范围　　　B. 指示剂的变色范围　　C. 指示剂的颜色变化
D. 指示剂相对分子质量的大小　　E. 滴定方向

14. 计算下列各溶液的 pH：

(1) 2.0×10^{-7} mol·L^{-1} HCl　　　　(2) 0.10 mol·L^{-1} NH_4Cl

(3) 0.025 mol·L^{-1} HCOOH　　　　(4) 1.0×10^{-4} mol·L^{-1} HCN

(5) 1.0×10^{-4} mol·L^{-1} NaCN　　　(6) 0.10 mol·L^{-1} NH_4CN

(7) 0.10 mol·L^{-1} Na_2S

15. 计算 0.010 mol·L^{-1} H_3PO_4 溶液中 HPO_4^{2-} 和 PO_4^{3-} 的浓度。

16. 若配制 pH=10.00, $c_{NH_3} + c_{NH_4^+} = 1.0$ mol·L^{-1} 的 NH_3-NH_4Cl 缓冲溶液 1.0L,问需要 15 mol·L^{-1} 氨水多少毫升？需要 NH_4Cl 多少克？

17. (1)在 100 mL 由 1.0 mol·L^{-1} HAc 和 1.0 mol·L^{-1} NaAc 组成的缓冲溶液中加入 1.0 mL 6.0 mol·L^{-1} HCl 溶液后,溶液的 pH 有何变化？

(2)若在 100 mL pH=5.00 的 HAc-NaAc 缓冲溶液中加入 1.0 mL 6.0 mol·L^{-1} NaOH 后,溶液的 pH 增大 0.10 单位。问此缓冲溶液中 HAc、NaAc 的分析浓度各为多少？

18. 取 25.00 mL 苯甲酸溶液,用 20.70 mL 0.1000 mol·L^{-1} NaOH 溶液滴定至计量点。
(1)计算苯甲酸溶液的浓度；　(2)求计量点 pH；　(3)应选择哪种指示剂？

19. 用 0.1000 mol·L^{-1} HCl 溶液滴定 20.00 mL 0.1000 mol·L^{-1} NH_3 溶液时,应选择哪种指示剂？

20. 计算下述情况时的终点误差：用 0.1000 mol·L^{-1} NaOH 滴定 0.1000 mol·L^{-1} HCl 溶液,以甲基红(pH$_{ep}$=5.5)为指示剂。

21. 称取粗铵盐 1.000 g,加入过量 NaOH 溶液并加热,逸出氨吸收于 56.00 mL 0.2500 mol·L^{-1} H_2SO_4 中,过量酸用 0.5000 mol·L^{-1} NaOH 回滴,用去碱 1.56 mL。计算试样中 NH_3 的质量分数。

第4章 吸光光度法

基于物质对光选择性的吸收而建立起来的分析方法称为吸光光度法,包括目视比色法、光电比色法和分光光度法。本章重点讨论可见光区的分光光度法。

所谓"比色",是指比较溶液颜色的深浅。颜色的深浅与物质的浓度有关,最早建立的目视比色法就是直观地通过"比色"来确定物质的含量。在此基础上诞生的光电比色法和不断发展的分光光度法早已不再局限于"比色"这个概念。特别是用光电比色计和分光光度计来测量物质对光的吸收程度,使吸光光度法更体现出仪器分析方法的本质。与传统的化学分析法相比,吸光光度法具有以下特点:

(1)灵敏度高,特别适用于微、痕量组分的测定。吸光光度法检出的最低浓度一般可达 $10^{-5} \sim 10^{-6}$ mol·L^{-1},个别已达到 10^{-7} mol·L^{-1}。另外,结合适宜的富集方法,吸光光度法的灵敏度更高。

(2)有一定的准确度。目视比色法的相对误差为 5%~10%,分光光度法的误差为 2%~5%。这种方法的准确度虽不及滴定法和重量法,但对微、痕量组分而言,所对应的绝对误差并不大,完全能够满足测定要求。

(3)选择性较好,操作简便、快速。由于显色剂和掩蔽剂的不断发展,常可以不经分离干扰元素就能测定。另外,所使用的分光光度计等容易操作,加快了分析速度。

(4)应用广泛。几乎所有的无机离子和许多有机化合物都可以通过显色的途径用吸光光度法测定。有些有机物虽然无色,但可以吸收紫外光,同样适用于紫外分光光度法。由于吸光光度法能在不改变溶液组成的情况下,灵敏方便地测定出不同型体浓度的变化,所以还是研究溶液平衡的有力工具,很适于测定酸、碱电离常数和配合物的形成常数等。

基于上述特点,吸光光度法被称作现代分析化学的"常规武器"。以下将对吸光光度法的原理及其应用分别予以介绍。

4.1 物质对光的选择性吸收

4.1.1 光的基本性质

光是一种电磁波,具有波粒二象性。光的波粒二象性可以用频率 ν、波长 λ、速度 c、能量 E 等参数来描述,各参数之间的关系可由普朗克方程给出:

$$E = h\nu = hc/\lambda$$

式中,h 为普朗克常量,其值为 6.63×10^{-34} J·s。普朗克方程表示了光的波动性与粒子性之间的关系。显然,不同波长的光具有不同的能量,波长愈短,能量愈高;波长愈长,能量愈低。通常意义的单色光是指其波长处于某一范围的光;而复合光则由不同单色光组成,如阳光和白炽灯泡发出的光均为复合光。

光按照波长的长短顺序范围排列成谱就得到电磁波谱或光谱,如表4-1所示。

表 4-1 电磁波谱*

波谱名称	波长范围	分析方法
γ射线	0.005~0.17 nm	中子活化分析,莫斯鲍尔谱法
X射线	0.1~10 nm	X射线光谱法
远紫外	10~200 nm	真空紫外光谱法
近紫外	200~400 nm	紫外光谱法
可见光	400~750 nm	比色法,可见吸光光度法(光度法)
近红外	0.75~2.5 μm	红外光谱法
中红外	2.5~50 μm	红外光谱法
远红外	50~1000 μm	红外光谱法
微 波	1~1000 mm	微波光谱法
射 频	1~1000 m	核磁共振光谱法

电磁波谱的波长范围很宽,其中范围较窄的一段可见光谱区在分析化学中获得了最为广泛的应用,为本章讨论的对象。所谓可见光是指人的眼睛所能感觉到的波长范围,为 400~750nm 的电磁波。当一束阳光(即白光)通过棱镜后就色散成红、橙、黄、绿、青、蓝、紫等颜色的光,它们具有不同的波长范围,如图 4-1 所示。反之,这些不同颜色的光按照一定的强度比例混合后便又形成白光。进一步的研究表明,只需将两种适当颜色的光按一定的强度比例混合就可形成白光,它们称为互补色光,图 4-1 中处于同一条直线关系的两种颜色的光即为互补色光。阳光、白炽灯光等白光便是由一对对互补色光按一定强度比例混合而成的。

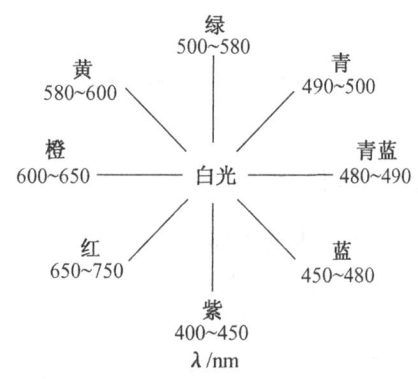

图 4-1 光的互补色示意图

4.1.2 物质对光的选择性吸收

4.1.2.1 物质对光产生选择性吸收的原因

物质的分子内部具有一系列不连续的特征能级,包括电子能级、振动能级和转动能级,这些能级都是量子化的,其中电子能级又可分为基态和能量较高的若干个激发态。在一般情况下,物质的分子都处于能量最低、最稳定的基态。当用光照射某物质后,如果光具有的能量恰与物质分子的某一能级差相等时,这一波长的光即可被分子吸收,从而使其产生能级跃迁而进入较高的能态。也就是说,并不是任一波长的光都可以被某一物质所吸收。由于不同物质的分子其组成和结构不同,它们所具有的特征能级也不同,故能级差不同,而各物质只能吸收与它们分子内部能级差相当的光辐射,所以不同物质对不同波长光的吸收具有选择性。

4.1.2.2 物质的颜色与光吸收的关系

当物质(分子或离子)吸收了相当可见光能量的电磁波后,就会表现出被人眼所能觉察到的颜色。物质之所以具有不同的颜色,这是它对不同波长的可见光具有选择性吸收的结果。

物质呈现的颜色与它吸收光的颜色(波长)有一定的关系。例如,当白光通过 $CuSO_4$ 溶液时,Cu^{2+} 选择性地吸收了部分黄色光,使透射光中的蓝色光未能完全互补,于是 $CuSO_4$ 溶液就呈现出蓝色。由于透射光中其它颜色的光仍然两两互补为白光,所以物质呈现出的颜色恰恰是它所吸收光的互补色,它们之间的关系仍如图 4-1 所示。又如,$KMnO_4$ 溶液呈紫红色,则说明它选择性地吸收了白光中的绿青色光。若物质对白光中所有颜色的光全部吸收,它就呈现黑色;若反射所有颜色的光则呈现白色;若透过所有颜色的光,则为无色。

此外,溶液颜色的深浅,取决于溶液吸收光的量的多少,即取决于吸光物质浓度的高低。如 $CuSO_4$ 溶液的浓度越高,对黄色光的吸收就越多,表现为透过的蓝色光越强,溶液的蓝色也越深。因此可以通过比较物质溶液颜色的深浅来确定溶液中吸光物质的含量,这也正是比色分析法的依据。

4.2 光吸收的基本定律

4.2.1 朗伯-比尔定律

物质对光吸收的定量关系,早就受到科学家的注意并进行了研究。布格和朗伯先后在 1729 年和 1760 年阐明了物质对光的吸收程度与吸收层厚度之间的关系;1852 年比尔又提出光的吸收程度和吸光物质浓度之间也具有类似关系,二者结合起来就得到光吸收的基本定律——布格-朗伯-比尔定律,一般常称为朗伯-比尔定律。

4.2.1.1 朗伯-比尔定律的推导

假设一束光强度为 I_0 的平行单色光垂直照射于图 4-2 所示的一块各向同性的均匀吸收介质表面,在通过厚度为 b 的吸收层(称光程)后,由于吸收层中吸光质点的吸收,入射光的强度降低到 I_t (称透射光强度),并且物质对光吸收能力的大小与所有吸光质点截面积的大小成正比。设想将图 4-2 所示的吸收层在

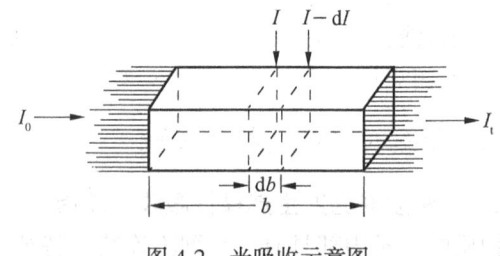

图 4-2 光吸收示意图

垂直于入射光的方向上分成厚度均为无限小的多个小薄层 db,其截面积为 S。假设在其中某一薄层中所含的吸光质点的数目为 dn 个,每个吸光质点的截面积均为 S',则此薄层内所有吸光质点的总截面积 $dS = S'dn$。设照射到该薄层上强度为 I 的入射光通过薄层后,由于吸光质点的吸收,光强度减弱了 dI。dI 是在小薄层中光被吸收程度的量度,它与薄层中吸光质点的总截面积 dS 以及入射光的 I 成正比。即

$$-dI = k_1 I dS = k_1 I S' dn$$

负号表示光强度因吸收而减弱,k_1 为比例系数。

设吸光物质浓度为 c，则上述薄层中的吸光质点数为

$$dn = 6.02 \times 10^{23} cSdb \tag{4-1}$$

代入式(4-1)，合并常数项并设 $k_2 = 6.02 \times 10^{23} k_t S'S$，经整理得

$$-\frac{dI}{I} = k_2 c db \tag{4-2}$$

将式(4-2)代入边界条件积分，则有

$$-\int_{I_0}^{I_t} \frac{dI}{I} = \int_0^b k_2 c db$$

$$-\ln \frac{I_t}{I_0} = k_2 cb$$

$$\lg \frac{I_0}{I_t} = 0.434 k_2 cb = Kbc \tag{4-3}$$

式(4-3)中，$\lg(I_0/I_t)$ 称为吸光度(A)；而透射光强度与入射光强度的比值 I_t/I_0 称为透射比(或称透光度，以 T 表示)，二者之间的关系为

$$A = \lg \frac{I_0}{I_t} = \lg \frac{1}{T} \tag{4-4}$$

它们都是物质对光吸收程度的量度。显然溶液的透射比 T 越大，表明它对光的吸收越少，吸光度 A 越小。当 $I_t = I_0$ 时，$T = 1$，$A = 0$，表明入射光全部透过，吸收为零；而当 $I_t = 0$ 时，$T = 0$，$A \to \infty$，表明入射光全部被吸收，无光透过。故透射比 T 有意义的取值范围为 $0 \sim 1$，对应吸光度 A 的有意义取值范围为 $\infty \sim 0$。

由式(4-3)和式(4-4)可得

$$A = \lg \frac{1}{T} = Kbc \tag{4-5}$$

此即朗伯-比尔定律的数学表达式。

朗伯-比尔定律的物理意义是，当一束平行单色光垂直通过某一均匀非散射的吸光物质时，其吸光度 A 与吸光物质的浓度 c 及吸收层厚度 b 成正比。这正是吸光光度法进行定量分析的理论依据。

朗伯-比尔定律是光吸收的基本定律，适用于所有的电磁辐射和所有的吸光物质(可以是气体、固体、液体、原子、分子和离子)。但由推导过程中所确定的假设可知，朗伯-比尔定律的成立是有前提的，即①入射光为平行单色光且垂直照射；②吸光物质为均匀非散射体系；③吸光质点之间无相互作用；④辐射与物质之间的作用仅限于光吸收过程，无荧光和光化学现象发生。

以上是对吸收介质中单一组分吸光度的讨论。当介质中含有多种吸光组分时，只要各组分间不存在着相互作用，则在某一波长下介质的总吸光度是各组分在该波长下吸光度的加和，即 $A = A_1 + A_2 + \cdots + A_n$，这一规律称为吸光度的加和性，可应用于多组分的同时测定。

4.2.1.2 吸收系数

在朗伯-比尔定律 $A = Kbc$ 中，系数 K 因浓度 c 所取的单位不同，有两种表示方式。

(1)吸收系数 a。当液层厚度 b 以 cm 为单位、吸光物质的浓度 c 以 $g \cdot L^{-1}$ 为单位时，K 用 a 表示，称为吸收系数，其单位为 $L \cdot g^{-1} \cdot cm^{-1}$。此时朗伯-比尔定律表示为

$$A = abc \tag{4-5a}$$

(2)摩尔吸收系数 k。当液层厚度 b 以 cm 为单位、吸光物质的浓度 c 以 $mol \cdot L^{-1}$ 为单位时，K 用 k 表示，称为摩尔吸收系数，其单位为 $L \cdot mol^{-1} \cdot cm^{-1}$。此时朗伯-比尔定律表示为

$$A = kbc \tag{4-5b}$$

两种吸收系数之间的关系为 $k = aM_r$。其中吸收系数 a 常用于化合物组成不明，相对分子质量 M_r 尚不清楚的情况；摩尔吸收系数 k 的应用则更为广泛。

摩尔吸收系数 k 的物理意义是：当吸光物质的浓度为 $1 mol \cdot L^{-1}$，吸收层厚度为 1cm 时，吸光物质对某波长光的吸收度。显然在光度分析的实际工作中，不能直接取 $1 mol \cdot L^{-1}$ 这样高浓度的溶液来测定 k，而是在适宜的低浓度时测量其吸光度 A，然后据 $k = A/bc$ 计算而求得。理论上摩尔吸收系数 k 的大小仅与入射光的波长、吸光物质的性质（如吸光质点的有效截面积、跃迁概率等）、溶剂、温度等因素有关；实际上还受溶液的组成、仪器灵敏度等因素的影响。

在测定波长、温度和溶剂等条件一定时，k 的大小取决于物质的性质，是物质的特征值。不同的物质具有不同的 k，它是在一定条件下，某物质对某一波长光吸收能力大小的量度。对于同一物质，当其它条件一定时，k 的大小就取决于入射光的波长 λ，波长不同，k 亦不同。在这些不同的 k 之中，最大吸收波长 λ_{max} 下的摩尔吸收系数 k_{max} 是一个重要的特征参数，它反映了该吸光物质吸光能力可能达到的最高度。k 常用来衡量光度法灵敏度的高低，k_{max} 越大，表明测定该物质的灵敏度越高，书写时应标明波长。如用铜试剂测铜，$k_{436} = 1.28 \times 10^4 L \cdot mol^{-1} \cdot cm^{-1}$，而 Cu-双硫腙络合物的 $k_{495} = 1.5 \times 10^5 L \cdot mol^{-1} \cdot cm^{-1}$，因此用光度法测铜时，后者的灵敏度更高。一般认为 $k_{max} > 10^4 L \cdot mol^{-1} \cdot cm^{-1}$ 的方法是较灵敏的，通过增大吸光分子有效截面积和电子跃迁概率，目前已有极少数显色反应的 k 达到 10^6 数量级。

4.2.1.3 标准曲线的绘制及应用

标准曲线即校准曲线，又称工作曲线。在绘制时，首先在一定条件下配制一系列具有不同浓度吸光物质的标准溶液（称标准系列），然后在确定的波长和光程等条件下，分别测量系列溶液的吸光度，绘制 A-c（吸光度-浓度）曲线，从而得到一条通过原点的直线，即标准曲线。由朗伯-比尔定律 $A = kbc$ 可知，标准曲线的斜率就等于 kb，又因 b 为定值，故由曲线的斜率即可求出 k。这样求得的 k 是通过测定多个标准溶液而得到的平均值，因而更为可靠。

当需要对某未知液的浓度 c_x 进行定量测定时，只需要在相同条件下测得未知液的吸光度 A_x，就可由 $c_x = A_x/kb$ 计算得出或直接在标准曲线上查得 c_x，如图 4-3 所示。在实际操作中，应注意调整 c_x 的大小，使其对应的 A_x 处于标准曲线的范围之内。

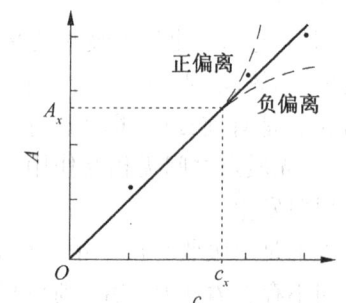

图 4-3 标准曲线及其偏离

4.2.2 引起偏离朗伯-比尔定律的因素

根据朗伯-比尔定律，当吸收层厚度不变时标准曲线应当是一条通过原点的直线，即 A

与 c 成正比关系,称之为服从朗伯-比尔定律。但在实际测定中,标准曲线上部会出现如图 4-3 所示的情况,有时向浓度轴弯曲(负偏离),有时向吸光度轴弯曲(正偏离),这种现象称为朗伯-比尔定律的偏离。其主要原因是测定时的实际情况不完全符合朗伯-比尔定律成立的前提条件。

引起偏离的原因较多,可分为物理因素和化学因素两大类。物理因素包括非单色光引起的偏离、非平行入射光引起的偏离和介质不均匀引起的偏离;化学因素包括溶液浓度过高引起的偏离和化学反应引起的偏离等等。

4.3 吸光光度法的应用

吸光光度法可用于定性分析、定量分析和物质某些物理化学常数的测定,但其最广泛、最重要的应用还是定量分析。

4.3.1 定量分析

4.3.1.1 单组分的测定

当试液中只有一种被测组分在测量波长处产生吸收时,一般采用标准曲线法进行测定。分别移取不同量被测物质的标准溶液于一系列体积相同的容量瓶中,稀释定容,同时配制相应的参比溶液。然后在所选择的最佳测量条件下分别测量其吸光度,并绘制 A-c 标准曲线。最后按相同的步骤再测量试液吸光度 A_x,利用标准曲线找出 A_x 所对应的浓度 c_x,即可求得试液的浓度。

以上方法只适用于微量或痕量组分的测定,而不适合于常量分析,主要是因为测量误差较大。对于常量组分的测定通常采用示差分光光度法。

4.3.1.2 多组分的同时测定

如果在多组分体系中各测定组分在吸收曲线上都有自己独立的吸收峰,彼此完全或部分不重叠时,可选择各组分均不干扰的吸收波长为测量波长,按单组分测定的方法逐一进行测定。而如果各测定组分的吸收曲线相互重叠,则可利用吸光度的加和性用解联立方程的方法求得各组分的浓度。

以两组分的测定为例。设混合物中含有 x 和 y 两种组分。测定时,一般根据 x 组分和 y 组分的吸收曲线选择各组分的 $\lambda_{\max}$ 为测量波长。假设两组分的最大吸收波长分别为 λ_1 和 λ_2,在 λ_1 和 λ_2 处测得混合物的总吸光度分别为 A_{λ_1} 和 A_{λ_2},根据吸光度的加和性原理可得联立方程:

$$\begin{cases} A_{\lambda_1} = A_{x,\lambda_1} + A_{y,\lambda_1} = k_{x,\lambda_1} b c_x + k_{y,\lambda_1} b c_y \\ A_{\lambda_2} = A_{x,\lambda_2} + A_{y,\lambda_2} = k_{x,\lambda_2} b c_x + k_{y,\lambda_2} b c_y \end{cases} \tag{4-4}$$

式中,k_{x,λ_1} 和 k_{y,λ_1},k_{x,λ_2} 和 k_{y,λ_2} 分别为 x 组分和 y 组分在 λ_1、λ_2 处的摩尔吸收系数,可分别用纯 x 和纯 y 溶液在 λ_1 和 λ_2 波长处测量计算而得。解上述方程组即可求得混合物中各组分的浓度 c_x 和 c_y。显然,同时测定的组分越多,计算工作量越大,但借助于计算机可大大提高多组分同时测定的效率和准确度。

4.3.2 酸碱解离常数的测定

如果一种有机弱酸(或碱)在紫外-可见光区有吸收,且吸收光谱与其共轭碱(或酸)显著不同时,就可以方便地利用吸光光度法测定它的解离常数。

例如,一元弱酸在溶液中有如下解离平衡

$$HB \rightleftharpoons H^+ + B^-$$

$$K_a = \frac{[B^-][H^+]}{[HB]}$$

配制三种分析浓度 $c = [HB] + [B^-]$ 相等而 pH 不同的溶液。第一种溶液的 pH 在 pK_a 附近,此时溶液中 HB 与 B^- 共存,用 1cm 的吸收池在某一定的波长下,测量其吸光度,即

$$A = A_{HB} + A_{B^-} = k_{HB}[HB] + k_{B^-}[B^-]$$

$$A = k_{HB} \frac{[H^+]c}{[H^+] + K_a} + k_{B^-} \frac{K_a c}{[H^+] + K_a} \tag{4-7}$$

第二种溶液是 pH 比 pK_a 低两个以上单位的酸性溶液,此时弱酸几乎全部以 HB 型体存在,在上述波长下测得的吸光度为

$$A_{HB} = k_{HB}[HB] = k_{HB}c$$

于是

$$k_{HB} = A_{HB}/c \tag{4-8}$$

第三种溶液为 pH 比 pK_a 高两个以上单位的碱性溶液,此时弱酸几乎全部以 B^- 型体存在,再测量溶液的吸光度(波长同上),则

$$A_{B^-} = k_{B^-}[B^-] = k_{B^-}c$$

于是

$$k_{B^-} = A_{B^-}/c \tag{4-9}$$

将式(4-8)、(4-9)代入式(4-7)经整理得

$$K_a = \frac{A_{HB} - A}{A - A_{B^-}} \cdot [H^+]$$

$$pK_a = pH + \lg \frac{A - A_{B^-}}{A_{HB} - A} \tag{4-10}$$

上式即为用分光光度法测定一元弱酸解离常数的基本公式。式中,A_{HB}、A_{B^-} 分别为弱酸完全以 HB、B^- 型体存在时溶液的吸光度,A 为在式中所示的 pH 时溶液的吸光度。

习 题

1. 与化学分析法相比,吸光光度法的主要特点是什么?
2. 何谓复合光、单色光、可见光和互补色光?白光与复合光有何区别?
3. 简述朗伯-比尔定律成立的前提条件及物理意义,写出其数学表达式。
4. 摩尔吸收系数 k 在光度分析中有什么意义?如何求出 k 值?k 值受哪些因素的影响?
5. 何谓吸光度和透射比,两者的关系如何?

6. 在光度法测定中引起偏离朗伯-比尔定律的主要因素有哪些？如何消除这些因素的影响？

7. 有 50.0 mL 含 Cd^{2+} 5.0μg 的溶液，用 10.0 mL 二苯硫腙-氯仿溶液萃取(萃取率≈100%)后，在波长为 518nm 处，用 1cm 比色皿测量得 $T=44.5\%$。求吸收系数 a、摩尔吸收系数 k 各为多少？

8. 某有色溶液在 1cm 比色皿中的 $A=0.400$。将此溶液稀释到原浓度的一半后，转移至 3cm 的比色皿中。计算在相同波长下的 A 和 T 值。

9. 服从朗伯-比尔定律的某有色溶液，当其浓度为 c 时，透射比为 T。问当其浓度变化为 $0.5c$、$1.5c$ 和 $3.0c$，且液层的厚度不变时，透射比分别是多少？哪个最大？

10. 已知 $KMnO_4$ 的 $k_{525}=2.3\times10^3 L\cdot mol^{-1}\cdot cm^{-1}$，采用 $b=2cm$ 的比色皿，欲使透射比 T 的读数范围为 15%~70%，问 $KMnO_4$ 溶液的浓度应控制在什么范围(以 $\mu g\cdot mL^{-1}$ 表示)？若 T 值超出了上述范围时应采取何种措施？

11. 有一浓度为 $2.0\times10^{-4}\ mol\cdot L^{-1}$ 的某显色溶液，当 $b_1=3cm$ 时测得 $A_1=0.120$。将其稀释 1 倍后改用 $b_2=5cm$ 的比色皿测定，得 $A_2=0.200$（λ 相同）。问此时是否服从朗伯-比尔定律？

12. 某一光度计的读数误差为 0.005，当测量的透射比分别为 9.5% 及 90% 时，计算浓度测量的相对误差各为多少？

第5章 分析过程

在生产和科学研究实践中,常常要测定试样中某些成分。完成这个任务的全部分析过程包括:①分析试样的采集和制备;②试样的分解;③被测成分的分离或干扰成分的分离;④测定。在本章之前,本书所涉及的内容,大部分是与测定有关的问题。其它三项内容也是分析化学的重要组成部分,现对这些内容简要介绍如下。

5.1 试样的制备和分解

5.1.1 试样的采集和制备

5.1.1.1 试样的采集

需要进行分析的工农业原材料或产品,往往数量庞大,组成复杂又不均匀,因此要使取用的少量试样能代表全部物料的平均组成,就必须正确地采集试样,这是决定分析数据是否能指导生产实践的重要一环。

试样可分为液体、固体、气体三类,下面主要讨论固体试样的采集。固体试样的物理性质也是千差万别的,如钢铁、合金、煤炭、肥料、土壤、工农业产品等。在采集试样时,必须根据实际情况在适宜的部位采集。如一块正方形的农田,要测定这块田的土壤成分,可以沿两对角线的方向每隔一定距离布一采样点,最后将采集的土壤混合后进行制备。布点采样时也要根据分析的目的,按照一定的规定进行,例如,要测定土壤表面至 70cm 深的一层土壤的组成,在每一布点要切一 70cm 深的断面收集每个布点的断面土,混合成试样,使试样能代表这块农田土壤的平均组成。又如,分析一车皮煤的固定碳含量,就要在该车皮的不同部位、不同深度取样,将各点取得的试样混合后进行制备。

分析化学是生产的眼睛,分析数据是指导实践的依据,因此,各行各业的取样工作,都有严格的取样规程。

5.1.1.2 试样的制备

初采的试样往往是大量的,有的颗粒也很大,需经破碎、过筛、混匀,再经缩分而制成实验室的试样。保留试样的量与试样的复杂程度及颗粒的大小有关,一般可用下面的经验公式计算:

$$Q = Kd^{\alpha}$$

式中,Q 是应取试样的质量,kg;d 是试样最大颗粒的直径,mm;K 和 α 是实验因数,是由实验求得的,通常 K 在 $0.02 \sim 1.00$ 之间,α 在 $1.8 \sim 2.5$ 之间。图 5-1 是一个试样制备过程的示意图。

从以上过程看,对一个具体试样而言,每次缩分应保留的试样量只决定 d,应该根据缩分公式保留足量的试样才能保证试样的代表性。例如,上面的过程,第一次破碎至 5mm 后,缩分所留的试样量不能少于 2.5kg,否则就失去了试样的代表性。

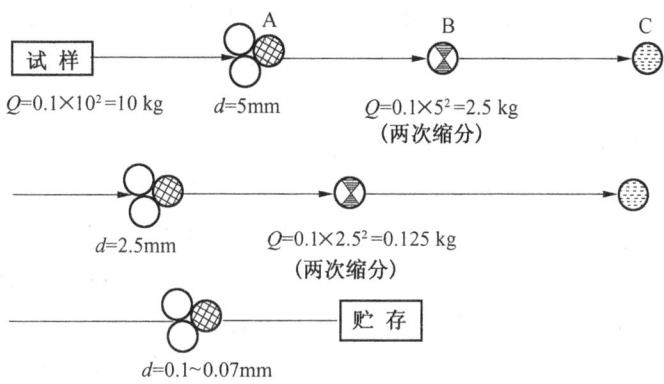

图 5-1 试样制备程序

A—研磨过筛； B—缩分； C—混匀

例 5-1 有破碎至粒度为 6 mm 的试样 15 kg,假定 K 为 0.2, $\alpha=2$,应缩分几次?

解 $$Q=0.2\times6^2=7.2(\text{kg})$$

若 15kg 试样缩分一次,则保留试样的 $\frac{1}{2}$,试样量为

$$15\times\frac{1}{2}=7.5(\text{kg})$$

若再缩分一次,则试样量为 3.75kg 就失去了代表性,所以只能缩分一次。

实验室保留的试样的粒度一般为 0.15～0.77mm,经破碎过筛,混匀,缩分至该粒度就可以包装贮存。

5.1.2 试样的分解

试样的分解有湿法和干法两种方法。湿法是用水、酸或碱溶解试样;干法是选择适当熔剂与试样混合后,高温熔融,使被测成分与熔剂在高温下反应,生成易溶物,再用水或酸浸取。

在选择溶(融)样方法时,应特别注意溶(融)剂与被测成分的反应产物,勿使被测成分挥发损失。例如,测钢铁中的磷,不能用 H_2SO_4 或 HCl 处理钢样,否则磷将生成 PH_3 挥发。应该用王水或硝酸溶解钢样,并把磷氧化成 H_3PO_4,再测磷的含量。

选择的分解方法,还应有利于干扰元素的除去,例如,用氧化还原滴定法测定矿石中的铬,矿样应用 Na_2O_2 熔融,熔块用水浸取,Fe^{3+}、Fe^{2+}、Ni^{2+} 等离子形成氢氧化物沉淀,唯有铬以 CrO_4^{2-} 离子形式进入溶液,经一定处理后,用标准亚铁溶液滴定。现将湿法及干法所用溶剂作简单介绍。

5.1.2.1 湿法

(1)水:能溶于水的盐类很多,碱金属及铵的氯化物、硝酸盐、醋酸盐、亚硝酸盐、硫酸盐、砷酸盐、亚砷酸盐、硼酸盐、碳酸盐、草酸盐等均能溶于水,$AgCl$、Hg_2Cl_2、$PbCl_2$ 等在热水中溶解度也增加。总之,凡能被水溶解的试样应尽量采用水溶法溶解。

(2)盐酸:盐酸是强酸,电极电位比氢电极更负的金属、合金及它们的硫化物等能溶于盐酸。金属及合金中的磷化物、碳化物、硫化物、砷化物和锑化物等,加入盐酸后在加热条件

下,都生成相应的氢化物 PH_3、CH_4、H_2S、AsH_3 和 SbH_3;对碳酸盐、亚硫酸盐、硫化物、亚硝酸盐、氟化物等,用盐酸溶解时就有 CO_2、SO_2、H_2S、NO 和 HF 逸出。

盐酸对试样的分解能力强,不仅因为它是强酸,盐酸溶液中 H^+ 与金属作用,而且 Cl^- 也有还原作用和配位作用。例如,用盐酸分解软锰矿:

$$MnO_2 + 4HCl = Mn^{2+} + 2Cl^- + Cl_2 + 2H_2O$$

分解铁矿石试样时,Cl^- 能与 Fe^{3+}、Fe^{2+} 生成一系列的配合物 $FeCl^{2+}$、$FeCl_6^{3-}$、$FeCl^+$ 等。因此,盐酸对许多金属和盐类都是优良的溶剂,对试样溶解有促进作用。

用盐酸溶解时,应按稀冷、稀热、浓冷及浓热的次序进行试验。

(3)硝酸:硝酸也是一种强酸,它对试样的分解是由强酸 H^+ 和强氧化剂 NO_3^- 共同起作用的。

电极电位比氢电极更负的金属、合金都溶于硝酸,但由于 NO_3^- 的强氧化性,常使一些金属如 Al、Fe、Cr 等的表面产生钝化现象,对试样分解造成困难。但有些金属如 Cu 等,可以用硝酸直接溶解。

1 体积 HNO_3 和 3 体积 HCl 的混合液称王水,混合液的主要反应为

$$HNO_3 + HCl \longrightarrow NOCl + Cl_2 + H_2O$$

新生态氯和 NOCl 是强氧化剂,Cl^- 有配位作用。王水能溶解铂、金等贵金属和 HgS 等难溶化合物。

$$3HgS + 2NO_3^- + 8H^+ + 12Cl^- = 3HgCl_4^{2-} + 2NO\uparrow + 4H_2O + 3S\downarrow$$

(4)硫酸:稀硫酸的作用和盐酸类似。浓硫酸有较强的氧化性,其沸点为 338℃,因此硫酸可以在比较高的温度下分解试样。Al、Be、Pb、Th、Ti、U 及稀土元素的矿物常用硫酸分解。

当试样中的 NO_3^-、Cl^- 及 F^- 对测定有干扰时,可加入硫酸并蒸发至冒 SO_3 白烟,就可以将 NO_3^-、Cl^-、F^- 变成相应的酸挥发掉。

(5)氢氟酸:HF 溶液的 F^- 是强配位剂,因此 HF 有较强的腐蚀性。HF 常与 H_2SO_4、HNO_3 等混合使用,处理硅铁、硅酸盐矿石。

由于 HF 对玻璃有腐蚀作用,所以分解试样的器皿常用铂皿、聚四氟乙烯容器。

(6)磷酸:磷酸能和很多金属离子形成稳定的配合物,因此近年来很多人用磷酸溶样,能达到快速溶样的目的。

(7)高氯酸:热高氯酸有强氧化性和脱水性,除 K^+、NH_4^+ 等外,多数金属的高氯酸盐都溶于水。高氯酸的沸点较高,可以将低沸点酸(盐酸、硝酸及氢氟酸)的溶液及其盐类转化为易溶性的高氯酸盐。

高氯酸稳定、无毒,是一种较好的溶剂。浓热高氯酸有强氧化性。

$$4HClO_4 = 2Cl_2 + 7O_2 + 2H_2O$$

它和有机物相遇时会爆炸,在这种情况下,可先用浓硝酸处理试样,再用高氯酸处理。

(8)氢氧化钠:主要用来溶解 Al 及某些酸性氧化物。

5.1.2.2 干法

该法是将酸性溶剂如 $K_2S_2O_7$ 或碱性熔剂如 Na_2CO_3、K_2CO_3、Na_2O、NaOH 及 KOH 等与试样混合,在高温下熔融。分解试样时,干法比湿法温度高,反应物浓度大,故比湿法的分

解能力强。难溶物往往用干法分解,例如,测定长石中 SiO_2 含量时,可以用 Na_2CO_3 作熔剂,其反应式如下:

$$Al_2O_3 \cdot 2SiO_2 + 3Na_2CO_3 \xrightleftharpoons{\text{熔融}} 2NaAlO_2 + 2Na_2SiO_3 + 3CO_2 \uparrow$$

用水提取 Na_2SiO_3 后进行测定。

由于干法是在高温下熔融分解试样,反应物对器皿的腐蚀较严重,操作时必须选择适当的器皿。表 5-1 列出了几种器皿的性能。

表 5-1 坩埚的选择*

熔 剂	坩 埚					
	铂	镍	铁	银	石英	瓷
无水碳酸钠	+	+	+	−	−	−
氢氧化钠	−	+	+	+	−	−
氧化钠	−	+	+	+	−	−
焦硫酸钾	+	−	−	−	+	+
硫酸氢钾	+	−	−	−	+	+

* 表中"+"表示可以用;"−"表示不可以用。

试样分解以后,提取被测成分,分离干扰成分。

5.2 被测组分或干扰组分的分离

5.2.1 沉淀分离法

沉淀分离法是利用沉淀反应使被测组分与干扰组分分离的一种方法。本节主要介绍有机沉淀剂在分离金属离子中的应用以及共沉淀分离法。

1. 形成螯合物的分离法

与金属离子形成螯合物沉淀的有机试剂称螯合沉淀剂。由于沉淀剂中往往含有疏水性基团,所以沉淀在水中的溶解度小。

用于沉淀金属离子的螯合剂是 HL、H_2L 型的,很少是 H_3L 型的,这类沉淀剂的分子中含有酸性基团—OH、—COOH、—SH、—SO_3H 等,这些基团中的氢原子可以被置换;还含有碱性基团—NH_2、—NH—、=CO、=CS 等,这些基团中的氮、氧和硫原子能和金属离子配位。

2. 形成离子缔合物分离法

阴离子和阳离子在溶液中通过静电引力缔合而形成的化合物称离子缔合物。有机沉淀剂在溶液中能离解成阴离子或阳离子,这些离子大多是 R^+ 或 RH^+ 型的。如氯化四苯砷在水中电离生成 $(C_6H_5)_4As^+$ 阳离子,与含氧酸根阴离子及金属卤化物配阴离子形成难溶化合物:

$$(C_6H_5)_4As^+ + MnO_4^- \rightleftharpoons (C_6H_5)_4AsMnO_4 \downarrow$$

$$2(C_6H_5)_4As^+ + HgCl_4^{2-} \rightleftharpoons [(C_6H_5)_4As]_2HgCl_4 \downarrow$$

罗丹明 B(用 R 代表)在溶液中能形成阳离子
$$R + H^+ \rightleftharpoons RH^+$$
罗丹明 B 阳离子与金属卤化物阴离子反应生成沉淀,如
$$RH^+ + SbCl_6^- \rightleftharpoons RHSbCl_6 \downarrow$$
四苯硼酸阴离子和 K^+ 反应生成沉淀:
$$B(C_6H_5)_4^- + K^+ \rightleftharpoons KB(C_6H_5)_4 \downarrow$$
该沉淀烘干后,可以直接称量。

3. 共沉淀分离法——富集微量组分

在重量分析中,虽然共沉淀造成沉淀的污染会产生误差,但利用共沉淀作用可以富集痕量组分,特别是在分离放射性元素方面起着重要作用。例如,溶液中的痕量放射性锶(Sr^{90}),可以随着 CaC_2O_4 的沉淀,从溶液中分离出来,此分离作用称为富集。表 5-2 列出一些无机共沉淀剂及其用途。

表 5-2 一些无机共沉淀剂及其用途

共沉淀离子	载体	主要条件	备注
Fe^{3+}、TiO_2^{2+}	$Al(OH)_3$	$NH_3 + NH_4Cl$	能富集 1L 溶液中微克级的 Fe^{3+}、TiO_2^{2+}
Sn^{4+}、Al^{3+}、Bi^{3+}	$Fe(OH)_3$	$NH_3 + NH_4Cl$	用于纯金属分析
Sb^{3+}、In^{3+}	MnO_2	1:1 HNO_3,$MnO_4^- + Mn^{2+}$	沉淀纯 Cu 中的 Sb
Pb^{2+}	HgS	弱酸性溶液,H_2S	用于饮用水分析
稀土	CaC_2O_4	微酸性溶液	用于矿石中微量稀土的测定
Ra^{2+}	$BaSO_4$	微酸性溶液	Pb^{2+}、Sr^{2+} 一起共沉淀

5.2.2 萃取分离法

萃取分离法在分析中应用最广泛的为液-液萃取分离法(亦称溶剂萃取分离法)。该法是用一种与水不相混溶的有机溶剂与试剂(水相)一起振荡,使两相充分接触,一些易溶于有机相的组分就从水相进入有机相,从而达到分离的目的。若某组分从有机相进入水相,叫做反萃取。

5.2.2.1 萃取的基本原理

根据相似相溶原理,极性化合物溶于极性溶剂,非极性化合物易溶于非极性溶剂,而且化合物的结构和溶剂的结构越相似,就越易溶解。易溶于水的分子或离子都是极性的。

如果要用非极性有机溶剂从水相中萃取某组分,就必须改变该组分易溶于水的性质(亲水性),使其变为易溶于非极性有机溶剂(疏水性)的化合物,才能被有机溶剂萃取。

定量描述被萃取组分的萃取效率的是分配系数和分配比。

被萃取组分 A 在水相和有机相的溶解达到平衡时,根据分配定律得

$$K_D = \frac{[A]_{有}}{[A]_{水}}$$

式中,K_D 为分配系数,$[A]_{有}$、$[A]_{水}$ 为组分 A 在有机相和水相中的平衡浓度。若组分 A 在两相间进行物理分配的同时,A 在两相中还参与一些化学反应,这时 A 在两相中的平衡浓度 $[A]_{有}$ 及 $[A]_{水}$ 就不能代表两相中 A 物质的总量,必须用 A 物质在两相中的总浓度 $c_{水}$、$c_{有}$ 表示。$c_{有}/c_{水}$ 之值用 D 表示,即

$$D = \frac{c_{有}}{c_{水}}$$

这里 D 称之为分配比。

5.2.2.2 萃取条件

萃取的根本目的是将被萃取的组分从水相转入有机相。增强被萃取组分的疏水性,同时选用与被萃取组分结构相似的有机溶剂萃取,是提高分配比 D 的基本原则。若水相中只存在一种可被萃取的组分,则用化学方法增强该组分的疏水性,就可以使分配比变大。金属离子与有机试剂作用可生成螯合物或离子缔合物,由于这些大分子化合物有较多的疏水基团,如脂肪基($-CH_3$、$-C_2H_5$ 等)、芳香基(苯和苯基等)。因此,这些化合物较易溶于有机溶剂,从而可增加金属离子的萃取分配比。

若水相中同时存在两个以上的组分,要选择性地单独萃取某一个组分是比较困难的。在这样的条件下,最理想的方法是利用高选择性的有机试剂,它只与被萃取的组分生成可被萃取的螯合物(或离子缔合物),而不与其它组分反应,从而达到单独萃取某组分的目的。但高选择性的试剂是难以得到的。有时一种有机试剂可以同时与水相中的几个组分反应,生成可被萃取的化合物,但它们的形成常数不同,形成常数较大的先被萃取入有机相。

为了提高萃取的选择性,有时适当控制溶液的酸度也可以达到目的。例如,Ga^{3+}、In^{3+} 及 Al^{3+} 的 8-羟基喹啉配合物在不同 pH 值时,被 $CHCl_3$ 萃取的萃取率 E 如图 5-2 所示。在上述条件下,若控制溶液的 pH 值小于 1,可以选择性地萃取镓而铝、铟不干扰。

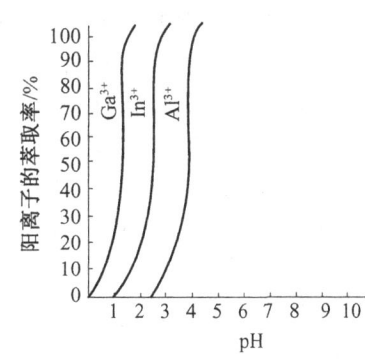

图 5-2 E-pH 值的关系

5.2.3 离子交换分离法

离子交换分离法也是应用较广的分离方法之一。它是用离子交换剂所含的可以离解的阳离子或阴离子与溶液中的阳离子或阴离子发生交换,从而达到分离的目的。用这种分离法不仅可以除去溶液中的某些离子(如自来水的软化),还可以将带相同电荷的几种性质相近的离子彼此分开,例如,可以用此法解决稀土元素的分离问题。

5.2.3.1 离子交换剂的类型和结构

离子交换剂主要分为无机离子交换剂和有机离子交换剂两大类。目前应用较广的是有机离子交换剂。有机离子交换剂又称离子交换树脂,是一类网状结构的高分子物质。这种结构不仅机械强度好,而且对水、酸、碱、有机溶剂等都有较好的稳定性,这决定了它可以作

为一种固体交换剂与液相中的离子发生交换,而不会溶解。

离子交换树脂可以分成四类:

(1)强酸性阳离子交换树脂。这种离子交换树脂含强酸性活性基团,如—SO_3H。

(2)弱酸性阳离子交换树脂。这种离子交换树脂含弱酸性活性基团,如—COOH、—OH等。

(3)强碱性阴离子交换树脂。这种离子交换树脂含强碱性活性基团季胺碱≡N—,如R—$N(CH_3)_3Cl$,R—$N(CH_3)_3OH$ 等。

(4)弱碱性阴离子交换树脂。这种离子交换树脂所含活性基团为伯、仲或叔胺,如R—NH_2,R—$NHCH_3$,R—$N(CH_3)_2$。水化后形成 R—NH_3OH,R—$NH(CH_3)_2OH$,分子中的 OH^- 离子,可以与溶液中的阴离子发生交换。

5.2.3.2 离子交换法的应用

1. 分离性质相近的元素

用离子交换法可以将性质很相近的元素彼此分离,如分离稀土元素及碱金属元素等。下面以 Li^+、Na^+ 及 K^+ 的分离为例,简述其分离应用步骤。

(1)离子交换树脂的处理:市售的离子交换树脂,如磺酸型阳离子交换树脂,含有较多的铁等杂质,使用前要进行处理。处理方法是先用盐酸浸泡,直到浸出液用 NH_4SCN 检查无 Fe^{3+} 存在为止。然后以蒸馏水洗去剩余的酸,这时活性基团—SO_3H 中吸附的全是 H^+,该树脂也叫氢型树脂。

(2)磨碎装柱:根据分离的目的不同,对树脂粒度的要求也不同。一般说,被分离的元素性质越相近,离子交换树脂的颗粒应越小。但颗粒太细,溶液不易透过,使操作困难。

实验室的离子交换柱可用普通玻璃加工成如图 5-3 所示的形式,也可以用滴定管代替,交换柱下端塞一团玻璃棉,柱中充满蒸馏水,将处理好的树脂装入柱中,最上端塞适量玻璃棉。应注意整个交换柱不能有气泡,以免溶液在柱中流动时,造成旋涡,影响分离效果。

图 5-3 是简易的交换柱,在设备先进的实验室,一般采用定时、定量连续自动操作的离子交换设备。在无机制备中,往往采用高达数米的大型离子交换柱。

(3)淋洗分离:将 Li^+、Na^+、K^+ 的混合试样装入柱中,分液漏斗中装入蒸馏水,打开交换柱下端活塞,随液的流出,Li^+、Na^+、K^+ 流入树脂层后,被吸附在树脂上。然后将分液漏斗中装入 $0.1 mol \cdot L^{-1} HCl$ 作淋洗剂,用淋洗剂以一定的流速淋洗交换柱,使 Li^+、Na^+、K^+ 发生分离。

2. 其它应用

离子交换法除用于分离性质相近的元素外,还可以浓缩溶液中的痕量成分。例如,牛奶中铜含量的测定,由于一般牛奶中铜含量很低,用化学法无法测定。若在测定之前,让待测试样通过阳离子交换树脂,铜吸附于树脂上,再以适当的淋洗剂洗脱,浓缩后的铜溶液就可以进行铜的测定了。

用离子交换树脂富集自来水中的 Ca^{2+}、Mg^{2+}、Cl^-、SO_4^{2-} 等可以达到软化自来水的目的。

5.2.4 色谱分离法

色谱分离法是根据不同的物质在流动相和固定相的分配比不同而使物质分离的方法。

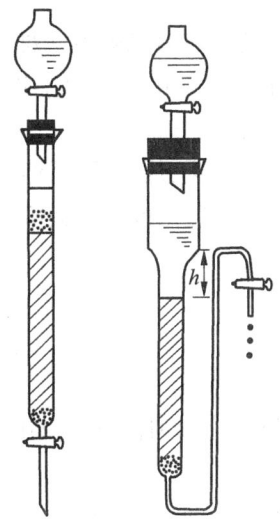

图 5-3 离子交换柱

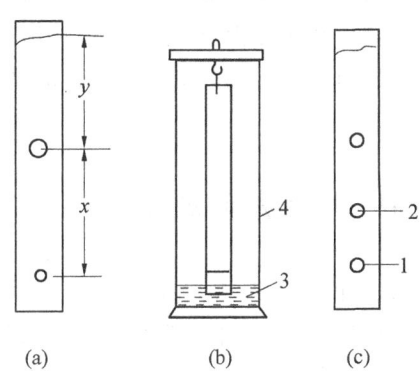

图 5-4 纸上层析
1—原点；2—斑点；3—展开剂；4—层析筒

按照固定相的形式，可将色谱分为柱色谱、薄层色谱和纸上色谱。

柱色谱法是将固定相如硅胶、氧化铝、石英砂等填充在柱中，流动相流经该柱时，被分离物质在两相间分配，借物质的分配比不同进行分离。

薄层色谱法是将固定相做成薄板，流动相沿薄板展开时，物质在两相间分配，借以达到分离不同物质的目的。

纸上色谱法设备简单，操作方便，一般实验室都可以做到，是经常用的分离方法之一。以下主要介绍纸上色谱法的操作。

(1) 选择适当的层析纸。层析纸的选择一般是通过实验进行的。同时用几种纸分离同一种试样，其它的层析条件如展开剂、温度、试样用量、层析时间、层析筒等都严格保证一致，层析结束后，选择一种较理想的层析纸。

(2) 点样。在离层析纸条最下端 2～3cm 处的中央作一标记为原点，用毛细管或 0.1 mL 的移液管把试样点在原点处，使斑点的直径不超过 0.5cm，将斑点晾干后可以放入层析筒层析。

(3) 展开剂的选择。展开剂的选择是整个层析工作的关键，也是较复杂的工作，一种效果良好的展开剂的选定，往往要通过大量的实验工作，摸索出较合适的条件。虽然没有成熟的理论去指导展开剂的选择工作，但这项工作的进行也并非完全是盲目的，因为纸层析的分离机理一般来说与萃取相似，在某些情况下相似相容原理对展开剂的选择也有一定指导作用。一种展开剂一般是由一种或几种溶剂混溶而成。常用的展开剂的极性大小顺序为：

水＞乙醇＞丙酮＞正丁醇＞乙酸乙酯＞氯仿＞乙醚＞甲苯＞苯＞四氯化碳＞环己烷＞石油醚

(4) 层析。层析是在密闭的层析筒中进行，滤纸在层析筒中的悬挂方法如图 5-4b 所示。将滤纸下端浸入展开剂 1～2cm，待展开剂上升至离滤纸顶端 2～3cm 处，即可停止层析。取出纸条晾干。喷洒选定的显色剂，使被分离的各组分在纸条上显一定颜色的斑点，如图

5-4c 所示。

若显色后发现分离效果不好,在不更换开展剂的条件下,可采用双向层析法。双向层析法是沿层析纸的一个方向层析一次,滤纸晾干后,再沿垂直于第一次层析的方向层析一次。双向层析时,层析纸要裁成方形。最后显色的斑点往往沿纸的对角线分布。

(5)测定。将斑点剪下,用一定方法提取被测组分。如将斑点灰化、灼烧后,再溶解待测成分,然后进行测定。因为纸层析操作的试样量很少,测定一般用光度法或其它灵敏度较高的仪器分析。

5.3 分析方法的选择

一种完整的分析方法,包括试样采集、制备、分解、干扰成分的分离和待测成分的测定。以下对分析方法的选择作一般原则性的说明。

一种理想的分析方法应该准确、灵敏和快速。这是选择分析方法的一般原则。具体确定一种分析方法时,要根据需要与可能进行恰当的选择。

生产过程的控制分析对分析方法的准确度要求不高,但分析速度要快。如炼钢过程中钢水成分的分析,就要求快速完成,应选择快速的分析方法。一般可用仪器分析方法来完成。又如,钢水中硅的测定,在设备条件差的小型炼钢厂中,可以用硅钼蓝比色法;在现代化的炼钢厂,采用 X 射线荧光光谱,可同时测定钢水中的多种成分。但是,对"标钢"成分的分析,要求分析的准确度要高,而测定的时间可以放宽一些。为适应这种需要,就得选择准确度较高的方法。若做"标钢"中硅的测定,可选用重量法。

在有些试样的测定中,对灵敏度有较高的要求,但对准确度则要求不高,超纯物质的分析就属此类。为提高测定的灵敏度,一方面需选择高灵敏度的仪器,同时,也要对被测定的微量组分进行分离富集。例如,核技术材料中所用的钙,需严格测定其中的微量稀土,为此,可用萃取色层法把钙中之微量稀土富集于树脂上,然后,将稀土洗脱后,用光谱法测定。

对试样中常量组分的测定,一般用滴定分析和重量分析。由于滴定分析简单、快速、准确度较高,所以应用很广。

当试样中有干扰物质时,应选用选择性较高的方法,必要时要对干扰离子组分进行分离。

总之,分析方法要根据分析目的来选择。

习 题

1. 进行试样的采取、制备和分解时各应注意哪些事项?
2. 简述下列各种溶(熔)剂对分解试样的作用。
盐酸,H_2SO_4,HNO_3,H_3PO_4,$K_2S_2O_7$,Na_2CO_3,KOH,Na_2O_2
3. 熔融法分解试样有何优缺点?
4. 选择分析方法应注意哪些事项?
5. 何谓分配系数、分配比? 两者在什么情况下相等?
6. 为什么在进行螯合物萃取时控制溶液的酸度十分重要?
7. 柱色谱、纸色谱、薄层色谱和离子交换色谱诸色谱分离法的固定相和流动相各是什么? 试比较它们分离机理的异同。

第三篇 有机篇

第1章 引言

1.1 有机化学发展史

有机化学是研究有机化合物的来源、制备、结构、性质、应用以及有关理论的科学,又称碳化合物的化学。什么是有机化合物呢？世界上存在着难以计数的动植物,很久以前,人类已懂得如何通过对动植物进行简单的加工来获得各种物质,如甘蔗制糖、大米酿酒、猪油制皂等。由于这类物质取自于有生命活力的动植物体,其性质与各种矿物质完全不同。因此,称之为有机化合物。

18世纪末至19世纪初,化学家已经能够从天然动植物中分离出许多有机化合物,如尿素、酒石酸、吗啡等。

19世纪30年代,德国化学家维勒从氰酸铵得到尿素,开创了一个有机合成的新时代。19世纪40年代合成了乙酸,随后陆续合成了葡萄糖酸、柠檬酸、琥珀酸、苹果酸等一系列有机酸;19世纪后半叶合成了多种染料;20世纪40年代合成了滴滴涕和有机磷杀虫剂、有机硫杀菌剂、除草剂等农药;20世纪30～40年代,合成了1000多种磺胺类化合物,其中有些可用作药物。

随着有机合成的出现与发展,有机化合物不再具有传统的意义。1848年,德国化学家葛梅林提出,有机化合物就是含碳化合物,有机化学就是研究含碳化合物的科学,并逐渐被人们所接受。事实上,有机化合物由碳、氢、氮、氧、硫、卤素等元素构成,其中尤以碳、氢为主。有机化合物可看作是碳氢化合物和碳氢化合物的衍生物。因此,1874年,德国化学家肖莱马又将有机化学定义为研究碳氢化合物及其衍生物的化学。

与此同时,有机化合物的理论研究蓬勃发展：

1865年,凯库勒(德)指出有机物中碳为四价,发展了有机化合物结构学说；

1874年,范特霍夫(荷)和勒比尔(法)开创了从立体观点来研究有机化合物的立体化学(stereochemistry)；

1917年,美国化学家路易斯用电子对来说明化学键的生成；

1931年,休克尔用量子化学方法解决不饱和化合物和芳烃的结构问题；

1933年,果尔德等用化学动力学的方法研究饱和碳原子上亲核取代反应机理。

随着有机化学理论与实践的迅猛发展,人们已经清楚地认识到,有机物与无机物一样,完全可以通过人工合成而获得,从天然动植物获取只是途径之一,有机化合物这一名词已不再具有原来的意义,只是由于历史和习惯的原因,至今仍沿用而已。

1.2 有机化合物的特点

与无机化合物比较,有机化合物存在以下特点。

(1)数量多,结构复杂。构成有机物的元素并不多,但其主体C原子结合得很牢固,结合的方式也多种多样,存在多种异构体(碳链、位置、几何、旋光等),因而,有机物数量多。据悉,至今已有2000多万种有机物,而且还在以每天大约1000种(被发现和被合成)的速度不断增加。

(2)容易燃烧。有机化合物通常都容易燃烧,如汽油、酒精。而多数无机物耐高温,不易燃烧。

(3)熔点、沸点低。很多典型的无机物是离子化合物,它们的结晶是由离子排列而成的,晶格能较大,若要破坏这个有规则的排列,则需要较多的能量,故熔点、沸点一般较高。而有机物多以共价键结合,它的结构单元往往是分子,其分子间作用力较弱,熔点、沸点一般较低。

(4)难溶于水,易溶于有机溶剂。相似相溶是物质溶解性能的唯一经验规律。即:极性强的化合物易溶于极性强的溶剂中,极性弱或非极性化合物易溶于弱极性或非极性的溶剂中。水为极性分子,对于强极性无机物,水是良好溶剂;而大多数有机分子属于弱极性或无极性分子,因此,难溶于水。有些极性有机化合物其水溶性要大一些。如NaCl易溶于水中(有溶剂化作用)、油不溶于水中(分子间作用力小)、汽油溶于石蜡中(分子间作用力相差不大)、乙醇溶于水(有氢键的作用)。

(5)反应速度慢。无机反应一般都是离子反应,往往瞬间可完成。有机反应一般是非离子反应,速度较慢,但也有例外,如有机炸药的爆炸。为了加速有机反应,常采用加热、加催化剂或光照射等手段。

(6)反应复杂,副产物多。有机反应常伴有副反应发生。有机物分子比较复杂,能发生反应的部位比较多,因此反应时常产生复杂的混合物使主要的反应产物的产率大大降低。一个有机反应若能达到60%~70%的产率,就比较令人满意了。但科学研究中为了提取某种需要的物质,往往产率只有1%也认为是可行的。

1.3 有机化学的研究内容与步骤

1.3.1 有机化学的研究内容

(1)天然产物的提取、分离、结构鉴定、开发与应用研究。分离、提取自然界存在的各种有机物,测定、确定其结构、性质。

(2)研究有机物的结构与性质间的关系。研究有机物的反应、变化经历的途径、影响反应的因素,揭示有机反应的规律,以便控制反应向有利方向发展。

(3)有机合成。一方面以简单的有机物为原料,通过反应合成自然界存在或不存在的有机物——人们所需的物质。如维生素、药物、香料、染料、农药、塑料、合成纤维、合成橡胶等。另一方面分子结构理论提出一系列可能存在的分子结构,这些结构的证实有待于有机合成的实践。

此外,有机化学还研究合成反应的选择性包括化学、区域、立体选择性,以及高通量合成技术(high throughput)、组合化学(combinatorial chemistry)等等,而后两者受到空前重视。

1.3.2 研究有机化合物的一般步骤

(1)分离提纯。研究一个新的有机物首先要把它分离提纯,保证达到应有的纯度。分离提纯的方法有重结晶、升华、蒸馏、层析法以及离子交换法等。

(2)纯度的检验。纯的有机物有固定的物理常数,如熔点、沸点、密度、折射率等。测定有机物的物理常数可检验其纯度,纯的化合物的熔点很小。

(3)实验式和分子式的确定。①进行元素定性分析,找出分子中存在哪几种原子。②进行元素定量分析,找出各种原子的相对数目,即决定经验式(实验式)。③测定分子质量,确定各种原子的确实数目,给出分子式。

(4)结构式的确定。根据红外光谱、紫外光谱、核磁共振谱、质谱等确定结构式。

(5)人工合成及其性能研究。

1.4 有机化合物的分类

(1)按碳链骨架分类

可分为三大类:脂肪族化合物、芳香族化合物、脂环族化合物。

(2)按官能团分类

官能团是决定某类化合物的主要性质的原子、原子团或特殊结构。含有相同官能团的有机化合物具有相似的化学性质。显然,按官能团进行分类可以反映出各种有机化合物之间的性质差异。常见有机化合物及其官能团见表1-1。

表1-1 常见有机化合物的类别

类别 (英文名)	通式	官能团		实例	
		结构	名称	结构	名称
烷烃 (alkane)	C_nH_{2n+2}	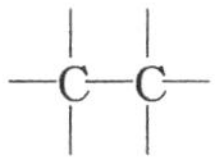 —C—C—	单键	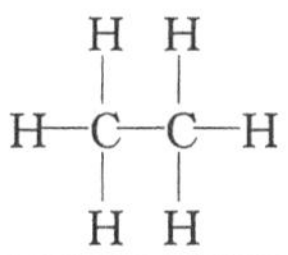 H—CH₂—CH₂—H (乙烷结构)	乙烷
烯烃 (alkene)	C_nH_{2n}	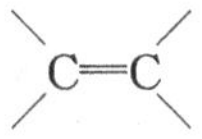 C=C	双键	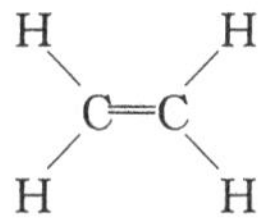 H₂C=CH₂	乙烯
炔烃 (alkyne)	C_nH_{2n-2}	—C≡C—	叁键	H—C≡C—H	乙炔
芳烃 (arene)	Ar—H	 苯环	苯环	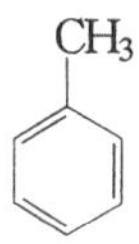 甲苯结构	甲苯

续表1-1

类别（英文名）	通式	官能团 结构	官能团 名称	实例 结构	实例 名称
卤代烃 (halogenate)	R—X	—X	卤基	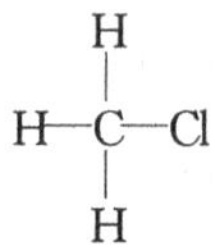 H—CH₂—Cl (CH₃Cl)	一氯甲烷
醇 (alcohol)	R—OH（羟基与烃基相连）	—OH	羟基	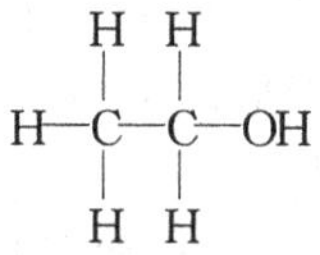 CH₃—CH₂—OH	乙醇
酚 (phenol)	Ar—OH（羟基与芳环相连）	—OH	羟基	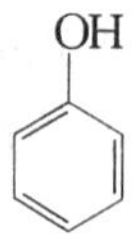 C₆H₅—OH	苯酚
醚 (ether)	R—O—R′（R 与 R′可以相同）	—C—O—C—	醚键	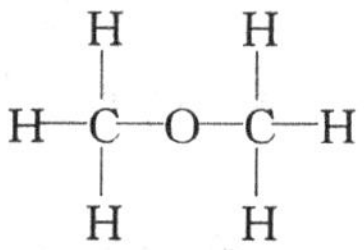 CH₃—O—CH₃	甲醚
醛 (aldehyde)	RCHO	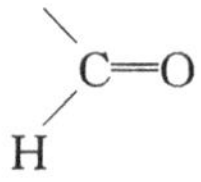 \C=O / H	醛基	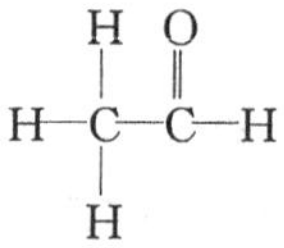 CH₃—CHO	乙醛
酮 (ketone)	RCOR′（R 与 R′可以相同）	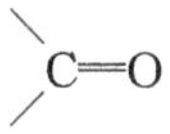 \C=O/	羰基	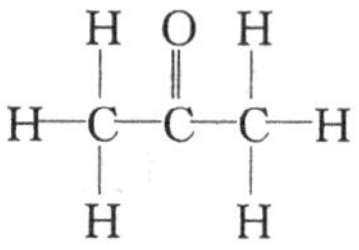 CH₃—CO—CH₃	丙酮
羧酸 (carboxylic acid)	RCOOH	—COOH	羧基	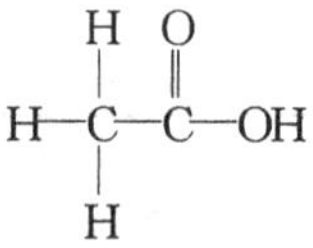 CH₃—COOH	乙酸
酯 (ester)	RCOOR′	—COOR′	酯基	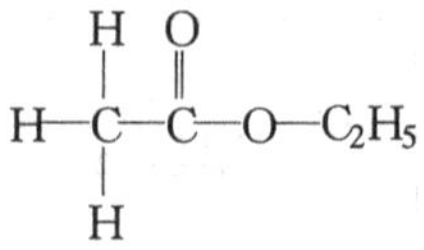 CH₃—COO—C₂H₅	乙酸乙酯
胺 (amine)	RNH₂	—NH₂	氨基	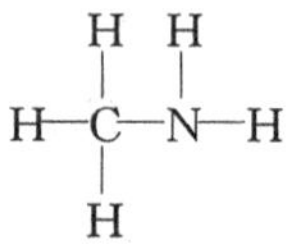 CH₃—NH₂	甲胺
腈 (nitrile)	RCN	—CN	氰基	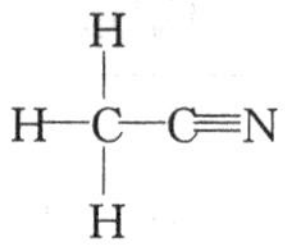 CH₃—C≡N	乙腈

1.5 有机化合物的基础理论

1.5.1 有机结构理论与共价键

1.5.1.1 有机结构理论

有机化合物的特性是由其内在因素——结构决定的。有机结构理论是从无数实验事实中经过概括、抽象、系统化而形成的,并成为解释、理解这些事实,对未知进行预测的主要依据。有机结构理论认为,分子是由原子按照一定的分布次序通过相互影响、相互作用而结合成的一个有机整体。因此,一个有机分子的性质不仅取决于所组成元素的性质和数量,而且也取决于分子的化学结构。如丁二烯和丁炔元素组成相同,分子式均为 C_4H_6,但分子中原子相互结合的顺序和方式不同,即结构不同,因而性质各异。

原子在分子中是通过化学键而相互结合的,根据成键时原子达到稳定电子层结构的方式不同,化学键主要分为离子键和共价键。

离子键是成键原子间通过电子转移产生正、负离子,达到彼此稳定的电子层结构,两者由于静电吸引而成键。

共价键是由成键的两个原子各提供一个电子,形成共用电子对,通过电子共享,达到彼此稳定的电子层结构。两者通过电子共享而成键。共价键的数量代表了这个原子在分子中的化合价。

配位键是一种特殊的共价键,它的特点是形成共价键的一对电子是由一个原子提供的。

有机化合物中绝大多数化学键是共价键。

1.5.1.2 共价键与分子结构

分子结构是指分子中原子的连接方式、连接次序和空间排布,包括分子的构造、构型和构象。构造是指分子中原子互相连接的方式和次序。构型是在构造式的基础上,分子中原子的空间排列方式。构象是由于围绕单键旋转而产生的分子在空间的不同排列形式。

表示分子中各原子的连接顺序和方式的化学式称为分子的构造式。由一对共用电子表示一个共价键的构造式称为路易斯构造式;用一字线"—"表示一个共价键,而略去非成键电子的构造式称为凯库勒构造式。

如甲烷的路易斯构造式为 $\mathrm{H\!:\!\overset{..}{\underset{..}{C}}\!:\!H}$, 甲烷的库勒构造式为 $\mathrm{H\!-\!\underset{H}{\overset{H}{|}}\!C\!-\!H}$

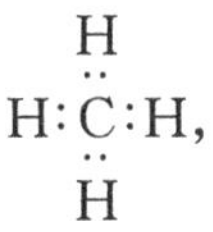

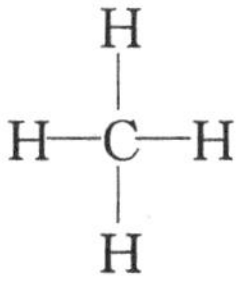

1.5.2 共价键的理论解释

共价键的本质是什么?对共价键的解释有两种理论。

1. 价键理论(电子配对理论)

价键理论的基本要点是:假定两个原子均具有未成对电子且自旋反平行时,就可偶合配对,也就是原子轨道可重叠形成共价键。由一对电子形成的共价键叫单键,用一字线"—"来表示,如果两个原子各有两个或三个未成键的电子,构成的共价键则为双键或叁键。成键的电子只处于化学键相连的原子之间(定域的)。

共价键具有饱和性。当原子的未成键的一个电子与某原子的一个电子配对之后,就不能再与第三个电子配对了,这就是共价键的饱和性。

共价键具有方向性。成键时,两个电子的原子轨道发生重叠,重叠部分的大小决定共价键的牢固程度。重叠部分越大,所形成的共价键越牢固。p 电子的原子轨道在空间具有一定的取向,只有当它的某一方向互相接近时,才能使原子轨道得到最大程度的重叠,生成的分子的能量得到最大程度的降低,形成稳定的分子,如图 1-1 所示。

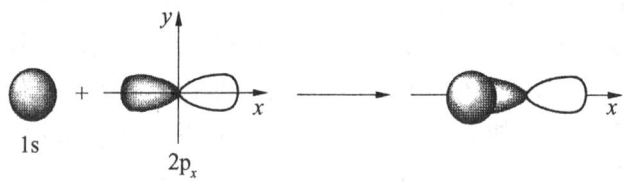

图 1-1　轨道的成键方向性

2．分子轨道理论

(1)原子轨道：原子中电子的运动状态叫原子轨道。原子中的电子有 s 电子、p 电子等,它们相应的运动状态为 s 轨道和 p 轨道,如图 1-2 所示。

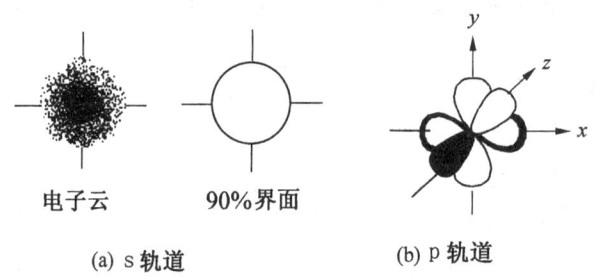

图 1-2　原子轨道示意图

(2)分子轨道：分子中的电子的运动状态,由原子轨道重叠而形成,共价键可用原子轨道重叠形成的分子轨道来描述,用波函数 Ψ 表示。

(3)分子轨道理论的基本要点是：假设分子中所有电子是在整个分子中运动的；每个分子轨道都有相应的能量,分子的总能量近似地等于各电子占据着的分子轨道能量的总和；每一个分子轨道最多只能容纳 2 个电子,且自旋方向相反；电子填充分子轨道时,首先占据能量最低的分子轨道；分子轨道是原子轨道的线性组合,有几个原子轨道就可组合成等同数量的分子轨道。

原子轨道组成分子轨道的三个原则是：①对称性匹配的原则。组成分子轨道的原子轨道的符号(即位相)必须相同,才能匹配组成分子轨道,否则就不能组成分子轨道；②能量接近原则。成键的原子轨道的能量相近,能量差愈小愈好,这样才能够有效地组成分子轨道；③最大重叠原则。原子轨道重叠的部分要最大,愈大愈好,使所形成的键稳定。

分子轨道理论是从分子的整体出发去研究分子中每一个电子的运动状态,通过薛定谔方程求解,可以求出描述分子中电子运动状态的波函数 Ψ。实际求解波函数 Ψ 是很困难的。通常只能用近似方法,最常用的是原子轨道线性组合成分子轨道法(即 LCAO—MO 法)。即把分子轨道看成是所属原子轨道的线性组合。

以 H_2 分子为例。Ψ_A、Ψ_B 是 H_A、H_B 原子的原子轨道。Ψ_1、Ψ_2 是 H_2 分子轨道。C_1、C_2 是系数。则

$$\Psi_1 = C_1\Psi_A + C_2\Psi_B, \qquad \Psi_2 = C_1\Psi_A - C_2\Psi_B$$

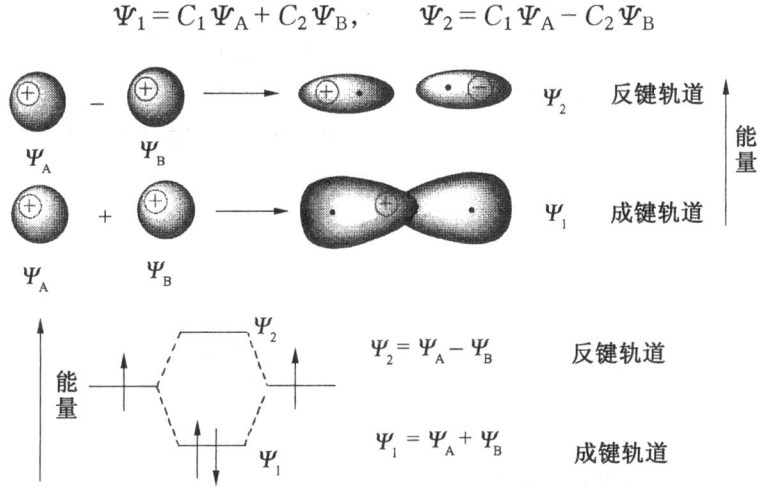

图 1-3 原子轨道组成分子轨道图

由图 1-3 可见,两个电子从 1s 轨道转入 H_2 分子的分子轨道 Ψ_1 时,体系的能量大大降低,这样成键轨道 Ψ_1 的能量低于 H 原子的 1s 态电子的能量。相反,反键的轨道 Ψ_2 的能量则高于 H 原子的 1s 态电子的能量。所以氢原子形成氢分子时,一对自旋相反的电子进入能量低的成键轨道中,电子云主要集中于两个原子之间从而使 H_2 分子处于稳定的状态;而反键轨道恰好相反,电子云主要分布于两个原子核的外侧,有利于核的分离而不利于原子的结合。所以当电子进入反键轨道时,其能量高于原子轨道的能量,则体系不稳定,H_2 分子自动解离为两个 H 原子。

虽然分子轨道理论对共价键的描述更为确切,但由于价键理论的定域描述比较直观,易于理解,因此在有机化学中使用较多的还是价键理论。只有在一些具有明显离域的体系中才用分子轨道理论。

1.5.3 原子轨道杂化与分子结构

众所周知,C 原子电子构型为 $1s^2 2s^2 2p_x^1 2p_y^1 2p_z^0$。而甲烷和许多饱和有机化合物的性质实验表明,其分子中碳的 4 个价键实际完全相同。为了解释这种现象,鲍林提出了原子轨道杂化理论。所谓原子轨道杂化就是将原来的原子轨道混合而重新组成新的轨道——杂化轨道,进而成键。

能量相近的原子轨道可进行杂化,组成能量相等的杂化轨道,这可使成键能力更强,体系能量降低,成键后可达到最稳定的分子状态。

C 原子 2s 与 2p 轨道杂化存在时,能量更低、更稳定。原子轨道杂化有以下三种方式:

1. sp³ 杂化

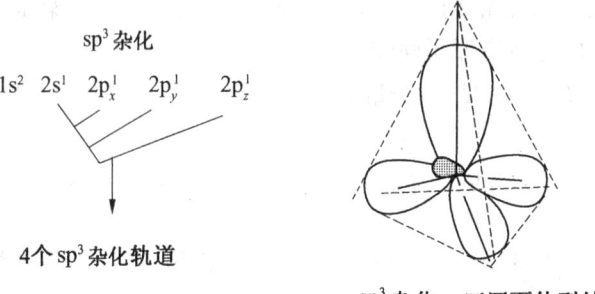

2. sp² 杂化

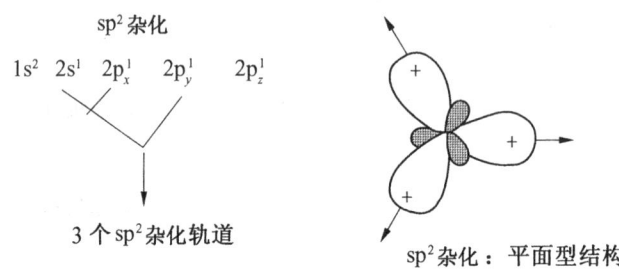

3. sp 杂化

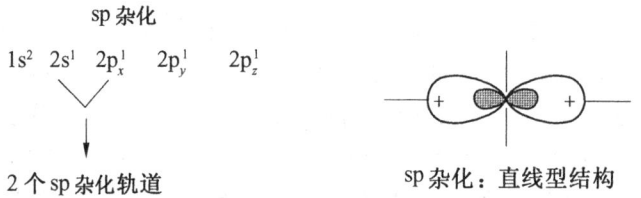

1.5.4 价键理论和分子轨道理论对典型共价键的解释

1. 单键的形成

以 H_2 分子为例。

价键理论认为,每个 H 原子各有一个未成对的电子,具有自旋相反的两个 H 原子电子偶合配对成键而形成 H_2。

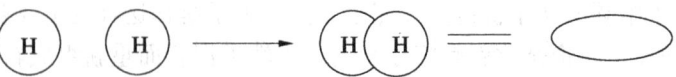

分子轨道理论认为,每个 H 原子具有一个带电子的 1s 原子轨道,两个 H 原子的 1s 原子轨道线性组合成两个分子轨道,一是低能量的成键分子轨道,一是高能量的反键分子轨道,成键电子占据成键分子轨道而形成分子。如图 1-4 所示。

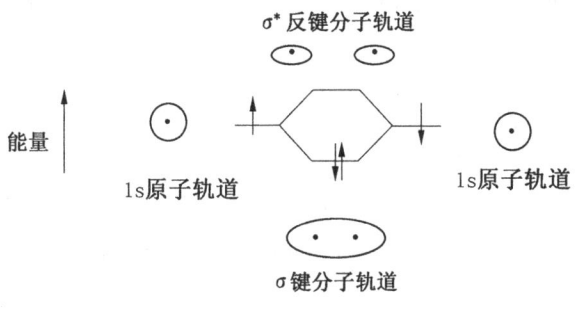

图 1-4　H_2 分子轨道图

2. 双键的形成

以 $H_2C=CH_2$(乙烯)为例。

价键理论认为,在乙烯分子中,C 原子为 sp^2 杂化,两个碳原子之间各以一个杂化轨道形成 σ 键,另一个未杂化的 p 轨道侧面重叠形成一个 π 键,而 C 原子的另两个杂化轨道分别与一个 H 原子轨道中的电子配对成键,从而形成分子。

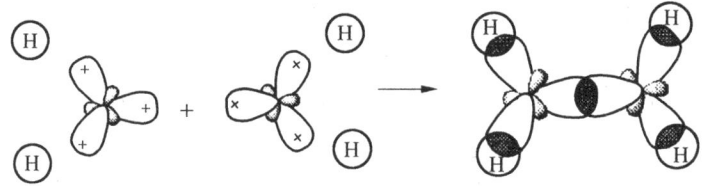

分子轨道理论认为,π 键的形成是 C 原子中的 2p 原子轨道线性组合成两个 π 分子轨道,一个是低能量的 π 成键分子轨道,另一个是高能量的 $π^*$ 反键分子轨道。成键电子占有成键分子轨道而形成分子。

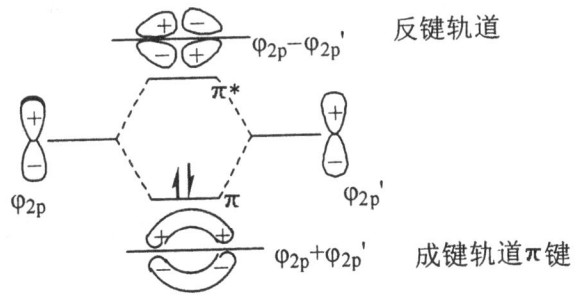

3. 叁键的形成

以 HC≡CH(乙炔)为例。

价键理论认为,在乙炔分子中 C 原子为 sp 杂化,两个 C 原子的杂化轨道重叠而形成 σ 键,而未杂化的两个 p 轨道从侧面重叠形成两个 π 键。

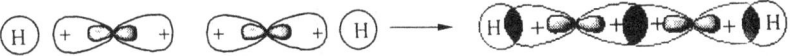

分子轨道理论认为,C 原子中的 2 个 2p 原子轨道线性组合成 4 个 π 分子轨道,两个是

低能量的 π 成键分子轨道,两个是高能量的 π* 反键分子轨道。成键电子占有两个成键分子轨道而形成分子。

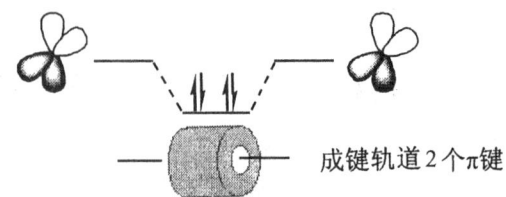
成键轨道 2 个 π 键

1.5.5 共价键的属性

(1)键长:指形成共价键的两个原子核间距离。键长越短,表示键越强、越牢固。

(2)键角:指两个共价键之间的夹角。键长和键角决定着分子的立体形状。

(3)键能:指断开单个特定共价键所吸收的能量,也称为该键的离解能。键能越大,两个原子结合越牢固,键越稳定。

(4)键的极性:键的极性与键合原子的电负性有关,一些电负性数值大的原子具有强的吸电子能力。常见元素电负性为:

H	C	N	O	F	Si	P	S	Cl	Br	I
2.1	2.5	3.0	3.5	4.0	1.8	2.1	2.5	3.0	2.9	2.6

(5)分子的偶极矩:键的极性影响整个分子的极性,分子的偶极矩是各键的键矩(键的偶极矩)的向量和。

例如,H—H 是非极性,键矩为 0,其电子云均匀分布于两个原子之间。而 CH_3—Cl 电子云靠近其中电负性较大的原子,这样的键有一定键矩,其键矩为 1.86D,是极性共价键。CH_4 的键矩为 0,是对称分子。注意由极性键组成的分子不一定是极性分子。分子的极性对熔点、沸点、溶解度等都有一定的影响。

1.5.6 共价键断裂方式与有机反应类型

1.5.6.1 共价键断裂方式

化学反应涉及分子中化学键的改变,即旧化学键的断裂,新化学键的形成,同时生成新分子的过程。化学键有三种断裂方式。

(1)均裂:成键的一对电子平均分给两个原子或原子团,即形成自由基。

$$A:B \longrightarrow A\cdot + B\cdot$$

(2)异裂:成键的一对电子分给两个原子或原子团中的一个,即形成离子。

$$A:B \longrightarrow A^+ + {}^-B:$$

$$C:X \begin{cases} \longrightarrow C^+ + X^- \text{ 碳正离子} \\ \longrightarrow X^+ + C^- \text{ 碳负离子} \end{cases}$$

(3)周环反应(协同反应):反应不受外界条件的影响,反应时共价键的断裂和生成,是经过多中心环状过渡态协同地进行。

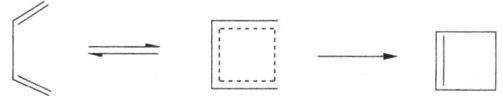

1.5.6.2 有机反应的类型

根据键的断裂方式,可将有机反应分为如下类型:

(1)自由基型反应:按照均裂进行的反应叫游离基型反应,即自由基型反应。如烷烃的卤代反应等。光照或高温条件下,在气相或惰性溶剂中进行的反应一般以均裂为主,为自由基型反应。

(2)离子型反应:按照异裂方式进行的反应叫离子型反应。如卤代烃的取代反应。在极性溶剂中,或在酸、碱催化下进行的反应以异裂为主,为离子型反应。

(3)协同反应:如周环反应,其特点是旧键的断裂和新键的形成是同时发生的;反应过程中不生成游离基或离子活性中间体。

另外,还可根据反应物与生成物之间的关系,将有机反应分为取代反应、消除反应、加成反应和重排反应。

1.5.7 有机物的立体结构与构型的 R、S 命名规则

1.5.7.1 有机物的立体结构

具有相同的分子式,但分子中原子的连接方式、次序或空间排布不同的现象称同分异构现象。具有同分异构现象的化合物之间互称(同分)异构体。同分异构可分为两大类:构造异构和立体异构。

构造异构又称结构异构,是指原子的连接方式、次序不同而形成的同分异构现象,构造异构包括碳干(胳)异构、位置异构和官能团异构。如乙醇和甲醚。而立体异构是原子的连接方式、连接次序相同而空间排布不同所形成的同分异构现象。立体异构又可分为构型异构和构象异构两类。

构象异构是由于围绕单键旋转而产生的分子在空间的排列形式不同,是在室温下可以快速互变的异构体,异构体间无法分离。如乙烷的两种极端构象——交叉式构象和重叠式构象。而介于其间的构象有无数种。构象的表示方式有透视式和纽曼投影式。

构型异构的异构体间不能互变,一种异构体变成另一种异构体必须经过键的断裂与重组才能实现,异构体间可被分离。构型异构包括因双键或环存在而引起的顺反异构和因手性碳原子存在而引起的对映异构。

1. 手性碳原子

手性碳原子是不对称碳原子,指与四个互不相同的基团相连的碳原子。

2. 对映异构(Enantiomerism)与对映体(Enantiomers)

在进行 2-丁烯的水合反应时,分离到两种丁醇,它们的物理性质基本相同,只是在对偏振光的作用上有差异,一个使偏振光向右转(右旋体 dextrorotatory),一个使偏振光向左转(左旋体 levorotatory),转的度数基本上相同。这种互为镜像的两种构型异构体互称对映体,这种互为镜像的异构现象称为对映异构。而化合物使偏振光旋转的性质称为旋光性,用

"(+)"表示偏振光向右转、"(-)"表示偏振光向左转。注意在很多场合,旋光性与构型不一致。

含有一个手性碳原子的化合物有两种对映体。含有两个手性碳原子的化合物有两对对映体——4种异构体,含有3个手性碳原子的化合物含有8种异构体。含有 n 个手性碳原子的化合物最多可以有 2^n 个异构体(如有内消旋体的存在,可能小于 2^n 个)。

3. 构型表示方法

用菲舍尔(Fischer)投影式表示,就是把四面体构型按规定的投影方向投影在纸面上。

(1)投影的原则。把与手性碳原子结合的横向的两个键摆向自己,把竖立的两个键摆向纸后,一般将含碳原子的原子团放在竖立键方向,把命名时编号最小的碳原子放在上端,然后把这样固定下来的分子模型中各个原子或原子团投影到纸面上,这样,在投影式中,两条直线的垂直交点相当于手性碳原子,它位于纸面上。以横键相连的两个原子或原子团相当于原来面对自己的基团,与横键垂直的两个键所连的原子团相当于伸向纸后的基团。

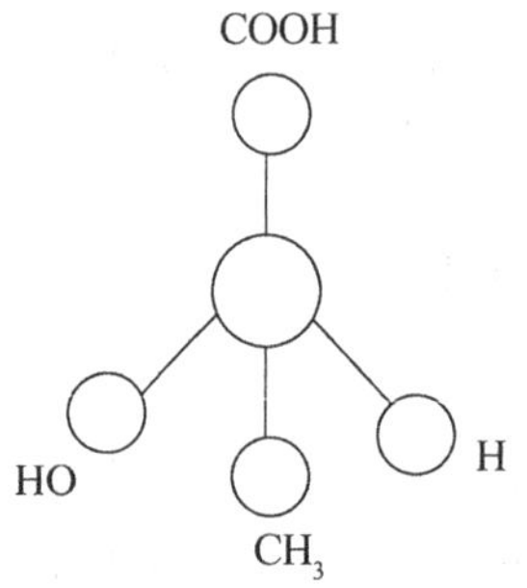

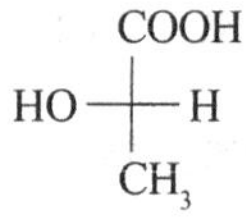

Fischer 投影式

(2)使用投影式时的注意事项。投影式不能离开纸面翻转,因这会改变手性碳原子周围各原子或原子团的前后关系。

投影式不能在纸面上转动 90°,因(Ⅰ)和(Ⅱ)构型不同。

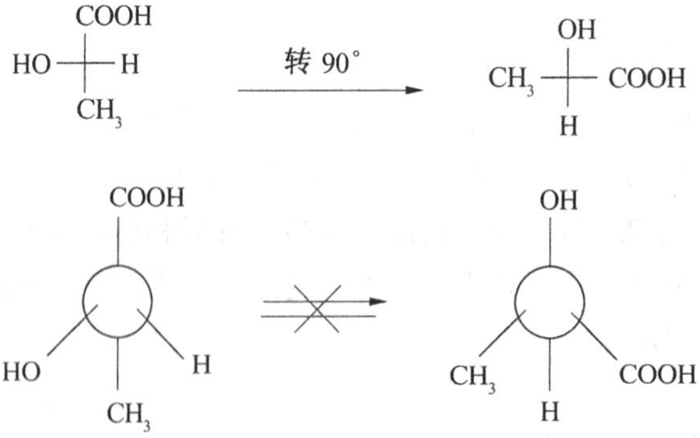

(Ⅰ)　　　　(Ⅱ)

可以在纸面上转动 180°,因这不会改变原子团前后关系。此外,对映体的构型还可用下列方式表示(楔形式):

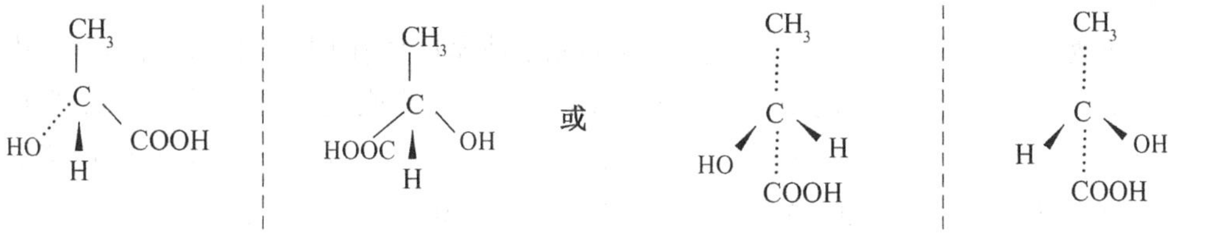

从化合物Ⅲ的构型看,如果在下列投影式虚线处放一镜面,那么分子上半部分正好是下半部分的镜像,说明这个分子内有一对称面。

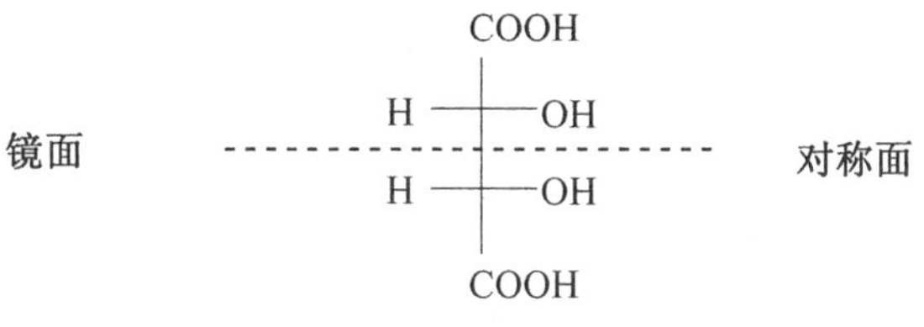

(Ⅲ)

实验测得此化合物不具有旋光性,像这种由于分子内含有相同的手性碳原子,分子的两个半部分互为物体与镜像关系,从而使分子内部旋光性相互抵消的非光学活性化合物称为内消旋体,用 meso 表示。

外消旋体是由等量的左旋体和右旋体混合而成的混合物。如乳酸除了可以从肌肉中和细菌发酵分别得到(+)、(−)体外,还可以从酸败的牛奶中或用合成方法制得。后一方法得到的乳酸其构造式都一样,可是它们都没有旋光性。这是由于用人工合成方法制得的乳酸是等量的右旋和左旋乳酸的混合物,它们对偏振光的作用相互抵消,所以没有旋光性。我们称这种乳酸为外消旋乳酸,外消旋体一般用"(±)"表示。外消旋体和相应的左旋或右旋体除旋光性能不同外,其它物理性质也有差异。如(+)乳酸熔点53℃,(±)乳酸熔点18℃。

内消旋体和外消旋体虽然都不具有旋光性,但它们有着本质的不同,内消旋体是一种纯物质,它不像外消旋体那样可以分离成具有旋光性的两种物质。

1.5.7.2 有机物构型的 R、S 命名规则

含有手性碳原子的化合物根据 IUPAC 的建议采用 R、S 构型系统命名法进行命名。

对含有一个手性碳原子化合物 Cabcd 的命名,可以手性碳原子所连的4个原子或原子团(a,b,c,d)根据次序规则先后排列,如 a>b>c>d,然后将上述排列次序最后的原子或原子团(d)放在观察者对面,离眼睛最远的地方。这时其它3个原子或原子团(a,b,c)就指向观察者,然后再观察这3个原子或原子团按次序规则递减排列的顺序(a→b→c)。如果是顺时针方向排列的,这一构型就用 R 表示;如果是反时针排列的,就用 S 表示。

关于次序规则将在第二章中详细介绍。

1.5.8 有机物的电子效应

有机物的电子效应包括诱导效应(inductive effect)与共轭效应(conjugative effect)。

1.5.8.1 诱导效应(I效应)

诱导效应(I效应)是分子中电负性不同的原子或基团的作用(影响)而引起分子中电子云沿着化学键(σ键或π键)向某一方向移动的效应;-I为吸电子诱导效应;+I为推电子(或供电子)诱导效应。诱导效应的大小与取代基的电负性大小有关,并随着取代基的距离不断增加而快速减弱,一般相隔3个σ键,作用几乎为0。

取代基诱导效应大小顺序如下:

—NO_2>—F>—Cl>—Br>—I>—OH>—COOH>—NH_2>—OCH_3>—C_6H_5>H>R

一般R取代基(烃基)为提供电子的+I效应。如丙烯分子中的诱导效应

$$CH_2 \xrightarrow{\delta^+} CH_2 = CH_2^{\delta^-}$$

1.5.8.2 共轭体系与共轭效应

(1)共轭体系。π电子不是固定在一个双键C原子之间,而是扩散到几个双键C原子之间,形成一个整体。这种现象叫离域现象。这样的体系叫共轭体系。共轭体可分为π-π共轭体系和p-π共轭体系。

①π-π共轭体系,如CH_2=CH—CH=CH_2,CH=CH—CH=O,苯等。

②p-π共轭体系,如CH_2=CHCl。

(2)共轭效应(C效应)。共轭效应是指共轭体系中,原子间的一种相互影响。这种影响使得分子更稳定,内能更小,键长趋于平均化,并引起物质性质的一系列改变。共轭效应有正共轭效应(+C)和负共轭效应(-C)。如

H_2C=CH—Cl +C H_2C=CH—CH=O—C H_2C=CH—CH=CH_2
                                                     δ^+ δ^- δ^+ δ^-

共轭效应特点:①共平面性;②键长趋于平均化;③折射率高;④共轭链中π电子云转移时,链上出现正负性交替现象;⑤共轭效应使得体系内能降低。

(3)超共轭效应。超共轭效应是指烷基上的C原子与H原子结合,对于电子云屏蔽的效力很小,所以这些电子比较容易与邻近的π电子共轭,发生电子的离域现象,即σ键与π键之间的电子位移,使体系变得稳定,这种σ键的共轭称为超共轭效应。

超共轭效应一般是给出电子的,其大小顺序为—CH_3>—CH_2R>—CHR_2>—CR_3。如

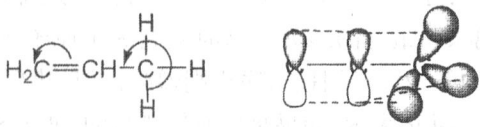

超共轭效应的影响比共轭效应要小得多。如1-丁烯和2-丁烯。

H_2C=CH—CH_2CH_3 + H_2 ⟶ $CH_3CH_2CH_2CH_3$ 氢化热:126.8 kJ/mol

H_3C—HC=CH—CH_3 + H_2 ⟶ $CH_3CH_2CH_2CH_3$ 氢化热:119.6 kJ/mol

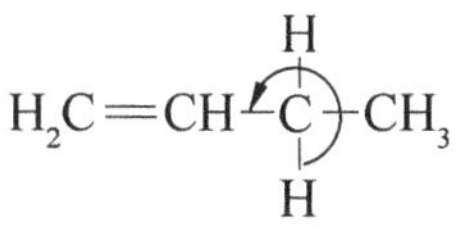

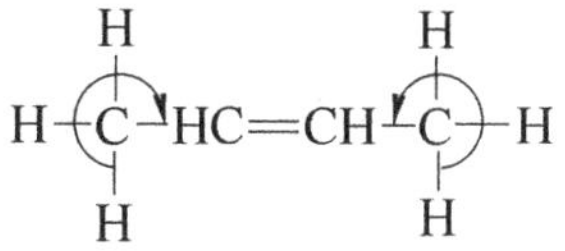

$$H_2C=CH-\overset{H}{\underset{H}{C}}-CH_3 \qquad H-\overset{H}{\underset{H}{C}}-HC=CH-\overset{H}{\underset{H}{C}}-H$$

碳正离子的稳定性可由超共轭效应来解释。

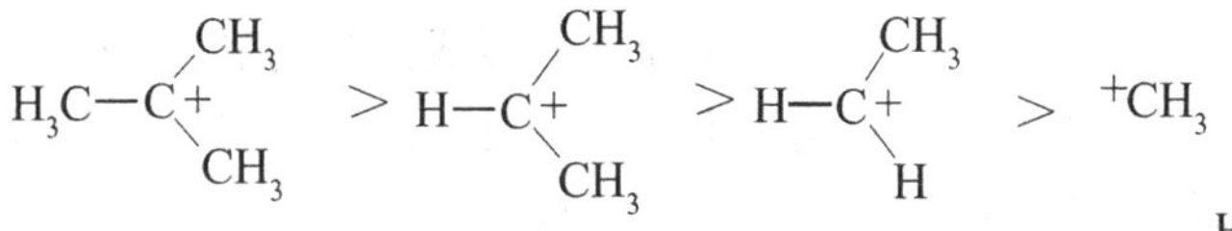

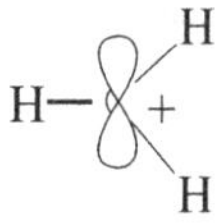

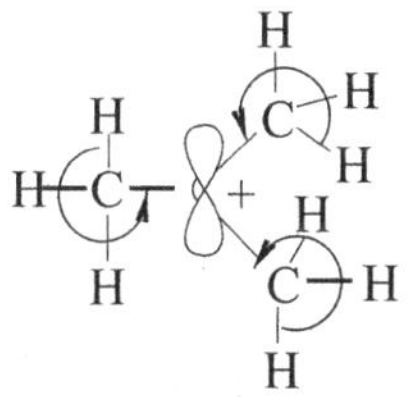

$$H_3C-\overset{CH_3}{\underset{CH_3}{C^+}} \quad > \quad H-\overset{CH_3}{\underset{CH_3}{C^+}} \quad > \quad H-\overset{CH_3}{\underset{H}{C^+}} \quad > \quad {}^+CH_3$$

第2章 开链烃

由碳氢两种元素组成的有机化合物叫做碳氢化合物,简称为烃。按照烃分子中碳原子连接的形状可分为链烃和环烃。分子中碳原子连接成链状的烃,称为链烃。

根据分子中所含碳和氢原子数比例不同,可将链烃分为烷烃、烯烃、炔烃和二烯烃等,其中烷烃是饱和烃,烯烃、二烯烃和炔烃为不饱和烃。

2.1 烷烃

由碳和氢两种元素组成的饱和烃称为烷烃。

2.1.1 烷烃的同系列和同分异构现象

烷烃包括甲烷、乙烷、丙烷、丁烷等。其通式为 C_nH_{2n+2},其中 n 表示碳原子数目。

凡具有同一个通式,结构相似,化学性质也相似,物理性质则随着碳原子数目的增加而有规律地变化的化合物系列,称为同系列。同系列中的化合物互称为同系物。相邻的烷烃同系物在组成上相差 CH_2,这个 CH_2 称为系列差。

烷烃同系物中,甲烷、乙烷、丙烷只有一种结合方式,而从丁烷起分子中碳原子的排列方式有所不同,如丁烷可有如下两种构造:

$$CH_3CH_2CH_2CH_3 \qquad CH_3-\underset{\underset{CH_3}{|}}{CH}-CH_3$$

像这样具有相同的分子式,而原子的连接方式、次序不同的同分异构现象为构造异构,此处为碳干(碳胳)异构。

简单的烷烃同分异构体可按下列步骤推算(以 C_7H_{16} 为例):

(1) 写出此烷烃的最长直链式,$CH_3CH_2CH_2CH_2CH_2CH_2CH_3$。

(2) 再写少一个 C 原子的直链,另一个 C 作为取代基。

$$CH_3\underset{\underset{CH_3}{|}}{CH}CH_2CH_2CH_2CH_3 \qquad CH_3CH_2\underset{\underset{CH_3}{|}}{CH}CH_2CH_2CH_3$$

(3) 再写少两个 C 原子的直链,另两个 C 作为取代基。

$$CH_3\underset{\underset{CH_3}{|}}{CH}\underset{\underset{CH_3}{|}}{CH}CH_2CH_3 \qquad CH_3\underset{\underset{CH_3}{|}}{CH}CH_2\underset{\underset{CH_3}{|}}{CH}CH_3 \qquad CH_3CH_2\underset{\underset{C_2H_5}{|}}{CH}CH_2CH_3$$

$$CH_3\underset{\underset{CH_3}{|}}{\overset{\overset{CH_3}{|}}{C}}CH_2CH_2CH_3 \qquad CH_3CH_2\underset{\underset{CH_3}{|}}{\overset{\overset{CH_3}{|}}{C}}CH_2CH_3$$

(4) 以此类推,再写少三个 C 原子的直链。

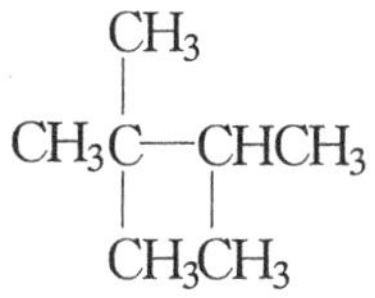

$$\begin{array}{c} \text{CH}_3 \\ | \\ \text{CH}_3\text{C}-\text{CHCH}_3 \\ | \\ \text{CH}_3\text{CH}_3 \end{array}$$

直至不重复结构完全写出为止。C_7H_{16}共有 9 种不重复的结构,即有 9 个同分异构体。可见,随着碳原子数的增加,异构体的数目增加很快。

2.1.2 烷烃的命名

碳原子的类型:

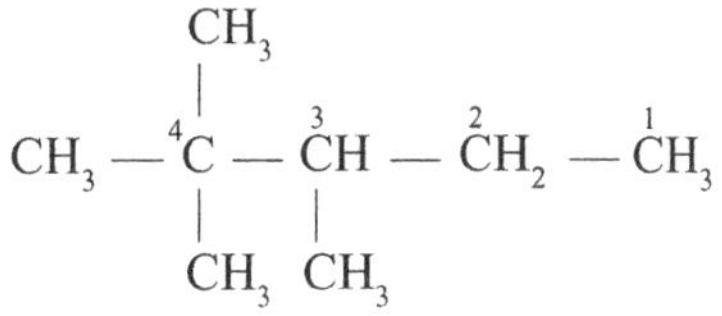

伯碳原子(1°):跟另外 1 个碳原子相连接的碳原子。

仲碳原子(2°):跟另外两个碳原子相连接的碳原子。

叔碳原子(3°):跟另外 3 个碳原子相连接的碳原子。

$$\text{CH}_3-\overset{4}{\text{C}}-\overset{3}{\text{CH}}-\overset{2}{\text{CH}_2}-\overset{1}{\text{CH}_3}$$
$$\begin{array}{cc} | & | \\ \text{CH}_3 & \text{CH}_3 \end{array}$$

季碳原子(4°):跟另外 4 个碳原子相连接的碳原子。

2.1.2.1 系统命名法

系统命名法是我国根据 1892 年日内瓦国际化学会议首次拟定的系统命名原则,结合我国文字特点而制定,并经国际纯粹与应用化学联合会(简称 IUPAC)几次修改补充后的命名原则,又称日内瓦命名法或国际命名法。

烷基是烷烃分子去掉一个氢原子后余下的部分,其通式为 C_nH_{2n+1}—,常用 R—表示。常见的烷基有

甲基	CH_3—	(Me)
乙基	CH_3CH_2—	(Et)
正丙基	$CH_3CH_2CH_2$—	(n-Pr)
异丙基	$(CH_3)_2CH$—	(iso-Pr)
正丁基	$CH_3CH_2CH_2CH_2$—	(n-Bu)
异丁基	$(CH_3)_2CHCH_2$—	(iso-Bu)

仲丁基	CH_3CH_2CH—
	              |
	            CH_3
		(sec-Bu)

叔丁基	$(CH_3)_3C$—	(ter-Bu)

在系统命名法中,对于无支链的烷烃,省去正字。对于结构复杂的烷烃,则按以下步骤命名。

(1)选择分子中最长的碳链作为主链,若有几条等长碳链时,选择支链较多的一条为主链。根据主链所含碳原子的数目定为某烷,再将支链作为取代基。

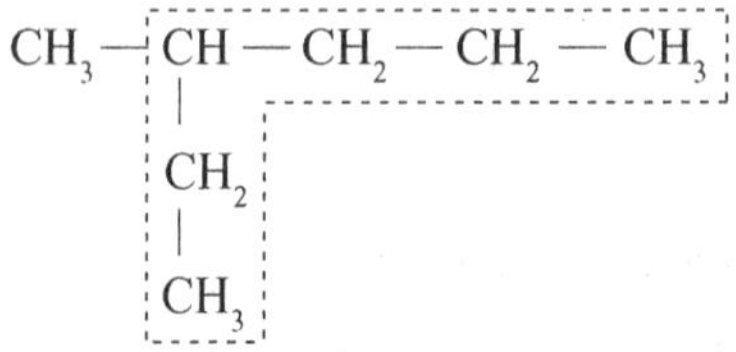

$$\text{CH}_3 - \overset{}{\underset{\underset{\text{CH}_3}{\overset{|}{\text{CH}_2}}}{\overset{|}{\text{CH}}}} - \text{CH}_2 - \text{CH}_2 - \text{CH}_3$$

(2)从距支链较近的一端开始,给主链上的碳原子编号。依次用1,2,3,4,…表示,若主链上有2个或者2个以上的取代基时,则主链的编号顺序应使支链位次尽可能小。

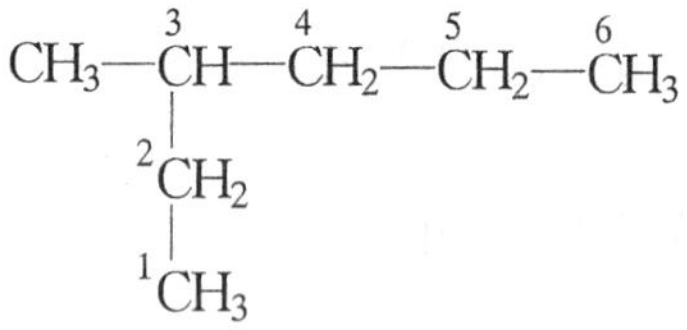

$$\text{CH}_3 - \overset{3}{\underset{\underset{\overset{1}{\text{CH}_3}}{\overset{|}{\text{CH}_2}}}{\overset{|}{\text{CH}}}} - \overset{4}{\text{CH}_2} - \overset{5}{\text{CH}_2} - \overset{6}{\text{CH}_3}$$

3-甲基己烷

(3)将支链的位次及名称加在主链名称之前。若主链上连有多个相同的支链时,应予合并,用小写中文数字表示支链的个数,再在前面用阿拉伯数字表示各个支链的位次,每个位次之间用逗号隔开,最后一个阿拉伯数字与汉字之间用半字线"-"隔开。

(4)若主链上连有不同的几个支链时,则按支链由小到大的顺序将每个支链的位次和名称加在主链名称之前。

$$\overset{7}{\text{CH}_3} - \overset{6}{\text{CH}_2} - \overset{5}{\underset{\underset{\text{CH}_2\text{CH}_3}{\overset{|}{\text{CH}_3}}}{\overset{|}{\text{CH}}}} - \overset{4}{\underset{\underset{}{\overset{|}{\text{CH}_2}}}{\overset{|}{\text{CH}}}} - \overset{3}{\underset{\underset{}{\overset{|}{\text{CH}_3}}}{\overset{|}{\text{CH}}}} - \overset{2}{\underset{\underset{}{\overset{|}{\text{CH}_3}}}{\overset{\overset{\text{CH}_3}{|}}{\text{CH}}}} - \overset{1}{\text{CH}_3}$$

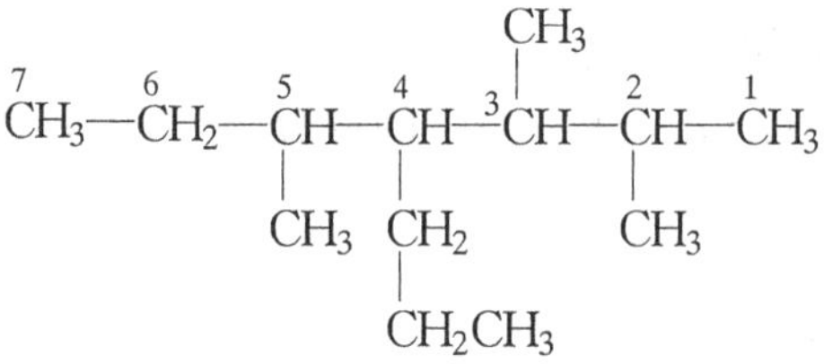

2,3,5-三甲基-4-丙基庚烷

(5)如果支链上还有取代基时,则必须从与主链相连接的碳原子开始,给支链上的碳原子编号,按上述方法命名为某基,并将该支链名称放在括号中,或用带撇的数字来表明支链中的碳原子。

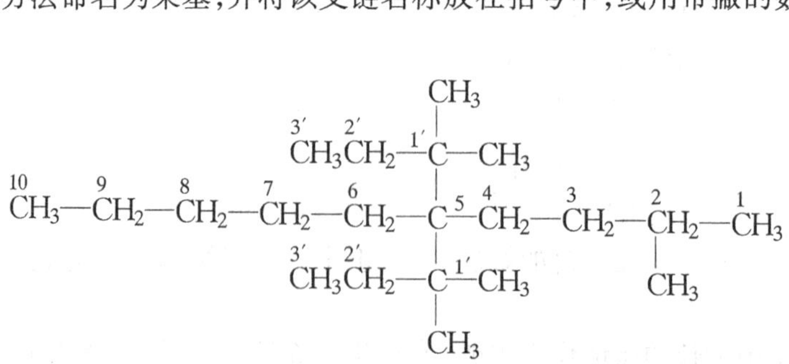

用括号表示:2-甲基-5,5-二(1,1-二甲基丙基)癸烷。

用带撇的数字表示:2-甲基-5,5-二-1′,1′-二甲基丙基癸烷。

2.1.2.2 普通命名法

普通命名法的基本原则是:

(1)含有10个或10个以下碳原子的直链烷烃,用天干顺序"甲、乙、丙、丁、戊、己、庚、辛、壬、癸"10 个字分别表示碳原子的数目,后面加烷字。如 CH₃CH₂CH₂CH₃ 命名为正丁烷。

(2)含有 10 个以上碳原子的直链烷烃,用小写中文数字表示碳原子的数目。如 CH₃(CH₂)₁₀CH₃ 命名为正十二烷。

(3)对于含有支链的烷烃,则必须在某烷前面加上 1 个汉字来区别。在链端第二位碳原子上连有 1 个甲基时,称为异某烷,在链端第二位碳原子上连有 2 个甲基时,称为新某烷。如

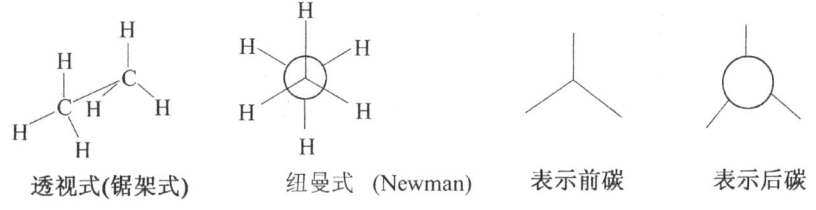

正戊烷　　　　　异戊烷　　　　　新戊烷

但对于结构复杂的分子,普通命名法就无能为力了。

2.1.3 烷烃的构象

在烷烃分子中,C 原子以 sp³ 杂化轨道参与成键。sp³ 杂化轨道有以下特点:

(1)具有更强的方向性,能更有效地与别的原子轨道重叠形成稳定的化学键。每个 sp³ 杂化轨道,各含 1/4 的 s 成分,3/4 的 p 成分。

(2)sp³ 杂化轨道的空间取向是指向正四面体的顶点。

(3)sp³ 杂化轨道夹角是 109°28′,使 4 个键角之间尽可能的远离。

在形成烷烃分子时,分别沿着碳原子的 sp³ 杂化轨道的对称轴与其它原子(碳 sp³ 或氢 1s 轨道)成键,形成了 4 个碳碳或碳氢 σ 键。

σ 键的特点:

(1)重叠程度大,不容易断裂,性质不活泼。

(2)能围绕其对称轴进行自由旋转,它的形状和位相符号不变。

由于单键可以自由旋转,使分子中原子或基团在空间产生不同的排列,这种排列形式称为构象。如图 2-1 所示的几种表示形式。

透视式(锯架式)　　　纽曼式 (Newman)　　　表示前碳　　　表示后碳

图 2-1　构象的表示形式

2.1.3.1 乙烷的构象

在乙烷分子中存在一个可以自由旋转的 C—C 单键,可以产生无数种构象。图 2-2 是乙烷的几种构象。

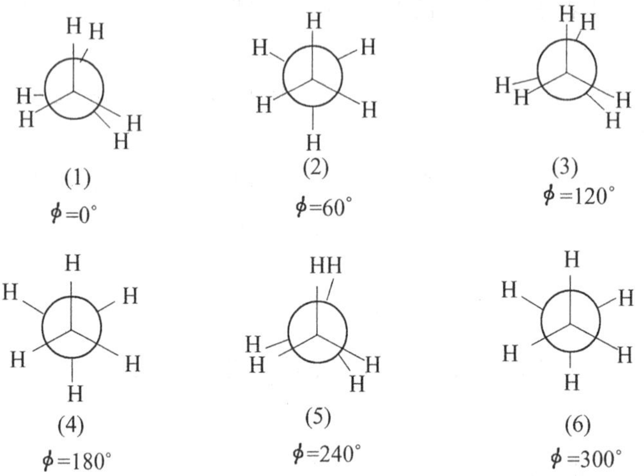

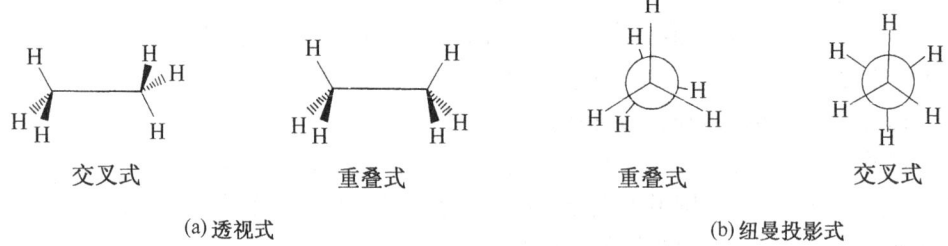

图 2-2 乙烷的几种构象

在众多构象中,最典型的是交叉式构象和重叠式构象。如图 2-3 所示。

图 2-3 典型的交叉式构象和重叠式构象

重叠型分子中,由于 C 上 H 与 H 之间的距离比较近,斥力大,因此能量高,分子不稳定。交叉型分子中,由于 C 上 H 与 H 之间的距离比较远,斥力小,能量较低,分子比较稳定,为乙烷的优势构象。二者的能量相差约为 12.5 kJ·mol^{-1},低温下以交叉式存在为主,温度升高重叠式含量增加。

构象之间转化所需的能量称为扭转能。当外界能量大于扭转能时,则构象相互转化。

在交叉式和重叠式构象之间,还存在着许多中间构象,这些构象的能量随着 C—C 键旋转角度的变化而变化。乙烷分子中 C—C 键旋转一周,可得到如图 2-4 所示的各种构象的能量变化曲线。

2.1.3.2 正丁烷的构象

正丁烷分子中有三个可旋转的 C—C 单键,其构象要复杂得多,但我们可以把它看成是 C—C 单键两侧各有一个氢原子被甲基取代的乙烷分子,图 2-5 是丁烷的几种构象。

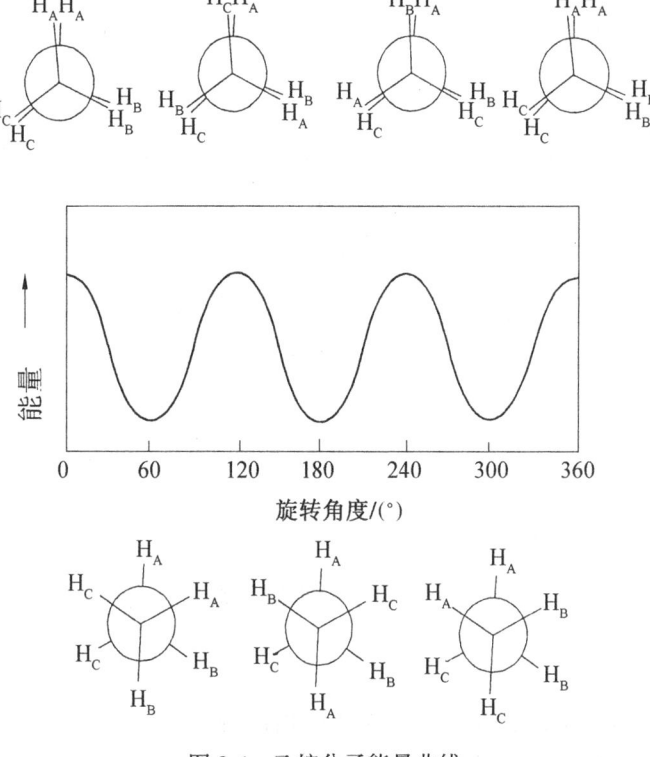

图 2-4 乙烷分子能量曲线

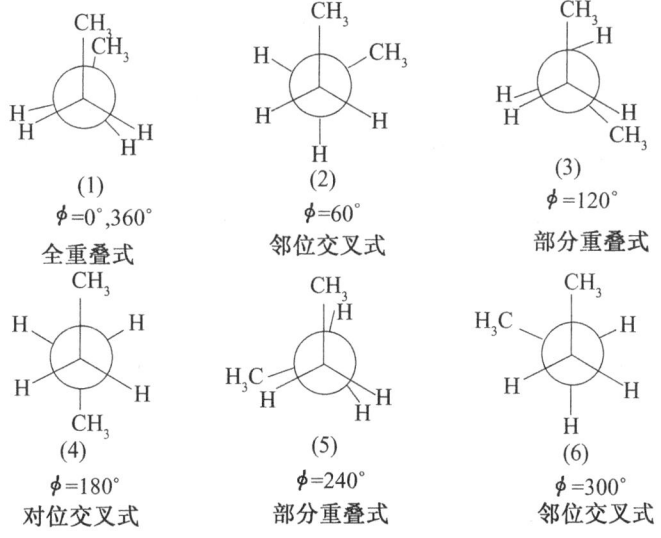

图 2-5 丁烷的几种构象

将中间的 C—C 单键旋转一周,可得到如图 2-6 所示的各种构象的能量变化曲线。

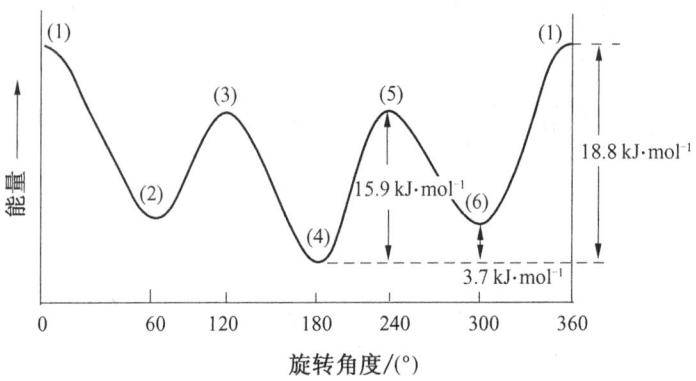

图 2-6　丁烷分子能量曲线

2.1.4　烷烃的物理性质

(1)状态：在常温常压下，1～4 个碳原子的直链烷烃是气体，5～16 个碳原子的是液体，17 个以上的是固体。

(2)熔点
①直链烷烃的熔点随分子质量(碳数)的增加而升高。
②偶碳数的烷烃熔点比相邻两个奇碳数的烷烃高。
③支链烷烃的熔点比直链烷烃低。
④具有高度对称性的支链烷烃，熔点比同碳数的直链烷烃高。

(3)沸点
①直链烷烃的沸点随着分子质量(碳数)的增加而有规律地升高，并且升高的趋势渐缓。
②在含同数碳原子的烷烃异构体中，直链异构体的沸点最高，支链越多，沸点越低。

(4)溶解度
烷烃是非极性分子，又不具备形成氢键的结构条件，所以不溶于水，而易溶于非极性或弱极性的有机溶剂中。

(5)密度
烷烃是在所有有机化合物中密度最小的一类化合物。无论是液体还是固体，烷烃的密度均比水小。随着分子质量的增大，烷烃的密度也逐渐增大。

直链烷烃的物理常数见表 2-1。

表 2-1　一些烷烃的物理常数

名称	熔点/℃	沸点/℃	相对密度(d_4^{20})	折射率
甲烷	−182.5	−161.5	0.554	—
乙烷	−172.0	−88.6	0.546	—
丙烷	−187.7	−42.1	0.585	1.2898
丁烷	−138.3	−0.5	0.579	1.3326

续表 2-1

名称	熔点/℃	沸点/℃	相对密度(d_4^{20})	折射率
戊烷	-129.7	36.1	0.626	1.3575
己烷	-95.3	68.7	0.659	1.3750
庚烷	-90.6	98.4	0.684	1.3877
辛烷	-56.8	125.7	0.703	1.3974
壬烷	-53.6	150.8	0.718	1.4054
癸烷	-29.7	174.1	0.730	1.4102
十一烷	-25.6	194.5	0.741	1.4172
十二烷	-9.6	214.5	0.751	1.4216
十六烷	18.5	287.5	0.774	1.4345
十七烷	22.5	303.0	0.775	1.4369
十八烷	28.0	317.0	0.775	1.4390

2.1.5 烷烃的化学性质

烷烃是非极性分子,分子中的 C—C 键或 C—H 键是非极性或弱极性的 σ 键,因此在常温下烷烃是不活泼的,它们与强酸、强碱、强氧化剂、强还原剂及活泼金属都不发生反应。

2.1.5.1 烷烃的卤代反应

烷烃可以在高温或光照条件下与氯或溴进行自由基取代反应,得到相应的卤代烃或多卤代烃。碘代反应难以进行,而氟代反应太剧烈,难以控制。

$$CH_4 + Cl_2 \xrightarrow[\text{或} h\nu, 25\ ℃]{400\ ℃} CH_3—Cl + HCl$$

$$CH_4 + Br_2 \xrightarrow[h\nu]{125\ ℃} CH_3—Br + HBr$$

甲烷卤代反应常难以停留在某一取代产物,若条件许可,可得到多卤代物。

$$CH_3—Cl + Cl_2 \xrightarrow[\text{或} h\nu, 25\ ℃]{400\ ℃} CH_2Cl_2 + HCl$$

$$\downarrow Cl_2, 400\ ℃\ \text{或}\ h\nu, 25\ ℃$$

$$CCl_4 + HCl \xleftarrow[400\ ℃\ \text{或}\ h\nu, 25\ ℃]{Cl_2} CHCl_3 + HCl$$

若需得到某一类取代产物,可通过甲烷与氯的投料比来确定。例如,当反应在 400～450 ℃、甲烷与氯的投料比为 10:1 时,主要产物为 CH_3Cl;而当甲烷与氯的投料比为 0.263:1 时,主要产物为 CCl_4。

在烷烃卤代反应中卤素的活性为 $Cl_2 > Br_2$,但是卤素取代烷烃分子中各类氢(伯氢、仲氢、叔氢)的选择性为 $Br_2 > Cl_2$。从下列几个反应,我们可以得出溴主要取代叔氢和仲氢,而氯对各种氢的取代差异不大。

$$CH_3CH_2CH_3 \xrightarrow[25℃]{Cl_2, h\nu} CH_3CH_2CH_2Cl + CH_3CHCH_3$$
$$\underset{Cl}{|}$$
$$45\% \quad 55\%$$

$$\xrightarrow{Br_2, h\nu, 25℃} CH_3CH_2CH_2Br + CH_3CHCH_3$$
$$\underset{Br}{|}$$
$$3\% \quad 97\%$$

$$CH_3CH_2CH_2CH_3 \xrightarrow[25℃]{Cl_2, h\nu} CH_3CH_2CH_2CH_2Cl + CH_3CHCH_2CH_3$$
$$\underset{Cl}{|}$$
$$45\% \quad 55\%$$

$$\xrightarrow{Br_2, h\nu, 25℃} CH_3CH_2CH_2CH_2Br + CH_3CHCH_2CH_3$$
$$\underset{Br}{|}$$
$$2\% \quad 98\%$$

$$CH_3CHCH_3 \xrightarrow[25℃]{Cl_2, h\nu} CH_3CHCH_2Cl + CH_3\underset{\underset{CH_3}{|}}{\overset{\overset{Cl}{|}}{C}}CH_3$$
$$\underset{CH_3}{|}$$
$$64\% \quad 36\%$$

$$\xrightarrow{Br_2, h\nu, 25℃} CH_3CHCH_2Br + CH_3\underset{\underset{CH_3}{|}}{\overset{\overset{Br}{|}}{C}}CH_3$$
$$\underset{CH_3}{|}$$
$$1\% \quad 99\%$$

2.1.5.2 异构化和裂化反应

异构化反应是将烷烃的一种异构体转化为另一种异构体,它可以将直链烷烃或带较少支链的烷烃异构为带较多支链的烷烃。例如

$$CH_3CH_2CH_2CH_3 \xrightleftharpoons[95\sim150℃, 1\sim2\text{ MPa}]{AlCl_3, HCl} CH_3CHCH_3$$
$$\underset{CH_3}{|}$$
$$90\%$$

裂化反应是在隔绝氧气的条件下进行的热分解反应(反应温度500~700℃),分子质量较大的烷烃通过碳碳键或碳氢键的断裂,生成分子质量较小的烷烃和烯烃,以及部分异构化产物。若反应在催化剂存在下进行,称为催化裂化反应,此时反应可在较低温度下进行,甚至在常温下也可进行。

$$CH_3CH_2CH_2CH_3 \xrightarrow[\triangle]{催化剂} \begin{cases} H_2 + CH_3CH_2CH=CH_2 \\ CH_4 + CH_2=CHCH_3 \\ CH_2=CH_2 + CH_3CH_3 \end{cases}$$

2.1.5.3 氧化反应

烷烃在空气中的燃烧反应为

$$C_nH_{2n+2} + [(3n+1)/2]O_2 \longrightarrow nCO_2 + (n+1)H_2O + 热能$$

在引发剂下可以使烷烃部分氧化,生成醇、醛、酸等。如

$$\text{正丁烷} \xrightarrow{\text{氧化}} \text{乙酸}$$

$$CH_4 + O_2 \xrightarrow[400\sim500℃]{V_2O_5} HCHO + H_2O$$

$$\text{高级烷烃}(C_{20}\sim C_{30}) \xrightarrow{\text{氧化}} \text{高级脂肪酸}$$

2.1.6 卤代反应机理(自由基反应机理)

实验证明,甲烷的卤代反应机理为游离基链反应,这种反应的特点是反应过程中形成一个活泼的原子或游离基,即自由基反应。

2.1.6.1 反应过程

(1)链引发:在光照或加热至250~400℃时,氯分子吸收光能而发生共价键的均裂,产生两个氯原子游离基,使反应引发。

$$Cl_2 \xrightarrow{h\nu} 2Cl\cdot$$

(2)链增长:氯原子游离基能量高,反应性能活泼。当它与体系中浓度很高的甲烷分子碰撞时,从甲烷分子中夺取一个氢原子,结果生成了氯化氢分子和一个新的游离基——甲基游离基。

$$Cl\cdot + CH_4 \longrightarrow HCl + CH_3\cdot$$

甲基游离基与体系中的氯分子碰撞,生成一氯甲烷和氯原子游离基。

$$CH_3\cdot + Cl_2 \longrightarrow CH_3Cl + Cl\cdot$$

反应一步又一步地传递下去,所以称为链反应。

$$CH_3Cl + Cl\cdot \longrightarrow CH_2Cl\cdot + HCl$$

$$CH_2Cl\cdot + Cl_2 \longrightarrow CH_2Cl_2 + Cl\cdot$$

(3)链终止:随着反应的进行,甲烷迅速消耗,游离基的浓度不断增加,游离基与游离基之间发生碰撞的机会就会增加。最终两个自由基结合生成分子而使链终止。

$$Cl\cdot + Cl\cdot \longrightarrow Cl_2$$

$$CH_3\cdot + CH_3\cdot \longrightarrow CH_3CH_3$$

$$CH_3\cdot + Cl\cdot \longrightarrow CH_3Cl$$

2.1.6.2 甲烷氯代反应的能量变化

甲烷—氯代反应方程式:

$$CH_3—H + Cl—Cl \longrightarrow H_3C—Cl + H—Cl$$

键能(kJ/mol):   435.1   242.5   351.4   431.0

断裂键需吸收的能量:$435.1 + 242.5 = 677.6$ kJ/mol($\Delta H > 0$)

形成键放出的能量:$-(431.0 + 351.5) = -782.5$ kJ/mol($\Delta H < 0$)

反应热 $\Delta H = 677.6 - 782.5 = -104.9$ kJ/mol

反应体系的位能随反应进程的变化曲线如图2-7所示。反应的机理用活性中间体和过渡态理论来解释。即CH_4与$Cl\cdot$经过过渡态$[Cl\cdots H\cdots CH_3]$而生成活性中间体$\cdot CH_3$自由基,$\cdot CH_3$与Cl_2经过过渡态$[CH_3\cdots Cl\cdots Cl]$而生成产物CH_3Cl。在反应进程中,生成活性中间体自由基的反应步骤决定了取代反应的速度。

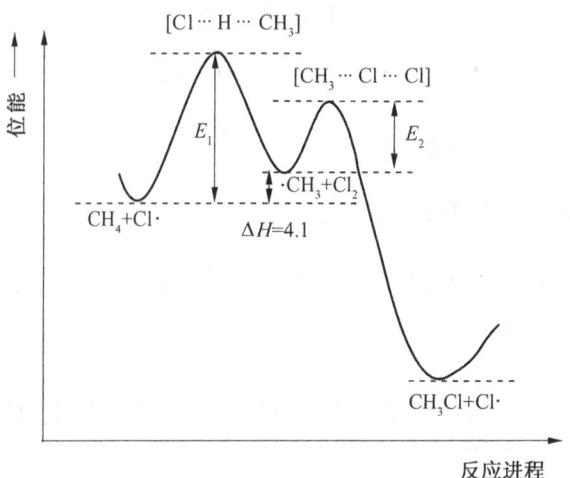

图 2-7 甲烷氯代反应的能量变化

对于不同烷烃的卤代反应,因生成的活性中间体不同,反应速度也不同,活性中间体自由基越稳定,则取代反应越快。自由基的稳定顺序如下:

$$R\underset{R}{\overset{R}{-}}\!\!\!C\cdot > H\underset{R}{\overset{R}{-}}\!\!\!C\cdot > R\underset{H}{\overset{H}{-}}\!\!\!C\cdot > H\underset{H}{\overset{H}{-}}\!\!\!C\cdot$$

叔碳　　　仲碳　　　伯碳　　　甲基

2.1.7 烷烃的来源与制备

烷烃来源主要是来自石油和天然气。

烷烃的制备有以下几种方法:

1. 甲烷的实验室制法

$$CH_3COONa + NaOH \xrightarrow[\triangle]{CaO} CH_4 + Na_2CO_3$$

2. 偶联反应

(1) 武慈(Wurtz)合成法: $RX + 2Na + RX \longrightarrow R\text{—}R + 2NaX$

(2) 柯尔贝(Kolbe)电解法:

$$R\text{—}C\underset{ONa}{\overset{O}{\diagup\!\!\!\!\diagdown}} + H_2O \longrightarrow \underbrace{R\text{—}R + CO_2}_{\text{阳极}} + \underbrace{NaOH + H_2}_{\text{阴极}}$$

3. 由不饱和烃加氢

烯烃、炔烃在催化剂存在下加氢制得烷烃。如

$$\text{—}C\!\equiv\!C\text{—} + 2H_2 \xrightarrow[\triangle]{\text{催化剂}} \text{—}\underset{H}{\overset{H}{\text{C}}}H\text{—}\underset{H}{\overset{H}{\text{C}}}H\text{—}$$

4. 卤烷还原

$$R\text{—}X + H_2 \xrightarrow[\triangle]{Pd/BaCO_3} R\text{—}H + HX$$

$$R-I + HI \xrightarrow{\triangle} R-H + I_2$$

5. 格氏反应

$$R-X + Mg \xrightarrow{乙醚} R-MgX$$

$$R-MgX + H_2O(HOR') \longrightarrow R-H + Mg\begin{matrix} X \\ OH(OR') \end{matrix}$$

6. 由酮类还原

(1) 沃尔夫-凯惜纳(Wolff-Kishner)反应

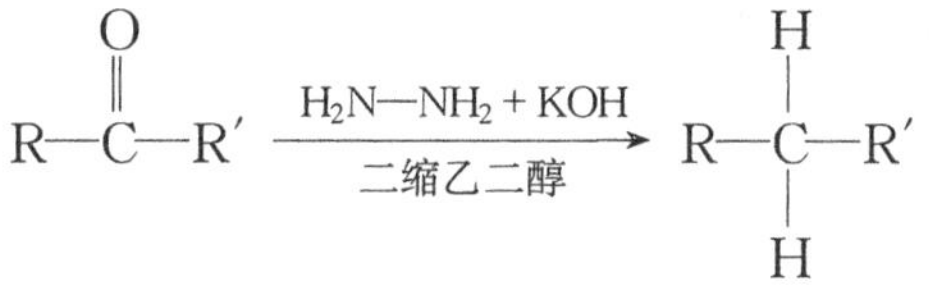

$$R-\underset{O}{\overset{\parallel}{C}}-R' \xrightarrow[二缩乙二醇]{H_2N-NH_2 + KOH} R-\underset{H}{\overset{H}{\underset{|}{\overset{|}{C}}}}-R'$$

(2) 克莱门森(Clemmensen)还原反应

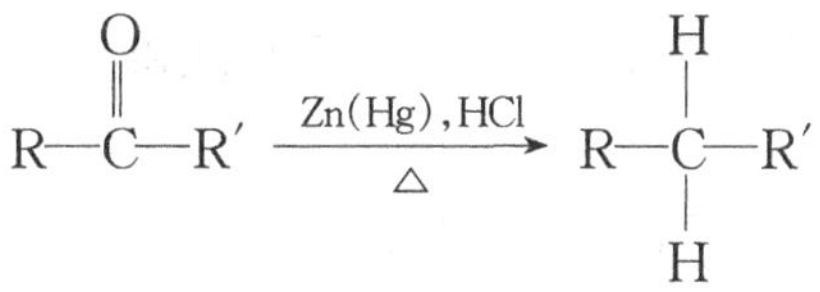

$$R-\underset{O}{\overset{\parallel}{C}}-R' \xrightarrow[\triangle]{Zn(Hg), HCl} R-\underset{H}{\overset{H}{\underset{|}{\overset{|}{C}}}}-R'$$

2.1.8 重要的烷烃

甲烷分子式 CH_4,是最简单的有机化合物。甲烷是没有颜色、没有气味的气体,沸点 $-161.4℃$,比空气轻,是极难溶于水的可燃性气体。甲烷和空气成适当比例的混合物,遇火花会发生爆炸。甲烷的化学性质相当稳定,跟强酸、强碱或强氧化剂(如 $KMnO_4$)等一般不起反应。在适当条件下会发生氧化、热解及卤代等反应。

甲烷在自然界分布很广,是天然气、沼气、坑气及煤气的主要成分之一,可作为燃料及制造氢、一氧化碳、炭黑、乙炔、氢氰酸及甲醛等物质的原料。

2.2 烯烃

分子中含有碳碳双键的不饱和烃叫烯烃。含一个双键的开链烯烃包括乙烯、丙烯、丁烯等。其通式为 C_nH_{2n},其中 n 表示碳原子数目。

2.2.1 烯烃中的碳碳双键

2.2.1.1 乙烯的结构特点

乙烯是最简单的烯烃,其分子式为 C_2H_4。实验测得双键及其相连的原子在同一平面上,每个碳原子只和三个原子相连。HCC 的键角 121.7°,HCH 的键角 117°。C—C 的键能为 345.6 kJ/mol,C=C 的键能为 610 kJ/mol,双键的键能不是单键的 2 倍。C—C 的键长为 0.154 nm,C=C 的键长为 0.133 nm。

这是因为双键中的碳为 sp^2 杂化,碳原子中三个 sp^2 杂化轨道分别与另外三个原子匹配成键,形成三个 σ 键(一个碳碳 σ 键,两个碳氢 σ 键),碳中余下的一个 p 轨道(与杂化轨道平面垂直)与另一个碳中的 p 轨道匹配成键,形成一个 π 键。从键能来看,双键更易断裂。图 2-8 为乙烯的结构示意图。

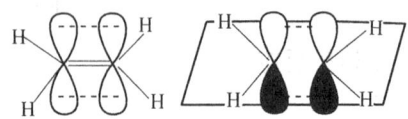

从图中可以看出,由于有了 π 键的存在,碳碳双键就不能像碳碳单键那样自由旋转。这样含有碳碳双键的化合物就有可能产生顺反异构,这将在下面的内容中介绍。

图 2-8 乙烯结构示意图

π 键的特点:①重叠程度小,容易断裂,性质活泼;②受到限制,不能自由旋转,否则 π 键断裂。

2.2.1.2 σ 键和 π 键的比较

1. 存在的情况

σ 键可以单独存在,并存在于任何含共价键的分子中。

π 键不能单独存在,必须与 σ 键共存,可存在于双键和叁键中。

2. 成键原子轨道

σ 键在直线上相互交盖,成键轨道方向重合。

π 键相互平行而交盖,成键轨道方向平行。

3. 电子云的重叠及分布情况

σ 键重叠程度大,有对称轴,呈圆柱形对称分布,电子云密集在两个原子之间,对称轴上电子云最密集。

π 键重叠程度较小,分布成块状,通过键轴有一个对称面,电子云较扩散,分布在分子平面上、下两部分,对称面上电子云密度最小。

4. 键的性质

σ 键键能较大,可沿键轴自由旋转,键的极化性较小。

π 键键能较小,不能旋转,键的极化性较大。

σ 键较稳定,π 键较活泼,易发生断裂、加成、氧化等反应。

5. 键数

σ 键:两个原子间只能有一个 σ 键。

π 键:两个原子间可有一个 π 键或两个 π 键。

2.2.2 烯烃的同系列和同分异构现象

相邻的烯烃同系物的系列差为 CH_2。烯烃同系列中,乙烯、丙烯只有一种结合方式,而从丁烯起存在同分异构现象。因烯烃具有双键,其异构现象较烷烃复杂,主要包括碳干异构、位置异构和顺反异构。

(1) 碳干异构(碳架异构):$CH_3CH_2CH=CH_2$ 和 $(CH_3)_2C=CH_2$

(2) 位置异构:由于双键的位置不同而引起的异构。

$$CH_3CH_2CH=CH_2 \text{ 和 } CH_3CH=CHCH_3$$

(3) 顺反异构:由于双键两侧的基团在空间的位置不同而引起的异构。

顺式:两个相同的基团处于双键同侧。
反式:两个相同的基团处于双键反侧(异侧)。

$$\underset{\text{顺式}}{\begin{array}{c}CH_3\quad CH_3\\ \diagdown\!\!\!\diagup\\ C\!=\!C\\ \diagup\!\!\!\diagdown\\ H\quad\;\;\; H\end{array}}\qquad \underset{\text{反式}}{\begin{array}{c}CH_3\quad H\\ \diagdown\!\!\!\diagup\\ C\!=\!C\\ \diagup\!\!\!\diagdown\\ H\quad\;\;\; CH_3\end{array}}\qquad \begin{array}{c}a\quad c\\ \diagdown\!\!\!\diagup\\ C\!=\!C\\ \diagup\!\!\!\diagdown\\ b\quad\;\;\; d\end{array}\qquad \begin{array}{l}a\neq b\\ c\neq d\end{array}$$

分子产生顺反异构现象在结构上必须具备两个条件:
①分子中有限制自由旋转的因素。如 π 键、碳环等。
②双键所连的两个 C 原子各连不同的原子或基团。

2.2.3 烯烃的命名

2.2.3.1 系统命名法

烯烃的系统命名法,基本上和烷烃相似。

(1)选择含有双键的最长碳链为主链,命名为某烯。如

$$\begin{array}{c}CH_3-CH=CH-CH-CH_2-CH_3\\ \qquad\qquad\qquad\;\;|\qquad\quad\;\;|\\ \qquad\qquad\qquad\;CH_3\quad\;\;CH_3\end{array}$$

(2)从靠近双键的一端开始,给主链上的碳原子编号。

$$\begin{array}{c}\overset{1}{C}H_3-\overset{2}{C}H=\overset{3}{C}H-\overset{4}{C}H-\overset{5}{C}H_2-\overset{6}{C}H_3\\ \qquad\qquad\qquad\;\;|\qquad\quad\;\;|\\ \qquad\qquad\qquad\;CH_3\quad\;\;CH_3\end{array}$$

(3)以双键原子中编号较小的数字表示双键的位号,写在烯的名称前面,再在前面写出取代基的名称和所连主链碳原子的位次。如上面的烯烃命名为 2,4-二甲基-2-己烯。

(4)其它同烷烃的命名原则。如

$$\begin{array}{c}\overset{4}{C}H_3-\overset{3}{C}H-\overset{2}{C}=\overset{1}{C}H_2\\ \qquad\quad\;\;|\qquad\;\;|\\ \qquad\;\;CH_3\quad CH_2\\ \qquad\qquad\qquad\;\;|\\ \qquad\qquad\qquad\;CH_3\end{array}$$

3-甲基-2-乙基-1-丁烯

烯烃上去掉一个氢原子后剩下的一价基团叫做烯基。例如

$$CH_3CH=CH-\qquad\qquad\text{1-丙烯基}$$
$$CH_2=CH-CH_2-\qquad\qquad\text{2-丙烯基(烯丙基)}$$
$$\begin{array}{c}CH_2=C-\\ \;\;\;\;|\\ \;\;\;CH_3\end{array}\qquad\qquad\text{1-甲基乙烯基(异丙烯基)}$$

2.2.3.2 顺反异构的顺、反命名法

这是以每个双键上两个碳原子的取代基的关系命名。如

$$CH_3CH=CHCH_3$$

2-丁烯

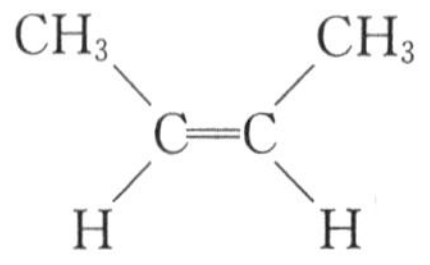

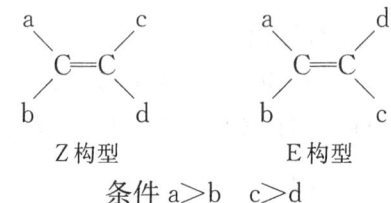

顺-2-丁烯 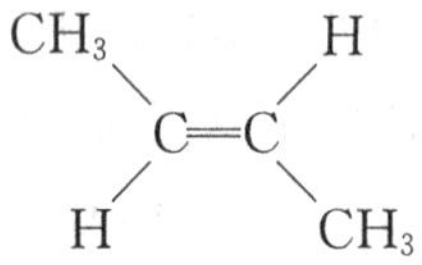　　　　反-2-丁烯

2.2.3.3 顺反异构(Z/E)命名法

根据系统命名法,字母 Z 是德文 Zusammen 的字头,指同一侧的意思。E 是德文 Entgegen 的字头,指相反的意思。用"次序规则"来决定 Z、E 的构型。

1. 确定 Z、E 的构型

当与双键 $\overset{1}{C}$ 所连接的两个原子或基团中原子序数大的与 $\overset{2}{C}$ 所连原子序数大的原子或基团处在平面同一侧时为 Z 构型,命名时在名称的前面附以"Z"字。反之,若不在同一侧的则为 E 构型,命名时在名称前面附以"E"字。如

Z 构型　　　　　　　E 构型

条件 a＞b　c＞d

2. 次序规则

(1)与双键碳原子相连的原子或基团按其原子序数大小排列,同位素按原子量的大小次序排列。常见的有

$$I>Br>Cl>S>P>O>N>C>D>H$$

(2)如果与双键碳原子连接的基团第一个原子相同而无法确定次序时,则应看基团的第二个原子的原子序数,以此类推。按照次序规则先后排列。常见的有

$$CH_3CH_2-＞CH_3-$$

$Me_3C-＞CH_3\ CH_2CH(CH_3)-＞(CH_3)_2CHCH_2-＞CH_3\ CH_2CH_2CH_2-$
　叔丁基　　　　　仲丁基　　　　　　　异丁基　　　　　　正丁基

(3)含有双键和叁键的基团,可以认为连有两个或三个相同的原子。

$$-OH>-CHO>-CH_2OH$$

3. 命名

构型确定以后,后面的仍按系统命名法。如

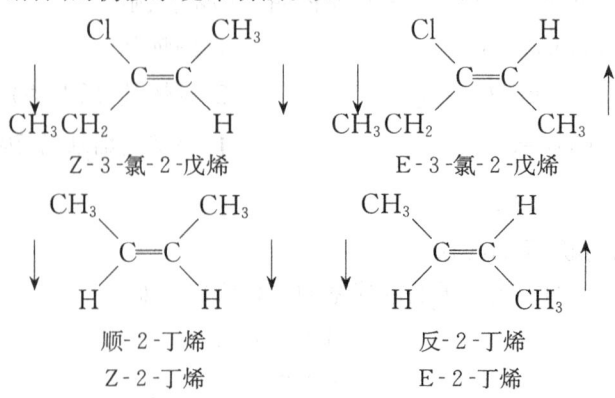

Z-3-氯-2-戊烯　　　　　　E-3-氯-2-戊烯

顺-2-丁烯　　　　　　　　反-2-丁烯
Z-2-丁烯　　　　　　　　　E-2-丁烯

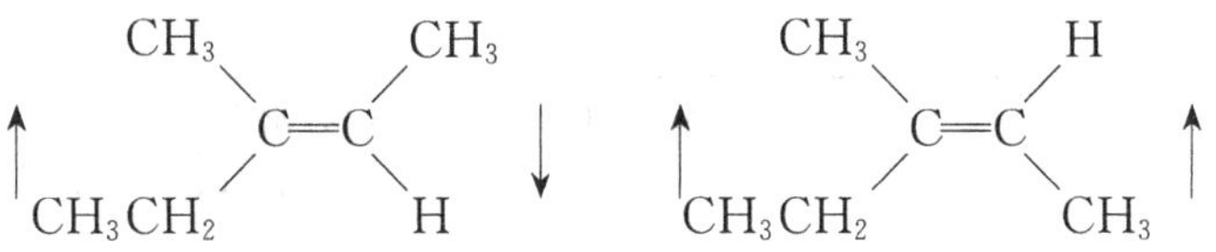

顺-3-甲基-2-戊烯 　　　反-3-甲基-2-戊烯
E-3-甲基-2-戊烯 　　　Z-3-甲基-2-戊烯

注意：①顺/反法包括在 Z/E 命名法之中。②顺/反和 Z/E 之间没有什么必然的联系。

2.2.4 烯烃的物理性质

(1) 状态：在常温常压下，2～4 个碳原子的烯烃为气体，5～15 个碳原子的为液体，高级烯烃为固体。都是无色物质。

(2) 熔点、沸点、相对密度：随相对分子质量的增加而升高。相对密度都小于 1。

(3) 溶解度：溶于有机溶剂，不溶于水。

(4) 顺反异构的物理性质有如下的规律性：

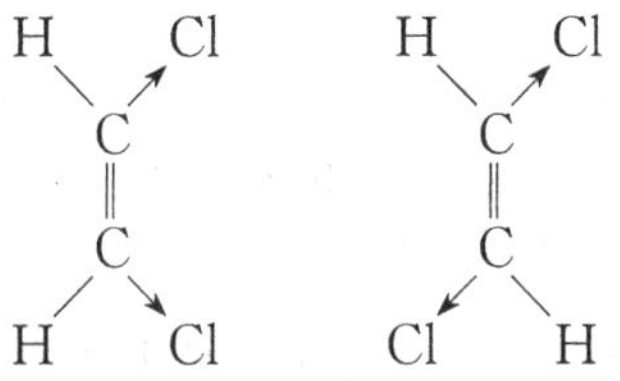

$\mu=1.85$ 　　　$\mu=0$

① 顺式异构体有较大的密度。
② 顺式异构体有较大的溶解度。
③ 顺式异构体有较高的沸点。
④ 顺式异构体有较大的偶极矩。顺、反异构体之间差别最大的物理性质是偶极矩，反式异构体的偶极矩较顺式小，或等于零，由于反式异构体中两个基团和双键碳相结合的键矩方向相反可以抵消，而顺式中则不能。
⑤ 反式异构体有较高的熔点。
⑥ 反式异构体有较小的燃烧热。

某些烯烃的物理常数见表 2-2。

表 2-2 一些常见烯烃的物理常数

名称	熔点/℃	沸点/℃	相对密度(d_4^{20})	折射率
乙烯	−169.5	−103.9	0.579	1.363
丙烯	−185.1	−47.7	0.5193	1.3567
1-丁烯	−185.4	−6.5	0.5951	1.3962
反-2-丁烯	−139.5	3.5	0.6042	1.3848
顺-2-丁烯	−105.5	0.9	0.6213	1.3931
异丁烯	−140.8	−0.9	0.613	1.3715
1-戊烯	−165.2	30.1	0.6410	1.3877
反-2-戊烯	−140.2	36.4	0.648	—

续表 2-2

名称	熔点/℃	沸点/℃	相对密度(d_4^{20})	折射率
顺-2-戊烯	−151.4	37.1	0.656	—
1-己烯	−139.8	63.4	0.6731	1.3837
1-庚烯	−119	93.6	0.6970	1.3998
1-辛烯	−101.7	121.3	0.7149	1.4087
1-壬烯	—	146	0.730	—
1-癸烯	—	172.6	0.740	1.4215

2.2.5 烯烃的化学性质

烯烃中 C═C 比较活泼,容易发生加成反应、取代反应、氧化反应与聚合反应。尤以亲电加成反应最有特点。

碳碳双键中的 π 键断裂,两个一价原子或原子团分别加到 π 键两端的碳原子上,形成两个新的 σ 键,生成饱和的化合物,该反应称为加成反应。缺电子的试剂叫亲电试剂,被缺电子的亲电试剂进攻而发生的加成反应为亲电加成反应。

2.2.5.1 亲电加成反应及其反应机理

由于烯烃中 C═C 及电子效应的存在,使烯烃分子易极化、容易被缺电子的亲电试剂进攻而发生亲电加成反应。烯烃可以与 H—X, H—OSO_3H, H—OH, X_2, X—OH(X_2 + H_2O)等发生亲电加成反应,得到相应的加成产物。若与不对称烯烃加成,则加成取向符合马氏规则。

1. 与卤化氢的加成

$$H_2C=CH_2 + HX \longrightarrow CH_3CH_2X$$

(1) HX 的活泼次序:HI > HBr > HCl。浓 HI、浓 HBr 能和烯烃起反应,浓盐酸要用"$AlCl_3$"催化剂才行。

(2) 马氏规则(Markovnikov 规则)。当不对称烯烃与卤化氢加成时,氢主要加在含氢较多的碳原子上,这一经验规律称为马氏规则。

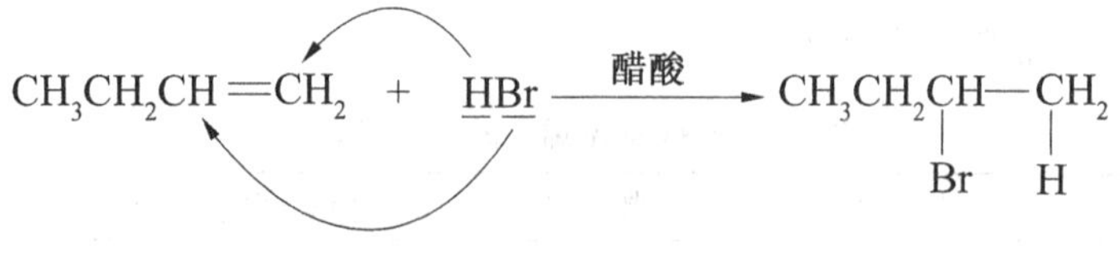

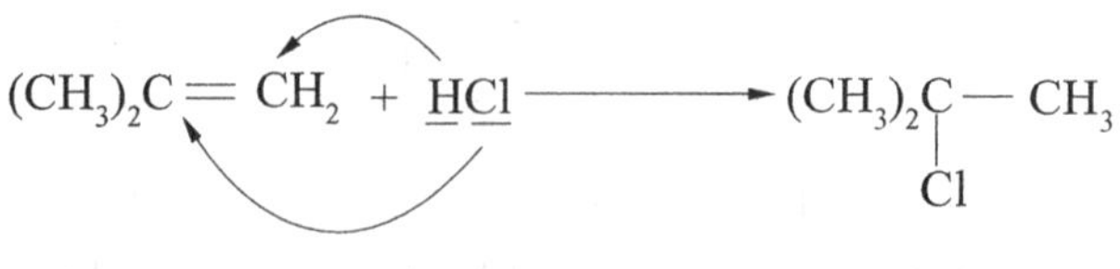

$$CH_3CH_2CH=CH_2 + HBr \xrightarrow{\text{醋酸}} CH_3CH_2\underset{Br}{CH}-\underset{H}{CH_2}$$

$$(CH_3)_2C=CH_2 + HCl \longrightarrow (CH_3)_2\underset{Cl}{C}-CH_3$$

(3) 过氧化物效应。在过氧化物(H_2O_2, R—OOR 等)存在下, HBr 与不对称烯烃加成产物与马氏规则相反。

$$CH_3CH=CH_2 + HBr \xrightarrow{\text{过氧化物}} CH_3CH_2CH_2Br$$

过氧化物对 HCl,HI 加成反应没影响,只有 HBr 存在过氧化物效应。

2. 与硫酸 H_2SO_4 加成

烯烃能与浓硫酸反应,生成硫酸氢烷酯。硫酸氢烷酯易溶于硫酸,用水稀释后水解生成醇。工业上用这种方法合成醇,称为烯烃间接水合法。

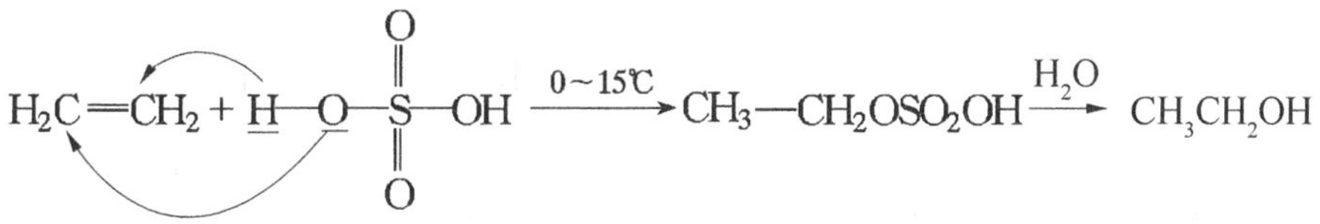

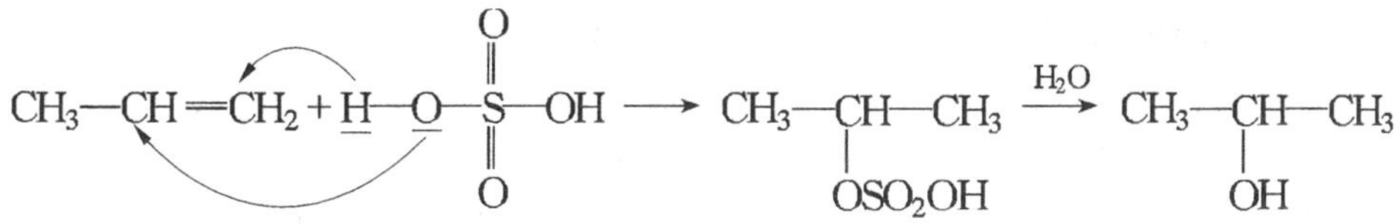

$$H_2C=CH_2 + H-O-SO_2-OH \xrightarrow{0\sim15℃} CH_3-CH_2OSO_2OH \xrightarrow{H_2O} CH_3CH_2OH$$

$$CH_3-CH=CH_2 + H-O-SO_2-OH \longrightarrow CH_3-\underset{OSO_2OH}{CH}-CH_3 \xrightarrow{H_2O} CH_3-\underset{OH}{CH}-CH_3$$

不对称烯烃与 H_2SO_4 加成时,产物符合马氏规则。此反应可用于除去某些化合物中的杂质烯烃(烷烃与烯烃的混合物加硫酸萃取,上层的有机层中含烷烃,而下层的酸层中含烯烃)。

3. 水合(加酸与水生成醇)

烯烃与水不能直接加成,必须在 H_2SO_4 或 HCl 等强酸催化下进行。

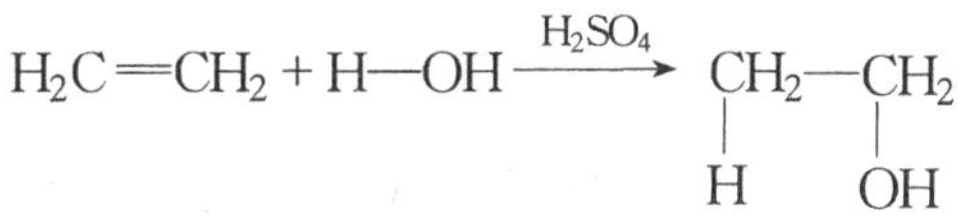

$$H_2C=CH_2 + H-OH \xrightarrow{H_2SO_4} \underset{H\quad OH}{CH_2-CH_2}$$

该加成反应符合马氏规则,羟基加在含氢最少的烯碳上。

烯烃与酸性试剂 HZ 的亲电加成反应机理如下(HZ = HCl, HBr, HI, H_2SO_4, H_3O^+):

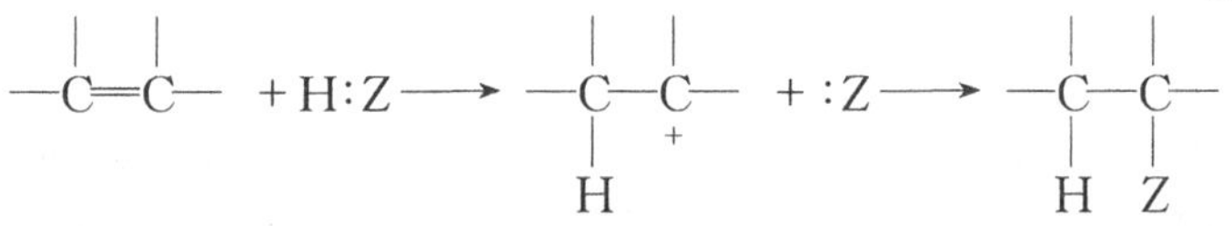

$$-C=C- + H:Z \longrightarrow -\underset{H}{\overset{+}{C}}-C- + :Z \longrightarrow -\underset{H}{C}-\underset{Z}{C}-$$

首先是由于电子效应的存在,氢离子(Lewis 酸)转移到烯烃形成碳正离子,然后是碳正离子与碱结合。形成碳正离子的过程是缓慢的,它控制着整个反应的速率。

HCl 的加成反应历程

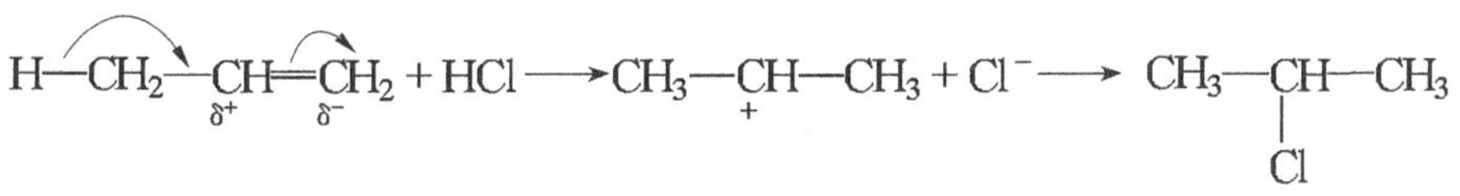

$$H-CH_2-\underset{\delta^+}{CH}=\underset{\delta^-}{CH_2} + HCl \longrightarrow CH_3-\overset{+}{CH}-CH_3 + Cl^- \longrightarrow CH_3-\underset{Cl}{CH}-CH_3$$

水的加成反应历程

$$CH_3-\underset{\delta^+}{CH}=\underset{\delta^-}{CH_2} + H:OH_2^+ \rightleftharpoons CH_3-\overset{+}{CH}-CH_3 + H_2O: \rightleftharpoons CH_3-\underset{\overset{+}{OH_2}}{CH}-CH_3$$

$$CH_3-\underset{\overset{+}{OH_2}}{CH}-CH_3 + OH_2 \rightleftharpoons CH_3-\underset{OH}{CH}-CH_3 + H:OH_2^+$$

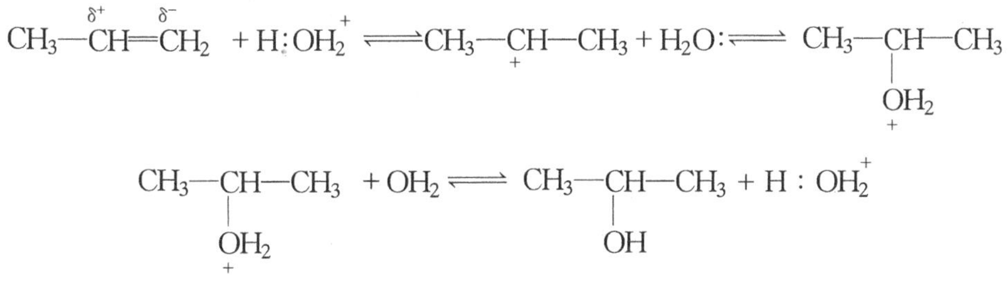

含有 1 个只带 6 个电子的带正电荷的碳氢基团,统称碳正离子。碳正离子可重排生成其它加成产物,故许多加成反应的产物有多种。

根据带正电荷的碳原子的位置不同,可分为三级碳正离子、二级碳正离子和一级碳正离子。

$$R_1-\overset{R_2}{\underset{R_3}{C^+}} \quad R_1-\overset{R_2}{\underset{H}{C^+}} \quad R_1-\overset{H}{\underset{H}{C^+}} \quad H-\overset{H}{\underset{H}{C^+}}$$

碳正离子的稳定性顺序为三级碳正离子＞二级碳正离子＞一级碳正离子＞甲基碳正离子(叔碳正离子＞仲碳正离子＞伯碳正离子＞甲基碳正离子)。

对稳定性解释:①烷基的斥电子作用使得碳正离子正电荷得到分散,离子趋于稳定。②烷基的斥电子作用使得原来带 6 个电子的碳原子,趋向于 8 个电子。

碳正离子越稳定,就越易生成。C^+ 重排即是 C^+ 通过 H 迁移、—CH_3 迁移等,形成更稳定的叔 C^+ 的过程。

$$(CH_3)_2CHCH=CH_2 + H-Cl \longrightarrow (CH_3)_2\overset{+}{C}CHCH_3 \xrightarrow{Cl^-} (CH_3)_2CHCHCH_3$$
$$\underset{H}{|} \qquad\qquad\qquad \underset{Cl}{|}$$
$$\text{加成产物}$$

$$\downarrow$$

$$(CH_3)_2\overset{+}{C}CH_2CH_3 \xrightarrow{Cl^-} (CH_3)_2CCH_2CH_3$$
$$\underset{Cl}{|}$$
$$\text{重排产物}$$

4. 与卤素 X_2 加成

卤素的活泼性顺序为氟＞氯＞溴＞碘,烯烃和氟作用,反应非常剧烈,得到的大部分是分解产物,而碘和烯烃的作用较慢,同时产物邻二碘化合物不很稳定,极易脱碘成烯烃。一般所谓烯烃的加卤,通常指的是加氯或加溴。将乙烯通入溴的四氯化碳溶液中,溴的颜色很快褪去,这个反应常用于双键的鉴别。

$$CH_2=CH_2 + Br_2 \xrightarrow{CCl_4} CH_2BrCH_2Br$$

该反应分两步进行:

(1) 形成环正离子过渡态——环溴鎓离子(慢)

$$\underset{CH_2}{\overset{CH_2}{\|}} + Br-Br \longrightarrow \left[\underset{CH_2}{\overset{CH_2}{\|}}\overset{\delta^+}{\underset{}{-Br}}\overset{\delta^-}{-Br}\right] \longrightarrow \left[\underset{CH_2}{\overset{CH_2}{\|}}\overset{}{\underset{+}{>}}Br\right] + Br^-$$

(2) 反式加成(快)

$$Br^- + \underset{CH_2}{\overset{CH_2}{\|}}\overset{}{\underset{+}{>}}Br \longrightarrow \begin{array}{c}Br-CH_2\\H_2C-Br\end{array}$$

Br⁻从背面进攻,由于反应是定向进行的,导致了产物的立体专一性。

烯烃C=C上电荷密度高,反应速度快,即烯烃C=C上的取代基为给电子基团时,可使溴鎓正离子中间体的稳定性提高,有利于加成反应,速度加快;当烯烃C=C上的取代基为吸电子基团(—CHO,—CO—R,—CN,—NO$_2$)时,正电荷更集中,不利于亲电加成反应,速度减慢。

烯 烃	$(CH_3)_2C=C(CH_3)_2$	$(CH_3)HC=CH_2$	$H_2C=CH_2$	$H_2C=CHCO_2H$
反应速度 v	74	2.03	1	0.03

5. 与次卤酸 X—OH(X$_2$+H$_2$O)加成

烯烃与次卤酸加成,生成 β-卤代醇。由于次卤酸不稳定,常用烯烃与卤素的水溶液反应。反应机理与卤素加成相同。如

$$CH_2=CH_2 + HOCl \longrightarrow CH_2(OH)CH_2Cl$$

该加成反应符合马氏规则,即 OH 加在含 H 少的一边,且为反式加成。

2.2.5.2 催化加氢反应

在催化剂作用下,烯烃与氢发生加成反应生成相应的烷烃。

$$R—CH=CH_2 + H_2 \xrightarrow{催化剂} RCH_2CH_3$$

常用的催化剂有铂黑(Pt),钯粉(Pd),Raney Ni。

2.2.5.3 硼氢化_氧化反应

烯烃与乙硼烷(甲硼烷 BH$_3$ 的二聚体)作用,得到三烷基硼,C—B 键在碱性条件下(H$_2$O$_2$)氧化成醇(硼氢化氧化),这是又一种制备醇的方法。

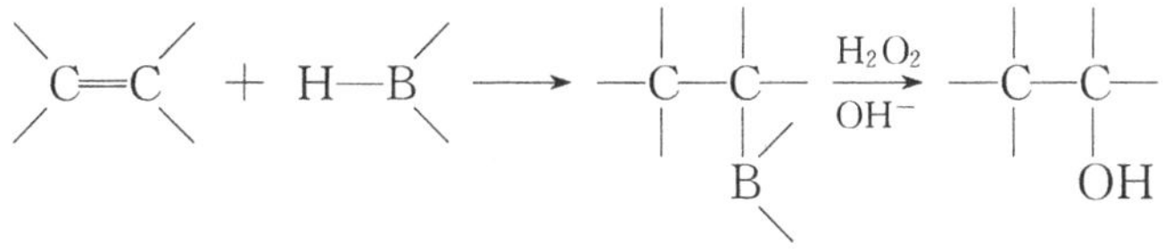

加成产物符合反马氏规则,即 B 加在双键位阻小的一端,即 H 多的一端,且为顺式加成。如

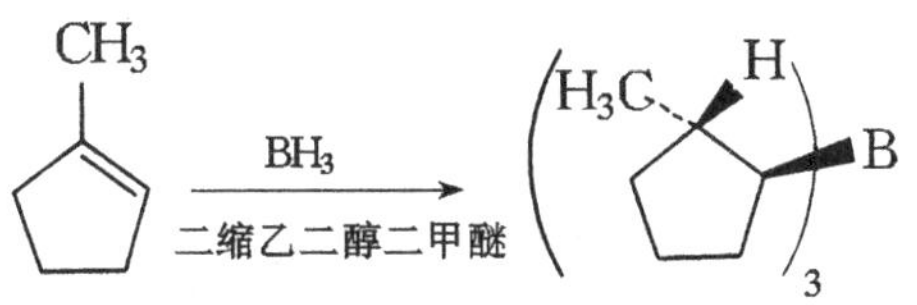

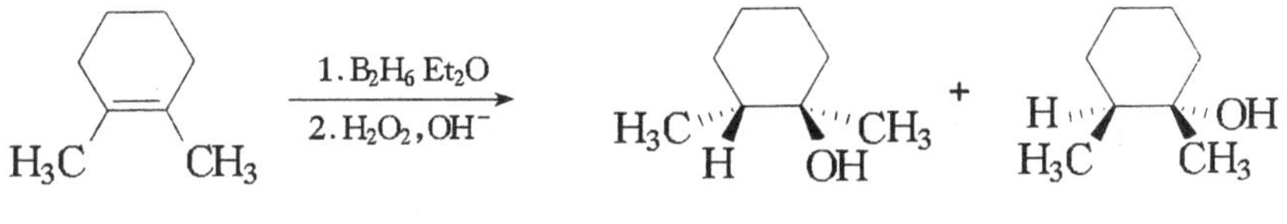

2.2.5.4 羟汞化_脱汞反应

脱汞反应的机理尚不清楚。一般认为羟汞化反应机理如下:

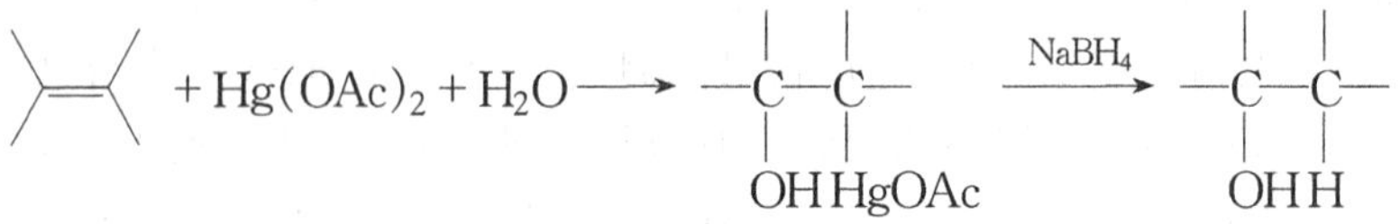

$$\begin{matrix}\diagup\\\diagdown\end{matrix}C=C\begin{matrix}\diagup\\\diagdown\end{matrix} + Hg(OAc)_2 + H_2O \longrightarrow -\underset{OH}{\overset{|}{C}}-\underset{HgOAc}{\overset{|}{C}}- \xrightarrow{NaBH_4} -\underset{OH}{\overset{|}{C}}-\underset{H}{\overset{|}{C}}-$$

该反应具有高度专一性;反应产物符合马氏规则,OH 加在双键位阻大的一端,即 H 少的一端。且为反式加成。

2.2.5.5 氧化反应

烯烃很容易发生氧化反应,随氧化剂和反应条件的不同,氧化产物也不同。氧化反应发生时,首先是碳碳双键中的 π 键打开;当反应条件强烈时,σ 键也可断裂。这些氧化反应在合成和鉴定烯烃分子结构中是很有价值的。

1. 碱性高锰酸钾或冷中性稀高锰酸钾氧化

用碱性高锰酸钾或冷中性高锰酸钾稀溶液作氧化剂,反应结果使双键碳原子上各引入一个羟基,生成邻二醇。

$$CH_2=CH_2 + KMnO_4 + H_2O \xrightarrow{\text{碱性}} CH_2(OH)CH_2(OH) + MnO_2 + KOH$$

2. 酸性高锰酸钾或重铬酸钾氧化

若用酸性高锰酸钾溶液氧化烯烃,则反应迅速发生,不仅 π 键打开,σ 键也可断裂。双键断裂时,由于双键碳原子连接的烃基不同,氧化产物也不同,此反应可用于推断烯烃的结构。

$$RCH=CH_2 \xrightarrow[H_2SO_4]{KMnO_4} RCOOH + CO_2$$
羧酸

$$\underset{R'}{\overset{R}{>}}C=CHR'' \xrightarrow[H_2SO_4]{KMnO_4} \underset{R'}{\overset{R}{>}}C=O + HOOCR''$$
酮

RCH= 变为 RCOOH,$CH_2=$ 变为 CO_2; $\underset{R'}{\overset{R}{>}}C=$ 变为 $\underset{R'}{\overset{R}{>}}C=O$,R″CH= 变为 R″COOH。

用重铬酸钾溶液氧化烯烃,因重铬酸是一种强氧化剂,在双键处发生断键氧化,生成酮或酸。

$$CH_3-\underset{CH_3}{\overset{|}{C}}=CHCH_3 \xrightarrow{K_2Cr_2O_7/H_2SO_4} CH_3-\underset{CH_3}{\overset{|}{C}}=O + CH_3COOH$$
丙酮

$$CH_3CH_2CH=CH_2 \xrightarrow{K_2Cr_2O_7/H_2SO_4} CH_3CH_2COOH + CO_2$$
丙酸

3. 臭氧化

在低温时,将含有臭氧的氧气流通入液体烯烃或烯烃的四氯化碳溶液中,臭氧迅速与烯烃作用,生成粘稠状的臭氧化物,此反应称为臭氧化反应。如

$$CH_3CH=CH_2 \xrightarrow{O_3} H_3C-\underset{\underset{O-O}{|}}{\overset{\overset{O}{|}}{CH}}\underset{}{-CH_2} \begin{cases} \xrightarrow[\text{还原水解}]{Zn,H_2O} CH_3CHO + HCHO \\ \xrightarrow[\text{氧化水解}]{H_2O_2} CH_3COOH + HCOOH \\ \xrightarrow{LiAlH_4} CH_3CH_2OH + CH_3OH \end{cases}$$

臭氧化物在游离状态下很不稳定,容易发生爆炸。在一般情况下,不必从反应溶液中分离出来,可直接加水进行水解,产物为醛或酮,或者为醛酮混合物,另外还有过氧化氢生成。为了避免生成的醛被过氧化氢继续氧化为羧酸,臭氧化物水解时需在还原剂存在的条件下进行,常用的还原剂为锌粉。不同的烯烃经臭氧氧化后再在还原剂存在下进行水解,可以得到不同的醛或酮。该反应用于由烯烃制备醛或酮及烯烃中双键位置的鉴定。

4. 催化氧化

(1) 银催化氧化

$$2H_2C=CH_2 + O_2 \xrightarrow[200\sim300\ ℃]{Ag} 2H_2C\underset{O}{\underset{\diagdown\diagup}{-}}CH_2$$

该反应是工业上生产环氧乙烷的方法。

$$CH_2=CH_2 + \underset{\text{或 }H_2O_2}{RCO_3H} \longrightarrow H_2C\underset{O}{\underset{\diagdown\diagup}{-}}CH_2$$

(2) $PdCl_2$-$CuCl_2$ 催化氧化

$$H_2C=CH_2 + \frac{1}{2}O_2 \xrightarrow[100\sim125\ ℃]{PdCl_2\text{-}CuCl_2} CH_3-\overset{\overset{O}{\|}}{C}-H$$

$$CH_3-CH=CH_2 + \frac{1}{2}O_2 \xrightarrow[120\ ℃]{PdCl_2\text{-}CuCl_2} CH_3-\overset{\overset{O}{\|}}{C}-CH_3$$

(3) 氨氧化反应。把丙烯中的甲基氧化为氰基(—CN)

$$CH_3-CH=CH_2 + NH_3 + 1\frac{1}{2}O_2 \xrightarrow[\text{或磷钼酸铋}]{\text{氧化钼+氧化铋}} H_2C=CHCN + 3H_2O$$
丙烯腈

$$\underset{\underset{CH_3}{|}}{H_2C=C-CH_3} + NH_3 + 1\frac{1}{2}O_2 \longrightarrow \underset{\underset{CH_3}{|}}{H_2C=C-CN} + 3H_2O$$
甲基丙烯腈

2.2.5.6 α-H 的卤代反应

双键是烯烃的官能团,与双键碳原子直接相连的碳原子上的氢,因受双键的影响,表现出一定的活泼性,在高温或光照条件下,可以发生取代反应。例如,丙烯与氯气混合,在常温下是发生加成反应,生成 1,2-二氯丙烷。而在 500 ℃的高温下,主要是烯丙碳上的氢被取代,生成 3-氯丙烯。

$$CH_3CH=CH_2 + Cl_2 \begin{cases} \xrightarrow{500\ ℃} CH_2CH=CH_2 \\ \qquad\qquad\quad | \\ \qquad\qquad\ \ Cl \\ \xrightarrow{室温} CH_3CHCH_2 \\ \qquad\quad\ |\ \ \ | \\ \qquad\quad Cl\ Cl \end{cases}$$

实验室中烯烃的 α-H 原子的溴代反应,可用 NBS(N-溴代丁二酰亚胺)试剂很方便地进行,产率较高,适用于制备 α-Br 代烯烃,例如

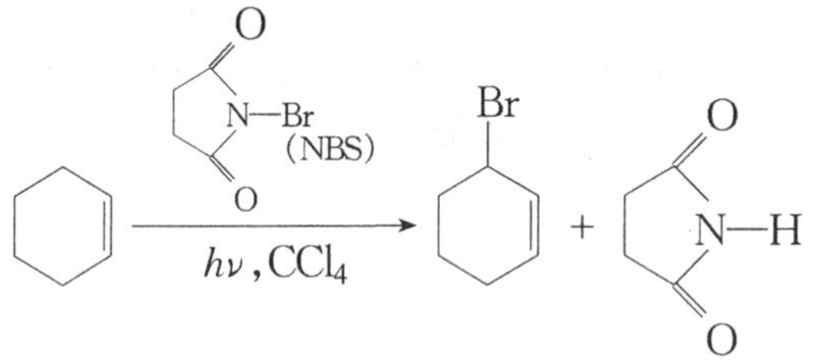

环己烯 + NBS (N-溴代丁二酰亚胺) $\xrightarrow{h\nu, CCl_4}$ 3-溴环己烯 + 丁二酰亚胺

2.2.5.7 聚合反应

在一定的条件(如高温高压、催化剂存在)下,烯烃分子中的 π 键断裂,发生同类分子间的加成反应,生成高分子化合物(聚合物),这种类型的聚合反应称为加成聚合反应,简称加聚反应。聚合的产物称为聚合物,参加聚合的小分子叫单体。

乙烯的聚合:

$$n\,CH_2=CH_2 \xrightarrow{TiCl_4\text{-}AlEt_3} \text{—}(CH_2\text{—}CH_2)_n\text{—}$$
$$\text{聚乙烯}$$

聚乙烯是一种电绝缘性很好,用途广泛的塑料。

2.2.6 烯烃的来源与制备

工业上,烯烃主要来源于石油催化裂解。实验室制备的主要途径是通过消除反应进行。

(1) 醇脱水

$$CH_3CH_2OH \begin{cases} \xrightarrow{Al_2O_3,\ 350\ ℃} CH_2=CH_2 \\ \xrightarrow{H_2SO_4,\ 170\ ℃} CH_2=CH_2 \end{cases}$$

(2) 卤代烃脱 HX

$$RCH_2\text{—}CH_2X + KOH \xrightarrow[\triangle]{乙醇} RCH=CH_2 + KX + H_2O$$

(3) 邻二卤代烷脱 X_2

$$CH_3CHCH_2X \xrightarrow{Zn} CH_3CH=CH_2$$
$$\quad\ |$$
$$\quad X$$

2.2.7 重要的烯烃

1. 乙烯

乙烯为稍有甜味的无色气体。燃烧时火焰明亮但有烟,当空气中含乙烯 3%～33.5%

时,则形成爆炸性的混合物,遇火星发生爆炸。在医药上,乙烯与氧的混合物可作麻醉剂。工业上,乙烯可以用来制乙醇,也可氧化制备环氧乙烷,环氧乙烷是有机合成上的一种重要物质。还可由乙烯制备苯乙烯,苯乙烯是制造塑料和合成橡胶的原料。乙烯聚合后生成的聚乙烯,具有良好的化学稳定性。

2. 丙烯

丙烯为无色气体,燃烧时产生明亮的火焰。丙烯除了直接聚合生产聚丙烯外,在工业上大量地用丙烯来制备异丙醇和丙酮。还可用空气直接氧化丙烯生产丙烯醛。

2.3 二烯烃

分子中含有两个或两个以上碳碳双键的不饱和烃称为多烯烃。二烯烃是含有两个碳碳双键的不饱和烃,其通式为 C_nH_{2n-2}。

2.3.1 二烯烃的分类和命名

2.3.1.1 二烯烃的分类

根据二烯烃中两个双键的相对位置的不同,可将二烯烃分为以下三类:

(1)累积二烯烃。两个双键与同一个碳原子相连接,即分子中含有 $\diagdown_{C=C=C}\diagup$ 结构。如丙二烯($CH_2=C=CH_2$)。

(2)隔离二烯烃。两个双键被两个或两个以上的单键隔开,即分子骨架为 $\diagdown_{C=C-(CH_2)_n-C=C}\diagup$。如1,4-戊二烯($CH_2=CH-CH_2-CH=CH_2$)。

(3)共轭二烯烃。两个双键被一个单键隔开,即分子骨架为 $\diagdown_{C=C-C=C}\diagup$。如1,3-丁二烯($CH_2=CH-CH=CH_2$)。

2.3.1.2 二烯烃的命名

二烯烃的命名与烯烃相似,选择含有两个双键的最长的碳链为主链,从距离双键最近的一端给主链上的碳原子编号,词尾为"某二烯",两个双键的位置用阿拉伯数字标明在前,中间用短线隔开。若有取代基时,则将取代基的位次和名称加在前面。如2-甲基-1,3-丁二烯($CH_2=C(CH_3)CH=CH_2$);3,6-十二碳二烯($CH_3CH_2CH=CHCH_2CH=CH(CH_2)_4CH_3$)。

若有顺反异构要标明,如

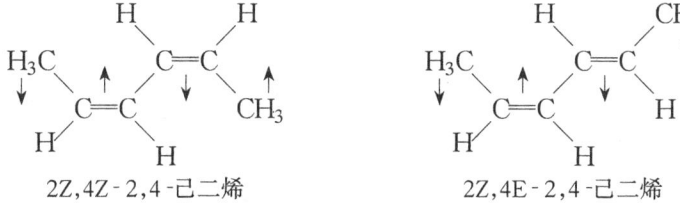

2Z,4Z-2,4-己二烯　　　2Z,4E-2,4-己二烯

2.3.2 共轭二烯烃的结构及其共轭效应

共轭二烯烃分子中含有 $\overset{|}{C}=\overset{|}{C}-\overset{|}{C}=\overset{|}{C}$ 结构,最典型的共轭二烯烃为1,3-丁二烯,其分子结构为

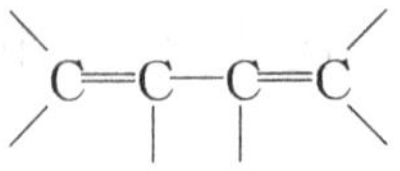

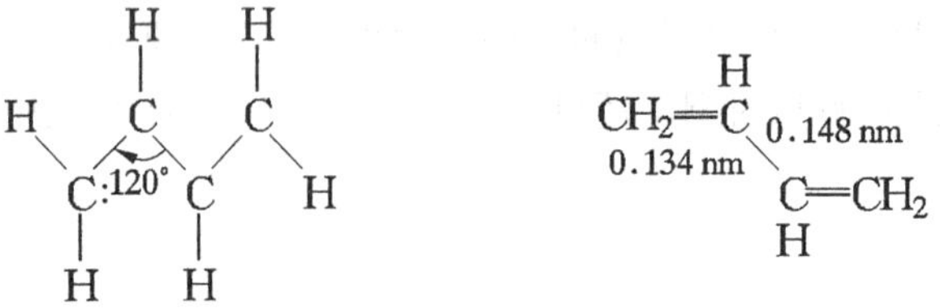

共轭二烯烃属于共轭体系,存在显著的 π-π 共轭效应,因而其分子更稳定,内能更小,键长趋于平均化并具有如下的特点:①共平面性;②键长趋于平均化;③折射率高;④共轭链中 π 电子云转移时,链上出现正负性交替现象;⑤共轭效应使得体系内能降低。

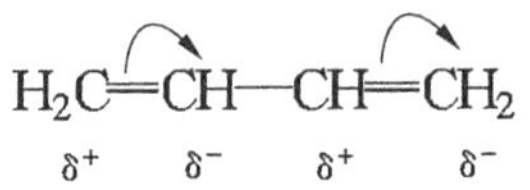

$$H_2C\!=\!CH\!-\!CH\!=\!CH_2$$
$$\delta^+ \quad \delta^- \quad \delta^+ \quad \delta^-$$

如1,3-丁二烯的氢化热较低(氢化热是指1 mol不饱和化合物氢化时所放出的热量)。单烯烃的氢化热为125.5 kJ/mol。预计1,3-丁二烯的氢化热为251 kJ/mol。实测1,3-丁二烯的氢化热为238 kJ/mol。

共轭效应不仅表现在使1,3-丁二烯分子中的碳碳双键键长增长,碳碳单键键长缩短,单双键趋向于平均化,而且由于电子离域的结果使化合物的能量降低,稳定性增加,在参加化学反应时,也体现出与一般烯烃不同的性质。

2.3.3 共轭二烯烃的性质

共轭二烯烃除具有一般烯烃的通性外,由于双键的共轭结构还具有其化学性质的特殊性。

2.3.3.1 亲电加成反应(1,2-和1,4-加成反应)

共轭二烯烃能与卤素、卤化氢和氢气发生加成反应。但加成产物通常有两种。如1,3-丁二烯与溴的加成反应。

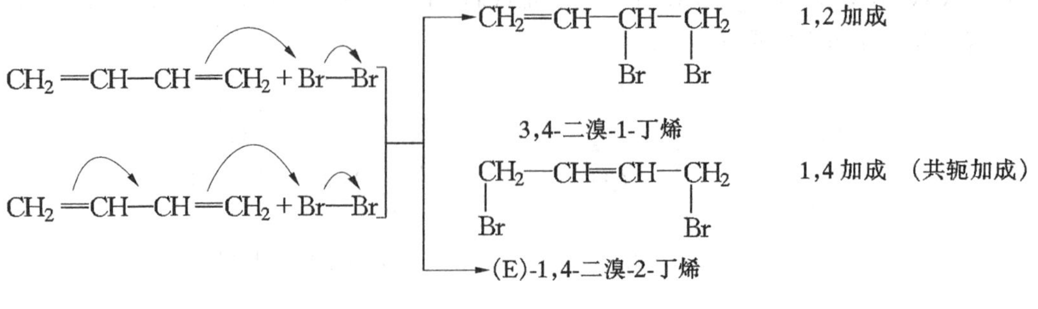

这说明共轭二烯烃与亲电试剂加成时,有两种不同的加成方式。一种是发生在一个双键上的加成,称为 1,2 加成,另一种加成方式是试剂的两部分分别加到共轭体系的两端,即加到 $\overset{1}{C}$ 和 $\overset{4}{C}$ 两个碳原子上,分子中原来的两个双键消失,而在 $\overset{2}{C}$ 与 $\overset{3}{C}$ 之间,形成一个新的双键,称为 1,4 加成。

关于 1,4 加成的解释:

(1)Br^+ 离子进攻 $\overset{1}{C}$ 位,结合成键,生成碳正离子 C^+:

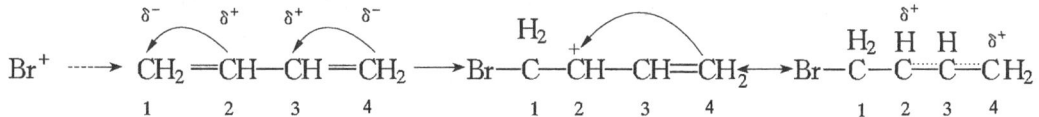

(2)Br^- 离子进攻 $\overset{2}{C}$ 位或 $\overset{4}{C}$ 位,电子云发生转移,形成双键:

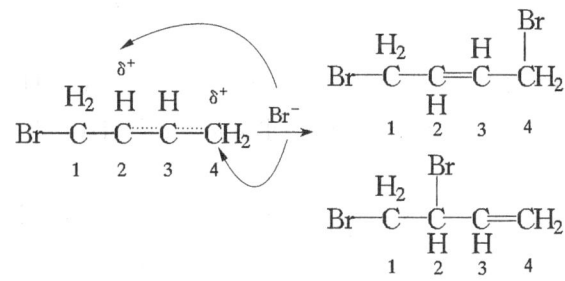

1,2 加成和 1,4 加成的多少,取决于双烯的结构和反应条件。

(1)温度的影响:较高温度和长时间反应得 1,4 加成产物(热力学控制);低温反应得 1,2 加成产物(动力学控制)。

(2)共轭烯烃结构的影响:加成产物的稳定性对加成的方式有时起着重要作用,例如 2-甲基-1,3-丁二烯的加成,只得到 1,4 加成产物。

(3)溶剂极性的影响:加成反应在极性溶剂中进行,主要按 1,4 加成;加成反应在非极性溶剂中进行,主要按 1,2 加成。

2.3.3.2 双烯合成反应

双烯合成反应是合成六元环的重要反应。共轭二烯烃与某些具有碳碳双键的不饱和化合物发生 1,4 加成反应生成环状化合物的反应称为双烯合成,也叫狄尔斯-阿尔德(Diels-Alder)反应。这是共轭二烯烃特有的反应,它将链状化合物转变成环状化合物,又称为周环反应(协同反应)。

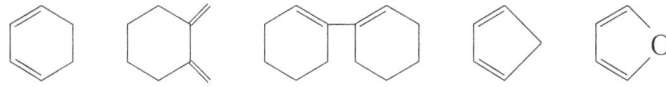

一般把进行双烯合成的共轭二烯烃称作二烯体,另一个不饱和的化合物称为亲二烯体。一些常见的二烯体有

下面是一些常见的亲二烯体:

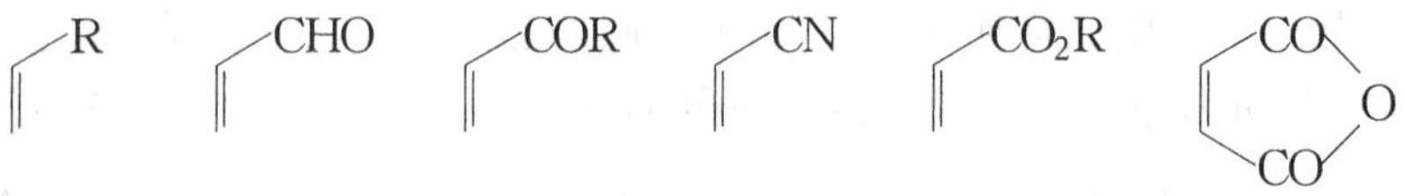

双烯合成反应的特点：

(1)共轭二烯的电子密度高，亲二烯体上有吸电子基团时，反应很容易进行。亲二烯体 =R—CH═CH—，如 R＝ —CN、—COOR、—CHO、—COR、—COOH 等吸电子的基团时，对反应有利。

(2)反应是顺式加成反应，加成产物仍保持二烯和亲二烯体原来的构型。

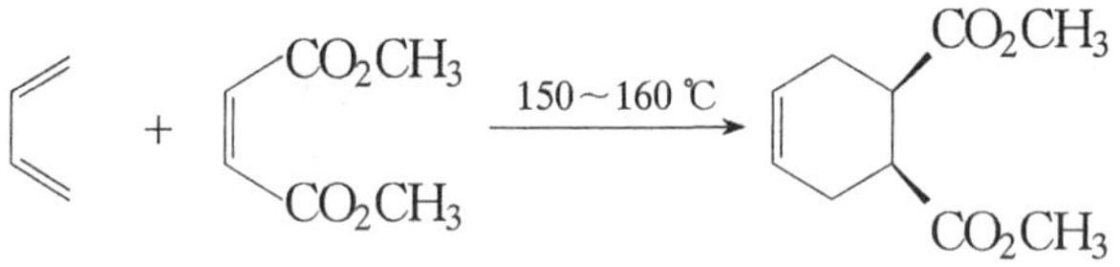

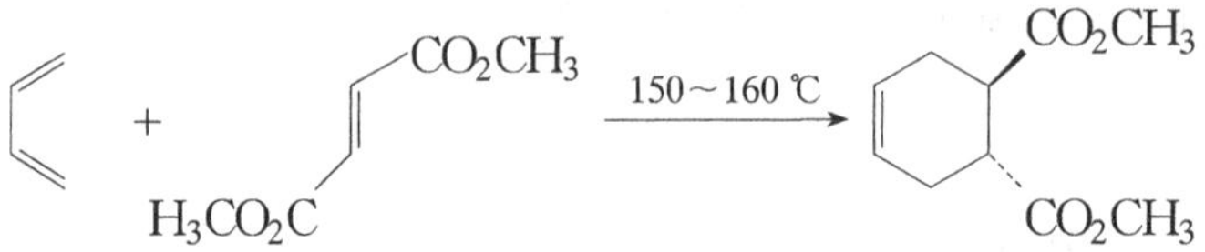

(3)反应无需酸碱的催化，为协同反应，反应一步完成，无中间体产生，有一个六元环状过渡态。

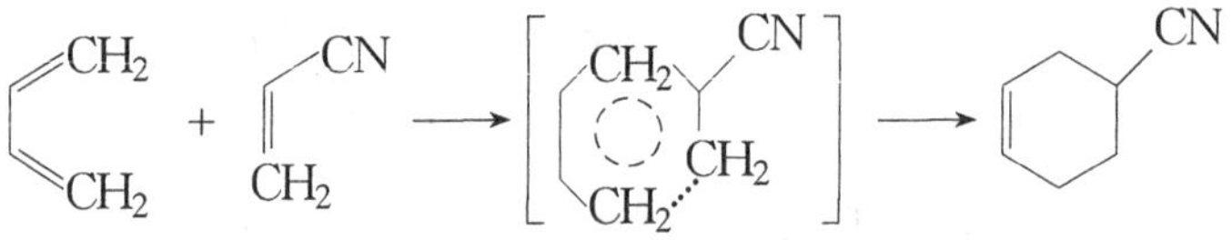

2.3.3.3 聚合反应

共轭二烯烃在聚合时，即可发生 1,2 加成聚合，也可发生 1,4 加成聚合。

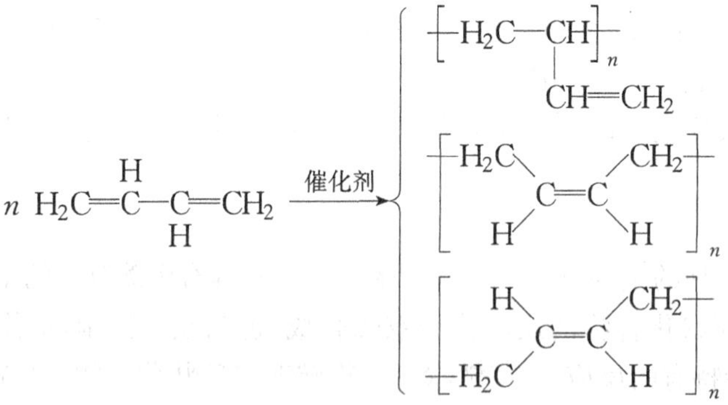

1,2 加成聚合物

顺式 1,4 加成聚合物

反式 1,4 加成聚合物

2.3.4 重要的二烯烃

1. 丁二烯

丁二烯是合成橡胶的重要原料。

$$n\mathrm{CH_2{=}CH{-}CH{=}CH_2} \xrightarrow{\text{催化剂}} \mathrm{\left(CH_2{-}CH{=}CH{-}CH_2\right)_n}$$

聚丁二烯

2. 异戊二烯

异戊二烯是合成橡胶的重要原料。

$$n\text{CH}_2=\underset{\underset{\text{CH}_3}{|}}{\text{C}}-\text{CH}=\text{CH}_2 \longrightarrow \left(\text{CH}_2-\underset{\underset{\text{CH}_3}{|}}{\text{C}}=\text{CH}-\text{CH}_2\right)_n$$

聚异戊二烯

2.4 炔烃

炔烃是分子中含有碳碳叁键 $—\overset{1}{\text{C}}\equiv\overset{2}{\text{C}}—$ 的高度不饱和烃。含有一个碳碳叁键的炔烃分子通式为 C_nH_{2n-2}。

乙炔是最简单的炔烃,其分子式为 C_2H_2。乙炔为直线型分子,在乙炔分子中,两个以 sp 杂化的碳原子各以一个杂化轨道相互结合形成碳碳 σ 键,另一个杂化轨道各与一个氢原子结合形成碳氢 σ 键,三个 σ 键的键轴在一条直线上,每个碳原子还有两个未参加杂化的 p 轨道,两两侧面重叠,形成两个相互垂直的 π 键。

碳碳叁键的属性见表 2-3。

表 2-3 典型碳碳键的属性

碳碳键	单 键	双 键	叁 键
键长(nm)	0.154	0.134	0.120
键能(kJ)	345.6	610	835

炔烃同样存在同分异构现象,主要是碳架异构和由叁键位置不同而引起的位置异构以及与二烯烃的官能团异构。

2.4.1 炔烃的命名

2.4.1.1 普通命名法

以乙炔为母体,其它炔烃作为乙炔的衍生物。如

$$(\text{CH}_3)_3\text{CC}\equiv\text{CH} \quad (\text{CH}_3)_3\text{CC}\equiv\text{CC}(\text{CH}_3)_2 \quad \text{CF}_3\text{C}\equiv\text{CH}$$

叔丁基乙炔　　　　二叔丁基乙炔　　　　三氟甲基乙炔

2.4.1.2 系统命名法

(1)以含叁键的最长碳链为主链,称为某炔。
(2)从靠近叁键的一端开始编号。
(3)以位次最小的炔碳表示叁键的位置。
(4)取代基的位次和书写遵守优先基团后列原则。
(5)当有卤原子取代时,卤原子作为取代基,炔为母体。

当有烯键时,以炔为母体,编号应使烯键和叁键的位次之和最小;若两者都位于同等位次,则应以双键位次为最小。

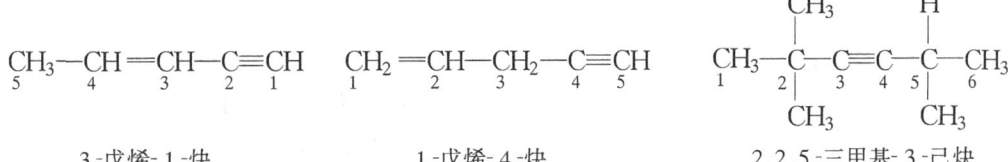

3-戊烯-1-炔　　　　　　1-戊烯-4-炔　　　　　　2,2,5-三甲基-3-己炔

(6) 复杂的化合物在命名时可把炔基作为取代基。

2.4.2 炔烃的物理性质

(1) 状态:乙炔、丙炔、1-丁炔为气体。
(2) 沸点比相应的烷烃或烯烃高。碳架相同的炔烃,叁键在链端的沸点较低。
(3) 密度比相应的烯烃高,但相对密度小于1。
(4) 溶解性:不溶于水,易溶于非极性或弱极性有机溶剂。
(5) 易燃烧,炔氧焰温度高达3500 ℃,可用于熔融及焊接。

某些炔烃的物理常数见表2-4。

表2-4 某些炔烃的物理常数

名称	结构式	熔点/℃	沸点/℃	相对密度(d_4^{20})
乙炔	HC≡CH	-82	-75	0.618
丙炔	CH₃C≡CH	-101.5	-23.3	0.671
1-丁炔	CH₃CH₂C≡CH	-122.5	8	0.668
2-丁炔	CH₃C≡CCH₃	-28	27	0.694
1-戊炔	CH₃CH₂CH₂C≡CH	-98	40	0.695
2-戊炔	CH₃CH₂C≡CCH₃	-101	55.5	0.713
3-甲基-1-丁炔	CH₃CHC≡CH | CH₃	-89.7	28	0.665
1-己炔	CH₃(CH₂)₃C≡CH	-124	71	0.720
2-己炔	CH₃CH₂CH₂C≡CCH₃	-92	84	0.731
3-己炔	CH₃CH₂C≡CCH₂CH₃	-51	82	0.726
3,3-二甲基-1-丁炔	CH₃ | CH₃CC≡CH | CH₃	-81	38	0.669
1-庚炔	CH₃(CH₂)₄C≡CH	-80	100	0.733
1-辛炔	CH₃(CH₂)₅C≡CH	-70	126	0.748

2.4.3 炔烃的化学性质

与烯烃类似,炔烃的化学反应主要表现在叁键及 α-H 上。

炔烃中的叁键碳为 sp 杂化,sp 杂化轨道含较多的 s 成分,电子离核比较近。

虽然炔烃中有两个 π 键,也不易给出电子,因此炔烃的亲电加成速度比烯烃的亲电加成速度慢。

2.4.3.1 末端炔烃的酸性

与叁键碳原子直接相连的氢原子活泼性较大。因 sp 杂化的碳原子表现出较大的电负性,使与叁键碳原子直接相连的氢原子显示出弱酸性,它的酸性比氨强,比水弱。可与强碱、碱金属或某些重金属离子反应生成金属炔化物。

(1)乙炔与熔融的钠反应,可生成乙炔钠和乙炔二钠。

$$CH\equiv CH + Na \longrightarrow HC\equiv CNa + H_2\uparrow \longrightarrow NaC\equiv CNa$$

(2)丙炔或其它末端炔烃与氨基钠反应,生成炔化钠。

$$RC\equiv CH + NaNH_2 \xrightarrow{\text{液氨}} RC\equiv CNa$$

炔化钠与卤代烃(一般为伯卤代烷)作用,可在炔烃分子中引入烷基,制得一系列炔烃同系物。如

$$RC\equiv CNa + R'X \xrightarrow{\text{液氨}} RC\equiv CR' + NaX$$

由于 Na(K)金属炔化物的碱性强于 H_2O,当遇水时,立即分解为炔烃。

$$RC\equiv C^-Na^+ + H-OH \longrightarrow RC\equiv C-H + Na^+OH^-$$

(3)末端炔烃与某些重金属离子反应,生成重金属炔化物。例如,将乙炔通入硝酸银的氨溶液或氯化亚铜的氨溶液时,则分别生成白色的乙炔银沉淀和红棕色的乙炔亚铜沉淀。

$$HC\equiv CH + Ag(NH_3)_2NO_3 \longrightarrow AgC\equiv CAg\downarrow + NH_4NO_3 + NH_3$$

$$HC\equiv CH + Cu(NH_3)_2Cl \longrightarrow CuC\equiv CCu\downarrow + NH_4Cl + NH_3$$

利用此反应,也可鉴别末端炔烃和叁键在其它位号的炔烃。

$$RC\equiv CH + Ag(NH_3)_2NO_3 \longrightarrow RC\equiv CAg\downarrow$$

$$RC\equiv CR + Ag(NH_3)_2NO_3 \longrightarrow \text{不反应}$$

注:干燥的金属炔化物遇热或受撞击易爆炸,可用硝酸分解:

$$AgC\equiv CAg + 2HNO_3 \xrightarrow{\triangle} HC\equiv CH + 2AgNO_3$$

2.4.3.2 加成反应

1. 催化加氢

炔烃的催化加氢分两步进行,第一步加一个氢分子,生成烯烃;第二步再加一个氢分子,生成烷烃。

$$H-C\equiv C-H \xrightarrow{H_2/Pt} \underset{\underset{H}{|}}{H}-\underset{\underset{H}{|}}{C}=\underset{\underset{H}{|}}{C}-H \xrightarrow{H_2/Pt} H-\underset{\underset{H}{|}}{\overset{\overset{H}{|}}{C}}-\underset{\underset{H}{|}}{\overset{\overset{H}{|}}{C}}-H$$

常用的催化剂有 Pb,Pt,Ni(很难停留在烯烃阶段)和 Lindler 催化剂(钯附着于碳酸钙及少量氧化铅上或用硫酸钡做载体的钯)。

炔烃的催化氢化活性大于烯烃,即炔烃比烯烃易于加氢。

$$RC\equiv C-(CH_2)_n-CH=CH_2 \xrightarrow[\text{Pt-BaSO}_4\text{喹啉}]{H_2} RCH=CH-(CH_2)_n-CH=CH_2$$

使用不同催化剂可得顺反异构体。

(1)顺式加氢。用 Lindlar 催化剂和硼化镍催化氢化可得到顺式烯烃,反应特点是 C≡C 可只顺式加成得到顺式 C=C 烯烃。

(2)反式加氢。在液氨中用碱金属 Na(K,Li)还原,生成反式烯烃如:

$$C_4H_9-C\equiv C-C_4H_9 \xrightarrow[NH_3(l)]{NH_3/Na} \begin{array}{c} H \\ \diagdown \\ C=C \\ \diagup \quad \diagdown \\ C_4H_9 \quad H \end{array}$$

(E)-5-癸烯

$$CH_3CH_2C\equiv CCH_2CH_3 \xrightarrow[LiAlH_4,138℃]{THF,diglyme} \begin{array}{c} H_3CH_2C \quad\quad H \\ \diagdown \quad\quad \diagup \\ C=C \\ \diagup \quad\quad \diagdown \\ H \quad\quad CH_2CH_3 \end{array}$$

2. 亲电加成

(1)加卤素。炔烃与卤素的加成也是分两步进行的。先加一分子氯或溴,生成二卤代烯,在过量的氯或溴的存在下,再进一步与一分子卤素加成,生成四卤代烷。如

$$HC\equiv CH \xrightarrow{Br_2} \underset{Br}{\underset{|}{HC}}=\underset{Br}{\underset{|}{CH}} \xrightarrow{Br_2} \underset{Br\ Br}{\underset{|\ \ |}{HC-CH}} \underset{Br\ Br}{\underset{|\ \ |}{}}$$

$$CH_2=CHCH_2-C\equiv CH \xrightarrow{Br_2} \underset{Br\ \ Br}{\underset{|\ \ \ |}{CH_2-CHCH_2-C\equiv CH}} \quad 90\%$$

虽然炔烃比烯烃更不饱和,但炔烃进行亲电加成却比烯烃难。这是由于 sp 杂化碳原子的电负性比 sp^2 杂化碳原子的电负性强,因而电子与 sp 杂化碳原子结合更为紧密,不容易提供电子与亲电试剂结合,所以叁键的亲电加成反应比双键慢。例如,烯烃可使溴的四氯化碳溶液很快褪色,而炔烃却需要一两分钟才能使之褪色。故当分子中同时存在双键和叁键时,与溴的加成首先发生在双键上。

(2)加卤化氢。炔烃与卤化氢的加成,以加碘化氢较容易进行,而加氯化氢较难,一般要在催化剂存在下才能进行。不对称炔烃加卤化氢时,服从马氏规则。

在汞盐的催化作用下,乙炔与氯化氢在气相发生加成反应,生成氯乙烯。如

$$HC\equiv CH(g)+HCl(g) \xrightarrow[120\sim180℃]{HgCl_2} \underset{Cl}{\underset{|}{HC}}=CH_2$$

在光或过氧化物的作用下,炔烃与溴化氢的加成反应,得到反马氏规则的加成产物。如

$$CH_3CH_2-C\equiv CH \xrightarrow[\text{过氧化物}]{HBr} \underset{H}{\underset{|}{CH_3CH_2-C}}=\underset{}{\overset{Br}{\overset{|}{CH}}} \xrightarrow[\text{过氧化物}]{HBr} \underset{H\ \ Br}{\underset{|\ \ \ |}{CH_3CH_2-C-CH}}\underset{}{\overset{H\ \ Br}{\overset{|\ \ \ |}{}}}$$

3. 硼氢化反应

炔烃的硼氢化反应停留在含烯键产物阶段。其特点是:

(1)进行顺式加成,得到乙烯基硼化合物。

(2)乙烯基硼经酸水解得到顺式烯烃;乙烯基硼经碱性 H_2O_2 氧化得到烯醇,重排后可

得到羰基化合物(醛酮等)。

(3) 如采用位阻大的二取代硼烷 R_2BH 作试剂,可由末端炔仅与 1 mol R_2BH 反应,经过氧化水解,制备醛。如

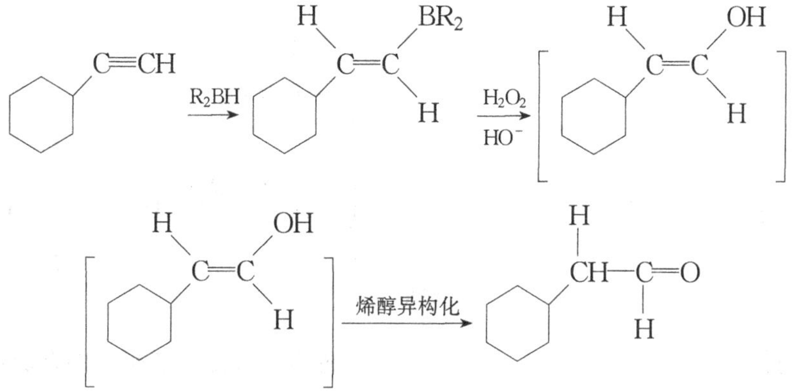

$$\text{环己基-C}\equiv\text{CH} \xrightarrow{R_2BH} \text{环己基-CH=CH-BR}_2 \xrightarrow[\text{HO}^-]{H_2O_2} [\text{环己基-CH=CH-OH}] \xrightarrow{\text{烯醇异构化}} \text{环己基-CH}_2\text{-CHO}$$

4. 亲核加成及其反应机理

由亲核试剂进攻而引起的加成反应叫做亲核加成反应。能提供电子的多电子的试剂为亲核试剂。常见的亲核试剂有 HCN、HOR、HOOCCH$_3$、H$_2$O 等,其亲核基团为 —CN,—OR,—O$_2$CCH$_3$,—OH。

炔烃可以进行亲核加成,而烯烃很难进行;炔烃的亲核加成反应一般比烯烃的亲电加成困难,所以需要催化剂,以提高叁键 C 的正电性。亲核加成催化剂有 HgSO$_4$,Zn(OAc)$_2$,Cu$_2$Cl$_2$ 等含 d 轨道的过渡金属盐。

(1) 加 HCN。在催化剂存在下,乙炔与氢氰酸加成得到丙烯腈。

$$HC\equiv CH + HCN \xrightarrow{Cu_2Cl_2-NH_4Cl} H_2C=C(H)-CN \quad \text{丙烯腈}$$

反应机理:

$$HC\equiv CH + {}^-CN \xrightarrow[\text{慢}]{\text{亲核进攻}} HC^-=C(H)-CN \xrightarrow[\text{快}]{H^+ \text{正负离子结合}} HC(H)=C(H)-CN$$

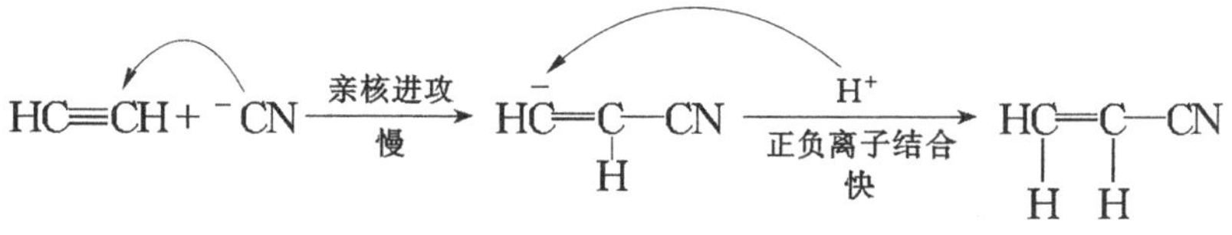

(2) 加水。H$_2$O 的氧原子上有孤对电子,可做亲核试剂,但其亲核能力较弱;所以炔烃加水反应需要催化剂 Hg^{2+} 和 H$^+$,反应条件是稀 H$_2$SO$_4$(5% 或 10%) + HgSO$_4$,对于不对称炔烃,遵从马氏规则。产物为烯醇,经过重排后得到羰基化合物;端基乙炔得到甲基酮:

$$R-C\equiv CH + H_2O \xrightarrow[\text{HgSO}_4]{H_2SO_4} R-\underset{\underset{O}{\|}}{C}-CH_3$$

甲基酮

反应机理是:

$$CH_3-C\equiv C-H + H_2O \xrightarrow[H^+]{Hg^{2+}} CH_3-\overset{\delta^+}{C}=\overset{\delta^-}{C}-H \xrightarrow{:OH_2}$$

$$\underset{Hg^+}{|}$$

π络合物

$$CH_3-C=C-H \xrightarrow[-Hg^{2+}]{+H^+} CH_3-\overset{OH}{C}=\overset{H}{C}-H \xrightarrow{H重排} CH_3-\overset{O}{\overset{\|}{C}}-\overset{H}{\underset{H}{\overset{|}{C}}}-H$$

烯醇式

工业上利用这个反应来制备醛、酮和醋酸乙烯酯等。如醋酸乙烯酯的合成反应为

$$HC\equiv CH + HO_2CCH_3 \xrightarrow[\text{或} Zn(OAc)_2, \triangle]{HgSO_4} H_2C=\underset{H}{\overset{}{C}}-O-\overset{O}{\overset{\|}{C}}-CH_3$$

醋酸乙烯酯

醋酸乙烯酯是合成聚乙烯醇的原料，合成纤维——维尼纶就是由聚乙烯醇甲醛缩合而成。如

$$H_2C=CH \atop O_2CCH_3 \xrightarrow[\text{聚合}]{\text{引发}} {\left(\begin{matrix}H_2 & H \\ C & C \\ & O_2CCH_3\end{matrix}\right)}_n \xrightarrow{\text{水解}} {\left(\begin{matrix}H_2 & H \\ C & C \\ & OH\end{matrix}\right)}_n$$

醋酸乙烯酯　　　　　　　　　　　　　　　　聚乙烯醇

$${\left(\begin{matrix}H_2 & H \\ C & C \\ & OH\end{matrix}\right)}_n \xrightarrow[H^+]{HCH=O} {\left(\begin{matrix}H_2 & H_2 \\ C-CH & C-CH \\ & O \quad O \\ & \quad C \\ & \quad H_2\end{matrix}\right)}_n$$

聚乙烯醇　　　　　　　　　　维尼纶

(3)加醇。在碱性条件下，乙炔与乙醇发生加成反应，生成乙烯基乙醚。如

$$HC\equiv CH + RO^- \xrightarrow[150℃, 加压]{HOR} RO-\underset{H}{\overset{}{C}}=CH \xrightarrow{HOR} RO-\underset{}{\overset{}{C}}=CH_2 + RO^-$$

2.4.3.3 氧化反应

1. $KMnO_4$ 氧化

炔烃对氧化剂的敏感性比烯烃差，即反应较慢；但仍然能被 $KMnO_4$ 氧化，叁键断裂，生成羧酸；末端叁键碳氧化为 CO_2。如

$$CH_3-C\equiv CH + KMnO_4 \xrightarrow{100℃} CH_3-\overset{O}{\overset{\|}{C}}-OH + (HCOOH)$$

$$HCOOH + KMnO_4 \longrightarrow CO_2 + H_2O$$

$KMnO_4$ 氧化反应可以用作炔烃鉴别反应和制备羧酸。

二取代乙炔在缓和条件下氧化,可以得到1,2-二酮

$$CH_3(CH_2)_7C\equiv C(CH_2)_7COOH \xrightarrow[pH\ 7.5, H_2O]{KMnO_4} CH_3(CH_2)_7\overset{O}{\underset{\|}{C}}-\overset{O}{\underset{\|}{C}}(CH_2)_7COOH$$

2. 臭氧氧化

臭氧氧化时从叁键处断裂,得到羧酸:

$$CH_3CH_2CH_2CH_2C\equiv CH \xrightarrow[H_2O]{O_3} CH_3CH_2CH_2CH_2\overset{O}{\underset{\|}{C}}OH + HO\overset{O}{\underset{\|}{C}}H$$

这与烯烃臭氧化产物不同。

2.4.3.4 聚合反应

在不同的催化剂作用下,乙炔可以分别聚合成链状或环状化合物。与烯烃的聚合不同的是,炔烃一般不聚合成高分子化合物。例如,将乙炔通入氯化亚铜和氯化铵的强酸溶液时,可发生二聚或三聚作用。

1. 乙炔的二聚(也叫偶联)

$$HC\equiv CH + HC\equiv CH \xrightarrow[80\sim 90\ ℃]{Cu_2Cl_2, NH_4Cl} H_2C=\underset{H}{C}-C\equiv CH$$

乙烯基乙炔
(1-丁烯-3-炔)

$$H_2C=\underset{H}{C}-C\equiv CH \xrightarrow{HC\equiv CH} H_2C=\underset{H}{C}-C\equiv C-\underset{H}{C}=CH_2$$

二乙烯基乙炔

乙烯基乙炔是合成氯丁橡胶单体的重要原料,它在催化下与浓 HCl 反应可制得 2-氯-1,3-丁二烯。

$$H_2C=\underset{H}{C}-C\equiv CH + HCl(浓) \xrightarrow[50\ ℃]{Cu_2Cl_2, NH_4Cl} H_2C=\underset{H}{C}-\underset{\underset{Cl}{|}}{C}=\underset{H}{C}H$$

2-氯-1,3-丁二烯

2. 乙炔的三聚

乙炔在过渡金属催化剂催化下,发生三聚得到环状化合物——苯。
常用的催化剂为三苯基膦羰基镍 $Ph_3PNi(CO)_2$。

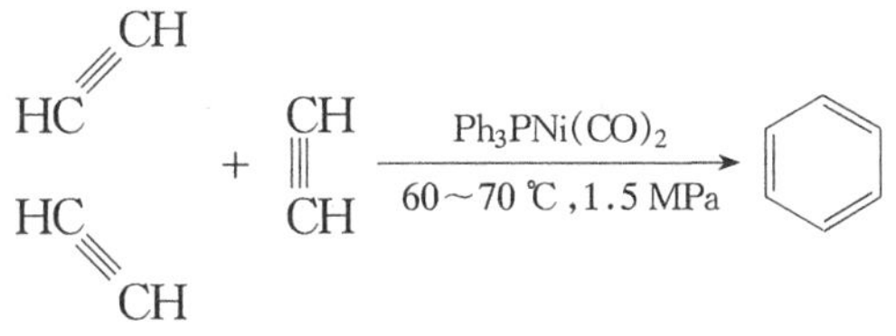

$$\begin{matrix}HC\equiv CH\\ HC\equiv CH\end{matrix} + HC\equiv CH \xrightarrow[60\sim 70\ ℃, 1.5\ MPa]{Ph_3PNi(CO)_2} \text{苯}$$

3. 乙炔的四聚

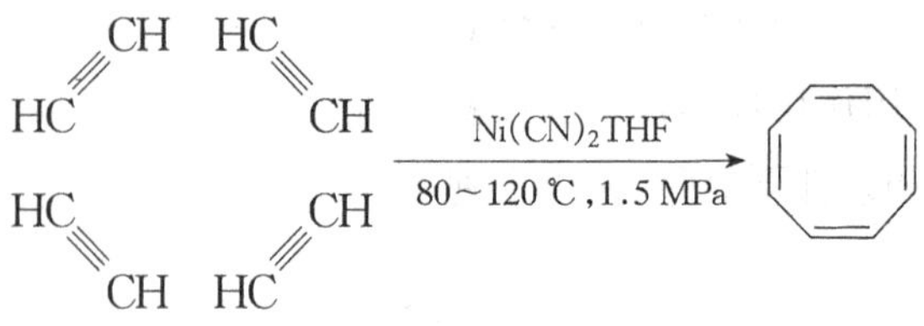

$$\begin{matrix}HC{\equiv}CH & HC{\equiv}CH \\ HC{\equiv}CH & HC{\equiv}CH\end{matrix} \xrightarrow[80\sim120\ ℃,1.5\ \text{MPa}]{\text{Ni(CN)}_2\text{THF}} \text{环辛四烯}$$

4. 聚乙炔

1971年日本科学家发现聚乙炔具有高度的导电性。一般炔烃的聚合以离子型聚合为主。

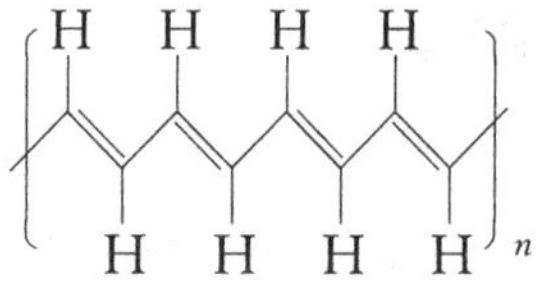

$$[-CH=CH-CH=CH-CH=CH-CH=CH-]_n$$

2.4.4 炔烃的来源与制备

1. 乙炔的来源：石油
2. 乙炔的制法

(1) 碳化钙法（或电石法）：

$$CaO + 3C \xrightleftharpoons{2500\ ℃} CaC_2 + CO$$

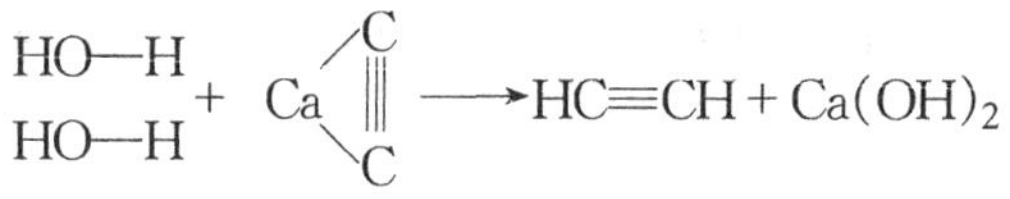

$$2H_2O + CaC_2 \longrightarrow HC{\equiv}CH + Ca(OH)_2$$

(2) 甲烷法：

$$2CH_4 \xrightarrow{1500\ ℃,\text{电弧}} HC{\equiv}CH + H_2$$

3. 炔烃的制法

(1) 由邻二元卤代烷脱卤化氢：

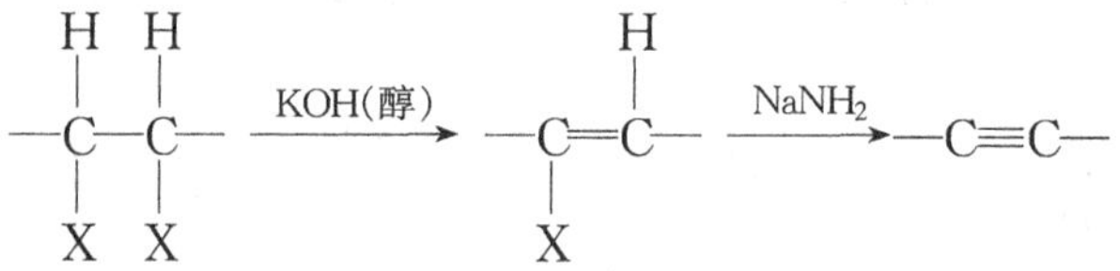

$$\underset{\underset{X}{|}}{-\overset{\overset{H}{|}}{C}}-\underset{\underset{X}{|}}{\overset{\overset{H}{|}}{C}}- \xrightarrow{\text{KOH(醇)}} -\underset{\underset{X}{|}}{C}=\overset{\overset{H}{|}}{C}- \xrightarrow{\text{NaNH}_2} -C{\equiv}C-$$

(2) 由二元卤代烷脱卤化氢：

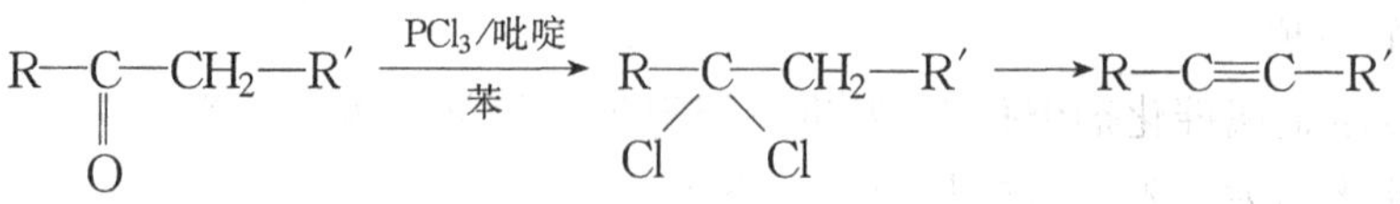

$$R-\underset{\underset{O}{\parallel}}{C}-CH_2-R' \xrightarrow[\text{苯}]{\text{PCl}_3/\text{吡啶}} R-\underset{\underset{Cl}{|}}{\overset{\overset{Cl}{|}}{C}}-CH_2-R' \longrightarrow R-C{\equiv}C-R'$$

(3) 由炔化物制备：

$$R-C{\equiv}CLi \xrightarrow{R'X} R-C{\equiv}C-R'$$

$$R-C{\equiv}CNa \xrightarrow{R'X} R-C{\equiv}C-R'$$

2.4.5 重要的炔烃——乙炔

乙炔是易爆炸的物质，爆炸极限为 $2.6\% \sim 80\%$（体积）。高压的乙炔、液态或固态的乙炔受到敲打或碰击时容易爆炸。乙炔易溶于丙酮。在 1.2 MPa 下，1 体积丙酮能溶解 300

体积乙炔,乙炔的丙酮溶液是安全的,故把它溶于丙酮中可避免爆炸的危险。通常把乙炔在 1.2 MPa下压入盛满丙酮浸润饱和的多孔性物质(如硅藻土、软木屑或石棉)的钢筒中。

乙炔有多种用途,如合成氯丁橡胶等。

习 题

1. 用系统命名法命名下列化合物,若是顺反异构体应在名称中标明构型。

(1) $(C_2H_5)_2CHCH(C_2H_5)CH_2CH(CH_3)_2$

(2) $(CH_3CH_2)_2CHCH_3$

(3) $C_2H_5CH=C=CHCH_3$

(4) $\begin{matrix} H_5C_2 & C_2H_5 \\ & C=C \\ H & CH_3 \end{matrix}$

(5) $\begin{matrix} CH_3CH_2CHCH(CH_3)_2 \\ | \\ CH(CH_3)_2 \end{matrix}$

(6) $\begin{matrix} & H \\ & | \\ CH_3C=C-CHC_2H_5 \\ | & | \\ C_2H_5 & CH_3 \end{matrix}$

(7) $\begin{matrix} CH_3CH_2CCH(CH_3)_2 \\ \| \\ C(CH_3)_2 \end{matrix}$

(8) $\begin{matrix} CH_2 \\ \| \\ C_2H_5CCH(CH_3)_2 \end{matrix}$

(9) $\begin{matrix} H_3C-CH-C\equiv CCHCH(CH_3)_2 \\ | \qquad\qquad\quad | \\ CH_3 \qquad\qquad CH_3 \end{matrix}$

(10) $H_3C-CH_2-C\equiv CAg$

(11) $\begin{matrix} HC\equiv C-CH-C\equiv CH \\ | \\ CH_3 \end{matrix}$

(12) $\begin{matrix} H_3C-C\equiv CCH_2-CH-CH=CH_2 \\ | \\ CH_3 \end{matrix}$

2. 写出下列化合物的结构式:

(1) 3-甲基-4-乙基壬烷

(2) 异己烷

(3) 2,3,4-三甲基-3-乙基戊烷

(4) 4-甲基-3-辛烯

(5) 2-甲基-3-乙基-3-辛烯

(6) (E)-2-己烯

(7) (Z)-3-甲基-2-戊烯

(8) 2,7-二甲基-3,5-辛二炔

(9) (3顺,5反)-5-甲基-1,3,5-庚三烯

(10) 顺-3,4-二甲基-3-己烯

3. 写出 C_5H_{12} 烷烃的所有一氯代衍生物。

4. 下列化合物哪些有顺、反异构体? 写出其顺、反异构体的结构并用顺、反命名法或 Z、E 命名法命名。

(1) $H_5C_2-CH=CHCH_3$

(2) $H_5C_2-CH=C(CH_3)_2$

(3) $\begin{matrix} H_5C_2-CH=CC_2H_5 \\ | \\ CH_3 \end{matrix}$

(4) $\begin{matrix} H_5C_2-C=CCH_2CH_2CH_3 \\ | \quad | \\ CH_3 \ C_2H_5 \end{matrix}$

(5) $\begin{matrix} (CH_3)_2CHCH_2CCH_2CH_3 \\ \| \\ CHCH_3 \end{matrix}$

(6) $\begin{matrix} H_3C-C=CH-CH=CH_2 \\ | \\ CH_3 \end{matrix}$

5. 写出下列化合物的结构式,若命名有错误,请予以改正。

(1) 2,3-二甲基-2-乙基丁烷

(2) 3,4-二甲基-3-乙基戊烷

(3) 2,2,5-三甲基-4-乙基己烷

(4) 2-乙基-1-戊烯

(5)3,4-二甲基-4-戊烯　　　　　　　　(6)3-异丙基-5-庚炔
(7)4,5-二乙基-4-己烯-2-炔　　　　　 (8)2,3-二甲基-1,3-己二烯

6. 下列结构式中哪些代表同一种化合物？

(1) $(CH_3)_2CHCH_2CH(CH_3)_2$

(2) $(CH_3)_2CHCHCH_2CH_3$
　　　　　　　　|
　　　　　　　CH_3

(3) $H_3C-CH-CH_2-CH-CH_3$
　　　　|　　　　　|
　　　CH_3　　　CH_3

(4) $H_3C-CH-CH_2-CH_2-CH_3$
　　　　|　　|
　　　CH_3 CH_3

(5) $CH_3(CH_2)_2CH(CH_3)_2$

(6) $H_3C-CH-CH_2$
　　　　|　　|
　　　CH_3 CH_2-CH_3

7. 写出下列化合物的纽曼投影式：
(1)1,1,2,2-四溴乙烷的邻位交叉式构象　　(2)1,2-二溴乙烷的对位交叉式构象
(3)1,2-二氯乙烷的全重叠式构象

8. 写出分子式为 C_7H_{14} 烯烃的各种开链异构体的结构式，并用系统命名法命名。

9. 指出下列各组化合物属于哪类（碳胳、官能团、官能团位置或顺、反）异构？
(1)2-己烯与3-己烯　　　　　　　　　(2)顺-4-辛烯与反-4-辛烯
(3)3-甲基-1-戊炔与1-己炔　　　　　　(4)1,5-己二烯与3-己炔
(5)2-甲基-2-戊烯与4-甲基-2-戊烯　　 (6)2,3-二甲基己烷与2,2,3,3-四甲基丁烷

10. 写出下列化合物与HBr发生加成反应的主要产物：
(1)1-戊烯　　　　　　　　　　　　　(2)2-甲基-2-丁烯
(3)2,3-二甲基-1-丁烯　　　　　　　　(4)3-甲基-2-戊烯

11. 完成下列反应式：

(1) $H_3C-C=CH-CH_3 + HCl \longrightarrow$
　　　　　|
　　　　CH_3

(2) $H_3C-CH=CH-CH_3 + H_2 \xrightarrow{Ni}$

(3) $CH_2=CHC_2H_5 + H_2O \xrightarrow{H^+}$

(4) $\begin{array}{c}H_3C\\ \diagdown\\ C=CH-CH_3\\ \diagup\\ H_3C\end{array} + KMnO_4 + H_2O \xrightarrow{H^+}$

(5) $CH_3CH_2CH=CH_2 + H_2SO_4 \xrightarrow{H_2O}$

(6) $H_5C_2-CH_2-C\equiv CH + HBr \longrightarrow$

(7) $H_3C-C\equiv C-CH_3 + H_2O \xrightarrow{HgSO_4, H_2SO_4}$

(8) $H_2C=C-CH=CH_2 + HBr \longrightarrow$
　　　　|
　　　CH_3

(9) 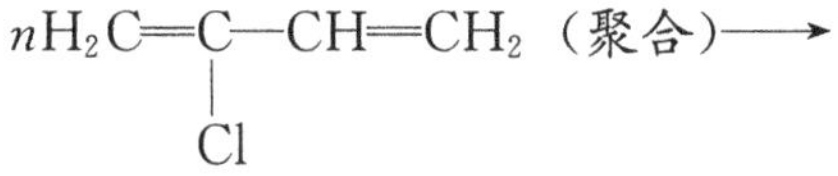 $n\text{H}_2\text{C}=\overset{\underset{|}{\text{Cl}}}{\text{C}}-\text{CH}=\text{CH}_2$ （聚合）⟶

(10) $\text{H}_2\text{C}=\text{CH}-\text{CH}=\text{CH}_2 + \text{H}_2\text{C}=\text{CH}-\text{CHO} \xrightarrow{100\,°\text{C}}$

12. 试写出下列化合物溴代反应的活性次序。指出反应中哪种键首先断裂，为什么？

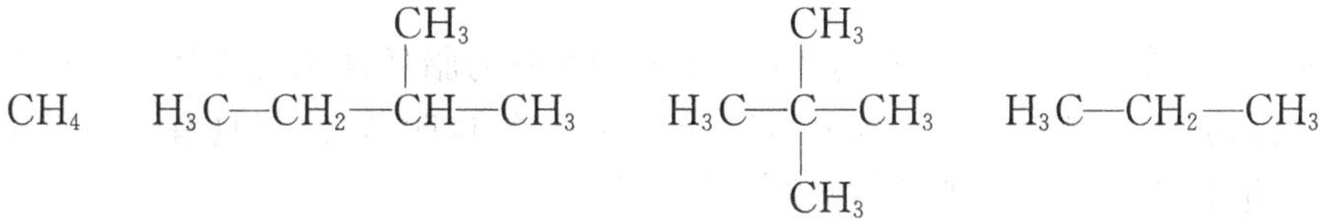

$\text{CH}_4 \quad \text{H}_3\text{C}-\text{CH}_2-\overset{\underset{|}{\text{CH}_3}}{\text{CH}}-\text{CH}_3 \quad \text{H}_3\text{C}-\overset{\overset{\text{CH}_3}{|}}{\underset{\underset{|}{\text{CH}_3}}{\text{C}}}-\text{CH}_3 \quad \text{H}_3\text{C}-\text{CH}_2-\text{CH}_3$

13. 排出下列碳正离子的稳定性顺序，并说明原因。

(1) $\text{CH}_3\text{CH}_2\text{CH}_2\overset{+}{\text{CH}}_2$ 　　(2) $\text{CH}_3\text{CH}_2\overset{+}{\text{CH}}\text{CH}_3$ 　　(3) $\overset{+}{\text{C}}(\text{CH}_3)_3$

(4) $(\text{CH}_3)_2\text{CH}\overset{+}{\text{CH}}_2$ 　　(5) $\text{H}_2\text{C}=\text{CH}-\overset{+}{\text{CH}}-\text{CH}_3$

第3章 环烃

具有环状结构的碳氢化合物称为环烃,环烃又可分为脂环烃和芳香烃。开链烃两端连接成环的化合物与链烃性质相似,称为脂环烃。芳香烃,也叫芳烃,指具有芳香性的一类环状化合物,一般是指分子中含苯环结构的碳氢化合物。

3.1 脂环烃

3.1.1 脂环烃的分类

按照分子中所含环的多少分为单环和多环烃。
按照环中原子的个数可分为三元环、四元环、五元环……
根据脂环烃的不饱和程度又分为环烷烃、环烯烃、环炔烃。
在多环烃中,根据环的连接方式不同,又可分为螺环烃和桥环烃。
脂环烃的具体分类如下:

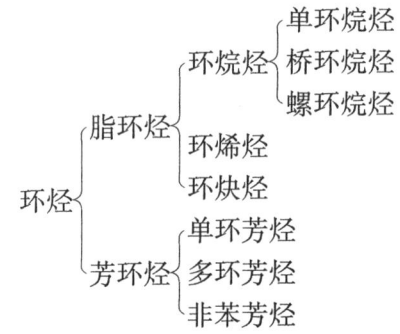

3.1.2 环烷烃的异构现象和命名

3.1.2.1 环烷烃的异构现象

单环烷烃的通式与链烯烃相同,为 C_nH_{2n},但其中没有双键,仅有一个闭合的碳环。
环烷烃中由于环的大小及取代基位置的不同,产生各种构造异构体和顺反异构。C_4 有两种异构体,C_5 有六种异构体。
C_4H_8 的同分异构体如下:

C_5H_{10}的同分异构体如下：

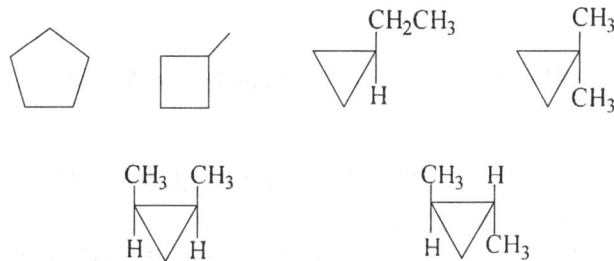

此外，还有旋光异构和构象异构（将在后面介绍）。

3.1.2.2 脂环烃的命名

1. 单环烷(烯)烃的命名

(1)单环烷(烯)烃的命名与烷烃相似，根据成环碳原子数称为"某烷"或某烯，并在前面冠以"环"字，叫环某烷(烯)。如

环丙烷　　　环丁烷

(2)环上带有支链时，一般以环为母体，支链为取代基进行命名。如

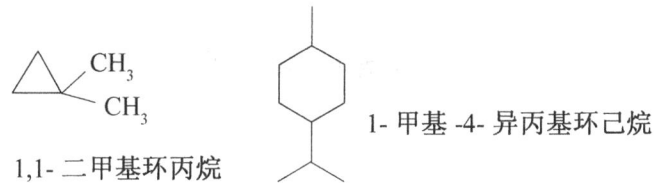

1,1-二甲基环丙烷　　　1-甲基-4-异丙基环己烷

(3)若环上有不饱和键时，编号从不饱和碳原子开始，并通过不饱和键编号，如

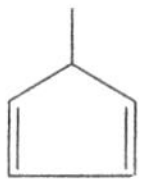

5-甲基-1,3-环戊二烯 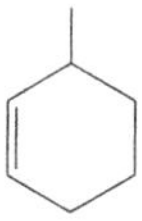　　　3-甲基环己烯

(4)环上取代基比较复杂时，环烃部分也可以作为取代基来命名。如

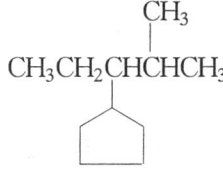

2-甲基-3-环戊基戊烷

2. 螺环烃的命名

在多环烃中，两个环以共用一个碳原子的方式相互连接，称为螺环烃。其命名原则为：根据螺环中碳原子总数称为螺某烷。在螺字后面用一方括号，在方括号内用阿拉伯数字标明每个环上除螺原子以外的碳原子数，小环数字排在前面，大环数字排在后面，数字之间用圆点隔开。编号时从小环一端与螺原子相邻的碳原子沿环编号，经螺原子再编号一大环，编号时注意使取代基的位号应尽可能小。如

螺 [3.4] 辛烷　　　　　　螺 [4.5]-1,6- 癸二烯

3. 桥环烃的命名

在多环烃中,两个环共用两个或两个以上碳原子时,称为桥环烃。

两桥头之间的碳链为桥。其命名原则为:

(1)以二环(双环)为词头,根据桥环中碳原子总数称为双环某烷,在双环后面用一方括号,在方括号内用阿拉伯数字标明每个桥上除桥头碳原子以外的碳原子数,大桥环数字排在前面,小桥环数字排在后面,数字之间用圆点隔开。如

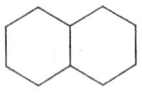

双环 [3.2.1] 辛烷　　　　双环 [4.4.0] 癸烷

(2)桥环烃编号是从一个桥头碳原子开始,沿最长的桥路编到另一个桥头碳原子,再沿次长桥编回桥头碳原子,最后编短桥并使取代基的位次较小。如

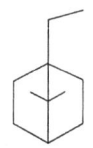　7,7- 二甲基-1- 乙基双环 [2.2.1] 庚烷

3.1.3 环烷烃的结构

1. 环丙烷

环丙烷分子呈平面三角形,其碳原子以 sp^3 杂化,相邻两个碳原子的 sp^3 杂化轨道并非形成像烷烃那样的沿键轴方向重叠的 σ 键,而是在偏离 sp^3 杂化轨道轴心的方向重叠,形成如图 3-1 所示的弯曲键结构,碳碳键角为 105.5°,H—C—H 键角 114°。另外,三个成环碳原子上的基团相互之间都呈重叠式构象,分子内能高。

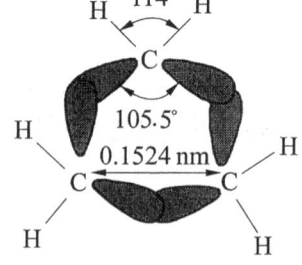

图 3-1　环丙烷成键方式

2. 环丁烷和环戊烷

环丁烷分子以非平面型的"蝴蝶式"结构存在,与环丙烷相似,C—C 键也是弯曲的,C—C—C 键角约 111.5°,环丁烷的构象为

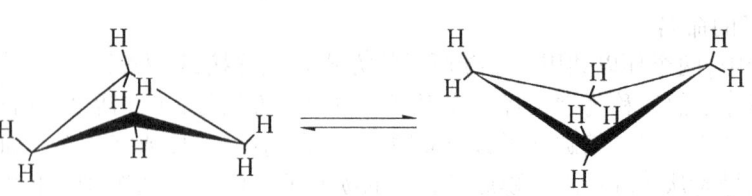

环戊烷分子有两种典型的构象:信封式和半椅式,其中以信封式更为稳定。在信封式构象中,四个碳原子几乎在同一平面上,而另外一个碳原子伸出平面外,处于平面的上方或下方。

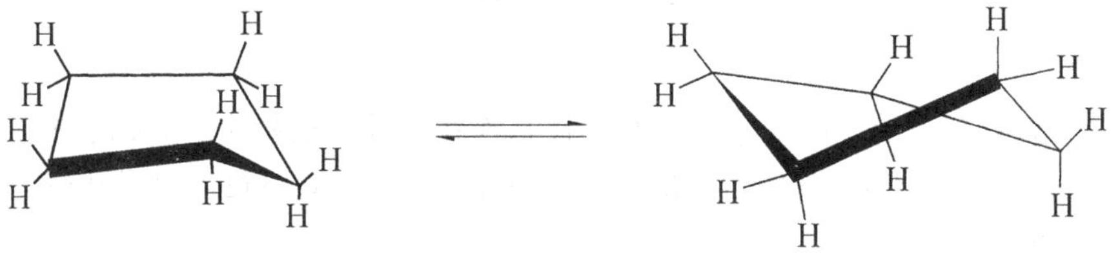

信封式 ⇌ 半椅式

3. 环己烷

在环己烷分子中,C 原子是 sp^3 杂化。六个 C 不在同一平面,C—C 键夹角保持 109°28′,有两种最稳定的构象:椅式和船式。在椅式结构中,1,2,4,5 号碳原子共平面,而 3,6 号碳原子分别处于平面上、下方,形成稳定的无张力环。

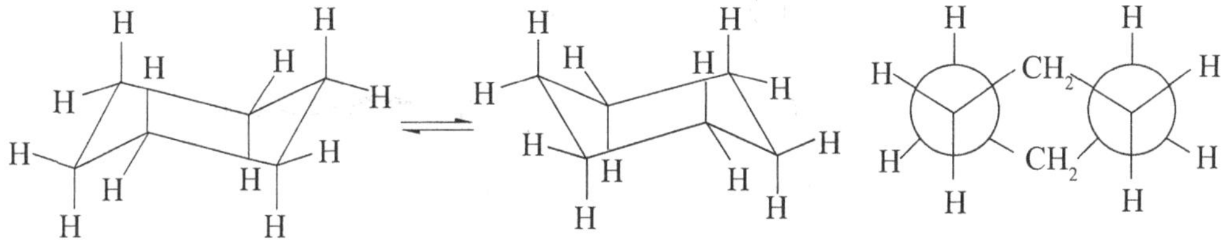

椅式

在船式结构中 1,2,4,5 号碳原子共平面,3,6 号碳原子都在平面上方。其张力较椅式大,能量高出椅式 29.7 kJ/mol。

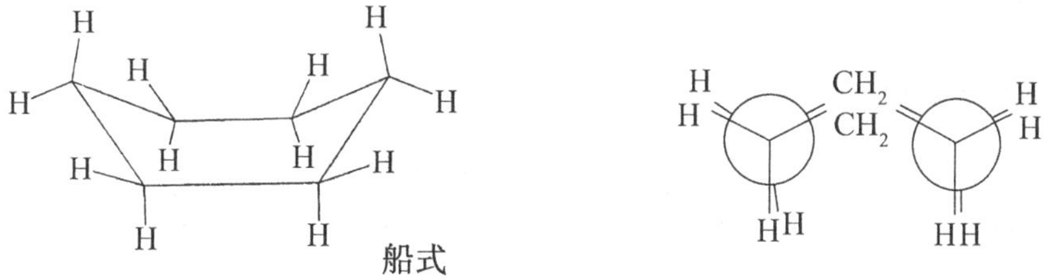

船式

在椅式构象中,所有键角都接近正四面体键角,所有相邻两个碳原子上所连接的氢原子都处于交叉式构象。12 个碳氢键分为两种情况,一种是 6 个碳氢键与环己烷分子的对称轴平行,称为直键,简称 a 键(axial bond)。另一种是 6 个碳氢键与对称轴成 109°的夹角,称为平键,简称 e 键(equatorial bond)。环己烷的 6 个 a 键中,3 个向上,3 个向下交替排列,6 个 e 键中,3 个向上斜伸,3 个向下斜伸交替排列。

船式构象比椅式构象能量高。因为在船式构象中存在着全重叠式构象,氢原子之间斥力比较大。另外,船式构象中船头两个氢原子相距较近,约 183 pm,小于它们的范德华半径之和 240 pm,所以非键斥力较大,造成船式能量高。

4. 取代环己烷的构象

环己烷的一元取代物有两种可能构象,取代 a 键或是取代 e 键,由于取代 a 键所引起的非键斥力较大,分子内能较高,所以取代 e 键比较稳定。甲基环己烷的优势构象为:

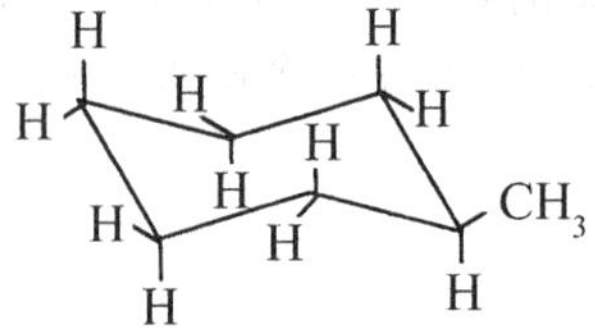

当环上有不同取代基时,基团最大的取代基连在 e 键上最稳定,这种构象属于优势构象。对多取代基的环己烷,e 键上连的取代基越多越稳定,所以 e 键上取代基最多的构象是它的优势构象。

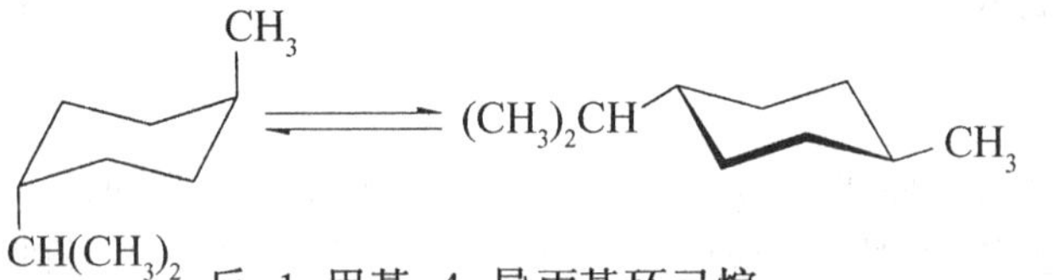

反 -1- 甲基 -4- 异丙基环己烷

顺 -1- 甲基 -4- 氯环己烷

3.1.4 环烷烃的性质

3.1.4.1 环烷烃的物理性质

环烷烃的分子结构比链烷烃排列紧密,所以,沸点、熔点、密度均比含同数碳原子的链烷烃高。

某些环烷烃的物理常数见表 3-1。

表 3-1 某些环烷烃的物理常数

名称	熔点/℃	沸点/℃	相对密度(d_4^{20})
环丙烷	-127	-33	0.688
环丁烷	-80	11	0.704
环戊烷	-94	49	0.746
环己烷	6.4	81	0.778
环庚烷	-13	117	0.810
环辛烷	14	147	0.830
甲基环戊烷	-142	72	0.749
甲基环己烷	-126	100	0.769

3.1.4.2 脂环烃的化学性质

脂环烃的化学性质与开链烃相似,可进行取代反应、氧化反应、加成反应等。但是,小环脂环烃的反应还具有一些特殊性。

1. 卤代反应

在高温或紫外线作用下，脂环烃上的氢原子可以被卤素取代而生成卤代脂环烃。如

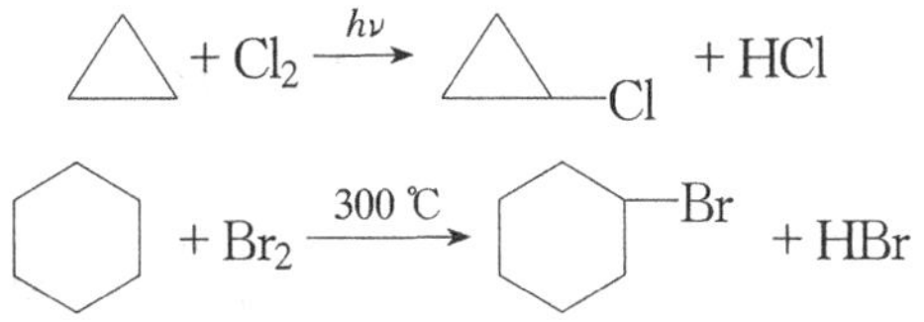

△ + Cl$_2$ $\xrightarrow{h\nu}$ △-Cl + HCl

⬡ + Br$_2$ $\xrightarrow{300\ ℃}$ ⬡-Br + HBr

2. 氧化反应

不论是小环或大环，环烷烃的氧化反应都与烷烃相似，在通常条件下不易发生氧化反应，在室温下不与高锰酸钾水溶液反应（这可作为环烷烃与烯烃、炔烃的鉴别反应）。

环烯烃的化学性质与烯烃相同，很容易被氧化开环。如

⬡ $\xrightarrow[H^+]{KMnO_4}$ HOOCCH$_2$CH$_2$CH$_2$CH$_2$COOH

3. 加成反应

大环的加成反应与链烃相似，如

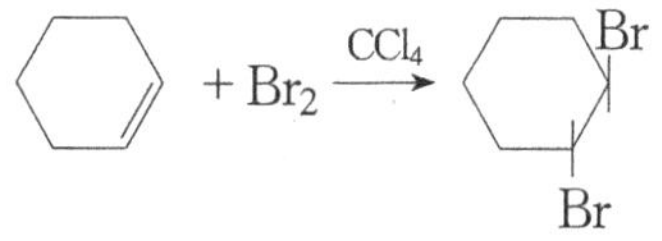

⬡ + Br$_2$ $\xrightarrow{CCl_4}$ ⬡(Br,Br)

而小环的加成反应往往是开环加成。

(1) 加氢：在催化剂作用下，环烷烃加一分子氢生成烷烃。

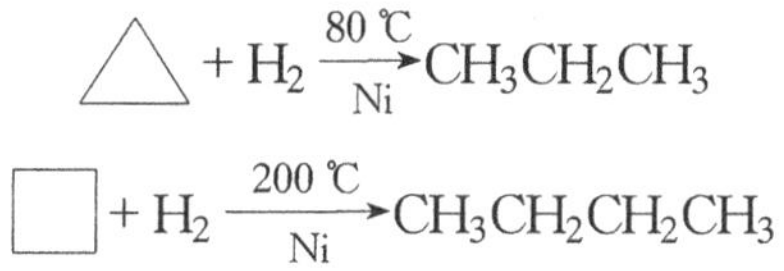

△ + H$_2$ $\xrightarrow[Ni]{80\ ℃}$ CH$_3$CH$_2$CH$_3$

□ + H$_2$ $\xrightarrow[Ni]{200\ ℃}$ CH$_3$CH$_2$CH$_2$CH$_3$

(2) 加卤素：在常温下可以与卤素发生加成反应。如

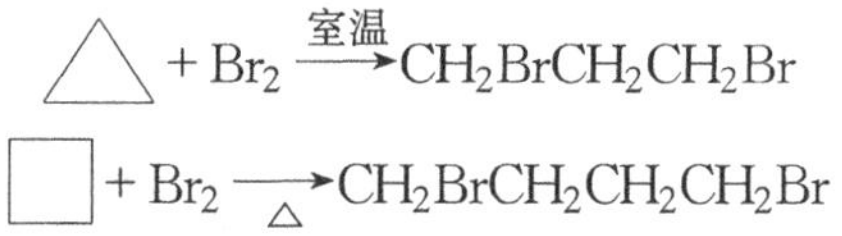

△ + Br$_2$ $\xrightarrow{室温}$ CH$_2$BrCH$_2$CH$_2$Br

□ + Br$_2$ $\xrightarrow{\triangle}$ CH$_2$BrCH$_2$CH$_2$CH$_2$Br

(3) 加卤化氢：环丙烷及其衍生物很容易与卤化氢发生加成反应而开环。

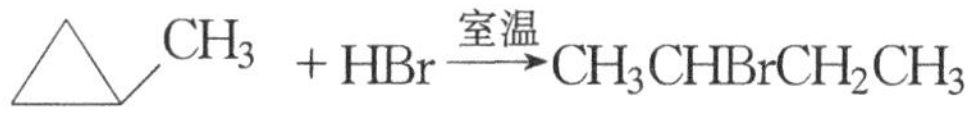

△-CH$_3$ + HBr $\xrightarrow{室温}$ CH$_3$CHBrCH$_2$CH$_3$

3.1.5 脂环烃的来源与制备

五元环、六元环烷烃的衍生物可从石油中获得，三元环、四元环烷烃一般通过合成来制取。

3.1.5.1 环丙烷及其衍生物的制法

(1) 卡宾插入法（Simmons-Smith 反应）：烯烃与活性中间体卡宾（:CR$_2$　R=H, X 等）反应而制得。

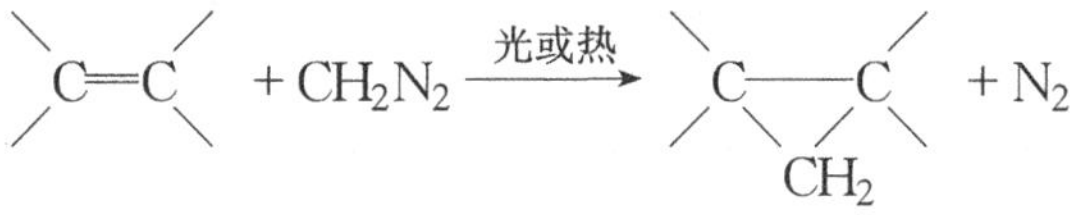

\>C=C\< + CH$_2$N$_2$ $\xrightarrow{光或热}$ \>C-C\</CH$_2$ + N$_2$

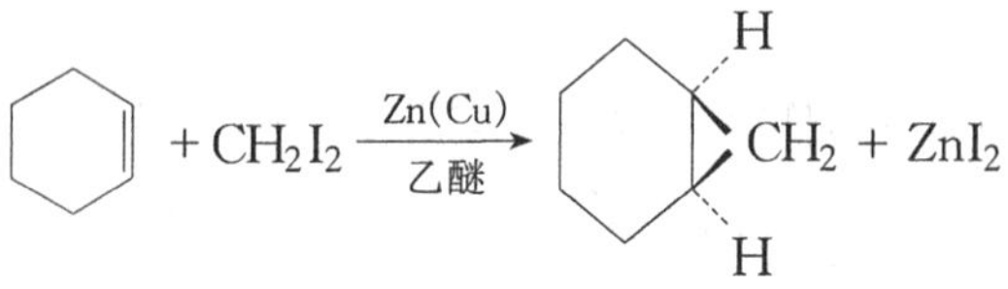

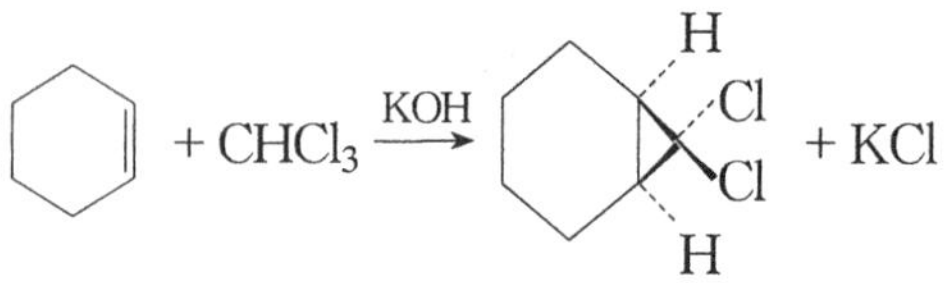

$$\bigcirc + CH_2I_2 \xrightarrow[\text{乙醚}]{Zn(Cu)} \begin{array}{c}H\\ \diagdown\\ CH_2\\ \diagup\\ H\end{array} + ZnI_2$$

$$\bigcirc + CHCl_3 \xrightarrow{KOH} \begin{array}{c}H\\ \diagdown\\ Cl\\ Cl\\ \diagup\\ H\end{array} + KCl$$

(2)拜尔(Baeyer)闭环法：金属锌或钠与 1,3-二卤代物反应而制得环丙烷。

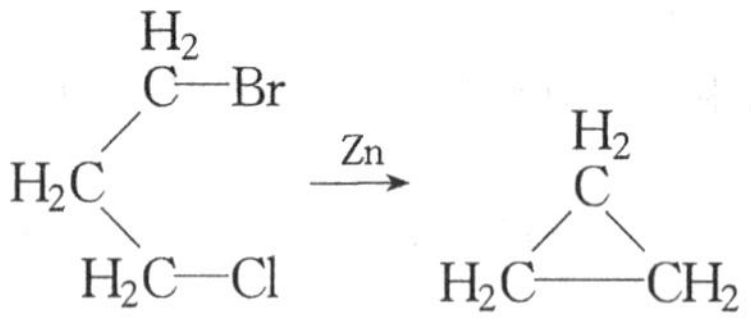

$$\begin{array}{c}H_2C-Br\\ H_2C\\ H_2C-Cl\end{array} \xrightarrow{Zn} \begin{array}{c}H_2\\ C\\ H_2C-CH_2\end{array}$$

3.1.5.2 环丁烷及其衍生物的制法

环丁烷可由拜尔闭环法制备,而环丁烷的衍生物利用烯烃的二聚(环加成)反应制备。

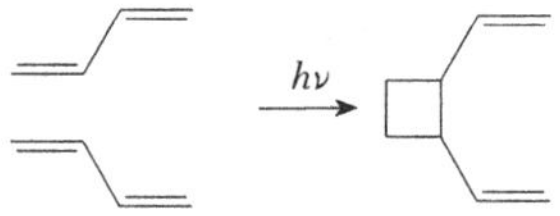

3.1.5.3 环己烷及其衍生物的制法

(1)双烯合成反应：

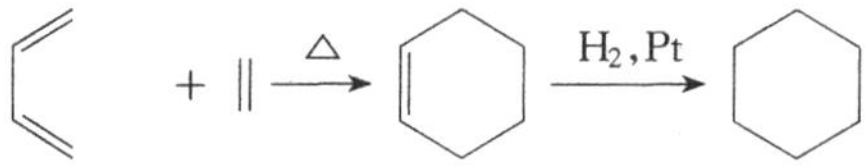

$$\bigcirc\bigcirc + \| \xrightarrow{\triangle} \bigcirc \xrightarrow{H_2, Pt} \bigcirc$$

(2)苯及其衍生物的还原：用于工业上大量制备环己烷及环己醇。

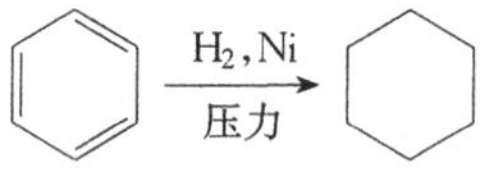

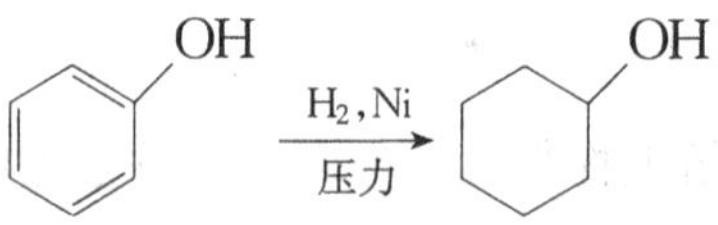

$$\bigcirc \xrightarrow[\text{压力}]{H_2, Ni} \bigcirc$$

$$\bigcirc\text{-OH} \xrightarrow[\text{压力}]{H_2, Ni} \bigcirc\text{-OH}$$

3.2 芳香烃

3.2.1 芳香烃的分类及命名

3.2.1.1 芳香烃的分类

芳烃可分为苯系芳烃和非苯系芳烃两大类。

苯系芳烃指含有苯环结构的芳烃,根据苯环的多少和连接方式不同可分为单环芳烃、多环芳烃、稠环芳烃。

单环芳烃是分子中只含有一个苯环的芳烃,如甲苯、异丙苯等。多环芳烃是分子中含有两个或两个以上独立苯环的芳烃,如联苯、二苯基甲烷等。稠环芳烃是分子中含有两个或两个以上苯环,苯环之间共用相邻两个碳原子的芳烃,如萘、菲等。

非苯芳烃系指具有芳香性,但不具有苯环结构的芳烃。

$$芳烃\begin{cases}苯系芳烃\begin{cases}单环芳烃\\多环芳烃\\稠环芳烃\end{cases}\\非苯系芳烃\end{cases}$$

3.2.1.2 苯衍生物的异构现象

苯衍生物的同分异构现象主要包括苯环上取代基的位置异构(邻,间,对位的异构)以及苯的侧链和其它官能团的碳架异构和位置异构。如

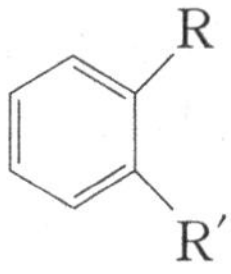

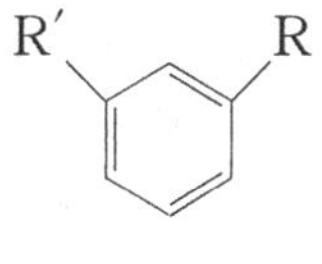

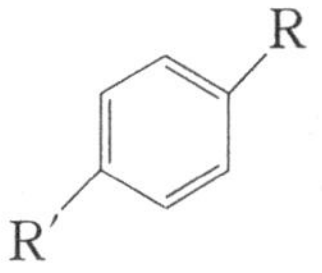

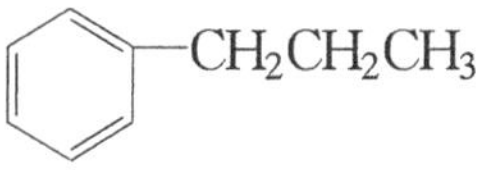

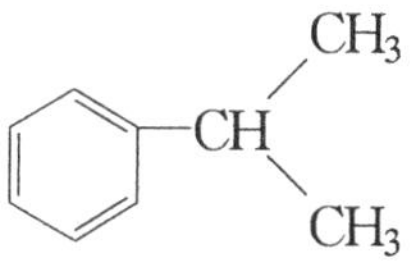

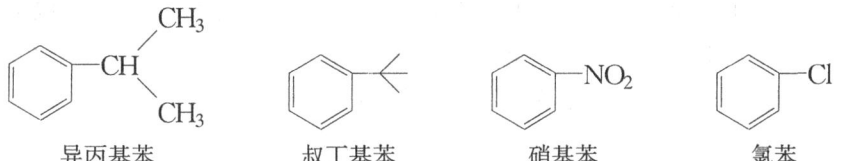

3.2.1.3 苯衍生物的命名

芳烃分子去掉一个氢原子所剩下的基团称为芳基(Aryl),用 Ar 表示。重要的芳基有

苯基,用 Ph 或 Φ 表示   苄基(苯甲基),用 Bz 表示

1. 一元取代苯的命名

(1)当苯环上连的是 R—,—NO₂,—X 等基团时,则以苯环为母体,叫做某基苯。如

异丙基苯   叔丁基苯   硝基苯   氯苯

(2)当苯环上连有—COOH,—SO₃H,—NH₂,—OH,—CHO,—CH=CH₂ 或较复杂的烷基时,则把苯环作为取代基。如

苯甲酸   苯磺酸   苯甲醛   苯酚

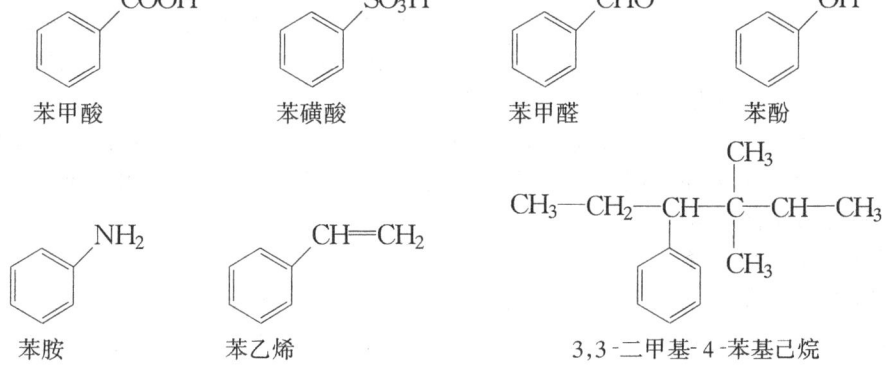

苯胺   苯乙烯   3,3-二甲基-4-苯基己烷

2. 二元取代苯的命名

取代基的位置用邻(o-)、间(m-)、对(p-)或 1,2;1,3;1,4 表示。如

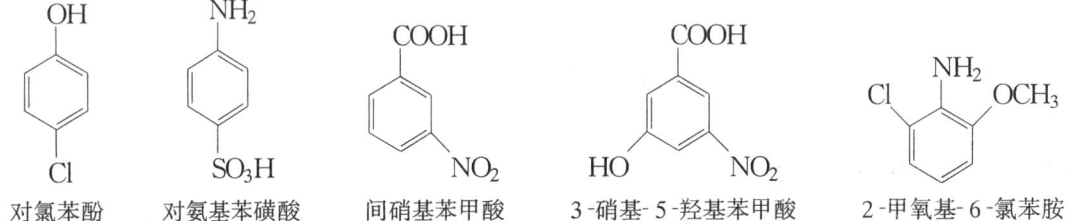

邻二甲苯　　　　间二甲苯　　　　对二甲苯　　　　邻甲基苯酚
(1,2-二甲苯)　　(1,3-二甲苯)　　(1,4-二甲苯)　　2-甲基苯酚
(o-二甲苯)　　　(m-二甲苯)　　　(p-二甲苯)　　　(o-甲基苯酚)

3. 多取代苯的命名

(1) 取代基的位置：用邻、间、对；或 2,3,4,…表示取代基所在碳位。
(2) 母体选择原则：按(3)中的排列次序，排在后面的为母体，排在前面的作为取代基。
(3) 选择顺序：—NO_2、—X、—OR(烷氧基)、—R(烷基)、—NH_2、—OH、—COR、—CHO、—CN、—$CONH_2$(酰胺)、—COX(酰卤)、COOR(酯)、—SO_3H、—COOH、—NR_3 等。

对氯苯酚　　　对氨基苯磺酸　　　间硝基苯甲酸　　　3-硝基-5-羟基苯甲酸　　　2-甲氧基-6-氯苯胺

3.2.2　苯的结构

苯的分子式为 C_6H_6。苯具有高度的不饱和性和高稳定性(氢化热小，不易发生加成和氧化反应，易发生取代反应)，即具有"芳香性"。

3.2.2.1　苯的凯库勒式

德国化学家凯库勒提出了关于苯的结构的构想。苯分子中的 6 个碳原子以单双键交替形式 ⌬ 互相连接，构成正六边形平面结构，内角为 120°。每个碳原子连接一个氢原子。

根据苯的凯库勒结构式，苯的邻位二元取代物应有两个异构体，而实际上只有一种。另外，苯具有特殊的稳定性，这是苯的凯库勒结构无法解释的。

3.2.2.2　**苯分子结构理论解释**

1. 杂化轨道理论解释

杂化轨道理论认为，组成苯分子的 6 个碳原子均以 sp^2 杂化，碳原子的一个 sp^2 杂化轨道与氢的 1s 轨道形成 C—H σ 键，另两个 sp^2 杂化轨道与相邻两个碳原子形成两个 C—C σ 键。每一个碳原子还有一个未参加杂化的垂直于杂化平面的 p 轨道，相互平行重叠，形成一个六原子六电子的共轭大 π 键。

π 电子云分布在苯环的上下，形成了一个闭合的共轭体系。共轭体系能量降低使苯具有稳定性，同时电子云发生了离域，键长发生了平均化。在苯分子中没有单双键之分，所以邻位二元取代物没有异构体。

2. 分子轨道理论解释

分子轨道理论认为，分子中 6 个 p 轨道线性组合成 6 个 π 分子轨道，其中 3 个成键轨道，3 个反键轨道。在基态时，苯分子的 6 个 π 电子成对填入 3 个成键轨道，其能量比原子

轨道低,所以苯分子稳定,体系能量较低。如图 3-2 所示。

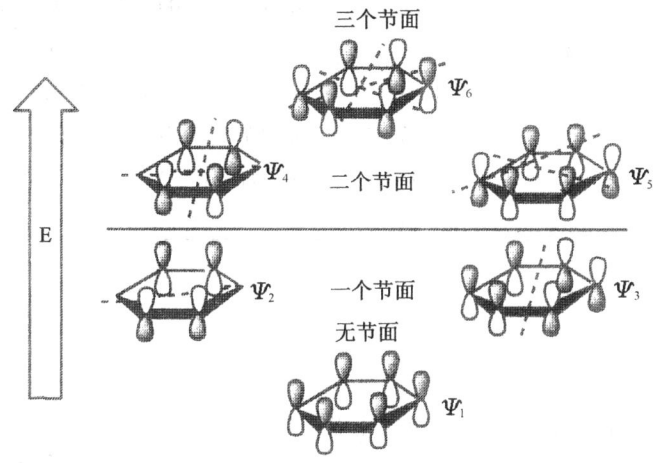

图 3-2 苯的 π 电子分子轨道重叠示意图

苯分子的大 π 键是 3 个成键轨道叠加的结果,由于 π 电子都是离域的,所以碳碳键长完全相同。

3.2.2.3 休克尔(E.Hückel)规则

对于一个单环状化合物只要它具有平面的离域体系,当 π 电子数等于 $4n+2$ 时($n=0,1,2,3,\cdots$),就具有芳香性,这就是休克尔规则(n 相当于简并成对的成键轨道和非键轨道的对数或组数),又称为休克尔 $4n+2$ 规则。具有芳香性的物质包括符合休克尔规则的含苯芳烃和非苯芳烃。如

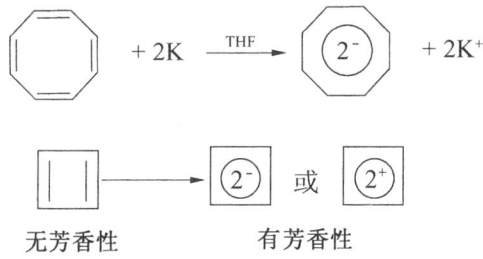

3.2.3 苯及其衍生物的物理性质

(1)状态:多为液体,具有特殊的香气,蒸气有毒。
(2)沸点:苯同系物中,每增加一个 CH_2 单位,约升高 30 ℃。
(3)熔点:结构对称的异构体,都具有较高的熔点。
(4)密度:烃基苯的密度大于链烃,一般单环芳烃相对密度小于 1,而卤代苯、硝基苯的相对密度大于 1。
(5)溶解性:不溶于水,而溶于汽油、乙醚和四氯化碳等有机溶剂。
(6)烷基苯的稳定性:苯环上烷基化,使化合物更稳定;对位异构体比邻位异构体更稳定。

一些常见单环芳烃的物理性质见表 3-2。

表 3-2　一些常见单环芳烃的物理性质

化合物	熔点/℃	沸点/℃	相对密度(d_4^{20})	化合物	熔点/℃	沸点/℃	相对密度(d_4^{20})
苯	5.5	80.1	0.879	乙苯	-95	136.2	0.867
甲苯			0.867	正丙苯	-99.6	159.3	0.862
邻二甲苯			0.880	异丙苯	-96	152.4	0.862
间二甲苯			0.864	苯乙烯	-33	145.8	0.906
对二甲苯			0.861				

3.2.4　苯及其衍生物的化学性质

3.2.4.1　亲电取代反应

苯环可被缺电子的亲电试剂进攻而发生亲电取代反应,主要有卤代、硝化、磺化和付-克反应(Fiedel‐Crafts),亲电取代反应是苯的典型反应,通过这些取代反应,可以制备各种芳香族化合物。

1. 卤代反应

主要是 Fe 或 FeX_3 为催化剂的 Cl、Br 的取代反应,如

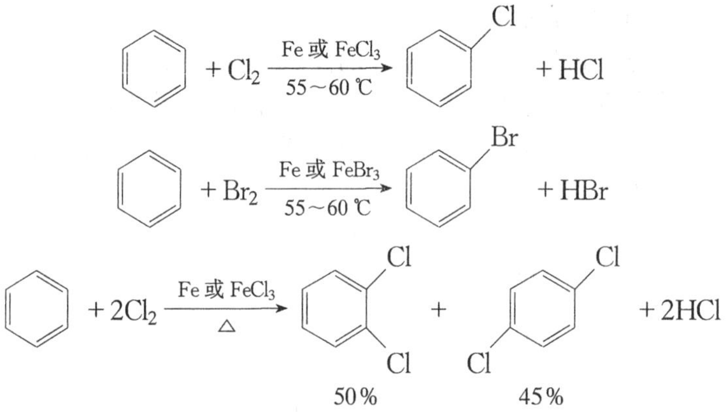

卤代反应的历程通常分为三步:

(1) Br_2 与 $FeBr_3$ 作用生成 Br^+ 亲电试剂。

(2) Br^+ 进攻芳环的 π 电子,形成 π 络合物,进而生成 σ 络合物活性中间体。该过程较慢,为反应的控制步骤。

(3) σ 络合物失去质子 H^+,恢复稳定的苯环体系,得到取代衍生物。该过程速度较快。

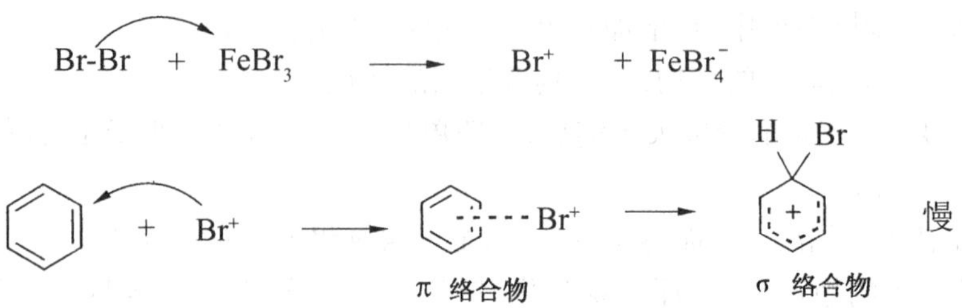

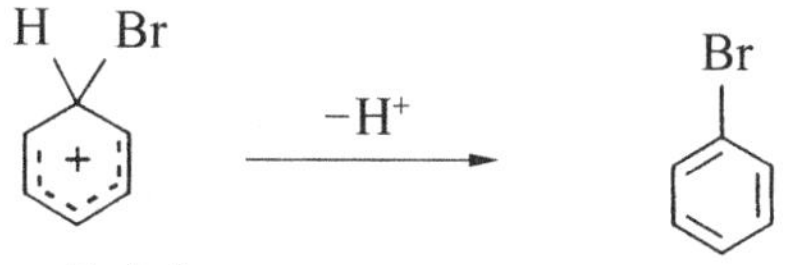

$$\underset{\sigma\text{ 络合物}}{\underset{\bigoplus}{\bigcirc}\!\!\!\!\!\!\!\!\!\!\!\!\!{}^{H\;Br}} \xrightarrow{-H^+} \bigcirc\!\!\!\!\!\!\!\!\!{}^{Br} \quad \text{快}$$

烷基苯的卤代反应为

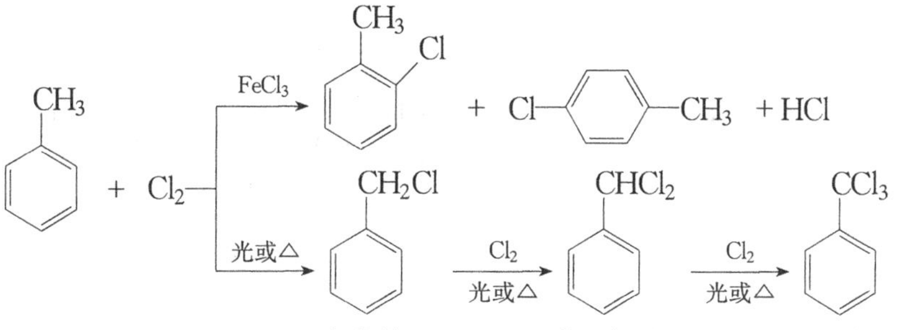

$$\bigcirc\!\!\!\!\!\!\!{}^{CH_3} + Cl_2 \begin{array}{c} \xrightarrow{FeCl_3} \text{邻-氯甲苯} + \text{对-氯甲苯} + HCl \\ \xrightarrow{\text{光或}\triangle} \underset{\text{氯化苄}\atop(\text{苯氯甲烷})}{\bigcirc\!\!\!\!\!\!\!{}^{CH_2Cl}} \xrightarrow[\text{光或}\triangle]{Cl_2} \underset{\text{苯二氯甲烷}}{\bigcirc\!\!\!\!\!\!\!{}^{CHCl_2}} \xrightarrow[\text{光或}\triangle]{Cl_2} \underset{\text{苯三氯甲烷}}{\bigcirc\!\!\!\!\!\!\!{}^{CCl_3}} \end{array}$$

从反应式可以看出,反应条件不同,产物也不同。因两者反应历程不同,光照卤代为自由基历程。

侧链较长的芳烃光照卤代主要发生在 α 碳原子上。

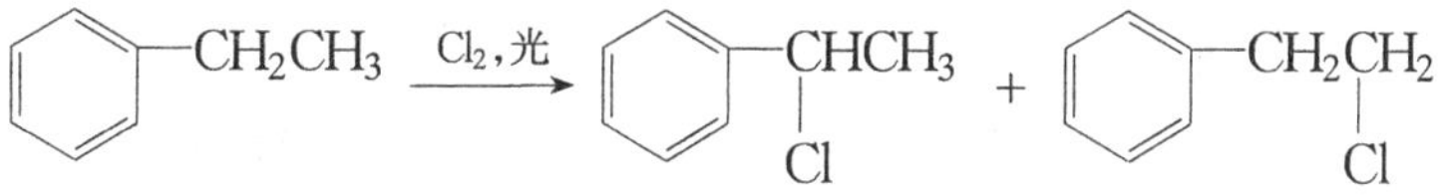

$$\bigcirc\text{—}CH_2CH_3 \xrightarrow{Cl_2,\text{光}} \underset{91\%}{\bigcirc\text{—}\underset{Cl}{\overset{CHCH_3}{|}}} + \underset{9\%}{\bigcirc\text{—}CH_2CH_2Cl}$$

2. 硝化反应

硝化指芳环上的 H 被硝基 NO_2 取代,生成硝基芳香化合物的反应。

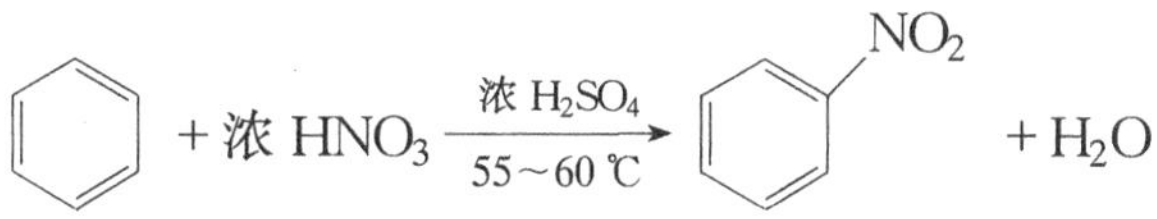

$$\bigcirc + \text{浓}HNO_3 \xrightarrow[55\sim60\ ℃]{\text{浓}H_2SO_4} \underset{\text{硝基苯}(98\%)}{\bigcirc\!\!\!\!\!\!\!{}^{NO_2}} + H_2O$$

硝化反应历程:

$$H\ddot{O}\text{—}NO_2 + H\text{—}OSO_3H \rightleftharpoons H\overset{H}{\underset{+}{\ddot{O}}}\text{—}NO_2 \rightleftharpoons {}^+NO_2 + H_2\ddot{O}:$$

$$\bigcirc + {}^+NO_2 \longrightarrow \underset{}{\bigoplus\!\!\!\!\!\!\!\!\!{}^{H\;NO_2}} \longrightarrow \bigcirc\!\!\!\!\!\!\!{}^{NO_2} + H_3O^+$$

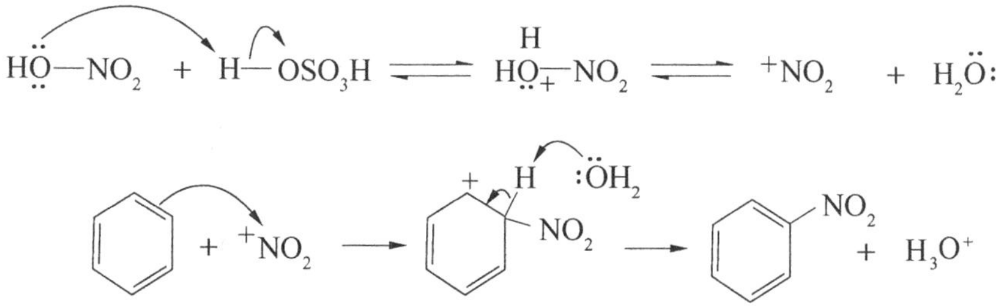

硝基苯继续硝化比苯困难,需在更强烈的条件下进行:

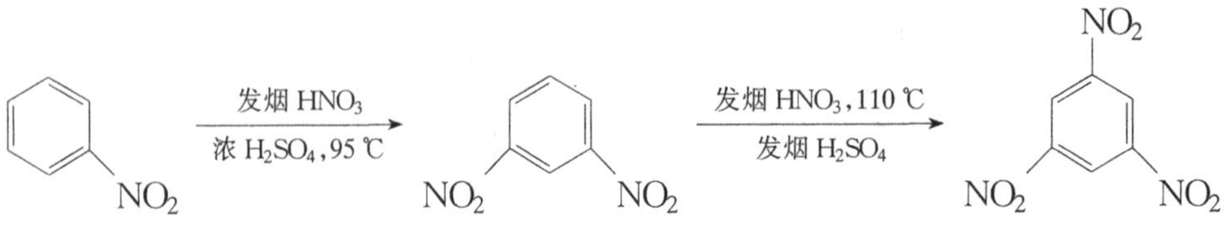

$$\underset{NO_2}{C_6H_5} \xrightarrow[\text{浓 }H_2SO_4, 95℃]{\text{发烟 }HNO_3} \underset{\text{间二硝基苯 }88\%}{1,3\text{-}(NO_2)_2C_6H_4} \xrightarrow[\text{发烟 }H_2SO_4]{\text{发烟 }HNO_3, 110℃} \underset{\text{极少量}}{1,3,5\text{-}(NO_2)_3C_6H_3}$$

烷基苯比苯易硝化：

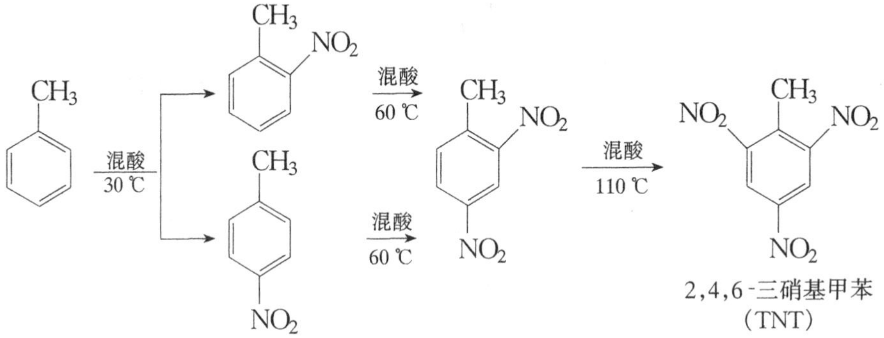

$$C_6H_5CH_3 \xrightarrow[30℃]{\text{混酸}} \begin{cases} o\text{-}CH_3C_6H_4NO_2 \\ p\text{-}CH_3C_6H_4NO_2 \end{cases} \xrightarrow[60℃]{\text{混酸}} 2,4\text{-}(NO_2)_2C_6H_3CH_3 \xrightarrow[110℃]{\text{混酸}} \underset{\text{2,4,6-三硝基甲苯 (TNT)}}{2,4,6\text{-}(NO_2)_3C_6H_2CH_3}$$

这表明，苯环上取代不同，对硝化反应的速度有较大的影响。各种取代基性质对亲电取代反应的影响将在以后进行具体研究。

3．磺化反应

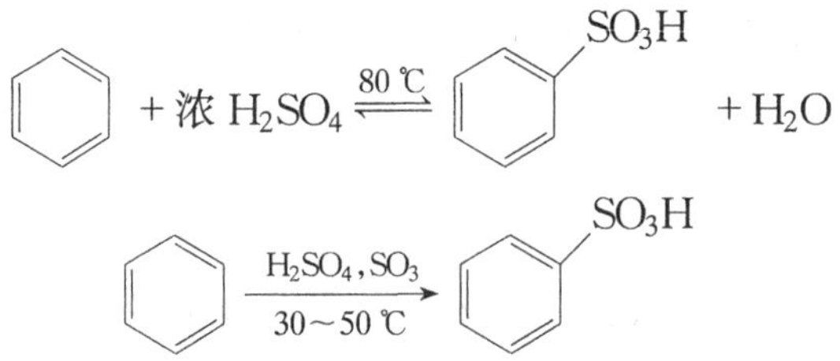

$$C_6H_6 + \text{浓 }H_2SO_4 \underset{80℃}{\rightleftharpoons} C_6H_5SO_3H + H_2O$$

$$C_6H_6 \xrightarrow[30\sim 50℃]{H_2SO_4, SO_3} C_6H_5SO_3H$$

烷基苯比苯易磺化：

$$C_6H_5CH_3 + H_2SO_4 \longrightarrow o\text{-}CH_3C_6H_4SO_3H + p\text{-}CH_3C_6H_4SO_3H$$

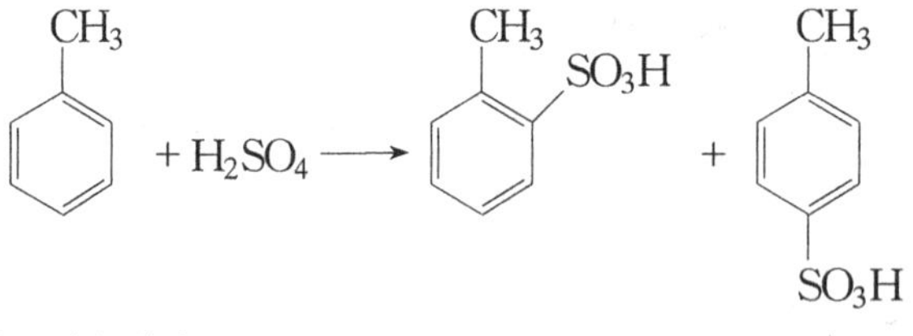

反应温度不同，其产物比例不同：

反应温度	邻甲基苯磺酸	对甲基苯磺酸
0℃	43%	53%
25℃	32%	62%
100℃	13%	79%

磺化反应是可逆的，苯磺酸与稀硫酸共热时可水解脱下磺酸基。

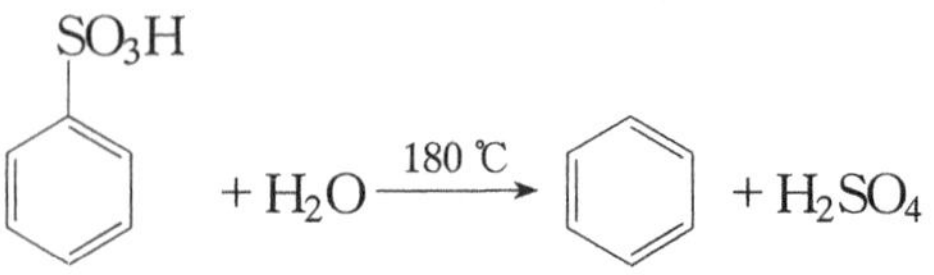

$$C_6H_5SO_3H + H_2O \xrightarrow{180℃} C_6H_6 + H_2SO_4$$

此反应常用于有机合成上控制环上某一位置不被其它基团取代,或用于化合物的分离和提纯。

4. 付-克(Friedel-Crafts)反应

法-美化学家 Friedel 和 Crafts 发现在无水 $AlCl_3$ 的催化下,苯环上的 H 可被烷基 R—或酰基 RCO—取代,生成烷基苯和酰基苯。这个反应被称为付-克反应。

(1) 付-克烷基化反应。芳烃与卤代烃、醇类或烯类化合物在 Lewis 酸催化剂(如 $AlCl_3$,$FeCl_3$,H_2SO_4,H_3PO_4,BF_3,HF 等)存在下,发生芳环的烷基化反应。

$$Ar—H + RX \xrightleftharpoons{AlCl_3} Ar—R + HX$$
$$X = F, Cl, Br, I$$

当烃基超过 3 个碳原子时,反应过程中易发生重排。

(2) 付-克酰基化反应。芳烃与酰基化试剂如酰卤、酸酐、羧酸、烯酮等在 Lewis 酸(通常用无水三氯化铝)催化下发生酰基化反应,得到芳香酮。

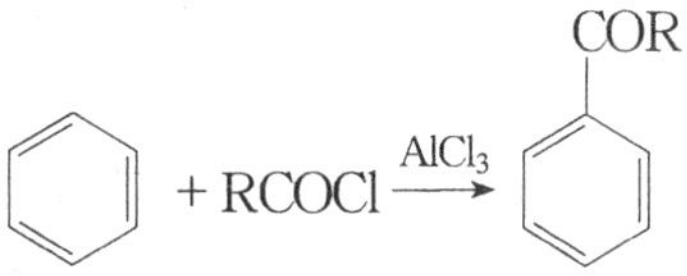

注意:使用不同的酰化试剂时,催化剂的用量是不同的。

5. 芳烃的其它亲电取代反应

(1) 氯甲基化反应。在无水 $ZnCl_2$($AlCl_3$、$SnCl_4$)及 H_2SO_4 为催化剂条件下,苯与 HCHO、HCl 反应生成 $Ar—CH_2Cl$。反应中亲电试剂为 $\overset{+}{C}H_2Cl$,$\overset{+}{C}H_2Cl$ 与芳烃进行付-克反应。

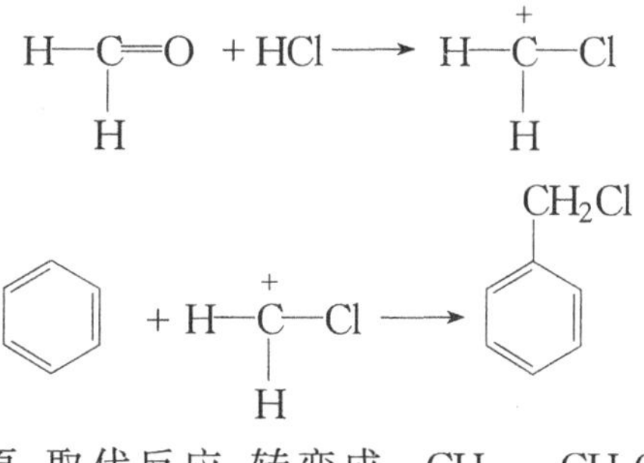

—CH_2Cl 可以经过还原、取代反应,转变成—CH_3,—CH_2OH,—CH_2CN,—CH_2CHO,—CH_2COOH,—CH_2NMe_2。因此,在有机合成上得到广泛应用。

(2) 盖特曼-科希反应。芳香烃与等分子的一氧化碳及氯化氢气体在加压和催化剂(三氯化铝及氯化亚铜)存在下反应,生成芳香醛。

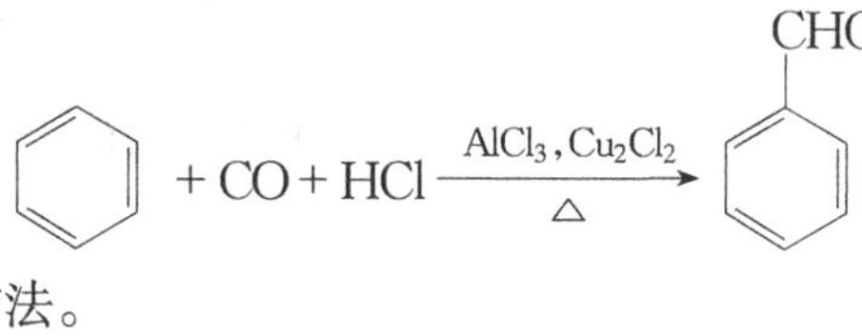

这是制备芳香醛的方法。

3.2.4.2 氧化反应

苯环不易被氧化,而苯环上所连的烷基容易被氧化。

1. 彻底氧化

彻底氧化时,无论烃基长短,最后都变成羧基。如

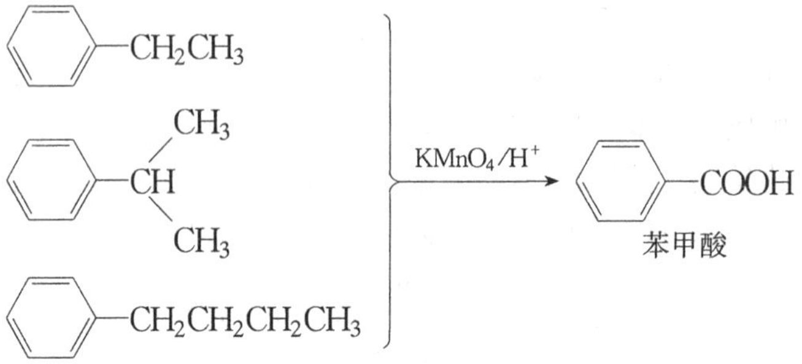

$$\left.\begin{array}{c} \text{PhCH}_2\text{CH}_3 \\ \text{PhCH(CH}_3)_2 \\ \text{PhCH}_2\text{CH}_2\text{CH}_2\text{CH}_3 \end{array}\right\} \xrightarrow{\text{KMnO}_4/\text{H}^+} \text{PhCOOH (苯甲酸)}$$

若两个烃基处在邻位,氧化的最后产物是酸酐。如

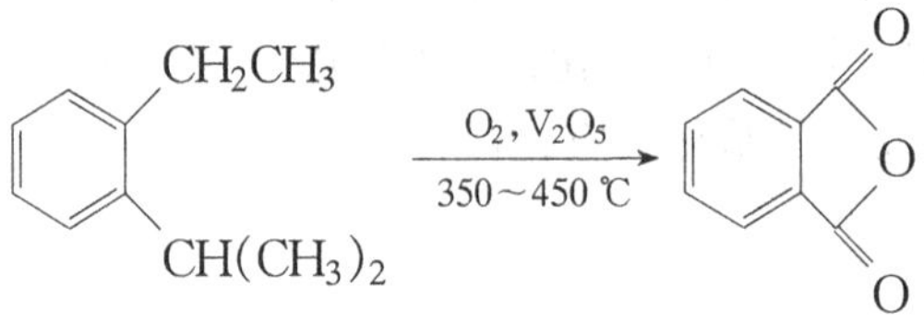

邻-(CH₃CH₂)((CH₃)₂CH)C₆H₄ $\xrightarrow{\text{O}_2, \text{V}_2\text{O}_5}{350 \sim 450\ ℃}$ 邻苯二甲酸酐

当与苯环相连的侧链碳(α-C)上无氢原子(α-H)时,该侧链不能被氧化。如

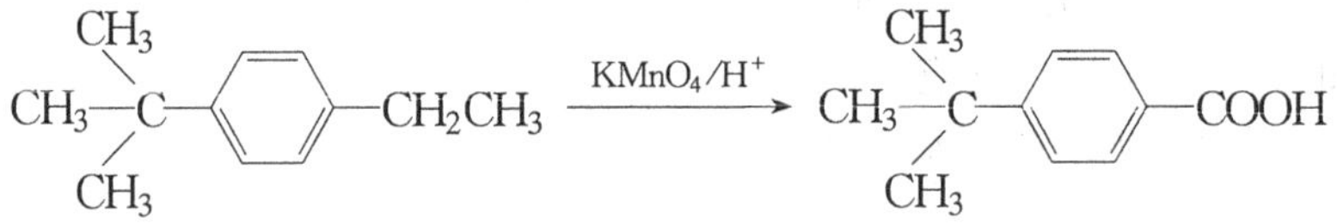

$(CH_3)_3C\text{-}C_6H_4\text{-}CH_2CH_3 \xrightarrow{\text{KMnO}_4/\text{H}^+} (CH_3)_3C\text{-}C_6H_4\text{-}COOH$

2. 控制氧化

控制氧化可以制备某些苯甲酸衍生物,如稀硝酸控制温度氧化时,可以首先使 1 个烷基氧化;如果 2 个烷基长度不同,长的烷基首先氧化。

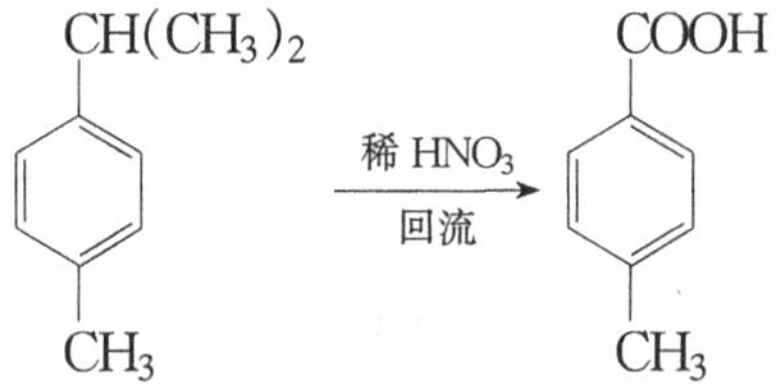

对-(CH₃)₂CH-C₆H₄-CH₃ $\xrightarrow[\text{回流}]{\text{稀 HNO}_3}$ 对-HOOC-C₆H₄-CH₃

若用较温和的氧化剂或用空气(O_2)氧化,侧链可选择性地氧化为醇、醛、酮。

注意:反应仍然只在 α-C 上。

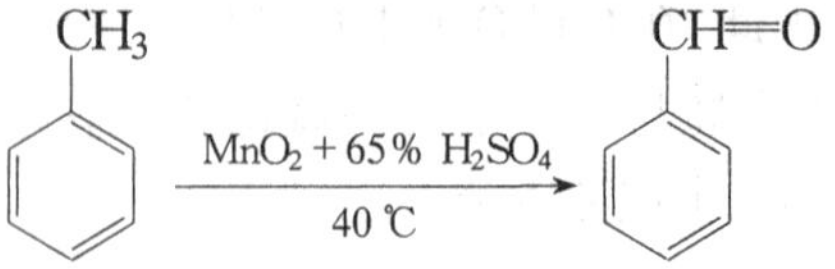

$C_6H_5CH_3 \xrightarrow[40\ ℃]{\text{MnO}_2 + 65\% \text{H}_2\text{SO}_4} C_6H_5CHO$

3. 氧化苯环

苯环一般不易氧化,但在一定的条件下(特殊催化剂和高温下),仍然可以被氧化。

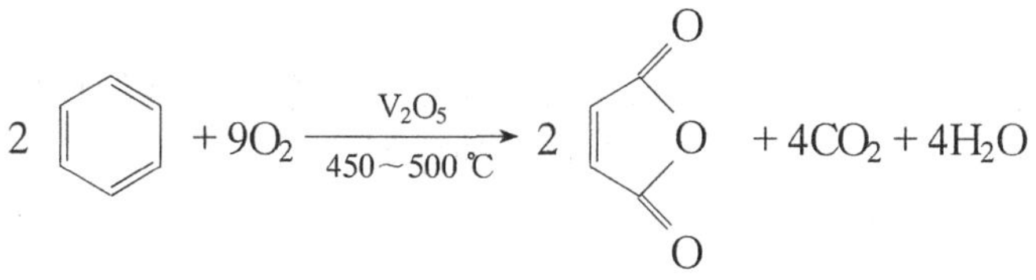

$$2\,\text{C}_6\text{H}_6 + 9\text{O}_2 \xrightarrow[450\sim500\,^\circ\text{C}]{\text{V}_2\text{O}_5} 2\,\text{(顺丁烯二酸酐)} + 4\text{CO}_2 + 4\text{H}_2\text{O}$$

顺丁烯二酸酐

酶的催化氧化也可以使苯环氧化或氧化燃烧。

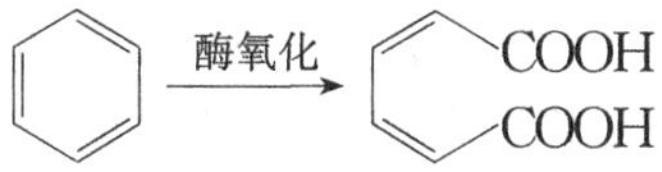

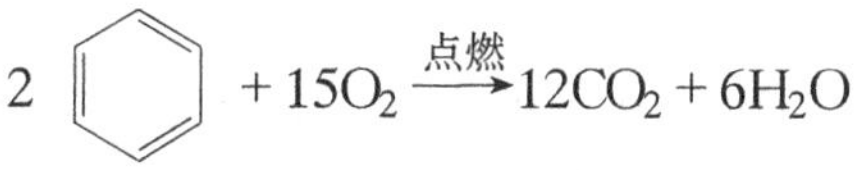

$$\text{C}_6\text{H}_6 \xrightarrow{\text{酶氧化}} \text{(COOH, COOH)}$$

$$2\,\text{C}_6\text{H}_6 + 15\text{O}_2 \xrightarrow{\text{点燃}} 12\text{CO}_2 + 6\text{H}_2\text{O}$$

3.2.4.3 苯环的加成反应

苯环难起加成反应，但在特定条件下，也能发生某些加成反应。

1. 催化加氢

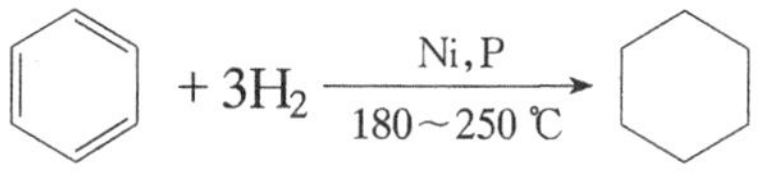

$$\text{C}_6\text{H}_6 + 3\text{H}_2 \xrightarrow[180\sim250\,^\circ\text{C}]{\text{Ni, P}} \text{环己烷}$$

2. 卤素加成

$$\text{C}_6\text{H}_6 + 3\text{Cl}_2 \xrightarrow[50\,^\circ\text{C}]{h\nu} \text{C}_6\text{H}_6\text{Cl}_6$$

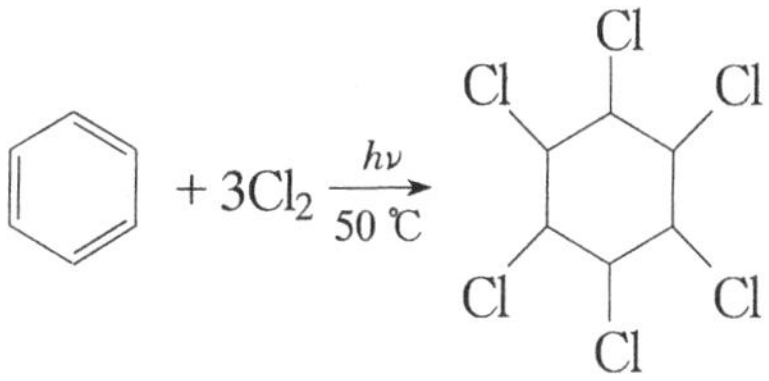

该加成反应机理为自由基加成。

3.2.4.4 苯环的伯奇(Birch)还原反应

芳香化合物用碱金属(Na,K 或 Li)在液氨与醇(乙醇,异丙醇,仲丁醇)的混合溶液中进行反应,苯环可被还原成非共轭的 1,4-环己二烯。

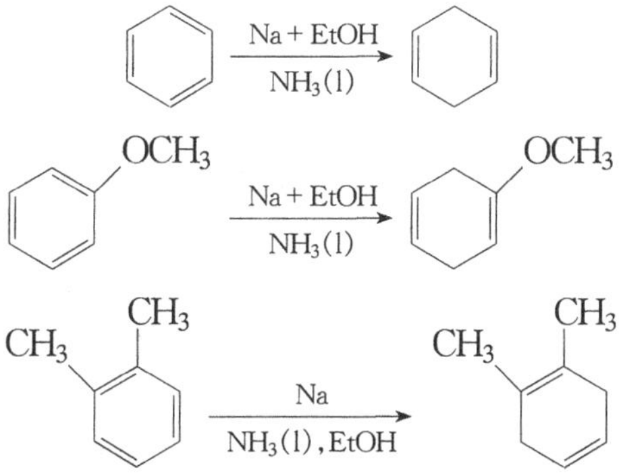

$$\text{C}_6\text{H}_6 \xrightarrow[\text{NH}_3(\text{l})]{\text{Na + EtOH}} \text{1,4-环己二烯}$$

$$\text{PhOCH}_3 \xrightarrow[\text{NH}_3(\text{l})]{\text{Na + EtOH}} \text{OCH}_3\text{-环己二烯}$$

$$\text{邻二甲苯} \xrightarrow[\text{NH}_3(\text{l}), \text{EtOH}]{\text{Na}} \text{二甲基环己二烯}$$

3.2.5 苯环上取代基的定位效应和规律

3.2.5.1 定位规律

一取代苯有两个邻位、两个间位和一个对位，在发生一元亲电取代反应时，都可接受亲电试剂进攻，如果取代基对反应没有影响，则生成物中邻、间、对位产物的比例应为 2∶2∶1。

而试验结果表明：

(1)第二个取代基进入苯环的位置，主要取决于第一个取代基的性质，即第一个取代基的性质决定着第二个取代基反应的位置和产物的比例。

(2)常见的取代基可以分为两类：

①第一类定位基即邻对位定位基；

②第二类定位基即间位定位基。

可见，苯环上原有取代基起到了决定第二个取代基进入苯环位置的作用，也影响着亲电取代反应的难易程度。我们把原有取代基决定新引入取代基进入苯环位置的作用称为取代基的定位效应。

第一类定位基使新引入的取代基主要进入原基团邻位和对位(邻对位产物之和大于60%)，且活化苯环，使取代反应比苯容易进行(卤素例外)。

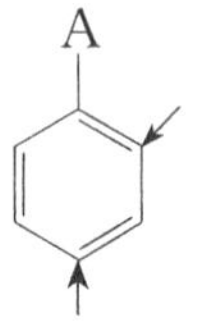

A 的定位能力次序(从强到弱)大致为

$-O^-$，$-NR_2$，$-NHR$，$-NH_2$，$-OH$，$-OR$，$-NHCOR$，$-OCOR$，$-R$，$-CH_3$，$-Ph$，$-CH_2COOH$，H，$-F$，$-Cl$，$-Br$，$-I$

第二类定位基使新引入的取代基主要进入原基团间位(间位产物大于50%)，且钝化苯环，使取代反应比苯难进行。

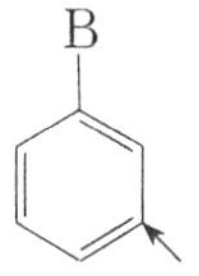

B 的定位能力次序(从强到弱)大致为

$-\overset{+}{N}R_3$，$-NO_2$，$-CF_3$，$-CCl_3$，$-CN$，$-SO_3H$，$-CHO$，$-COR$，$-COOH$，$-CONH_2$

3.2.5.2 对苯环上定位规律的解释

苯环上取代基的定位效应可用电子效应解释，也可从生成的 σ 络合物的稳定性来解释，还有空间效应的影响。

苯环上的取代反应是亲电取代反应，因此，苯环上的电子云密度越大，取代反应越容易进行；反之，则不利于取代反应的进行。

1. 邻、对位定位基

用电子效应来解释。

$-NH_2$、$-NHR$、$-NR_2$、$-OH$、$-OR$ 等基团均具有相似的给电子共轭和吸电子诱导作用，并且其总结果以共轭给电子作用为主，从而使得苯环上的电子云密度增加，亲电反应速率增大。

甲基和烷基诱导效应和共轭效应都使苯环上电子云密度增加，且邻对位上的电子云密度增加得更多。量子化学计算出电荷分布的结果如下：

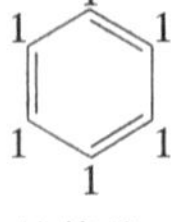

总值为6 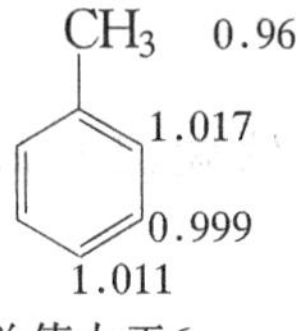   总值大于6

故甲基使苯环活化，亲电取代反应比苯易进行，主要发生在邻、对位上。

X原子均具有吸电子诱导作用和给电子共轭,并且其总结果以吸电子作用为主,从而使得苯环上的电子云密度降低,亲电反应速率降低。

取代基的空间位阻将影响邻对位比例:取代基的体积越大,空间位阻越大,邻位比例越少。

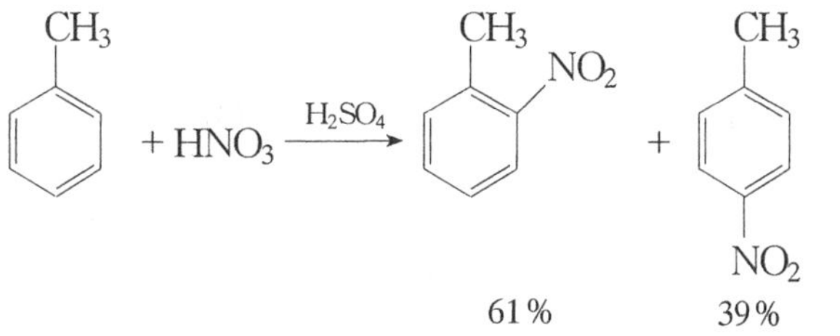

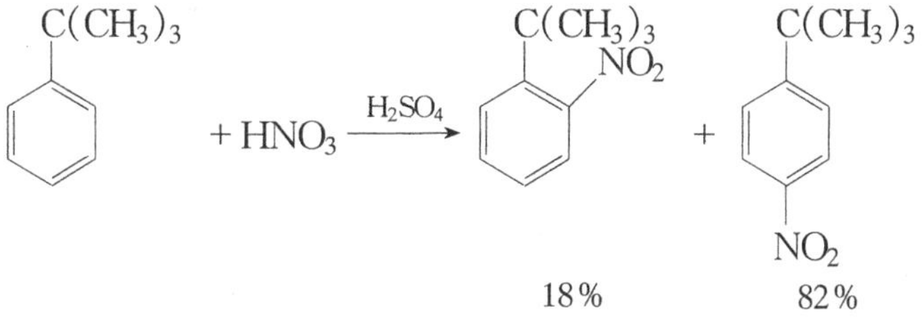

$$\text{PhCH}_3 + HNO_3 \xrightarrow{H_2SO_4} \text{邻-硝基甲苯}(61\%) + \text{对-硝基甲苯}(39\%)$$

$$\text{PhC(CH}_3)_3 + HNO_3 \xrightarrow{H_2SO_4} \text{邻-硝基叔丁苯}(18\%) + \text{对-硝基叔丁苯}(82\%)$$

2. 间位定位基

用生成的σ络合物的稳定性解释。如硝基苯的硝化:

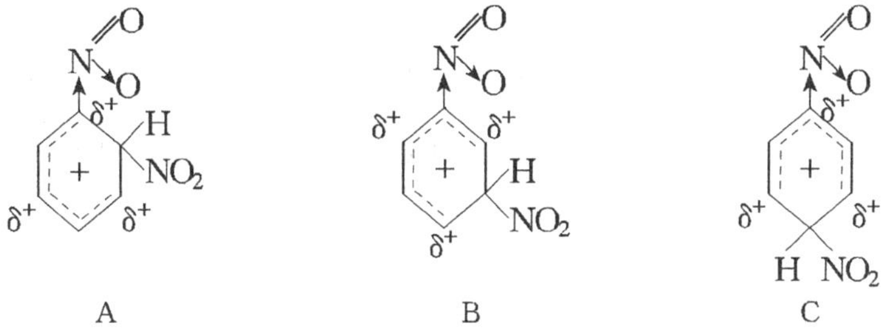

A　　　B　　　C

在三个σ络合物中,B中硝基和带部分正电荷的碳原子不直接相连,而A和C中,硝基和带部分正电荷的碳原子直接相连。硝基的吸电子作用,使得A和C中正电荷比B更集中些,因此,A和C不如B稳定,亲电试剂正离子进攻邻对位所需要的能垒较间位的高,故产物主要是间位的。

定位效应与定位规律的分析:

(1)当一个基团既有诱导效应又有共轭效应时,则整个基团表现出来的电子效应是两种效应的总和。

(2)取代基产生的共轭电子效应对苯环的邻对位产生的影响较大,而对间位产生的影响较小。

(3)苯环上电子云密度分布的计算结果如下所示:

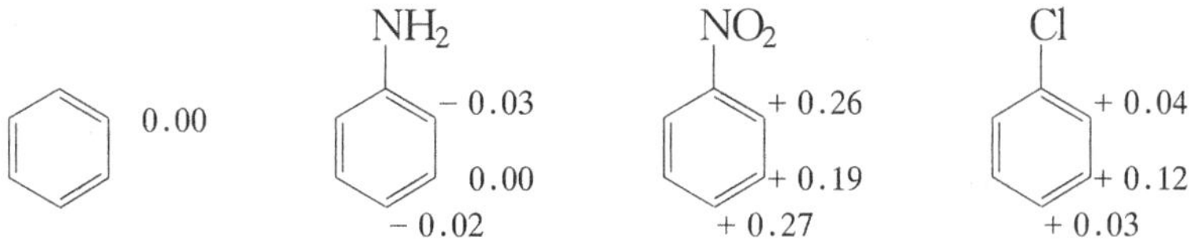

苯: 0.00

苯胺 (NH_2): -0.03, 0.00, -0.02

硝基苯 (NO_2): $+0.26$, $+0.19$, $+0.27$

氯苯 (Cl): $+0.04$, $+0.12$, $+0.03$

3.2.5.3 引入第三个取代基的定位规律

(1) 有两个取代基,定位效应一致。

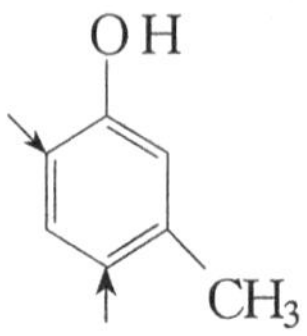

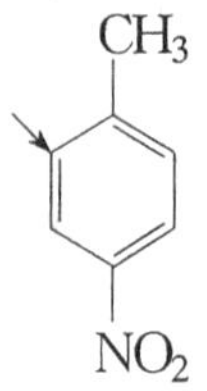

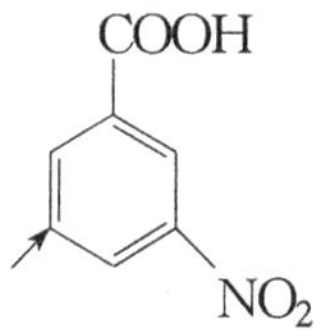

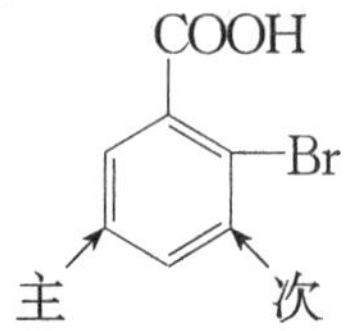

(2) 有两个取代基,定位效应不一致时,同一类型,弱者服从强者。

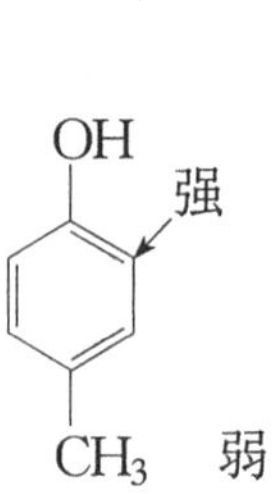

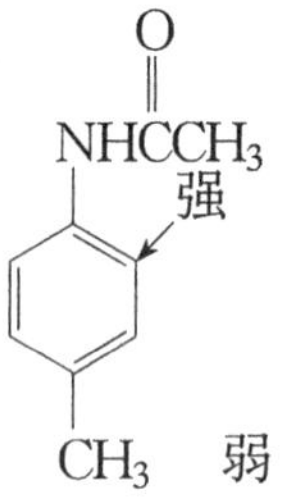

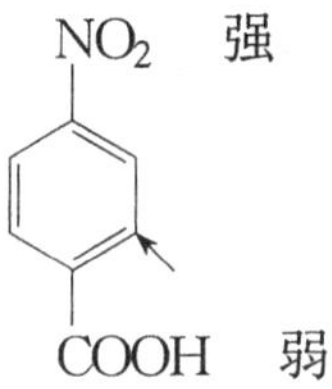

强者相近,平分秋色。

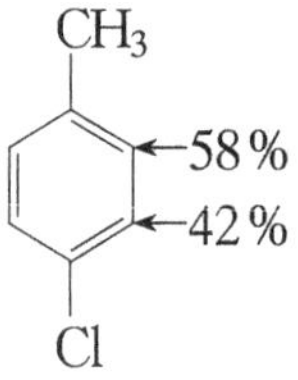

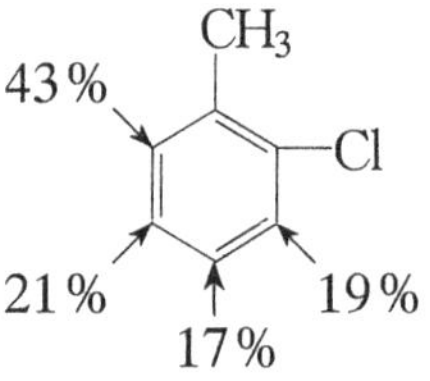

当取代基类型不同时,二类服从于一类,但是主要进入二类定位基的邻位。

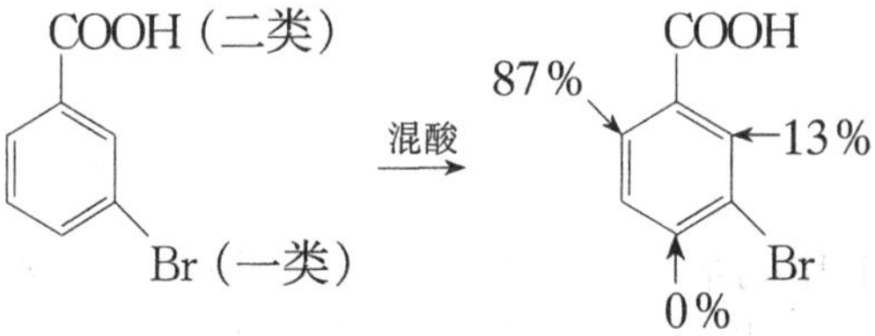

3.2.5.4 定位规律的应用

(1) 预测反应的主产物。

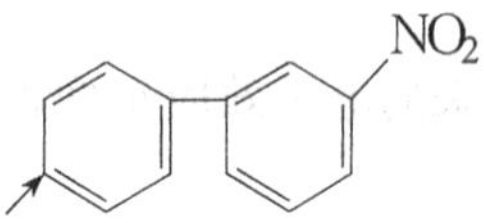

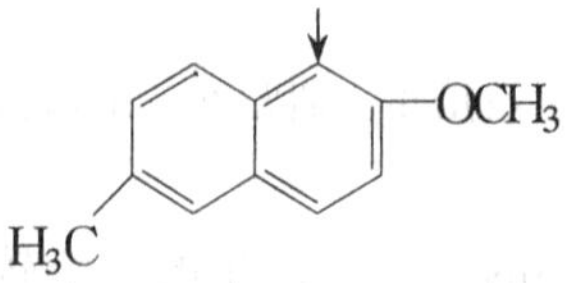

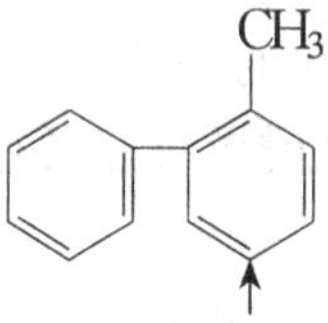

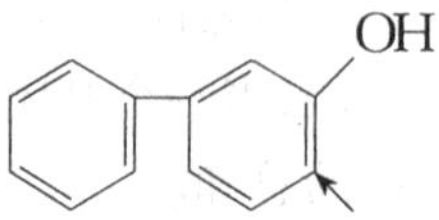

(2) 比较反应的相对活性。如把下列化合物按亲电取代的活性由大到小排列,顺序为

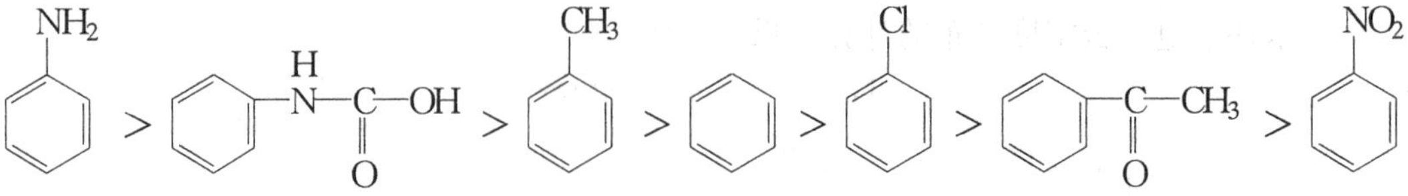

$NH_2-C_6H_5$ > $C_6H_5-NH-C(O)-OH$ > $CH_3-C_6H_5$ > C_6H_6 > $Cl-C_6H_5$ > $C_6H_5-C(O)-CH_3$ > $NO_2-C_6H_5$

(3) 选择适当的合成路线。

例 3-1 设计以苯为原料制备如下产物的合成路线：

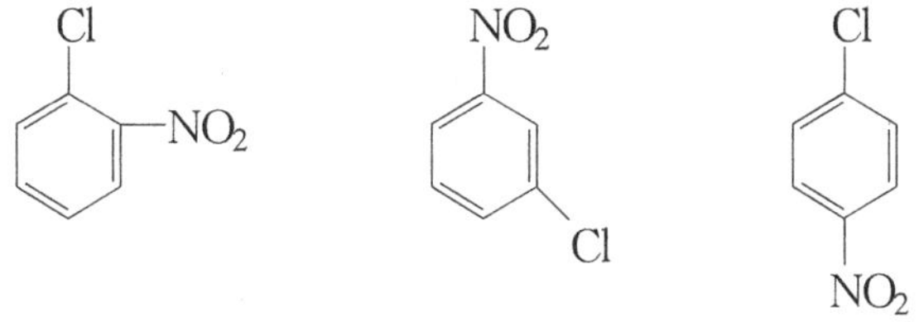

解 合成路线为

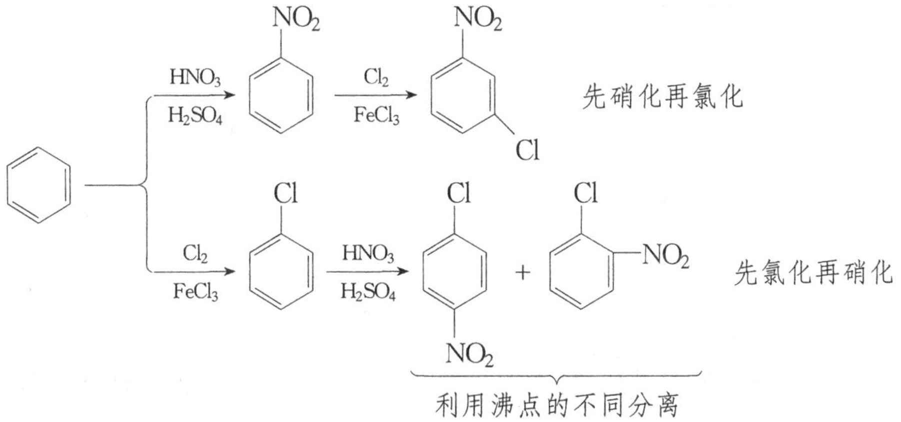

先硝化再氯化

先氯化再硝化

利用沸点的不同分离

例 3-2 以苯为原料合成下列产物：

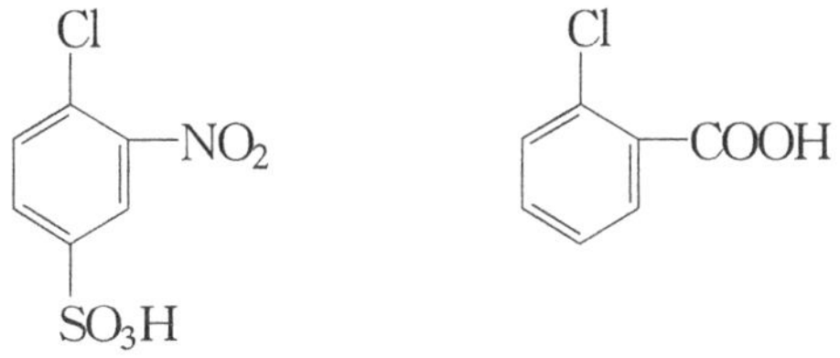

解 合成路线为

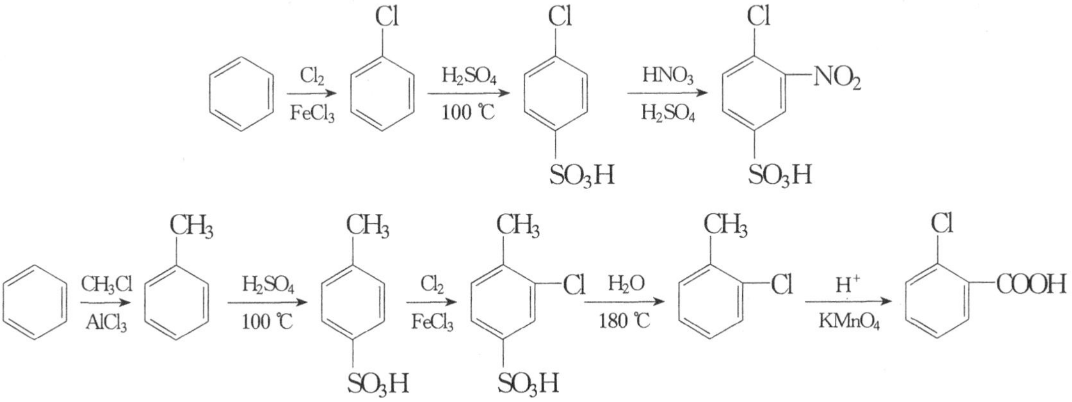

3.2.6 芳烃的来源

芳烃主要来源是从炼焦副产物中回收芳烃和利用石油的芳构化制取芳烃。

在 480~530 ℃、约 22.5 MPa 下，以铂为催化剂将汽油中所含正烷烃和环烷烃分子重新调整成为芳烃，这种转化叫做石油芳构化。主要的化学反应如下：

1. 环烷烃脱氢生成芳香烃

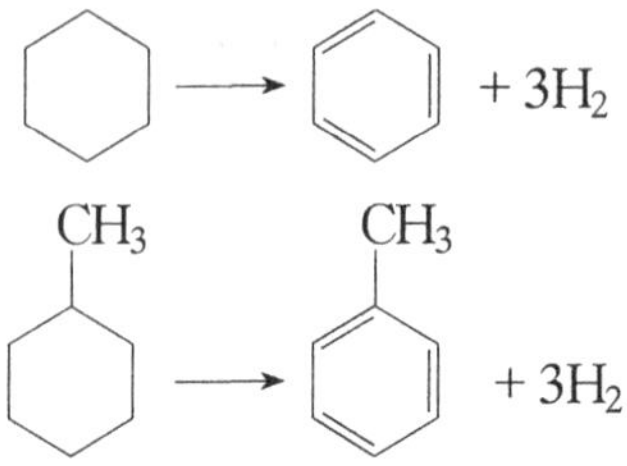

$$\text{环己烷} \longrightarrow \text{苯} + 3H_2$$

$$\text{甲基环己烷} \longrightarrow \text{甲苯} + 3H_2$$

2. 环烷烃的异构化及脱氢生成芳烃

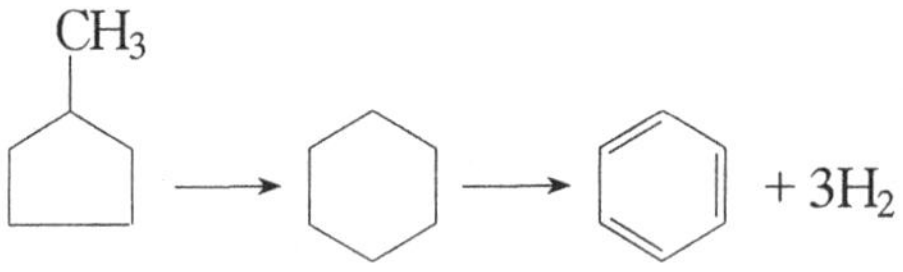

$$\text{甲基环戊烷} \longrightarrow \text{环己烷} \longrightarrow \text{苯} + 3H_2$$

3. 烷烃的芳构化

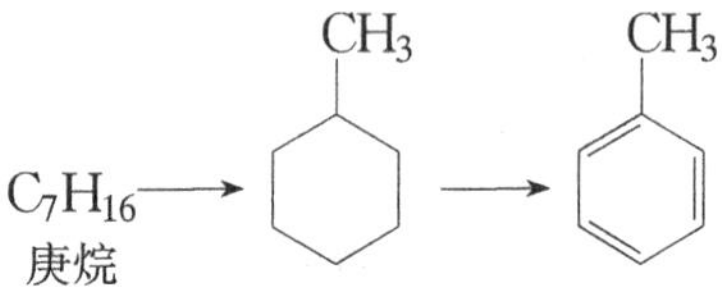

$$C_7H_{16}(\text{庚烷}) \longrightarrow \text{甲基环己烷} \longrightarrow \text{甲苯}$$

催化重整过程得到的是芳烃和非芳烃的混合物,经进一步分离加工而得到芳烃。

3.2.7 多环芳烃与稠环芳烃

1. 联苯

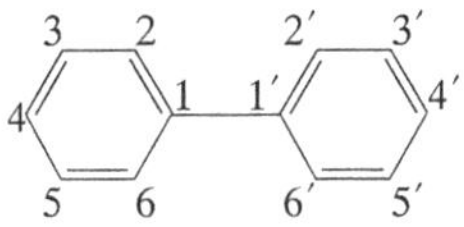

联苯为无色晶体,熔点:71 ℃,沸点:255.9 ℃,不溶于水而溶于有机溶剂。

联苯对热很稳定,当它和二苯醚以 26.5:73.5 混合时,受热到 400 ℃ 时也不分解,所以广泛地用作高温传热液体。

联苯的化学性质与苯相似,在两个苯环上均可发生磺化、硝化等取代反应。

2. 萘

萘是煤焦油中含量最多的一种化合物,熔点 80.6 ℃,沸点 218 ℃,容易升华,是主要化工原料,常常用作防蛀剂。

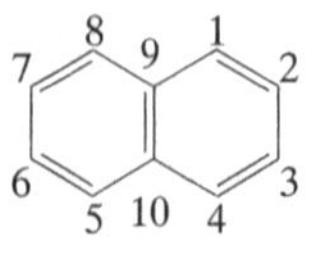

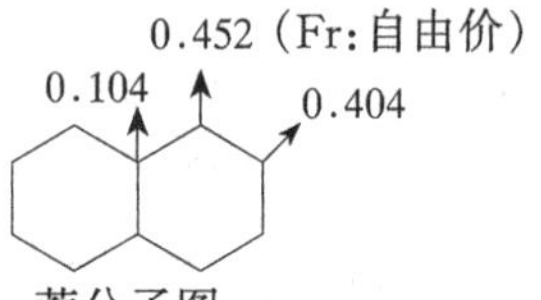

萘分子图 (0.452 Fr:自由价, 0.104, 0.404)

萘的两个苯环在同一平面上,每个碳原子的 sp^2 杂化形成 C—C σ 键,各碳原子的 p 轨道侧面互相重叠形成一个共轭体系。9、10 位两个碳原子的 p 轨道除了彼此重叠之外,并分别与 1、8 和 4、5 位碳原子 p 轨道重叠。萘分子中的 π 电子云不是均匀分布在 10 个碳原子上,各碳原子之间的键长也有所不同。

Fr 值是某碳原子的极限成键能力和实际成键数之差,因此,它表征着碳原子的潜在成键能力。对于指定分子,Fr 值愈大的碳原子,反应活性愈高。萘与苯类似能起亲电取代反应,α 位易于 β 位。

(1) 氧化反应:萘比苯易氧化。

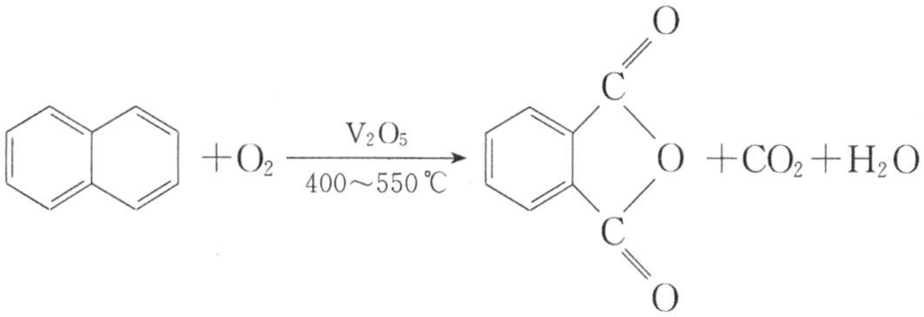

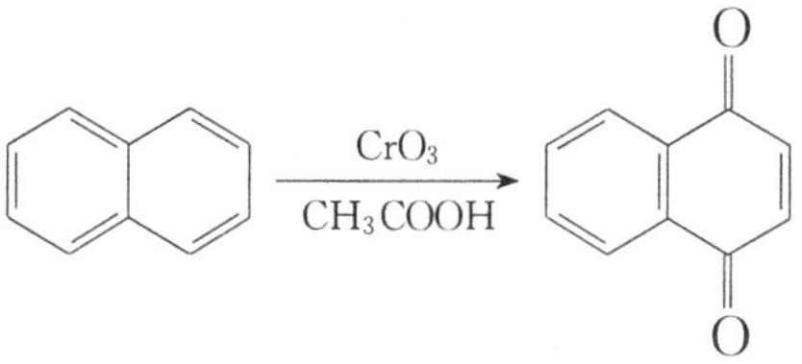

$$\text{萘} + O_2 \xrightarrow[400\sim550\ ℃]{V_2O_5} \text{邻苯二甲酸酐} + CO_2 + H_2O$$

$$\text{萘} \xrightarrow[CH_3COOH]{CrO_3} \text{1,4-萘醌}$$

(2) 加成反应:萘比苯容易发生加成反应,在不同条件下可以发生部分加氢或全部加氢。

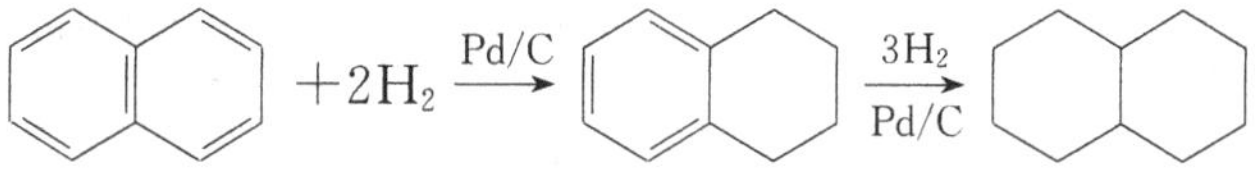

$$\text{萘} + 2H_2 \xrightarrow{Pd/C} \text{四氢化萘} \xrightarrow{3H_2}{Pd/C} \text{十氢化萘}$$

(3) 硝化反应:萘与混酸在常温下就可以反应,生成的几乎全是 α-硝基萘。

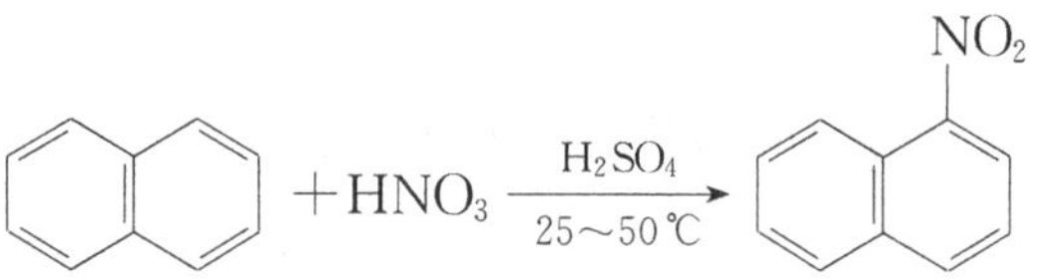

$$\text{萘} + HNO_3 \xrightarrow[25\sim50\ ℃]{H_2SO_4} \text{α-硝基萘}$$

(4) 磺化反应:磺化产物和反应温度有关。

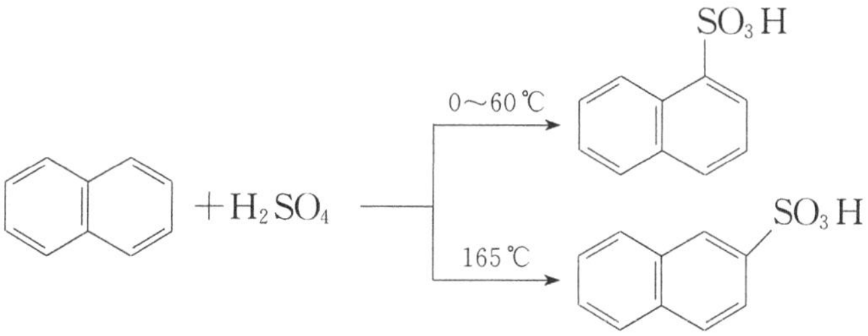

$$\text{萘} + H_2SO_4 \longrightarrow \begin{cases} \text{α-萘磺酸} & 0\sim60\ ℃ \\ \text{β-萘磺酸} & 165\ ℃ \end{cases}$$

(5) 卤化反应:萘与溴在 CCl_4 溶液中加热回流,反应在不加催化剂的情况下就可进行。

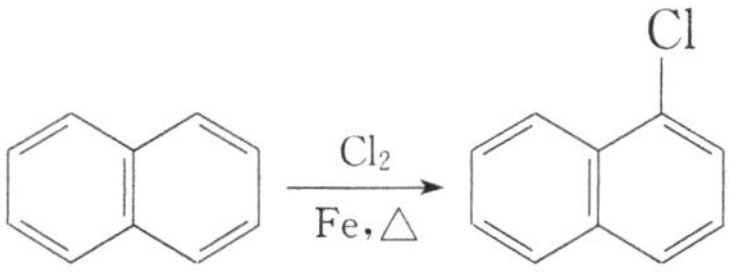

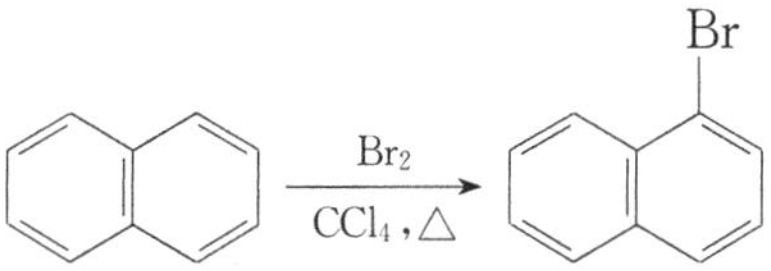

$$\text{萘} \xrightarrow[Fe,\triangle]{Cl_2} \text{α-氯萘}$$

$$\text{萘} \xrightarrow[CCl_4,\triangle]{Br_2} \text{α-溴萘}$$

(6) 酰基化反应:

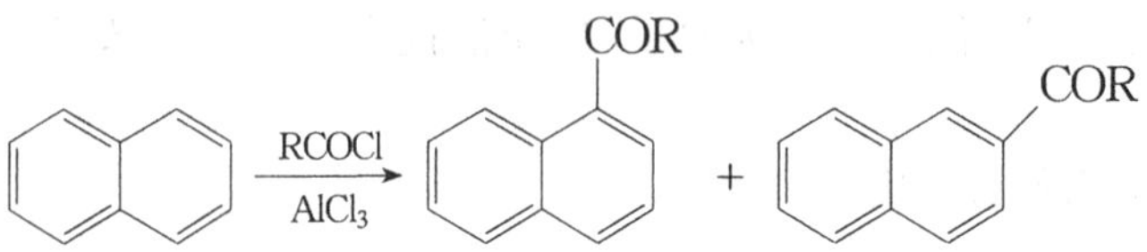

当用 AlCl₃ 作催化剂，CS₂ 作溶剂时，主要得到 α-取代物。

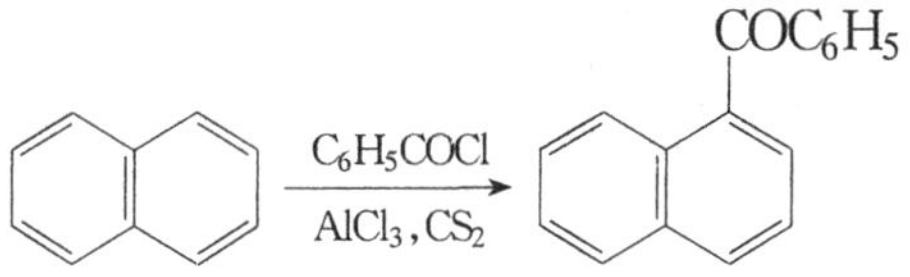

当用硝基苯作溶剂时，则主要得到 β-取代物。

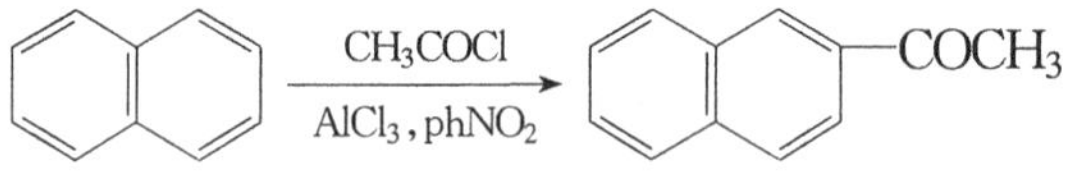

3. 蒽

蒽分子的结构如下：

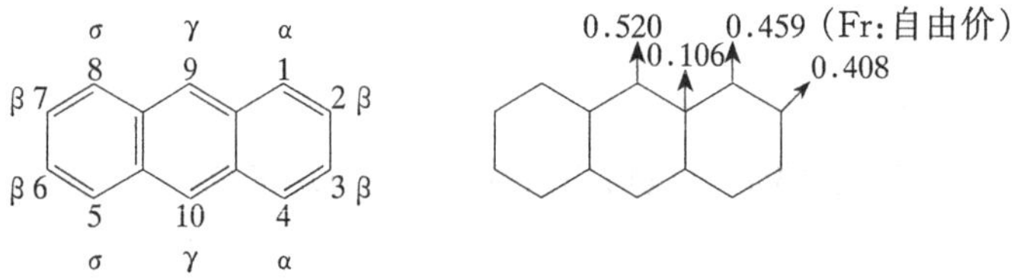

第 9、10 位特别活泼，大部分反应都发生在这两个位置上。

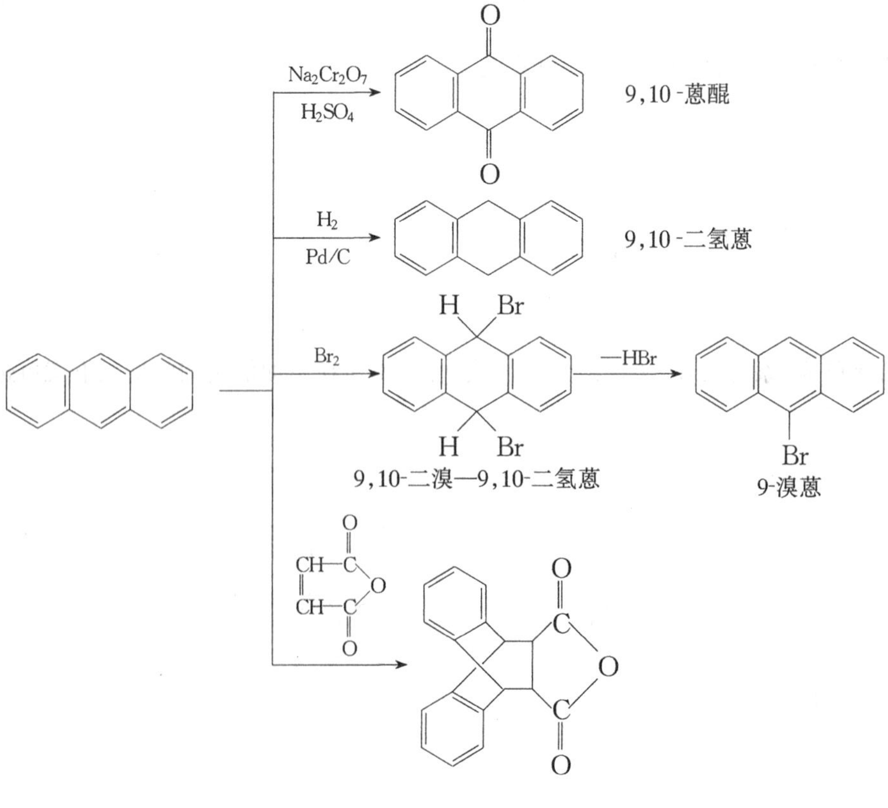

$Na_2Cr_2O_7$ / H_2SO_4 → 9,10-蒽醌

H_2 / Pd/C → 9,10-二氢蒽

Br_2 → 9,10-二溴—9,10-二氢蒽 → (−HBr) → 9-溴蒽

4. 菲

菲的分子结构如下：

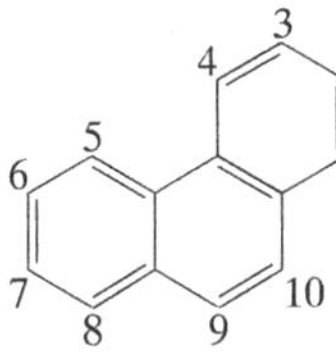

菲存在于煤焦油的蒽油馏分中。菲是带光泽的无色晶体，熔点为101℃，沸点为340℃，不溶于水，溶于乙醇、苯和乙醚中，溶液有蓝色的荧光。化学性质介于萘和蒽之间，它也可以在9、10位起加成反应，但没有蒽容易。

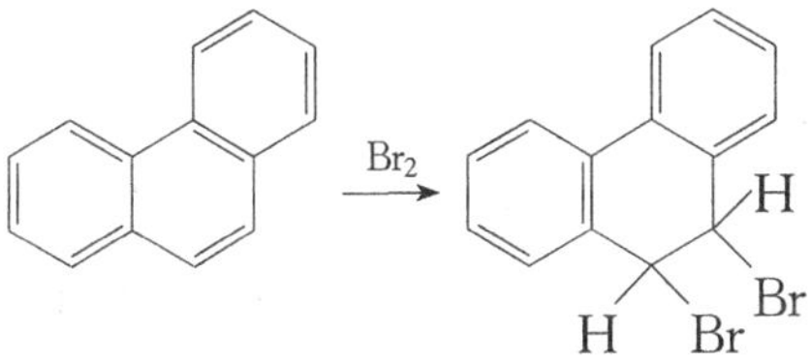

3.2.8 重要的芳烃

1. 苯

苯是无色液体，易挥发，易燃，有芳香气味，有毒。相对密度为0.879。沸点为80.1℃，不溶于水，溶于乙醇、乙醚等有机溶剂。蒸气与空气形成爆炸性混合物，苯是染料、塑料、合成橡胶、合成树脂、合成纤维、合成药物和农药等的重要原料，也可用作溶剂。工业上由焦炉气和煤焦油的轻油部分中回收苯。也可由石油催化重整等过程得到。

2. 甲苯

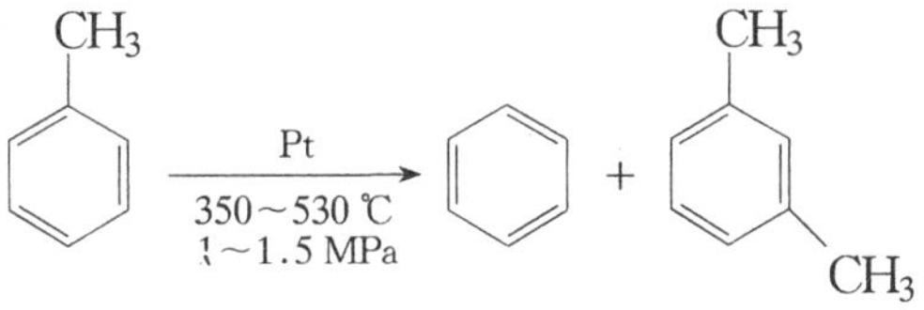

甲苯在催化剂(主要是钼、铬、铂等)催化，反应温度为350~530℃，压力为1~1.5 MPa下，能发生歧化反应生成苯和二甲苯。通过这个反应不仅可以得到高质量的苯，同时可得到二甲苯。随着苯和二甲苯用途的扩大，这一反应已成为甲苯的主要工业用途。

3. 二甲苯

二甲苯有三个同分异构体，它们都存在于煤焦油中，大部分是从石油产品歧化而得，其中邻二甲苯可以利用其沸点的差异(o-二甲苯 144.4，m-二甲苯 139.1℃，p-二甲苯 138.38℃)分馏分离外，对二甲苯和间二甲苯的沸点很接近，极难分开。

工业品为三种异构体的混合物，常用作溶剂。三种异构体各有其工业用途，邻二甲苯是合成邻苯二甲酸的原料；间二甲苯主要用于染料等工业；对二甲苯是合成涤纶的原料。

4. 乙苯与苯乙烯

乙苯可由石油催化重整等过程得到，也可由苯和乙烯进行付-克反应而制得，乙苯脱氢可得苯乙烯。

苯乙烯是合成塑料、合成橡胶的原料，苯乙烯易聚合生成聚苯乙烯，所以贮存时往往加入阻聚剂(如对苯二酚等)。

5. 异丙苯

异丙苯在液相于100～120℃通入空气，发生催化氧化反应而生成异丙苯过氧化氢。后者与稀硫酸作用分解成苯酚和丙酮。

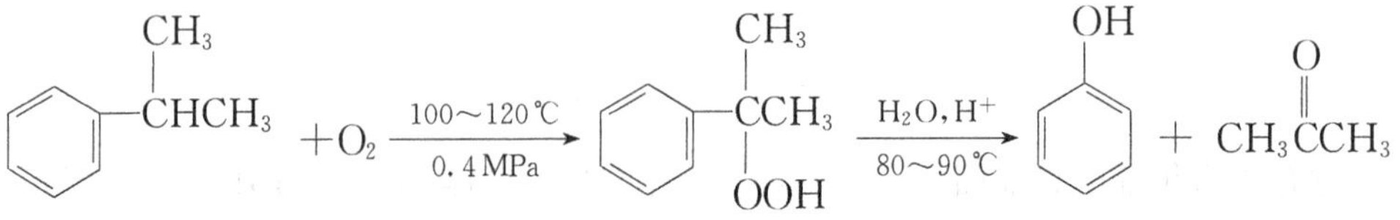

$$\text{C}_6\text{H}_5\text{CH(CH}_3)_2 + \text{O}_2 \xrightarrow[0.4\text{MPa}]{100\sim120℃} \text{C}_6\text{H}_5\text{C(CH}_3)_2\text{OOH} \xrightarrow[80\sim90℃]{\text{H}_2\text{O},\text{H}^+} \text{C}_6\text{H}_5\text{OH} + \text{CH}_3\text{COCH}_3$$

习　题

1. 命名下列化合物

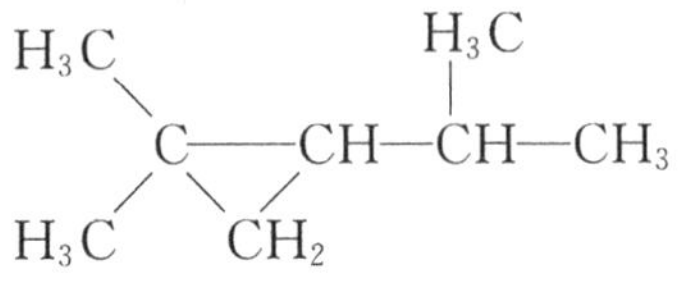

(1) 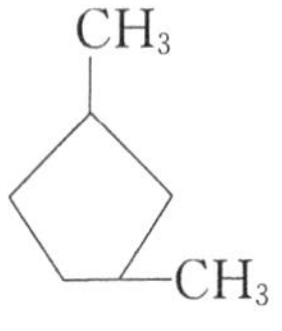 1,3-二甲基环戊烷结构式

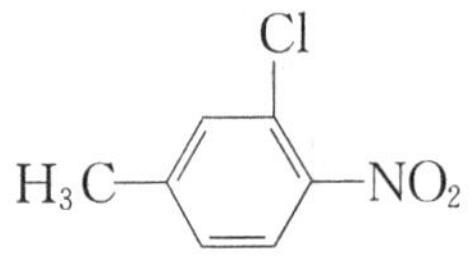

(2) 含环丙烷的支链化合物结构式

(3) 环己基-CH=CH-CH(CH$_3$)$_2$

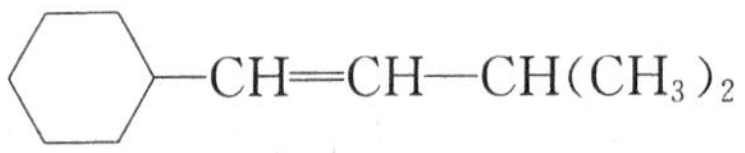

(4) 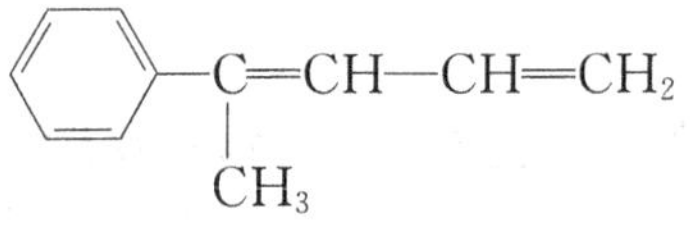 C$_6$H$_5$-C(CH$_3$)=CH-CH=CH$_2$

(5) 2-氯-4-甲基-1-硝基苯结构式：H$_3$C—C$_6$H$_3$(Cl)(NO$_2$)

(6) 5-氯-2-萘磺酸结构式

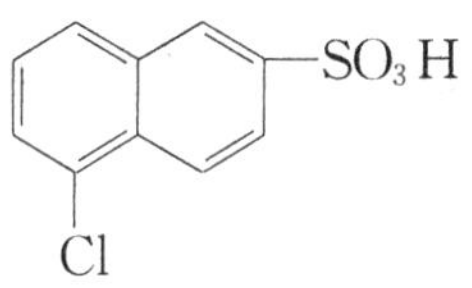

(7) 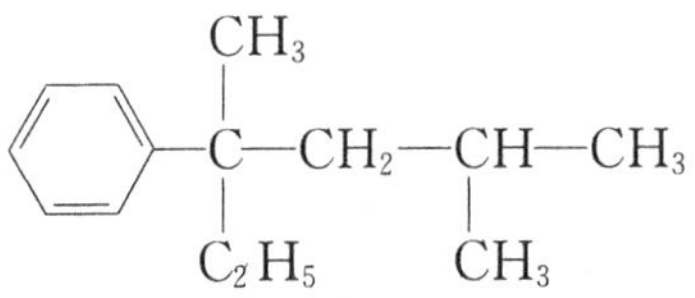 C$_6$H$_5$-C(CH$_3$)(C$_2$H$_5$)-CH$_2$-CH(CH$_3$)-CH$_3$

2. 写出下列化合物的结构式：

(1) 异丙基环戊烷　　　　　　　(2) 2,3-二甲基环己烯

(3) 顺-1-甲基-4-叔丁基环己烷　　(4) 反十氢化萘

(5) 2-甲基-3-苯基戊烷　　　　　(6) 4-苯基-2-戊烯

(7) 4-甲基-1-萘磺酸　　　　　　(8) 9-溴菲

3. 写出下列化合物的优势构象式，如该化合物有顺反异构体，请指出其优势构象是顺式还是反式。

(1) 1,2-二甲基环己烷　　　　　(2) 1-甲基-1-异丙基环己烷

(3) 1-甲基-3-溴环己烷　　　　　(4) 1,4-二甲基环己烷

4. 完成下列反应式(只写主要产物)：

(1) 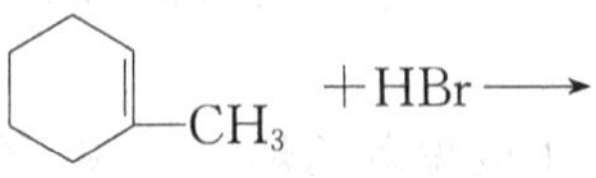 1-甲基环己烯 + HBr ⟶

(2) ![cyclopentadiene] + Cl$_2$ 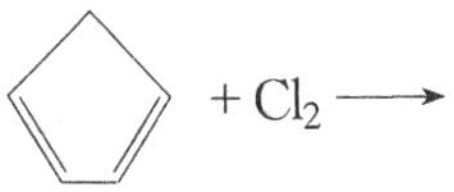 ⟶

(3) 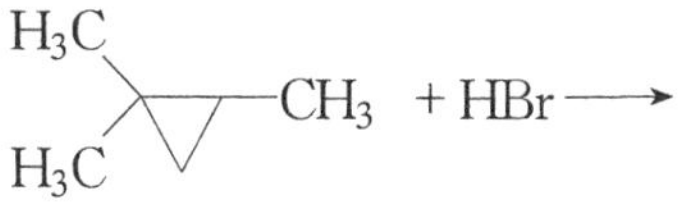 ![1,1,2-trimethylcyclopropane] + HBr ⟶

(4) H$_3$C—C$_6$H$_4$—COOH + HNO$_3$ $\xrightarrow{H_2SO_4}$

(5) 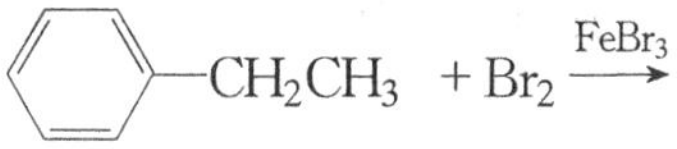 C$_6$H$_5$—CH$_2$CH$_3$ + Br$_2$ $\xrightarrow{FeBr_3}$

(6) H$_3$C—C$_6$H$_4$—C(CH$_3$)$_3$ $\xrightarrow[\triangle]{KMnO_4, H^+}$

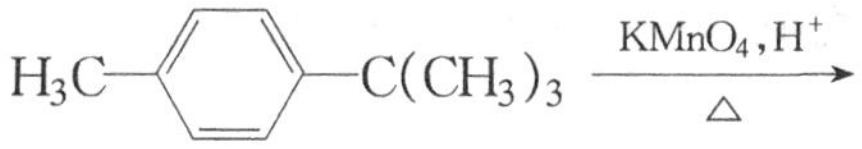

(7) 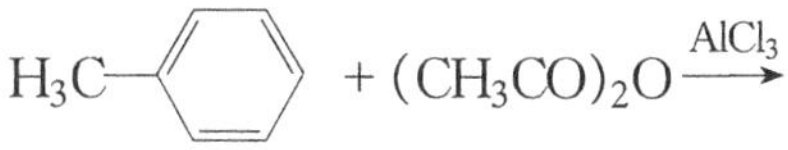 H$_3$C—C$_6$H$_5$ + (CH$_3$CO)$_2$O $\xrightarrow{AlCl_3}$

(8) 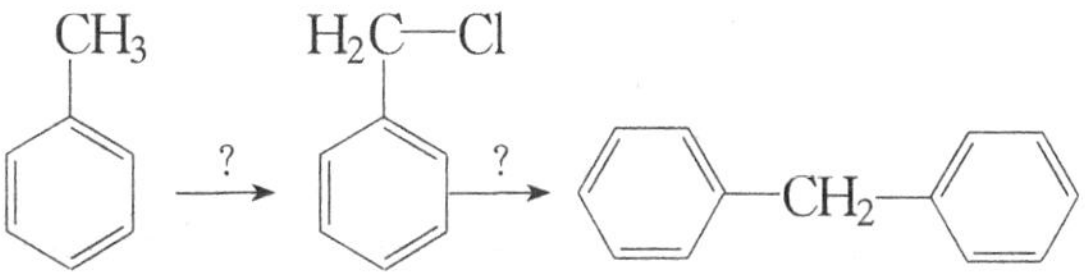 C$_6$H$_5$—CH$_3$ $\xrightarrow{?}$ C$_6$H$_5$—CH$_2$Cl $\xrightarrow{?}$ C$_6$H$_5$—CH$_2$—C$_6$H$_5$

(9) 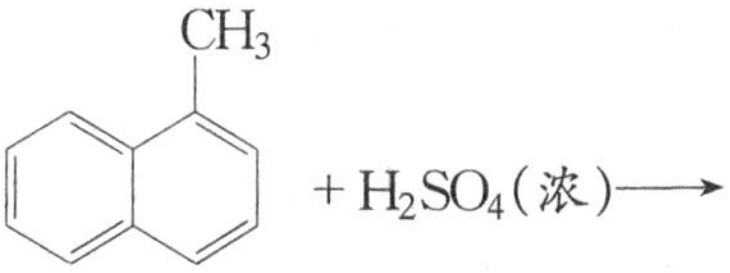 1-甲基萘 + H$_2$SO$_4$(浓) ⟶

(10)  H$_3$C—C$_6$H$_4$—NHCOCH$_3$ + HNO$_3$ $\xrightarrow{H_2SO_4}$

5. 按硝化反应从易到难的顺序排列下列各组化合物：

(1) C$_6$H$_5$OCH$_3$, C$_6$H$_5$COCH$_3$, C$_6$H$_6$, C$_6$H$_5$Cl

(2) 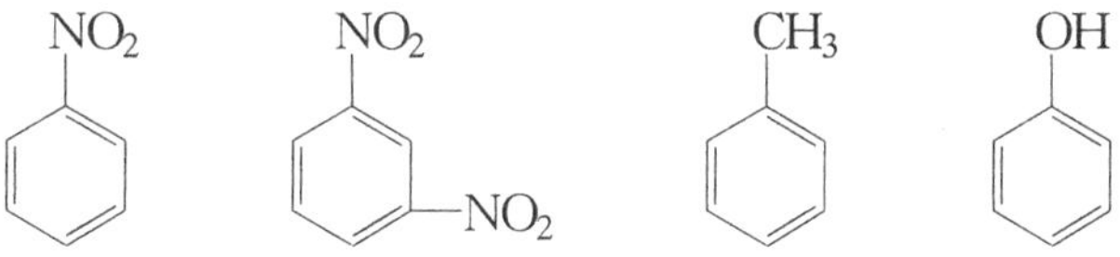 硝基苯; 间二硝基苯; 甲苯; 苯酚

(3) 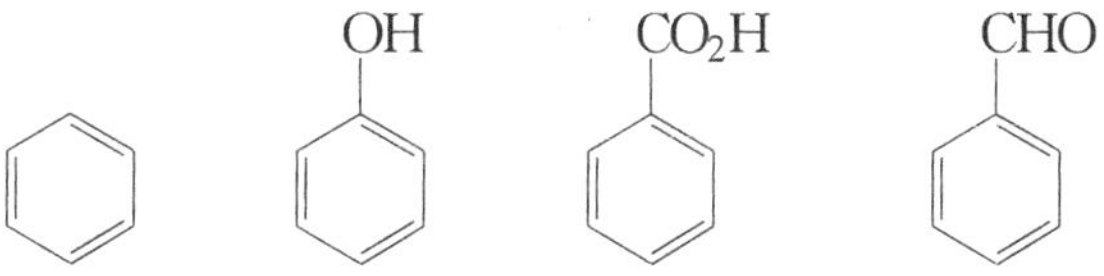 苯; 苯酚; 苯甲酸; 苯甲醛

(4) 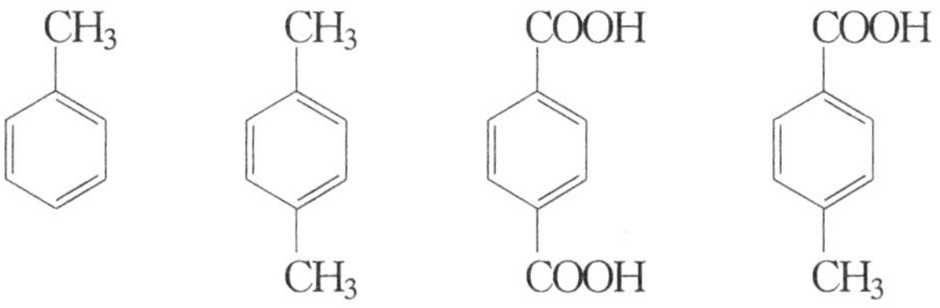 甲苯; 对二甲苯; 对苯二甲酸; 对甲基苯甲酸

6. 用简单的化学方法区别下列各组化合物：

(1) 苯; 1,3-环己二烯; 环己烷　　　　(2) 己烷; 1-己烯; 1-己炔

(3) 2-戊烯; 1,1-二甲基环丙烷; 环戊烷　　(4) 甲苯; 甲基环己烷; 3-甲基环己烯

7. 用休克尔规则判断下列化合物有无芳香性？

(1)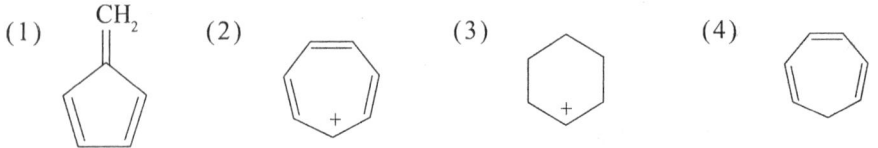

8. 化合物 A 的分子式为 C_4H_8,它能使溴的四氯化碳溶液褪色,但不能使稀的 $KMnO_4$ 溶液褪色。1 mol A 和 1 mol HBr 反应生成 B,B 也可以从 A 的同分异构体 C 与 HBr 反应得到。化合物 C 能使溴的四氯化碳溶液和稀的 $KMnO_4$ 溶液褪色。试推导出化合物 A、B 和 C 的结构式,并写出各步反应式。

9. 某烃的分子式为 C_7H_{10},经臭氧氧化和水解后得到 $CH_3COCH_2COCH_3$ 和

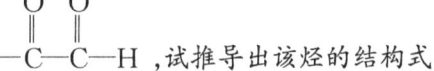,试推导出该烃的结构式。

10. 以苯为原料合成下列化合物(用反应式表示)
(1)对氯苯磺酸
(2)间溴苯甲酸
(3)对硝基苯甲酸甲酯
(4)对苄基苯甲酸

11. A、B、C 三种芳香烃的分子式同为 C_9H_{12}。把三种烃氧化时,由 A 得一元酸,由 B 得二元酸,由 C 得三元酸。但经硝化时,A 和 B 都得两种硝基化合物,而 C 只得到一种硝基化合物。试推导出 A、B、C 三种化合物的结构式。

12. 某烃的分子式为 $C_{10}H_{16}$,能吸收 1 mol 氢,分子中不含甲基、乙基和其它烷基。用酸性 $KMnO_4$ 溶液氧化,得到一个对称的二酮,其分子式为 $C_{10}H_{16}O_2$。试推导这个烃的结构式。

第4章 卤代烃

卤代烃是烃分子中的氢原子被卤素原子取代的产物。

4.1 卤代烃的分类、命名和同分异构现象

4.1.1 卤代烃的分类

卤代烃的分类方法有以下几种：
(1)根据分子中卤原子数目可分为一卤代烃、二卤代烃、三卤代烃……
(2)根据卤代烃中烃基结构不同可分为饱和卤代烃、不饱和卤代烃和芳香卤代烃。
(3)根据与卤原子相连的碳原子的种类可分为伯卤代烃、仲卤代烃、叔卤代烃。
(4)根据分子中所含卤原子不同,可分为氟代烃、氯代烃、溴代烃和碘代烃。

4.1.2 卤代烃的命名

4.1.2.1 系统命名法

系统命名法是把卤原子当作取代基,其命名与烃的命名相似,但在烃名称前面需标明卤原子的位置、数目和名称。

(1)卤代烷。以烷烃为母体,选择含有卤原子的最长碳链作为主链,将卤原子或其它支链作为取代基。命名时,取代基引用"次序规则"较优基团在后列出。如

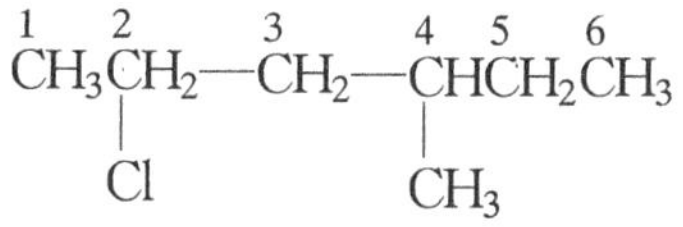

$$\overset{1}{C}H_3\overset{2}{C}H_2—\overset{3}{C}H_2—\overset{4}{C}H\overset{5}{C}H_2\overset{6}{C}H_3 \quad \overset{5}{C}H_3\overset{4}{C}H_2—\overset{3}{C}H_2—\overset{2}{C}H\overset{1}{C}H_3$$

4-甲基-2-氯己烷 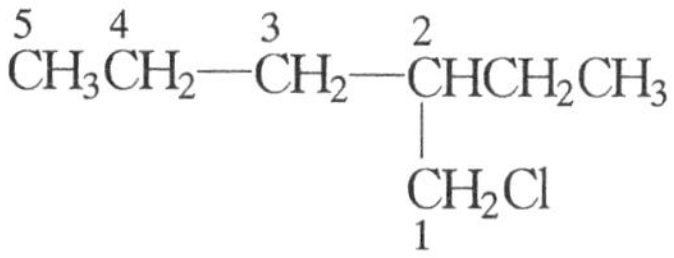　　　　2-乙基-1-氯戊烷

(2)卤代烯烃。以烯烃为母体,选择含双键的最长碳链为主链,以双键的位次最小为原则进行编号。如

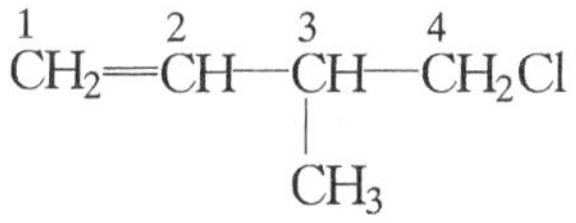

3-甲基-4-氯-1-丁烯 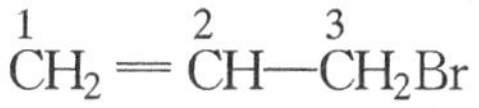　　　　3-溴丙烯

(3)卤代芳烃。芳环上卤代芳烃以苯环为母体,卤原子作为取代基;侧链卤代芳烃常以侧链烃为母体,卤原子和芳环作为取代基。

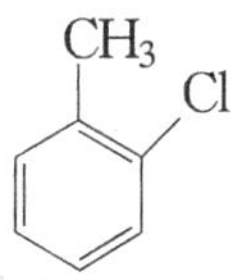

2-氯甲苯 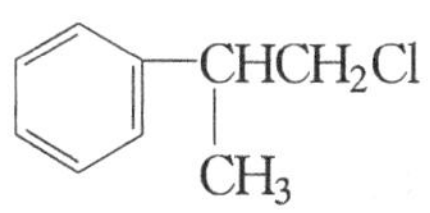　　　　2-苯基-1-氯丙烷

(4)卤代环烃。一般以脂环烃为母体命名,卤原子及支链都看做是它的取代基。较小的基团编号最小。

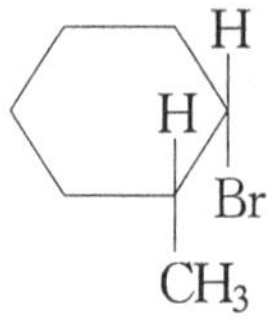

顺-1-甲基-2-溴环己烷 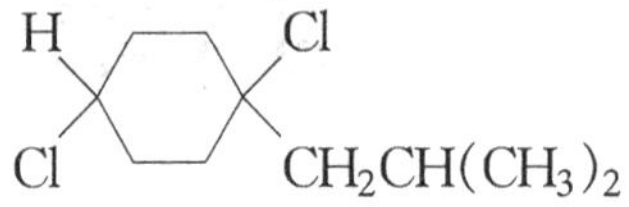   1-异丁基-1,4-二氯环己烷

4.1.2.2 其它命名法

有些卤代烃采用俗名。如

$CHCl_3$(三氯甲烷)俗名氯仿,CHI_3(三碘甲烷)俗名碘仿,CF_2Cl_2(二氟二氯甲烷)俗名氟里昂,$C_6H_6Cl_6$(1,2,3,4,5,6-六氯环己烷俗名六六六)。

一些结构简单的卤代烃可以按卤原子相连的烃基的名称来命名,称为卤代某烃或某基卤。如

$CHCl_3$ $CH_2=CH-CH_2Br$ $CH_3CH_2CH_2Cl$
三氯甲烷(氯仿)   烯丙基溴   正丙基氯

$(CH_3)_2CHCl$ 氯化苄(苄基氯) $(CH_3)_3CBr$
异丙基氯   叔丁基溴

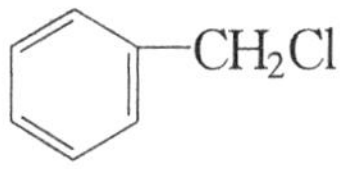

4.1.3 卤代烃的同分异构现象

卤代烷的同分异构体数目比相应的烷烃的异构体数目多。如一卤代烷除了具有碳链主体异构体外,卤原子在碳链上的位置不同,也会引起同分异构现象。如

$CH_3CH_2CH_2Cl$ CH_3CHCH_3
                         |
                         Cl

4.2 卤代烃的性质

4.2.1 卤代烃的物理性质

卤代烃多数为液体,少数以气体状态存在,其密度大于相同碳原子数的烷烃,通常难溶于水,也不溶于冷的浓硫酸中。

常见卤代烃的物理常数见表4-1。

表4-1 卤代烃的物理常数

名称	结构式	熔点/℃	沸点/℃	相对密度(d_4^{20})
氯甲烷	CH_3Cl	-97.1	-24.2	0.9159
溴甲烷	CH_3Br	-93.6	3.6	1.6755
碘甲烷	CH_3I	-66.4	42.4	2.279
二氯甲烷	CH_2Cl_2	-95.1	40	1.3266

续表 4-1

名 称	结构式	熔点/℃	沸点/℃	相对密度(d_4^{20})
三氯甲烷	$CHCl_3$	-63.5	61.7	1.4832
四氯化碳	CCl_4	-23	76.5	1.5940
氯乙烷	CH_3CH_2Cl	-136.4	12.3	0.8978
溴乙烷	CH_3CH_2Br	-118.6	38.4	1.4604
碘乙烷	CH_3CH_2I	-108	72.3	1.9358
1-氯丙烷	$CH_3CH_2CH_2Cl$	-122.8	46.6	0.8909
2-氯丙烷	CH_3CHCH_3 $\quad\;\;\,|$ $\quad\;\;\,Cl$	-117.2	35.7	0.8617
氯乙烯	$CH_2=CHCl$	-153.8	-13.4	0.9106
氯苯	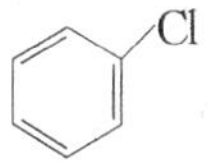 C$_6$H$_5$Cl	-45.6	132	1.1058
溴苯	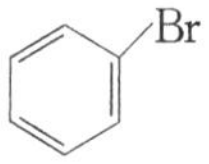 C$_6$H$_5$Br	-30.8	156	1.4950
碘苯	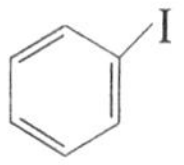 C$_6$H$_5$I	-31.3	188.3	1.8308
邻二氯苯	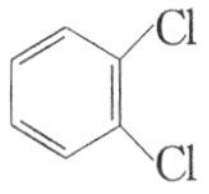 o-C$_6$H$_4$Cl$_2$	-17	180.5	1.3048
对二氯苯	 p-C$_6$H$_4$Cl$_2$	53.1	174	1.2475

4.2.2 卤代烃的化学性质

卤代烃的化学性质活泼，且主要发生在 C—X 键上。因为分子中 C—X 键为极性共价键，碳带部分正电荷，易受带负电荷或有孤对电子试剂的进攻而发生亲核取代反应。

4.2.2.1 亲核取代反应

由亲核试剂进攻引起的取代反应称为亲核取代反应。用 S_N 表示亲核取代反应，用 Nu 表示亲核试剂。亲核取代反应是卤代烷的典型反应。

$$Nu + \overset{\delta^+}{R} - \overset{\delta^-}{X} \longrightarrow Nu-R + X^-$$

这里 Nu 为 H_2O,OH^-,RO^-,HS^-,RS^-,CN^-,$RCOO^-$，NH_3 等。卤代烷的反应活性次序为 RI＞RBr＞RCl＞RF。

1. 被羟基取代生成醇

$$RX + NaOH \xrightarrow{\text{水}} ROH + NaX$$

2. 被烷氧基取代生成醚

该反应称为威廉姆逊(Williamson)反应,是制备混合醚的一种方法。

$$RX + R'-ONa \longrightarrow R-O-R' + NaX$$

3. 被氰基取代生成腈

$$RX + NaCN \xrightarrow{醇} RCN + NaX$$

腈可进一步水解生成酸,这是制备酸的一个重要方法,在合成中非常有用。

4. 被氨取代生成胺(铵盐)

$$RCl + NH_3 \xrightarrow[加温,加压]{醇} RNH_2 + NaCl$$

5. 被硝基取代生成硝酸酯

烯丙式、苄基式、叔卤代烃室温下即与硝酸银的醇溶液反应生成卤化银的沉淀,伯、仲卤代烃加热才能与硝酸银的醇溶液反应生成卤化银的沉淀,而与不饱和键相连的卤代烃不与硝酸银的醇溶液反应,因此可通过此反应鉴别这三种情况的卤代烃。

$$RX + AgNO_3 \xrightarrow{醇} \underset{硝酸烷基酯}{RONO_2} + AgX \downarrow$$

$$\begin{matrix}烯丙式卤代烃\\苄卤\\叔卤代烃\end{matrix} \xrightarrow[醇\ 室温]{AgNO_3} AgX \downarrow$$

$$\begin{matrix}伯卤代烃\\仲卤代烃\end{matrix} \xrightarrow[醇,\triangle]{AgNO_3} AgX \downarrow$$

$$\begin{matrix}卤代苯\\乙烯式卤代烃\end{matrix} \xrightarrow[醇,\triangle]{AgNO_3} 不反应$$

4.2.2.2 消除反应

消除反应是从一个较大的分子中消去一个较小的分子、同时生成 π 键的反应。消去的分子可以是 H_2O、HX、ROH、RCOOH、NR_3 等。

卤代烷在碱的醇溶液中加热,则使卤素 X 和 β-H 同时消去,发生脱去 HX 的反应而生成烯烃,称为 β-消除反应,是制备烯烃的方法之一。

$$R-\underset{H}{\overset{\beta}{C}H}-\underset{X}{\overset{\alpha}{C}H_2} + \underset{(KOH)}{NaOH} \xrightarrow{醇} R-CH=CH_2 + NaX + H_2O$$

消除反应的次序:叔卤代烷 > 仲卤代烷 > 伯卤代烷。如

$$\underset{Br}{CH_3CH_2CH_2\overset{|}{C}HCH_3} \xrightarrow{KOH\ EtOH} \underset{69\%}{CH_3CH_2CH=CHCH_3} + \underset{31\%}{CH_3(CH_2)_2CH=CH_2}$$

$$CH_3CH_2-\underset{\underset{Br}{|}}{\overset{\overset{CH_3}{|}}{C}}-CH_3 \xrightarrow{KOH\ EtOH} \underset{71\%}{CH_3CH=\underset{CH_3}{\overset{CH_3}{C}}} + \underset{29\%}{CH_3CH_2\overset{CH_3}{\underset{|}{C}}=CH_2}$$

在卤代烷的消除反应中,氢从含氢较少的 β 碳原子上脱去,其主要产物是双键碳上连接烃基最多的烯烃,即遵循查氏(Saytzeff)规则。

4.2.2.3 与金属的反应

1. 与金属镁的反应

卤代烷在纯乙醚溶剂中与镁作用生成有机镁化合物,该产物不需分离即可直接用于有机合成反应,这种有机镁化合物称为格氏试剂(Grignard 试剂)。反应中 RX 的活性顺序为 RI>RBr>RCl。

格氏试剂是由 R_2Mg、MgX_2、$(RMgX)_n$ 等多种成分形成的平衡体系混合物,一般用 RMgX 表示。溶剂乙醚与格氏试剂络合生成稳定的溶剂化物,起到了稳定格氏试剂的作用。另外,四氢呋喃(THF)和其它醚类也可作为溶剂。

$$\begin{array}{c} \text{Et} \quad R \quad \text{Et} \\ \diagdown \quad | \quad \diagup \\ O \rightarrow Mg \leftarrow O \\ \diagup \quad | \quad \diagdown \\ \text{Et} \quad X \quad \text{Et} \end{array}$$

格氏试剂是有机合成中用途很广泛的一类有机合成试剂。其反应主要是:

(1)格氏试剂和羰基双键或其它极性双键或叁键发生加成反应。RMgX 与醛、酮、酯、二氧化碳、环氧乙烷等反应,生成醇、酸等一系列化合物。

$$RMgX \xrightarrow{CO_2} RCOOMgX \xrightarrow{H_3O^+} RCOOH$$

(2)格氏试剂和含有活泼氢原子或活泼卤原子的化合物发生复分解反应。水、醇、酚、羧酸、胺、乙炔等都含有活泼氢,格氏试剂与之相遇就会被分解,所以,在制备格氏试剂时要杜绝含活泼氢的物质,必须用无水试剂和干燥的反应器。操作时也要采取隔绝空气中湿气的措施。在利用格氏试剂进行合成过程中还必须注意含活泼氢的化合物。

$$RMgX + H_2O \longrightarrow RH + MgXOH$$
$$RMgX + ROH \longrightarrow RH + ROMgX$$
$$RMgX + NH_3 \longrightarrow RH + NH_2MgX$$
$$RMgX + RC\equiv C-H \longrightarrow RH + RC\equiv CMgX$$

上述反应可用来测知某化合物中所含活泼氢的数目。如用定量的甲基碘化镁与一定量的含活泼氢的化合物作用,便可定量地得到甲烷,通过测定甲烷的体积,可以计算出化合物所含活泼氢的数量,这叫做活泼氢测定法。

$$CH_3MgI + ROH \longrightarrow CH_4\uparrow + ROMgI$$

(3)格氏试剂还可与还原电位低于镁的金属卤化物作用,这是合成其它有机金属化合物的一个重要方法。

$$3RMgCl + AlCl_3 \longrightarrow R_3Al + 3MgCl_2$$
$$2RMgCl + CdCl_2 \longrightarrow R_2Cd + 2MgCl_2$$
$$4RMgCl + SnCl_4 \longrightarrow R_4Sn + 4MgCl_2$$

(4)格氏试剂与活泼卤代烷发生偶联反应,是形成碳碳键方法之一。

$$CH_3CH_2MgBr + CH_2=CHCH_2Br \longrightarrow CH_3CH_2CH_2CH=CH_2$$

2. 与金属锂反应

卤代烷与金属锂在非极性溶剂(无水乙醚、石油醚、苯)中作用生成有机锂化合物。

$$C_4H_9X + 2Li \xrightarrow{\text{石油醚}} C_4H_9Li + LiX$$

有机锂化合物的性质与格氏试剂很相似,反应性能更为活泼,遇水、醇、酸等即分解。有机锂也可与金属卤化物作用生成各种有机金属化合物。

$$2RLi + CuI \longrightarrow R_2CuLi + LiI$$

二烃基铜锂称为铜锂试剂,铜锂试剂是一个很好的烃基化试剂,可以用它合成较复杂的烷烃。

$$R_2CuLi + R'X \longrightarrow R-R' + RCu + LiX$$

其中,R 可以是伯、仲、叔烷基、烯基、烯丙型或芳基。R'必须是伯烷基。

3. 与金属钠反应

即武慈(Wurtz)反应

$$2R-X + Na \longrightarrow R-R + 2NaX$$

此反应可用来从卤代烷制备含偶数碳原子、结构对称的烷烃。

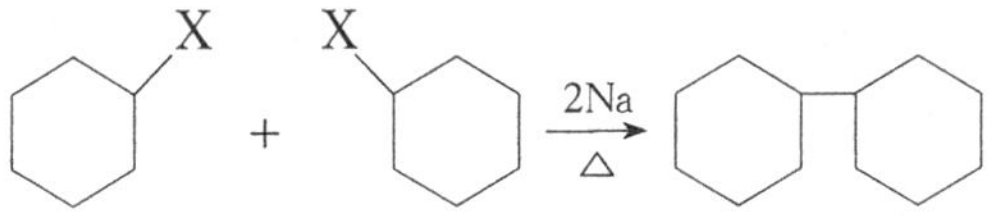

4.2.2.4 还原反应

卤代烷中卤素可被多种试剂还原成烷烃。用得最多的是 $LiAlH_4$。

$$R-X + LiAlH_4 \xrightarrow{THF} R-H$$

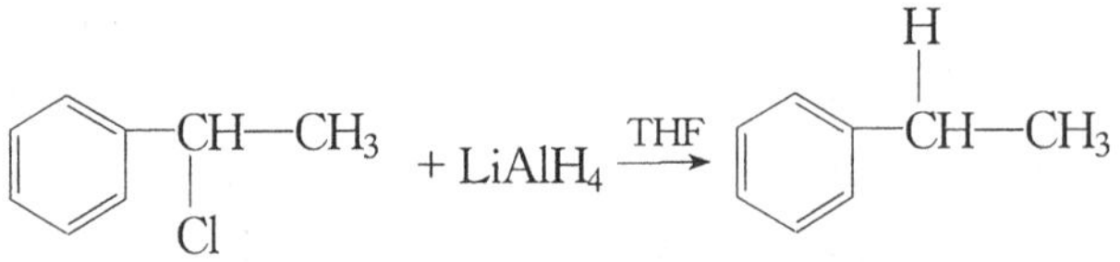

$LiAlH_4$ 遇水立即反应,放出氢气,因此,反应只能在无水介质中进行。

$$LiAlH_4 + 4H_2O \longrightarrow Al(OH)_3 + LiOH + 4H_2\uparrow$$

硼氢化钠($NaBH_4$)是比较温和的试剂,也可用于还原卤代烷。在还原过程中,分子内若同时存在羧基、氰基、酯基等可以保留不被还原。

4.3 亲核取代反应历程

4.3.1 脂肪族卤代烃的亲核取代反应历程

研究表明,脂肪族卤代烃的亲核取代反应有两种不同的反应机理,即单分子反应历程和双分子反应历程。在单分子反应历程中,离去基团首先电离,生成碳正离子,然后和亲核试剂结合,反应速率仅与卤代烃的浓度有关,该历程用 S_N1 表示;在双分子反应历程中,亲核试剂的进攻和离去基团的脱离是协同进行的,反应速率与卤代烃和亲核试剂的浓度有关,该历程用 S_N2 表示。

4.3.1.1 双分子亲核取代反应(S_N2 反应)

实验证明,伯卤代烷的水解反应为 S_N2 历程。

$$RCH_2Br + OH^- \longrightarrow RCH_2OH + Br^-$$

溴甲烷的水解过程为一步完成(新键的形成和旧键的断裂同步进行),无中间体生成,经过一个不稳定的"过渡态"。

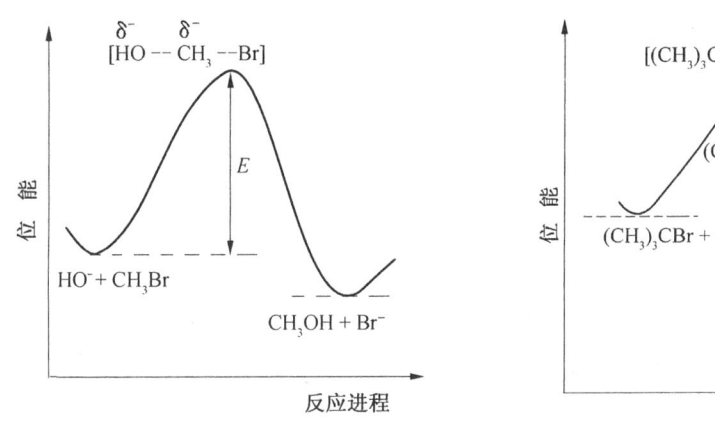

过渡态

反应过程中的能量变化曲线如图4-1所示。

在取代过程中,亲核试剂从离去基团的背面进攻反应中心使产物发生构型翻转,即产物的构型与底物的构型相反,即瓦尔登(Walden)转化。可以说,完全的构型转化往往可作为双分子亲核取代反应的标志。

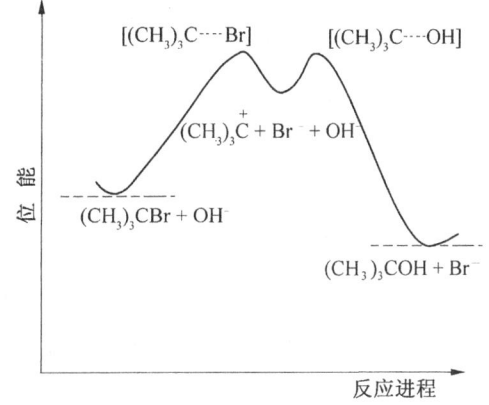

图 4-1 S_N2 反应过程能量变化   图 4-2 S_N1 反应过程能量变化

4.3.1.2 单分子亲核取代反应(S_N1反应)

实验证明,3°RX、$CH_2=CHCH_2X$、苄卤的水解是按 S_N1 历程进行的。如溴代叔丁烷的水解过程。

$$CH_3-\underset{\underset{CH_3}{|}}{\overset{\overset{CH_3}{|}}{C}}-Br + OH^- \longrightarrow CH_3-\underset{\underset{CH_3}{|}}{\overset{\overset{CH_3}{|}}{C}}-OH + Br^-$$

该反应过程为两步反应,第一步生成碳正离子的反应仅与溴代叔丁烷的浓度有关,且反应慢,其反应速率决定了整个S_N1反应的速率。

第一步

$$CH_3-\underset{\underset{CH_3}{|}}{\overset{\overset{CH_3}{|}}{C}}-Br \xrightarrow{慢} \left[CH_3-\underset{\underset{CH_3}{|}}{\overset{\overset{CH_3}{|}}{C}}\overset{\delta^+\ \delta^-}{\cdots}Br \right] \longrightarrow CH_3-\underset{\underset{CH_3}{|}}{\overset{\overset{CH_3}{|}}{\overset{+}{C}}} + Br^-$$

第二步

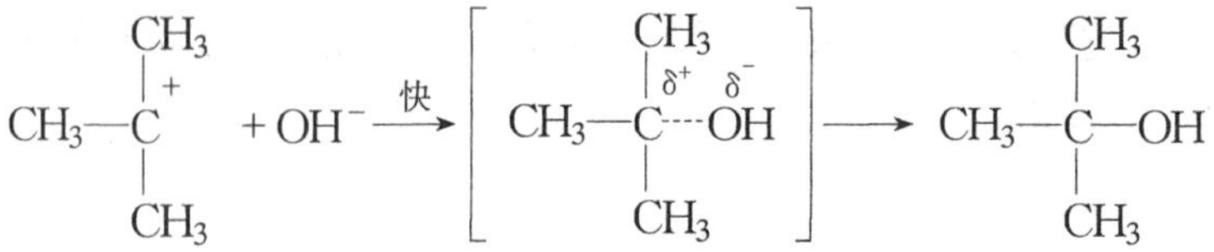

$$(CH_3)_3C^+ + OH^- \xrightarrow{快} [CH_3-\underset{CH_3}{\overset{CH_3}{C}}\cdots\overset{\delta^+\ \delta^-}{OH}] \longrightarrow (CH_3)_3C-OH$$

反应过程的能量变化曲线如图 4-2 所示。

在反应过程中,因为 S_N1 反应第一步生成的碳正离子为平面构型(正电荷的碳原子为 sp^2 杂化的),第二步亲核试剂向平面任何一面进攻的几率相等。取代产物呈外消旋化,即构型翻转和构型保持的产物几率相等。

但在有些情况下,往往不能完全外消旋化,而是部分外消旋化,即构型翻转的产物多于构型保持的产物,因而反应产物具有旋光性。

另外,由于碳正离子中间体会发生分子重排生成一个较稳定的碳正离子,有重排产物生成。因而 S_N1 历程还有重排产物。如

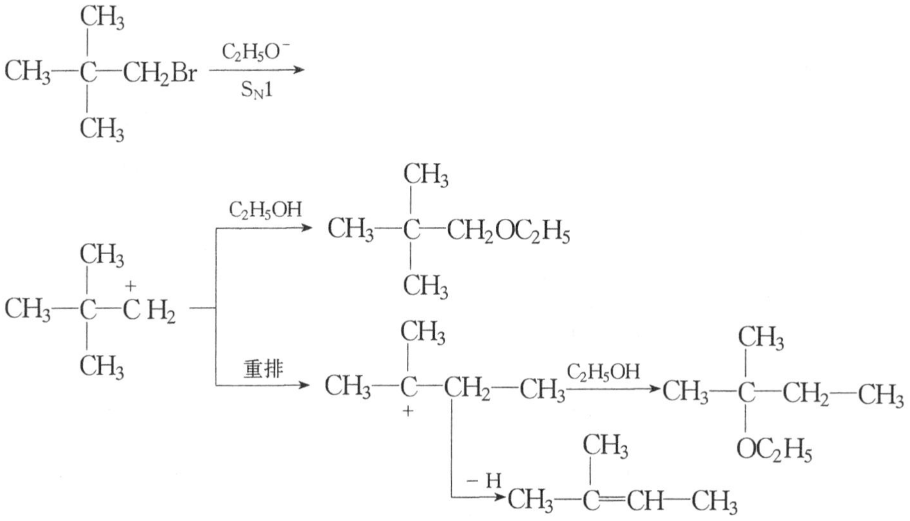

$$(CH_3)_3C-CH_2Br \xrightarrow[S_N1]{C_2H_5O^-}$$

$$(CH_3)_3\overset{+}{C}-CH_2 \begin{cases} \xrightarrow{C_2H_5OH} (CH_3)_3C-CH_2OC_2H_5 \\ \xrightarrow{重排} CH_3-\underset{CH_3}{\overset{CH_3}{\underset{+}{C}}}-CH_2-CH_3 \begin{cases} \xrightarrow{C_2H_5OH} CH_3-\underset{OC_2H_5}{\overset{CH_3}{C}}-CH_2-CH_3 \\ \xrightarrow{-H} CH_3-\underset{CH_3}{\overset{CH_3}{C}}=CH-CH_3 \end{cases} \end{cases}$$

4.3.1.3 S_N1 反应与 S_N2 反应的区别

S_N1 反应与 S_N2 反应的区别见表 4-2。

表 4-2 S_N1 反应与 S_N2 反应的区别

类型	S_N1 反应	S_N2 反应
化学动力学	单分子反应	双分子反应
反应速率方程	$v=k_1[RX]$	$v=k_2[RX][Nu:]$
反应步骤	两步反应	一步反应
卤烷活性	苄基、烯丙基>3°>2°>1°>甲基	苄基、烯丙基>甲基>1°>2°>3°
产物构型	构型翻转+构型保持	构型翻转(瓦尔登转化)
反应特征	有活性中间体碳正离子生成,有重排产物	形成过渡态,无重排产物

4.3.1.4 亲核取代反应的影响因素

亲核取代反应历程究竟以 S_N1 还是以 S_N2 历程为主,其影响因素是多方面的,主要包括卤代烷中烷基(R)的结构,亲核试剂的亲核性的大小,溶剂的极性大小,离去基团(X)的性质等。

1. 烷基结构的影响

(1)烷基结构对 S_N1 的影响表现在电子效应的影响,碳正离子的形成及稳定性决定了反应的速率。

碳正离子的形成顺序

$$\begin{matrix}R_3\overset{+}{C}\\CH_2=CHCH_2\end{matrix} > R_2\overset{+}{C}H > R\overset{+}{C}H_2 > \overset{+}{C}H_3$$

S_N1 反应的速率顺序

$$\begin{matrix}R_3C-X\\CH_2=CHCH_2-X\end{matrix} > R_2CH-X > RCH_2-X > CH_3-X$$

(2)烷基结构对 S_N2 反应的影响表现在空间效应的影响,过渡态形成的难易决定了反应的速率。

当反应中心碳原子(α-C)或(β-C)上连接的烃基越多或基团越大时,产生的空间阻碍越大,阻碍了亲核试剂从离去基团背面接近反应中心进攻(α-C),过渡态难以形成,S_N2 反应就难以进行。

概括来讲,叔卤代烷主要进行 S_N1 反应;伯卤代烷主要进行 S_N2 反应;仲卤代烷两种历程都可,由反应条件而定;烯丙基型卤代烷既易进行 S_N1 反应,也易进行 S_N2 反应;桥头卤代的桥环卤代烃既难进行 S_N1 反应,也难进行 S_N2 反应。

2. 离去基团的影响

无论是 S_N1 反应还是 S_N2 反应,都是离去基团的碱性越弱则离去基团越易离去。碱性很强的基团(如 R_3C^-、R_2N^-、RO^-、HO^- 等)不能作为离去基团进行亲核取代反应,如 ROH、ROR 之类就不能直接进行亲核取代反应,只有在酸性条件下形成 RO^+H_2 和 R_2O^+H 后才能离去。

卤原子(X^-)离去顺序为 $I^->Br^->Cl^->F^-$。

概括来讲,强的离去基团的化合物(如 R—I),倾向于按照 S_N1 历程进行反应;弱的离去基团的化合物(如 R—F),倾向于按照 S_N2 历程进行反应;烯丙式卤代物和苄基型卤代物中卤素容易离去,而按照 S_N1 历程进行反应;乙烯式卤代物和芳卤中的卤素不活泼,很难发生取代反应。

3. 亲核试剂性能的影响

亲核试剂的作用是提供一对电子与 RX 的中心碳原子成键,若试剂给电子的能力强,则成键快,亲核性就强。

试剂的亲核性与下列因素有关:

(1)试剂所带电荷的性质。带负电荷的亲核试剂比呈中性的试剂的亲核能力强。

(2)试剂的碱性。试剂的碱性(与质子结合的能力)愈强,亲核性(与碳原子结合的能力)也愈强。

(3)试剂的可极化性。碱性相近的亲核试剂,其可极化性愈大,则亲核能力愈强。

亲核试剂的强弱和浓度的大小对 S_N1 反应无明显的影响。

亲核试剂的浓度愈大,亲核能力愈强,愈有利于 S_N2 反应的进行。

4. 溶剂的影响

溶剂的极性增加对 S_N1 反应历程有利,对 S_N2 反应历程不利。

$$C_6H_5CH_2Cl \xrightarrow{OH^-} \begin{array}{c} \xrightarrow[S_N1]{H_2O} C_6H_5CH_2OH + Cl^- \\ \xrightarrow[S_N2]{丙酮} C_6H_5CH_2OH + Cl^- \end{array}$$

4.3.2 芳香族卤代烃的亲核取代反应历程

卤苯的亲核取代反应在较高的条件下才能进行,但当苯环上具有一个或多个强的吸电子基团,并且具有一个较好的离去基团时,亲核取代反应就可以在不太激烈的条件下发生。

用 ^{14}C 标记(C^*)的氯苯的取代反应为

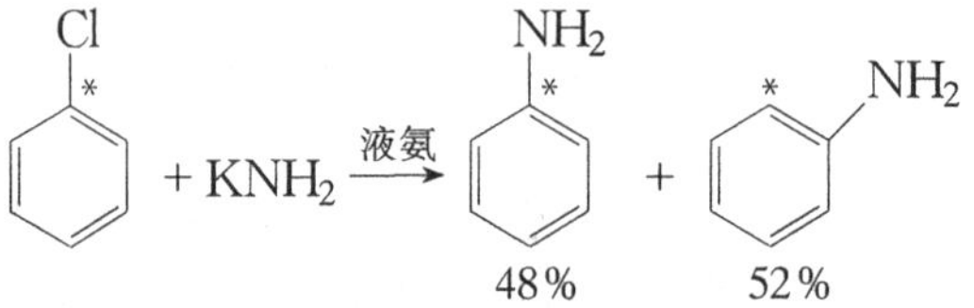

研究认为,该反应是按苯炔机理进行的。

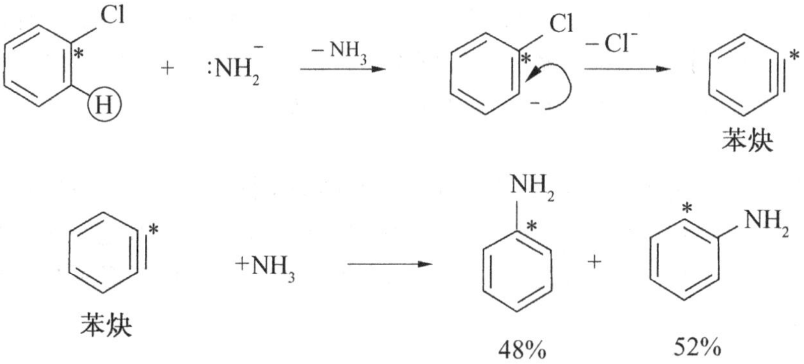

也就是说该反应是由两步构成,第一步是消除反应,生成活性中间体苯炔,第二步是苯炔的加成反应,其反应实质为消除-加成反应。

而硝基卤苯的取代反应,在较温和的条件下即可进行。

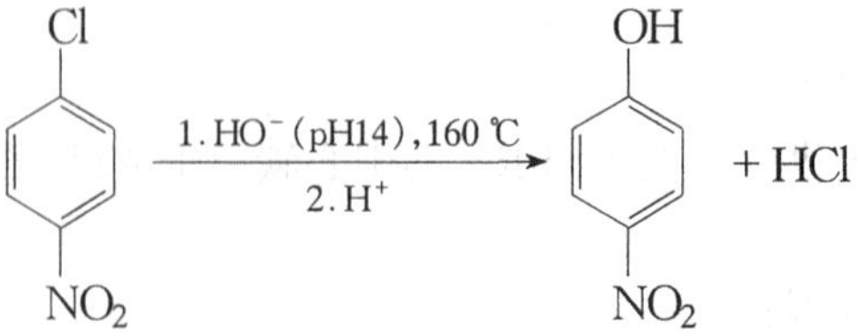

试验表明,该反应的速度与底物的浓度和亲核试剂的浓度成正比,是典型的双分子反应。但是,它与卤代烷的反应有一定的区别,芳香族卤代烃的活性差异很小,即与 Ar—X 键的强度无关。反应也是两步反应,第一步是加成反应生成碳负离子中间体,第二步是消除反

应,即其实质是加成-消除反应。加成反应是决定反应速度的关键步骤。

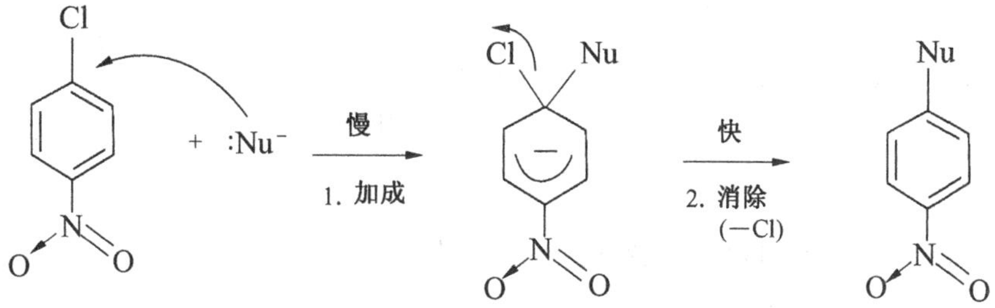

$$\text{反应物} + :Nu^- \xrightarrow[\text{1. 加成}]{\text{慢}} \text{碳负离子中间体} \xrightarrow[\text{2. 消除}(-Cl)]{\text{快}} \text{产物}$$

4.4 消除反应历程

消除反应比较复杂,根据反应中共价键断裂和生成的次序,有三种历程,单分子消除反应(E1 历程)、双分子消除反应(E2 历程)和单分子共轭碱消除反应(E1cB 历程)。而在实际反应中,消除反应往往伴随着取代反应。

4.4.1 单分子消除反应历程

单分子消除反应像 S_N1 取代反应一样,也是分两步进行的,E1 反应的特点是:

(1)在发生消除反应的同时总伴随着取代反应的发生。RX 的消去反应的相对反应活性为:叔卤代烷>仲卤代烷>伯卤代烷。

反应速率 $v=k[RX]$。

$$(CH_3)_3C-Cl \xrightarrow[C_2H_5OH]{H_2O} (CH_3)_3C-OH + CH_3-\underset{\underset{CH_3}{|}}{C}=CH_2$$

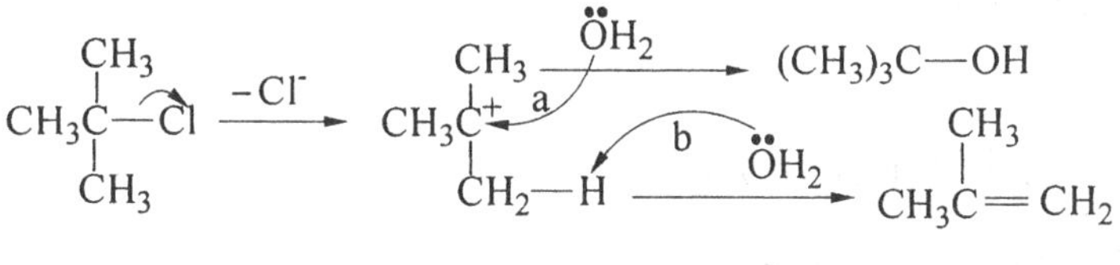

(2)在可能的条件下将发生重排。反应经历碳正离子中间体,伴有重排反应发生。

E1 消除反应一般遵循查氏规则,即氢从含氢较少的 β-C 上脱去,生成取代基较多的稳定烯烃。

$$CH_3CH_2\overset{\alpha}{C}HCH_3 \xrightarrow[\triangle]{KOH-C_2H_5OH} \begin{array}{l} CH_3CH=CHCH_3 \quad (81\%) \\ CH_3CH_2CH=CH_2 \quad (19\%) \end{array}$$
$$\underset{Br}{|}$$

4.4.2 双分子消除反应历程

E2 反应历程与 S_N2 相似,也是一步完成的,动力学上为两级反应,但其反应的位置不同。

$$C_2H_5O^- \quad H \atop CH_3-CH-CH_2 \atop \qquad\quad Br \longrightarrow {C_2H_5O^{\delta-}\cdots H \atop CH_3-CH\mathop{=\!\!=}CH_2 \atop \qquad\qquad Br^{\delta-}} \longrightarrow {C_2H_5OH \atop +} \ CH_3CH=CH_2 + Br^-$$

反应的过渡态

在进行 E2 反应的同时也伴随着 S_N2 反应的发生

$$CH_3CH_2CH_2Br \xrightarrow[C_2H_5OH]{C_2H_5ONa} {CH_3CH=CH_2 \atop + \atop CH_3CH_2CH_2OCH_2CH_3}$$

E2 反应一般从含氢较少的 β-C 上消去得到取代基较多的烯烃，符合查氏规则。如

$$CH_3\underset{Br}{\underset{|}{CH}}CH_2CH_3 \xrightarrow{H_3CO^-} \underset{80\%}{CH_3CH=CHCH_3} + \underset{20\%}{CH_2=CHCH_2CH_3}$$

但对于结构复杂的卤代烃、体积较大的碱性进攻基团或可生成共轭烯烃的情况下，可能产生与查氏规则相反的产物。如

$$CH_3\underset{\underset{CH_3}{|}}{\overset{\overset{CH_3}{|}}{C}}\!-\!\underset{Br}{\overset{CH_3}{\underset{|}{C}}}CH_3 \xrightarrow{(CH_3CH_2)_2CO^-} \underset{8\%}{CH_3\underset{\underset{CH_3}{|}}{\overset{\overset{CH_3}{|}}{C}}=\underset{}{C}CH_3} + \underset{92\%}{CH_3\underset{\underset{CH_3}{|}}{CH}\overset{CH_3}{\underset{|}{C}}=CH_2}$$

$$CH_2=CHCH_2\underset{Cl}{\underset{|}{CH}}\overset{CH_3}{\underset{|}{CH}}CH_3 \xrightarrow{HO^-} \underset{主要产品}{CH_2=CHCH=CHCHCH_3} + \underset{少量产品}{CH_2=CHCH_2CH=\overset{CH_3}{\underset{|}{C}}CH_3}$$

大多数情况下，E2 消除反应是反式消除，但是在某些特定的反应中，顺式消除也是可能的。

4.4.3 单分子共轭碱消除(E1cB)反应历程

具有以下特点的物质容易发生 E1cB 反应：

(1) β-C 上连有强的吸电子基，从而使 β-H 具有较强的酸性，容易离去，碳负离子得以稳定。

(2) 离去基团难离去。

例如，氟代烃易发生 E1cB 反应，得到反查氏规则为主的烯烃。

$$CH_3\underset{F}{\overset{|}{CH}}CH_2CH_2CH_3 \xrightarrow[CH_3OH]{CH_3O^-} \underset{30\%}{CH_3CH=CHCH_2CH_3} + \underset{70\%}{CH_2=CHCH_2CH_2CH_3}$$

其反应机理同醇的 E1cB 机制。

4.5 消除反应与取代反应的竞争

消除反应和取代反应同时存在，相互竞争，当试剂进攻 α-C 时就发生取代反应，当试剂进攻 β-H 时则发生消除反应。反应究竟以何种方式进行，与卤代烃的结构、溶剂、试剂以及反应温度等条件有关。

1. 卤代烃结构对反应竞争的影响

伯卤代烃易于取代，较少消去。但是如果进攻试剂体积大或卤代烃的 β-C 上取代基多，则消去比率大大增加。

$$CH_3CH_2CH_2Br \xrightarrow[CH_3OH]{CH_3O^-} CH_3CH_2CH_2OCH_3 + CH_3CH=CH_2$$
$$\qquad\qquad\qquad\qquad\qquad\quad 90\% \qquad\qquad\quad 10\%$$

$$\underset{\underset{CH_3}{|}}{CH_3CHCH_2Br} \xrightarrow[CH_3OH]{CH_3O^-} \underset{\underset{CH_3}{|}}{CH_3CHCH_2OCH_3} + \underset{\underset{CH_3}{|}}{CH_3C=CH_2}$$
$$\qquad\qquad\qquad\qquad\qquad\quad 40\% \qquad\qquad\quad 60\%$$

$$CH_3CH_2CH_2CH_2CH_2Br \xrightarrow[t\text{-BuOH}]{t\text{-BuO}^-} CH_3CH_2CH_2CH_2CH_2OC(CH_3)_3 + CH_3CH_2CH_2CH=CH_2$$
$$\qquad\qquad\qquad\qquad\qquad\qquad\qquad 15\% \qquad\qquad\qquad\qquad\qquad 85\%$$

对于仲卤代烃，两种反应都会发生。一般进攻试剂碱性越强，体积越大，则发生消去反应的几率越大。

$$\underset{\underset{Cl}{|}}{CH_3CHCH_3} \xrightarrow[EtOH]{EtO^-} \underset{\underset{OEt}{|}}{CH_3CHCH_3} + CH_3CH=CH_2$$
$$\qquad\qquad\qquad\qquad 25\% \qquad\qquad 75\%$$

对于叔卤代烃则以 E2 反应为主。

$$\underset{\underset{Br}{|}}{\underset{|}{\overset{CH_3}{\overset{|}{CH_3CCH_3}}}} \xrightarrow[EtOH]{EtO^-} \overset{CH_3}{\underset{|}{CH_3C=CH_2}}$$

2. 溶剂、试剂对反应竞争的影响

非质子传递溶剂和高浓度的强碱性环境有利于 E2 反应的进行；弱碱和质子溶剂有利于 E1 反应的进行。溶剂的极性增加对 S_N1 反应历程有利，对 S_N2 反应历程不利。

试剂的亲核性越强，越有利于亲核取代反应的发生。亲核性增强，对 S_N2 更有利。试剂的体积越大，对消除反应越有利。

3. 反应温度对反应竞争的影响

反应温度高对所有反应都有利，但更有利于消除反应。

4.6 卤代烃的制备

4.6.1 由烃制备

1. 烃的卤代

$$RH + Cl \xrightarrow{h\nu} RCl + HCl$$

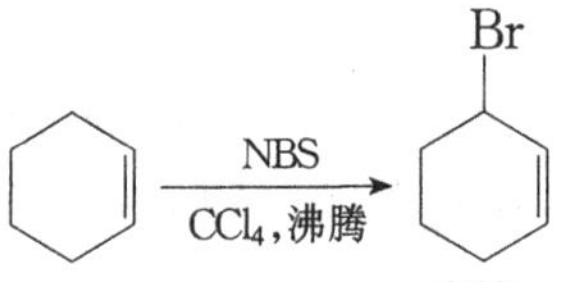

环己烯 $\xrightarrow[CCl_4, 沸腾]{NBS}$ 3-溴环己烯 (85%)

2. 不饱和烃的加成

$$CH_3-CH=CH_2 + HBr \xrightarrow{FeCl_3} CH_3-CHBr-CH_3$$

$$CH_3-CH=CH_2 + HBr \xrightarrow{过氧化物} CH_3CH_2-CH_2-Br$$

3. 氯甲基化反应

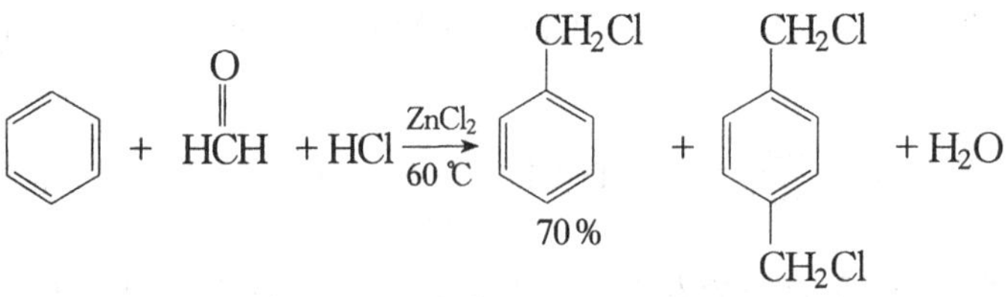

$$\text{苯} + HCHO + HCl \xrightarrow[60\ ℃]{ZnCl_2} \text{苄氯 (70%)} + \text{对二氯甲基苯} + H_2O$$

苯环上有第一类取代基时,使氯甲基化反应容易进行;有第二类取代基和卤素时则使反应难以进行。

4.6.2 由醇制备

常用的试剂有卤化氢、卤化磷及亚硫酰氯。

1. 醇与 HX 作用

$$ROH + HX \rightleftharpoons RX + H_2O$$

2. 醇与卤化磷作用

$$3ROH + PX_3 \longrightarrow 3RX + P(OH)_3 \quad X=Br, I$$

3. 醇与亚硫酰氯作用

$$ROH + SOCl_2 \xrightarrow{回流} RCl + SO_2\uparrow + HCl\uparrow \quad (R 为手性基团)$$

此反应副产物为气体,氯化物分离、提纯方便。

4.6.3 卤代物的互换

$$RCl + NaI \xrightarrow{丙酮} RI + NaCl$$

$$RBr + NaI \xrightarrow{丙酮} RI + NaBr$$

这是一个可逆反应,通常将氯代烷或溴代烷的丙酮溶液与碘化钠共热,由于碘化钠(碘化钾)溶于丙酮后反应生成的 NaCl、NaBr、KCl、KBr 的溶解度很小,这样可使平衡向右移动促使反应继续进行。这是制备碘代烷比较方便且产率较高的方法。

4.7 重要的卤代烃

1. 氯乙烷

氯乙烷是带有甜味的气体,沸点为 12.2℃,低温时可液化为液体。工业上用作冷却剂,在有机合成上用以进行乙基化反应。施行小型外科手术时,用作局部麻醉剂,将氯乙烷喷洒在要施行手术的部位,因氯乙烷沸点低,很快蒸发,吸收热量,温度急剧下降,局部暂时失去知觉。

2. 三氯甲烷

三氯甲烷俗名氯仿,为无色具有甜味的液体,沸点 61℃,不能燃烧,也不溶于水。工业上用作溶剂,在医药上也曾用作全身麻醉剂,因毒性较大,现已很少使用。

3. 二氟二氯甲烷

二氟二氯甲烷俗名氟利昂,为无色气体,加压可液化,沸点 -29.8℃,不能燃烧,无腐蚀和刺激作用,高浓度时有乙醚气味,但遇火焰或接触高温金属表面时,放出有毒物质。氟利昂可用作冷冻剂。但由于能破坏大气臭氧层,国际上已禁止用作冰箱冷冻剂。

4. 四氟乙烯

四氟乙烯 $CF_2=CF_2$ 为无色气体,沸点 -76℃,四氟乙烯聚合得到聚四氟乙烯:

$$n CF_2=CF_2 \longrightarrow \text{\textlparen}CF_2-CF_2\text{\textrparen}_n$$

聚四氟乙烯有耐热性,化学性能非常稳定,有"塑料王"之称。

习 题

1. 命名下列化合物:

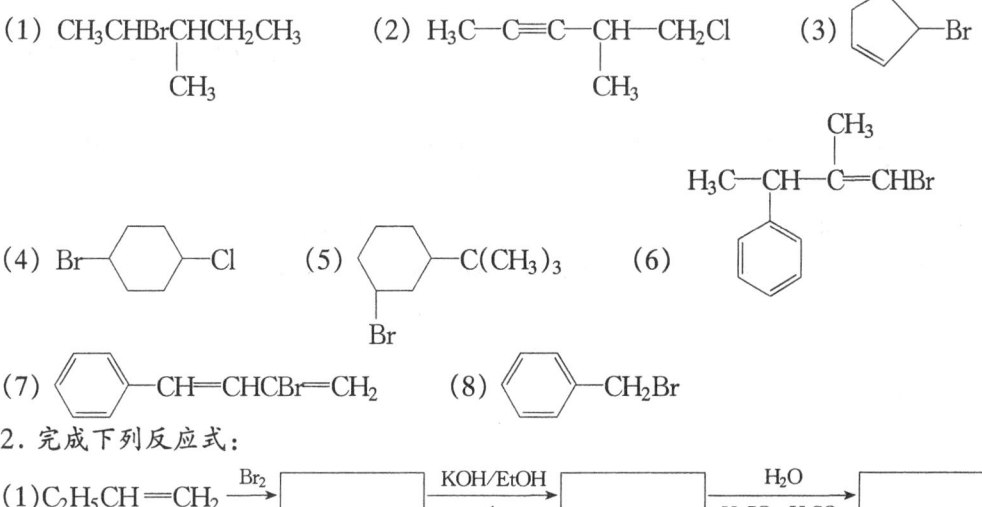

2. 完成下列反应式:

(1) $C_2H_5CH=CH_2 \xrightarrow{Br_2}$ ☐ $\xrightarrow[\triangle]{KOH/EtOH}$ ☐ $\xrightarrow[HgSO_4, H_2SO_4]{H_2O}$ ☐

(2) $ClCH=CHCH_2Cl + CH_3ONa \xrightarrow{CH_3OH}$

(3) 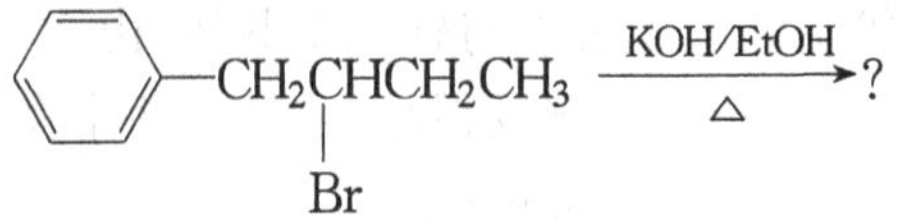 $C_6H_5-CH_2CH(Br)CH_2CH_3 \xrightarrow[\triangle]{KOH/EtOH} ?$

(4) $BrCH_2(CH_2)_4CH_2Br + KCN \xrightarrow{EtOH}$

(5) 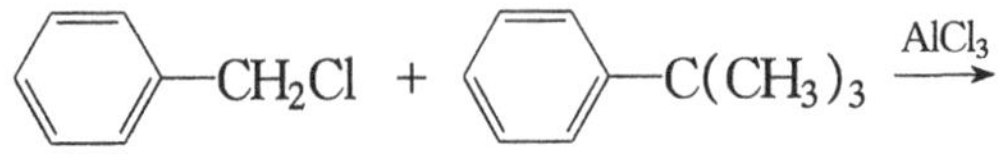 $C_6H_5-CH_2Cl + C_6H_5-C(CH_3)_3 \xrightarrow{AlCl_3}$

(6) 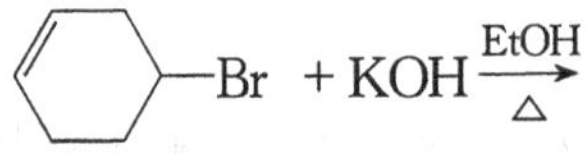 $C_6H_{11}-Br + KOH \xrightarrow[\triangle]{EtOH}$

(7) $CH_3CHBrCH_3 + C_2H_5ONa \xrightarrow{EtOH}$

(8) 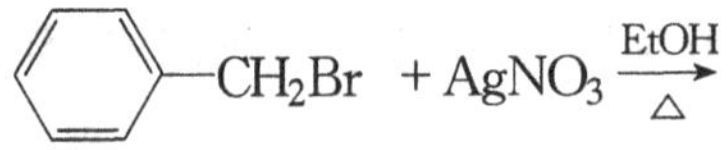 $C_6H_5-CH_2Br + AgNO_3 \xrightarrow[\triangle]{EtOH}$

3．用简明的化学方法区别下列各组化合物：

(1) $CH_3(CH_2)_3CH=CHBr$；　$CH_3(CH_2)_2CHBrCH=CH_2$；　$CH_3CH_2CHBrCH_2CH=CH_2$

(2) 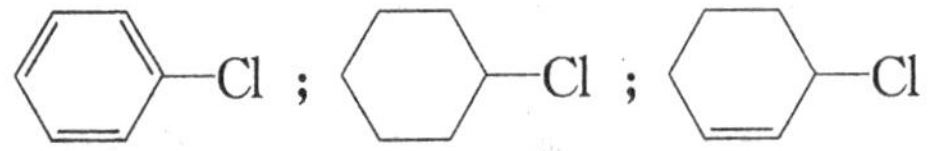 C_6H_5-Cl；　环己基-Cl；　环己烯基-Cl

4．比较下列各组化合物水解时按 S_N1 反应的速率：

(1) 1-苯基-1-氯丙烷；1-苯基-2-氯丙烷；3-苯基-1-氯丙烷

(2) 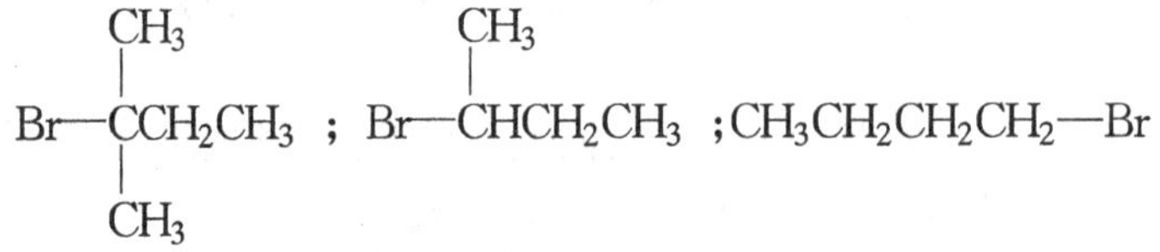 $Br-C(CH_3)_2CH_2CH_3$; $Br-CH(CH_3)CH_2CH_3$; $CH_3CH_2CH_2CH_2-Br$

5．试判断在下列各种情况下卤代烷水解是属于 S_N2 反应机理还是 S_N1 机理？

(1) 产物的构型完全转化；　　　　　(2) 反应分两步进行；

(3) 碱的浓度增大反应速率加快；　　(4) 叔卤代烷水解。

6．2,3-二甲基-3-溴戊烷在碱的乙醇溶液中消除 HBr 时生成下列三种烯烃，请问主要产物是哪一种烯烃？为什么？

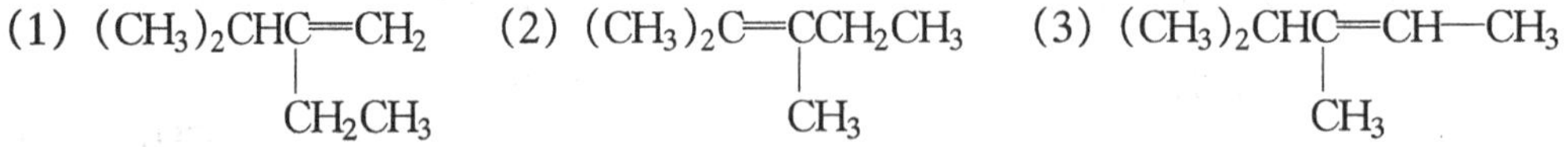

(1) $(CH_3)_2CHC(CH_2CH_3)=CH_2$　　(2) $(CH_3)_2C=C(CH_3)CH_2CH_3$　　(3) $(CH_3)_2CHC(CH_3)=CHCH_3$

7．A 和 B 的分子式均为 $C_5H_{11}I$，脱 HI 后得一烯烃，此烯烃臭氧氧化后再还原水解，得到丙酮和乙醛，已知 A 的消除反应比 B 快，试推导 A 和 B 的结构式。

8．A 和 B 的分子式均为 C_4H_8，二者加溴后的产物再与 KOH 乙醇溶液共热，生成分子式为 C_4H_6 的 C 和 D，D 能与银氨溶液反应生成沉淀，而 C 不能。试推导 A、B、C、D 的结构式。

第 5 章 醇、酚、醚

醇、酚、醚都是烃的含氧衍生物。醇和酚可以看做是烃分子中氢原子被羟基取代而生成的化合物。脂肪烃和芳香烃侧链的氢原子被羟基取代的叫醇,芳香烃苯环上的氢原子被羟基取代的叫酚,醇和酚中羟基上的氢原子被烃基取代而生成的化合物叫醚。如

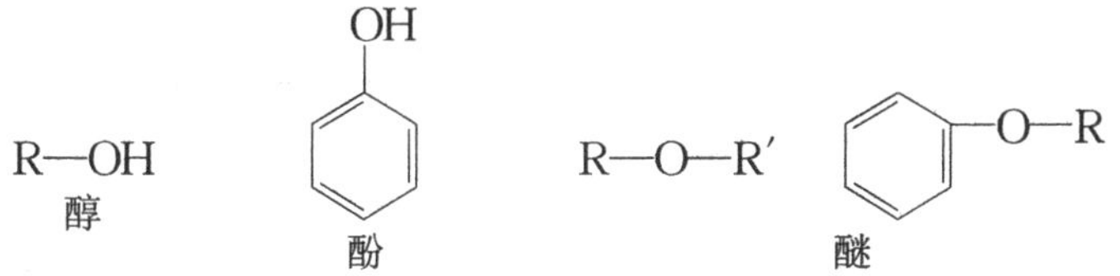

R—OH　　酚　　R—O—R′　　Ar—O—R
醇　　　　　　　　　醚

5.1 醇

5.1.1 醇的结构、分类和命名

5.1.1.1 醇的结构

醇可以看成是烃分子中的一个(或几个)氢原子被—OH取代后的生成物。

在 R—OH 醇分子中,O—H 键是氧原子以一个 sp^3 杂化轨道与氢原子的 1s 轨道互相重叠结合。C—O 键是氧原子以一个 sp^3 杂化轨道与碳原子的 sp^3 轨道互相重叠结合。此外,氧原子还有两对未共享的电子对分别占据其它两个 sp^3 杂化轨道。

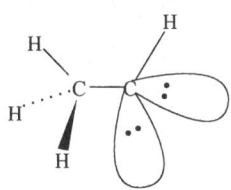

5.1.1.2 醇的分类和异构现象

1. 醇的分类

(1)根据醇含羟基的数目可分为一元醇(CH_3CH_2OH)、二元醇($HOCH_2CH_2OH$)、多元醇等。

(2)根据醇羟基所连的碳原子的结构可分为伯醇(RCH_2OH)、仲醇(R_2CHOH)、叔醇(R_3COH)。

(3)根据醇羟基所连的烃基类型可分为脂肪醇、脂环醇、芳香醇。

(4)根据醇羟基所连的烃基饱和程度可分为饱和醇、不饱和醇。

2. 醇的异构现象

醇的异构包括构造异构和对映异构。

醇的构造异构与卤代烃类似,包括碳干异构、羟基位置异构和官能团异构。官能团异构

指与同分子式的醚的异构现象。对映异构是在碳原子数不少于3的醇分子中,因为手性碳原子的存在而引起的异构现象。

5.1.1.3 醇的命名

(1)简单的醇常采用普通命名法,根据与羟基相连的烃基名称来命名。在"醇"字前面加上烃基的名称。

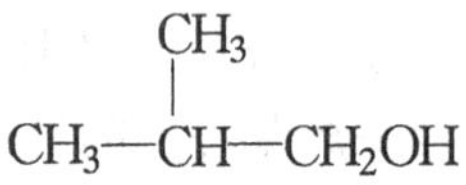

$$CH_3-CH(CH_3)-CH_2OH \quad 异丁醇$$
$$CH_3CH_2CH_2CH_2OH \quad 正丁醇$$ 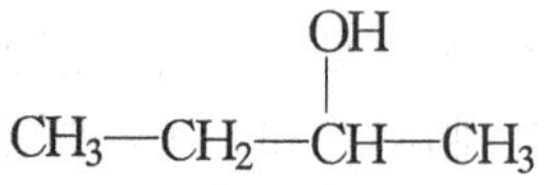
$$CH_3-CH_2-CH(OH)-CH_3 \quad 仲丁醇$$ 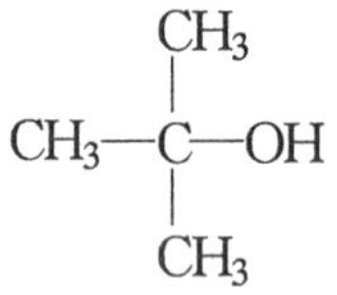
$$(CH_3)_3C-OH \quad 叔丁醇$$ 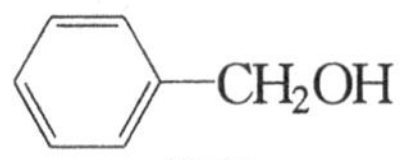
$$C_6H_5-CH_2OH \quad 苄醇$$

简单的醇也可用俗名,如甲醇的俗名为木醇,丙三醇的俗名为甘油。

(2)分子较对称的醇常以甲醇衍生物命名。

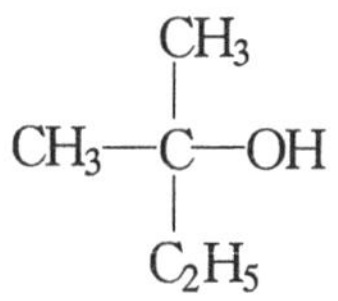

$$CH_3-C(CH_3)(C_2H_5)-OH \quad 二甲基乙基甲醇(叔戊醇)$$ 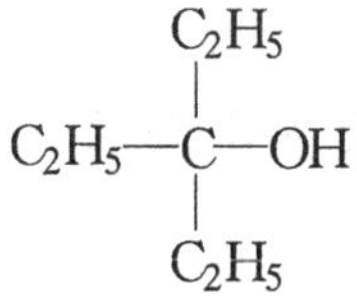
$$C_2H_5-C(C_2H_5)_2-OH \quad 三乙基甲醇$$

(3)结构比较复杂的醇,采用系统命名法。命名原则同前几章,以醇为母体,选取含有羟基的最长链为主链,从离羟基近的一端开始编号。书写时,末尾加上"醇"字,"醇"字前写上羟基的位号,在位号与"醇"之间加上半字线"-"。羟基在1位的醇,可省去羟基的位次。

如果是不饱和醇,则选含有羟基和不饱和键的最长链为主链,从离羟基近端编号。书写时,将表示链中碳原子个数的字放在"烯"或"炔"的前面。分子中含有多个羟基时,则选含羟基数目尽可能多的最长链为主链,根据羟基的数目称为某元醇。芳香醇命名时,常常把芳环作为取代基。

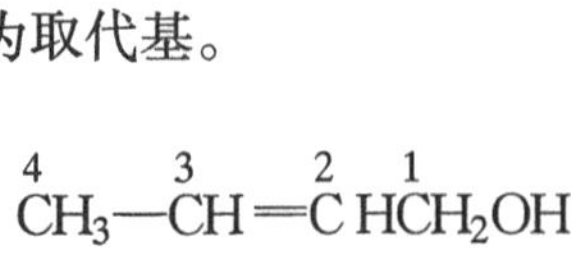

$$\overset{4}{C}H_3-\overset{3}{C}H=\overset{2}{C}H\overset{1}{C}H_2OH \quad 2\text{-丁烯醇(巴豆醇)}$$ 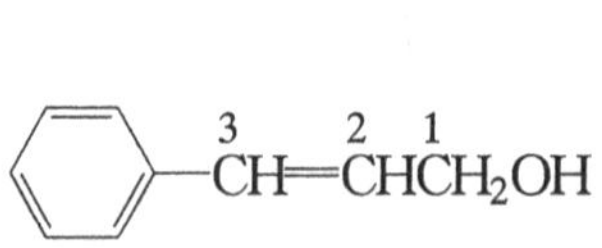
$$C_6H_5-\overset{3}{C}H=\overset{2}{C}H\overset{1}{C}H_2OH \quad 3\text{-苯基-2-丙烯醇(肉桂醇)}$$ 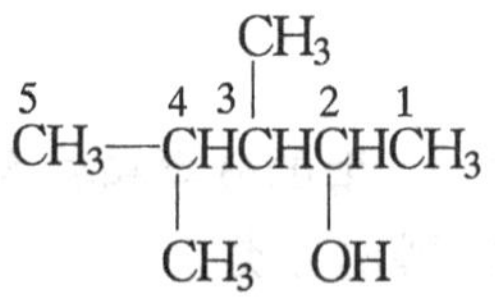
$$\overset{5}{C}H_3-\overset{4}{C}H(CH_3)\overset{3}{C}H(CH_3)\overset{2}{C}H(OH)\overset{1}{C}H_3 \quad 3,4\text{-二甲基-2-戊醇}$$

(4)多元醇的命名方法,要选取含有尽可能多的带羟基的碳链作为主链,羟基的数目写在醇字的前面。用二、三、四等数字表明。

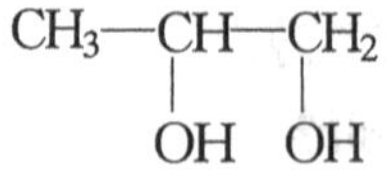

$$CH_3-CH(OH)-CH_2(OH) \quad 1,2\text{-丙二醇}$$ 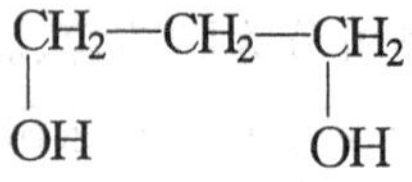
$$CH_2(OH)-CH_2-CH_2(OH) \quad 1,3\text{-丙二醇}$$
顺-1,2-环戊二醇 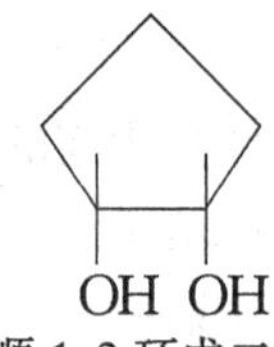

(5)如果分子中除羟基外尚有其它官能团时,需按规定的官能团次序选择最前面的一个官能团作为这个化合物的类名。其它官能团则作为取代基。

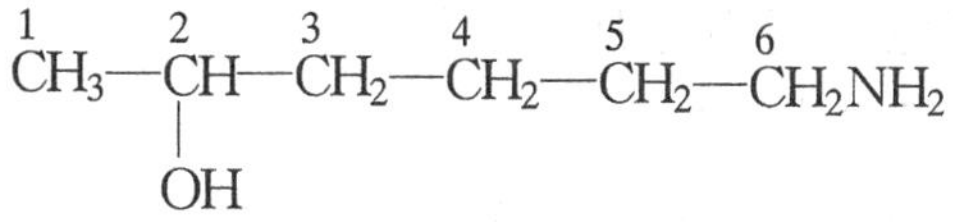

$$\underset{OH}{\overset{1}{CH_3}-\overset{2}{CH}-\overset{3}{CH_2}-\overset{4}{CH_2}-\overset{5}{CH_2}-\overset{6}{CH_2}NH_2}$$

6-氨基-2-己醇

$$\underset{OH}{CH_3CHCH_2CH_2CH_2CHO}$$

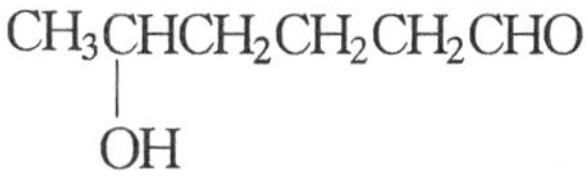

5-羟基己醛 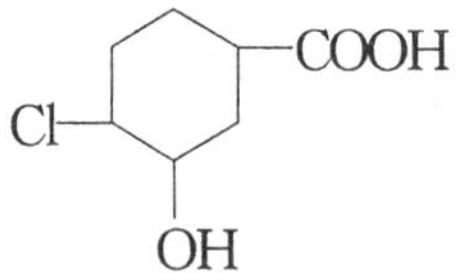   3-羟基-4-氯环己甲酸

5.1.2 醇的物理性质

1. 状态

饱和一元醇中,$C_1 \sim C_4$ 是无色流动液体,$C_5 \sim C_{11}$ 为油状液体,高于 12 个碳原子的醇为蜡状固体。4 个碳原子以下的醇具有醇香味,4~11 个碳原子的醇有不愉快的气味。二元醇和多元醇都具有甜味,故乙二醇有时称为甘醇(glycol)。甲醇有毒,饮用 10 mL 可致失明,再多可致人死亡。

2. 溶解性

低级醇可与水形成氢键而溶于水,甲醇、乙醇和丙醇可与水混溶。随着碳原子数的增多,烃基的影响逐渐增大,醇的溶解度越来越小,高级醇不溶于水。在多元醇中,羟基的数目增多,可形成更多的氢键,溶解度增大。二元醇的水溶性要比一元醇大。甘油富有吸湿性,故纯甘油不能直接用来滋润皮肤,一定要掺一些水,不然它要从皮肤中吸取水分,使人感到刺痛。

醇能溶于强酸(H_2SO_4,HCl),这是由于它能和酸中质子结合成𬬭盐的缘故。正因为醇能和质子形成𬬭盐,故醇在强酸性水溶液中的溶解度要比在纯水中大。如正丁醇在水中溶解度只有 8%,但它能和浓盐酸混溶。醇能溶于浓硫酸,这个性质在有机分析中很重要,常被用来区别醇和烷烃,因为后者不溶于强酸。

3. 沸点

液态醇分子之间能以氢键相互缔合。醇分子从液态到气态的转变,不仅要破坏范德华力,还要破坏分子间的氢键,需要很多的能量,因此醇分子的沸点比相近相对分子质量的烃、卤代烷的沸点要高得多。二元醇、多元醇分子中有两个以上的羟基,可以形成更多的氢键,沸点更高。

在同系列中,醇的沸点也是随着碳原子数的增加而有规律地上升。如直链饱和一元醇中,每增加一个碳原子,它的沸点升高 15~20 ℃。此外,在同数碳原子的一元饱和醇中,沸点随支链的增加而降低。在相同碳数的一元饱和醇中,伯醇的沸点最高,仲醇次之,叔醇最低。

4. 结晶性

低级醇能和一些无机盐类($MgCl_2$,$CaCl_2$,$CuSO_4$ 等)形成结晶状的分子化合物,如低级醇可以与 $MgCl_2$、$CaCl_2$ 等发生络合,形成类似结晶水的化合物,$MgCl_2 \cdot CH_3OH$、$CaCl_2 \cdot 4CH_3CH_2OH$,这种络合物叫结晶醇。因此不能用无水 $CaCl_2$ 作为干燥剂除去醇中的水。结晶醇不溶于有机溶剂而溶于水。利用这一性质可使醇与其它有机物分开或从反应物中除去醇类,如加入 $CaCl_2$ 便可除去乙醚中的少量乙醇。

常见各类醇的物理常数见表 5-1。

表 5-1 一些醇的物理常数

名称	沸点/℃	熔点/℃	相对密度(d_4^{20})	折光率	每 100 g 水中的含量/g
甲醇	65	-93.9	0.7914	1.3	∞
乙醇	78.5	-117.3	0.7893	1.3	∞
正丙醇	97.4	-126.5	0.8035	1.3	∞
异丙醇	82.4	-89.5	0.7855	1.3	∞
正丁醇	117.3	-89.5	0.8098	1.3	7.9
异丁醇	108	-108	0.8018	1.3	9.5
仲丁醇	99.5	-115	0.8063		12.5
叔丁醇	82.3	25.5	0.7887		∞
正戊醇	137.3	-79	0.8144	1.4	2.7
正己醇	158	-46.7	0.8136		0.59
烯丙醇	97	-129	0.8540		∞
乙二醇	198	-11.5	1.1088	1.4	∞
丙三醇	290	20	1.2613	1.4	∞
苯甲醇	205.3	-15.3	1.0419		4

5.1.3 醇的化学性质

醇的化学性质主要取决于其官能团——羟基。从化学键来看,C—O 键和 O—H 键都是极性键,这是最易于发生反应的两个部位。在反应中究竟是哪个键断裂取决于烃基的结构以及反应条件。

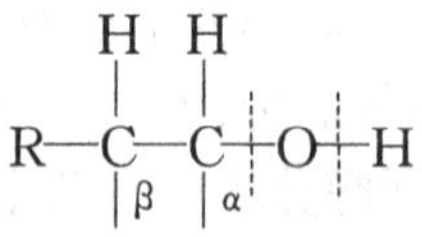

$$R-\overset{H}{\underset{\beta}{C}}-\overset{H}{\underset{\alpha}{C}}-O-H$$

5.1.3.1 与活泼金属作用

在醇羟基中,由于氢与氧相连,氧的电负性大于氢,O—H 键有较大极性,氢可以解离,表现出一定的酸性。醇羟基上的氢较活泼,能被金属所取代,生成氢气和醇金属盐,醇能和 Na、Mg、Al、K 等反应。

$$2EtOH + 2Na \longrightarrow 2EtONa + H_2\uparrow$$

$$2EtOH + Mg \xrightarrow{I_2} (EtO)_2Mg + H_2\uparrow$$

$$6CH_3-\underset{OH}{\underset{|}{CH}}-CH_3 + 2Al \longrightarrow 2(CH_3-\underset{CH_3}{\underset{|}{CH}}-O)_3Al + 3H_2\uparrow$$

$$2(CH_3)_3COH + 2K \longrightarrow 2(CH_3)_3C\text{—}OK + H_2\uparrow$$

醇钠在有机合成中有重要作用,可用作碱性试剂,其碱性比 NaOH 强;醇钠也常用作分子中引入烷氧基(RO—)的亲核试剂。工业上制备乙醇钠是通过乙醇和固体 NaOH 作用,并常在反应中加苯进行共沸蒸馏除去水,使反应向生成乙醇钠的方向移动而提高产率。

醇羟基中氢的反应活性:$CH_3O\text{—}H$ 伯醇＞仲醇＞叔醇

酸性: HO—H CH_3—OH CH_3CH_2—OH $(CH_3)_2CH$—OH $(CH_3)_3C$—OH

pK_a 15.6   16   18   19   18

碱性: HO^- ＜ CH_3O^- ＜ $CH_3CH_2O^-$ ＜ $(CH_3)_2CHO^-$ ＜ $(CH_3)_3CO^-$

与羟基相连的烷基增大时,烷基的推电子能力增强,氧氢之间电子云密度更大,氧氢键更难以断键;同时烷基的增大,空间位阻增大,使得解离后的烷氧基负离子难以溶剂化。因此各种醇的酸性次序为伯醇＞仲醇＞叔醇。醇的酸性比水的还小,所以醇钠放入水中,立即水解得到醇。

$$RCH_2ONa + H_2O \longrightarrow RCH_2OH + NaOH$$

实验室处理钠渣时,不用水而用工业酒精,将少量钠分解掉。无水乙醇的制备方法之一是乙醇中加 Mg,使乙醇镁与醇中的水反应,得无水乙醇。

$$(EtO)_2Mg + 2H_2O \longrightarrow 2EtOH + Mg(OH)_2$$

5.1.3.2 与氢卤酸反应

$$ROH + HX \longrightarrow RX + H_2O$$

HX 的活泼性顺序为 HI＞HBr＞HCl,ROH 的活泼性顺序为 $CH_2=CH\text{—}CH_2OH$ ＞ $R_3C\text{—}OH$＞$R_2CH\text{—}OH$＞RCH_2OH。当伯醇与氢碘酸(47%)一起加热就可生成碘代烃。

$$RCH_2OH + HI \xrightarrow{\triangle} RCH_2I + H_2O$$

与氢溴酸(48%)作用时必须在 H_2SO_4 存在下加热才能生成溴代烃。

$$RCH_2OH + HBr \xrightarrow[\triangle]{H_2SO_4} RCH_2Br + H_2O$$

与浓盐酸作用必须有氯化锌存在并加热才能生成氯代烃。

$$RCH_2OH + HCl \xrightarrow[\triangle]{ZnCl_2} RCH_2Cl + H_2O$$

烯丙式醇($CH_2=CHCH_2OH$ 或 $C_6H_5CH_2OH$)和叔醇在室温下和浓盐酸一起震荡就有氯代烃生成。

$$\begin{array}{c}CH_3\\|\\CH_3\text{—}C\text{—}OH\\|\\CH_3\end{array} \xrightarrow[\text{室温}]{\text{浓 HCl}} \begin{array}{c}CH_3\\|\\CH_3\text{—}C\text{—}Cl\\|\\CH_3\end{array}$$

利用醇和盐酸作用的快慢,可以区别伯、仲、叔醇,所用试剂为无水 $ZnCl_2$ 与浓 HCl(其中无水氯化锌是强路易斯酸)所配成的溶液,称为卢卡斯(Lucas)试剂,用于鉴别 6 个碳以下的醇。因 C_6 以下的醇溶于卢卡斯试剂,相应的氯代烷则不溶,显出混浊,不同结构的醇反应的速度不一样,根据生成浑浊的时间不同,可以推测反应物为哪一种醇。烯丙型醇和叔醇在室温立刻反应,出现浑浊;仲醇在加热或振荡条件下出现浑浊;伯醇在室温下不反应,加热长时间可能反应。

醇与氢卤酸的反应为亲核取代反应,伯醇为 S_N2 历程,叔醇为 S_N1 历程。

在 S_N1 历程中,因碳正离子的生成,在条件适宜时,产物中往往会有以重排(Wagner-Meerwein 重排)为主的产物生成。

$$CH_3-\underset{\underset{H}{|}}{\overset{\overset{CH_2OH}{|}}{C}}-\underset{\underset{H}{|}}{\overset{\overset{CH_3}{|}}{C}}-CH_3 + HCl \longrightarrow CH_3-\underset{\underset{H}{|}}{\overset{\overset{CH_2Cl}{|}}{C}}-\underset{\underset{H}{|}}{\overset{\overset{CH_3}{|}}{C}}-CH_3 + CH_3-\underset{\underset{Cl}{|}}{\overset{\overset{CH_3}{|}}{C}}-CH_2CH_3$$

重排产物

这是由于在反应过程中生成的碳正离子不稳定,容易重排生成比较稳定的碳正离子。当伯醇或仲醇的 β-C 上具有两个或三个烷基或芳基时,在酸作用下能发生重排反应。

$$CH_3-\overset{CH_2OH}{\underset{H}{\overset{|}{C}}}-\overset{CH_3}{\underset{H}{\overset{|}{C}}}-CH_3 + H^+ \longrightarrow CH_3-\overset{\overset{+}{C}H_2OH_2}{\underset{H}{\overset{|}{C}}}-\overset{CH_3}{\underset{H}{\overset{|}{C}}}-CH_3 \longrightarrow CH_3-\overset{CH_3}{\underset{H}{\overset{|}{C}}}-\overset{+}{\underset{H}{\overset{|}{C}}}-CH_3$$

不稳定

$$\xrightarrow[\text{重排}]{\text{氢带着一对电子}} CH_3-\overset{CH_3}{\underset{+}{\overset{|}{C}}}-CH_2CH_3 \xrightarrow{Cl^-} CH_3-\overset{CH_3}{\underset{Cl}{\overset{|}{C}}}-CH_2CH_3$$

较稳定

5.1.3.3 与卤代磷、亚硫酰氯(二氯亚砜)反应

$$3ROH + PX_3 \longrightarrow 3RX + P(OH)_3 \quad 适用\ X=I, Br$$

因为红磷和溴或碘能很快作用生成 PBr_3 或 PI_3,所以实际操作中往往是用红磷和溴或碘代替 PBr_3 或 PI_3。

$$2P + 3Br_2(I_2) \longrightarrow 2PBr_3(PI_3)$$

$$6C_4H_9OH + 2P + 3Br_2 \longrightarrow 6C_4H_9Br + 2H_3PO_3$$

$$6C_2H_5OH + 2P + 3I_2 \longrightarrow 6C_2H_5I + 2H_3PO_3$$

醇和 PCl_3 反应比较复杂,不被用来制备氯代烃,尤其是和伯醇作用时,产物常常是亚磷酸酯,而不是氯代物。用 PCl_5 制备氯代物,仍有酯生成,磷酸酯很难被除清,会影响产物的质量。

$$3ROH + PCl_3 \longrightarrow (RO)_3P + 3HCl$$

亚磷酸酯

$$ROH + PCl_5 \longrightarrow RCl + POCl_3 + HCl$$

$$POCl_3 + 3ROH \longrightarrow (RO)_3PO + 3HCl$$

磷酸酯

目前由醇(特别是伯醇)制备氯代物最常用的方法是用亚硫酰氯作试剂,产物较纯净。

$$R-OH + SOCl_2 \xrightarrow{\text{吡啶}} RCl + SO_2 + HCl \uparrow$$

主要是构型反转产物

$$R-OH + SOCl_2 \xrightarrow{\text{乙醚}} RCl + SO_2 + HCl \uparrow$$

主要是构型保持产物

5.1.3.4 与无机酸的反应

醇能与硫酸、硝酸、磷酸等无机酸发生反应而生成酯。这种醇和酸作用生成酯的反应称为酯化反应。

$$R-OH + H-A \rightleftharpoons R-A + H_2O$$

1. 与硫酸反应

$$RCH_2OH + \underset{伯醇}{H-O\overset{O}{\underset{O}{S}}-OH} \xrightarrow{<100℃} \underset{硫酸氢酯}{RCH_2-OSO_3H} + H_2O$$

十二醇的硫酸氢酯的钠盐是一种合成洗涤剂。

$$C_{12}H_{25}OH + H_2SO_4(浓) \xrightarrow{40\sim55℃} C_{12}H_{25}OSO_3H + H_2O$$

$$C_{12}H_{25}OSO_3H + NaOH \longrightarrow \underset{十二烷基硫酸钠}{C_{12}H_{25}OSO_3Na} + H_2O$$

硫酸氢甲酯和硫酸氢乙酯在减压下蒸馏变成中性的硫酸二甲酯和硫酸二乙酯,它们是很好的烷基化试剂。

$$2CH_3OSO_3H \xrightarrow{减压蒸馏} (CH_3)_2SO_4 + H_2SO_4$$

硫酸二甲酯有剧毒,对呼吸器官和皮肤都有强烈的刺激作用。

2. 与硝酸、亚硝酸反应

HNO_3 能很快和伯醇作用生成酯,和叔醇作用生成烯。硝酸酯受热会发生爆炸,所以在处理和制备硝酸酯时必须小心。

$$\begin{matrix} CH_2-OH \\ | \\ CH_2-OH \\ | \\ CH_2-OH \end{matrix} + 3HNO_3 \longrightarrow \begin{matrix} CH_2-O-NO_2 \\ | \\ CH_2-O-NO_2 \\ | \\ CH_2-O-NO_2 \end{matrix} + 3H_2O$$
三硝酸甘油酯

三硝酸甘油酯俗称硝化甘油,是一种烈性炸药,也能用于舒张血管,治疗心绞痛。

醇能与亚硝酸反应生成亚硝酸酯。

$$\underset{\underset{CH_3}{|}}{CH_3CHCH_2CH_2OH} + HONO \longrightarrow \underset{\underset{CH_3}{|}}{CH_3CHCH_2CH_2ONO} + H_2O$$
亚硝酸异戊酯

3. 与磷酸反应

$$H_3PO_4 + 3ROH \rightleftharpoons \underset{磷酸酯}{(RO)_3PO} + 3H_2O$$

该反应的逆反应更容易进行。所以一般磷酸酯是由醇和 $POCl_3$ 作用制得。

$$3C_8H_{17}OH + \underset{\underset{Cl}{|}}{\overset{Cl}{\underset{}{Cl-P=O}}} \longrightarrow \underset{磷酸三辛酯}{(C_8H_{17}O)_3PO} + 3HCl$$

磷酸酯是一类很重要的化合物,常被用作萃取剂、增塑剂。

5.1.3.5 脱水反应

醇的脱水反应有分子内和分子间脱水两种方式。

$$CH_3-CH_2OH \xrightarrow{H_2SO_4} \begin{array}{l} \xrightarrow{140\ ℃} CH_3CH_2OCH_2CH_3 + H_2O \\ \xrightarrow{>160\ ℃} CH_2=CH_2 + H_2O \end{array}$$

1. 分子内脱水生成烯烃

醇在硫酸、磷酸存在条件下，经加热脱水可生成烯烃。

$$(CH_3)_3C-OH \xrightarrow{浓 H_2SO_4} (CH_3)_2C=CH_2$$

$$\text{环己醇} \xrightarrow[170\ ℃]{浓 H_2SO_4} \text{环己烯}$$

仲醇、叔醇分子内脱水，若有两种不同的取向时，遵守查氏规则。

醇的分子内脱水反应是按 E1 反应机制进行的，醇的反应活性为叔醇＞仲醇＞伯醇。

$$CH_3CH_2CH_2CH_2OH \xrightarrow[140\ ℃]{75\% H_2SO_4} CH_3CH=CHCH_3$$

主要产物
2-丁烯（重排产物）

$$CH_3CH_2CHCH_3 \atop |OH \xrightarrow[100\ ℃]{60\% H_2SO_4} CH_3CH=CHCH_3 + CH_3CH_2CH=CH_2$$

综上所述，醇的脱水反应与烯烃的水合反应是一个可逆反应，控制反应的条件，可使反应向某一方向进行。

2. 分子间脱水生成醚

伯醇在酸催化和一定的反应温度下，可以发生分子间脱水而生成醚。

仲醇和叔醇在酸催化下加热时，主要产物为烯。

醇分子间脱水反应是制备醚的一种方法，一般用于制备简单醚。如果使用两种不同的醇进行反应，产物为三种醚的混合物，无制备意义。

分子间脱水是 S_N2 反应历程，在 130～140 ℃ 时，发生以下反应

$$C_2H_5OH + H_2SO_4 \rightleftharpoons C_2H_5-\overset{+}{O}H_2 + \overset{-}{O}SO_3H$$

$$Et\overset{..}{O}: + Et-\overset{+}{O}H_2 \rightleftharpoons Et-\overset{+}{O}-CH_2CH_3 + H_2O \atop H H$$

$$Et-\overset{+}{O}-CH_2CH_3 + {}^-OSO_3H \rightleftharpoons EtOEt + H_2SO_4 \atop H$$

消除反应涉及 β 位 C—H 的断裂，需要较高的能量，故升高温度对分子内脱水生成烯有利。对叔醇来说，只能分子内脱水生成烯。

5.1.3.6 醇的氧化

仲醇、伯醇的 α-C 原子上有氢，在适当的催化剂作用下，可以被氧化。伯醇的氧化产物

是醛或酸,仲醇的氧化产物是酮。叔醇的 α-C 原子上没有氢,难以被氧化。氧化剂通常采用高锰酸钾、铬酸或重铬酸盐、三氧化铬、浓硝酸等,而 $KMnO_4$ 和 HNO_3 氧化能力最强。

硝酸与重铬酸钾的混合溶液在常温时能氧化大多数伯醇、仲醇,使溶液变色,叔醇不能发生氧化反应,可用这个方法鉴别叔醇与伯醇、仲醇。

$$\left.\begin{array}{r}RCH_2OH \\ R_2CHOH \\ R_3COH\end{array}\right\} \xrightarrow[\text{(橙红色)}]{K_2Cr_2O_7} \begin{array}{l}RCHO \xrightarrow{[O]} RCOOH + Cr^{3+} \quad \text{(绿色)} \\ R_2C=O + Cr^{3+} \quad \text{(绿色)} \\ \text{不反应 颜色不变}\end{array}$$

$$CH_3CH_2OH + Cr^{6+} \longrightarrow CH_3CHO + Cr^{3+}$$
$$\text{(橙色)} \qquad\qquad\qquad \text{(绿色)}$$

用 CrO_3/稀硫酸溶液氧化醇的反应在有机分析中也可用来鉴别伯醇、仲醇和烯烃、炔烃。因为后两者不被氧化。这个氧化反应进行时现象很明显,溶液的颜色从清澈的橙色变成浑浊的蓝绿色。

检查司机是否酒后驾车所用的呼吸分析仪种类很多,其中有应用乙醇被氧化后溶液颜色发生变化这一原理的。

(1)伯醇氧化生成醛或酸:

$$CH_3CH_2OH \xrightarrow{K_2Cr_2O_7/H_2SO_4} CH_3-\overset{\overset{O}{\|}}{C}-H \xrightarrow{[O]} CH_3COOH$$

由于醛很容易被氧化成酸,故伯醇氧化制醛时,可用特殊的氧化剂,如氧化铬吡啶络合物,产物停留在醛一步。

$$Et_2\overset{\overset{}{|}}{\underset{CH_3}{C}}-CH_2OH \xrightarrow[CH_2Cl,25℃]{CrO_3, 2C_5H_5N} Et_2\overset{\overset{}{|}}{\underset{CH_3}{C}}-CHO + H_2O$$

2-甲基-2-乙基丁醛

(2)仲醇氧化生成酮:

$$R-\overset{\overset{}{|}}{\underset{OH}{CH}}-R' \xrightarrow{K_2Cr_2O_7} R-\overset{\overset{}{\|}}{\underset{O}{C}}-R'$$

(3)叔醇只有在强烈氧化条件下才被氧化并发生键的断裂,碳架裂解,产物是低级酮和酸的混合物。

$$CH_3-\overset{\overset{CH_3}{|}}{\underset{CH_3}{C}}-OH \xrightarrow{KMnO_4} CH_3-\overset{\overset{}{\|}}{\underset{O}{C}}-CH_3 + HCOOH + H_2O$$
甲酸

(4)脂环醇如用 HNO_3 等强氧化剂氧化,则碳环破裂生成含相同碳原子数的二元羧酸,或生成酮。

$$\underset{OH}{\bigcirc} \xrightarrow[V_2O_5 55\sim60℃]{50\% HNO_3} \begin{array}{l}CH_2-CH_2COOH \\ | \\ CH_2-CH_2COOH\end{array}$$
己二酸

$$\text{C}_6\text{H}_{11}\text{OH} \xrightarrow{\text{Na}_2\text{Cr}_2\text{O}_7/\text{H}_2\text{SO}_4} \text{环己酮}$$

(5) 选择性氧化。异丙醇铝-丙酮溶液做氧化剂，选择性氧化羟基而保留双键，称奥芬脑尔 (Oppenaner) 氧化法。

$$\text{R—CH=CH—CH—CH}_3 \xrightarrow[\text{丙酮}]{[(\text{CH}_3)_2\text{CHO}]_3\text{Al}} \text{R—CH=CH—C—CH}_3$$
$$\quad\quad\quad\quad\quad\quad\quad\quad\quad |\quad\quad\quad\quad\quad\quad\quad\quad\quad\quad\quad\quad\quad\quad\quad\quad\quad\quad\quad ||$$
$$\quad\quad\quad\quad\quad\quad\quad\quad\quad \text{OH}\quad\quad\quad\quad\quad\quad\quad\quad\quad\quad\quad\quad\quad\quad\quad\quad\quad \text{O}$$

5.1.3.7 催化脱氢

伯、仲醇的蒸汽在高温和有催化剂活性铜或银的条件下发生脱氢反应，生成醛或酮。醇的催化脱氢大多用于工业生产。

$$\text{CH}_3\text{OH} \xrightleftharpoons[700\ ℃]{\text{Ag 或 Cu}} \text{H—C—H} + \text{H}_2 \quad (\text{甲醛})$$

$$\text{CH}_3\text{CH}_2\text{OH} \xrightleftharpoons[550\ ℃]{\text{Ag 或 Cu}} \text{CH}_3\text{—C—H} + \text{H}_2 \quad (\text{乙醛})$$

$$\text{CH}_3\text{—CHCH}_3 \xrightleftharpoons[380\ ℃]{\text{ZnO}} \text{CH}_3\text{—C—CH}_3 + \text{H}_2 \quad (\text{丙酮})$$
$$\quad\quad\quad |$$
$$\quad\quad\quad \text{OH}$$

一般醇的催化脱氢反应是可逆的，为了使反应完全，往往通入一些空气使脱下来的氢转变成水。化工厂由甲醇制甲醛、乙醇制乙醛都是采用这个方法。

叔醇分子没有 α-H，不能脱氢，只能脱水生成烯烃。

5.1.3.8 多元醇的反应

(1) 邻二醇能和许多金属氢氧化物如 Cu(OH)_2 络合。该反应可用于鉴别邻二醇。

$$\begin{array}{c}\text{CH}_2\text{OH}\\|\\\text{CH}_2\text{OH}\end{array} + \text{Cu(OH)}_2 \longrightarrow \begin{array}{c}\text{CH}_2\text{O}\\|\\\text{CH}_2\text{O}\end{array}\!\!\text{Cu} + \text{H}_2\text{O}$$

$$\begin{array}{c}\text{CH}_2\text{—OH}\\|\\\text{CH—OH}\\|\\\text{CH}_2\text{—OH}\end{array} + \text{Cu(OH)}_2 \longrightarrow \begin{array}{c}\text{CH}_2\text{—O}\\|\\\text{CH—O}\\|\\\text{CH}_2\text{OH}\end{array}\!\!\!\!\text{Cu}$$

蓝色可溶性的甘油铜

(2) 与高碘酸反应。邻二醇能被高碘酸 HIO_4 氧化成两个羰基化合物。

$$\begin{matrix}|\\-C-OH\\|\\-C-OH\\|\end{matrix} + HIO_4 \longrightarrow \begin{matrix}|\\-C=O\\\\-C=O\\|\end{matrix} + HIO_3 + H_2O$$

这个特殊的氧化反应常被用来检验邻二羟基结构。由于这个反应是定量的,每分裂一组邻二醇结构要消耗一个分子 HIO_4,因此根据 HIO_4 的消耗量可以推知分子中有几组邻二醇结构,至于氧化反应是否发生了,可用 $AgNO_3$ 来检测,是否有白色 $AgIO_3$ 沉淀生成。

$$HIO_3 + AgNO_3 \longrightarrow AgIO_3 \downarrow + HNO_3$$

能被 HIO_4 氧化断键的还有 α-羰基醇($-\overset{O}{\overset{\|}{C}}-\overset{OH}{\overset{|}{C}}-$ 或称 α-羟基醛酮)。

$$R-\overset{O}{\overset{\|}{C}}\overset{}{\underset{}{\mid}}\overset{OH}{\overset{|}{\underset{H}{C}}}-R' \xrightarrow{HIO_4} R-\overset{O}{\overset{\|}{C}}-OH + H-\overset{O}{\overset{\|}{C}}-R' + HIO_3$$

用四乙酸铅代替 HIO_4 可得到同样的结果。

(3) 片呐醇重排。四烃基乙二醇即片呐醇(pinacol),与硫酸作用时,脱水生成片呐酮(pinacolone)。

$$R-\overset{R}{\overset{|}{\underset{OH}{C}}}-\overset{R}{\overset{|}{\underset{OH}{C}}}-R \xrightarrow{H^+} R-\overset{R}{\overset{|}{\underset{R}{C}}}-\overset{}{\underset{O}{C}}-R$$

片呐醇　　　片呐酮

其反应历程为

$$R-\overset{R}{\overset{|}{\underset{OH}{C}}}-\overset{R}{\overset{|}{\underset{OH}{C}}}-R \xrightarrow{H^+} R-\overset{R}{\overset{|}{\underset{+OH_2}{C}}}-\overset{R}{\overset{|}{\underset{OH}{C}}}-R \xrightarrow{-H_2O} R-\overset{R}{\overset{|}{\underset{+}{C}}}-\overset{R}{\overset{|}{\underset{OH}{C}}}-R \xrightarrow{-R迁移}$$

$$R-\overset{R}{\overset{|}{\underset{R}{C}}}-\overset{+}{\underset{OH}{C}}-R \xrightarrow{-H^+} R-\overset{R}{\overset{|}{\underset{R}{C}}}-\overset{}{\underset{O}{C}}-R$$

5.1.4 醇的制备

5.1.4.1 由烯烃制备醇

1. 烯烃的水合制备醇

$$CH_2=CH_2 + H_2O \xrightarrow{H_3PO_4} CH_3CH_2OH$$

$$C_6H_5-CH=CH_2 \xrightarrow[\text{②}NaBH_4]{\text{①}Hg(OAc)_2} C_6H_5-\overset{OH}{\overset{|}{CH}}-CH_3$$

2. 硼氢化-氧化反应制备醇

$$CH_3CH=CH_2 \xrightarrow{B_2H_6} \xrightarrow[OH^-]{H_2O_2} CH_3CH_2CH_2OH$$

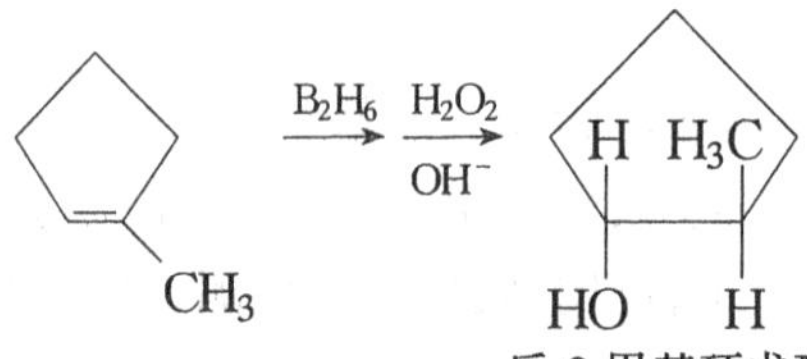

反-2-甲基环戊醇

注意：乙硼烷和烷基硼在空气中可自燃。一般不预先制好，而把 BF_3 的乙醚溶液加到 $NaBH_4$ 与烯烃的混合物中，使 B_2H_6 一生成即与烯烃发生反应。

$$3NaBH_4 + 4BF_3 \xrightarrow{Et_2O} 2B_2H_6 + 3NaBF_4$$

通常硼氢化时用的商品乙硼烷是甲硼烷的四氢呋喃溶液。

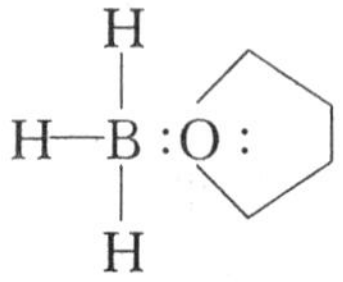

甲硼烷-四氢呋喃络合物

5.1.4.2 由醛、酮、环氧乙烷制备醇

1. 醛、酮与格氏试剂反应

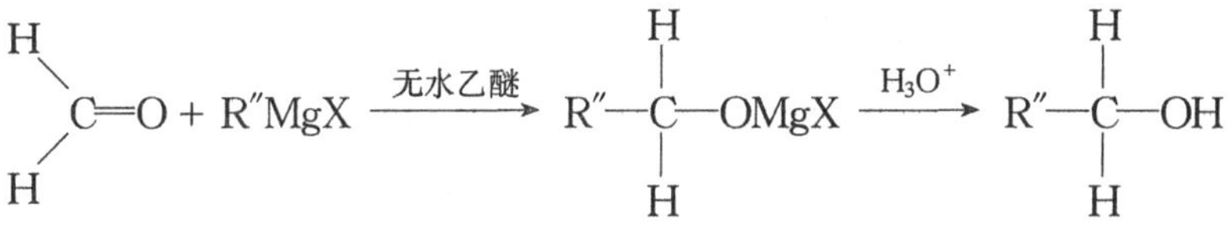

（伯醇）

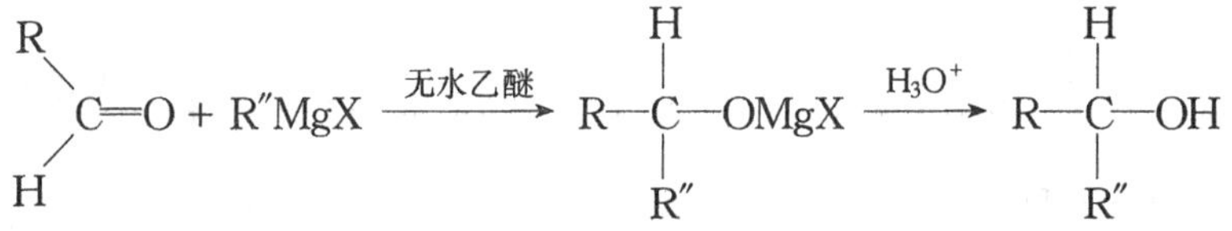

（仲醇）

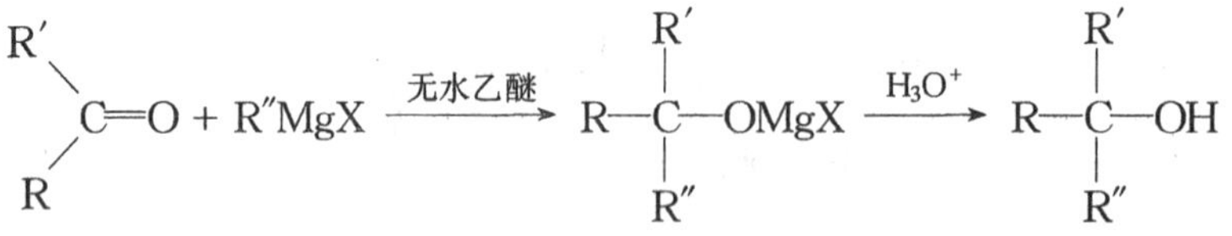

（叔醇）

在进行格氏反应时，卤代烃、醛、酮和用作溶剂的醚必须干燥。在实验开始前，仪器要完全干燥，且使反应系统与空气隔绝（一般用 $CaCl_2$ 干燥管）。最后水解一步用稀的无机酸，如硫酸（盐酸），这样可将难处理的胶状物质 $Mg(OH)X$ 转变成水溶性的镁盐。

$$Mg(OH)X + H^+ \longrightarrow Mg^{2+} + X^- + H_2O$$

2. 环氧乙烷与格氏试剂反应

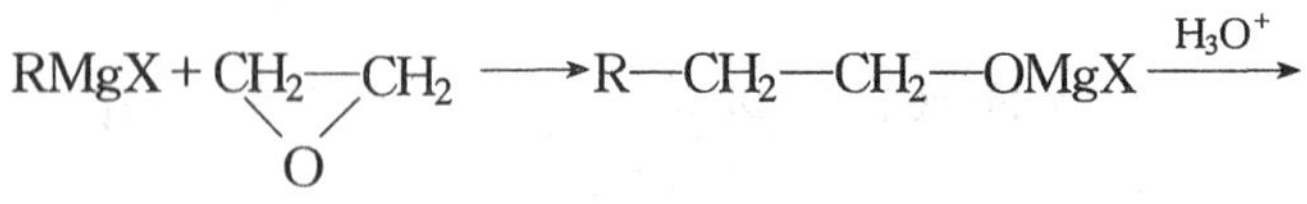

$$RMgX + CH_2-CH_2 \longrightarrow R-CH_2-CH_2-OMgX \xrightarrow{H_3O^+}$$

$$R-CH_2-CH_2-OH \quad (伯醇)$$

3. 由醛和酮还原

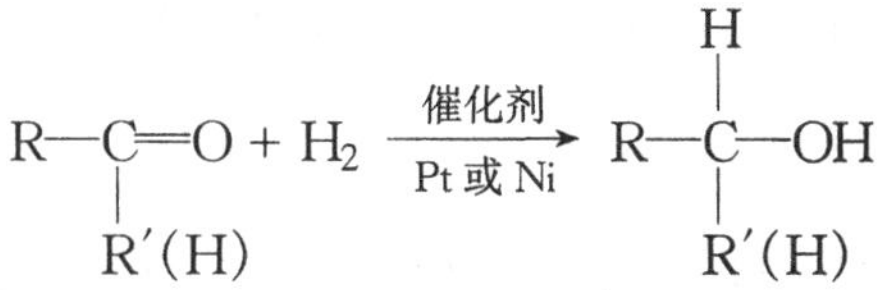

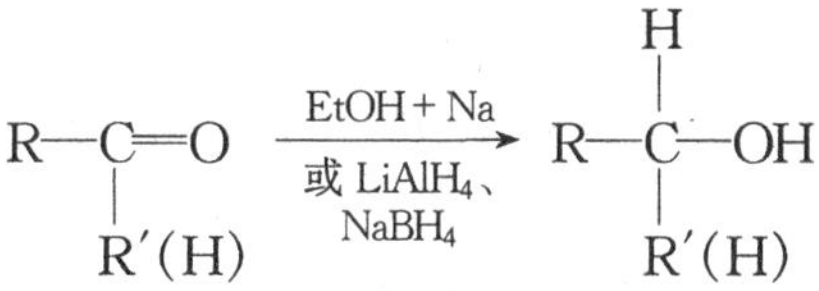

$$\underset{R'(H)}{R-C=O} + H_2 \xrightarrow[\text{Pt 或 Ni}]{\text{催化剂}} \underset{R'(H)}{R-\overset{H}{\underset{|}{C}}-OH}$$

$$\underset{R'(H)}{R-C=O} \xrightarrow[\text{或 LiAlH}_4、\text{NaBH}_4]{\text{EtOH + Na}} \underset{R'(H)}{R-\overset{H}{\underset{|}{C}}-OH}$$

5.1.4.3 卤代烃水解制备醇

$$RX + NaOH \longrightarrow ROH + NaX$$

这种制备方法有很大的局限性：第一，有严重的副反应，产生烯烃，故水解时要用 Na_2CO_3 等较缓和的碱性试剂。第二，在一般情况下，醇比卤代烃容易得到，因此通常是由醇来制卤代烃，而不是由卤代烃来制醇，只有在相应的卤代烃容易得到时才采用这个方法。如用 α-氯丙烯水解制备烯丙醇。

$$CH_2=CH-CH_2-Cl \xrightarrow[H_2O]{Na_2CO_3} CH_2=CH-CH_2OH$$

因为 α-氯丙烯很容易由丙烯高温氯化得到，目前工业上生产烯丙醇是通过环氧丙烷重排制得的。

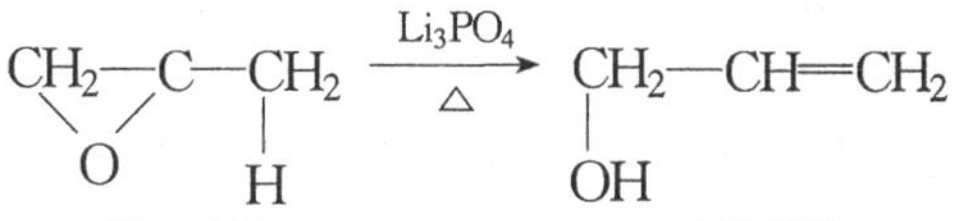

$$\underset{\text{环氧丙烷}}{\underset{O}{\underset{|}{CH_2-C-CH_2}}\!\!\!\!\!\!\!\!\!\!\diagdown\!\!\diagup} \xrightarrow[\triangle]{Li_3PO_4} \underset{\text{烯丙醇}}{CH_2-CH=CH_2 \atop OH}$$

5.1.5 重要的醇

1. 甲醇

甲醇最早从木材干馏得到，所以俗称木精或木醇。现可用合成气（主要成分是 CO 和 H_2）为原料，在高温、高压和催化剂的作用下直接合成。

甲醇是无色易燃液体，沸点 65 ℃，能溶于水，有剧毒。误饮后能使双目失明，量多时可以致死。甲醇是一种优良溶剂，也是有机合成工业的基本原料之一，还可用作汽车或喷气式飞机的燃料。

2. 乙醇

乙醇是酒的主要成分，俗称酒精。常温下乙醇为无色有醇香的易燃液体，沸点 78.5 ℃，相对密度 0.789。乙醇可与水任意混溶。乙醇是人类利用最早的有机物之一。在工业上由糖类发酵或乙烯加水制备。工业酒精是含 95.6% 乙醇与 4.4% 水的恒沸混合物，沸点 78.15 ℃，用直接蒸馏方法无法除去所含水分，通常用生石灰处理吸收水分后再蒸馏可得 99.5% 的乙醇，俗称无水酒精。欲使含水量进一步降低，则可在无水乙醇中加入金属镁处理后在完全干燥的环境中蒸馏，可得到 99.95% 的高纯度酒精。

在制备无水酒精时，不能用无水氯化钙干燥，因为乙醇与氯化钙可形成结晶醇（$CaCl_2 \cdot$

$4C_2H_5OH$)。结晶醇溶于水而不溶于有机溶剂,故常利用这一性质使醇与其它有机化合物分开或从混合物中除去醇。

乙醇的用途很广,它是有机合成的重要原料,又是重要的有机溶剂,医药上用作消毒剂(70%的乙醇)、防腐剂,还可作燃料。

3. 三十烷醇

三十烷醇学名1-三十醇[$CH_3(CH_2)_{28}CH_2OH$],是一些植物蜡(如米糠蜡)和动物蜡(如蜂蜡)的组成成分。将这些蜡水解,可以分离到三十烷醇。

纯三十烷醇是白色鳞片状晶体,熔点87 ℃,不溶于水,难溶于冷乙醇和丙酮,易溶于氯仿和四氯化碳等有机溶剂。

三十烷醇是一种植物生长调节剂,能提高作物的代谢水平和光合强度,加强干物质积累和能量储存,促进和改善作物的产量,在提高农作物产量和改善品质上有良好的作用。它具有使用剂量低、对人畜无毒、适用性广等优点。

4. 乙二醇

乙二醇是最简单也是最重要的二元醇,俗称甘醇,工业上用环氧乙烷水解制得。它是无色带有甜味的黏稠状液体,沸点198 ℃,熔点-16 ℃,能与水、乙醇或丙酮混溶,但不溶于极性较小的乙醚。

乙二醇是高沸点溶剂,是合成涤纶及其它高聚物的原料,其水溶液的冰点较低,故是良好的防冻剂。

5. 丙三醇

丙三醇俗称甘油,为无色、无臭、有甜味的黏稠液体。沸点290 ℃,熔点18 ℃,相对密度1.26。与水任意混溶,有很强的吸湿性,不溶于乙醚、氯仿等有机溶剂。甘油广泛应用于化妆品、皮革、烟草、食品及纺织等工业作为润湿剂或添加剂,还可用作硝化甘油、合成树脂等的原料。

在碱性溶液中,甘油能与Cu^{2+}作用而得到深蓝色溶液。这个反应可用来鉴别多元醇。

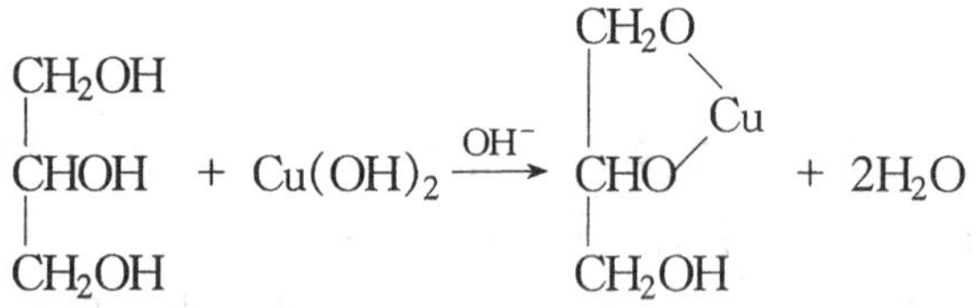

$$\begin{array}{c} CH_2OH \\ | \\ CHOH \\ | \\ CH_2OH \end{array} + Cu(OH)_2 \xrightarrow{OH^-} \begin{array}{c} CH_2O \\ \diagdown \\ CHO \\ | \\ CH_2OH \end{array}\!\!\!Cu + 2H_2O$$

甘油可从动植物油脂水解得到,是肥皂工业的副产品。工业上合成甘油是利用石油裂解气中的丙烯,通过高温氯化水解制得。

6. 环己六醇

环己六醇最初从动物肌肉中分离得到,故俗称肌醇。环己六醇为白色结晶,熔点225 ℃,相对密度1.75,有甜味,易溶于水而不溶于有机溶剂。

肌醇不仅存在于动物肌肉、心脏、肝、脑等器官中,而且也广泛存在于植物体中。它能促进肝和其它组织中的脂肪代谢,也能降低血压,可用于治疗肝病及胆固醇过高引起的疾病。

肌醇的六磷酸酯叫植酸。植酸常以钙盐的形式存在于植物体内,在种子、谷物种皮、胚等处含量较多,种子发芽时,它在酸的催化下分解,供给幼芽生长所需的磷酸。

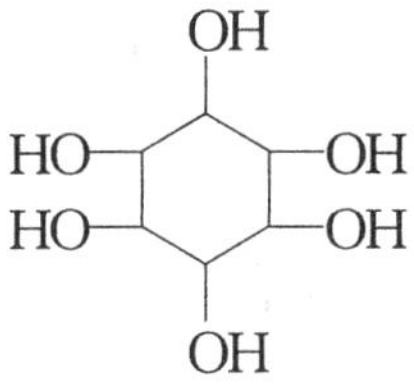

肌醇 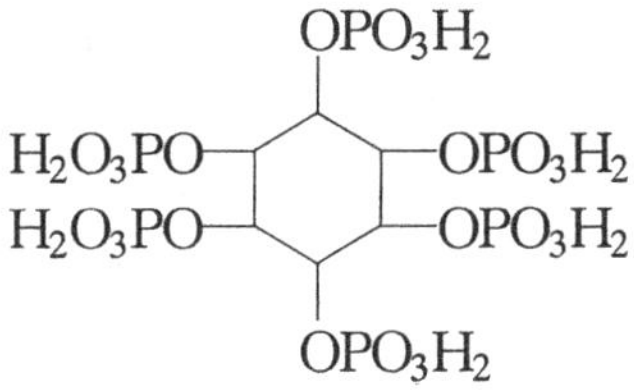　　　　　　　植酸

目前，肌醇的工业生产多以淀粉尾水、玉米浸渍水和米糠等农副产品为原料制得。

5.2 酚

5.2.1 酚的结构、分类和命名

5.2.1.1 酚的结构

在酚分子中，羟基直接与芳环相连，其通式为 Ar-OH。酚中氧为 sp^2 杂化，两个杂化轨道分别与碳和氢形成两个 σ 键，剩余一个杂化轨道被一对孤对电子占据，还有一个也被一对孤对电子占据的 p 轨道，此 p 轨道垂直于苯环并与环上的 π 键发生侧面重叠，形成大的 p-π 共轭体系。在 p-π 共轭体系中，氧起着给电子的共轭作用，氧上的电子云向苯环偏移，苯环上电子云密度增加，苯环的亲电活性增加，氧氢之间的电子云密度降低，增强了羟基上氢的解离能力。

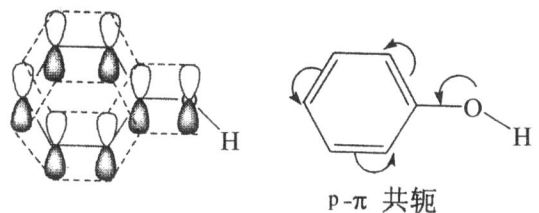

p-π 共轭

5.2.1.2 酚的分类

根据酚羟基的数目，酚可分为一元酚、二元酚和多元酚。

5.2.1.3 酚的命名

一般是在"酚"字前面加上芳环的名称作母体，再加上其它取代基的名称和位次。多元酚的命名则与多取代烷基苯相似。

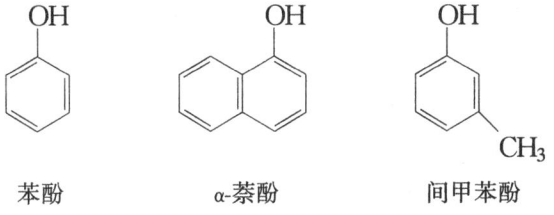

苯酚　　　　α-萘酚　　　　间甲苯酚

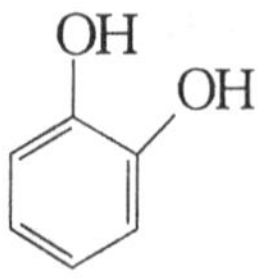

邻苯二酚 　　　　　对苯二酚 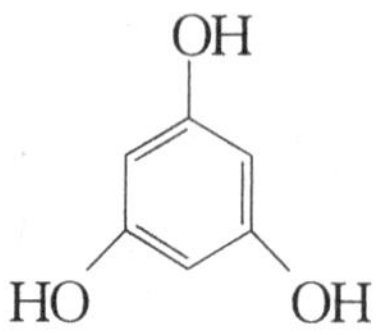　　　　　间苯三酚

5.2.2 酚的物理性质

酚一般多为固体，少数烷基酚为液体。由于分子间形成氢键，所以沸点都很高，微溶于水。纯的酚是无色的，由于易氧化往往带有红色至褐色。酚毒性很大，杀菌和防腐作用是酚类化合物的重要特性之一，消毒用的"来苏水"即为甲酚(甲基苯酚各异构物的混合物)与肥皂溶液的混合液。

邻硝基苯酚有分子内氢键，沸点比间和对硝基苯酚低得多，而间和对硝基苯酚可与水形成氢键，因而在水中有较大的溶解度。

常见酚的物理常数见表5-2。

表5-2　酚的物理常数

名称	熔点/℃	沸点/℃	每100 g水中的含量/g	折光率	pK_a
苯酚	43	181.8	8	1.5509	9.95
邻甲苯酚	31	191	2.5	1.5361	10.2
间甲苯酚	11.5	202.2	2.6	1.5438	10.01
对甲苯酚	34.8	201.6	2.3	1.5312	10.17
邻苯二酚	105	245	45	1.604	9.4
间苯二酚	111	281	123	1.561	9.4
对苯二酚	173	285	8	1.5524	10.0
1,2,3-苯三酚	133	309	62		7.0
1,3,5-苯三酚	218	升华	1		7.0
邻氯苯酚	9	174.9	2.8	1.5565	
间氯苯酚	33	214	2.6	1.5579	
对氯苯酚	43.2	219.8	2.7	1.5723	
邻硝基苯酚	45.3	216	0.2		
间硝基苯酚	97	197	2.2		
对硝基苯酚	114.9	219 分解	1.3		
α-萘酚	96	288	<0.1		9.3
β-萘酚	123	295	0.1		9.5

5.2.3 酚的化学性质

酚中羟基与苯环形成大的 p-π 共轭体系,由于氧的给电子共轭作用,与氧相连的碳原子上电子云密度增高,所以酚不像醇那样易发生亲核取代反应;相反,由于氧的给电子共轭作用使苯环上的电子云密度增高,使得苯环上易发生亲电取代反应。

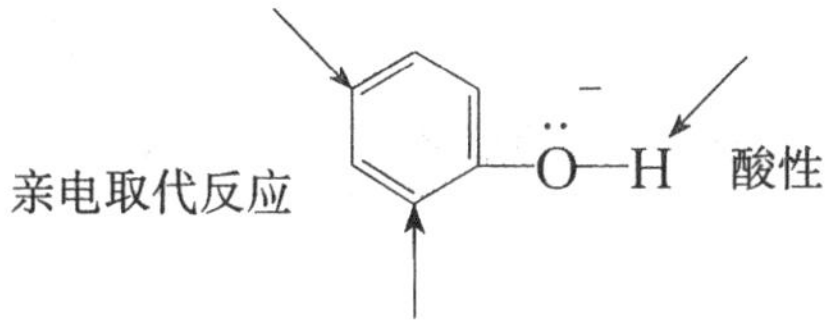

亲电取代反应 ← (苯环-O-H) → 酸性

5.2.3.1 酚羟基的反应

1. 酸性反应

酚可以与氢氧化钠反应生成酚钠,故酚可以溶于氢氧化钠溶液中。

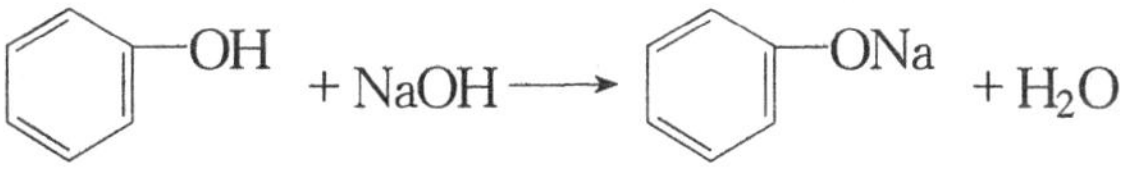

$$C_6H_5OH + NaOH \longrightarrow C_6H_5ONa + H_2O$$

酚比醇的酸性大,这是因为酚中的氧的给电子作用,使得电子向苯环转移,氧氢之间的电子云密度降低,氢氧键减弱,易于断裂,显示出酸性。苯酚的酸性比羧酸、碳酸弱,比水、醇强。大多数酚的 $pK_a = 10$。

酚的酸性比碳酸的酸性弱,向酚钠溶液中通入二氧化碳,酚又可以游离出来。利用此反应可以把酚同其它有机物分离。

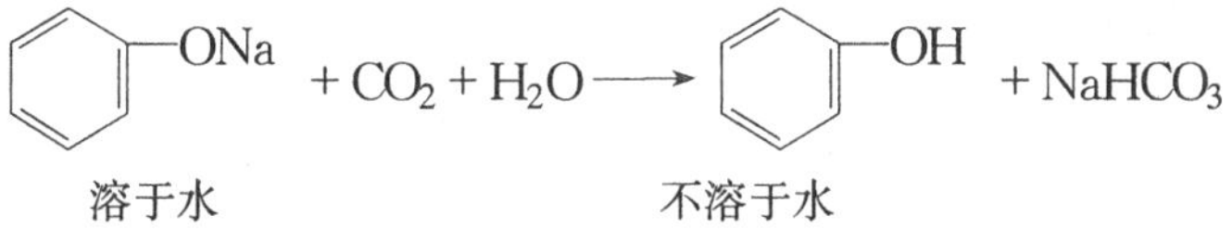

$$C_6H_5ONa + CO_2 + H_2O \longrightarrow C_6H_5OH + NaHCO_3$$

溶于水   不溶于水

酚的酸性受到与芳环相连的其它基团的影响,当芳环上连有吸电子基团时,由于共轭效应和诱导效应的影响,使得氧氢之间的电子云向芳环上移动,氧氢之间的电子云密度减小,更易解离出氢离子,从而显示出更强的酸性。相反,当芳环上连有给电子基团时,由于共轭效应和诱导效应的影响,使得氧氢之间的电子云增大,氧氢之间的共价键增强,难解离出氢离子,表现为酸性降低。

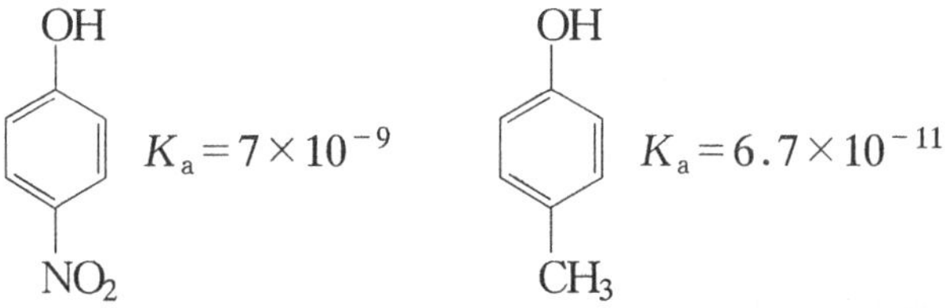

对硝基苯酚 $K_a = 7 \times 10^{-9}$ 对甲基苯酚 $K_a = 6.7 \times 10^{-11}$

氧负离子稳定,酸性大。氧负离子不稳定(电荷得不到充分分散)酸性就小。

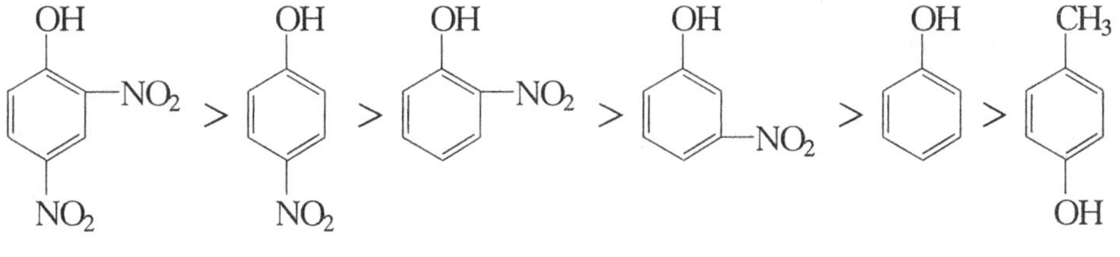

2,4-二硝基苯酚 > 对硝基苯酚 > 邻硝基苯酚 > 间硝基苯酚 > 苯酚 > 对甲基苯酚

2. 与 FeCl₃ 的显色反应

具有烯醇式结构的化合物大多数能与三氯化铁的水溶液反应,显出不同的颜色,称之为显色反应,酚中具有烯醇式结构,也可以与三氯化铁起显色反应。结构不同的酚所显颜色不同(见表 5-3),此反应可用于鉴别含有烯醇式结构的化合物。

$$6C_6H_5OH + FeCl_3 \longrightarrow H_3[Fe(OC_6H_5)_6] + 3HCl$$

苯酚 　　　　　　　　　　　紫色(络离子)

表 5-3　酚和三氯化铁产生的颜色

化合物	生成的颜色	化合物	生成的颜色
苯酚	紫	间苯二酚	紫
邻甲苯酚	蓝	对苯二酚	暗绿色结晶
间甲苯酚	蓝	1,2,3-苯三酚	淡棕红色
对甲苯酚	蓝	1,3,5-苯三酚	紫色沉淀
邻苯二酚	绿	α-萘酚	紫色沉淀

3. 酚醚与酚酯的生成

酚与醇相似,可以生成醚,但由于 p-π 共轭,一般不能用分子间脱水制备酚醚,而用酚钠与卤代烷或硫酸二甲酯作用制得。

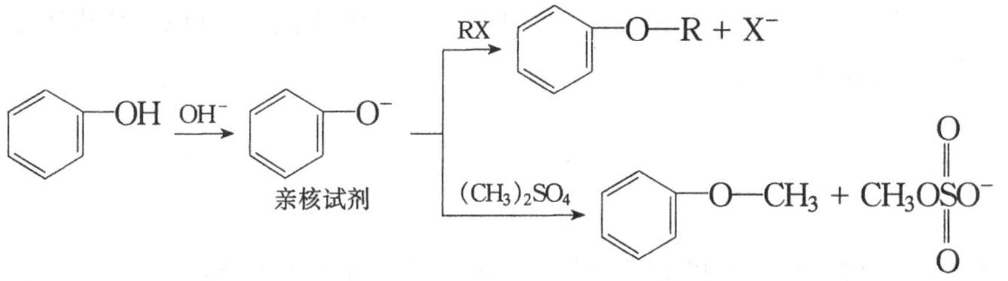

酚不能直接与羧酸反应,但能与酰氯、酸酐作用生成酚酯,而酚酯往往发生重排反应。

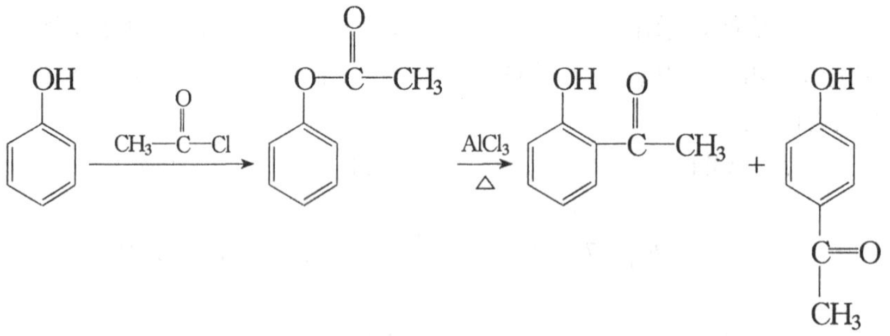

5.2.3.2 芳环上的亲电取代反应

由于羟基的给电子作用,使得酚的芳环上电子云密度增大,芳环的活性增大,容易发生亲电取代反应,如卤代、硝化、磺化等。

1. 卤代反应

苯酚与溴水反应非常快,室温下即刻反应得到三溴苯酚白色沉淀,反应灵敏,现象明显,质量分数 10×10^{-6} 的苯酚溶液也可以检出,此反应常用于苯酚的定性鉴别和定量测定。

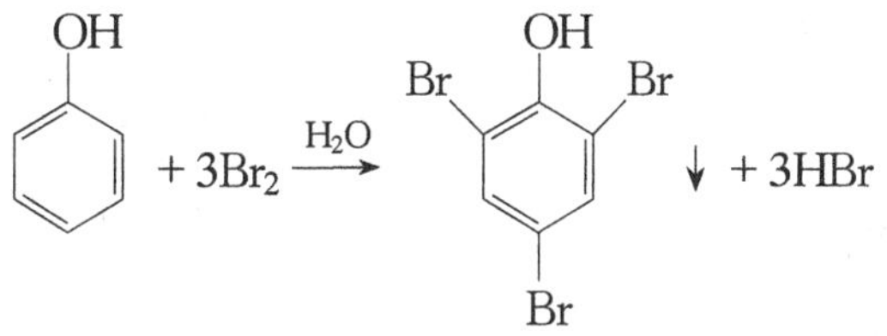

苯酚 + 3Br$_2$ $\xrightarrow{H_2O}$ 2,4,6-三溴苯酚↓ + 3HBr

如需制一溴代苯酚,则反应要在 CS$_2$、CCl$_4$ 等非极性溶剂中、低温条件下进行。

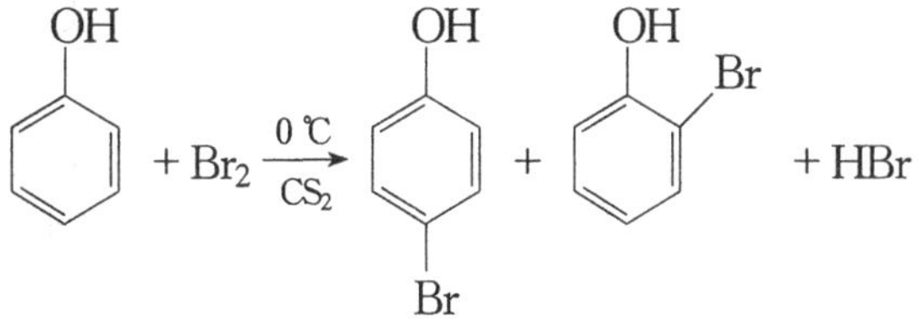

苯酚 + Br$_2$ $\xrightarrow[CS_2]{0\,℃}$ 对溴苯酚 + 邻溴苯酚 + HBr

2. 硝化反应

室温下,苯酚与稀硝酸发生硝化反应,得到邻硝基苯酚和对硝基苯酚的混合物。

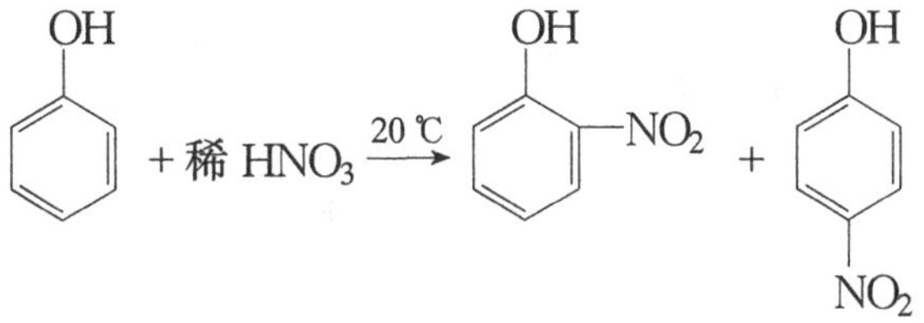

苯酚 + 稀 HNO$_3$ $\xrightarrow{20\,℃}$ 邻硝基苯酚 + 对硝基苯酚

邻硝基苯酚可形成分子内氢键,对硝基苯酚不能形成分子内氢键,因此邻硝基苯酚比对硝基苯酚沸点低,可用蒸馏的方法将两者分开。

苯酚与浓硝酸作用,可得到 2,4,6-三硝基苯酚,俗名苦味酸,是烈性炸药。

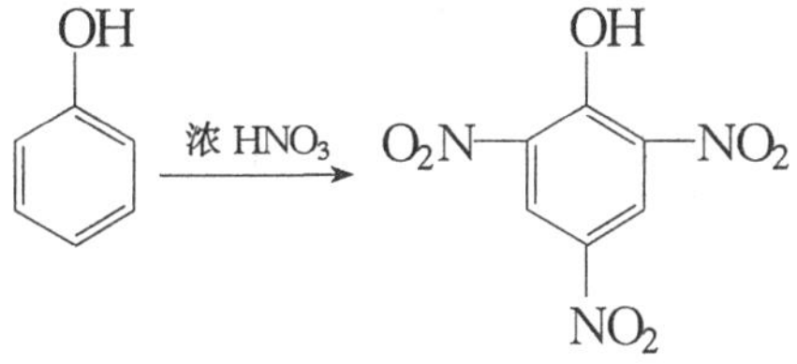

苯酚 $\xrightarrow{浓\ HNO_3}$ 2,4,6-三硝基苯酚

3. 亚硝化反应

苯酚 $\xrightarrow[7\sim 8\,℃]{\substack{NaNO_2 \\ H_2SO_4}}$ 对亚硝基苯酚 $\xrightarrow[[O]]{稀\ HNO_3}$ 对硝基苯酚

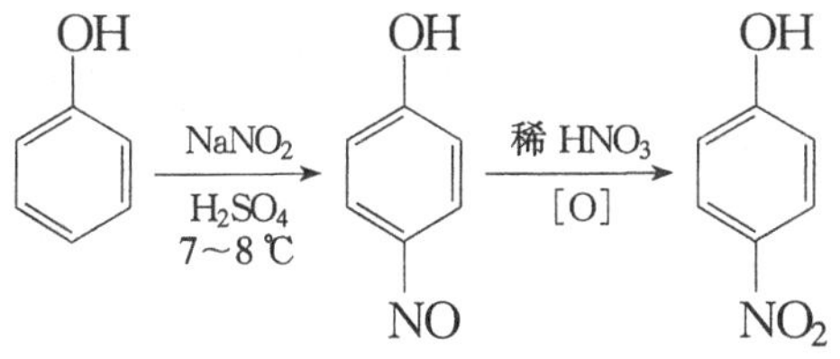

该反应产率达 80%,比直接硝化好得多。

4. 缩合反应

酚羟基邻、对位上的氢还可以和羰基化合物发生缩合反应。

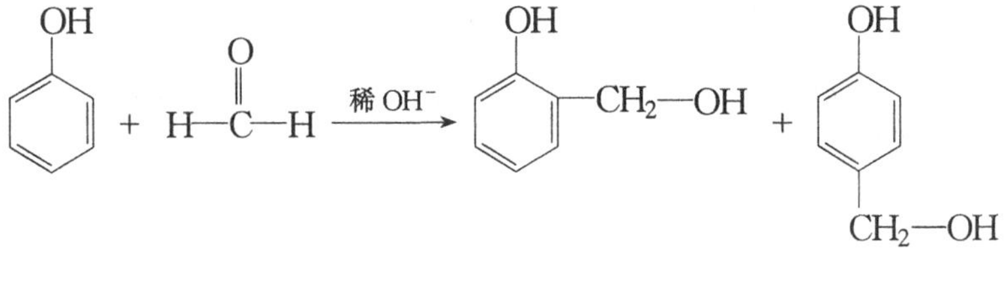

苯酚 + HCHO $\xrightarrow{稀\ OH^-}$ 邻羟甲基苯酚 + 对羟甲基苯酚

酚醛树脂的合成反应为

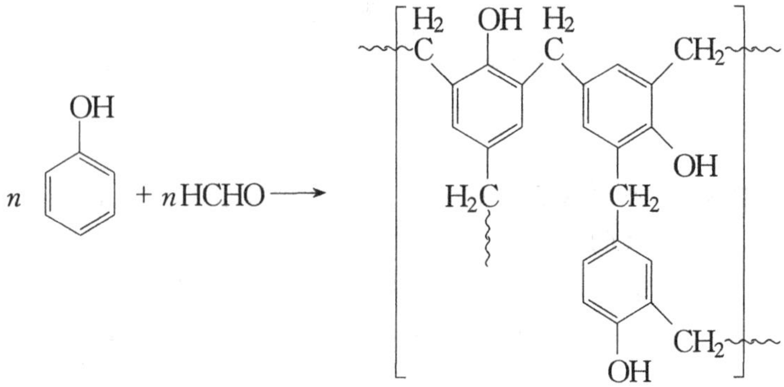

$$n \; \text{C}_6\text{H}_5\text{OH} + n\text{HCHO} \longrightarrow \text{酚醛树脂}$$

5. 磺化反应

室温下苯酚与浓硫酸作用，发生磺化反应，得到邻位产物，升高温度主要得到对位产物。

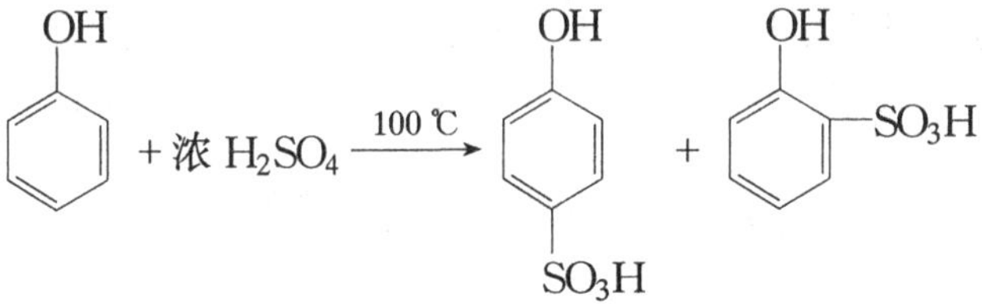

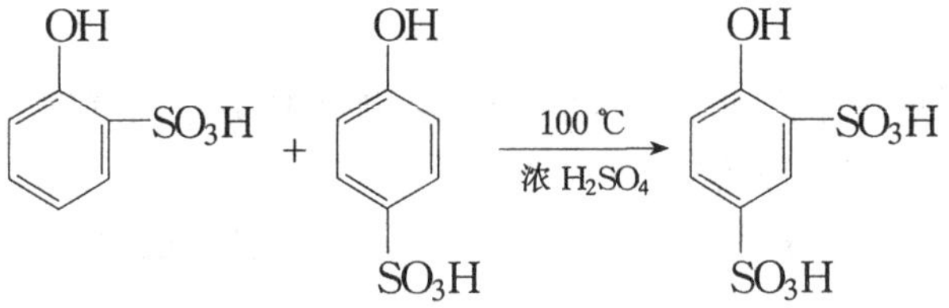

苯酚 + 浓 H_2SO_4 $\xrightarrow{100\ ℃}$ 对羟基苯磺酸 + 邻羟基苯磺酸

邻羟基苯磺酸 + 对羟基苯磺酸 $\xrightarrow[\text{浓 } H_2SO_4]{100\ ℃}$ 4-羟基-1,3-苯二磺酸

6. 烷基化反应（付-克反应）

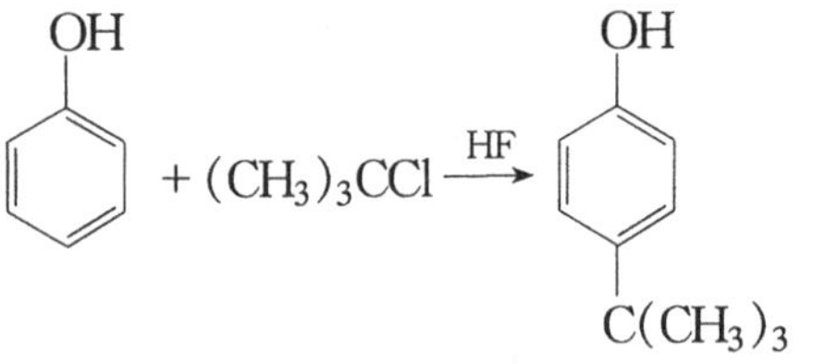

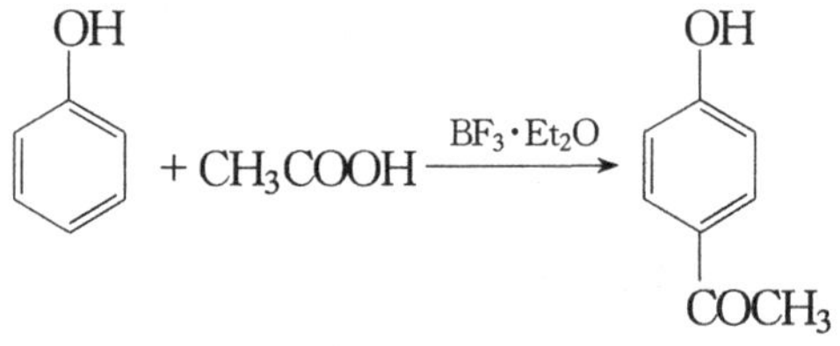

苯酚 + $(CH_3)_3CCl$ $\xrightarrow{HF}$ 对叔丁基苯酚

苯酚 + CH_3COOH $\xrightarrow{BF_3 \cdot Et_2O}$ 对羟基苯乙酮

烷基苯酚可通过苯酚的付-克烷基化反应制得，但产率往往很低。

7. 羧基化反应（Kolbe-Schmidt 反应）

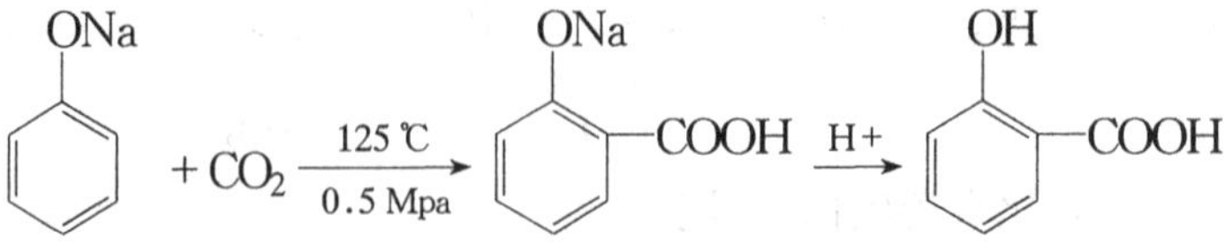

苯酚钠 + CO_2 $\xrightarrow[0.5\ \text{Mpa}]{125\ ℃}$ 邻羟基苯甲酸钠 $\xrightarrow{H^+}$ 水杨酸

8. 赖默尔-蒂曼（Reimer-Tiemann）反应

酚与氯仿在碱性溶液中加热生成邻位及对位羟基苯甲醛

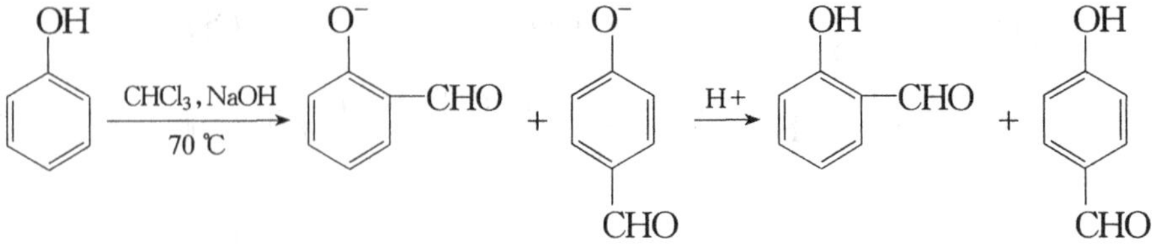

苯酚 $\xrightarrow[70\ ℃]{CHCl_3,\ NaOH}$ 邻羟基苯甲醛负离子 + 对羟基苯甲醛负离子 $\xrightarrow{H^+}$ 邻羟基苯甲醛 + 对羟基苯甲醛

5.2.3.3 氧化反应

酚的活性高,易被氧化,空气也能使之氧化,所以,进行磺化、硝化、卤化时,必须控制反应条件,尽量避免酚被氧化。

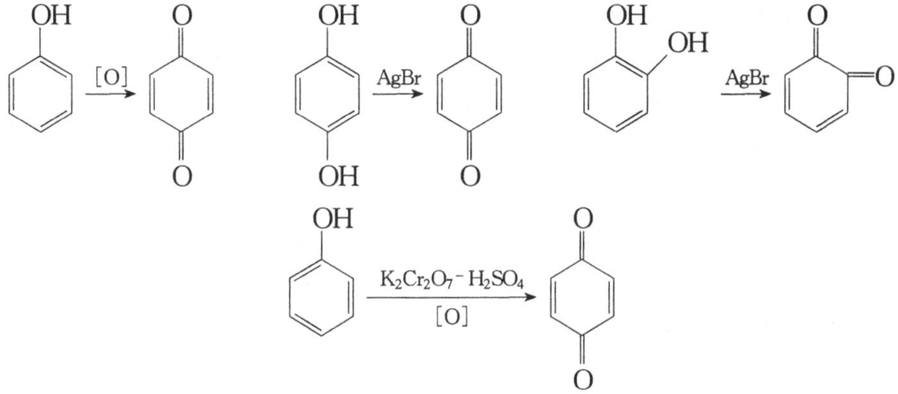

$$\text{PhOH} \xrightarrow{[O]} \text{对苯醌}$$

$$\text{对苯二酚} \xrightarrow{AgBr} \text{对苯醌}$$

$$\text{邻苯二酚} \xrightarrow{AgBr} \text{邻苯醌}$$

$$\text{PhOH} \xrightarrow[\text{[O]}]{K_2Cr_2O_7 - H_2SO_4} \text{对苯醌}$$

多元酚在碱性溶液中更易氧化,特别是两个以上的羟基互为邻、对位的多元酚最易氧化。

5.2.3.4 还原反应

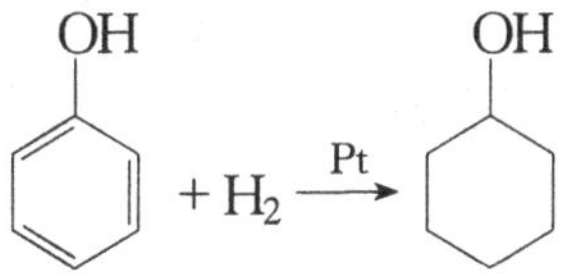

$$\text{PhOH} + H_2 \xrightarrow{Pt} \text{环己醇}$$

5.2.4 重要的酚

5.2.4.1 苯酚

苯酚俗称石炭酸,有毒,具有一定的杀菌能力,可用作防腐剂和消毒剂。制备方法有以下几种。

1. 苯磺酸盐碱熔法

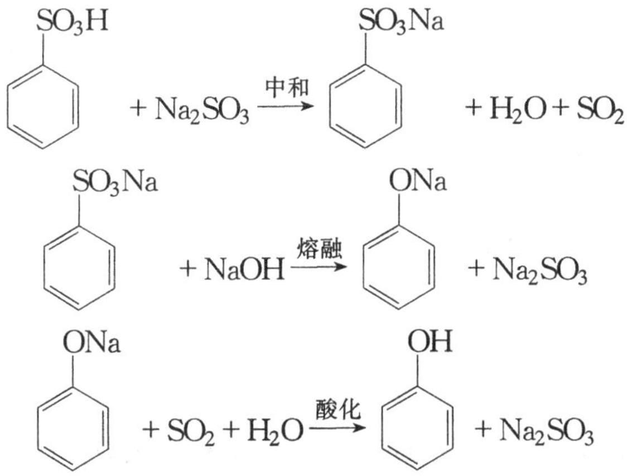

$$\text{PhSO}_3\text{H} + Na_2SO_3 \xrightarrow{\text{中和}} \text{PhSO}_3\text{Na} + H_2O + SO_2$$

$$\text{PhSO}_3\text{Na} + NaOH \xrightarrow{\text{熔融}} \text{PhONa} + Na_2SO_3$$

$$\text{PhONa} + SO_2 + H_2O \xrightarrow{\text{酸化}} \text{PhOH} + Na_2SO_3$$

该制备方法的特点是产率较高,操作工序多,不易连续化,耗用大量硫酸和烧碱。

2. 氯苯水解法

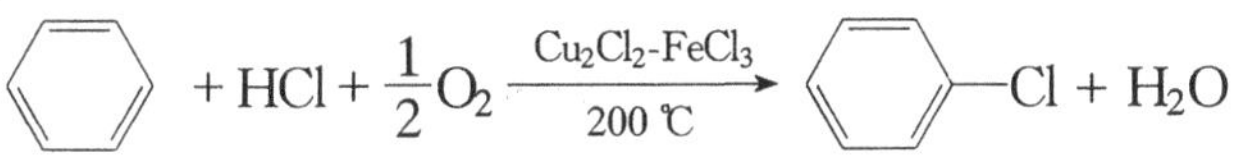

$$\text{苯} + HCl + \frac{1}{2}O_2 \xrightarrow[200\ ℃]{Cu_2Cl_2-FeCl_3} \text{Ph-Cl} + H_2O$$

$$\text{C}_6\text{H}_5\text{Cl} + \text{H}_2\text{O} \xrightarrow[425\,°\text{C}]{\text{Ca}_3(\text{PO}_4)_2} \text{C}_6\text{H}_5\text{OH} + \text{HCl}$$

该反应可直接使用空气中的氧将苯间接氧化成苯酚,是合成苯酚的一种很经济的方法。

3. 异丙苯氧化法

$$\text{C}_6\text{H}_5\text{CH}(\text{CH}_3)_2 + \text{O}_2 \xrightarrow{110\sim120\,°\text{C}} \text{C}_6\text{H}_5\text{C}(\text{CH}_3)_2\text{OOH}$$

$$\xrightarrow[80\sim90\,°\text{C}]{\text{H}_2\text{O},\text{H}^+} \text{C}_6\text{H}_5\text{OH} + \text{CH}_3\text{COCH}_3$$

这是目前生产苯酚最主要和最好的方法。得到的另外一种产物丙酮也是重要的化工原料。

5.2.4.2 对苯二酚

对苯二酚是一种还原剂,能把感光后的溴化银还原为金属银,是一种显影剂。

对苯二酚也常用作抗氧化剂,以保护其它物质不被自动氧化。如苯甲醛易于自动氧化,它可与氧生成过氧酸。加入1‰的对苯二酚就可抑制其自动氧化。

对苯二酚还可作为阻聚剂,如苯乙烯易聚合,因此储藏时常加入对苯二酚作阻聚剂。

5.2.4.3 萘酚

萘酚有两种,即 α-萘酚与 β-萘酚。

两者都可由萘磺酸钠经碱熔而制得。

$$\text{C}_{10}\text{H}_7\text{-1-SO}_3\text{Na} \xrightarrow[300\,°\text{C}]{\text{NaOH}} \text{C}_{10}\text{H}_7\text{-1-ONa} \xrightarrow{\text{稀 H}_2\text{SO}_4} \text{C}_{10}\text{H}_7\text{-1-OH}$$

$$\text{C}_{10}\text{H}_7\text{-2-SO}_3\text{Na} \xrightarrow[300\,°\text{C}]{\text{NaOH}} \text{C}_{10}\text{H}_7\text{-2-ONa} \xrightarrow{\text{稀 H}_2\text{SO}_4} \text{C}_{10}\text{H}_7\text{-2-OH}$$

纯 α-萘酚的制备常用以下反应:

$$\text{C}_{10}\text{H}_7\text{-1-NH}_2 \xrightarrow{\text{稀 H}_2\text{SO}_4} \text{C}_{10}\text{H}_7\text{-1-OH}$$

萘酚可制备许多衍生物,它们是重要的染料中间体。工业上产生的含有酚和其衍生物的废水是有害的,会影响水生物的生长和繁殖,污染饮用水源。因此含酚废水的处理是环境保护工作的重要课题。

5.3 醚

5.3.1 醚的结构和命名

5.3.1.1 醚的结构

醚中的氧为 sp³ 杂化，其中两个杂化轨道分别与两个碳形成两个 σ 键，余下两个杂化轨道各被一对孤对电子占据，因此醚可以作为路易斯碱，接受质子形成烊盐，也可与水、醇等形成氢键。醚分子结构为 V 字形，分子中 C—O 键是极性键，故分子有极性。

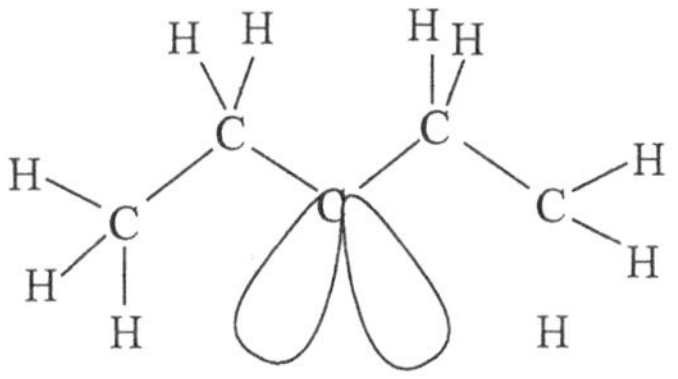

醚的通式为 Ar-O-Ar；R-O-R；R-O-R′；Ar-O-R

5.3.1.2 醚的命名

(1) 醚的命名用得比较广泛的是习惯命名法，简单醚的命名通常是先写出与氧相联的两个烃基的名称，再加上醚字。混合醚则一般把较小的烃基放在前面。

CH₃—O—CH₃　　CH₃—O—CH₂CH₃　　（二苯醚结构）

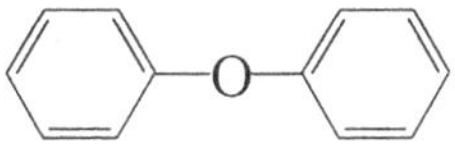

二甲醚(简称甲醚)　　甲乙醚　　二苯醚

(2) 结构比较复杂的醚可以当作烃的烃氧基衍生物来命名。将较大的烃基当作母体，剩下的烷氧基部分(—OR)看作取代基。

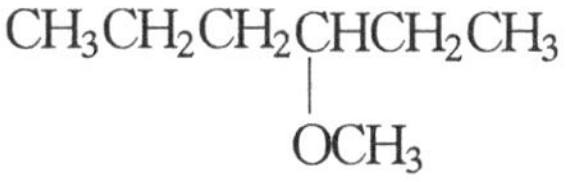

CH₃CH₂CH₂CHCH₂CH₃
　　　　　　|
　　　　　OCH₃

3-甲氧基己烷

(3) 环醚一般叫做环氧某烃，或按杂环化合物命名的方法命名。

CH₂—CH—CH₃
 　_O_/

1,2-环氧丙烷　　　1,4-二氧六烷　　　1,4-环氧丁烷（四氢呋喃）

(4) 多元醚命名时，首先写出多元醇的名称，再写出另一部分烃基的数目和名称，最后加上醚字。

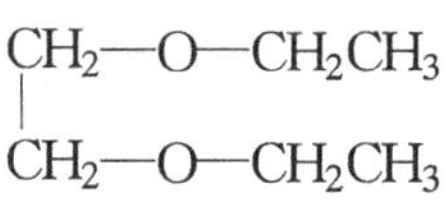

CH₂—O—CH₂CH₃
|
CH₂—O—CH₂CH₃

乙二醇二乙醚

(5) 冠醚分子中具有 $\pm$OCH₂CH₂$\pm_n$ 重复单位而具有特有的简化命名法，名称 x-冠-y

中的 x 代表环上原子的总数,y 代表氧原子总数。

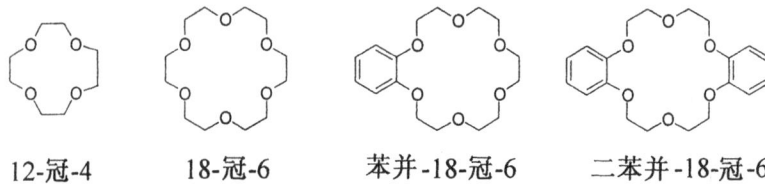

12-冠-4　　　18-冠-6　　　苯并-18-冠-6　　　二苯并-18-冠-6

5.3.2　醚的物理性质

大多数醚为无色、易挥发、易燃烧液体。醚分子间不能以氢键相互缔合,沸点与相应的烷烃接近,比醇、酚低得多。

醚分子有极性,且含有电负性较强的氧,所以在水中可以与水形成氢键,因此在水中的溶解度比烷烃的大。

醚能溶解许多有机物,并且活性非常低,是良好的有机溶剂。

常见醚的物理常数见表 5-4。

表 5-4　醚的物理常数

名　称	熔点/℃	沸点/℃	相对密度(d_4^{20})
甲醚	-138.5	-23	0.661
乙醚	-116.2	34.5	0.714
正丁醚	-95.3	142	0.769
苯甲醚	-37.5	155	0.994
二苯醚	26.8	258	1.074
环氧乙烷	-111	13.5	0.882
四氢呋喃	-65	67	0.889
1,4-二氧六环	11.8	101	1.0337

5.3.3　醚的化学性质

醚是一类相当不活泼的化合物(环醚除外)。醚链对于碱、氧化剂及还原剂都十分稳定。醚在常温下与金属钠不起反应,可以用金属钠来干燥。醚的稳定性稍次于烷烃,常用醚作溶剂。

1. 锌盐的生成

醚中氧原子有未共用电子对,可以看作是路易斯碱,接受质子成为锌盐,但接受质子的能力非常弱,需要与浓强酸才能生成锌盐。可用此性质分离和鉴别醚。

$$R-\ddot{O}-R + HCl \longrightarrow R-\overset{+}{\underset{H}{O}}-R + Cl^-$$

$$R-\ddot{O}-R + H_2SO_4 \longrightarrow R-\overset{+}{\underset{H}{O}}-R + HSO_4^-$$

醚也可与路易斯酸如三氟化硼、三氯化铝、格氏试剂等形成络合物。

$$\begin{matrix}Et\\ \\ Et\end{matrix}\!\!>\!\!O + BF_3 \longrightarrow \begin{matrix}Et\\ \\ Et\end{matrix}\!\!>\!\!O\!:\!B\begin{matrix}F\\ -F\\ F\end{matrix}$$

烊盐是一种弱碱强酸盐,仅在浓酸中才稳定,在水中分解,醚即重新分出。

2. 醚键的断裂

醚键相当稳定,一般不发生化学反应,但与浓盐酸、浓氢溴酸以及氢碘酸均可反应,碳氧键断裂。

盐酸、氢溴酸与醚的反应需要较高的反应温度和浓度才能反应。氢碘酸的反应活性高,反应产物为醇和卤代烃,如果卤化氢过量,则生成的醇继续反应生成相应的卤代烃。

$$CH_3CH_2-OCH_2-CH_3 + 2HBr \longrightarrow 2CH_3CH_2Br + H_2O$$

卤化氢不过量时,一般是较小的烃基生成卤代烃,较大的烃基生成醇。

$$CH_3-O-CH_2CH_3 + HI \longrightarrow CH_3I + CH_3CH_2OH$$

带有芳基的混醚与 HI 反应时,通常生成卤代烷和酚。这是因为氧原子和芳环之间的键由于 p-π 共轭结合得较牢,而烷基没有这种效应。该反应为 S_N2 反应历程,I^- 易进攻空间位阻小的碳原子。

$$C_6H_5-O-CH_3 + HI \longrightarrow C_6H_5-OH + CH_3I$$

而对于两个烃基都是芳基的醚,其醚键非常稳定,不易断裂,如二苯醚,可作为热载体。碳氧键断裂的顺序为叔烷基>仲烷基>伯烷基>芳香烃基。

$$R-O-R' + HI \longrightarrow R-OH + R'I$$
$$Ph-O-CH_3 + HI \longrightarrow Ph-OH + CH_3I$$

苯甲醚与氢碘酸的反应是定量完成的,生成的碘代烷可用硝酸银的乙醇溶液吸收,根据生成碘化银的量,可计算出原来分子中甲氧基的含量,这一方法叫蔡塞尔(Zeisel)甲氧基测定法。

3. 过氧化物的生成

低级醚在放置过程中因为与空气接触,会慢慢地被氧化成过氧化物。过氧化醚不稳定,遇热容易分解,发生强烈爆炸。在蒸馏醚时注意不要蒸干,以免发生爆炸事故。

$$CH_3CH_2-O-CH_2CH_3 + O_2 \longrightarrow \left[\begin{matrix}H_3CHC-O-CH_2CH_3\\ |\\ O-OH\\ H_3CHC-O-O-CHCH_3\\ ||\\ OHOH\end{matrix}\right]$$

检验过氧化物的方法:

①可用硫酸亚铁和硫氰化钾(KCNS)混合溶液与醚振荡,如有过氧化物存在,会将亚铁离子氧化成铁离子,后者与 SCN^- 作用生成血红色的络离子。

$$过氧化物 + Fe^{2+} \longrightarrow Fe^{3+} \xrightarrow{SCN^-} Fe(SCN)_6^{3-}$$
$$\phantom{过氧化物 + Fe^{2+} \longrightarrow Fe^{3+} \xrightarrow{SCN^-} Fe(S}红色$$

②可用淀粉-碘化钾试纸检验,试纸显紫色证明有过氧化物存在,KI 被氧化成 I_2。

③取少量乙醚,将碘化钾的醋酸溶液(或水溶液)加入醚中,震荡,若有碘游离出来(I^- 与过氧化物反应生成 I_2),溶液显紫色或棕红色,就表明有过氧化物存在。

去除过氧化物的方法:

①贮藏时,可在醚中加入少许金属钠或铁屑,以避免产生过氧化物。

②为了防止过氧化物的生成,市售绝对无水乙醚中加有 5×10^{-8} mg/kg 二乙基二硫代氨基甲酸钠作抗氧化剂。

③还可在蒸馏以前加入适量的 5% $FeSO_4$ 于醚中并摇动,使过氧化物分解破坏,或加入其它还原剂,如亚硫酸钠、氯化亚铜、硼氢化钠、四氢铝锂等。

4. 酚醚的重排——克莱森(Claisen)重排

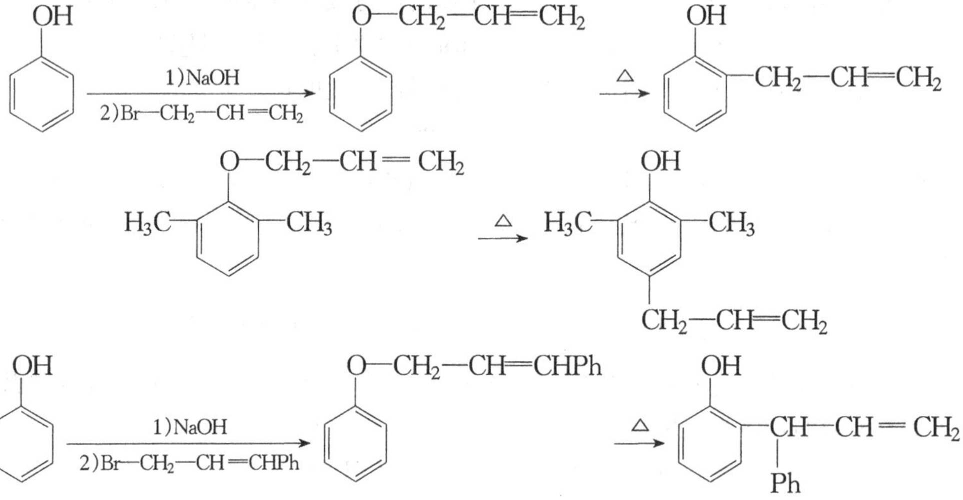

5.3.4 醚的制备

5.3.4.1 醇脱水法

$$ROH + R'OH \xrightarrow[\text{控制反应温度}]{H_2SO_4} ROR' + H_2O$$

利用醇脱水制备醚,伯醇产量高,仲醇的产量很低,叔醇则只能得到烯烃。酚在一般情况下不能脱水生成醚。此法只适宜于制备低级的简单醚。

二元醇在酸(硫酸、磷酸、对甲基苯磺酸)作用下,通过控制可以在分子内失水成环醚。

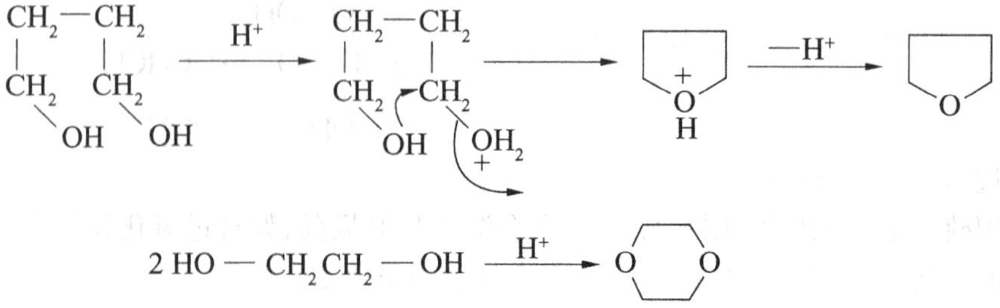

5.3.4.2 威廉姆逊(Williamson)合成法

$$RX + NaOR' \longrightarrow ROR' + NaX$$
$$RX + NaOAr \longrightarrow ROAr + NaX$$

R 为伯醇，R′为伯、仲、叔醇，是制备混合醚的一个方便方法。反应按照 S_N2 反应机理进行。

在利用该方法制备混合醚时，需要选择以下两种合适的结合试剂：①欲得到最好产率的混合二烃基醚，应选择伯卤代烃与醇钠反应，而不用仲或叔卤代烃。②制备脂烃基芳基醚时，一定不要选用卤素直接连在芳环上的卤代烃。

5.3.4.3 乌尔曼(Ullmann)反应

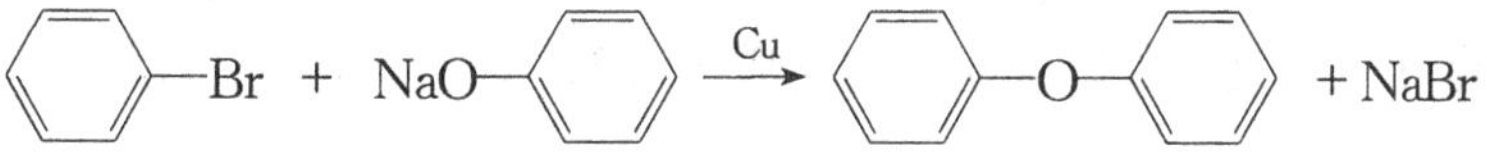

$$\text{C}_6\text{H}_5\text{-Br} + \text{NaO-C}_6\text{H}_5 \xrightarrow{\text{Cu}} \text{C}_6\text{H}_5\text{-O-C}_6\text{H}_5 + \text{NaBr}$$

5.3.5 重要的醚

1. 乙醚

乙醚是易挥发的无色透明液体，沸点 34.5℃，易燃，微溶于水，比水轻。乙醚蒸气与空气的混合物易爆炸，爆炸极限为 1.85%～36.5%（体积分数），因此使用时要特别注意安全，尤其要远离火源。

乙醚是良好的有机溶剂，医学上用作麻醉剂。大牲畜进行外科手术时，也可用乙醚麻醉。但由于乙醚易燃，已被不易燃烧的麻醉剂所代替。

2. 环氧乙烷

环氧乙烷是最简单和最重要的环醚，为无色液体，沸点 13.5℃，可溶于水、乙醇、乙醚。环氧乙烷易燃，爆炸极限为 3.6%～78%（体积分数）。因此，常将它存于钢瓶中。

环氧乙烷可由乙烯与氧在银的催化下制备。

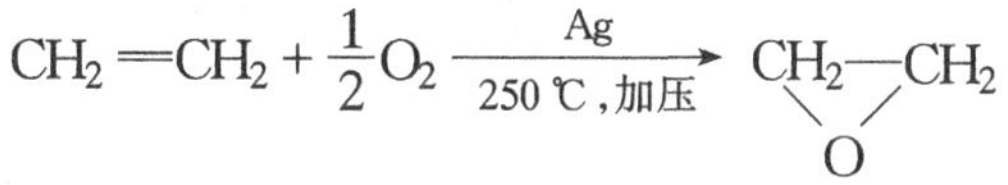

$$CH_2=CH_2 + \frac{1}{2}O_2 \xrightarrow[250℃, 加压]{Ag} \underset{O}{CH_2-CH_2}$$

环氧乙烷是三元环结构，张力较大，因此不稳定，化学性质活泼，能与多种含有活泼氢的化合物反应，生成相应的双官能团化合物，例如：

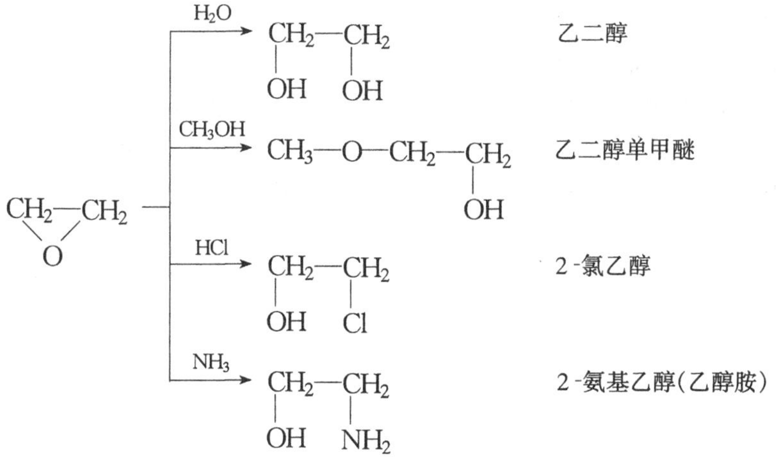

$$\underset{O}{CH_2-CH_2} \begin{cases} \xrightarrow{H_2O} CH_2(OH)-CH_2(OH) & \text{乙二醇} \\ \xrightarrow{CH_3OH} CH_3-O-CH_2-CH_2(OH) & \text{乙二醇单甲醚} \\ \xrightarrow{HCl} CH_2(OH)-CH_2(Cl) & \text{2-氯乙醇} \\ \xrightarrow{NH_3} CH_2(OH)-CH_2(NH_2) & \text{2-氨基乙醇(乙醇胺)} \end{cases}$$

乙二醇和乙二醇醚类可用作溶剂和抗冻剂。乙二醇甲醚、乙二醇乙醚、乙二醇丁醚等常用作硝化纤维、树脂和漆类的溶剂，又用作去漆剂，工业上称为溶纤剂。

除环氧乙烷外，常见的环醚还有：

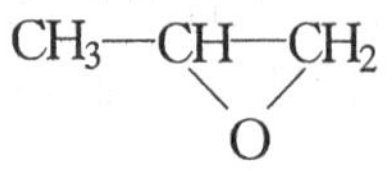

$$\underset{\text{1,2-环氧丙烷}}{CH_3-CH-CH_2\diagdown O\diagup} \qquad \underset{\text{1,4-环氧丁烷(四氢呋喃)}}{\begin{array}{c}CH_2-CH_2\\|\quad\quad|\\CH_2\quad CH_2\\ \diagdown O\diagup\end{array}} \qquad \underset{\text{1,4-二氧六环}}{\begin{array}{c}O\\H_2C\diagup\diagdown CH_2\\|\quad\quad|\\H_2C\diagdown\diagup CH_2\\O\end{array}}$$

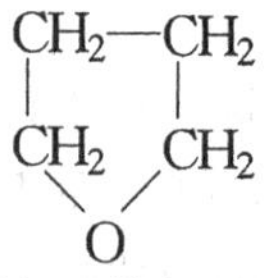

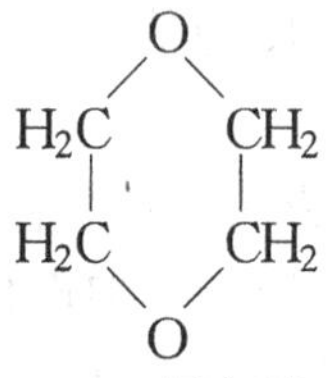

1,4-环氧丁烷在工业上主要是用呋喃催化加氢得到的，故称为四氢呋喃。四氢呋喃为油状液体，沸点 67 ℃，是一种广泛应用的非质子溶剂，也是合成尼龙的原料。

3. 冠醚

冠醚是含有多个氧原子的一类具有环状结构的醚类，由于它的形状似皇冠，故称为冠醚 (crown ethers)。冠醚是 1967 年由 C.J.Pedersen 在实验室中无意发现的，其结构特点是具有—OCH_2CH_2—重复单位的大环多醚化合物。

冠醚重要的特点是具有特殊的配合能力，特别是对金属离子具有较高的配合选择性。这是因为冠醚的大环结构有空穴，同时氧原子上具有未共用电子对，因此可与金属离子形成配离子。它随环的大小而与半径适当的金属离子配合。如 12-冠-4 可与锂离子配合；18-冠-6 可与钾离子配合。因此可利用冠醚分离金属离子的混合物。

冠醚的另一特点是可与许多有机溶剂混溶。由于它既能溶解有机物，又能与金属离子配合，故可用作"相转移催化剂"。例如

$$RBr + KCN \xrightarrow[\text{冠醚}]{\text{有机溶剂}} RCN + KBr$$

由于固体 KCN 难溶于有机物，因此 RBr 与 KCN 的反应不易发生。若加入 18-冠-6，反应则迅速进行，这是由于该醚与 K^+ 配合，使 KCN 以配合物形式溶于有机物，故能促进反应的进行。

冠醚形成配合物的选择性和相转移的特性，使它在有机合成和理论研究上有一定的意义，如用于元素有机化合物的制备、反应历程的研究、外消旋氨基酸的拆分以及不对称合成等。冠醚的应用已引人注目，但由于其毒性大、合成难度大、价格高，限制了它的应用范围。

4. 除草醚

除草醚的学名为 2,4-二氯苯基-4′-硝基苯基醚，或称 2,4-二氯-4′-硝基二苯醚。除草醚是浅黄色针状晶体，熔点 70~71 ℃，难溶于水，易溶于乙醇等有机溶剂。它在空气中稳定，对金属无腐蚀性，对人、畜安全。它对刚萌芽的稗草、鸭舌草、牛毛草等有触杀毒性，是一种常用的稻田除草剂，并适用各种土质和气温。其结构式如下：

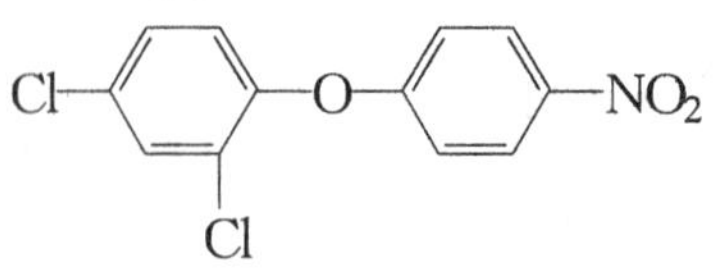

[结构式：2,4-二氯苯基与4-硝基苯基通过氧原子相连的二苯醚]

习 题

1. 命名下列化合物：

(1) CH₃CH=CCH₂CH₂OH
          |
          CH₃

(2) 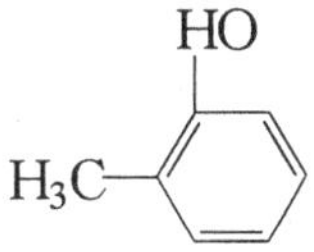 邻甲基苯酚结构 (H₃C-C₆H₄-OH)

(3) CH₃CHCH₂CH₂CHCH₃
       | |
       OH   OH

(4) C₆H₅CHCH₂CHCH₃
         | |
         CH₃   OH

(5) CH₃CHCH₂OH
        |
        Br

(6) 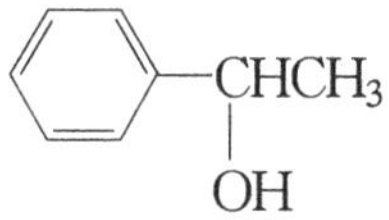 C₆H₅—CHCH₃
            |
            OH

(7) 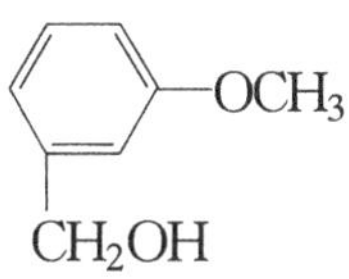 间位取代苯：—OCH₃ 和 —CH₂OH

(8) 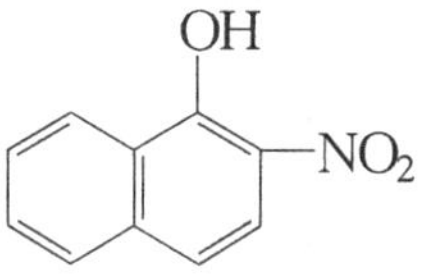 1-萘酚-2-硝基

(9) C₂H₅—OCH₂CH₂O—C₂H₅

2. 写出下列化合物的结构式：
(1) 2,3-二甲基-2,3-丁二醇　　(2) 1-甲基环戊醇　　(3) 二苯醚
(4) 3,3-二甲基-1-环己醇　　(5) 苦味酸　　(6) 2,4-二甲基苯甲醇
(7) 2,6-二硝基-1-萘酚　　(8) 乙二醇二甲醚　　(9) 2-丁烯-1-醇
(10) 苯并-12-冠-4　　(11) 间氯苯酚　　(12) 二苯并-14-冠-4

3. 写出下列醇在硫酸作用下发生消除反应的产物：
(1) 1-丁醇　　(2) 2-丁醇　　(3) 2-甲基-2-丙醇
(4) 3-甲基-1-苯基-2-丁醇　　(5) 1-乙基-环己-3-烯-1-醇

4. 下列化合物能否形成氢键？如能形成，请说明是分子内氢键还是分子间氢键？
(1) 甲醇　　(2) 乙醚　　(3) 甘油　　(4) 顺-1,2-环己二醇
(5) 间苯二酚　　(6) 邻硝基苯酚　　(7) 苯甲醚　　(8) 间氯苯酚

5. 完成下列反应方程式：

(1) CH₃CH—CHCH₃ + H₂SO₄ $\xrightarrow{>170\,°C}$
       | |
       CH₃ OH

(2) 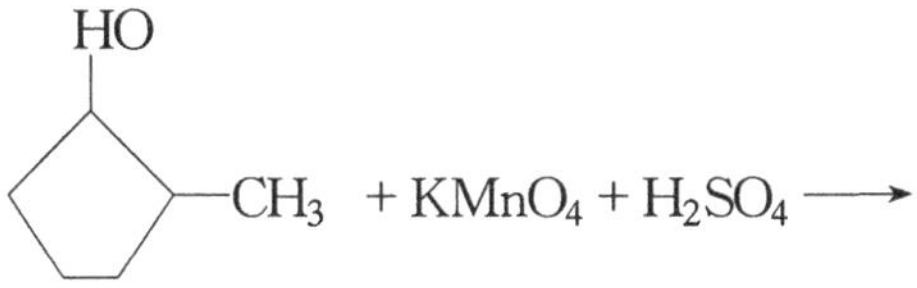 环戊基(OH)(CH₃) + KMnO₄ + H₂SO₄ ⟶

(3) 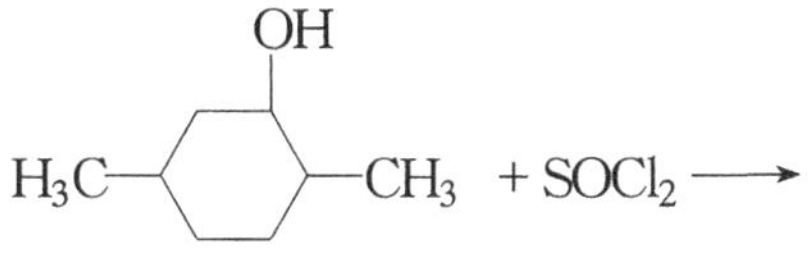 2,4-二甲基环己醇 + SOCl₂ ⟶

(4) 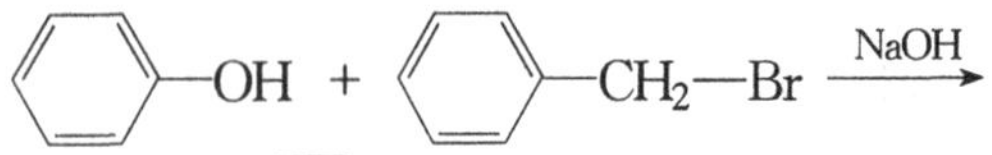 C₆H₅—OH + C₆H₅—CH₂—Br →(NaOH)

(5) 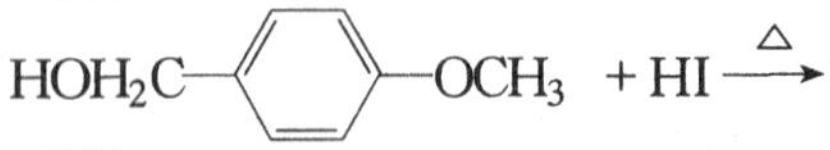 HOH₂C—C₆H₄—OCH₃ + HI →(Δ)

(6) 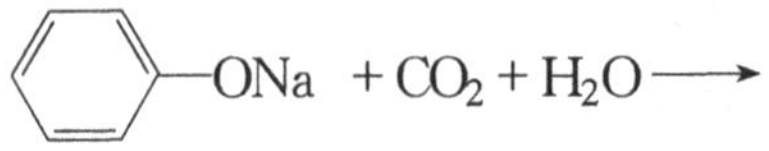 C₆H₅—ONa + CO₂ + H₂O ⟶

6. 完成下列合成(无机试剂任选):

(1) 由 $CH_3CH_2CH_2CH_2OH$ 合成 $CH_3CH_2CH(OH)CH_3$

(2) 由 $CH_3CH_2CH_2CH_2OH$ 合成 $HC\equiv CCH_2CH_3$

(3) 由 $HOCH_2CH=CHCH_2Cl$ 合成 四氢呋喃

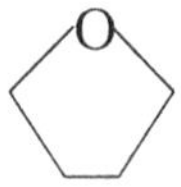

(4) 由 $CH_2=CH_2$ 合成 $CH_3CH_2OCH_2CH_2OH$

(5) 由 C₆H₅—Br 合成 C₆H₅—CH₂CH₂OH

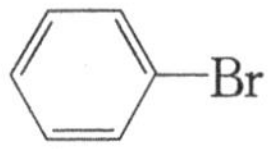

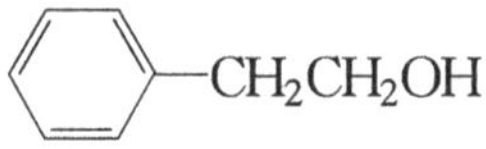

7. 用简单的化学方法鉴别下列各组化合物:

(1) 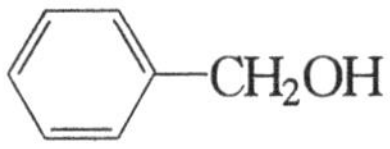 C₆H₅—CH₂OH ; C₆H₅—CH(OH)CH₃ ; C₆H₅—C(OH)(CH₃)₂

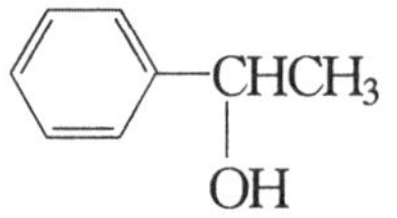

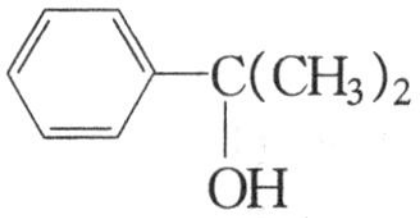

(2) H₃C—C₆H₄—OH ; C₆H₅—OCH₃ ; C₆H₅—CH₂OH

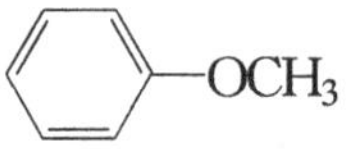

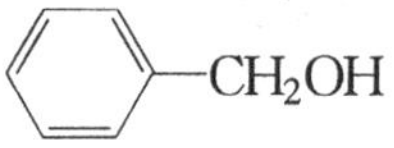

(3) $CH_3CH_2CH_2CH_2Cl$; $CH_3CH_2OCH_2CH_2CH_3$; $CH_3(CH_2)_4CH_2OH$

8. 写出 2-甲基-2-丙醇和 HCl 按 S_N1 机理反应的步骤。指出哪一步反应和哪一种物质的浓度决定反应速率?

9. 化合物 A 的组成为 $C_5H_{10}O$;用 $KMnO_4$ 小心氧化 A 得到组成为 C_5H_8O 的化合物 B。A 与无水 $ZnCl_2$ 的浓盐酸溶液作用时,生成化合物 C,其组成为 C_5H_9Cl;C 在 KOH 的乙醇溶液中加热得到唯一的产物 D,组成为 C_5H_8;D 再用 $KMnO_4$ 的硫酸溶液氧化,得到一个直链二羧酸。试写出 A,B,C,D 的结构式,并写出各步反应式。

10. 化合物 A 的组成为 C_7H_8O;A 不溶于 NaOH 水溶液,但与浓 HI 反应生成化合物 B 和 C;B 能与 $FeCl_3$ 水溶液发生显色反应,C 与 $AgNO_3$ 的乙醇溶液作用生成沉淀。试推导 A,B,C 的结构,并写出各步反应式。

第6章 醛、酮、醌

醛、酮是醇的氧化产物，醌是酚的氧化产物，它们都含有羰基。

6.1 醛、酮

6.1.1 醛、酮的分类和命名

C=O叫羰基，它是醛、酮的官能团，羰基碳与一个或两个氢相连是醛；与两个烃基相连是酮。

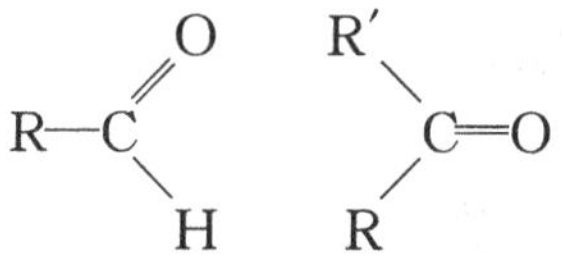

$$\underset{\text{醛}}{R-\overset{O}{\underset{H}{C}}} \qquad \underset{\text{酮}}{\overset{R'}{\underset{R}{C}}=O}$$

醛、酮的命名多采用系统命名法。命名时，首先选择含有羰基的最长碳链作主链，从最近于羰基一端编号，以确定羰基和取代基的位置。由于醛的羰基都在"1"号，命名时"1"可以不写。如

$$CH_3CH=CHCHO \qquad CH_3CH_2COCH(CH_3)_2$$
2-丁烯醛   2-甲基-3-戊酮

羰基与—C≡C、—OH、—SH在一起时，羰基优先编号，且作为母体。

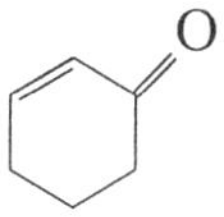

2-环己烯酮 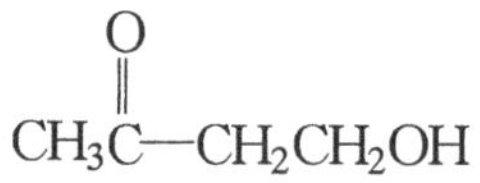   4-羟基-2-丁酮 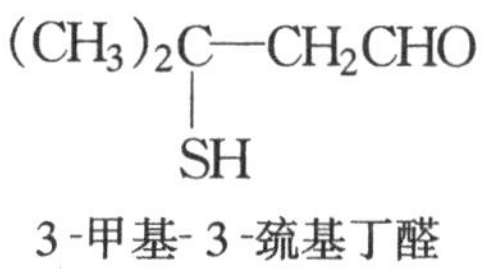   3-甲基-3-巯基丁醛

如果羰基连接一个苯环或环烷基，可以把它们当成主链上的取代基。

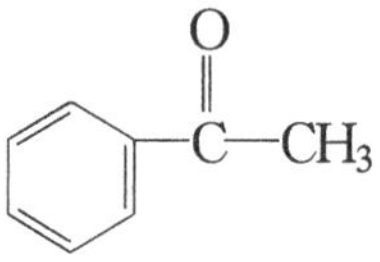

苯乙酮 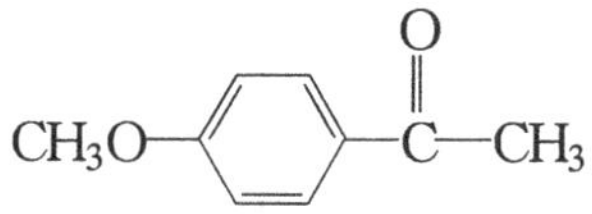   对甲氧基苯乙酮

6.1.2 醛、酮的结构和性质

6.1.2.1 羰基的结构

羰基中的成键情况与乙烯有点相似，碳原子用三个sp^2杂化轨道形成三个σ键，其中一个和氧原子形成σ键。这三个σ键在同一个平面，理论上三个键角都是120°，但实际上由于

三个 σ 键彼此相互作用,三个键角不完全相等。碳原子剩下的一个 p 轨道垂直于该平面,与氧原子的一个 p 轨道平行且重叠,形成 π 键,因此碳氧双键实际上是一个 σ 键和一个 π 键。由于氧的电负性大,吸引电子的能力很强,所以羰基是一个极性基团,具有较大的偶极矩,负极朝向氧,正极朝向碳(参见图 6-1)。羰基的成键情况与醛酮的物理、化学性质密切相关。

图 6-1 羰基 π 电子云分布示意图

6.1.2.2 醛、酮的物理性质

大多数醛、酮是液体,只有甲醛是气体,乙醛的沸点(20.8 ℃)也接近室温,但两者平时以水溶液形式被出售。由于羰基极性大,因此分子间作用力大,其沸点高于同分子质量的烯烃、烷烃。由于分子间不形成氢键,因此其沸点比醇低。

由于羰基能与水形成氢键,因此醛、酮均具有一定的水溶性,低级醛、酮,如甲醛、乙醛、丙酮等均溶于水。

一些常见的一元醛、酮的物理常数见表 6-1。

表 6-1 一元醛、酮的物理常数

化合物	熔点/℃	沸点/℃	相对密度(d_4^{20})	折光率
甲醛	-92	-21	0.815	—
乙醛	-121	20.8	0.7834	1.3316
丙醛	-81	48.8	0.8085	1.3636
丁醛	-99	75.7	0.8170	1.3843
戊醛	-91.5	103	0.8095	1.3944
苯甲醛	-26	178.1	1.0415	1.5463
苯乙醛	33~34	195	1.0272	1.5255
丙酮	-95.35	56.2	0.7899	1.3588
丁酮	-86.35	79.6	0.8054	1.3788
2-戊酮	-77.8	102.4	0.8089	1.3895
3-戊酮	-39.8	121.7	0.8138	1.3924
环己酮	-16.4	155.65	0.9478	1.4507
苯乙酮	20.5	202.0	1.0281	1.5372

6.1.2.3 醛、酮的化学性质

由于羰 $-\overset{\overset{O}{\|}}{C}-$ 中有一个 π 键,因此可以进行加成反应;羰基是一个吸电子基团,它的诱导效应使 α 碳上的氢活性增大,因此醛、酮的化学性质主要集中在羰基与 α-H 上。

1. 亲核加成反应

烯烃与亲电试剂加成,是因为双键有 π 电子云,它起一个负电荷中心的作用。而羰基的加成则与之不同,由于氧的电负性大,羰基碳带部分正电荷,容易受到亲核试剂的进攻,因此羰基能进行亲核加成反应。

(1) 与 HCN 加成。由于 HCN 的反应活性不强,因此要求羰基化合物的活性大一点才能反应。醛、脂肪族甲基酮、含 8 个以下碳的环酮与 HCN 能发生加成反应生成 α-羟基腈。

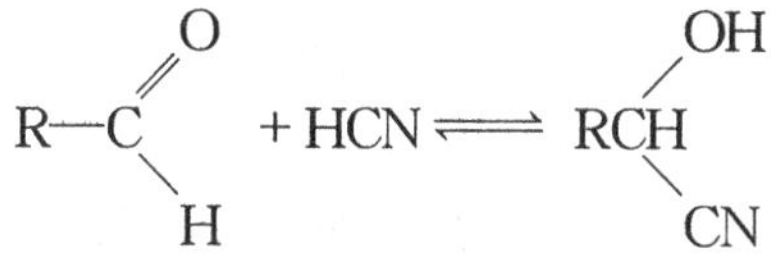

$$\underset{H}{\overset{O}{\underset{\|}{R-C}}} + HCN \rightleftharpoons \underset{CN}{\overset{OH}{\underset{|}{RCH}}}$$

少量碱可以加快反应速率,这是因为 HCN 是一个弱酸,CN^- 浓度很低,加少量碱可以提高亲核试剂 CN^- 的浓度。加成产物中的—CN 可以在酸性或碱性条件下水解成—COOH,利用此方法可以制备 α-羟基酸。

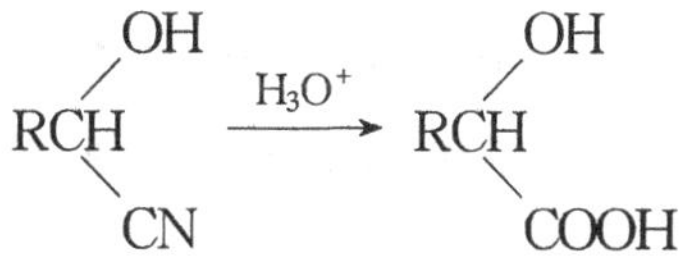

$$\underset{CN}{\overset{OH}{\underset{|}{RCH}}} \xrightarrow{H_3O^+} \underset{COOH}{\overset{OH}{\underset{|}{RCH}}}$$

(2) 与饱和亚硫酸氢钠加成反应。醛、脂肪族甲基酮、含 8 个以下碳的环酮可与饱和亚硫酸氢钠加成生成 α-羟基磺酸钠,该化合物不溶于饱和亚硫酸氢钠溶液而沉淀。

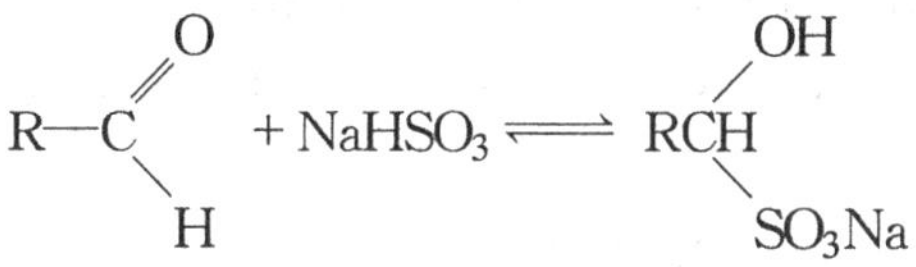

$$\underset{H}{\overset{O}{\underset{\|}{R-C}}} + NaHSO_3 \rightleftharpoons \underset{SO_3Na}{\overset{OH}{\underset{|}{RCH}}}$$

由于该反应是一个平衡反应,加入酸或碱都会导致破坏 $NaHSO_3$,使平衡向左移动,最后使沉淀溶解,所以产物 α-羟基磺酸钠能溶于盐酸和氢氧化钠溶液中。

(3) 与水加成。醛酮与水加成生成胞二醇。

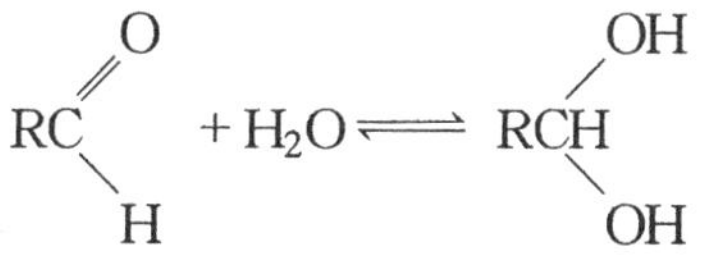

$$\underset{H}{\overset{O}{\underset{\|}{RC}}} + H_2O \rightleftharpoons \underset{OH}{\overset{OH}{\underset{|}{RCH}}}$$

由于胞二醇很不稳定,极易脱水回复到原来的醛酮,因此大部分醛酮与水加成进行程度很小,无实质意义。只有某些特殊的羰基能与水加成生成稳定的水合物,如三氯乙醛、茚三酮等。

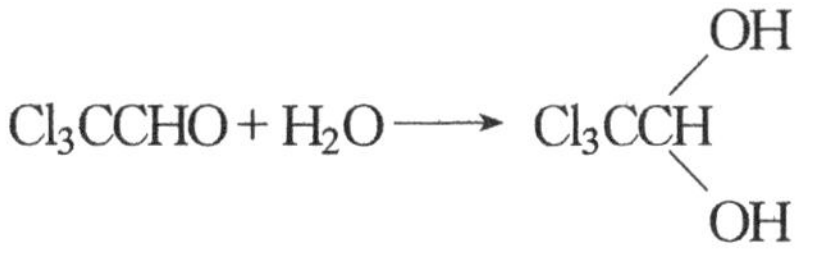

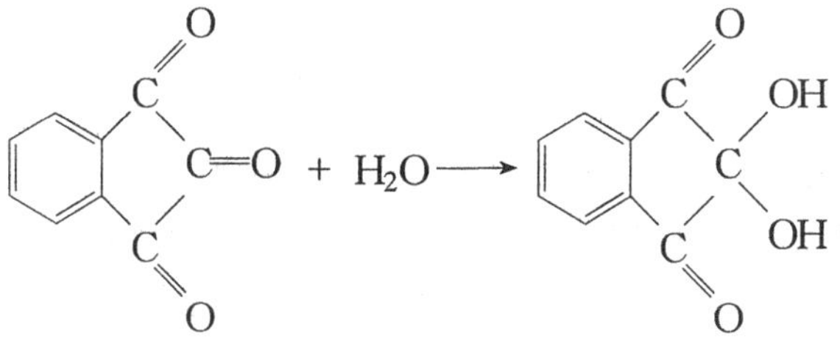

$$Cl_3CCHO + H_2O \longrightarrow Cl_3CC\underset{OH}{\overset{OH}{\underset{|}{|}}}H$$

水合三氯乙醛是一种无色透明晶体,溶点 57 ℃,可用作催眠镇静剂和兽用麻醉剂。水合茚三酮能作氨基酸的显色剂,常用来定性和定量检测氨基酸。

(4) 与醇加成。醛与醇在无水 HCl 催化下起加成反应,生成的产物叫半缩醛,半缩醛极易与过量的醇再脱水生成缩醛。

$$RCHO + R'OH \xrightarrow{\text{无水 HCl}} RCH\begin{matrix}OH\\OR'\end{matrix} \xrightarrow{R'OH} RCH\begin{matrix}OR'\\OR'\end{matrix} + H_2O$$

半缩醛　　缩醛

乙二醇有两个羟基,它能与醛或酮形成一个五元环状缩醛或缩酮。

$$\begin{matrix}CH_3\\ \\CH_3\end{matrix}C=O + \begin{matrix}HO-CH_2\\HO-CH_2\end{matrix} \xrightarrow{\text{无水 HCl}} \begin{matrix}CH_3\\ \\CH_3\end{matrix}C\begin{matrix}O-CH_2\\ \\O-CH_2\end{matrix} + H_2O$$

缩醛或缩酮在酸性水溶液中水解成原来的羰基化合物和醇,利用此性质可保护羰基。

(5) 与氨的衍生物的反应。氨的衍生物主要有羟氨(NH_2OH)、肼($NH_2—NH_2$)、苯肼($NH_2—NHC_6H_5$)、氨基脲($NH_2NH-\underset{\underset{O}{\parallel}}{C}-NH_2$)等,它们能与醛酮起加成反应,但产物很不稳定,随即发生脱水消除反应形成 C=N,因此,这类反应被称为加成-消除反应。例如

$$CH_3CHO + NH_2OH \longrightarrow CH_3CH=NOH + H_2O$$
乙醛肟

$$(CH_3)_2C=O + NH_2—NHC_6H_5 \longrightarrow (CH_3)_2C=N—NHC_6H_5 + H_2O$$
丙酮苯腙

$$CH_3CH=CHCHO + NH_2—NH_2 \longrightarrow CH_3CH=CHCH=N—NH_2 + H_2O$$
2-丁烯醛腙

羟氨、肼与羰基化合物形成的产物分别叫肟、腙。肟、腙都是晶体,容易提纯,有一定的熔点,这类反应通常用来鉴定羰基化合物。

(6) 与格氏试剂加成。格氏试剂是一种强碱,也是一种强亲核试剂,它能与所有醛、酮加成,产物水解后即得到醇。

$$\begin{matrix}R'\\ \\R\end{matrix}C=O + R''MgX \xrightarrow{\text{无水乙醚}} \begin{matrix}R'\\ \\R\end{matrix}\underset{R''}{C}-OMgX \xrightarrow{H_3O^+} \begin{matrix}R'\\ \\R\end{matrix}\underset{R''}{C}-OH$$

例如:

$$C_6H_5—CHO + CH_3MgX \xrightarrow{\text{无水乙醚}} \xrightarrow{H_3O^+} C_6H_5—\underset{CH_3}{\overset{OH}{|}}CH—CH_3$$

该反应是合成醇的重要方法,也是增长碳链的重要手段之一。

从以上的叙述可以看出,在醛、酮的加成反应中,都是由加成试剂的带负电荷部分即亲核试剂供给一对电子与羰基碳原子结合成键,试剂中的其它部分与氧原子成键,其通式如

下:

$$\diagdown C=O + Nu^- \xrightarrow{慢} -\underset{|}{\overset{Nu}{C}}-O^- \xrightarrow[快]{H^+} -\underset{|}{\overset{Nu}{C}}-OH$$

或

$$\diagdown C=O + HNu \longrightarrow -\underset{|}{\overset{Nu}{C}}-OH$$

Nu 为 —SO$_3$Na, —CN, —OH, —OR, —NHOH, —NHNH$_2$

在醛、酮的亲核加成反应中,加成试剂的带负电荷部分即亲核试剂首先进攻羰基碳原子,这一步是慢反应,即决定整个反应速度、反应活性的一步。因此,凡是对此步反应有利的因素都能提高整个反应的活性。醛的亲核加成反应活性比酮大,这是因为 H 与烃基比,空间障碍小,且烃基是推电子基团,使羰基碳的正电性下降;甲基酮比非甲基酮活性大,是因为甲基在所有烃基中空间障碍最小;芳香醛、酮比非芳香醛、酮的活性小,是因为苯的空间障碍大,再者苯环与羰基共轭较稳定,加成时破坏羰基即破坏了共轭体系,在能量上不利。

2. α-H 的反应

醛、酮分子中的 α-C 上的氢原子受羰基吸电子的影响,酸性增强。例如,丙酮的 pK_a 为 20,而乙烷的 pK_a 为 40,由此可见,丙酮的酸性比乙烷强很多。这种现象也可这样理解:醛、酮的共轭碱中,α-C 上负电荷与羰基共轭,分散到了羰基,因而稳定性增强,而一般的碳负离子不具有这种稳定因素。

醛、酮的共轭碱可以作为亲核试剂与另一分子中的羰基起加成反应,也可与亲电试剂(如卤素)起反应。

(1) 羟醛缩合。在稀碱溶液中,两分子乙醛可缩合成 β-羟基丁醛。反应的第一步是乙醛与碱生成一个碳负离子,虽然此步反应进行的程度不大,但碳负离子是一种强亲核试剂,它可立即进攻另一分子乙醛中的羰基。

$$CH_3CHO + OH^- \longrightarrow {}^-CH_2CHO + H_2O$$

$$CH_3CHO + {}^-CH_2CHO \longrightarrow CH_3\underset{|}{\overset{O^-}{C}}HCH_2CHO \xrightarrow{H_3O^+} CH_3\underset{|}{\overset{OH}{C}}HCH_2CHO$$

整个反应是可逆的,酮进行此反应的产率很低。

如果使用两种不同的含 α-H 的醛一起缩合,则得到四种不同的 β-羟基醛混合物,这样就没有制备意义。但如果用一种醛与另一种不含 α-H 的醛反应,则可得到收率较好的某一种产物,如

$$C_6H_5-CHO + CH_3CHO \xrightarrow{稀碱} C_6H_5-\underset{|}{\overset{OH}{C}}HCH_2CHO \xrightarrow[\triangle]{-H_2O} C_6H_5-CH=CHCHO$$

在这个反应中,乙醛自身缩合的产物很少。β-羟基醛酮加热就会脱水,不需酸催化。这是由于羰基的 α-H 较活泼,容易脱去,且形成的产物中 C=C 与 C=O 共轭,比较稳定,因此产物容易形成。这两个因素决定了 β-羟基醛、酮比一般醇容易脱水。

(2) 卤代反应。醛、酮分子中的 α-H 原子在碱性条件下易被卤素取代,且往往形成多卤代物,如

$$CH_3CH_2CHO + Cl_2 \xrightarrow{NaOH} CH_3CCl_2CHO + HCl$$

卤素与 NaOH 的混合物即是次卤酸钠。乙醛和甲基酮甲基上的三个 α-H 原子被卤素取代后,在碱的作用下,C—C 键发生断裂,生成卤仿和相应的羧酸。该反应叫卤仿反应。它可用来制备卤仿及从甲基酮合成少一个碳原子的羧酸,如

$$(CH_3)_3CCOCH_3 + Cl_2 \xrightarrow{NaOH} (CH_3)_3CCOONa + NaCl + HCCl_3$$

碘仿是一种不溶于水的黄色固体,可以用碘和 NaOH 来检验甲基醛、酮的存在。由于反应产生碘仿,所以又称为碘仿反应。如

$$CH_3CHO \xrightarrow{I_2\text{-}NaOH} CI_3CHO \xrightarrow{NaOH} CHI_3 \downarrow + HCOONa$$

反应中碘和 NaOH 先产生 NaOI,而 NaOI 又具有氧化作用,CH_3CHR（带 OH）结构的醇也能被 NaOI 氧化成 CH_3CR（带 =O）结构的羰基化合物,故 CH_3CHR（带 OH）结构的醇也能进行碘仿反应。

3. 还原与氧化反应

(1) 还原。羰基可以看成是由羟基氧化的产物。反过来,羰基也可被还原生成羟基。C=O 被还原成—OH,可在过渡金属(Ni,Co,Pt,Pd 等)催化下加氢,也可用 $NaBH_4$、$LiAlH_4$ 还原。$NaBH_4$、$LiAlH_4$ 由于起还原作用的是分子中 -1 价的 H 原子,故只还原 C=O,对 C=C 无影响。

$$CH_3CH=CHCHO \xrightarrow{NaBH_4} \xrightarrow{H^+} CH_3CH=CHCH_2OH$$

C=O 还可用锌-汞齐加盐酸还原生成亚甲基,该反应叫克莱门森(Clemmenson)还原法。如

$$C_6H_5COCH_2CH_3 \xrightarrow{Zn\text{-}Hg, HCl} C_6H_5CH_2CH_2CH_3$$

醛、酮与肼在高沸点溶剂,例如在一缩乙二醇($HOCH_2CH_2OCH_2CH_2OH$)中与碱一起加热,羰基先与肼变成腙,腙在碱性条件下加热失去氮,结果羰基变成了甲亚基。例如

$$\text{C}_6\text{H}_5\text{-COCH}_2\text{CH}_3 \xrightarrow[\text{(HOCH}_2\text{CH}_2)_2\text{O}]{NH_2NH_2, NaOH} \text{C}_6\text{H}_5\text{-CH}_2\text{CH}_2\text{CH}_3$$

这个反应叫沃尔夫-凯惜纳(Wolff-Kishner)-黄鸣龙反应,也是唯一以中国科学家名字命名的一个反应,是我国化学界的骄傲。

(2) 氧化反应。醛、酮的主要差别是对氧化剂的敏感性不同。醛很容易被氧化成羧酸,而酮即使在中性 $KMnO_4$ 中加热也不受影响。一些弱氧化剂,如 Tollens 试剂(硝酸银的氨溶液)、Fehling 试剂(硫酸铜、氢氧化钠、酒石酸钾钠)和 Benedict 试剂(硫酸铜、碳酸钠、柠檬酸钠)由于氧化醛时还产生明显的现象,故经常用来检验醛的存在。例如

$$RCHO + Ag(NH_3)_2^+ \longrightarrow RCOONH_4 + Ag \downarrow$$

$$RCHO + Cu^{2+} + OH^- \longrightarrow RCOOH + Cu_2O \downarrow$$

以上试剂只氧化醛,不氧化酮和 C=C。芳香醛的还原能力比脂肪醛差,加热条件下能

与 Tollens 试剂发生银镜反应,但不与 Fehling 试剂作用。

(3) 康尼查罗(Cannizzaro)反应。不含 α-H 的醛在浓的氢氧化钠水溶液中发生歧化反应,即一分子醛被氧化成羧酸,另一分子被还原成醇,该反应称为 Cannizzaro 反应。如

$$C_6H_5CHO \xrightarrow{\text{浓 NaOH}} C_6H_5CH_2OH + C_6H_5COOH$$

$$HCHO \xrightarrow{\text{浓 NaOH}} CH_3OH + HCOOH$$

两种不同的不含 α-H 的醛在一起可发生交叉 Cannizzaro 反应。如甲醛和芳香醛在一起,由于甲醛容易被氧化,得到的产物是甲酸和芳香醇。

$$C_6H_5CHO + HCHO \xrightarrow{\text{浓 NaOH}} C_6H_5CH_2OH + HCOOH$$

6.1.3 醛、酮的制备

1. 醇的氧化

仲、伯醇可以被氧化成醛、酮,叔醇不被氧化。

$$CH_3-\underset{\underset{OH}{|}}{CH}-CH_2CH_3 \xrightarrow{K_2Cr_2O_7 + H^+} CH_3-\underset{\underset{O}{\|}}{C}-CH_2CH_3$$

2. 付-克(Friedel-Crafts)酰基化

这个反应提供了合成芳香酮的方法,该反应涉及芳香环和羰基之间 C—C 键的形成。

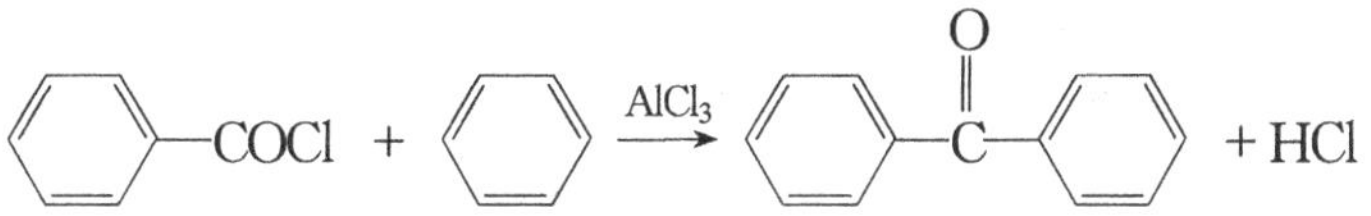

$$\text{C}_6\text{H}_5\text{COCl} + \text{C}_6\text{H}_6 \xrightarrow{AlCl_3} \text{C}_6\text{H}_5\text{COC}_6\text{H}_5 + HCl$$

3. 烯烃的臭氧分解

$$(CH_3)_2C=CHCH_3 \xrightarrow{O_3} \xrightarrow{Zn, H_2O} CH_3-\underset{\underset{O}{\|}}{C}-CH_3 + CH_3CHO$$

4. 炔烃与水的加成反应

$$CH_3C\equiv CH + H_2O \xrightarrow{HgSO_4, H_2SO_4} CH_3-\underset{\underset{O}{\|}}{C}-CH_3$$

6.2 醌

6.2.1 醌的命名

醌是一类特殊的环状不饱和二酮,醌类化合物的命名法是以苯醌、萘醌、蒽醌等作为母体,两个碳基的位置用阿拉伯数字加在前面注明,有时也用对、邻、远、α、β 等表明两个碳基的相对位置,如有取代基则可注明位置,写在醌名的前面。

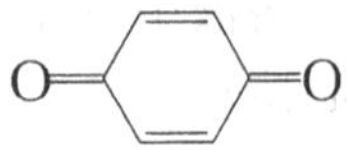

对苯醌(1,4-苯醌) 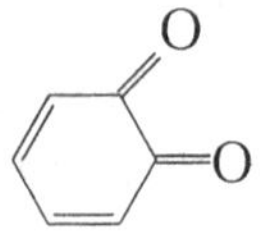　　邻苯醌(1,2-苯醌) 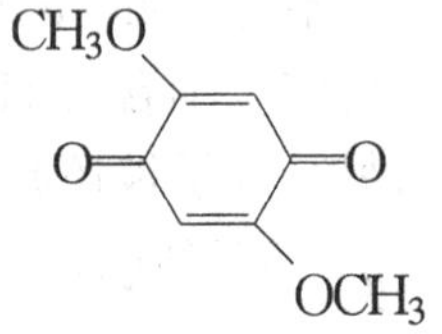　　2,5-二甲氧基-1,4-苯醌 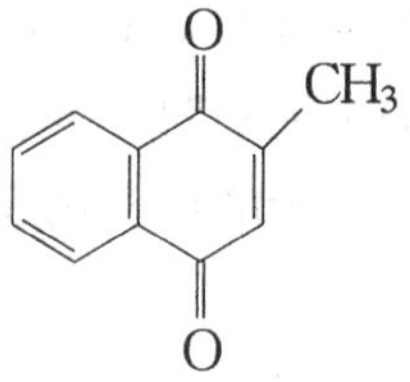　　2-甲基-1,4-萘醌

6.2.2　醌的结构与性质

6.2.2.1　醌的物理性质与结构特征

醌为结晶体,一般有颜色,对苯醌为黄色,邻苯醌为红色。

X射线晶体分析证明,对苯醌中碳碳键的长度为1.49Å及1.32Å,这与C—C单键(1.54Å)及C=C双键(1.34Å)的长度非常接近,说明苯醌中没有芳香环,苯醌不具有芳香性,它的性质与 α,β-不饱和酮相似。

6.2.2.2　醌的化学性质

1. 还原作用

醌还原后生成二元酚,如对苯醌可用铁粉还原成对苯二酚。

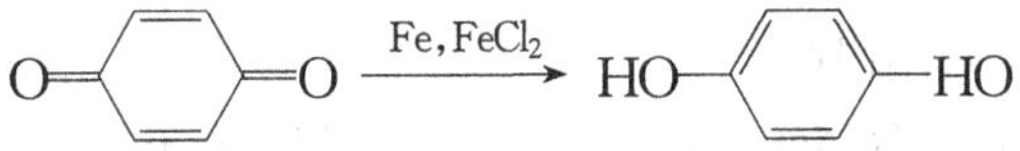

$$\text{O=⟨⟩=O} \xrightarrow{Fe, FeCl_2} HO-⟨⟩-OH$$

2. 加成反应

对苯醌与羟氨反应生成一肟或二肟。

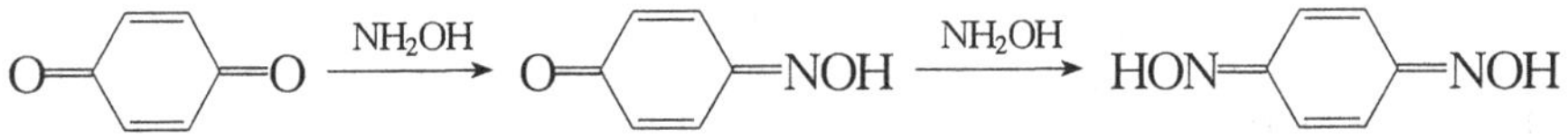

$$\text{O=⟨⟩=O} \xrightarrow{NH_2OH} \text{O=⟨⟩=NOH} \xrightarrow{NH_2OH} \text{HON=⟨⟩=NOH}$$

反应必须在酸性溶液中进行,因为在碱性溶液中苯醌可使羟氨氧化。对苯醌一肟与苯酚起亚硝化反应所得的亚硝基苯酚已经证明是同一化合物,这说明两种结构可以彼此互变:

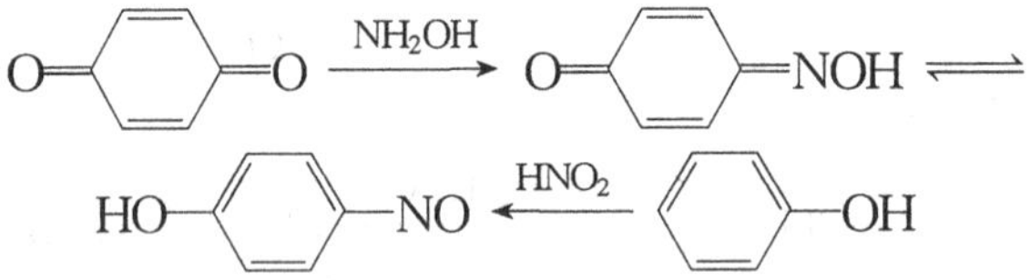

$$\text{O=⟨⟩=O} \xrightarrow{NH_2OH} \text{O=⟨⟩=NOH} \rightleftharpoons$$
$$HO-⟨⟩-NO \xleftarrow{HNO_2} ⟨⟩-OH$$

6.3　醛、酮、醌的重要代表化合物及其应用

6.3.1　甲醛

甲醛在工业上由甲醇的催化氧化而制得,即将甲醇蒸气和空气的混合物在600~630℃下通过银催化剂,将生成的甲醛和未作用的甲醇用水吸收,从溶液中蒸去一部分甲醇后,即得甲醛的水溶液,其中含甲醛41%、甲醇8%~10%,这种水溶液叫"福尔马林",常被用来保存动物标本。

甲醛在水溶液中能以水合甲醛形式存在,但不能从水溶液中分离出稳定的水合物。

甲醛容易聚合,如甲醛的浓溶液经长期放置,便会出现多聚甲醛白色沉淀。福尔马林中由于有少量甲醇存在,可以防止甲醛聚合。

甲醛与苯酚进行缩聚形成立体交联的高分子聚合物——酚醛树脂,即电绝缘材料电木(bakelite)。甲醛与氨作用,可得六亚甲基四胺$((CH_2)_6N_4)$,俗称乌洛托品(urotropine)。

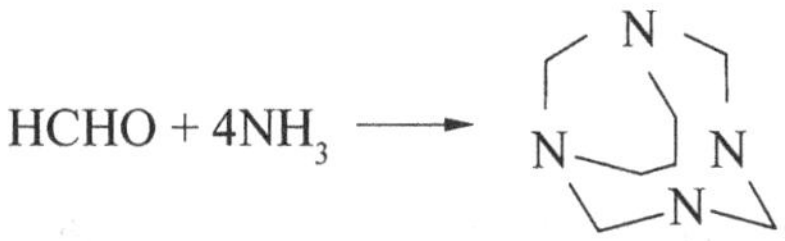

$$HCHO + 4NH_3 \longrightarrow (CH_2)_6N_4$$

六亚甲基四胺可作橡胶硫化促进剂、纺织品的防缩剂,在医药上可用作泌尿系统的消毒剂。六亚甲基四胺经发烟硝酸硝化后得到一种爆炸力极强的炸药,叫旋风炸药或黑索今,用于炮弹中的爆破药。

6.3.2 乙醛

乙醛是一种低沸点液体,沸点 21 ℃,并且很容易被氧化,所以一般把它变成环状的三聚乙醛保存。后者是一个液体,沸点 124 ℃,在硫酸的作用下发生解聚。由于乙醛的沸点很低,它不断地被蒸发出来,这样可把三聚乙醛全部解聚。

$$3CH_3CHO \longrightarrow (CH_3CHO)_3$$

乙醛也是一种重要的化工原料,是生产乙酸、乙酸乙酯、乙酸酐的原料。长期以来,乙醛是由乙炔水合而制得。由于石油工业的发展,乙烯现已成为一种制备乙醛的主要原料。新的生产方法是用乙烯在氯化铜和氯化钯的催化下,用空气直接氧化。

$$CH_2=CH_2 + O_2 \xrightarrow{PdCl_2, CuCl_2} CH_3CHO$$

乙醇在银的催化下脱氢氧化,也是制备乙醛的一种工业生产方法。

6.3.3 丙酮

丙酮是最简单的酮,有愉快香味,沸点 56.2 ℃,易溶于水,并能溶解多种有机物,是常用的溶剂。

丙酮的制备以往是采用淀粉或蔗糖发酵的方法,但这个方法很不经济,现在制备丙酮的方法主要有两种:一种是丙烯与水加成制备异丙醇,然后催化脱氢而得丙酮;另一种方法是苯与丙烯在三氯化铝催化下生成异丙苯,然后催化空气氧化生成过氧化物,再在酸作用下重排分解,生成丙酮和苯酚。

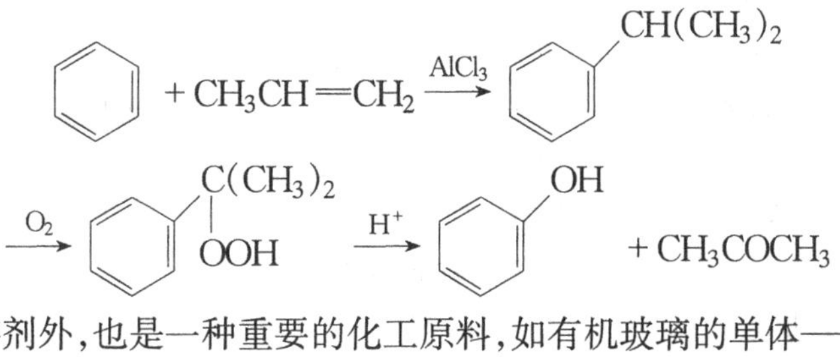

$$C_6H_6 + CH_3CH=CH_2 \xrightarrow{AlCl_3} C_6H_5CH(CH_3)_2$$

$$\xrightarrow{O_2} C_6H_5C(CH_3)_2OOH \xrightarrow{H^+} C_6H_5OH + CH_3COCH_3$$

丙酮除用作溶剂外,也是一种重要的化工原料,如有机玻璃的单体——甲基丙烯酸甲酯就是由丙酮做原料合成的。

6.3.4 苯甲醛

苯甲醛是芳香醛的代表,是一种具有杏仁香味的液体,沸点 178 ℃,工业上叫苦杏仁油。

它存在于杏仁、桃仁等许多果实的种子中。易被氧化,在空气中逐渐被氧化成苯甲酸。苯甲醛是一种重要的化工原料,用于制备月桂醛、月桂酸、苯乙醛、苯甲酸苄酯等,也可用作香料。苯甲醛可由苄叉二氯水解而制得。

6.3.5 环己酮

环己酮是无色油状液体,以往被用来作为生产尼龙-6 的原料。首先由环己酮和羟氨生成环己酮肟,然后再进行重排生成己内酰胺,其聚合物聚己内酰胺就是尼龙-6。但现在环己酮肟的生产方法主要是通过环己烷和 Cl_2 及 NO 进行光化学反应而制得。环己酮经过氧化后得到的己二酸,是制备尼龙-66 的原料。

环己酮过去是用苯酚催化氢化成环己醇,再氧化后而制得的。近年来发展了一种新方法,即由环己烷在钴盐催化下脱氢氧化成环己酮和环己醇的混合物,环己醇催化脱氢得环己酮。

习 题

1. 命名下列化合物:

(1) $(CH_3)_2CHCHO$ (2) $CH_3CH=NNH_2$

(3) 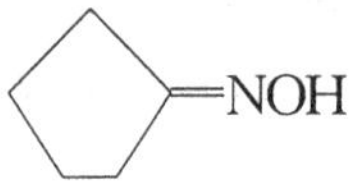 环戊酮肟 (=NOH)

(4) 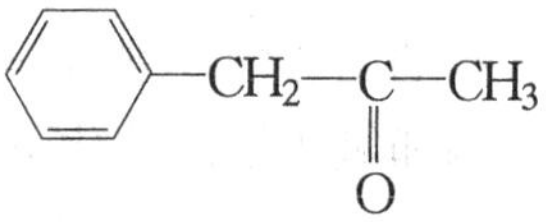 $C_6H_5CH_2COCH_3$

(5) $CH_3CH(OCH_3)_2$

(6) 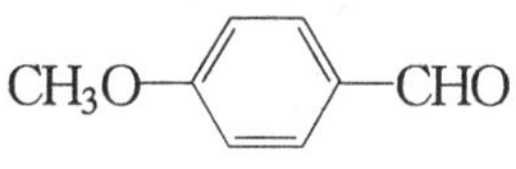 $CH_3O-C_6H_4-CHO$

(7) 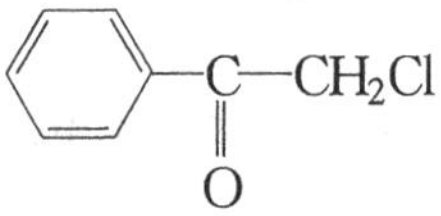 $C_6H_5COCH_2Cl$

(8) $CH_2=CH-CO-C_2H_5$

2. 写出下列化合物的结构式:

(1) 反-2-丁烯醛   (2) 二苯甲酮

(3) 乙醛肟   (4) α-氯代丁醛

(5) 3-环己烯酮   (6) 乙醛-2,4-二硝基苯腙

3. 写出丙醛与下列试剂反应的产物:

(1) $NaBH_4$,然后水解   (2) C_6H_5MgCl,然后水解

(3) 饱和 $NaHSO_3$ 溶液   (4) $HOCH_2CH_2OH$,无水 HCl 催化

(5) NH_2OH (6) Zn-Hg,HCl

(7) $LiAlH_4$,然后水解   (8) H_2,Ni 催化

(9) 银氨络离子   (10) 稀 $KMnO_4$ 溶液

(11) NaOH 溶液催化   (12) 苯肼

4. 完成下列反应式:

(1) $C_6H_5COCH_3 + I_2 + NaOH \longrightarrow$

(2) $Cl-C_6H_4-CHO + HCHO \xrightarrow{\text{浓 NaOH}}$

(3) C₆H₅ + C₆H₅COCl $\xrightarrow{AlCl_3}$

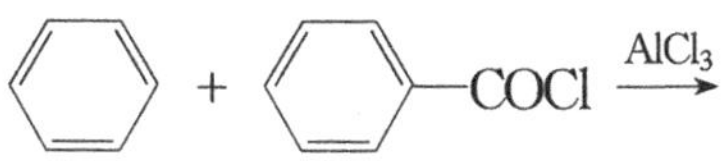

(4) C₆H₅CHO + CH₃CH₂CHO $\xrightarrow[\triangle]{稀碱}$

(5) 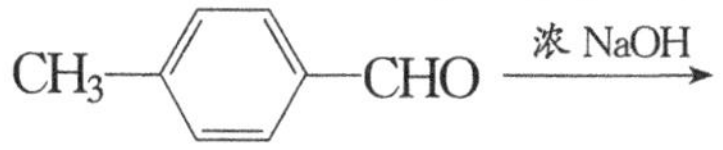 CH₃—C₆H₄—CHO $\xrightarrow{浓 NaOH}$

(6) 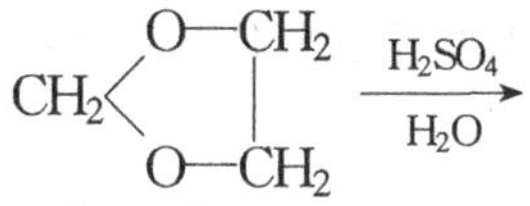
$$CH_2 \begin{matrix} O-CH_2 \\ O-CH_2 \end{matrix} \xrightarrow[H_2O]{H_2SO_4}$$

(7) 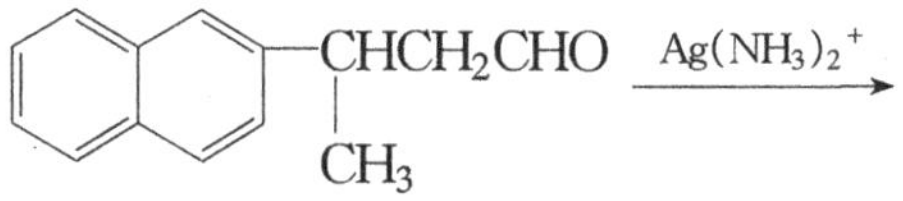 萘-CH(CH₃)CH₂CHO $\xrightarrow{Ag(NH_3)_2^+}$

5. 下列化合物哪些能发生碘仿反应？哪些能与饱和 NaHSO₃ 溶液加成？
(1) 2-丁酮　　　　(2) 苯乙酮　　　　(3) 乙醇
(4) 正丁醇　　　　(5) 苯甲醛　　　　(6) 3-戊酮
(7) 2-丁醇　　　　(8) (CH₃)₃CCHO　　(9) 异丙醇
(10) 丙酮　　　　(11) 丙醛　　　　　(12) 环己酮

6. 如何用化学方法鉴别下列各组化合物？
(1) 乙醛和丙醛　　　　　　(2) 2-戊酮、3-戊酮和环己酮
(3) 苯甲醇和苯甲醛　　　　(4) 2-己醇和 2-己酮

7. 完成下列转变：
(1) CH₃CH₂CH₂OH ⟶ CH₃CH₂CH₂CH₂OH
(2) HC≡CH ⟶ CH₃CH₂CH₂CH₂OH
(3) CH₃COCH₃ ⟶ (CH₃)₃CCOOH
(4)  C₆H₁₁—COCH₃ ⟶ C₆H₁₁—COOH
(5) 正丙醇 ⟶ 3-己酮

8. 比较下列羰基化合物进行亲核加成反应的活性大小。
C₆H₅COCH₃，C₆H₅COC₆H₅，C₆H₅CHO，C₆H₅CH₂CHO，CH₃CHO，Cl₃CCHO，ClCH₂CHO

9. 化合物 A 分子式为 C₅H₁₂O，氧化后得化合物 B(C₅H₁₀O)，B 能与苯肼反应，并在与碘的氢氧化钠溶液反应后产生黄色沉淀。A 和浓硫酸共热后产生 C(C₅H₁₀)，C 经酸性 KMnO₄ 氧化后得丙酮和乙酸，试推导出化合物 A、B、C 的结构式。

第7章 羧酸及其衍生物

分子中含有羧基的有机化合物称为羧酸,其通式为RCOOH,其中,R—可以是烷基或芳基。羧酸的羟基被其它基团取代的化合物称为羧酸衍生物。

7.1 羧酸的结构、分类和命名

7.1.1 羧酸的结构

(1)羰基碳原子以sp^2杂化轨道成键,三个sp^2杂化轨道形成的三个σ键在同一平面上,键角大约为120°。
(2)键长:C═O双键键长为123 pm,C—O单键键长为136 pm。
(3)p-π共轭:碳原子的P轨道和羧基氧的一个p轨道相互交叠形成π键。
(4)—COO⁻结构:羧基离解为负离子后,负电荷就完全均等地分布在O—C—O链上,即两个C—O键键长完全平均化。

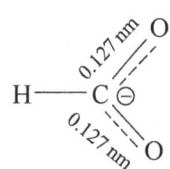

7.1.2 羧酸的分类

(1)根据羧基连接烃基不同,将羧酸分为脂肪、脂环和芳香羧酸。
(2)根据羧酸分子中所含的羧基数目不同,可分为一元酸、二元酸和多元酸。

7.1.3 羧酸的命名

(1)俗名:通常根据天然来源命名,如HCOOH叫蚁酸,HOOC—COOH叫草酸。
(2)系统命名法:与醛的命名相同,即选择含有羧基的最长碳链为主链,靠近羧基一端开始编号;对于脂环酸和芳香酸,则把脂环或芳环看作取代基来命名;对于多元羧酸,选择含两个羧基的碳链为主链,按碳原子数目称为某二酸;如有不饱和键要标明烯(或炔)键的位次,并使主链包括双键和叁键。如

CH₃(CH₂)₇CH═CH(CH₂)₇COOH
9-十八碳烯酸(俗称油酸)

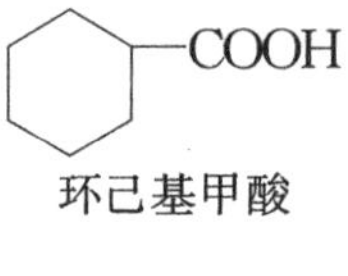

环己基甲酸

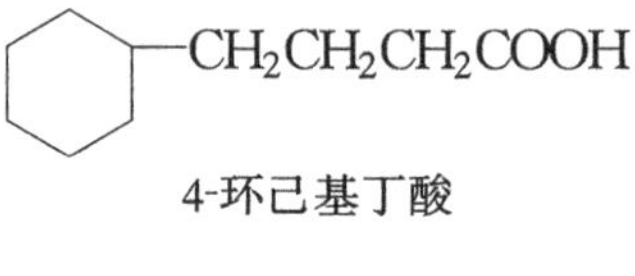

4-环己基丁酸

7.2 羧酸的物理性质

7.2.1 溶解性

羧酸分子可与水形成氢键,所以低级羧酸能与水混溶,随着分子质量的增加,非极性的烃基愈来愈大,使羧酸的溶解度逐渐减小,6个碳原子以上的羧酸则难溶于水而易溶于有机溶剂。

7.2.2 熔、沸点

(1)熔点:随着碳原子数目增加呈锯齿状的变化(偶数碳原子酸的熔点比相邻的两个奇数碳原子酸的熔点高)。

(2)沸点:由于羧酸分子间及羧酸分子与水分子间可以形成氢键而缔合成较稳定的二聚体或多聚体,所以羧酸的沸点高于分子质量相近的醇。

7.2.3 气味

甲酸、乙酸、丙酸有较强的刺鼻气味,水溶液有酸味。4~9个碳原子的羧酸有难闻的酸臭味。高级脂肪酸无气味,挥发性很低。

7.2.4 相对密度

一元羧酸中,甲酸、乙酸相对密度大于1,其它相对密度小于1;二元羧酸、芳香羧酸的相对密度大于1。

7.2.5 状态

十个碳原子以下的饱和一元酸是液体,高级脂肪酸是蜡状固体,二元脂肪酸和芳香酸都是结晶固体。

常见羧酸的物理常数见表7-1。

表7-1 常见羧酸的物理性质

名称	熔点/℃	沸点/℃	溶解度/g	pK_a(25℃)
甲酸	8.4	100.7	∞	3.75
乙酸	6.6	118	∞	4.76
丙酸	-20.8	141	∞	4.87
丁酸	-4.26	164	∞	4.83
戊酸	-34	186	3.3	4.84
己酸	-2~-1.5	205	1.10	4.88
辛酸	16.5	239	0.25	4.89

续表 7-1

名称	熔点/℃	沸点/℃	溶解度/g	pK_a(25 ℃)
癸酸	31.5	270	不溶	—
十二酸	44	225	不溶	—
十四酸	54	251	不溶	—
十六酸	63	390	不溶	—
十八酸	71.5~72	360	不溶	—
丙烯酸	13	141.6	—	—
丁二酸	189~190	235(分解)	6.8	—
苯甲酸	122.4	250	0.21	4.21

7.3 羧酸的化学性质

7.3.1 酸性

羧基中的氢可以离解为氢离子而显示酸性,表示为

$$RCOOH \rightleftharpoons RCOO^- + H^+$$

离解常数 K_a 越大,或离解常数的负对数 pK_a 越小,酸性越强。羧酸的酸性比苯酚和碳酸的酸性强,因此羧酸能与碳酸钠、碳酸氢钠反应生成羧酸盐。但羧酸的酸性比无机酸弱,所以在羧酸盐中加入无机酸时,羧酸又游离出来。利用这一性质,不仅可以鉴别羧酸和苯酚及醇,还可以用来分离提纯有关化合物。

羧酸既溶于 NaOH,又溶于 $NaHCO_3$;

酚可溶于 NaOH,不溶于 $NaHCO_3$;

醇不溶于 NaOH,不溶于 $NaHCO_3$。

7.3.1.1 诱导效应对羧酸酸性的影响

具有给电子诱导效应的基团使羧酸酸性减弱,具有得电子诱导效应的基团使羧酸酸性增强;诱导效应随距离的增加而迅速下降;二元羧酸酸性比一元羧酸酸性强,且 pK_{a1} > pK_{a2}。

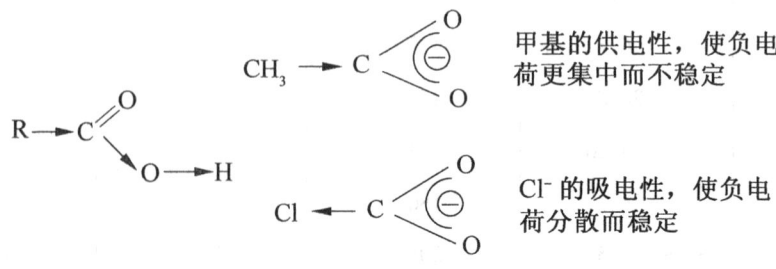

7.3.1.2 共轭效应对羧酸酸性的影响

在取代芳香酸中,对位和间位的吸电子基团的效应是酸性增强,给电子基团的效应是酸性减弱。

以下是羧酸酸性的强弱比较:

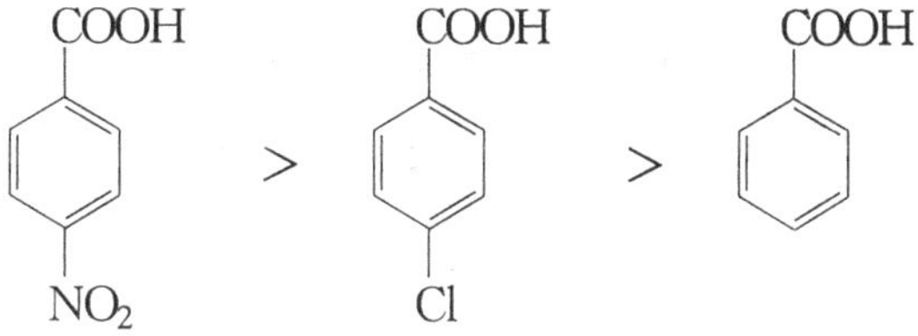

对硝基苯甲酸 (pK_a 3.44) > 对氯苯甲酸 (3.99) > 苯甲酸 (4.21)

7.3.2 羧基中羟基被取代的反应

羧酸分子中羧基上的羟基可被卤原子(X)、羧酸根(RCOO—)、烷氧基(—OR)、氨基(—NH$_2$)取代,分别生成酰卤、酸酐、酯及酰胺。它们统称为羧酸衍生物。

(1)酰卤的生成。羧酸与氯化亚砜、三氯化磷、五氯化磷等作用,生成酰卤。

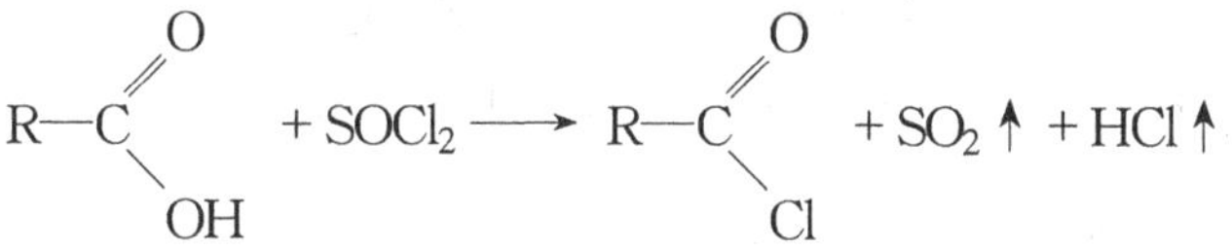

$$RCOOH + SOCl_2 \longrightarrow RCOCl + SO_2\uparrow + HCl\uparrow$$

(2)酸酐的生成。在脱水剂的作用下,羧酸加热脱水,生成酸酐,一元羧酸分子间脱水,二元羧酸分子内脱酸。常用的脱水剂有五氧化二磷等。

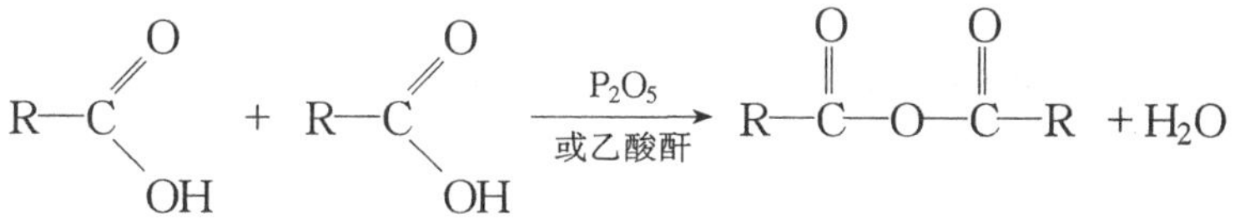

$$RCOOH + RCOOH \xrightarrow[\text{或乙酸酐}]{P_2O_5} RCO-O-COR + H_2O$$

(3)酰胺的生成。在羧酸中通入氨气或加入碳酸铵,首先生成羧酸的铵盐,铵盐加热脱水生成酰胺。

$$CH_3COOH + NH_3 \longrightarrow \underset{\text{羧酸铵盐}}{CH_3COONH_4} \xrightarrow[\triangle]{-H_2O} \underset{\text{酰胺}}{CH_3CONH_2}$$

(4)酯的生成。羧酸与醇在酸或碱的催化作用下生成酯的反应,称为酯化反应。同位素标记结果证明羧酸提供羟基,醇提供氢原子。

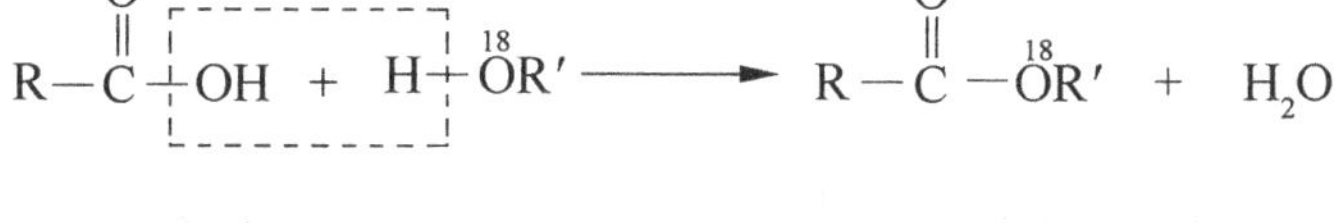

$$R-C(=O)-[OH + H]-^{18}OR' \longrightarrow R-C(=O)-^{18}OR' + H_2O$$

酸催化历程是按酰氧键断裂历程进行,酯化反应不是简单的取代反应,而是酸催化的加成-消除反应历程。随着烃基结构的增大,酯化反应速度减慢:HCOOH > CH$_3$COOH > RCH$_2$COOH > R$_2$CHCOOH > R$_3$CCOOH。

反应机理为

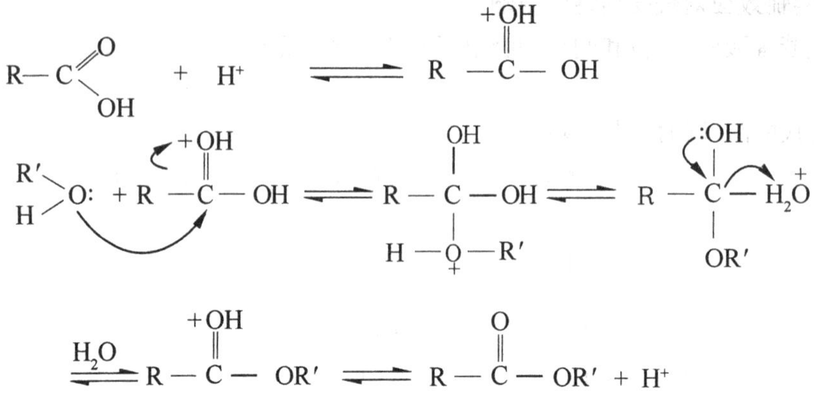

$$R-\overset{O}{\underset{}{C}}-OH + H^+ \rightleftharpoons R-\overset{+OH}{\underset{}{C}}-OH$$

$$\underset{H}{\overset{R'}{O:}} + R-\overset{+OH}{\underset{}{C}}-OH \rightleftharpoons R-\overset{OH}{\underset{H-\overset{+}{O}-R'}{C}}-OH \rightleftharpoons R-\overset{:OH}{\underset{OR'}{C}}-H_2O$$

$$\xrightleftharpoons{H_2O} R-\overset{+OH}{\underset{}{C}}-OR' \rightleftharpoons R-\overset{O}{\underset{}{C}}-OR' + H^+$$

7.3.3 羧基中羰基的还原反应

羧基中羰基由于受羟基的影响,一般不与化学还原剂起作用,但可被强还原剂氢化铝锂还原成醇

$$RCOOH \xrightarrow{LiAlH_4} \xrightarrow{H_2O} RCH_2OH$$

该反应产率高,还原不饱和酸时,不会影响双键。

7.3.4 α-H 的卤代反应

羧酸的 α-H 不如醛、酮活泼,因此卤代反应需加入少量催化剂(红磷等),而且 α-H 可逐步被取代生成卤代酸。

$$RCH_2COOH + Cl_2 \xrightarrow{红磷} \underset{Cl}{RCHCOOH} \longrightarrow RCCl_2COOH$$

7.3.5 羧基的脱羧反应

羧酸中羧基和烃基之间的 C—C 键比醛、酮中羰基和烃基之间的 C—C 键弱,比较容易断裂。因此在一定条件下,羧酸失去二氧化碳,该反应叫脱羧反应。例如,羧酸钠与碱石灰(NaOH-CaO)共热,分解出二氧化碳生成烃。

(1)强热脱羧

$$CH_3COONa + NaOH \xrightarrow[\triangle]{CaO} CH_4\uparrow + Na_2CO_3$$

(2)催化脱羧

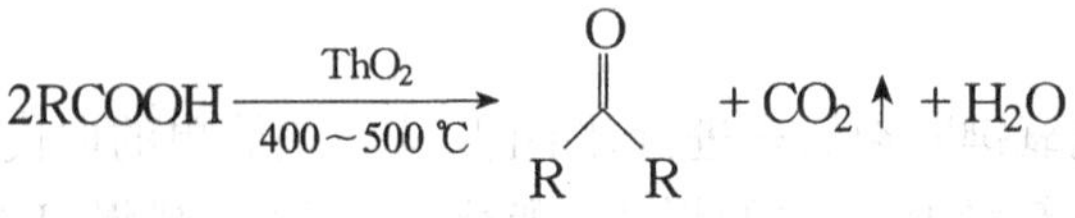

$$2RCOOH \xrightarrow[400\sim500℃]{ThO_2} \underset{R\ \ \ R}{\overset{O}{\underset{\|}{C}}} + CO_2\uparrow + H_2O$$

(3)当一元羧酸的 α-C 上连有吸电子基时,脱羧较容易进行。

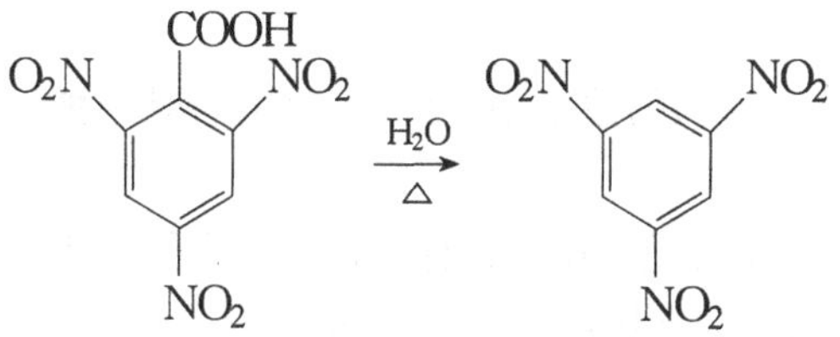

$$\underset{\substack{NO_2}}{\underset{O_2N}{\bigodot}}\overset{COOH}{\underset{NO_2}{\bigodot}}NO_2 \xrightarrow[\triangle]{H_2O} \underset{\substack{NO_2}}{\underset{O_2N}{\bigodot}}NO_2$$

7.4 羧酸的制备

自然界存在的羧酸大多以酯的形式存在于油、脂和蜡中,近年来以石油为原料生产羧酸在工业中占有重要位置。羧酸一般可通过以下方法制得。

1. 伯醇的氧化

$$RCH_2OH \xrightarrow{[O]} RCHO \xrightarrow{[O]} RCOOH$$

2. 腈的水解

$$RX + KCN \longrightarrow RCN + HX$$

$$RCN + H_2O \xrightarrow[\text{或} OH^-]{H^+} RCOOH + NH_4^+$$

3. 格氏试剂与 CO_2 作用

$$RX + Mg \xrightarrow{\text{无水醚}} RMgX \xrightarrow{O=C=O} R-\underset{\underset{O}{\parallel}}{C}-OMgX \xrightarrow{H_2O} RCOOH$$

7.5 重要的羧酸

1. 甲酸

甲酸的结构比较特殊,分子中羧基和氢原子直接相连,它既有羧基结构,又具有醛基结构,因此,它既有羧酸的性质,又具有醛类的性质。甲酸的特性:

(1) 甲酸的酸性显著高于其它饱和一元酸。
(2) 甲酸具有还原性,能发生银镜反应。
(3) 甲酸能使高锰酸钾溶液褪色。
(4) 甲酸具有杀菌力,可作消毒或防腐剂。
(5) 甲酸与浓硫酸加热,则分解生成一氧化碳和水。

2. 乙酸

乙酸俗称醋酸,是食醋的主要成分,一般食醋中含乙酸 6%～8%。乙酸为无色具有刺激性气味的液体。当室温低于 16.6℃ 时,无水乙酸很容易凝结成冰状固体,故常把无水乙酸称为冰醋酸。乙酸能与水按任何比例混溶,也可溶于乙醇、乙醚和其它有机溶剂。

3. 丙酸和丁酸

丙酸和丁酸用来合成纤维素和丁酸纤维素,其产品不透水,可用来制造雨衣和其它防水服。

4．高级一元羧酸

高级一元羧酸可以从动植物的油脂中得到，常见的有硬脂酸、亚油酸、花生四烯酸等。

5．苯甲酸

苯甲酸又叫安息香酸。是白色晶体，是有机合成的重要原料，可以合成染料、香料、药物等。苯甲酸具有抑菌防腐能力，常用作食品的防腐剂。

6．二元酸

(1)乙二酸：又名草酸，以盐的形式存在于多种植物的细胞中，最常见的是钙盐和钾盐，在人尿中也存在不少的草酸钙。

草酸很容易氧化成二氧化碳和水。在分析化学中常用来标定高锰酸钾。

$$5(COOH)_2 + 2KMnO_4 + 3H_2SO_4 \longrightarrow K_2SO_4 + 2MnSO_4 + 10CO_2 + 8H_2O$$

草酸可以和许多金属生成络离子：

$$3Fe + 3(COOH)_2 \longrightarrow Fe(C_2O_4)_3$$

$$Fe(C_2O_4)_3 + 3K_2C_2O_4 + 6H_2O \longrightarrow 2K_3[Fe(C_2O_4)_3]\cdot 6H_2O$$

这种络合物溶于水，因此草酸可用来除去铁锈或蓝墨水的痕迹。

(2)己二酸：己二酸是合成尼龙的原料，工业上用苯酚或环己烷来制备。

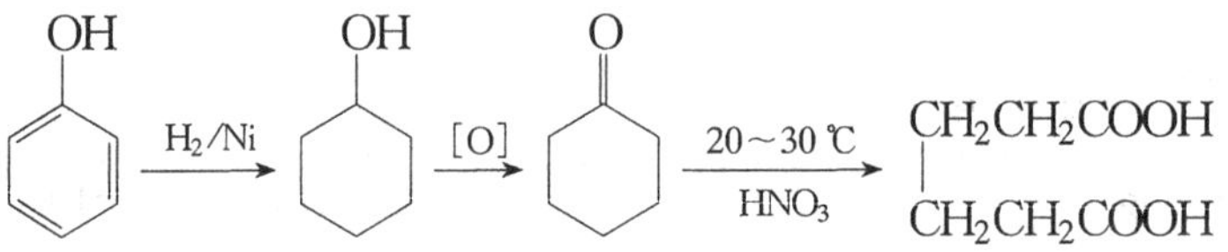

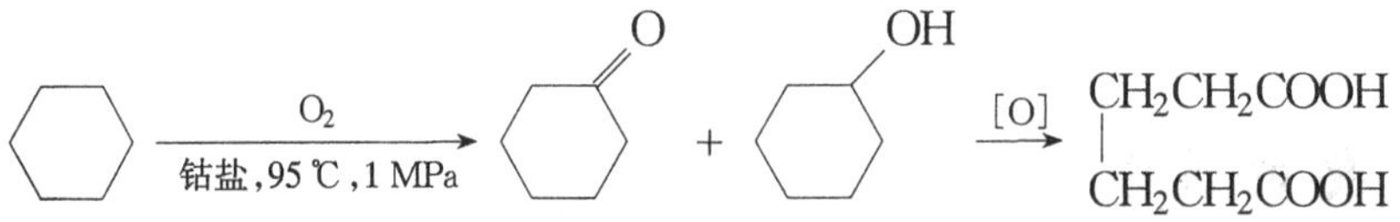

(3)丁烯二酸：丁烯二酸具有顺反异构，二者均为无色晶体，化学性质基本相同，但物理性质和生理生化作用差别很大。顺式丁烯二酸熔点低，酸性强，水溶性和偶极矩都大，容易失水成酐。在生物体内不能转化成糖且具有一定的毒性。反式丁烯二酸广泛存在于动植物体内，是糖类代谢的一种中间产物。它的热稳定性高，难以失水成酐，当加热到 300 ℃时，转化为顺式。

顺丁烯二酸　　　　反丁烯二酸

熔点/℃　　139～140　　　　300～302

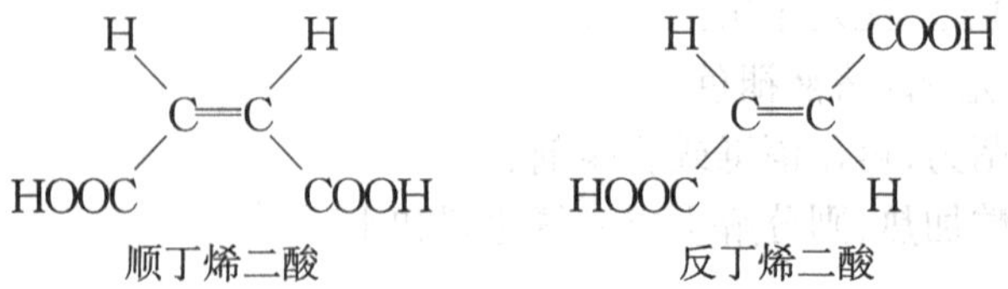

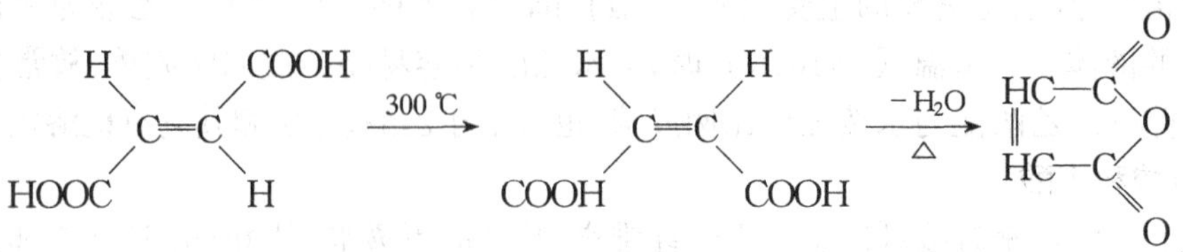

7.6　羧酸衍生物的命名

重要的羧酸衍生物有酰卤、酸酐、酯和酰胺。

7.6.1　酰卤和酰胺的命名

酰卤和酰胺的命名由酰基名称加卤素原子或胺组成。酰基是指羧酸分子从形式上去掉一个氢原子以后所剩余的部分。某酸所形成的酰基叫某酰基。

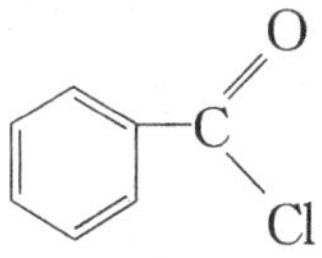

苯甲酰氯

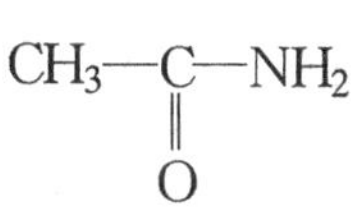

乙酰胺

$CH_3CH_2CONHCH_3$

N-甲基丙酰胺

7.6.2　酸酐的命名

某酸所形成的酸酐叫“某酸酐”或“某酐”。

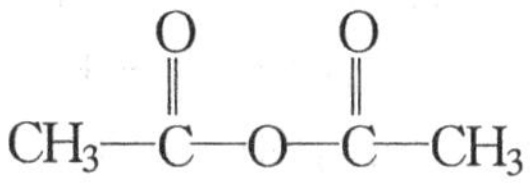

乙酐

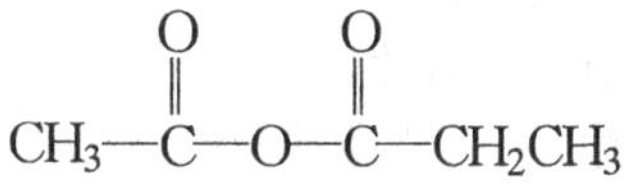

乙丙酐

7.6.3　酯的命名

根据相应的羧酸和醇来命名为“某酸某酯”。酸的部分包括酰基碳原子。

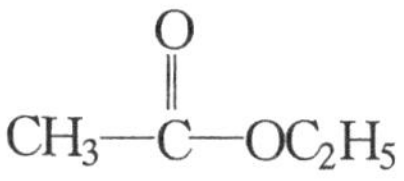

乙酸乙酯

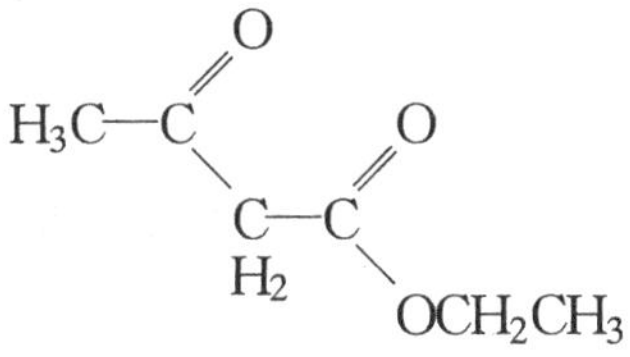

乙酰乙酸乙酯

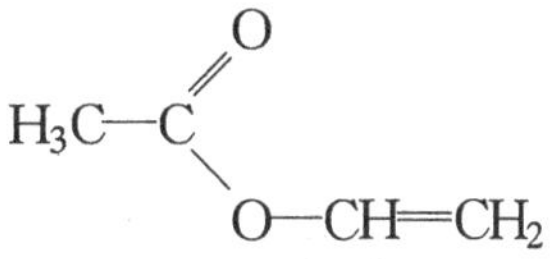

乙酸乙烯酯

7.7　羧酸衍生物的性质

7.7.1　羧酸衍生物的物理性质

(1)沸点:酰胺>羧酸>酸酐>酯>酰氯。

(2)密度:酸酐的相对密度大于1;脂肪族一元羧酸酯的相对密度均小于1;二元羧酸酯和芳酸酯的相对密度均大于1。

(3)水溶性:酰氯强烈水解,放出大量的HCl及热量。低级酰胺可溶于水。酯在水中的溶解度较小。

(4)状态、气味:低级酸酐为无色液体,具有不愉快的气味;高级酸酐为固体,没有气味;酰氯为无色液体或低熔点固体,具有强烈的刺激性;挥发的酯具有芳香气味。

一些常见羧酸衍生物的物理常数见表7-2。

表7-2 羧酸衍生物的物理常数

名称	沸点/℃	熔点/℃	名称	沸点/℃	熔点/℃
乙酰氯	51	-112	甲酸甲酯	32	-99.8
丙酰氯	80	-94	乙酸甲酯	57.5	-98
丁酰氯	102	-89	乙酸乙酯	77	-84
苯甲酰氯	197	-1	乙酸丁酯	126	-77
乙酸酐	140	-73	乙酸戊酯	147.6	-70.8
丁二酸酐	261	119.6	甲酰胺	200(分解)	3
顺丁烯二酸酐	202	60	乙酰胺	221	82
苯甲酸酐	360	42	苯甲酰胺	290	130
邻苯二甲酸酐	284	131	乙酰苯胺	305	114

7.7.2 羧酸衍生物的化学性质

7.7.2.1 水解

羧酸衍生物都能水解生成相应的羧酸。水解反应进行的难易次序为酰氯＞酸酐＞酯＞酰胺。乙酰氯与水发生猛烈的放热反应；乙酐则与热水较易作用；酯的水解在没有催化剂存在时进行得很慢；而酰胺的水解常常要在催化剂存在下经长时间的回流才能完成。

$$R-\underset{\underset{}{\|}}{\overset{O}{C}}-Cl + H_2O \xrightarrow{剧烈反应} RCOOH + HCl$$

$$R-\overset{O}{\underset{\|}{C}}-O-\overset{O}{\underset{\|}{C}}-R + H_2O \xrightarrow[\triangle]{H^+ 或 OH^-} 2RCOOH$$

$$R-\overset{O}{\underset{\|}{C}}-OR' + H_2O \xrightarrow[\triangle]{H^+ 或 OH^-} RCOOH + R'OH$$

$$R-\overset{O}{\underset{\|}{C}}-NH_2 + H_2O \xrightarrow[\triangle,长时间回流]{H^+ 或 OH^-} RCOOH + NH_3$$

(速度减慢 ↓)

酯的水解可在碱性和酸性两种条件下进行。

1. 酯的碱性水解历程

酯的碱性水解大多数属于双分子酰氧键断裂历程。

$$C_2H_5-\overset{O}{\underset{\|}{C}}-\overset{18}{O}C_2H_5 + OH^- \longrightarrow C_2H_5-\overset{O}{\underset{\|}{C}}-OH + \overset{18}{C_2H_5OH}$$

$$R-\overset{O}{\underset{\|}{C}}-\overset{18}{O}R' + OH^- \rightleftharpoons R-\overset{O^-}{\underset{\underset{OH}{|}}{\overset{|}{C}}}-\overset{18}{O}R' \rightleftharpoons R-\overset{O}{\underset{\|}{C}}-OH + {}^-\overset{18}{O}R' \longrightarrow R-\overset{O}{\underset{\|}{C}}-O^- + R'\overset{18}{O}H$$

2. 酯的酸性水解历程

酯的酸性水解,绝大多数是双分子反应,并且是酰氧键断裂。

$$R-\underset{O}{\overset{\parallel}{C}}-OR' \underset{}{\overset{H^+}{\rightleftharpoons}} R-\underset{}{\overset{{}^+OH}{\overset{\parallel}{C}}}-OR' \xrightarrow{HOH} R-\underset{{}^+OH_2}{\overset{OH}{\underset{|}{C}}}-OR' \rightleftharpoons R-\underset{OH}{\overset{OH}{\underset{|}{C}}}-\overset{H}{\underset{+}{O}}R'$$

$$\underset{-R'OH}{\rightleftharpoons} R-\underset{}{\overset{{}^+OH}{\overset{\parallel}{C}}}-OH \rightleftharpoons RCOOH + H^+$$

7.7.2.2 醇解

酰氯、酸酐和酯都能进行醇解生成酯。酰胺却难以醇解。

速度减慢 ↓

$$R-\overset{O}{\overset{\parallel}{C}}-Cl + CH_3CH_2OH \xrightarrow{剧烈反应} R-\overset{O}{\overset{\parallel}{C}}-OC_2H_5 + HCl$$

$$R-\overset{O}{\overset{\parallel}{C}}-O-\overset{O}{\overset{\parallel}{C}}-R + CH_3CH_2OH \xrightarrow{\triangle} R-\overset{O}{\overset{\parallel}{C}}-OC_2H_5 + RCOOH$$

$$R-\overset{O}{\overset{\parallel}{C}}-OR' + CH_3CH_2OH \rightleftharpoons R-\overset{O}{\overset{\parallel}{C}}-OC_2H_5 + R'OH$$

$$R-\overset{O}{\overset{\parallel}{C}}-NH_2 + CH_3CH_2OH \rightleftharpoons R-\overset{O}{\overset{\parallel}{C}}-OC_2H_5 + NH_3$$

醇解产物是酯;反应活性为酰卤>酸酐>酯>酰胺;酰氯和酸酐是活泼的酰基化剂;酯的醇解为酯交换,即反应生成另一种醇和另一种酯。

7.7.2.3 氨解

酰氯、酸酐、酯及酰胺与氨作用生成酰胺。

$$R-\overset{O}{\overset{\parallel}{C}}-Cl + NH_3 \longrightarrow R-\overset{O}{\overset{\parallel}{C}}-NH_2 + NH_4Cl$$

$$R-\overset{O}{\overset{\parallel}{C}}-O-\overset{O}{\overset{\parallel}{C}}-R + 2NH_3 \xrightarrow{\triangle} R-\overset{O}{\overset{\parallel}{C}}-NH_2 + RCOONH_4$$

$$R-\overset{O}{\overset{\parallel}{C}}-OR' + NH_3 \xrightarrow{\triangle} R-\overset{O}{\overset{\parallel}{C}}-NH_2 + R'OH$$

$$R-\overset{O}{\overset{\parallel}{C}}-NH_2 + R'NH_2(过量) \xrightarrow{\triangle} R-\overset{O}{\overset{\parallel}{C}}-NHR' + NH_3$$

氨解反应的产物是酰胺,反应活性为酰卤>酸酐>酯>酰胺。

7.7.2.4 与格氏试剂的反应

羧酸衍生物都能与格氏试剂反应,但反应产物与格氏试剂用量有关。

1. 酰氯与格氏试剂的反应

$$R-\underset{Cl}{\underset{\|}{C}}=O + R'MgCl \longrightarrow R-\underset{R'}{\underset{Cl}{\overset{OMgCl}{C}}} \xrightarrow{-MgCl_2} R-\underset{R'}{\underset{\|}{C}}=O$$

$$\xrightarrow{R'MgCl} R-\underset{R'}{\underset{R'}{\overset{OMgCl}{C}}} \xrightarrow[H_2O,H^+]{-MgCl(OH)} R-\underset{R'}{\underset{R'}{\overset{OH}{C}}}$$

酰氯与格氏试剂的反应可制得两个烃基相同的叔醇;低温且控制 R'MgX 不过量可用来制备酮;R'MgX 过量,则主要产物为叔醇。

2. 酸酐与格氏试剂的反应

$$\underset{H_3CO}{\text{(1-MgX-6-H_3CO-naphthalene)}} + \underset{O}{\underset{\|}{\overset{O}{\bigcirc}}} \xrightarrow{H_2O} \underset{H_3CO}{\text{(1-COCH_2CH_2COOH-6-H_3CO-naphthalene)}}$$

3. 酯与格氏试剂的反应

$$R-\underset{OCH_3}{\underset{\|}{C}}=O \xrightarrow[\text{干乙醚}]{R'MgCl} R-\underset{R'}{\underset{OCH_3}{\overset{OMgCl}{C}}} \xrightarrow[\text{干乙醚}]{R'MgCl} \xrightarrow{H_2O} R-\underset{R'}{\underset{R'}{\overset{OH}{C}}}-R'$$

酯与格氏试剂的反应可制得两个烃基相同的叔醇;反应难停留在酮的阶段,因为酮与格氏试剂反应比酯快;甲酸酯与格氏试剂反应得对称的二级醇。

7.7.2.5 还原反应

羧酸衍生物比羧酸容易被还原,还原由易到难的顺序为:酰氯>酯>羧酸。

1. 酰氯的还原

(1) 罗逊孟德(Rosenmund)还原法

$$R-\underset{\|}{\overset{O}{C}}-Cl \xrightarrow[H_2]{Pd-BaSO_4} R-\underset{\|}{\overset{O}{C}}-H$$

(2) 催化还原法

$$R-\underset{Cl}{\underset{\|}{C}}=O \xrightarrow{H_2/Ni} R-\underset{H}{\underset{\|}{C}}=O \xrightarrow[H_2]{H_2/Ni} R-\underset{H_2}{\overset{}{C}}-OH$$

(3) LiAlH$_4$ 还原法

$$R-\underset{Cl}{\underset{\|}{C}}=O \xrightarrow[H_3O^+]{LiAlH_4} RCH_2OH$$

2. 酰胺的还原

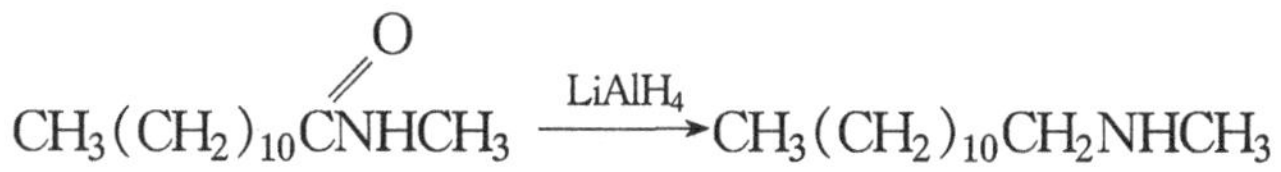

$$CH_3(CH_2)_{10}\overset{O}{\overset{\|}{C}}NHCH_3 \xrightarrow{LiAlH_4} CH_3(CH_2)_{10}CH_2NHCH_3$$

酰胺与次氯酸钠或次溴酸钠的碱溶液作用,脱去羰基,称为酰胺的降解反应,又叫霍夫曼降解反应。

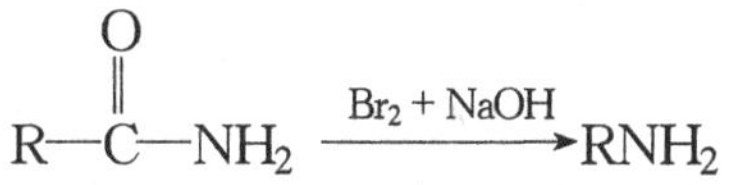

$$R-\overset{O}{\overset{\|}{C}}-NH_2 \xrightarrow{Br_2+NaOH} RNH_2$$

3. 酯的还原

酯还原的产物为两分子醇,一分子来自酯中酸的部分,另一分子来自酯中醇的部分。

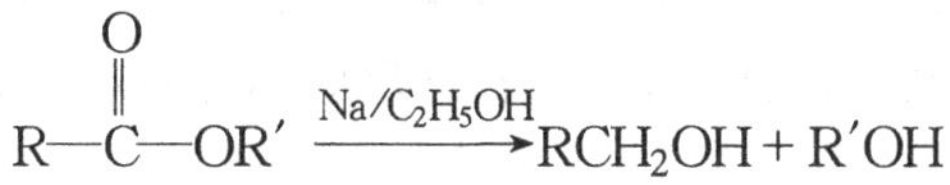

$$R-\overset{O}{\overset{\|}{C}}-OR' \xrightarrow{Na/C_2H_5OH} RCH_2OH + R'OH$$

7.7.2.6 酯缩合反应

酯分子中 $\alpha\text{-C}$ 碳上的氢很活泼,在碱(醇钠)的作用下,可与另一分子酯失去一分子醇,得到 β-羰基酯,称为酯缩合反应或克来森(Claisen)酯缩合反应。

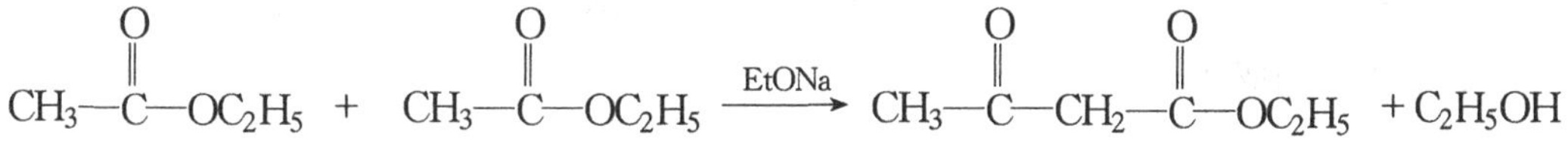

$$CH_3-\overset{O}{\overset{\|}{C}}-OC_2H_5 + CH_3-\overset{O}{\overset{\|}{C}}-OC_2H_5 \xrightarrow{EtONa} CH_3-\overset{O}{\overset{\|}{C}}-CH_2-\overset{O}{\overset{\|}{C}}-OC_2H_5 + C_2H_5OH$$

7.7.2.7 酰胺的失水反应

酰胺与脱水剂(P_2O_5、$SOCl_2$)共热,则发生分子内脱水生成腈。

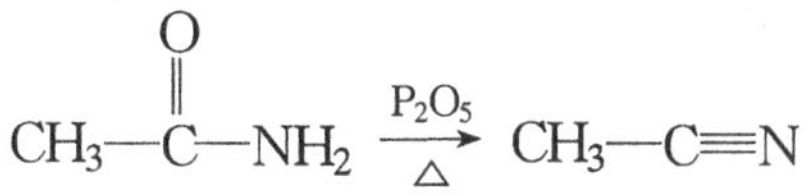

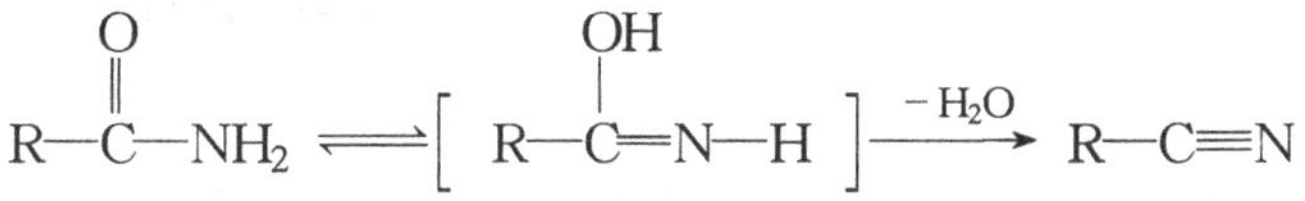

$$CH_3-\overset{O}{\overset{\|}{C}}-NH_2 \xrightarrow[\triangle]{P_2O_5} CH_3-C\equiv N$$

$$R-\overset{O}{\overset{\|}{C}}-NH_2 \rightleftharpoons \left[R-\overset{OH}{\overset{|}{C}}=N-H \right] \xrightarrow{-H_2O} R-C\equiv N$$

7.8 重要的羧酸衍生物

7.8.1 酰氯和酸酐

酰氯、酰酐沸点比相应的醇低。

1. 乙酰氯

乙酰氯是一种在空气中发烟的无色液体,有窒息性的刺鼻气味,能与乙醚、氯仿、冰醋酸、苯和汽油混溶。

2. 乙酐

乙酐又名醋(酸)酐,为无色有极强醋酸气味的液体,溶于乙醚、苯和氯仿。

3. 顺丁烯二酸酐

顺丁烯二酸酐又称马来酸酐或失水苹果酐,为无色结晶性粉末,有强烈的刺激性气味,易升华,溶于乙醇、乙醚和丙酮,难溶于石油醚和四氯化碳。

7.8.2 乙酰乙酸乙酯

乙酰乙酸乙酯是乙酸乙酯在乙醇钠的作用下,发生克来森酯缩合反应得到的产物。在常温下它是无色液体,有愉快的香味,微溶于水,易溶于乙醇、乙醚等有机溶剂中。

$$CH_3-\overset{O}{\underset{\|}{C}}-OC_2H_5 + CH_3-\overset{O}{\underset{\|}{C}}-OC_2H_5 \xrightarrow{C_2H_5ONa} CH_3-\overset{O}{\underset{\|}{C}}-CH_2-\overset{O}{\underset{\|}{C}}-OC_2H_5$$

乙酰乙酸乙酯具有特殊的化学性质,可以发生多种反应,是一种重要的化工原料。

(1) 酮式分解和酸式分解

乙酰乙酸乙酯在稀碱的作用下加热,则发生皂化、脱羧反应生成酮,所以称为酮式分解;而在浓碱存在的情况下,发生断裂生成羧酸盐的反应称为酸式分解。

$$CH_3-\overset{O}{\underset{\|}{C}}-CH_2-\overset{O}{\underset{\|}{C}}-OC_2H_5 \xrightarrow{稀 KOH} CH_3-\overset{O}{\underset{\|}{C}}-CH_3 + K_2CO_3 + C_2H_5OH$$

$$CH_3-\overset{O}{\underset{\|}{C}}-CH_2-\overset{O}{\underset{\|}{C}}-OC_2H_5 \xrightarrow{浓 KOH} CH_3-\overset{O}{\underset{\|}{C}}-OK + CH_3-\overset{O}{\underset{\|}{C}}-OK + C_2H_5OH$$

(2) 亚甲基的取代

$$CH_3CCH_2COOC_2H_5 \xrightarrow{C_2H_5ONa} [CH_3-\overset{O}{\underset{\|}{C}}-CH-\overset{O}{\underset{\|}{C}}-OC_2H_5]^- Na^+$$

$$\xrightarrow[-NaI]{RI} CH_3-\overset{O}{\underset{\|}{C}}-\underset{R}{CH}-\overset{O}{\underset{\|}{C}}-OC_2H_5 \begin{array}{c} \xrightarrow{酮式分解} CH_3CCH_2R \text{ (}\overset{O}{\|}\text{)}\\ \xrightarrow{酸式分解} RCH_2COOH \text{ (}\overset{O}{\|}\text{)} \end{array}$$

乙酰乙酸乙酯与醇钠或金属钠反应,亚甲基上的一个氢原子被取代生成钠盐。该盐与卤代烷或酰卤发生反应,将烷基或酰基引入分子中,再经过酮式或酸式分解,可以制备不同结构的酮和酸。

7.8.3 丙二酸二乙酯

丙二酸二乙酯与乙酰乙酸乙酯相似,亚甲基上的氢可以被金属钠或醇钠取代,然后进行烷基化或酰基化反应,水解制备各种各样的酸。丙二酸二乙酯可以用一氯乙酸来合成。反应式如下:

$$ClCH_2COOH \xrightarrow[NaOH]{NaCN} NCCH_2COONa \xrightarrow[H_2SO_4]{C_2H_5OH} CH_2\begin{array}{c}COOC_2H_5\\COOC_2H_5\end{array}$$

$$CH_2\begin{array}{c}COOC_2H_5\\COOC_2H_5\end{array} \xrightarrow{C_2H_5ONa} \left[CH\begin{array}{c}COOC_2H_5\\COOC_2H_5\end{array}\right]^- Na^+ \xrightarrow{RX} R-CH\begin{array}{c}COOC_2H_5\\COOC_2H_5\end{array}$$

$$\xrightarrow[H_2O]{NaOH} R-CH\begin{matrix}COONa\\COONa\end{matrix} \xrightarrow[H^+\Delta]{-CO_2} RCH_2COOH$$

如果用二卤化物和过量丙二酸二乙酯反应,则生成以下产物:

$$2CH_2\begin{matrix}COOC_2H_5\\COOC_2H_5\end{matrix} + XCH_2CH_2CH_2X \xrightarrow{C_2H_5ONa} \begin{matrix}CH(COOC_2H_5)_2\\(CH_2)_3\\CH(COOC_2H_5)_2\end{matrix}$$

该产物经水解、脱羧后可产生二元羧酸。如果二卤化物过量,产物如下:

$$CH_2\begin{matrix}COOC_2H_5\\COOC_2H_5\end{matrix} + XCH_2CH_2CH_2X \xrightarrow{C_2H_5ONa} \square\begin{matrix}COOC_2H_5\\COOC_2H_5\end{matrix}$$

该产物也可再水解、脱羧得一元环烷酸。

7.8.4 尿素

尿素是碳酸的中性酰胺,它是人类和许多动物蛋白质代谢的最后产物。成人每日排泄的尿中约含 30 g 尿素。

尿素是重要的化工原料之一,可做肥料、胶粘剂等。工业上用以下方法制备尿素:

$$CO_2 + NH_3 \rightleftharpoons \left[O=\overset{OH}{\underset{}{C}}-NH_2\right] \xrightleftharpoons{NH_3} \left[O=\overset{ONH_4}{\underset{}{C}}-NH_2\right]$$

$$\xrightleftharpoons{-H_2O} H_2N-\overset{O}{\underset{\|}{C}}-NH_2$$

尿素为菱形或针状结晶,熔点 132.7 ℃,易溶于水、醇,而不溶于其它有机溶剂。尿素可以发生以下反应:

(1)水解反应。在酸碱作用下,尿素加热发生水解。在尿素酶的影响下,水解反应在常温下就能进行。

(2)放氮反应。当尿素与亚硝酸作用时,放出氮气。

(3)双缩脲反应。把固体尿素小心加热,则两分子间脱去一分子氨,生成双缩脲。反应式如下:

$$H_2N-\overset{O}{\underset{\|}{C}}-NH_2 + H_2N-\overset{O}{\underset{\|}{C}}-NH_2 \xrightarrow{\triangle} H_2N-\overset{O}{\underset{\|}{C}}-HN-\overset{O}{\underset{\|}{C}}-NH_2$$

在双缩脲的碱性溶液中加入硫酸铜溶液,则产生紫红色复杂配合物。

7.8.5 氨基甲酸酯类

当碳酸分子中的两个羟基分别被氨基和烷氧基取代后,即得到氨基甲酸酯。其制备方法如下:

$$\underset{\text{O}}{\text{Cl—C—Cl}} + \text{ROH} \longrightarrow \underset{\text{O}}{\text{Cl—C—OR}} + \text{HCl}$$

$$\underset{\text{O}}{\text{Cl—C—OR}} + \text{RNH}_2 \longrightarrow \underset{\text{O}}{\text{RNH—C—OR}} + \text{HCl}$$

氨基甲酸酯类农药是发展较快的高效低毒农药，可作为杀虫剂、杀菌剂和除草剂，总称为有机氮农药。如

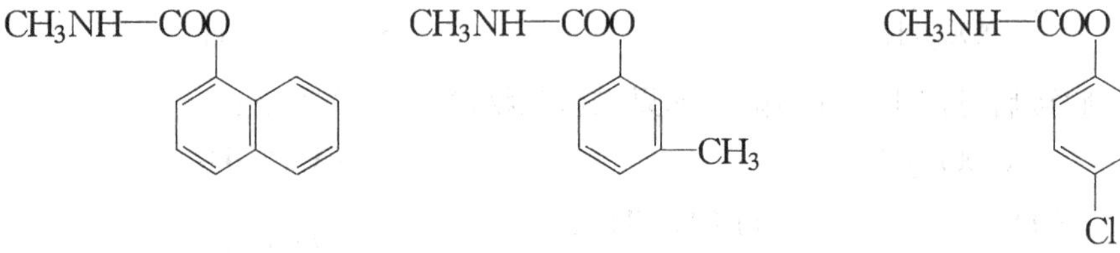

西维因
(N-甲基氨基甲酸-1-萘酯)

速灭威
(N-甲基氨基甲酸间甲苯酯)

灭草灵
(N-甲基氨基甲酸-2,4-二氯苯酯)

7.8.6 碳酸二酰氯

碳酸二酰氯俗名光气，最初是由一氧化碳和氯气在日光照射下得到的，故称光气，有剧毒。

(1) 制法：

$$\text{CO} + \text{Cl}_2 \xrightarrow[200\ \text{℃}]{\text{活性炭}} \underset{\text{O}}{\text{Cl—C—Cl}}$$

(2) 反应：

$$\underset{\text{O}}{\text{Cl—C—Cl}} + \begin{cases} \text{H}_2\text{O} \longrightarrow [\text{HOCOOH}] \longrightarrow \text{CO}_2 + \text{H}_2\text{O} & \text{（水解）} \\ \text{ROH} \longrightarrow \text{ROCOOR} + \text{HCl} & \text{（醇解）} \\ \text{NH}_3 \longrightarrow \text{NH}_2\text{CONH}_2 + \text{HCl} & \text{（氨解）} \end{cases}$$

习 题

1. 用系统命名法命名下列化合物：

(1) $\text{CH}_3\text{CHCH}_2\text{CH}_2\text{CHCOOH}$ 带有 CH_3 和 C_2H_5 取代基

(2) $\text{H}_3\text{C—CH=CH—CH=CH—COOH}$

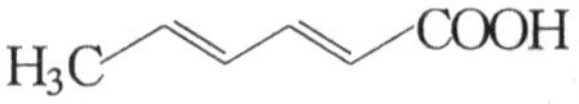

(3) 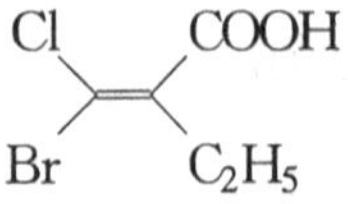 氯、溴、乙基取代的丙烯酸：Cl、Br、COOH、C_2H_5

(4) 间羟甲基苯甲酸（苯环上连 CH_2OH 和 COOH）

(5) $\text{H}_3\text{C—HC}\underset{\text{O}}{\overset{}{\text{—}}}\text{CH—COOH}$ （环氧）

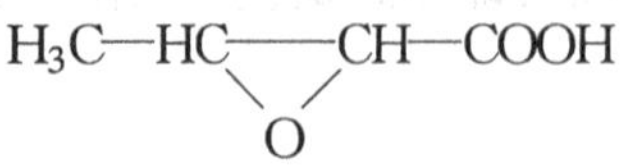

(6) 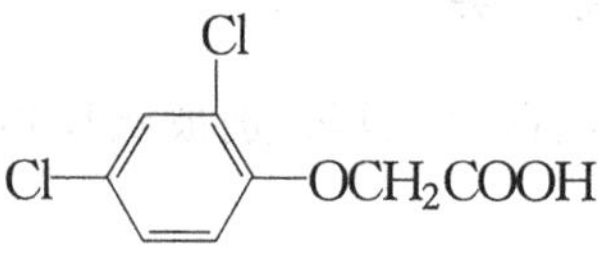 2,4-二氯苯氧乙酸：苯环上 Cl、Cl 和 OCH_2COOH

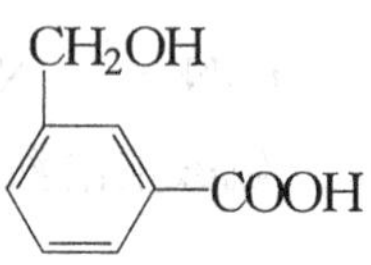

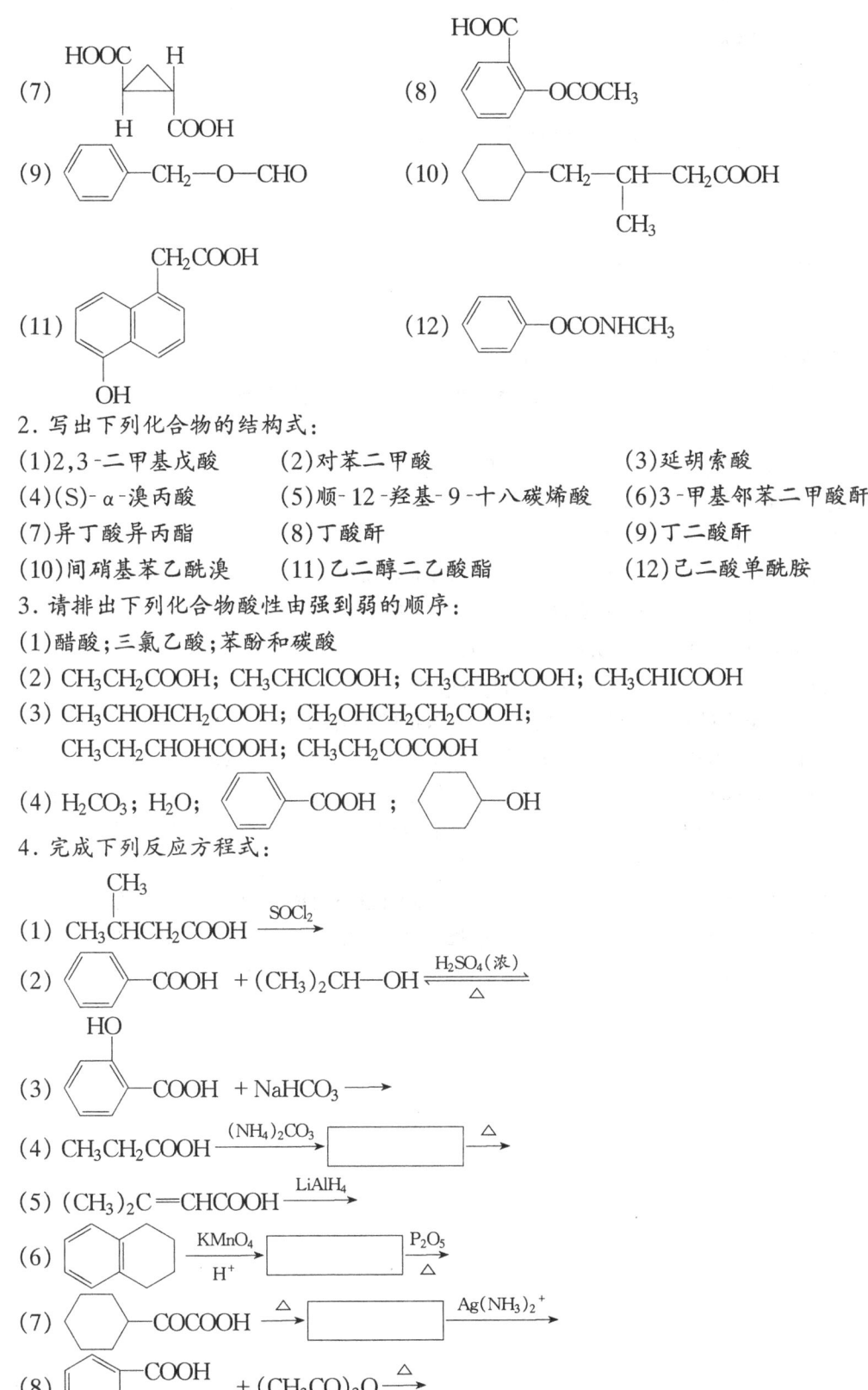

2. 写出下列化合物的结构式：
(1) 2,3-二甲基戊酸　　(2) 对苯二甲酸　　(3) 延胡索酸
(4) (S)-α-溴丙酸　　(5) 顺-12-羟基-9-十八碳烯酸　　(6) 3-甲基邻苯二甲酸酐
(7) 异丁酸异丙酯　　(8) 丁酸酐　　(9) 丁二酸酐
(10) 间硝基苯乙酰溴　　(11) 乙二醇二乙酸酯　　(12) 己二酸单酰胺

3. 请排出下列化合物酸性由强到弱的顺序：
(1) 醋酸；三氯乙酸；苯酚和碳酸
(2) CH_3CH_2COOH；$CH_3CHClCOOH$；$CH_3CHBrCOOH$；$CH_3CHICOOH$
(3) $CH_3CHOHCH_2COOH$；$CH_2OHCH_2CH_2COOH$；
    $CH_3CH_2CHOHCOOH$；$CH_3CH_2COCOOH$
(4) H_2CO_3；H_2O；⌬—COOH；⌬—OH

4. 完成下列反应方程式：

(9) $CH_3COCH_2COOC_2H_5 \xrightarrow{Br_2 \cdot H_2O}$

(10) $CH_3CH_2COCl \xrightarrow{NH_3}$

(11) $CH_3COOCH=CH_2 + H_2O \underset{\triangle}{\overset{H^+}{\rightleftharpoons}}$

(12) 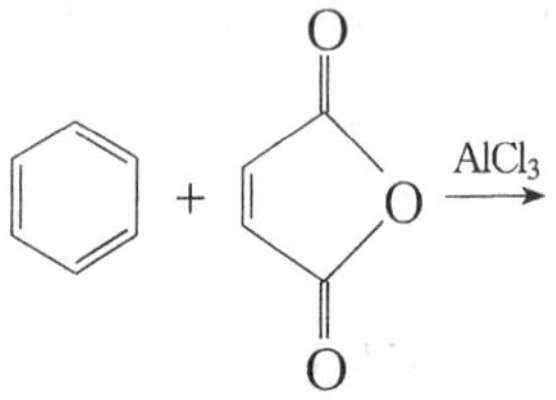 ⌬ + (马来酸酐) $\xrightarrow{AlCl_3}$

5. 用化学方法分离下列混合物：
(1) 苯甲醇；苯甲酸；苯酚　　(2) 异戊酸；异戊醇；异戊酸异戊酯

6. 用化学方法鉴别下列化合物：
(1) 甲酸；乙酸；草酸　　(2) 草酸；丙二酸；丁二酸
(3) 乙酰氯；乙酸酐；乙酸乙酯

7. 完成下列合成（其它原料任选）：
(1) 由 $CH_3CH_2CH_2OH$ 合成 $CH_3CH_2CHOHCOOH$
(2) 由 $CH_3CH_2CH_2OH$ 合成 $(CH_3)_2CHCOOH$
(3) 由 CH_3CHO 合成 $HOOCCH_2COOH$
(4) 由 $CH_3CH_2CH_2CN$ 合成 $CH_3CH_2CH_2NH_2$

8. 某化合物 $C_5H_8O_4$，有手性碳原子，与 $NaHCO_3$ 作用放出 CO_2，与 NaOH 溶液共热得 A 和 B 两种都没有手性的化合物，试写出该化合物所有可能的结构式。

9. 一个有机酸 A，分子式为 $C_5H_6O_4$，无旋光性，当加 1 mol H_2 时，被还原为具有旋光性的 B，分子式为 $C_5H_8O_4$。A 加热容易失去 1 mol H_2O 变为分子式为 $C_5H_4O_3$ 的 C，而 C 与乙醇作用得到两个互为异构体的化合物，试写出 A、B、C 的结构式。

10. 某化合物分子式为 $C_7H_6O_3$，能溶于 NaOH 及 $NaHCO_3$，它与 $FeCl_3$ 有颜色反应，与 $(CH_3CO)_2O$ 作用生成 $C_9H_8O_4$，在 H_2SO_4 催化下，与甲醇作用生成具有杀菌作用的物质 $C_8H_8O_3$，此物质硝化后仅得一种一元硝化产物，试推测该化合物的结构式，并写出有关的反应式。

第8章 胺及硫、磷有机物

8.1 胺及含氮有机物

胺可以看做是氨中的氢被烃基取代的衍生物。胺类和它们的衍生物是十分重要的化合物,它们与生命活动有密切的关系。

8.1.1 胺的分类和命名

8.1.1.1 胺的分类

可根据胺分子中氮上连接的烃基不同,分为脂肪胺与芳香胺;根据氨上氢原子被取代的个数,分为伯胺(RNH_2)、仲胺(R_2NH)、叔胺(R_3N),或一级胺(1°)、二级胺(2°)、三级胺(3°);根据胺分子中所含氨基的数目,分为一元胺、二元胺或多元胺。

铵盐或氢氧化铵中的 4 个氢被烃基取代而生成的化合物称为季铵盐或季铵碱。

$CH_3—NH_2$

甲胺

苯胺

$$\begin{array}{cc} CH_2— & CH_2 \\ | & | \\ NH_2 & NH_2 \end{array}$$

乙二胺

$[R_4N]^+X^-$

季铵盐

$[R_4N]^+OH^-$

季铵碱

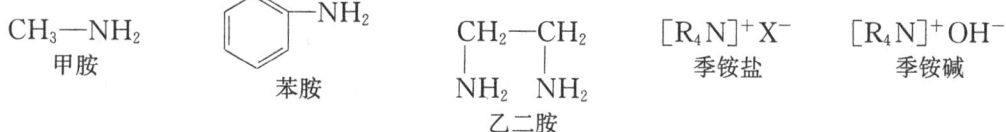

8.1.1.2 胺的命名

简单胺的命名可以用它们所含的烃基命名。比较复杂的胺是以烃基作为母体,氨基作为取代基来命名的;季铵盐、季铵碱及胺与酸的产物用“铵”字代替“胺”字,并在前面加负离子的名称。如

$$\begin{array}{l} (CH_3)_2CHCH—CH_3 \\ \qquad\quad\;\; | \\ \qquad\quad NH_2 \end{array}$$

2-甲基-3-氨基丁烷

$$\begin{array}{l} CH_3CH_2CH—CHCH_3 \\ \qquad\quad\;\; | \qquad\; | \\ \qquad\;\; CH_3 \;\; N(C_2H_5)_2 \end{array}$$

3-甲基-2-(N,N-二乙氨基)戊烷

$(CH_3CH_2)_4N^+Br^-$

溴化四乙铵

8.1.2 胺的物理性质

氨和胺分子具有四面体棱锥形结构。甲胺、二甲胺、三甲胺为气体,低级胺为液体,高级胺是固体。有氨的刺激性气味及腥臭味,芳胺的毒性很大。伯、仲胺能形成分子间氢键,也能与水形成氢键。

1. 溶解性

低级胺易溶于水,随着烃基的增大,水溶解度降低。

2. 熔沸点

胺的沸点比相应的醇、酸低,且伯胺>仲胺>叔胺;芳胺是高沸点液体或低熔点固体。

常见胺的物理常数见表 8-1。

表 8-1 常见胺的物理常数

名称	熔点/℃	沸点/℃	溶解度/g	pK_b
甲胺	-92.5	-6.7	易溶	3.36
二甲胺	-96	7.5	易溶	3.29
三甲胺	-117.1	3	91	4.40
乙胺	-80.6	17	∞	3.36
二乙胺	-39	55	易溶	3.06
三乙胺	-114.7	89	14	3.25
正丙胺	-83	48.7	∞	3.29
正丁胺	-50	77.8	易溶	3.39
乙二胺	8	117	溶	4.0
苯胺	-6.1	184.4	3.7	9.38
N-甲基苯胺	-57	196.3	难溶	9.31
N,N-二甲基苯胺	2.5	194.2	1.4	8.93
二苯胺	52.9	302	不溶	13.21
三苯胺	126.5	365	不溶	—
邻甲苯胺	-28	200.4	1.7	9.5
间甲苯胺	-31.3	203.4	微溶	9.3
对甲苯胺	43.8	200.6	0.7	8.9
α-萘胺	49	301	微溶	11.1
β-萘胺	112	306	微溶	9.9

8.1.3 胺的化学性质

8.1.3.1 碱性

按路易斯酸碱的定义,碱是电子对的给予体,酸是电子对的接受体。氮原子有未共用的电子对,能接受质子,胺是路易斯碱,是亲核试剂。胺是弱碱,所以铵盐遇强碱会释放出游离胺,可用于分离提纯胺。

$$RNH_2 + HCl \longrightarrow R\overset{+}{N}H_3Cl^- \xrightarrow{NaOH} RNH_2 + NaCl + H_2O$$

胺碱性强弱次序因取代基的不同和所处的状态不同而不同。

(1)脂肪胺的碱性强弱。

气态:$Me_3N > Me_2NH > MeNH_2 > NH_3$

水溶液中:$Me_2NH > MeNH_2 > Me_3N > NH_3$

(2)芳胺的碱性比氨还弱,其次序是:芳胺 < NH_3 < 脂肪胺

(3)芳胺的碱性强弱次序是:

$$C_6H_5-NH_2 > (C_6H_5)_2NH > (C_6H_5)_3N$$

(4) 取代芳胺：

a. G 为吸电基，则碱性减弱。
b. G 为供电基，则碱性增强。
c. 邻位吸电基降低碱性要比在间或对位大得多。

8.1.3.2 烷基化

胺作为亲核试剂与卤代烃发生取代反应，生成仲胺、叔胺和季铵盐。此反应可用于工业上生产胺类，但往往得到的是混合物。

$$NH_3 + R-Br \longrightarrow R-\overset{+}{N}H_3 \xrightarrow{OH^-} R-NH_2 \qquad 第一胺$$

$$R-NH_2 + R-Br \longrightarrow R_2-\overset{+}{N}H_2 \xrightarrow{OH^-} R_2-NH \qquad 第二胺$$

$$R_2-NH + R-Br \longrightarrow R_3-\overset{+}{N}H \xrightarrow{OH^-} R_3-N \qquad 第三胺$$

$$R_3-N + R-Br \longrightarrow R_4\overset{+}{N}Br^- \qquad 季铵盐$$

该反应的特点是产物是混合物，给分离提纯带来了困难；卤代烃一般用伯卤代烃；若使用过量的氨，则主要制得伯胺；若使用过量的卤代烃，则主要制得叔胺和季铵盐。

8.1.3.3 酰基化

伯胺、仲胺易与酰氯或酸酐等酰基化剂作用生成酰胺。

$$H_3C-\underset{X}{\overset{O}{\overset{\|}{C}}} + \begin{cases} RNH_2 \longrightarrow RNHCOCH_3 \\ R_2NH \longrightarrow R_2NCOCH_3 \\ R_3-N \longrightarrow 不反应 \end{cases}$$

酰基化反应可用于鉴定胺。通常用对甲苯磺酰氯（TsCl）来鉴别伯、仲、叔胺，保护氨基，降低苯环上氨基的活性。

8.1.3.4 磺酰化（Hinsberg）反应

磺酰化反应可用于鉴别分离伯、仲、叔胺。

$$\begin{matrix} R-NH_2 \\ R_2-NH \\ R_3-N \end{matrix} \xrightarrow{C_6H_5SO_2Cl} \begin{cases} C_6H_5SO_2NHR \xrightarrow{NaOH} [C_6H_5SO_2NR]^- Na^+ \\ C_6H_5SO_2NR_2 \xrightarrow{NaOH} 不反应 \\ 不反应 \end{cases}$$

8.1.3.5 与亚硝酸的反应

(1) 脂肪族一级胺与亚硝酸作用的产物常是醇和烯烃的混合物，没有什么制备意义。但放出的氮气是定量的，可用作氨基的定量测量。

$$R-NH_2 + HNO_2 \longrightarrow ROH + N_2\uparrow + H_2O$$

(2)脂肪族二级胺与亚硝酸作用生成黄色油状或固体状的 N-亚硝基化合物,该化合物与稀酸共热则分解为原来的胺。

$$R_2-NH + HNO_2 \longrightarrow R_2-N-N=O + H_2O$$
$$\text{黄色油状或固体}$$
$$\downarrow \text{稀 } H^+, \Delta$$
$$R_2-NH$$

(3)脂肪族三级胺:在同样条件下与亚硝酸不发生类似的反应。

(4)芳香族一级胺与亚硝酸在低温下反应,生成重氮盐。它较脂肪族重氮盐稳定;芳香族二级胺与亚硝酸作用,生成亚硝基胺;芳香族三级胺,若对位没有取代基,在同样条件下,与亚硝酸作用,则生成对亚硝基胺。

8.1.3.6 胺的氧化

三级胺被过氧化氢氧化,生成氧化叔胺,氧化叔胺的 β 碳有氢原子时,在加热时消除生成烯烃和羟胺,此为科普(Cope)反应

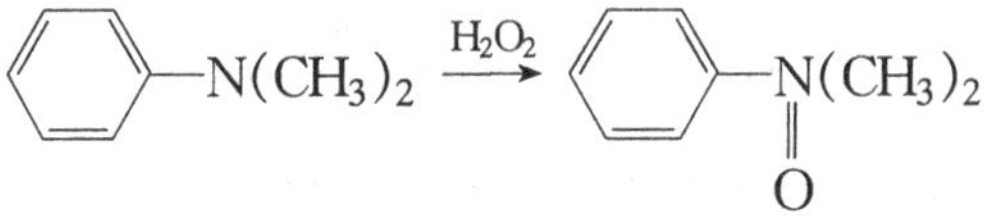

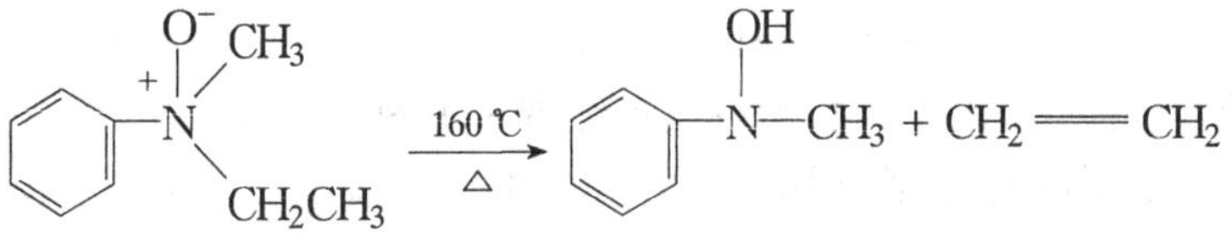

$$C_6H_5-N(CH_3)_2 \xrightarrow{H_2O_2} C_6H_5-N(CH_3)_2$$
$$\qquad\qquad\qquad\qquad\qquad\quad \Vert$$
$$\qquad\qquad\qquad\qquad\quad\quad O$$

$$\text{Ph}-\overset{+}{N}(O^-)(CH_3)(CH_2CH_3) \xrightarrow{160\ ℃, \Delta} \text{Ph}-N(OH)-CH_3 + CH_2=CH_2$$

8.1.4 胺的合成

8.1.4.1 氨的烃基化

在一定压力下,将卤代烃与氨溶液共热,卤代烃与氨发生取代反应生成胺,最后产物为伯、仲、叔胺以及季铵盐的混合物。卤素直接连在苯环上很难被氨基取代,但在液态氨中,氯苯和溴苯能与强碱 KNH_2(或 $NaNH_2$)作用,卤素被氨基取代生成苯胺。

$$C_2H_5Br + NH_3 \xrightarrow{-HBr} C_2H_5NH_2 \xrightarrow[-HBr]{C_2H_5Br} (C_2H_5)_2NH \xrightarrow[-HBr]{C_2H_5Br} (C_2H_5)_3N \xrightarrow{C_2H_5Br} (C_2H_5)_4\overset{+}{N}\overset{-}{Br}$$

8.1.4.2 含氮化合物的还原

1. 硝基化合物的还原

将硝基化合物还原可以得到伯胺。硝基苯在酸性条件下用金属还原剂(铁、锡、锌等)还原,最后产物为苯胺。二硝基化合物可用选择性还原剂(硫化铵、硫氢化铵或硫化钠等)只还原一个硝基而得到硝基胺。

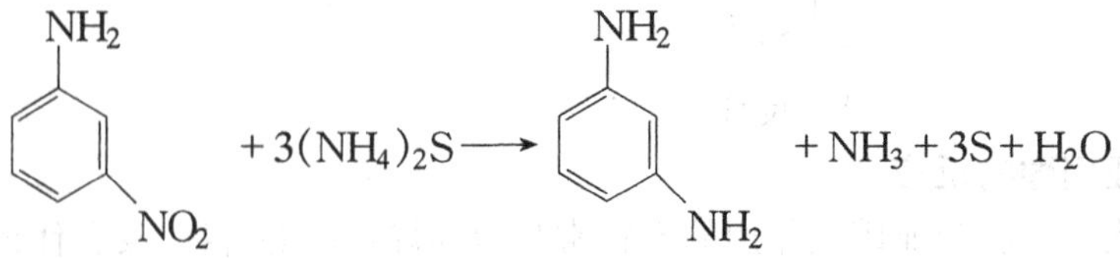

$$m\text{-}O_2N\text{-}C_6H_4\text{-}NH_2 + 3(NH_4)_2S \longrightarrow m\text{-}H_2N\text{-}C_6H_4\text{-}NH_2 + NH_3 + 3S + H_2O$$

$$\underset{NO_2}{\underset{|}{C_6H_4}}-NO_2 \xrightarrow{NaSH} \underset{NO_2}{\underset{|}{C_6H_4}}-NH_2$$

(间二硝基苯 → 间硝基苯胺)

2. 腈、酰胺、肟的还原

(1) 腈的还原

$$RCN \xrightarrow[\triangle]{H_2/Pt} RCH_2NH_2$$

(2) 酰胺的还原

$$R-\overset{O}{\underset{\|}{C}}-NH_2 \xrightarrow[H_2O]{LiAlH_4} R-\overset{H_2}{\underset{|}{C}}-NH_2$$

(3) 肟的还原

$$R-\underset{CH}{\overset{N-OH}{\|}} \xrightarrow{H_2/Ni} R-\overset{H_2}{\underset{|}{C}}-NH_2$$

3. 醛酮等化合物的还原

$$\begin{array}{c}
\diagdown C=O
\end{array}
\begin{cases}
\xrightarrow{NH_3,\ -H_2O} \diagdown C=NH \xrightarrow{H_2/催化剂} \diagdown CH-NH_2 \quad \text{伯胺} \\
\xrightarrow{NH_2R,\ -H_2O} \diagdown C=NR \xrightarrow{H_2/催化剂} \diagdown CH-NHR \quad \text{仲胺} \\
\xrightarrow{NHR_2,\ -H_2O} \underset{HC}{\diagdown} C-NR_2 \xrightarrow{H_2/催化剂} \underset{H_2C}{\diagdown} CH-NR_2 \quad \text{叔胺}
\end{cases}$$

4. 盖布瑞尔(Gabriel)合成法

邻苯二甲酰亚胺具有弱酸性,可以与 KOH 的乙醇溶液作用生成钾盐。钾盐与卤代烃作用,生成 N-烷基邻苯二甲酰亚胺。

(邻苯二甲酰亚胺 $\xrightarrow[\text{乙醇}]{KOH}$ 钾盐 $\xrightarrow{RX}$ N-R 邻苯二甲酰亚胺)

8.1.5 重氮化合物及其反应

重氮化合物是有两个氮原子相连的原子团,但两个氮原子只有一端与碳原子相连,而另一端不与碳原子相连(CN^- 例外)。

8.1.5.1 **重氮盐的制备**

(1) 芳胺与亚硝酸在低温下生成稳定的重氮盐,该反应叫重氮化反应。

$$C_6H_5-NH_2 + NaNO_2 + 2HCl \xrightarrow{0\sim5℃} C_6H_5-N_2Cl + NaCl + 2H_2O$$

(2) 重氮盐的结构：

$$\left[\text{C}_6\text{H}_5\overset{+}{\text{N}}\equiv\text{N}: \right] \text{Cl}^- \quad \text{Ar}-\overset{+}{\text{N}}\equiv\text{N}: \quad 或 \quad \text{Ar}-\overset{..}{\text{N}}=\overset{+}{\text{N}}:$$

8.1.5.2 重氮盐的反应

重氮盐的化学性质非常活泼，可进行许多反应，其反应可分为三类。

1. 取代反应

(1) 被羟基取代：

$$\text{C}_6\text{H}_5\text{N}_2\text{SO}_4\text{H} + \text{H}_2\text{O} \xrightarrow[\triangle]{\text{H}^+} \text{C}_6\text{H}_5\text{OH} + \text{N}_2\uparrow + \text{H}_2\text{SO}_4$$

(2) 被 H 原子取代：

$$\text{C}_6\text{H}_5\text{NH}_2 \xrightarrow[0\sim5\text{℃}]{\text{NaNO}_2\text{HCl}} \text{C}_6\text{H}_5\overset{+}{\text{N}}_2\text{Cl}^- \xrightarrow{\begin{array}{c}\text{EtOH},\triangle \\ \text{H}_3\text{PO}_2+\text{H}_2\text{O} \\ \text{HCHO}+\text{NaOH}\end{array}} \text{C}_6\text{H}_6 + \text{N}_2\uparrow + \text{HCl}$$

(3) 被卤原子取代：重氮盐在 CuCl 或 CuBr 作用下，与浓盐酸或氢溴酸反应重氮基可被氯溴取代，称为桑德迈尔反应，加改用铜粉催化剂，这个反应称为盖特曼反应。

$$\text{C}_6\text{H}_5\overset{+}{\text{N}}_2\text{Cl}^- \begin{cases} \xrightarrow{\text{HBF}_4} \text{C}_6\text{H}_5\text{F} \\ \xrightarrow{\text{Cu-HCl}} \text{C}_6\text{H}_5\text{Cl} \\ \xrightarrow{\text{Cu-HBr}} \text{C}_6\text{H}_5\text{Br} \\ \xrightarrow{\text{KI}} \text{C}_6\text{H}_5\text{I} \end{cases}$$

2. 重氮基被还原的反应

重氮盐用氯化亚锡和盐酸（或亚硫酸钠）还原，可得到苯肼盐酸盐，再加碱即可得苯肼。

$$\text{C}_6\text{H}_5\overset{+}{\text{N}}_2\text{Cl}^- + \text{SnCl}_2 + 4\text{HCl} \longrightarrow \text{C}_6\text{H}_5\text{NHNH}_2\cdot\text{HCl} + \text{SnCl}_4$$
（苯肼盐酸盐）

$$\xrightarrow{\text{OH}^-} \text{C}_6\text{H}_5\text{NHNH}_2$$

3. 偶合反应

重氮盐在弱酸、中性或弱碱性溶液中,与芳胺或酚类(活泼的芳香族化合物)进行芳香亲电取代生成有颜色的偶氮化合物,该反应称为偶合反应。偶合反应一般发生在对位,若对位被占据则发生在邻位。

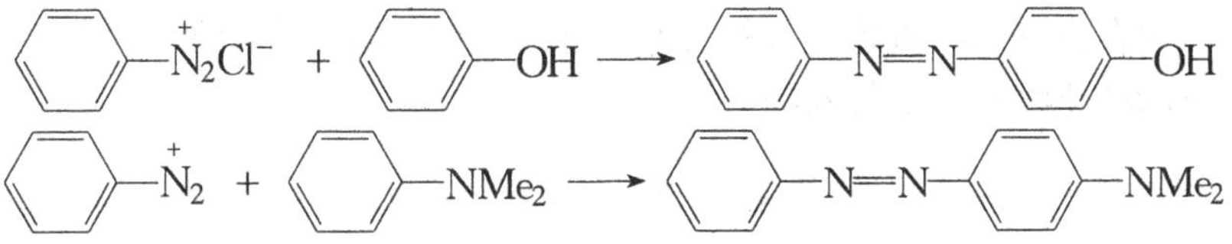

8.1.5.3 染料和指示剂

—N=N—是一种发色基团,因此偶氮化合物都是有颜色的,被广泛用作染料。它可以生成有机物分子在紫外及可见光区域内(200~700 nm)吸收峰的基团。发色团都是不饱和的原子团。常见的生色基有—NO_2,—NO,>C=O,>C=NH 等。

(1) 对位红。

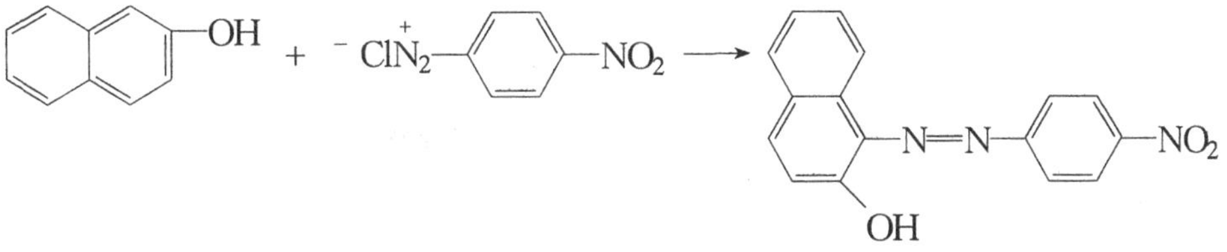

(2) 甲基橙。甲基橙在 pH 4.4 以上显黄色,在 pH 3.1 以下显红色。

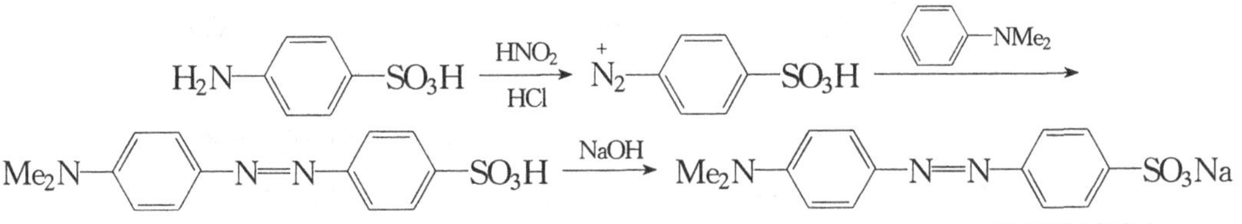

(3) 刚果红。刚果红可染色,但不是很好的染料。常用作指示剂,变色 pH 范围为 3~5。

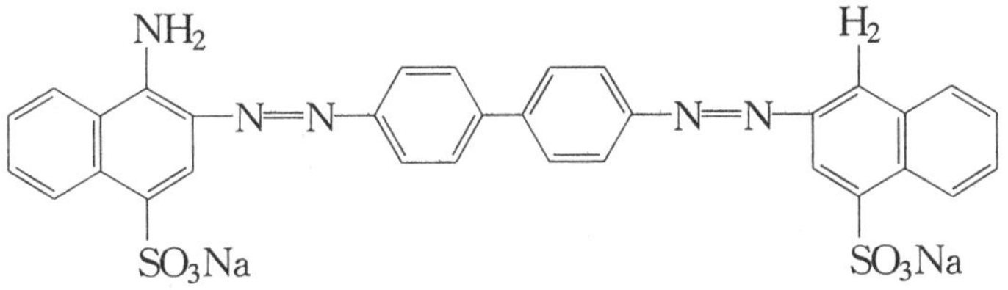

(4) 酚酞。酚酞常用作指示剂,变色 pH 范围为 8.2~10。

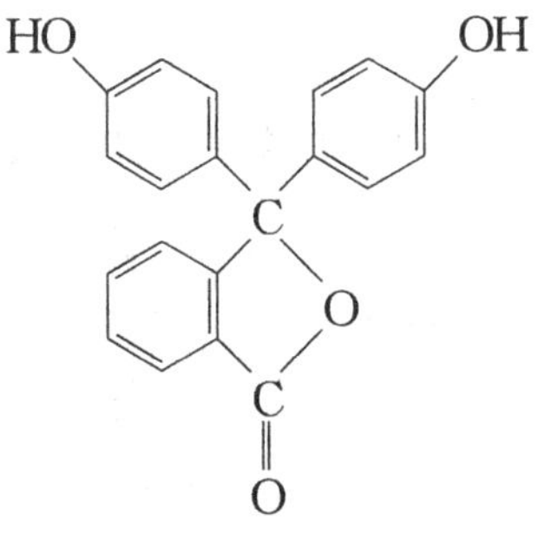

8.2 含硫化合物

动植物体内存在许多有机硫化合物,如胱氨酸、半胱氨酸存在于蛋白质中。许多天然存在或人工合成的硫化物是重要的药物。

8.2.1 含硫有机化合物的主要类型和命名

8.2.1.1 结构类型

硫和氧在同一主族,硫原子可以形成与氧相似的低价含硫有机化合物,含硫有机化合物可看作是硫化氢的衍生物。与氧不同的是硫原子可以形成高价化合物,这类硫化物可以看作是硫酸或亚硫酸的衍生物。

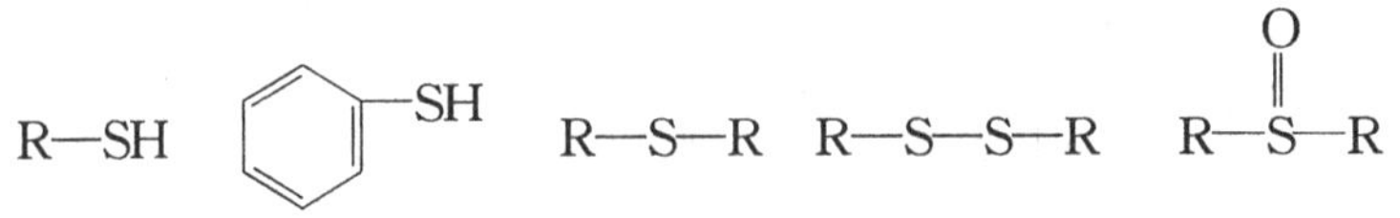

R—SH   C₆H₅—SH   R—S—R   R—S—S—R   R—S(=O)—R
硫醇   硫酚   硫醚   二硫化物   亚砜

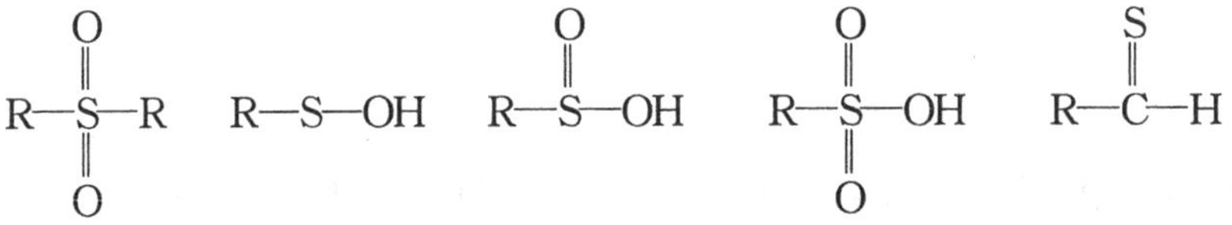

R—S(=O)(=O)—R   R—S(=O)—OH   R—S(=O)—OH   R—S(=O)(=O)—OH   R—C(=S)—H
砜   次磺酸   亚磺酸   磺酸   硫醛

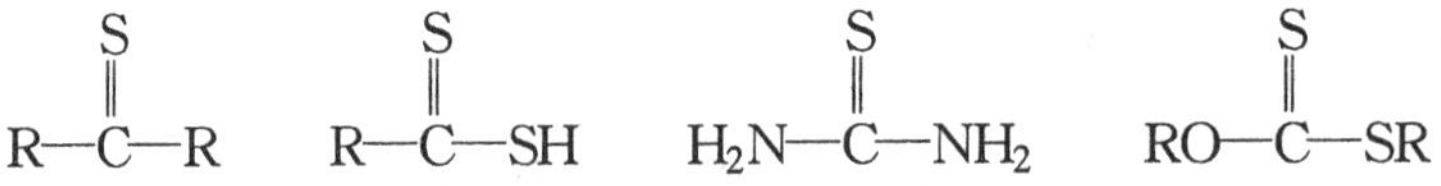

R—C(=S)—R   R—C(=S)—SH   H₂N—C(=S)—NH₂   RO—C(=S)—SR
硫酮   硫代羧酸   硫脲   黄原酸酯

8.2.1.2 命名

(1)与含氧有机化合物相似的含硫化合物,只需在相应的含氧衍生物类名前加上"硫"字即可。如

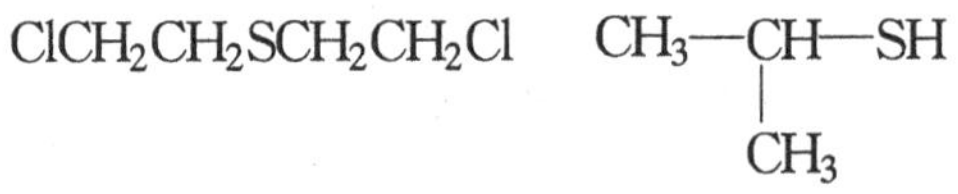

ClCH₂CH₂SCH₂CH₂Cl   CH₃—CH(CH₃)—SH

2,2'-二氯二乙硫醚   异丙硫醇

(2)—SH、—SR 作取代基命名时,与其它官能团的命名原则相同。如

HS—CH₂COOH

巯基乙酸

(3)硫酸与亚硫酸的衍生物命名,只需在类名前加上相应的烃基。如

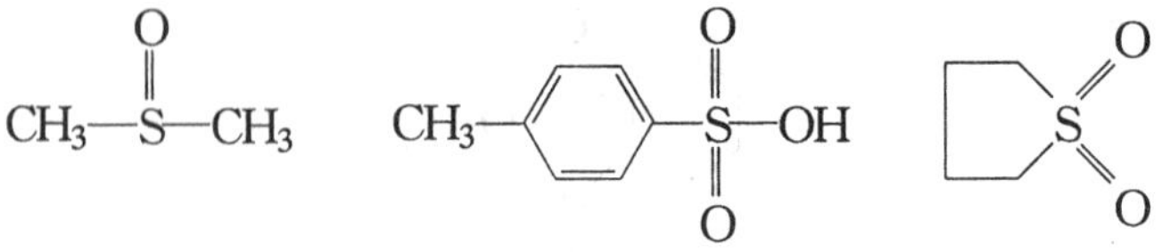

CH₃—S(=O)—CH₃   CH₃—C₆H₄—S(=O)(=O)—OH   环丁砜

二甲亚砜   对甲苯磺酸   环丁砜

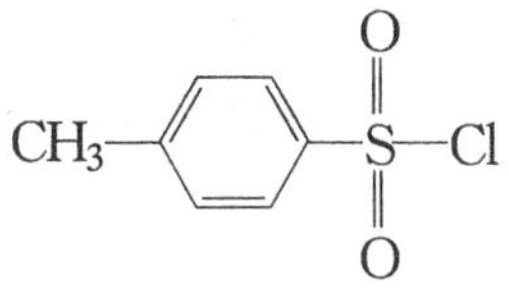

对甲苯磺酰氯 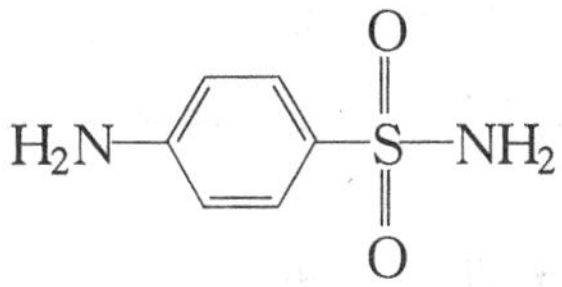　　　　　对氨基苯磺酰胺

8.2.2 有机硫化合物的性质及在有机合成上的应用

8.2.2.1 硫醇和硫酚

醇和酚中的氧原子被硫原子代替后形成的化合物叫硫醇或硫酚,其通式为 RSH 和 ArSH。—SH 叫巯基,又叫氢硫基。

硫醇和硫酚中的硫原子采取 sp^3 杂化,硫上的两对孤对电子分别占据一个 sp^3 杂化轨道,剩下的两个 sp^3 杂化轨道分别与碳、氢形成 σ 键。硫的电负性比氧小,又由于外层电子距核较远,受到的束缚力小,所以硫醇的巯基之间的相互作用弱,难以形成氢键,故沸点比相应的醇低;同样硫酚的沸点也比相应的酚低。低级的硫醇有毒,且有极难闻的臭味,硫酚与硫醇近似,气味也很难闻。随着分子质量的增加,臭味逐渐减弱。

由于硫原子对最外层的电子吸引力小,因此很容易给出电子,甚至在弱氧化剂的作用下就能给出电子而被氧化。

$$2R-SH \xrightarrow[O_2/Cu\ Fe\ 催化剂]{I_2(或稀\ H_2SO_4)} R-S-S-R$$

醇的氧化反应在与羟基相连的碳原子上,硫醇的氧化反应发生在硫原子上,硫酚的氧化同样在硫原子上进行。

$$C_2H_5SH \xrightarrow{KMnO_4} C_2H_5SO_3H$$
乙磺酸

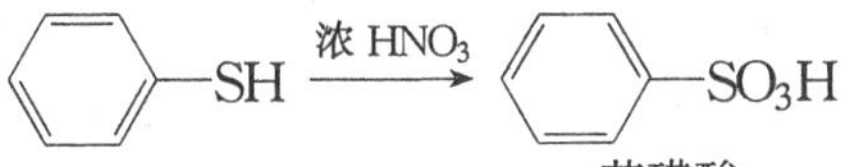

$$C_6H_5-SH \xrightarrow{浓\ HNO_3} C_6H_5-SO_3H$$
苯磺酸

8.2.2.2 硫醚、亚砜和砜

醚分子中的氧原子被硫取代形成的化合物叫硫醚。其通式为 R—S—R。低级的硫醚是无色液体,有臭味,沸点比相应的醚高。它不能与水形成氢键,故不溶于水。硫醚与胺相似,可以与卤代烷形成稳定的盐,称为硫盐。

$$(CH_3)_2\ddot{S} + CH_3I \longrightarrow (CH_3)_3S^+I^-$$
碘化三甲硫

硫醚也可被氧化为高价含硫化合物。例如,二甲基硫醚在常温下被浓硝酸或 H_2O_2 氧化,生成亚砜。亚砜进一步氧化为砜。

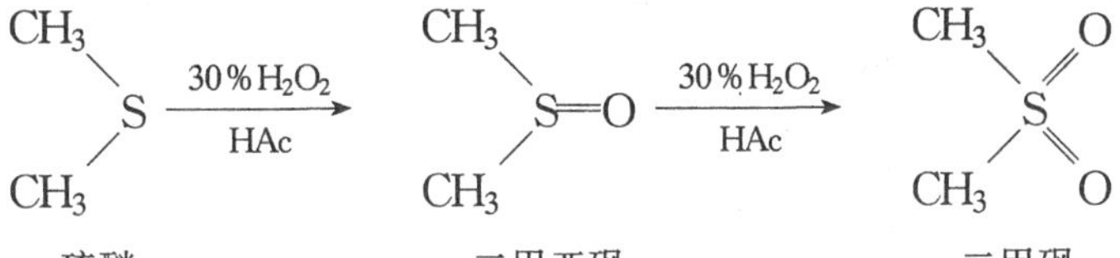

$$\underset{硫醚}{(CH_3)_2S} \xrightarrow[HAc]{30\%\ H_2O_2} \underset{二甲亚砜}{(CH_3)_2S=O} \xrightarrow[HAc]{30\%\ H_2O_2} \underset{二甲砜}{(CH_3)_2SO_2}$$

二甲亚砜(DMSO)是透明的无色液体,沸点 189 ℃,熔点 18.5 ℃,130 ℃ 以上可发生分解。它是一种优良的强极性非质子溶剂,可溶解大多数有机物和许多无机盐。

8.3 含磷有机化合物

含磷有机物广泛存在于动植物体内,是动植物维持生命和生物体遗传不可缺少的物质。在农业上,许多含磷有机化合物用作杀虫剂、杀菌剂和植物生长调节剂,现已成为一类应用十分广泛的农药。

8.3.1 含磷有机化合物的分类

凡是分子中含有碳-磷键的化合物称为含磷有机化合物。含磷有机化合物可分为三价磷化合物和五价磷化合物。

三价磷化合物有伯膦、仲膦、叔膦;亚磷酸、烃基亚膦酸、二烃基次亚膦酸;亚磷酸酯、烃基亚膦酸酯、二烃基次亚膦酸酯。

五价磷化合物有磷酸、膦酸、次膦酸;磷酸酯、膦酸酯、次膦酸酯;三苯膦、亚甲基三烃基膦。

8.3.2 含磷有机化合物的命名

(1)膦、亚膦酸和膦酸的命名,在其相应的类名前加上烃基的名称。可分为三苯膦、苯膦酸、甲基亚膦酸。

(2)凡属含氧的酯基,都用前缀"O-烃基"表示。

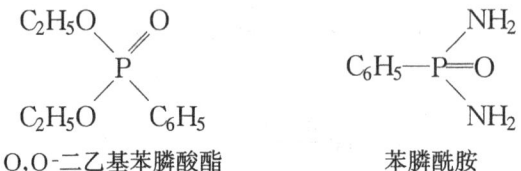

  O,O-二乙基苯膦酸酯   苯膦酰胺

(3)含 P—X 或 P—N 键的化合物可看作含氧酸的—OH 基被—X、—NH$_2$ 取代后所形成的酰卤或酰胺。

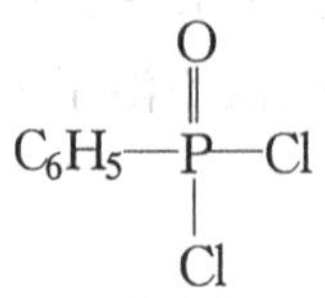

  苯膦酰氯 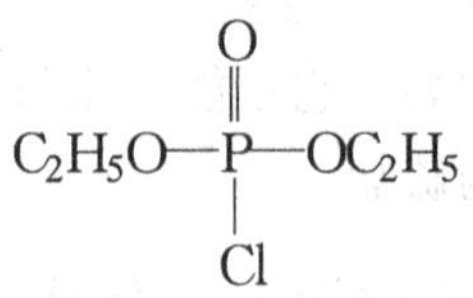 O,O-二乙基膦酰氯 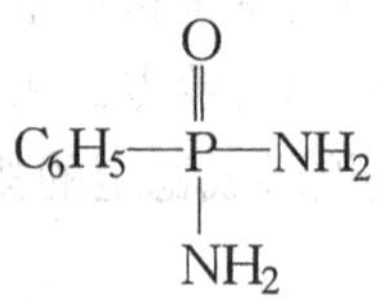 苯膦酰胺

8.3.3 磷脂

磷脂多为甘油脂,以脑磷脂及卵磷脂最为重要,其结构分别为:α-脑磷脂(磷脂酰乙醇胺)和 α-卵磷脂(磷脂酰胆碱)。

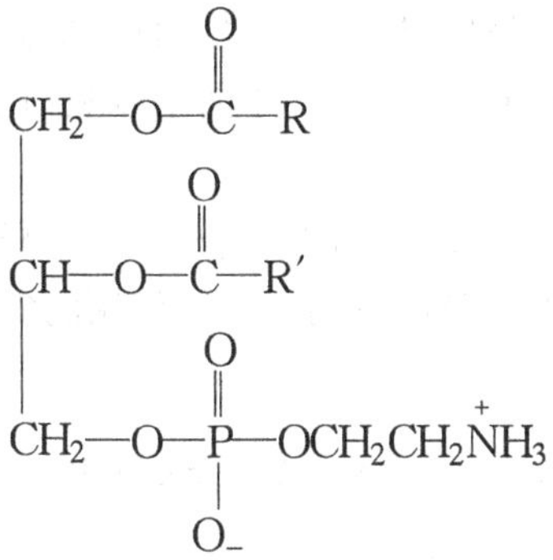

$$\begin{array}{l}CH_2-O-\overset{O}{\overset{\|}{C}}-R\\CH-O-\overset{O}{\overset{\|}{C}}-R'\\CH_2-O-\overset{O}{\underset{O^-}{\overset{\|}{P}}}-OCH_2CH_2\overset{+}{N}H_3\end{array}$$
α-脑磷脂

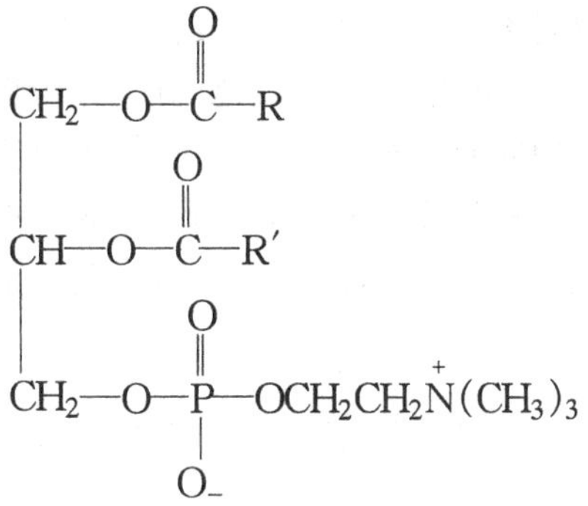

$$\begin{array}{l}CH_2-O-\overset{O}{\overset{\|}{C}}-R\\CH-O-\overset{O}{\overset{\|}{C}}-R'\\CH_2-O-\overset{O}{\underset{O^-}{\overset{\|}{P}}}-OCH_2CH_2\overset{+}{N}(CH_3)_3\end{array}$$
α-卵磷脂

磷脂中的酰基都是相应的 16 个碳以上的高级脂肪酸，如硬脂酸、软脂酸、油酸、亚油酸（顺，顺-9,12-十八二烯酸）等。磷酸中尚有一个羟基具有强的酸性，可以与具有碱性的胺形成离子偶极键。这样在分子中就分为两个部分：一部分是长链的非极性烃基，是疏水部分；另一部分是偶极离子，是亲水部分。如果将磷脂放在水中，可以排成两列，它的极性基团指向水，而疏水性基团，因对水的排斥而聚集在一起，尾尾相连，与水隔开，形成脂双分子层。磷脂可以作乳化剂、抗氧剂、食品添加剂。医疗上用于治疗神经系统疾病。脑磷脂用于肝功能检验。

8.3.4 有机磷农药

有机磷农药(有机磷酸酯类农药)在体内与胆碱酯酶形成磷酰化胆碱酯酶，使胆碱酯酶活性受抑制，使酶不能起分解乙酰胆碱的作用，致组织中乙酰胆碱过量蓄积，造成中枢神经和运动神经中毒，直至死亡。

1. 敌百虫

敌百虫属于磷酸酯类杀虫剂，化学名称为 O,O-二甲基-(1-羟基-2,2,2-三氯乙基)磷酸酯，其结构式为

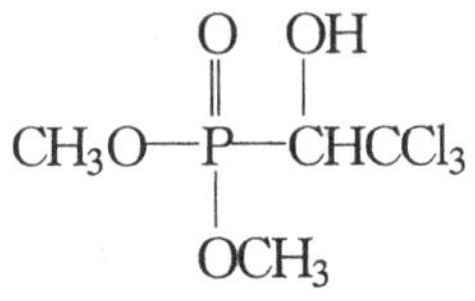

$$CH_3O-\underset{OCH_3}{\overset{O}{\overset{\|}{P}}}-\overset{OH}{\overset{|}{C}}HCCl_3$$

敌百虫

纯敌百虫为无色晶体，熔点 81 ℃，易溶于水和多种有机溶剂。在酸性条件下稳定，在碱性条件下分解。敌百虫是一个高效低毒的有机磷杀虫剂，对昆虫有胃毒和触杀作用，常用于防治鳞翅目、双翅目、鞘翅目等害虫。因敌百虫对哺乳动物的毒性很低，故常用于防治家畜体内外的寄生虫以及家庭环境卫生杀虫剂。

2. 敌敌畏

敌敌畏属于磷酸酯类杀虫剂，化学名称为 O,O-二甲基-O-(2,2-二氯乙烯基)磷酸酯，其结构式为

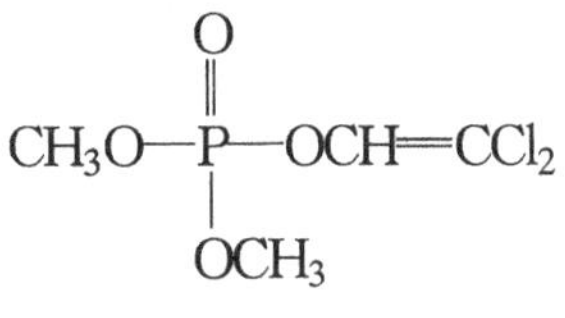

$$CH_3O-\underset{OCH_3}{\overset{O}{\overset{\|}{P}}}-OCH=CCl_2$$

敌敌畏是无色油状液体,挥发性强,微溶于水和多种有机溶剂,是一种高效高毒农药,具有触杀、胃毒和熏蒸作用,杀虫范围广,作用快。在农业上,主要用于防治刺吸口器害虫和潜叶害虫等。但它对人畜的毒性较大,使用时应注意安全。

敌敌畏在植物体内能迅速水解,生成无毒的 O,O-二甲基磷酸酯和二氯乙醛。因此,在农业上敌敌畏有药效不能持久的缺点,但也是作物收获前短时间内还能使用的农药。

$$\text{CH}_3\text{O}-\overset{\overset{\text{O}}{\|}}{\underset{\underset{\text{OCH}_3}{|}}{\text{P}}}-\text{OCH}=\text{CCl}_2 \xrightarrow[\text{H}_2\text{O}]{\text{酶}} \text{CH}_3\text{O}-\overset{\overset{\text{O}}{\|}}{\underset{\underset{\text{OCH}_3}{|}}{\text{P}}}-\text{OH} + \text{Cl}_2\text{CHCHO}$$

3. 马拉硫磷

马拉硫磷属于二硫代磷酸酯类杀虫剂。化学名称为 O,O-二甲基-S-(1,2-二乙氧甲酰基乙基)二硫代磷酸酯,结构式为

$$\text{CH}_3\text{O}-\overset{\overset{\text{S}}{\|}}{\underset{\underset{\text{OCH}_3}{|}}{\text{P}}}-\text{S}-\overset{\text{CH}-\text{COOC}_2\text{H}_5}{\underset{\text{CH}_2-\text{COOC}_2\text{H}_5}{|}}$$

马拉硫磷为无色油状液体,微溶于水,易溶于多种有机溶剂。它具有触杀和胃毒作用,用于防治咀嚼和刺吸口器害虫,药效高,杀虫范围广,对人畜毒性很低,遇碱或酸均易分解。金属铁、锡、铜、铅等对马拉硫磷的分解也有促进作用,因此配药时宜用塑料或木质器皿,且随配随用。

4. 锌硫磷

锌硫磷属于硫代磷酸酯类杀虫剂。化学名称为 O,O-二乙基-O-(α-氰基苯叉胺基)硫代磷酸酯,结构式为

$$\text{C}_2\text{H}_5\text{O}-\overset{\overset{\text{S}}{\|}}{\underset{\underset{\text{OC}_2\text{H}_5}{|}}{\text{P}}}-\text{O}-\text{N}=\overset{\text{CN}}{\underset{}{\text{C}}}-\text{C}_6\text{H}_5$$

锌硫磷为浅黄色油状液体,熔点 5~6 ℃,微溶于水而易溶于有机溶剂。在中性或酸性介质中稳定,在碱性介质中易分解。对光敏感,在阳光下很快分解失效。

锌硫磷是一广谱有机磷杀虫剂,具有胃毒和触杀作用。对人畜毒性低,对鳞翅目害虫有特效,可用于防治地下害虫、食叶害虫、仓储害虫、卫生害虫及动物体内外的寄生虫等。

习 题

1. 命名下列化合物:

(1) Br—C₆H₄—N(CH₃)₂

(2) 环己基—N(CH₃)(C₂H₅)

(3) C₆H₅—SO₂Cl

(4) H₂C=CH—CH(SH)—COOH

(5) C₆H₅—P(O)(OH)₂

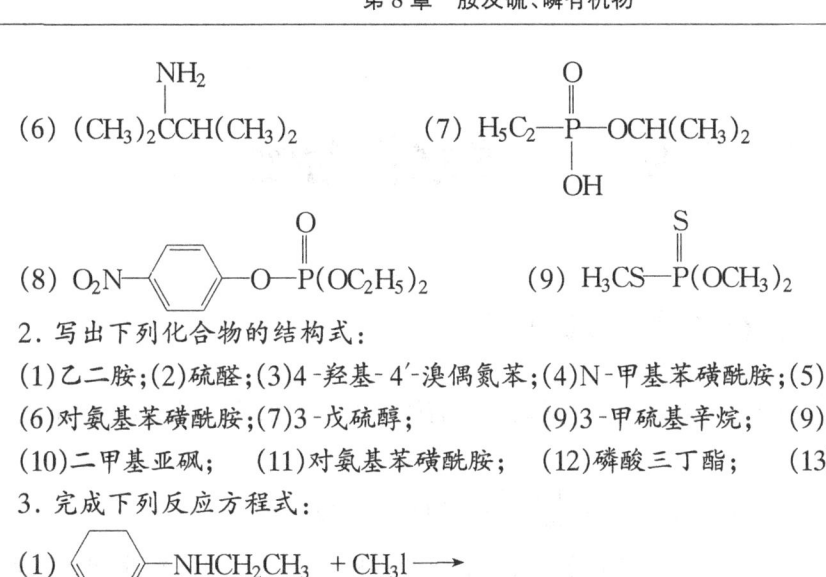

2. 写出下列化合物的结构式：
(1)乙二胺；(2)硫醚；(3)4-羟基-4′-溴偶氮苯；(4)N-甲基苯磺酰胺；(5)乙酰苯胺；(6)对氨基苯磺酰胺；(7)3-戊硫醇；　　　(9)3-甲硫基辛烷；　(9)二丁基二硫；(10)二甲基亚砜；　(11)对氨基苯磺酰胺；　(12)磷酸三丁酯；　(13)异丙基亚硫酸。

3. 完成下列反应方程式：

(1) C$_6$H$_5$—NHCH$_2$CH$_3$ + CH$_3$I ⟶

(2) H$_3$CO—C$_6$H$_4$—NHCH$_3$ + CH$_3$COCl ⟶

(3) CH$_3$CH$_2$CH$_2$SH + HNO$_3$(浓) ⟶

(4) (C$_6$H$_5$)$_3$P + H$_2$O$_2$ ⟶

(5) (CH$_3$)$_2$NC$_2$H$_5$ + CH$_3$CH$_2$I ⟶ ☐ $\xrightarrow{AgOH}$ ☐ $\xrightarrow{\triangle}$

4. 用化学方法区别下列各组化合物：

(1) 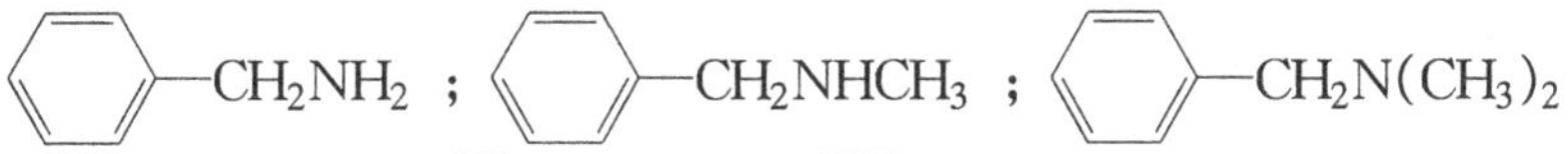 C$_6$H$_5$—CH$_2$NH$_2$ ；C$_6$H$_5$—CH$_2$NHCH$_3$ ；C$_6$H$_5$—CH$_2$N(CH$_3$)$_2$

(2) C$_6$H$_5$—NH$_2$ ；C$_6$H$_{11}$—NH$_2$ ；C$_6$H$_5$—CONH$_2$

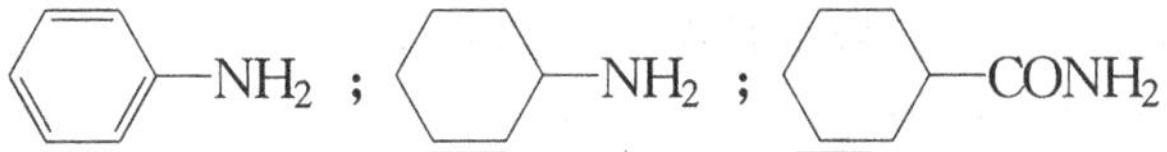

(3) 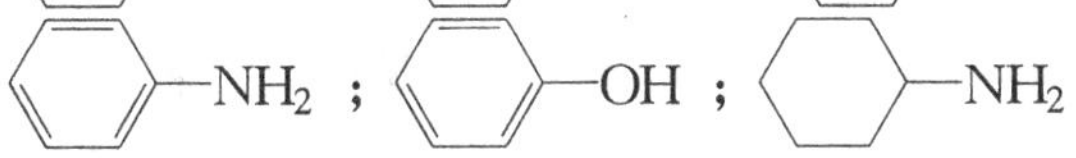 C$_6$H$_5$—NH$_2$ ；C$_6$H$_5$—OH ；C$_6$H$_{11}$—NH$_2$

(4) 对甲硫酚；甲硫基苯

(5) 对甲基苯磺酰氯；甲基对氯苯砜

5. 将下列各组化合物按碱性强弱次序排列：
(1) 苯胺；对甲氧基苯胺；己胺；环己胺
(2) 苯胺；乙酰苯胺；戊胺；环己胺
(3) 甲酰胺；甲胺；尿素；邻苯二甲酰亚胺

6. 某中性液体 A，分子式为 C$_6$H$_{14}$O$_3$S，水解后生成 B 和 C。B 是一种磺酸，其铅盐的含铅量为 48.7%；C 是一种酯，可被氧化成中性液体 D，D 可生成肟 E，E 的含氮量为 16.1%。D 不能使多伦试剂还原。试写出 A，B，C，D，E 的结构式及有关反应式。

7. 试分离苯甲胺、苯甲醇、对甲苯酚的混合物。

8. 某化合物 A 的分子式为 C$_6$H$_{15}$N，能溶于稀盐酸，在室温下与亚硝酸作用放出氮气，而得到 B；B 能进行碘仿反应。B 和浓硫酸共热得到分子式为 C$_6$H$_{12}$ 的化合物 C；C 臭氧化后再经锌粉还原水解得到乙醛和异丁醛。试推测 A，B，C 的构造式，并写出各步反应式。

第 9 章 碳水化合物

9.1 碳水化合物的定义及分类

碳水化合物是一切生命体维持生命活动所必需能量的主要来源,是植物光合作用的产物。

$$6CO_2 + 6H_2O \xrightleftharpoons[\text{动物呼吸作用}]{\text{植物光合作用}} C_6H_{12}O_6 + O_2 + \text{能量}$$

碳水化合物(糖)是自然界中存在最多而又重要的有机化合物。如葡萄糖、果糖、蔗糖、淀粉、纤维素等。

9.1.1 碳水化合物的定义

碳水化合物(糖类)是指多羟基醛或酮以及它们失水后结合而成的缩聚物。通式为 $C_m(H_2O)_n$。如葡萄糖的分子式为 $C_6H_{12}O_6$ 或 $C_6(H_2O)_6$。有的糖类并不符合这个通式,而有的有机物虽符合通式却不属于糖类。

9.1.2 碳水化合物的分类

1. 根据碳水化合物能否水解及水解后产物的情况可将其分成三大类

(1)单糖:是不能水解的多羟基醛或酮,如葡萄糖、果糖。

(2)低聚糖:是水解后产生 2~10 个单糖分子的糖类。最常见的是二糖,如麦芽糖、蔗糖、乳糖等。

(3)多糖:是水解后产生数十、数百乃至成千上万个单糖分子的糖类。如淀粉、纤维素等。

2. 根据官能团可分为醛糖、酮糖

9.2 单糖

单糖是构成低聚糖和多糖的基本单位,自然界中存在最广泛的单糖是葡萄糖(多羟基醛)、果糖(多羟基酮)和核糖。

9.2.1 单糖的分类

按照分子中所含官能团的不同,单糖可分为两大类:醛糖和酮糖;按照分子中碳原子数分为丙、丁、戊、己糖等。

自然界中分布最广的是戊醛糖、己醛糖和己酮糖,如核糖属于戊醛糖,葡萄糖属于己醛糖,果糖属于己酮糖。

9.2.2 单糖的结构

糖分子的构型一般采用相对构型表示法(D/L 表示法),最末端的手性碳决定糖分子的构型。相对构型表示法规定:右旋甘油醛的构型,称为 D 型,如图 9-1(a)所示;左旋甘油醛的构型,称为 L 型,如图 9-1(b)所示。以此为标准,其它化合物中较大基团在右侧的为 D 型,在左侧的为 L 型。

```
      CHO              CHO
   H—─OH           HO—─H
     CH₂OH             CH₂OH
      (a)              (b)
```

图 9-1 糖分子构型

丙醛糖有一对对映体:

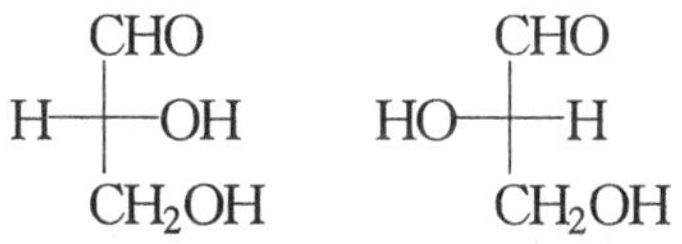

```
      CHO              CHO
   H—─OH           HO—─H
     CH₂OH             CH₂OH
   D-(+)-甘油醛      L-(−)-甘油醛
```

D、L 只表示构型,(+)、(−) 表示旋光方向,两者之间没有必然的联系。丁醛糖有 4 个旋光异构体,戊醛糖有 8 个,而己醛糖则有 16 个旋光异构体,即 2^4 个异构体,8 对对映体。自然界存在的糖类大多数是 D 型的。

9.2.2.1 葡萄糖的结构

由元素分析和分子质量测定确定了葡萄糖的分子式为 $C_6H_{12}O_6$;其平面结构式为 $CH_2OHCHOHCHOHCHOHCHOHCHO$。

1. 开链式

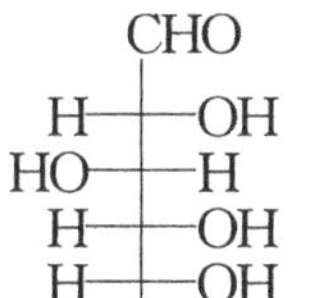

```
      CHO
   H——OH
  HO——H
   H——OH
   H——OH
     CH₂OH
```

葡萄糖的开链式结构不能解释其下列性质:

(1)变旋现象:D-葡萄糖以不同方法重结晶时,可得到两种葡萄糖晶体。其中一种从乙醇结晶出来的比旋光度 $[\alpha]_D$ 为 $+112°$;另一种从吡啶中结晶出来的,比旋光度 $[\alpha]_D$ 为 $+19°$。这两种晶体的水溶液经放置后,其比旋光度不断改变,最后都达到一个恒定值,即 $[\alpha]_D + 52°$。这种变旋现象链状结构无法解释。

(2)不能发生某些醛的基本反应,如不与 $NaHSO_3$ 加成,不使品红醛试剂变色,只与一分子甲醇作用生成半缩醛。

(3)成苷反应(形成缩醛)。

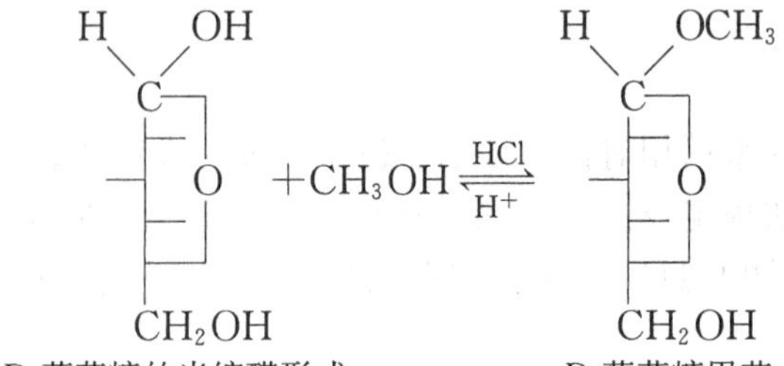

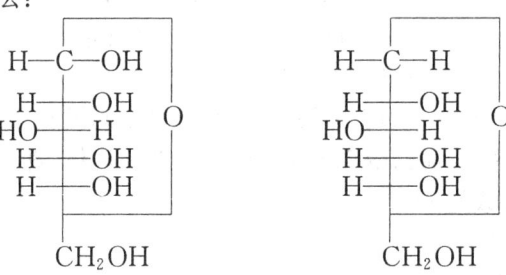

D-葡萄糖的半缩醛形式　　　　D-葡萄糖甲苷

2. 环氧式——菲舍尔(Fischer)式

环氧式是指葡萄糖具有分子内的醛基与醇羟基形成半缩醛的环状结构。由于六元环最稳定,故由 $\overset{5}{C}$ 上的羟基与醛基可进行加成,形成半缩醛,并构成六元环状结构。组成环的原子除了碳以外,还有一个氧原子,所以糖的这种环状结构又叫做氧环式结构。氧环式结构可分为两种类型,即 α 型,半缩醛羟基与决定构型的—OH 在环的同侧;β 型,半缩醛羟基与决定构型的—OH 在环的异侧。在 Fischer 式中,半缩醛羟基在右侧(与氧桥同侧)为 α 型;在左侧(与氧桥异侧)为 β 型。

环状结构的表示方法:

3. 透视式——哈沃斯(Haworth)式

单糖的环状结构是以菲舍尔投影式为基础表示的,它不能恰当地反映出单糖中各原子和基团的空间位置,常采用哈沃斯透视式来表示。

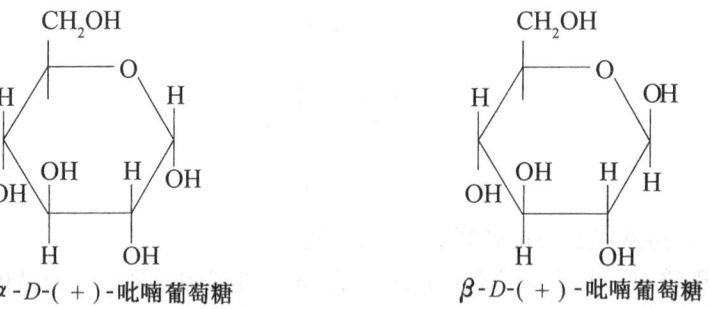

α-D-(+)-吡喃葡萄糖　　　　β-D-(+)-吡喃葡萄糖

4. 葡萄糖的构象

哈沃斯透视式在表达 D-(+)葡萄糖的空间构象时,规定成环的原子都在同一平面上,这与实际是不相符的。经 X 射线的分析证明,D-(+)葡萄糖的空间构型与环己烷相似,也是椅式构象。

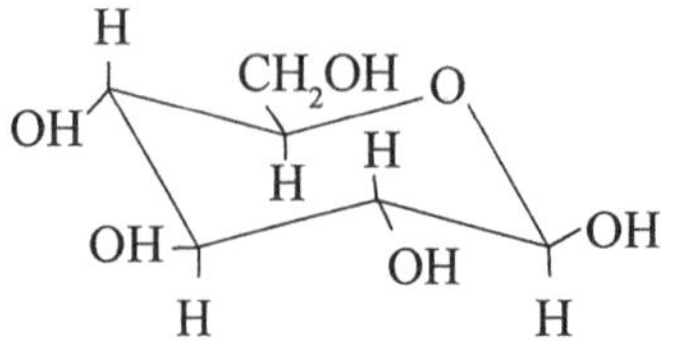

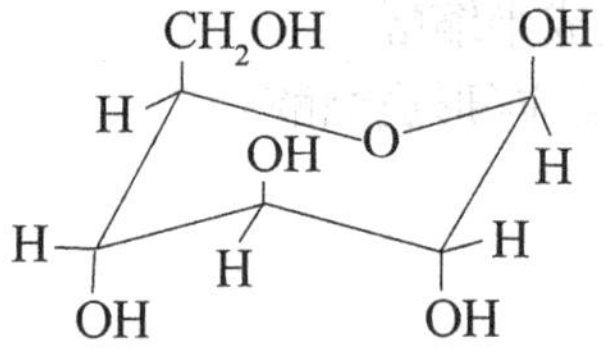

9.2.2.2 果糖的结构

果糖是一种己酮糖，分子式也是 $C_6H_{12}O_6$，是葡萄糖的同分异构体。其结构式中 $\overset{3}{C}$、$\overset{4}{C}$、$\overset{5}{C}$ 的构型与葡萄糖相同。

1. 开链式

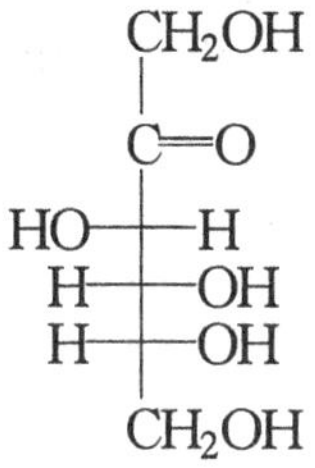

$$\begin{array}{c} CH_2OH \\ | \\ C=O \\ | \\ HO-C-H \\ | \\ H-C-OH \\ | \\ H-C-OH \\ | \\ CH_2OH \end{array}$$

2. 环氧式

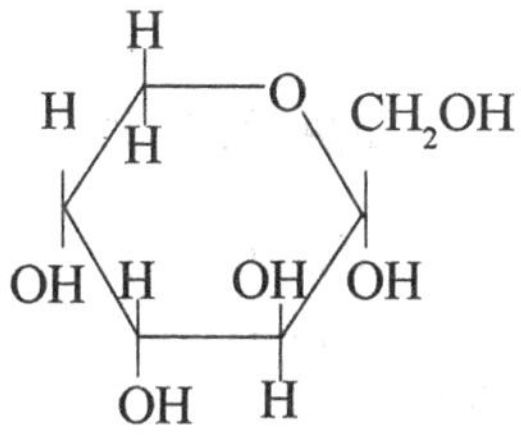

α-D-(-)吡喃果糖 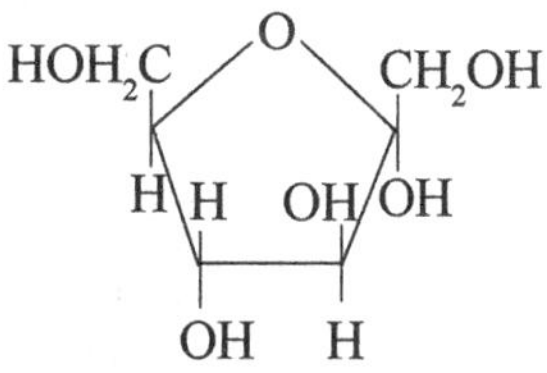　　　　α-D-(-)呋喃果糖

9.2.3 单糖的物理性质

单糖都是无色晶体，有甜味。由于分子中有多个羟基，所以在水中溶解度很大，常能形成过饱和溶液——糖浆。单糖有旋光性，其溶液具有变旋现象，难溶于乙醚、苯等有机溶剂，沸点很高，易分解。

9.2.4 单糖的化学性质

单糖分子中羟基和羰基共存，彼此相互影响，表现出特有的反应。

1. 糖苷的生成

单糖的半缩醛羟基较其它羟基活泼，在适当条件下可与醇或酚等含羟基的化合物失水，生成具有缩醛结构的化合物，称为糖苷。如在干燥的氯化氢气体催化下，D-葡萄糖与甲醇作用，失水生成甲基-D-吡喃葡萄糖苷。反应式为

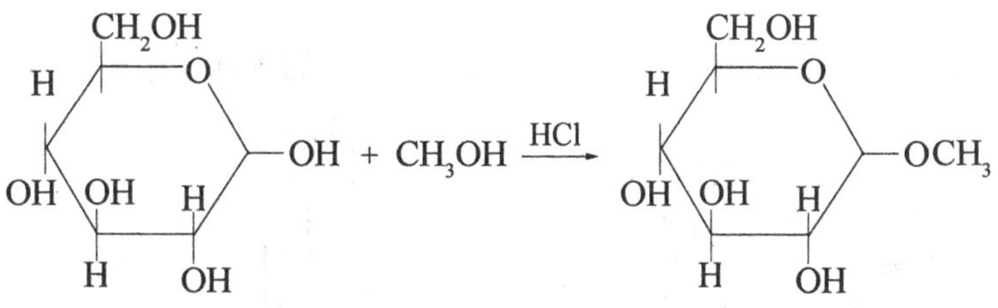

糖苷是一种无色无臭的晶体，味苦，水溶性大，有旋光性；无变旋现象，不能成脎，无还原性；在碱性条件下稳定，在酸性条件或酶催化下易于水解。

2. 氧化反应

单糖用不同的试剂氧化，会生成氧化程度不同的产物。

(1) 用斐林试剂和托伦试剂氧化。含有 α-羟基醛或 α-羟基酮或含有能产生这些基团的半缩醛或半缩酮结构的糖为还原性糖。醛糖的分子中含有醛基，所以容易被弱氧化剂氧化，能将斐林试剂还原生成氧化亚铜砖红色沉淀，能将托伦试剂还原生成银镜。此外还有一种弱氧化剂叫做班氏试剂也能被醛糖还原生成氧化亚铜砖红色沉淀。

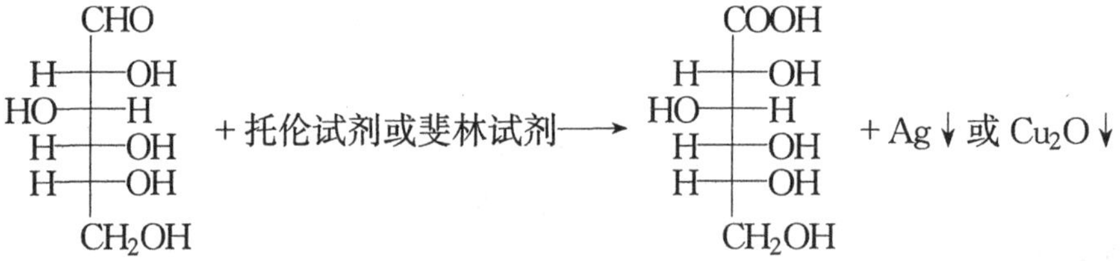

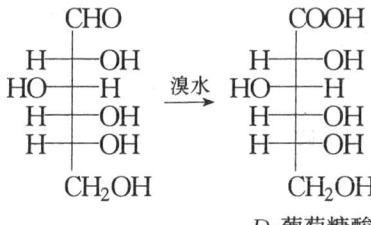

特点：反应较复杂，所得产物与氧化剂、溶液 pH 值有关。比如葡萄糖，用硝酸氧化时，得到葡萄糖二酸，而用溴水氧化则得到葡萄糖酸。

(2) 用溴水氧化。在葡萄糖的溶液中加入溴水，稍加热后，溴水的棕红色即可褪去，使醛糖氧化为糖酸：

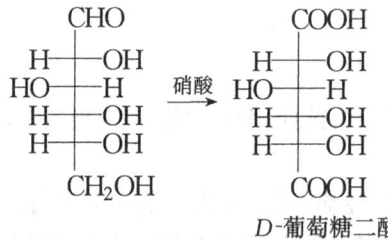

D-葡萄糖酸

该反应可用于鉴别醛糖和酮糖（而果糖与溴水无作用，所以，用溴水可以区别醛糖和酮糖）。

(3) 硝酸氧化。硝酸是较强的氧化剂，它能使醛糖氧化成糖二酸。

D-葡萄糖二酸

(4) 高碘酸（HIO_4）氧化。高碘酸氧化的结果使具有邻二醇、α-羟基酮结构片断的分子，C—C 键被定量 HIO_4 氧化断裂。可用于测定糖苷中环的大小。

3. 还原反应

用试剂（如 $NaBH_4$）或催化氢化等还原方法，可把糖中的羰基还原成羟基，产物叫糖醇。

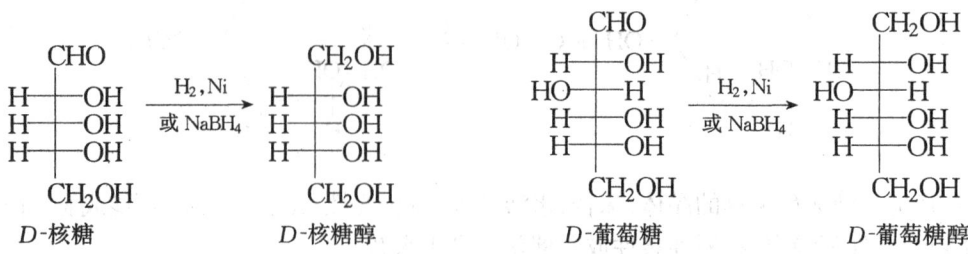

D-核糖　　　D-核糖醇　　　D-葡萄糖　　　D-葡萄糖醇

4. 成脎反应

单糖具有醛或酮羰基，可与苯肼反应，首先生成腙，在过量苯肼存在下，α-羟基继续与苯肼作用生成不溶于水的黄色晶体，称为糖脎。单糖的成脎反应一般只发生在 $\overset{1}{C}$ 和 $\overset{2}{C}$ 上，因此，除 $\overset{1}{C}$ 及 $\overset{2}{C}$ 外，其余手性碳原子构型均相同的糖都能生成相同的糖脎。例如，D-葡萄糖、D-果糖和 D-甘露糖的糖脎是同一个化合物。糖脎都是不溶于水的黄色晶体，不同的糖脎晶形不同，熔点也不同，在反应中生成的速度也不一样。因此利用该反应可进行糖的定性鉴别。

D-葡萄糖　　D-葡萄糖苯腙　　D-葡萄糖脎

D-果糖　　D-果糖脎

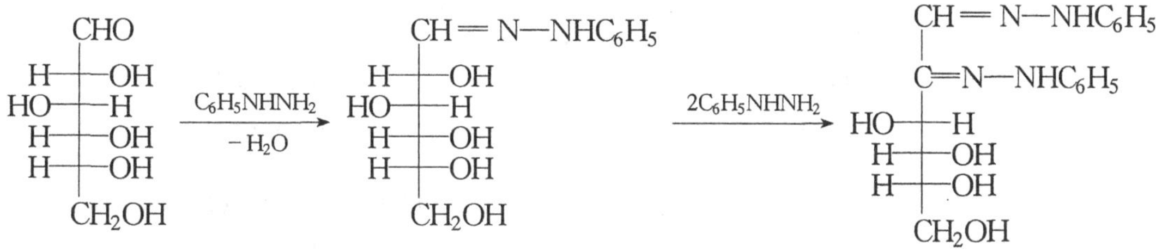

5. 成酯反应

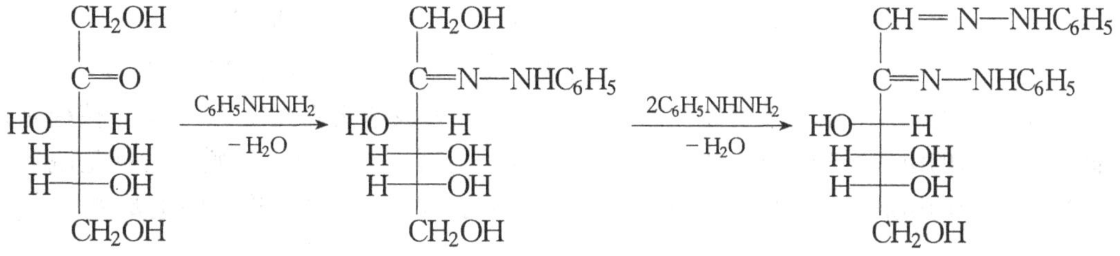

糖中有多个羟基，因此可以与酸发生反应生成酯。其磷酸酯是生物体内最重要的酯。

6. 脱水

单糖和醇一样，与无机酸一起加热，可脱水生成糠醛或其衍生物。

5-羟甲基糠醛

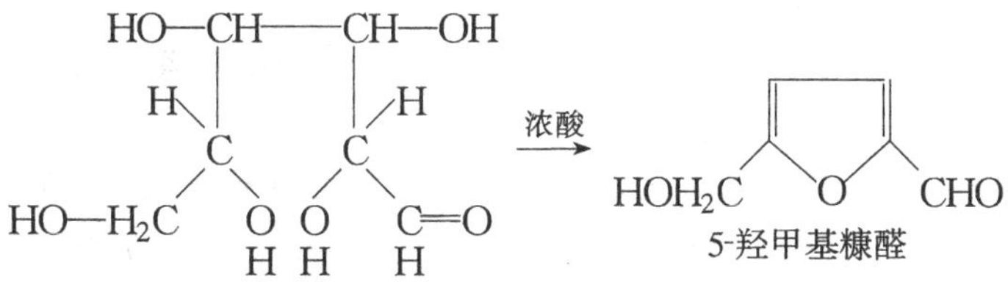

糠醛与酚类缩合产生有色化合物，常用作糖的鉴定。例如，莫利施(Molisch)反应可作为糖类和其它有机物的鉴别反应。反应步骤为：在糖的水溶液中加入 α-萘酚的醇溶液，然后沿着试管壁再缓慢加入浓硫酸，不得振荡试管，此时在浓硫酸和糖的水溶液交界处能产生紫红色。塞利瓦诺夫(Seliwanoff)反应可作为醛糖和酮糖的鉴别反应。反应步骤为：在醛糖和酮糖中加入塞利瓦诺夫试剂(间苯二酚和盐酸的混合物)，加热，酮糖能产生鲜红色，而醛糖则不能。

7. 醛糖的递升与递降

基利安尼-费希尔(Kiliani - Fscher)合成法可以将醛糖与 HCN 加成后水解，生成糖酸，失水而成内酯，内酯用 Na(Hg)齐和水还原后，即得到多一个碳原子的醛糖，这个过程叫递升。相反,若变为减少一个碳原子的醛糖的过程,叫递降。

9.2.5 重要的单糖

1. 核糖和脱氧核糖

核糖与 2-脱氧核糖两种戊糖都是核酸的重要组成部分,它们都是 D 型醛糖,具有左旋性,半缩醛环状结构中含呋喃环,其环状及开链结构式如下:

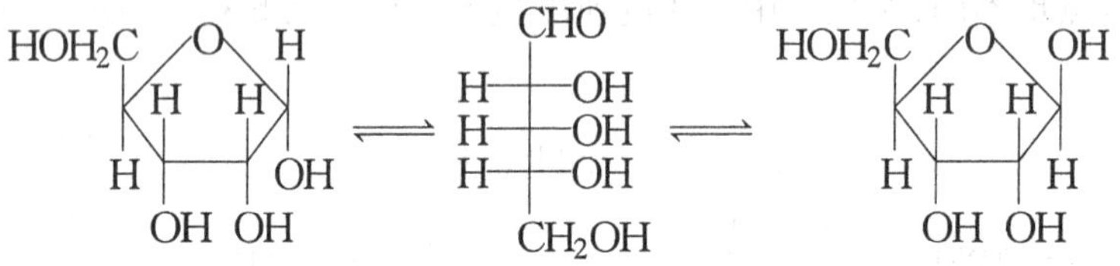

$\beta\text{-}D\text{-核糖}$　　　　$D\text{-核糖}$　　　　$\alpha\text{-}D\text{-}2\text{-核糖}$

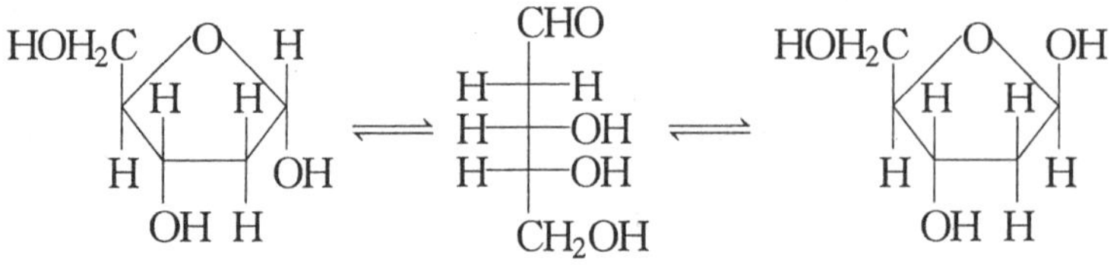

$\beta\text{-}D\text{-}2\text{-脱氧核糖}$　　$D\text{-}2\text{-脱氧核糖}$　　$\alpha\text{-}D\text{-}2\text{-脱氧核糖}$

D-核糖为结晶体,比旋光度为 $-21.5°$。D-2-脱氧核糖比旋光度为 $-60°$。核糖是核糖核酸(RNA)的组成部分,RNA 参与蛋白质及酶的生物合成过程。2-脱氧核糖是脱氧核糖核酸(DNA)的组成部分,DNA 存在于绝大多数活的细胞中,是遗传密码的主要物质。

2. 葡萄糖

葡萄糖为无色晶体,极易溶于水,加热可使溶解度增加,冷却热的糖浆可获得非常浓的溶液。葡萄糖的甜度约为蔗糖的 70%。人体血液中的葡萄糖叫做血糖。正常人血糖浓度维持恒定,其含量为 $4.4\sim6.7$ mmol/L。当血糖浓度超过 $9\sim10$ mmol/L 时,糖可随尿排出,出现糖尿现象。而血糖浓度过低,则引起低血糖病。

3. 半乳糖

半乳糖是许多低聚糖的组分,也是组成脑苷和神经中枢的重要物质,具有右旋光性。

4. 果糖

天然的果糖是左旋的,所以又称为左旋糖。果糖为无色菱形晶体,易溶于水,可溶于乙醚及乙醇中,具有还原性。果糖是最甜的一种糖,甜度约为蔗糖的 173%。

9.3 二糖

9.3.1 二糖及分类

二糖是由一个单糖分子中的半缩醛羟基与另一个单糖分子中的羟基失水所得的糖。二糖有两种连接方式:一是通过一个单糖分子的半缩醛羟基与第二个单糖分子中的醇羟基(如 $\overset{4}{C}$ 的羟基)脱去一分子水而互相连接的双糖,如

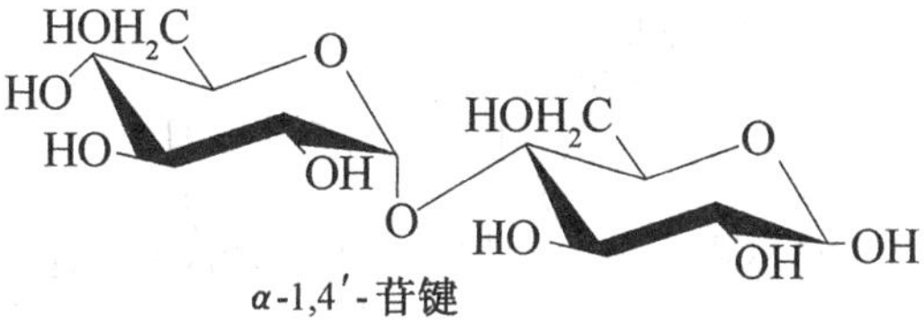

α-1,4'-苷键
麦芽糖

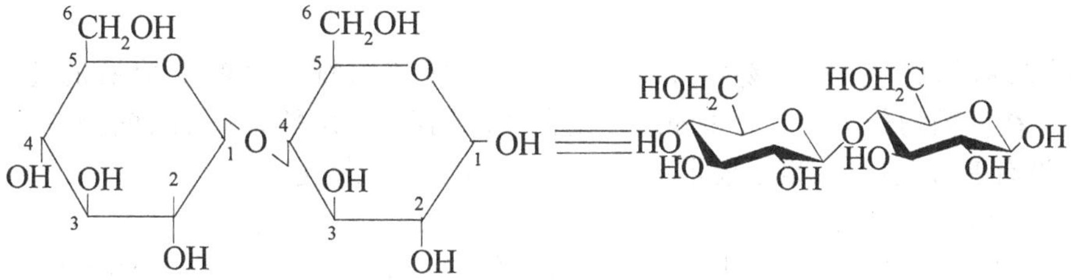

β-1,4'苷键
纤维二糖

二是通过两个单糖分子的半缩醛羟基脱去一分子水而互相连接而成双糖:

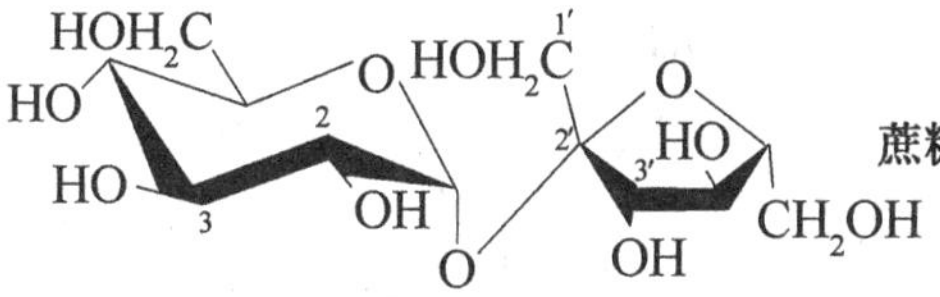

α,β-1,2'-苷键 蔗糖

通过两个半缩醛羟基脱水而形成的双糖,分子中已无醛基,不能由环式转变成醛式。这种双糖不能成脎,没有变旋现象,也没有还原性,所以称为非还原性二糖,如蔗糖。在双糖连接中,只有一个分子用半缩醛羟基,另一单糖分子仍保留一个半缩醛羟基,在溶液中它可以变成醛式,有变旋现象,能成脎,有还原性,能与多伦试剂或费林试剂反应,所以称为还原性双糖。如纤维二糖、乳糖和麦芽糖。

9.3.2 重要的二糖

1. 乳糖和蔗糖

乳糖和蔗糖是自然界中最重要的二糖。因为其对动物有营养价值,属于异二糖,它们水解后都产生两个不同的单糖单位。

(1)乳糖存在于哺乳动物及人的乳汁中,结构是一个半乳糖苷,是一种还原性二糖。在酶的催化下异构化成葡萄糖。

(2)蔗糖是植物中分布最广的二糖,在甘蔗和甜菜中含量较高。蔗糖的分子式为$C_{12}H_{22}O_{11}$,对其结构的研究已经证明,蔗糖分子是由α-D-(+)-吡喃葡萄糖的半缩醛羟基与β-D-(-)-呋喃果糖的半缩酮羟基间失水生成的,单糖间以1,2糖苷键连接。

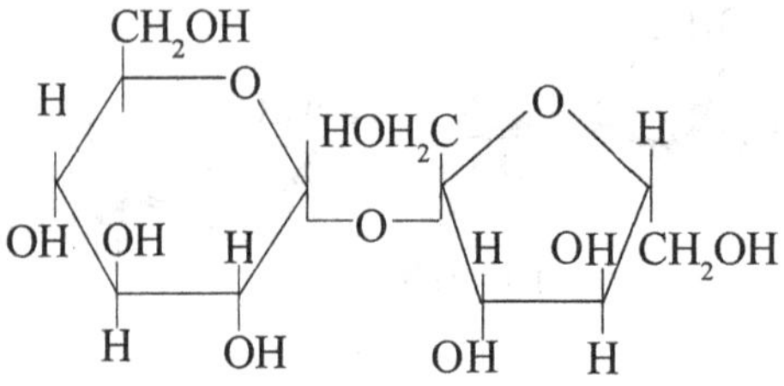

蔗糖

纯的蔗糖为无色晶体,易溶于水,难溶于乙醇和乙醚。蔗糖水溶液的比旋光度为 $+66.5°$。在蔗糖的分子中已无半缩醛羟基存在,不能转变为醛式,因此,蔗糖是一种非还原性二糖,没有变旋光现象,也不能形成糖脎,不能被氧化剂氧化。

2. 麦芽糖和纤维二糖

麦芽糖和纤维二糖相应地由淀粉和纤维素部分水解而得到,都是由两分子葡萄糖彼此的醛羟基和醇羟基失水而成的。

(1)麦芽糖是在淀粉酶催化下由淀粉水解得到,麦芽糖在大麦芽中含量很高。麦芽糖是由1分子 $\alpha\text{-}D\text{-}$ 葡萄糖的半缩醛羟基和另1分子葡萄糖的 $\overset{4}{C}$ 羟基脱水形成的二糖。

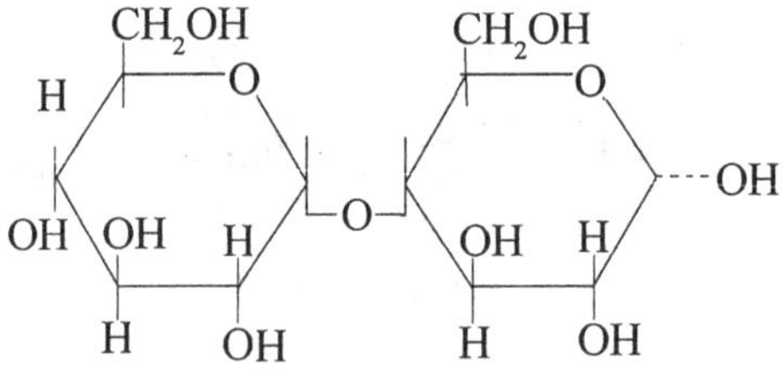

麦芽糖

在麦芽糖的分子中还保留了一个半缩醛羟基,因此具有还原性,属于还原性二糖。能产生变旋光现象,能被氧化剂氧化,也能形成糖脎(与葡萄糖相似)。

麦芽糖
- $\xrightarrow{Ag(NH_3)_2OH}$ Ag↓ + 麦芽糖酸
- $\xrightarrow{Cu(NH_3)_2}$ Cu$_2$O↓
- $\xrightarrow{3C_6H_5NHNH_2}$ 黄色↓(有麦芽糖脎生成)
- 有变旋光现象 $\left.\begin{array}{l}\alpha \text{ 型}[\alpha]_D^{20}=+168°\\ \beta \text{ 型}[\alpha]_D^{20}=+112°\end{array}\right\}137°$

(2)纤维二糖是还原糖,化学性质与麦芽糖相似,纤维二糖与麦芽糖的唯一区别是苷键的构型不同,麦芽糖为 $\alpha\text{-}1,4$ 苷键,而纤维二糖为 $\beta\text{-}1,4$ 苷键。纤维二糖的结构为

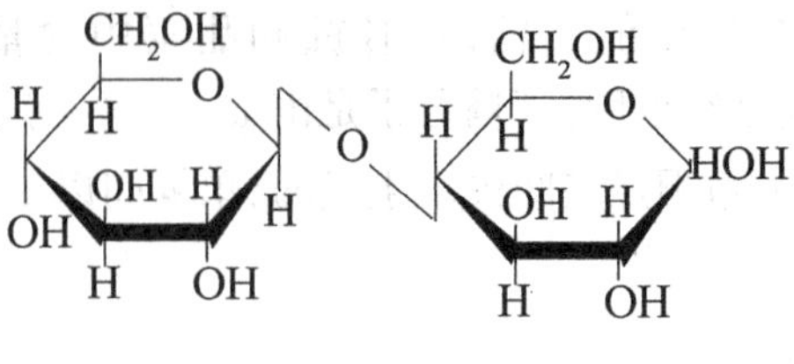

β-纤维二糖

3. 环糊精

环糊精是淀粉由杆菌发酵得到的一组环状低聚糖,由 6、7 或 8 个 α-D-吡喃葡萄糖单位以 α-1,4 糖苷键连接起来的闭合结构。环糊精为晶体,具有旋光活性。分子中不含半缩醛羟基,因此无还原性,不易反应,对碱稳定,在酸中可慢慢水解。对淀粉酶有很大的阻抗性。其特性是:

(1) 外腔亲水,内腔亲油,具有一定水溶性,许多非极性有机分子或有机分子的非极性一端又可进入其内腔形成包结物。被广泛应用于食品、医药、农药等方面。

(2) 环糊精中间有 1 空穴,很像冠醚;环糊精的空穴可选择性地与适当大小的分子形成包合物,构成主-客体关系。

环糊精可作相转移催化剂,催化酯的水解,像冠醚一样包含客体分子的一部分,而使另一部分暴露在外,提供反应的区域选择性,如

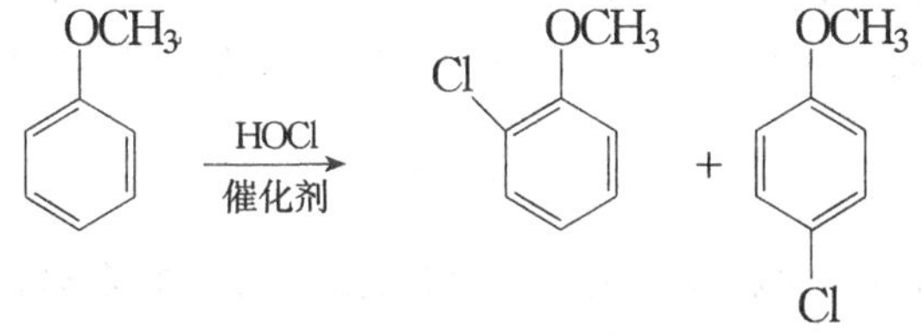

以 H_2O 为催化剂: 67% 33%
以环糊精为催化剂: 0 100%

9.4 多糖

多糖是由数百以至数千个单糖分子通过 α 或 β 糖苷键连接而成的高分子化合物。多糖无还原性和变旋现象,也无甜味,多不溶于水,个别可与水形成胶体溶液。按结构不同分为淀粉(starch)、纤维素(cellulose)、糖原(glycogen)、氨基糖(amino sugar)、壳聚糖(chitin)等。

9.4.1 淀粉

淀粉大量存在于植物的种子和地下块茎中,是人类的三大食物之一。淀粉用淀粉酶水解得麦芽糖,在酸的作用下,能彻底水解为葡萄糖。所以,淀粉是麦芽糖的高聚体。

淀粉是白色无定形粉末,由直链淀粉和支链淀粉两部分组成。直链淀粉可溶于热水,又叫可溶性淀粉,占总含量的 10%~20%。由 1000~4000 个 α-D-葡萄糖分子通过 α-1,4 苷键连接成直链状大分子。相对分子质量为 150 000~600 000,随来源不同差别很大。水解后得到糊精、麦芽糖,最后都得到 α-D-葡萄糖。

支链淀粉为不溶性淀粉,占总含量的 80%~90%。由 600~6000 个 α-D-葡萄糖通过 α-1,4 苷键及 α-1,6 苷键连接而成,有分支,无规律,约隔 20 个葡萄糖有一分支,每一分支由 20 余个葡萄糖分子组成。相对分子质量 1×10^6~6×10^6。水解后最终都得到 α-D-葡萄糖。

淀粉溶液与碘作用生成蓝色复合物,碘常作为淀粉的鉴别剂。

9.4.2 纤维素

(1)纤维素是构成植物细胞壁的主要成分,是由许多葡萄糖结构单位以 β-1,4 苷键互相连接而成的。以 β-1,4 糖苷键连接为特征。由 3 000~4 000 个葡萄糖分子组成,相对分子质量为 $1\times10^6\sim1.2\times10^6$。

(2)纤维素的性质稳定,机械强度大,不溶于水,不溶于弱酸、弱碱,难水解,无还原性。

人的消化道中没有水解 β-1,4 葡萄糖苷键的纤维素酶,所以人不能消化纤维素,但纤维素对人是必不可少的,因为纤维素可帮助肠胃蠕动,以提高消化和排泄能力。

习 题

1. 写出 D-葡萄糖与下列物质的反应,注明反应产物及其名称。
(1)羟胺　　(2)苯肼　　(3)溴水　　(4)HNO_3　　(5)HIO_4　　(6)CH_3OH、HCl

2. D-(+)-半乳糖怎样转化成下列化合物的?写出其反应式。
(1)甲基 β-D-半乳糖苷
(2)甲基 β-2,3,4,6-四甲基-D-半乳糖苷
(3)2,3,4,6-四甲基-D-半乳糖

3. 在甜菜糖蜜中有一三糖称做棉子糖。棉子糖部分水解后得到双糖,叫做蜜二糖。蜜二糖是还原性双糖,是(+)-乳糖的异构物,能被麦芽糖酶水解但不能为苦杏仁酶水解。蜜二糖经溴水氧化后彻底甲基化再酸催化水解,得 2,3,4,5-四甲基-D-葡萄糖酸和 2,3,4,6-四甲基-D-半乳糖。写出蜜二糖的构造式及其反应。

4. 棉子糖是个非还原糖,它部分水解后除得蜜二糖(上题)外,还生成蔗糖。写出棉子糖的结构式。

5. 怎样能证明 D-葡萄糖、D-甘露糖、D-果糖这三种糖的 $\overset{3}{C}$、$\overset{4}{C}$ 和 $\overset{5}{C}$ 具有相同的构型?

6. 有两种化合物 A 和 B,分子式均为 $C_5H_{10}O_4$,与 Br_2 作用得到了分子式相同的酸 $C_5H_{10}O_5$,与乙酐反应均生成三乙酸酯。用 HI 还原 A 和 B 都得到戊烷。用 HIO_4 作用都得到一分子 H_2CO 和一分子 HCO_2H。与苯肼作用 A 能生成脎,而 B 则不生成脎,试推导 A 和 B 的结构。写出上述反应过程。

附录　化学与生活

化学是一门基础学科，又是一门与我们的生活密切相关的学科。它与其它科学一起帮助我们进一步认识自己和周围的世界，同时也使我们的生活发生着巨大的变化。随着社会的进步、科技的发展，人类的视野愈加开阔，化学将继续与其它诸如环境、资源、材料等学科深入生活的各个方面。鲜蛋如何变成皮蛋？温室效应是怎么回事，等等。本篇从我们身边耳濡目染的生活经验出发，探讨化学与生活的密切关系。

第一节　民以食为天——化学与饮食

人的身体像一部精密而复杂的机器，各部分密切配合，使人得以活蹦乱跳、喜怒哀乐。人是自然的一部分，自然是个大宇宙，人就是小宇宙。自然是有生命的，春夏秋冬，四季交替，生生不息。在人身体内，每秒钟都有成千上万的化学反应在发生，每秒钟都有细胞在衰竭死亡，又有新的细胞在诞生、成熟，生命得以延续。而"这一时刻的你绝不同于下一时刻的你"。这就是新陈代谢。这其中蕴含着许许多多有趣的化学知识。

一、人的能量从哪里来

人生活在社会中，每天都要工作、学习、娱乐。人的能量到底从哪里获得呢？当然是从食物中来。每天一日三餐提供给我们活动的能量基础。由食物转化成能量，是人体内非常复杂的代谢过程。食物中有各种养料，如蛋白质、脂肪、糖类等。这些营养与体内血红细胞携带的氧发生化学反应，释放出大量的热能。这些热能又会根据人体的需要转化成各种能量。各种食物中所含的各种养料的含量是不同的。如大米中含的淀粉约77%，蛋白质约7%；面粉中所含淀粉约74%，蛋白质约10%，就蛋白质多少而言，面粉的蛋白质含量要比大米多一些。不同食品中所含的蛋白质种类也是不同的。鱼、肉、蛋所含的蛋白质，营养价值要比植物中的蛋白质高。蛋白质在烹调和人体消化吸收过程中最终分解为多种氨基酸，这些氨基酸为人体吸收后再结合成各部分的组织细胞。动物性蛋白质中的氨基酸种类，与人体组织细胞所含蛋白质的氨基酸种类很相似。越相似就越易被吸收，营养价值自然也越高。植物性蛋白质所含氨基酸种类少，并且比较简单，不易被吸收。人体中所需的氨基酸是多个方面的，植物性蛋白质提供的氨基酸种类和动物性蛋白质是不同的，它们可以相互补充。例如我们生活中的一道名菜——红烧鱼头豆腐，不仅味道鲜美，而且由于鱼类蛋白质中有较为丰富的蛋氨酸，豆腐蛋白质中虽少有这种氨基酸，却有丰富的苯丙氨酸，它们相互扬长避短，营养更加丰富。

二、饮　水

1. 水——生命的摇篮

水是生命之源。我们知道世界最初的生命就是从海洋中诞生的。最近又发现人体液中各化学元素的含量组成与海水的元素组成非常相似，于是又提出了人类起源的"海洋说"。不管怎么说，我们离不开水。当我们体内缺水时，就会口渴难耐，咽喉冒火，四肢乏力，严重时还会出现幻觉，甚至昏厥。水为什么这么重要呢？原来我们身体的含水量占整个体重的60%～70%。身体的器官和组织的细胞到处都有水。据分析，水分在人血液中约占80%，肌肉中约占70%，骨骼里约占3%。这无处不在的水对我们正常的生理活动起着举足轻重的作用。水能运输养料给各个组织细胞,能够帮助水化食物。水对各器官还有润滑作用,还是体内许多重要物质如酶、激素等的溶剂。它可以维持体内各物质的浓度、酸碱度、渗透压等的相对稳定。一个正常人每天需饮水的最低量为 1500 mL。人不吃饭可以活上两个星期,如果不喝水,要不了一星期就一命呜呼。水不仅孕育了生命,而且发展延续了生命。

2. 硬水的功与过

用硬水洗衣服,形成"豆腐渣",去污力下降,使用硬水的锅炉易爆炸。用硬水烹调蔬菜和鱼肉,不易煮熟;用硬水酿酒,酒质浑浊。硬水处处作乱。饮用硬水,结果又会怎么样呢?有人说:"硬水不能喝,喝了会消化不良,可能得结石病。"又有人说:"硬水中丰富的钙、镁离子对维持心肌的离子平衡有重要作用。钙、镁离子还能与食物中的脂肪发生皂化反应,使之分解排出,减少了人体对脂肪的吸收,间接保护了心血管,改善了心脏的功能。"众说纷纭。实践出真知,美国心脏学会报道,对得克萨斯州两个地区饮用硬水和软水的人进行对比实验,结果表明,长期饮用软水的人心血管疾痛的患病率明显高于饮用硬水的地区。总之,硬水有功也有过。饮用硬水还是软水,要看人们的需要而定。

3. 形形色色的水

我们知道,人口的增加、工业的发展,使淡水过量开采,水资源日益匮乏。水荒正威胁着人类的生存。同时,水质在不断下降,我们在呼吁保护环境、节约用水的同时,积极寻求合理利用开发水资源的方法及对人类健康有益的饮水。矿泉水、纯净水、蒸馏水、磁化水应运而生了。很久以前,内蒙古草原流传着"阿尔宝泉"的故事。有个奴隶被凶残的王爷打伤双腿,在茫茫草地上爬呀爬,又饥又渴,突然发现一处清澈可人的泉水,于是迫不及待地吮吸起来,并不停地用泉水清洗疼痛的伤口,他只觉疼痛渐渐减轻,几天之后伤口愈合可以自由行动了,这真是奇迹。原来"宝泉"中溶有大量矿物质,含有丰富的人体所必需的钙、镁、钾等宏量元素,也有锌、铜、锗、硒、钼、碘等微量元素。有些元素如锌能干扰病毒的复制能力,增强细胞免疫功能。锗能明显增强体内细胞,促进自然杀伤细胞增生和活化。那位可怜的奴隶就是得益于这有益人体健康的宝泉。矿泉水就是来自这些天然宝泉,由于其中含有人体必需的矿物质和微量元素,所以矿泉水饮料很快风靡市场。我国有许多优良的天然矿泉水资源,如山东青岛的崂山矿泉水,清澈甘甜,驰名中外,用其制成的青岛啤酒也格外受人青睐。为了使人体能更有效、更合理地摄取矿泉水中的有益成分,化学家们根据人体内的平均元素组成及各地区的不同情况,调节矿泉水中的各元素的浓度配比使之达到最佳比例。我们知道,现在许多天然水资源都受到不同程度的污染。自来水中也含有许多对人体有害的有机物。所以,原来仅用于实验室化工生产部门、医药行业的蒸馏水开始走进寻常百姓家。但是蒸馏水的获得要消耗大量能量。这时,纯净水出现了。目前许多家庭选购的家用净水器就是用来获得纯净水的。这些净水器有以活性炭为净水剂的,也有用电凝聚或微孔膜净水的,最终都是除去了自来水中的有机污染物。除了矿泉水、蒸馏水、纯净水,目前还有一种方兴未艾用来治病的水,人称磁化水。"长饮磁化水,祛病又保健",在医学上常用磁化水治疗多种疑难病症且疗效显著。因此长期饮用磁化水对人体结石症具有奇特的疗效。

三、说 茶

1. 茶——健康之友

相传早在 4000 年前,我们的祖先就采摘野茶煎汤治病。《本草纲目》中就记载着这样的故事:神农氏为解救人类的病痛,勇敢地用尝百草的方法来检验各种植物的疗效。有一天,他因尝了一种有毒的植物,一下子病倒了。后来喝了用野茶煎出的汤汁,神奇般地好了。他前后中毒达 10 次以上,每次都用喝茶的方法解毒,从此喝茶能治病就广为流传。久而久之,人们形成了喝茶的习惯。茶叶,以其较高的营养价值和药理作用而名列世界三大饮料之一,茶叶中含有 20%~35%的茶多酚,它是多种酚类化合物(有机类)的总称。这些茶多酚遇到人体内的大肠杆菌、球链菌等细菌及伤寒、霍乱等病原菌的蛋白质就牢牢抓住不放,使其失去生物活性并沉淀下来。茶多酚还能使人体内的尼古丁、全鸡钠碱等有毒物及铅、钴、铜等有害物质沉淀,起到消毒的作用。这样,茶多酚大大增强了细胞的免疫功能,延缓了细胞衰老。茶叶中的生物碱有咖啡碱、茶碱、可可碱等。它们能为你兴奋中枢神经,提神、强心,加快血液循环,及时中和血液中酸性废物。调节血液的酸碱平衡,促进全身生理机能。劳累时,肌肉经过激烈运动,无氧呼吸累积了大量的乳酸,喝上一杯茶,迅速产生浓度较高的碱性代谢产物,及时中和乳酸,人就感到舒服,既解渴,又解乏。喝茶还可阻止胆固醇升高,防止动脉硬化、心肌梗塞和结石。茶的药理深奥得很,这里我们只是略窥一斑。诚然,喝茶过浓过多也不好,茶有兴奋作用,因此睡前最好不要饮茶。

2. 各种各样的茶

红茶乌黑,能把水变得鲜艳明亮,名副其实;绿茶暗绿,把水变得碧绿喷香,也是名不虚传。再品尝一下它俩的滋味,绿茶涩口而清香,红茶则另有一番味道。你别看两者差别这么大,可还是"同胞姐妹"呢。只是加工方法不同,所以颜色味道也不相同。绿茶的加工大致是这样的:把铁锅烧到200 ℃左右,使锅底呈暗红色,然后把新鲜的茶叶倒进去,用锅铲进行快炒,俗称"杀青",这样水分蒸发了而其中的叶绿素被保存下来,呈绿色。另一方面,鞣酸未被破坏,所以绿茶涩口。红茶则是经过发酵制成的。通常人们把新鲜茶叶揉捻,使其组织破裂,挤出液汁,然后放在石灰池里发酵,这样原先存在于茶叶中的叶绿素被破坏殆尽,茶叶体内的有机化合物,在氧化酸催化下,与空气中的氧气化合生成红色的物质,茶叶变成红色,鞣酸也被破坏掉了,所以红茶不像绿茶涩口。又如喝茶人常说绿茶比红茶香,这是因为绿茶含芳香油,芳香油易挥发,而红茶经过长时间的发酵和烧烤,芳香油大部分跑掉了,所以红茶不如绿茶香。看来,虽然同源生,后天环境不同,形成的"性格"也不一样。

3. 药物忌茶

我们在看病的时候,医生常常会叮嘱我们不要用茶水吞服药,这是为什么呢?因为有些药物会和茶水中的成分"打架",就失去药效了。当然,凡是药物中的成分不会与茶水中的成分起化学反应的,就可以与茶水同服。那么,哪些药物能和茶水反应呢?服用含金属的药剂,如硫酸亚铁、含铁的补血糖浆及氢氧化铝等就不可用茶水吞服。因茶叶中的鞣酸能和金属生成沉淀,使人体无法吸收利用,失去药效。服用生物碱类药物,如人参、党参、麻黄等中草药,其中的生物碱会和鞣酸反应生成难溶物。大多数中草药是靠生物碱与微量金属元素给人治病的,所以服中药应忌茶。服用酸制剂,也不可用茶水送服。鞣酸等物质会和酶蛋白质中的肽链结合,形成牢固的结合物,破坏药性。服用西药如阿司匹林、奎宁、苏打水、阿托品时,也不宜喝茶。服用镇静药,也不可饮用茶水。因为茶水刚好有兴奋神经、扩张血管、加速心跳的反作用。一般来说,在服用上述药物两小时后,胃肠将药物就吸收得差不多了,此时再饮茶,就不会"打架"了。

四、话 酒

1. 酿 酒

历史上,不少文人墨客与酒都结下不解之缘,酒文化源远流长。今天,酒仍然在佳节良宵传递着亲朋的问候。酒是含有乙醇的饮料,酒略有香味、辣味、甜味和刺激性。在夏禹时代,少康造酒就比较娴熟了。酒是酿造出来的,高分子淀粉在麸曲的作用下变成小分子的麦芽糖。再接种酵母菌,让糖液发酵。酵母菌吃下糖,"排泄"出酒精(即乙醇)和二氧化碳。这种含酒精的水,经过蒸馏,使酒精浓度增大,就是酒。用不同品种的粮食、水果或野生植物酿造出不同的酒。做菜的黄酒里含有体积分数的酒精;啤酒里约含8%的酒精;葡萄酒里含酒精10%左右,烧酒里酒精含量最高超出60%。酒精的含量常用"度"来表示,如酒的含量为2%~5%,就是二度到五度。古人有诗云"百年陈酒十里香",陈酒为什么这么香呢?原来刚酿造的酒中含有酸、醛、杂醇等,而有香味的酯却微乎其微,新酒长期贮存后,其中的醛不断氧化为羧酸,羧酸跟乙醇发生酯化反应,生成了酯。随着酯的不断生成,酒就越来越香了。此外,低沸点的杂质不断挥发,酒将更清醇。不过,并非所有的酒都会越陈越香。一些低度酒,如啤酒、黄酒等,如果贮存不当,很容易变质。酒中的乙醇在醋酸的作用下,跟空气中的氧气起反应,生成醋酸,酒味就会逐渐消失,酸味必然渐渐加浓,"酒败成醋"了。那为什么含酒精量高的烧酒不会变味呢?原因在于当乙醇的浓度在50%以上时,醋酸菌根本无法繁殖。但是，如果将酒埋于地下，隔绝空气密封保存，低度酒也不会变坏。浙江绍兴有名的"女儿红"，就是在生了女儿后，埋几坛上好的黄酒于地下，等到姑娘出嫁时取出来招待亲朋好友，味道极其醇美。

2. 饮酒过量为何醉

饮酒少量，养气补身。而饮酒过量，就会恶心、呕吐、心烦甚至使人麻醉。这是为什么？过多的乙醇会刺激神经系统产生一系列反应，其实就是酒精中毒，但体内有两种特殊的蛋白酶可将它们制服。酒精在人体中的代谢主要在肝脏中进行。醇脱氢酶将乙醇转化为乙醛，另一种醛脱氢酶使乙醛酸化后再分解为水和二氧化碳，从而不再损害人体。决定人的酒量的主要为后一种酶。因为乙醛的药理作用要比乙醇强几百倍。如果醛脱氢酶少，则稍喝一些酒，乙醛就在体内不断蓄积，引起脸红、心跳、头晕等症状。而这种酶在体内的多少是遗传因素的结果。所以酒量是练不大的。少量的酒在酶的作用下，可以化险为夷。但饮用过量的酒，过多的乙醇会使催化作用减弱甚至失去催化作用，从而刺激神经系统，产生醉酒症状。需要提醒大家的是，饮酒出现全身疲倦和虚弱感觉时，酒精就已经开始损害肝脏了。酒作为一种饮料，已和人们结交了几千年，酒标志着友谊，象征着胜利，为人们助兴解忧，带来欢欣。但酒有时又会招祸患。不论酗酒引起的车祸还是其它行为失常造成的损失，单对人体健康的危害就不容轻视。

3. 怎样判断司机酒后开车

要判断司机是否酒后开车，需要检查他呼出的气体中是否含有酒精蒸汽。把呈黄色的酸化三氧化铬装载在硅胶上，三氧化铬具有很强的氧化性。而乙醇具有还原性，能将三氧化铬还原成绿色的硫酸铬。如果司机酒后开车，他呼出的气体中具有一定浓度的乙醇，就会使 CrO_3 由黄变绿，现象十分明显。

4. 水果解酒

醉酒有许多先兆，语言渐多、舌头不灵、面颊发热和头晕等，这时需要解酒。许多人知道，吃一些带酸味的水果或饮服 50～100 g 食醋可解酒，为什么呢？这是因为，水果里含有各种各样的有机酸，如苹果里含有苹果酸，柑桔里含有柠檬酸，葡萄里含有酒石酸等。同样，食醋中含有 3%～5% 的乙酸。而酒的主要成分是乙醇，有机酸能与乙醇相互作用得到一定程度的缓解。

5. 漫话啤酒

啤酒素有"液体面包"之称，在 1972 年墨西哥召开的世界营养食品会议上被正式宣称为营养食品。会议规定，营养食品必须具备三个条件：含氨基酸丰富，发热量大，所含营养成分绝大部分可被人体吸收。啤酒是以优质大麦为原料，啤酒花为香料，经糖化发酵制成的。它的营养极为丰富。大麦中含有丰富的蛋白质，但不能被人体直接吸收。在制酒过程中，由于酶和酵母的作用，转化为近二十种氨基酸，保存在酒液中，这些氨基酸才能被人体吸收为营养。同时，大麦中所含的淀粉在制酒过程中，全部转化为糖类。糖和酒精都属于高热量成分。据测定，一瓶啤酒可产生 1672～2926 kJ 的热量，相当于 160 g 面包所产生的热量，为中等体力劳动者一天所需热量的三分之一。难怪人们把啤酒称为"液体面包"。此外，啤酒中还含有十多种维生素，主要属 B 族，还有多种矿物质和无机盐。啤酒确实营养丰富。

五、化学与味觉

我们品尝不同的食品时，往往能感受到不同的味道。味觉与化学又有哪些关系呢？

1. 食醋

醋，我们每个人都很熟悉。作为一种日常调料品，是我们煮饭烧菜时不可缺少的好帮手。我国酿醋的历史源远流长，醋的品种也堪称世界第一，其中以山西陈醋、广东白醋最为有名。那么，醋到底是怎么酿制的呢？食醋的酿制以粮食为原料，在北方常用大麦、高粱、豌豆、小米、玉米，在南方常用大米、麸皮、醋酸菌等混合进行发酵。乙醇在醋酸菌的催化氧化下，变成了醋酸。控制一定的温度，经过一段时间后，醋酸含量达 5% 以上，这时醋就酿好了。这整个过程也就是民间所说的"酒败成醋"。食用醋含有醋酸 (CH_3COOH) 在 5%～6%。成醋发酵一般只能在黄酒、葡萄酒等酒类里进行。食醋中除含醋酸外，还含有糖分、氨基酸、醇类、酯类以及蛋白质、脂肪、维生素等营养物质，对我们的健康大有益处。劳动人民不断积累经验,还发现了醋在烹调中的许多妙用。醋可以去腥,还可以提鲜,汤料中滴加几滴醋,使菜肴更鲜美。醋还可以增加菜肴的芳香气味。我们知道,酒中的乙醇和醋中的醋酸是一对"不是冤家不聚头"的"冤家",它们碰到一起,会发生酯化反应,生成了具有果香味,且易挥发的乙酸乙酯。于是,一股股芳香气味从菜肴中散发出来。醋还可提高食欲、帮助消化、防止感冒。醋的妙用不止于此,让我们在生活中细细观察吧。

2. 酱油

在生活中,我们与各种各样的油打交道。如花生油、菜籽油、猪油、汽油、酱油等。它们虽然都叫"油",却是几类完全不同的物质。我们吃的花生油、菜籽油、猪油等都是脂肪酸和甘油结合而成的含碳、氢、氧的化合物。那酱油呢?它的名字虽然也是"油",但实际上完全不同于前面提到的油,它是一种混合物。中国的酱油在国际上享有极高的声誉。三千多年前,我们的祖先就会酿造酱油了,后来传到日本和南洋群岛,之后由日本传到欧美各国。最早的酱油是用牛、羊、鹿和鱼虾肉等动物性蛋白质酿制的,后来才逐渐改用豆类和动物性蛋白质酿制。将大豆煮熟,拌上面粉,接种上一种霉菌,让它发酵生毛。经过日晒夜露,原来的蛋白质在蛋白酶的作用下发生水解反应,得到不同的氨基酸,产生了鲜味。原来的淀粉在曲霉的作用下也发生水解,生成麦芽糖等糖类物质。同时,发酵过程中还产生了醋酸等多种有机酸芳香酯类物质。经过这一系列变化,味道鲜美的酱油产生了。酱油是好几种氨基酸、糖类、芳香酯、酸类和食盐的水溶液,兼有酸、甜、鲜、咸。它的颜色也很好看,可促进食欲,可谓色、香、味俱全。除了酿造的酱油外,还有一种化学酱油。那是用盐酸分解大豆里的蛋白质,变成单个的氨基酸,再用碱中和,加些红糖作着色剂,就制成了酱油。

3. 糖

许多人都喜欢吃糖。常见的糖有红糖、白糖、冰糖。它们的主要成分都是蔗糖。为什么有不同的花样呢?这是由于它们纯度和结晶的大小不同。我国南方用甘蔗制糖,在北方用甜菜制糖。蒸发甘蔗汁或甜菜液,最初得到的粗糖呈红棕色,叫红糖。它的主要成分是蔗糖,此外还夹杂着一些糖蜜和赤褐色的有机物质。糖蜜呈红棕色,氧化后颜色变深,所以红糖放久了会变色,糖粒透明度也下降,但不影响食用。糖蜜易吸湿,所以红糖易结块。受潮后的红糖易繁殖细菌,使红糖变酸。红糖变酸后,就不能食用了。雪白晶莹的白糖则是从红糖中提炼出来的。把红糖溶解在水里,倒进一些活性炭,再煮一煮,搅动搅动,这是由于活性炭表面有很多小洞,表面积非常大,"抓"分子的本领特别大。红糖水流过活性炭时,有颜色的物质分子比较大,正好嵌进活性炭的小孔中,个儿小得多的水和蔗糖分子畅通无阻地流过,糖水就变无色了。这样的糖水在真空器中蒸发、浓缩、冷却、结晶后,大批的白砂糖就从糖浆里结晶出来了。如果再经过反复的溶解、浓缩、冷却、结晶,除去白糖里的水,就可以得到大块的无色晶体——冰糖。可见,红糖、白糖、冰糖的主要化学成分都是蔗糖,只是纯度不同,红糖最粗、白糖较纯、冰糖最纯。蔗糖中含碳、氢、氧三种元素,是一分子果糖与一分子葡萄糖失水后的缩合物,葡萄糖和果糖也都有甜味,事实上,果糖是最甜的糖,但在自然界中含量不多。还有一种糖和蔗糖不同,它不是用甘蔗、甜菜做的,而是用大米、玉米等含有淀粉的东西做的。这就是麦芽糖。奶糖中含的就是麦芽糖。我们吃的白糖、奶糖、葡萄糖都具有甜味,因为它们都是糖。水果也有甜味,因为里面也含有糖。但是甜的东西是不是都含有糖呢?不一定。我们喝的汽水、吃的冰棍里含的合成甜味剂糖精就不是糖,它只是可引起和糖相同的味觉。糖精的学名叫:"邻苯磺酰亚胺",是一种白色晶体。糖精并不是从糖中提炼出来的,而是从又黑又臭又粘的煤焦油中提炼出来甲苯,再以甲苯为原料制造出来的。糖精比糖甜五百倍。但糖精加多了会变苦。糖精不为人体吸收,所以没有一点营养价值。在医学上,可作为糖尿病人所吃的甜食调味品。关于糖精是否对人体有害的问题,一直以来存在着争论,所以糖精的用量受到严格控制。

4. 食盐

食盐的主要成分是氯化钠。它是怎么得到的呢?在一望无际的海滩上,海水被拦截在盐池里,太阳把盐水晒干了,海水里溶解的物质结晶出来。这就是粗盐。从一吨海水里可以得到约 30 kg 食盐。粗盐经过再结晶,就得到精盐。精盐是比较纯净的氯化钠,长久保存仍然是干燥的。氯化钠是人类生活中不可缺少的主要调料,对人体健康具有重要的生理功能。它在体内可维持酸碱平衡,又可维持渗透压,也是合成胃酸的主要原料,促进唾液分泌,可增进食欲。正常人每天需从外界摄入 0.5~1 g 食盐。高温季节大量出汗,剧烈运动,或者患呕吐、腹泻等疾病时,人体排出的盐分过多,就会引起身体疲乏、头昏、食欲不振、恶心等症状。所以,在夏天,在运动或患病时,应该多喝加盐的开水,补充人体流失的盐分。可见,我们吃菜放盐不仅仅是调节口味,同时还满足人体生理的需要。在医院里,我们经常会看到病人输液,许多就是氯化钠的生理盐水,质量分数为 0.9%,为什么生理盐水的质量分数必须是 0.9% 呢？人体里的血液都含有食盐。在正常情况下,细胞内的溶液跟细胞外的血液都维持一定的浓度达成平衡。如果把生理盐水调稀了或错用了蒸馏水,那么,输液后血浆的浓度会变稀。此时,细胞膜内外的浓度不再平衡。而细胞膜是一种半透膜,只允许水分子通过。为了维持浓度的平衡,水分子将从浆液中渗透到细胞膜内。结果就引起血细胞的膨胀,甚至破裂,发生溶血现象。反之,若生理盐水过浓,血细胞里的水分又会向外渗透。因此,在一般情况下,生理盐水必须是 0.9%。虽然人体不能缺盐,但饮食也不宜太咸,食盐太多易导致高血压,还会造成体内缺钾现象。

5. 味精

在厨房里味精是调味品中不可缺少的重要角色,它和"鲜"字紧密相连。其实味精的历史不长,从发现至今还不到百年,和源远流长的油、盐、酱、醋、酒等调味品相比,味精只能算是个蹒跚学步的幼儿。

说起味精的历史,还有一段有趣的故事呢。1908 年的一天,日本东京大学化学教授池田菊苗先生正在进食晚餐,喝了夫人做的汤觉得格外鲜美,问夫人是什么汤,回答是海带黄瓜汤。敏锐的池田猜测一定是海带中所含的某种物质所致,他饭未吃完就将剩余的海带带进了实验室。经过多次反复的化学分析,他发现海带中含有一种叫谷氨酸钠的物质,是它使菜汤变得美味可口。经过一年多不懈的工作,他提取了谷氨酸钠还获得专利。以后池田教授用小麦、大豆为原料来制取谷氨酸钠,并投入工业化生产,正式向市场推出取名为"味之素"的商品,不久立即风靡日本乃至全世界。当时我国有位叫吴蕴初的化学工程师,对这种白色的粉末产生了极大兴趣。于是下决心制出中国自己的味之素。吴蕴初凭着顽强的毅力和学识,经过一年多的试验,提炼出 10 g 白粉似的晶体,一尝和日产味之素味道相同,喜获成功。吴蕴初受当时已有的"香水精"、"糖精"名称的启示,将这种味道很鲜的物质取名"味精",从此中国也有了国产的味之素,为旧中国民族工商业争了口气。

味精化学学名叫谷氨酸钠,是左旋谷氨酸的钠盐。作为调味品的市售味精,为干燥颗粒或粉末,因含一定量的食盐而稍有吸湿性,应密闭贮放。商品味精中的谷氨酸钠含量分别有 90%、80%、70%、60% 等不同规格,可为精盐、食盐起助鲜作用兼作填充剂。烹调中味精用量要适当,一般浓度不超过千分之五,多了反而不鲜。味精略呈碱性,不宜在碱性条件下使用,也不宜在高温下使用,150 ℃ 失去结晶水,210 ℃ 发生吡咯烷酮化生成有害的焦谷氨酸盐,达到熔点 270 ℃ 左右则分解。在 pH 值小于 5 的酸性或碱性条件下加热,味精也会发生吡咯烷酮化,使鲜度下降。味精使用适宜温度为 80 ℃ 左右,最高不超过 120 ℃,宜在弱酸或中性条件下使用,一般在食用之前添加,这样效果最佳。味精能被吸收、进入体内能参与合成人体所需要的蛋白质,可刺激食欲、促进消化,但不宜多食,每人每日摄入量不超过 6 g 为妥。众所周知,用鸡、鸭、鱼、肉制作的菜肴味道鲜美,是因为它们含有丰富的蛋白质。肉类食物烹调煮熟后,蛋白质分解为各种氨基酸,这就是鲜味的来源。蔬菜中蛋白质含量少,菜汤自然不如肉、鱼汤鲜。蟹、螺、蛤汤鲜是含有琥珀酸钠(丁二酸钠)的缘故。调味品中酱油鲜是含有谷氨酸等多种氨基酸的原因,味精鲜是因为它是谷氨酸的钠盐。味精虽鲜,但山外有山楼外有楼,还有比它更鲜的物质。倘若将 99% 以上的谷氨酸钠的鲜度定为 100,那么肌苷酸钠的鲜度可达 4000,鸟苷酸的鲜度高达 16 000。在市场上看到的"强力味精"、"加鲜味精"就是由 88%～95% 的味精和 12%～5% 的肌苷酸钠组成,鲜度在 130 之上,"特鲜味精"就是在普通味精中掺上少量的鸟苷酸钠。

前些年人们又制造出了新的超鲜物质,一种名叫甲基呋喃肌苷酸的物质诞生了,它甚至比味精要鲜 600 多倍,即鲜度要达到 60 000,可谓是当今世界鲜味之最了。看来随着科学技术的不断发展,作为万物之灵的人类在吃的方面也是"口福不浅"。

六、常见食品里的化学

1. 馒头、饼干里的小洞

掰开一块饼干,可以看到里面布满了蜂窝似的小洞。面包和馒头里面同样也布满了小洞。油条呢,在油炸之前像一支钢笔粗,在油锅里急剧膨胀,变得疏松多孔。

这是谁变的魔术呢?"魔术师"是酵母菌或者化学药品。你一定记得,酿酒时酵母菌把淀粉变成糖,生成酒精和二氧化碳。做馒头的情形也是这样。和面粉时揉进去的那块"老面"里,住着众多的酵母菌。它们在面粉里,只要温度适宜,就迅速繁殖。它们使馒头有股醇香味,放出的二氧化碳竭力想从面团中跑出来,可是粘韧的面包把它们阻拦住了。慢慢地二氧化碳气体越来越多,把面团顶起来,于是,面团就发胖胀大了。蒸馒头的时候,小气泡受热进一步膨胀,在面粉里鼓出一个个大气孔。面粉里的蛋白质——面筋受热凝固,成为气孔的"墙壁",将二氧化碳团团围住。最后,墙壁破裂,二氧化碳跑出来了,给馒头留下了许多小洞。做饼干、面包等食品时,常用另外一种发酵粉。这种发酵和酵母菌毫不相干,实际上是化学疏松剂。它包含的两种化学物质——碳酸氢钠和磷酸二氢钠,放在湿面团里,就发生化学变化,放出二氧化碳气体。

2. 油条与化学

油条是我国传统的大众化食品之一,它不仅价格低廉,而且香脆可口,老少皆宜。油条的历史非常悠久。我国古代的油条叫做"寒具"。

可当你们吃到香脆可口的油条时,是否想到油条制作过程中的化学知识呢?先来看看油条的制作过程:首先是发面,即用鲜酵母或老面(酵面)与面粉一起加水揉和,使面团发酵到一定程度后,再加入适量纯碱、食盐和明矾进行揉和,然后切成厚 1 cm、长 10 cm 左右的条状物,把每两条上下叠好,用窄木条在中间压一下,旋转后拉长放入热油锅里炸,使其膨胀成一根又松、又脆、又黄、又香的油条。在发酵过程中,由于酵母菌在面团里繁殖分泌酵素(主要是分泌糖化酶和酒化酶),使一小部分淀粉变成葡萄糖,又由葡萄糖变成乙醇,并产生二氧化碳气体,同时,还会产生一些有机酸类,这些有机酸与乙醇作用生成有香味的酯类。炸油条的生面里预先揉进了食碱和明矾。明矾是硫酸铝钾,具有酸性,在滚烫的油锅里,它和食碱起化学反应,生成大量二氧化碳气泡,气泡受热急剧膨胀,使油条迅速胀大。有机酸的存在,就会使面团有酸味,加入纯碱,就是要把多余的有机酸中和掉,并能产生二氧化碳气体,使炸出的油条更加疏松。

从上面的反应中,我们也许会担心,在炸油条时不是剩下了氢氧化钠吗?含有如此强碱的油条,吃起来怎能可口呢?然而其巧妙之处在于,当面团里出现游离的氢氧化钠时,原料中的明矾就立即与之发生反应,使游离的氢氧化钠变成了氢氧化铝。氢氧化铝的凝胶液或干燥凝胶在医疗上用作抗酸药,能中和胃酸、保护溃疡面,用于治疗胃酸过多症、胃溃疡和十二指肠溃疡等。因此,有的中医处方中谈到,油条对胃酸有抑制作用,并且对某些胃病有一定的疗效。

3. 漫话豆腐

豆腐人人爱吃,早点喝的豆浆,吃的豆腐脑、砂锅豆腐、麻婆豆腐、豆制品里的豆腐干……花样可多呢!豆腐是我国古代人民的一项伟大的发明。

那么,豆腐是怎么做成的呢?

把黄豆浸在水里,泡涨变软后,在石磨盘里磨成豆浆,再滤去豆渣,煮开。这时候,黄豆里的蛋白质被粉碎成分子溶于水中,它表面覆盖着一层水膜。这层水膜还吸附着同种电荷,使蛋白质颗粒之间相互排斥,聚不到一块,形成了"胶体"溶液,就是豆浆。要使豆浆变成豆腐,必须点卤。点卤用盐卤或石膏。盐卤主要含氯化镁,石膏是硫酸钙,它们在水溶液中离解成很多带电的离子。这些离子与水结合的能力很强,破坏了蛋白质表面的水膜;同时可以中和蛋白质颗粒所带的电荷,减弱蛋白质分子间的斥力。这样,分散的蛋白质颗粒很快就聚集到一块,成了白花花的豆腐脑。再挤出水分,豆腐脑就变成了豆腐。将豆腐压紧,再榨干去水,就成了豆腐干。原来,豆腐脑、豆腐、豆腐干都是凝聚的豆类蛋白质,只不过含的水有多有少罢了。豆腐含有丰富的蛋白质和矿物质,而且与豆类相比,更易为人体消化吸收,经常食用,能够促进人体健康。说起豆腐,你一定会想到"闻着臭,吃着香"的臭豆腐。越臭的臭豆腐,吃起来越香。没有吃过臭豆腐的同学不可能想象,为什么那么臭不可挡的臭豆腐却吸引着这么多的食客? 你如果捏着鼻子,勇敢地尝一尝,就肯定不会问为什么了。原来臭豆腐虽奇臭,但却鲜美异常,难怪它的臭味挡不住食客。臭豆腐的制法是:先用大豆加工成含水量较少的豆腐,然后加入毛霉菌种发酵。臭豆腐都是夏天生产的,此时发酵温度高,豆腐中的蛋白质分解比较彻底。蛋白质分解后的含硫氨基酸进一步分解,产生了少量的硫化氢气体。硫化氢有刺鼻的臭味,因而臭豆腐闻起来有股浓烈的臭味。同时,豆腐中的蛋白质分解得比较多,比较彻底,臭豆腐中就含有了大量的氨基酸。许多氨基酸都具有鲜美的味道。因此臭豆腐吃起来无比的鲜美可口,具有特殊的风味,深受人们的喜爱。

4. 鲜蛋何以变皮蛋

皮蛋又叫松花蛋,是我国人民的一种传统美食。剥开它的蛋壳,呈现在眼前的蛋白中具有非同一般的颜色,更让人叫绝的是其中"生长"着的一朵朵漂亮的松花。

是谁的妙手"雕刻"出的美景呢?

原来这是人们在腌制过程中涂在蛋壳外面的灰料。灰料中主要有生石灰(CaO)、纯碱(Na_2CO_3)以及草木灰。当用水调制灰料时,其中的生石灰首先与水作用生成熟石灰:$CaO + H_2O = Ca(OH)_2$,然后熟石灰又分别与纯碱及草木灰中的主要成分碳酸钾发生复分解反应,生成氢氧化钠和氢氧化钾:

$$Ca(OH)_2 + Na_2CO_3 = CaCO_3 \downarrow + 2NaOH, Ca(OH)_2 + K_2CO_3 = CaCO_3 \downarrow + 2KOH$$

氢氧化钠和氢氧化钾均为强碱,它们经蛋壳渗入鲜蛋后,与其发生一系列变化,最终使鲜蛋变成皮蛋。蛋白的化学成分是一种蛋白质。它在碱性物质的作用下分解,产生碱性的氨基和酸性的羧基,所以它既能与酸性的物质作用,又能与碱性的物质作用。于是渗入蛋壳的碱就会与它化合,生成金属盐。这种盐是不溶于蛋白的,就以一定的几何形状结晶出来。那漂亮的松花,正是这类金属盐类的结晶体。为什么松花蛋中的蛋白、蛋黄呈现非同寻常的颜色呢? 这也是一场化学反应造成的。蛋白质在分解成氨基酸的过程中,还会放出很臭的硫化氢气体。而蛋中含有许多矿物质,如铜、铁、锌、锰等,硫化氢能够与这些矿物质生成硫化物。这些硫化物使蛋变色,不过它们大都难溶于水,不为人体所吸收。蛋黄的变色最为明显,会变为蓝黑色。另外,因为松花蛋中很多蛋白质分解成氨基酸,而氨基酸味道鲜美,所以松花蛋吃起来要比普通鸭蛋、鸡蛋鲜得多。至于松花蛋久放不坏则是由于腌制过程中,碱性物质杀灭了鲜蛋中有可能引起蛋白质腐败的细菌。

七、水果蔬菜

1. 水果的生熟

许多果子都是这样,生果子又酸、又硬、又涩,熟果子却又甜、又软、又香。这是因为在果子成熟过程中,发生了一系列的化学变化。在生果子中,各种有机酸的含量特别高,怪不得挺酸的。在成熟的过程中,有机酸渐渐被一些碱性物质中和、与醇类发生酯化反应而减少,可是果实中糖的含量却逐渐增加。这样,就由酸变甜了。生果子挺硬,是因为它含有许多果胶,在成熟过程中,这些果胶逐渐转变成能溶于水的物质。于是果子也随之变软了。柿子、杏、桃子、香蕉等,都有这样一个由硬到软的变化过程。至于涩,是因为果实中含有鞣酸。成熟时,鞣酸被氧化了,也就不涩了。柿子就是一个非常明显的例子。成熟的果子中含有很多糖,这些糖有些会变成醇类。醇类一旦遇上有机酸,引起化学反应,生成许多芳香馥郁的酯类,使果子很香。另外,生的果子常常是绿色的,因为它含有很多叶绿素。在成熟的过程中,叶绿素被逐渐分解,其它色素就表现出来而发生色变。

人们发现,果实开始成熟时果肉中产生一种气体——乙烯,在未成熟的果实中,乙烯的含量很少,而在成熟的果实中,乙烯的含量就比较多,如果把果实放在充满乙烯的房间里,果实便很快地成熟。生西红柿只要四五天便成熟了,而生柿子只要2~3天就能变红变软。乙烯是一种植物生长调节剂,它能"催促"果子早点成熟。不过,乙烯是气体,容易逃逸。近年来,我国成功试制了新的化学催熟剂——"乙烯剂"。乙烯剂的化学成分是2-氯乙基磷酸胺。据试验,用它催熟果实,效果与乙烯一样,但使用方法简便多了,只稍把它溶解于水,喷淋在水果上就行了。乙烯剂能催熟果实,是由于它能为果实吸收,促使果实释放出乙烯,起催熟作用。

熟了的果实运输保存都不容易。如今,不等水果完全成熟就可摘下来运到需要的地方,再催熟就可以了。

2. 香蕉为什么会变色

香蕉是生长在热带的果实,吃起来又香又软,惹人喜爱。为了使各地的人们品尝到它的美味,不等变黄变软,就被摘下来运往各地。在摘下来的绿香蕉中,它的细胞仍然活着,这些细胞会分泌各种酵素。在香蕉的表皮细胞中含有叶绿素与叶黄素。香蕉没成熟时,叶绿素掩盖住了叶黄素的黄色,所以看上去是绿色的。待放了些时候,细胞中分泌的酵素与叶绿素来发生化学变化,破坏了叶绿素,绿色消失。这样,叶黄素的黄色便显示出来了,香蕉也就换上了一件黄色的新装。香蕉挨了冻或者皮被碰伤时,常常会出现黑斑。这又是怎么回事儿呢?原来,香蕉表皮细胞中,还含有一种氧化酵素。平时,它被细胞严密地包裹着,不与空气接触。但是,一旦受冻或碰伤,细胞膜破了,氧化酵素就流出来,与空气接触,生成一种黑色的复杂产物。梨子之类碰伤发黑,也是这个道理。

3. 去皮的苹果为什么会"生锈"

当用小刀把苹果的皮削去以后,要不了几分钟,苹果的表面就会慢慢地变成咖啡色,时间再长一些,又会渐渐地变成黑褐色,就像生了"锈"一样。

这是什么原因呢?

苹果、生梨和桃子等水果,都含有一种叫做鞣酸的有机物质。平时,水果、菱、藕等吃起来常有一些涩味,主要就是由鞣酸引起的。当铁制的小刀跟水果里的鞣酸接触以后,就会发生化学反应生成黑色的鞣酸铁。特别是藕,它含有的鞣酸和铁接触的反应速度更快,用小刀切藕或用铁锅煮藕,藕会马上变成黑色。要说明的是,少量的鞣酸铁对人体并没有什么害处,但是,黑色的鞣酸铁很难溶于水,所以不能用毛巾或手帕去擦,否则这些棉纤维就会像吸附染料一样,把鞣酸铁吸附住,那将是很难洗去的。

那么,也有这样的情况,有时水果的表皮被碰掉了,尽管水果内部并没有跟铁接触,但是时间长了,同样会发生"生锈"的现象,这又是什么原因呢?原来水果里除了鞣酸以外,还含有很多物质,其中有一种称做氧化酶的物质,它是水果体内的一种催化剂,只要水果被切开或表皮被破坏,水果内部和空气一接触,在氧化酶的催化下,果实中的有机物质就会被氧化,于是,水果就渐渐地"生锈"了。

八、食品保质与防腐

1. 食品防腐剂

食品中含有丰富的养分,既适合人类食用,也适合微生物生长、繁殖。所以食品最易因细菌、霉菌等微生物的侵袭而腐败变质。保存食品的方法很多,如腌制、干制、冷冻、罐装等。不论用哪一种方法,往往还需加入一定量的防腐剂来增强防腐效果。长期食用含防腐剂的食品会不会影响身体健康呢?防腐剂是具有杀死微生物或抑制其增殖作用的物质。

目前,我国允许使用并有国家标准的防腐剂有两种。

第一种是苯甲酸及其钠盐。苯甲酸又叫安息香酸,是难溶于水的针状晶体,用作防腐剂的多是它的钠盐。苯甲酸及其钠盐对多种微生物的呼吸酶系的活性具有抑制作用,从而达到抑制微生物生长的作用,苯甲酸进入人体后,大部分在 $9\sim15$ h 即与甘氨酸化合成马尿酸,其余部分与葡萄糖酸结合成葡萄糖甙酸,并全部从尿中排出。因此,苯甲酸不会在人体内积蓄。但是以上两种反应都是在肝脏中进行,所以肝功能衰弱的人不宜食用以苯甲酸及其钠盐为防腐剂的食品。第二种是山梨酸及其钠盐。山梨酸能与微生物酶系统中的巯基结合,从而破坏许多酶系,达到抑制微生物的目的。由于山梨酸是一种不饱和脂肪酸,在人体内能正常地参加代谢作用,最后氧化成水和二氧化碳,无毒性,是目前各国普遍使用的比较安全的防腐剂。

此外,从国外进口的食品中,还可能使用对羟基苯甲酸酯类等防腐剂。

2. 食品中的色素

食品的颜色有两个来源:一个是食品中固有的天然色素,如叶绿素、花青素、胡萝卜素、血药素、红曲素等;另一个来源是在食品加工过程中为使食品色泽艳丽而加入的人工合成色素。天然色素一般对人无害,有的天然色素本身就是营养成分,所以使用安全,但是色泽、稳定性均不如合成色素,成本较高。合成色素鲜艳、着色强、稳定、成本低,但是合成色素多属于煤焦油染料,本身无营养价值,对人体有一定毒性。因此在我国食品卫生标准中对合成色素的使用有严格的规定。允许使用的合成色素有胭脂红、苋菜红、柠檬黄、靛蓝四种,用量也有严格的限制。在选购食品时,应尽可能挑选少含或不含合成色素的食品。

3. 绿色食品

绿色食品是遵循可持续发展原则,按照特定生产方式,经专门机构认定并许可使用绿色食品标志商标的无污染的安全、优质、营养类食品。

国际上通常都对与环境保护有关的事物冠之以"绿色",因此这类食品定名为绿色食品,并非都是绿颜色的。国际上与中国绿色食品相类似的产品,有的称有机食品,有的称生态食品,还有的称自然食品。虽然名称不同,但宗旨是一致的,都是通过开发无污染的食品,保护资源与环境,实现可持续发展。

第二节　学问就在你身边——化学与日用品

我们在每天的生活中,都要接触大量的日常生活用品。早上起来洗脸刷牙要用香皂牙膏;午饭过后收拾餐具要用洗涤剂;学习上课要用墨水纸笔……这和化学有什么联系?这其中的联系大着呢。只要生活中留心,就会发现日用品中有好多化学知识,化学就在我们身边。

一、牙膏里的化学

牙膏问世前,人们用牙粉刷牙。牙粉是碳酸钙和肥皂粉的混合物,其功能只是保持牙齿清洁,除却污渍。二战以后,有治疗作用的牙膏才纷纷上市。尤以合成去垢剂代替肥皂的牙膏深受大众青睐。这种清洗剂不仅能明显减少口腔炎症,还使牙膏气味清香,更有抑制引起蛀牙的菌斑酸的作用。

1. 防治龋齿

20世纪50年代初,一些流行病学研究指出,氟化物具有阻止龋齿的作用。于是,1955年出现了添加氟化亚锡的牙膏。后来,一氟磷酸钠代替了氟化亚锡,成为世界上研究最广泛的氟化物。如今被添入牙膏预防龋齿的氟化物还有氟化钠和氟化胺类。专家们普遍认为,当提供的氟离子的浓度相等时,所有这些氟化物防治龋齿的作用是相同的。含氟牙膏已经使全世界千千万万的人减少龋齿,使大家的牙齿保持得更长久。

然而不幸的是老年人会发生牙龈萎缩,使牙根暴露,从而使牙根表面的蛀洞增多。这种龋齿可使用含氟牙膏后再请医生涂抹一种含氟胶来制止。

2. 预防齿质过敏

牙膏化学的第二个进展是预防牙质过敏引起的酸痛。

牙质过敏是因暴露的牙质(羟磷灰石和胶原)表面受到热、渗透、碰击或者吸入的空气的刺激引起的酸痛。含钾盐和锶盐的牙膏可以起到预防性治疗的作用。锶盐会封闭开口的孔道从而阻止酸痛。据研究,硝酸钾等药剂可以变更牙髓神经的受激阈来减弱神经活性。在一支牙膏里既含硝酸钾又含一种能够很好地附着牙表性能的含氟共聚物,就可以起到这种作用。从电子显微镜照片上可以看到,用这种牙膏做的体外试验确实能把开口的牙质小管道封闭起来了。

3. 消除牙垢

含氟牙膏防治龋齿的成功使药物牙膏的研究焦点向其它问题转移,例如开始研究如何防治在牙齿表面形成牙垢的问题。牙垢又叫牙石,主要成分是二水合磷酸钙。如今除去牙垢的唯一方法仍然是机械刮除,这种方法既费时又难免痛苦。令人惊奇的是磷酸钙沉积只发生在口腔内,推测其原因,可能是人体的其它体液里含有一种天然的阻抑剂可以防止磷酸钙沉积,不过这种天然的阻抑剂人们还尚未了解。

近期的研究指出,除非碱金属磷酸酶被抑制,否则将形成牙垢。酶的活性越高,形成牙垢的倾向越强。直到前几年,才开发出一种有效的碱金属磷酸酶抑制剂——乙烯甲醚和马来酸的共聚物。牙膏里加进焦磷酸盐、共聚物和氟化钠后,它们会攻击牙垢的晶种并使它溶解,将磷酸钙回收,现在全世界都在牙膏里加进这种混合物来预防牙垢的生成。

此外,在牙膏里添加锌盐也能防治牙垢,它们可以置换磷酸钙里的钙从而抑制牙垢的晶体的生长。

4. 杀菌剂

牙膏化学的第四个方面是杀菌剂问题。添进牙膏的杀菌剂的品种曾有抗菌素、防腐剂和抗炎药等,但是效果不好且有明显的副作用,概括地说,它们会扰乱口腔微生物的正常生态环境。事实上,如果每天刷两次牙,99%的细菌就会被杀死,但抑制菌斑生成的作用则仅6h。菌斑的生成是一个持续不断的过程,饮食甚至接吻总会招致重新感染的机会。有效的抗菌剂应当具有活性,能够存留在口腔里和牙齿上,味道纯正,低毒并且不扰乱口腔的正常微生物的生态环境。现已发现一类非离子型化合物,杀灭口腔细菌的效果很好。它不会污染牙齿,也不会影响味觉。但该药物在口中的存留时间尚不够长。为改善存留时间,开发了一种特殊聚合物,它能够在12h内渐渐地释放出上面所说的活性非离子型化合物。含这种聚合物的牙膏已经做过许许多多临床试验,现已进入80多个国家的市场。

二、肥皂里的化学

1. 肥皂的历史

衣服穿久了会变脏。带有油污的衣服是滋生细菌的温床,脏东西还会毁坏衣物纤维。古时候,人们在河边青石板上,将衣服折叠好,反复用木棒捶打后靠清水的力量洗去污垢。这样效果不够好,还很费力。后来有人发现有一种天然碱矿石,溶解在水里滑腻腻的,去油污还挺有效。皂荚树结的皂荚果,泡在水里也可用来洗衣服。烧一把稻草、麦秆或柴火,把草木灰浸到水里,用布过滤出水来。这种草木灰里含有碳酸钾,和天然碱的水溶液一样,也能洗掉油污。我们现在用的肥皂是从工厂的大锅里熬出来的。制皂工厂的大锅里盛着混合油脂(以硬化油为主,混合一定比例的牛油、猪油或椰子油),然后加进烧碱(氢氧化钠)用火熬煮。油脂和氢氧化钠发生化学反应,生成肥皂和甘油。当熬煮一段时间后,倒进去一些食盐细粉,大锅里便浮出厚厚一层粘粘的膏状物。在膏状物中加入一定量的水玻璃、松香等填料,冷却以后就结成一块块的肥皂。

2. 肥皂去污的奥秘

说到底,肥皂是怎么将油污与衣物分离的呢?大家都知道,"油水不兼容",所以单用水洗是很难洗净衣物的,需要肥皂为油污和水联络一下感情。肥皂这么神通广大吗?原来它的化学成分是高级脂肪酸钠,它溶解在水里,伸出两只手,一只手与油污感情好,紧紧拉住不松手,另一只手是水的好朋友。在这位"媒人"的极力拉动下,油离开了原来附着的衣物表面跑到了水中来。这位"媒人"可是使出了浑身解数,除了生拉硬拽,它溶于水还部分水解成氢氧化钠和高级脂肪酸。前者促使衣服上的油脂起化学反应,变成易溶于水的物质,而与衣物若即若离;后者特别容易使水起泡沫。泡儿个小,表面积却很大,对憎水的油污吸附本领很大,把那些已被动摇了的油污从衣物上"拉"下来。这样衣服就洗得干干净净了。

3. 合成洗涤剂

肥皂真是我们的好帮手,尤其是那种起泡多且持久的肥皂。但肥皂还有些美中不足。首先,制皂要消耗大量的动植物油脂。其次,肥皂在井水、泉水、海水中不经用,泡沫不多,还浮着一层像豆腐渣一样粘粘糊糊的絮沫。这种"豆腐渣"沾在衣服上,很难漂洗干净,还会出现黄斑,日久天长容易发脆变质。

有没有更好的洗涤剂代替肥皂呢?

有的,它们正是以洗衣粉为代表的合成洗涤剂。一百多年前,有人偶然发现蓖麻油和硫酸作用后,得到一种"土耳其红油",用它来洗衣服,在海水里照样挺好使,不会生成叫人讨厌的"豆腐渣"。这件事启发了科学家,随着石油化学工业的发展,科学家们利用炼油副产品和苯、氯气、硫酸、氢氧化钠等为原料,用人工方法合成了上百种洗涤剂。合成洗涤剂和肥皂的去污原理一样,它也具有双重性格,既溶油,又溶水。同时它没有肥皂的缺点,在各种水中都可保持良好的去污能力。这样不仅节约了大量的动植物油脂,还具有强的洗涤能力。合成洗涤剂很快就受到人们的青睐。合成洗涤剂除了固体的洗衣粉,还有液体的洗洁精等。有些洗涤剂中添加了荧光增白剂,可以使白色更洁白,花色更鲜艳,还有一些无泡或少泡洗涤剂,适合在洗衣机、洗碗机里使用。

但是,洗涤剂洗不净衣服上的汗斑、奶渍和血迹。这些污渍是大个儿蛋白质高分子,与衣物纤维结合得非常紧密,很难洗净。怎么办呢?于是化学家们就将碱性蛋白酶与合成洗涤剂掺在一起,它的洗污能力就大大提高了。如我们常见的"加酶洗衣粉"就属于这种。你是否注意到,在加酶洗衣粉的说明上特别标明"切忌沸水冲溶"。这是因为这种生物活性酶需要适宜的温度才可大显身手。它在 50 ℃ 左右"消化"蛋白质的能力最强。

三、浅谈化妆品

1. 防晒霜为什么能防晒?

如果向皮肤科医生请教怎样保护自己的皮肤,他们的回答一定是避免太阳的暴晒。长期在海洋上作业的渔民、海员,脸色苍老油黑,皮肤粗糙多皱,皮肤的衰老程度往往超过实际的年龄。这都是由于太阳光中紫外线过度照射的结果。

紫外线虽有杀菌的能力,但也能伤害人体皮肤上的角质细胞,轻的能使皮肤出现红斑、灼痛,严重的出现水肿,甚至导致褐斑、雀斑恶化,诱发皮肤癌。防晒霜可以减缓紫外线对皮肤的伤害,为露天作业的人们带来了福音。在防晒霜中,除含有一般膏霜制品中都有的油分和水分外,还加入一种能反射或吸收紫外线的防晒剂。最早的防晒霜中使用的防晒剂是一些固体粉末,如氧化锌、二氧化钛、滑石粉、高岭土等。它们都能反射紫外线,所以有防晒的功效。同样道理,目前一般的粉制雪花膏、香粉等擦敷后也有一定的防晒作用。以后发展的防晒剂则添加了能吸收紫外线的防晒剂。它们大多是复杂的有机物,具有很强的吸收紫外线的能力,像有一种叫对氨基苯甲酸丁酯的物质,它能吸收 99% 到达皮肤上的紫外线,因此具有十分理想的防晒效果。

奇妙的是,人们发现,从某些植物的茎、叶和果实中提取的物质或浸出液也具有吸收紫外线的能力。例如,从黄瓜中提取的黄瓜油和芦荟(一种热带和亚热带的厚叶类植物)茎叶的汁液等,把它们混在化妆品中,就能制成防晒霜、防晒油或防晒水。目前市场上备受青睐的化妆品,就是用芦荟浸出液做添加物的。

2. 定型摩丝为什么能固定发型?

理发师为了固定发型,常常在烫发后往头发上喷一些好像泡沫一样的东西,人们称之为"定型摩丝"。可也真奇怪,喷上定型摩丝后,发型就被固定,不会再随风飘动,而且可以保持较长的时间而不变形。因此它很受人们的欢迎。

那么,什么是定型摩丝?它为什么能固定发型呢?

定型摩丝是一种用石油、煤等为原料,经过化学加工合成的高分子化合物,它们的分子量高达几十万甚至上百万,分子中的碳原子数成千上万。人们熟悉的塑料、合成橡胶和合成纤维就是合成高分子化合物中最重要的三个大类。合成高分子化合物的结构可以是线状的几千个碳原子彼此拉起手来,长链上连接着氢、氧、氮等其它原子。这种长链分子彼此靠近,互相缠绕卷曲,就形成了有一定强度的材料。如果长链与长链之间通过某些原子或基团再彼此连接起来,那就会形成一种网状的高分子材料,这种材料即使加热也不会再软化、变形。定型摩丝就是这样一种高分子化合物,把这种物质溶解在一种非常容易挥发的溶剂中配制成药液,再加入少量增塑剂、防水剂、香精等就成了定型摩丝。

使用时当你把药液喷在头发上时,药液中成雾状的溶剂就会迅速挥发,高分子化合物就从溶液中析出,附着在头发上。这些线状的长链化合物会使头发的刚性大大增加,继而使它们变硬,不易弯曲,这样就能将理发师做好的发型固定下来。

3. 越陈越香的花露水

夏天,被蚊子叮咬了以后,我们往往擦点花露水,就可以消肿止痒,而且会弥漫一阵阵香气。

花露水,并不是花上的露水。按化学成分来说,它是香精、酒精和水的混合溶液。花露水含的香精是由多种香料混合而成,所以香气醇厚持久,且不单调。这些香料大部分不溶于水,而溶于酒精,香精随着酒精不断挥发,使香气迅速扩散到空气中,花露水所用的酒精浓度大约70%,有最大的杀菌效果,所以蚊子叮咬后擦花露水可以杀菌止痒。人们常说,花露水越陈越香。这是什么道理呢?原来,香精在和酒精作用过程中,粗糙的气味渐渐变得和顺。时间越久,越香越醇。另外,酒精极易挥发,自然越来越香。看来,花露水越陈越香是有一定科学道理的。

四、笔墨与化学

北宋著名的书画家苏东坡的一句"信手拈来世已惊,三江滚滚笔头倾"展现出笔锋纵横笔触万机的画面。我国古代,在文房四宝中"笔"居首位,突出了笔的重要性。在现今社会中笔更具有重要的现实意义。

1. 铅笔

常见的铅笔有两种:一是用木材固定铅笔芯的铅笔;一是把铅笔芯装入细长塑料管并可移动的活动铅笔。不管是怎样的铅笔其核心部分就是铅笔芯。铅笔芯是由石墨掺和一定比例的粘土制成的,当掺入粘土较多时铅笔芯硬度增大,笔上标有 Hard 的首写字母 H;反之则石墨的比例增大,硬度减小,黑色增强,笔上标有 Black 的首写字母 B;HB 铅笔则软硬适中,浓淡合适。儿童学习、写字适用软硬适中的 HB 标号铅笔,绘图常用 6H 铅笔,而 2B、6B 铅笔常用于画画。

2. 钢笔

钢笔是笔头用各含 5%~10% 的 Cr、Ni 合金组成的特种钢制成的笔。铬镍钢抗腐蚀性强,不易氧化,是一种不锈钢,在钢笔中一种是由笔头蘸墨水使用的叫蘸水钢笔;另一种是现在通用具有贮存墨水装置,写字时流到笔尖的自来水钢笔。钢笔的笔头是合金钢,钢笔头尖端是用机器轧出的便于使用的圆珠体。该种笔的抗腐蚀性能好,但耐磨性能欠佳。

3. 圆珠笔

圆珠笔是用油墨配不同的颜料书写的一种笔。笔尖是个小钢珠,把小钢珠嵌入一个小圆柱体型铜制的碗内,再连接装有油墨的塑料管,油墨随钢珠转动由四周流下。该笔比一般钢笔坚固耐用,但如果使用保管不当,往往写不出字来,这主要是因干固的墨油粘结在钢珠周围阻碍油墨流出的缘故。油墨是一种粘性油质,是用胡麻子油、合成松子油(主含萜烯醇类物质)、矿物油(分馏石油等矿物而得到的油质)、硬胶加入油烟等而调制成的。

在使用圆珠笔时,不要在有油、有蜡的纸上写字,不然油、蜡嵌入钢珠沿边的铜碗内影响油而写不出字来。还要避免笔的撞击、暴晒,不用时随手套好笔帽,以防止碰坏笔尖、笔杆变形及笔芯漏油而污染物体。如遇天冷或久置未用笔不出油时,可将笔头放入温水中浸泡片刻后再在纸上划动笔尖,即可写出字来。

4. 毛笔

我国远在三千多年前的商代就使用毛笔写字绘画,是古老而生命力极其旺盛的笔。

毛笔因制作笔头的原料不同分为羊毫和狼毫两种。羊毫笔真正用山羊毛制作的不多,大多是用兔毛制成的,羊毫质软、弹性柔弱,适用于写浑厚丰满或潇洒磅礴的字;狼毫则是用鼬鼠(俗称黄鼠狼)尾巴上的毛制作而成的,狼毫质硬、弹性较强,适应写挺拔刚劲或秀丽齐整的中小楷字。

新买的毛笔笔尖上有胶,应用清水把笔毛浸开,将胶质洗净再蘸墨写字。写完字后洗净余墨,把笔毫整理得圆拢挺直,套好笔帽放进笔筒。暂不用的毛笔应置于阴凉通风处,最好在靠近笔毫处放置樟脑以防虫蛀。

5. 粉笔

粉笔是由硫酸钙的水合物(俗称生石膏)制成。也可加入各种颜料做成彩色粉笔。在制作过程中把生石膏加热到一定温度,使其部分脱水变成熟石膏,然后将熟石膏加水搅拌成糊状,灌入模型凝固而成。其实粉笔与石膏塑像、医用石膏绷带还是亲戚呢。控制好温度,利用生、熟石膏的互变性质就可以制造模型、塑像以及医用的石膏绷带等。

另外,在形形色色的笔中,还有用滑石制成的石笔;用高碳脂肪酸、高碳一元脂肪醇和各种颜料配制成的彩色蜡笔;刻蜡纸用的铁笔;签字、写字用的签字笔、水笔、美工笔;绘画用的炭笔、水彩笔、绘画笔、油画笔、排笔;采用不同造型而制成的太空笔、竹节笔、花瓶式笔等;笔壳用不同材料制成的国漆笔、镀金、银笔,景泰蓝笔;各种各样、形形色色、多姿多彩的笔不断地帮助人们学习知识、表达思想、促进交流、美化环境。

五、颜料与化学

自古以来,人们就喜欢用颜料画画,来描绘美丽的生活。

从河南省渑池县仰韶村发掘出的陶器表面有红黑相间的图案,陕西省西安市半坡村发掘的半坡遗址的陶器上是用红色图案标识的人面网纹。这些彩陶文化表明我国古代人民早在五千多年前就已经开始使用颜料了。在古代,五颜六色的颜料来自广阔的大自然。彩陶上的黑色是碳,红色则是天然的赤铁砂,化学成分主要是三氧化二铁。我们前面还提到一种红色颜料——朱砂,它色彩美丽,经久不变,一直深受人们喜爱。黄色颜料有从地下开采出来的砷矿,有雄黄(二硫化二砷)和雌黄(三硫化三砷)。另外,氧化铁矿中含有较多的水分和粘土时,呈引人注目的金黄色,用它画画,黄色经久不衰,人们称它为"石黄"。现在用的黄色颜料通常是用醋酸和铬酸人工制造的,叫做"铬黄"。

有一些古代名画,很让人不解,画上的天空不是蔚蓝色,而是翠绿色。还是化学家解开了这个谜。原来古人使用的是一种叫"铜蓝"的蓝色颜料,铜蓝的成分是硫化铜(CuS)或是硫化铜与硫化亚铜的复盐(CuS·Cu_2S)。空气中它在二氧化碳和水蒸气的作用下,会慢慢变成绿色的碱式碳酸铜。难怪天空会变绿。

我国还有一种名扬世界的纯白色颜料叫"铅粉"。铅粉的化学成分是碱式碳酸铅,它在白色颜料中遮盖力最大。早在两千多年前,我国人民就会用铅来制造铅粉了。但是,用铅粉作白色颜料的油画作品放置久了,会变暗发黑,这是怎么回事呢?原来,铅粉遇到某些地方空气里少量的硫化氢,会变成黑色的硫化铅。要使旧貌换新颜,只需用软布蘸双氧水(H_2O_2)在油画上轻轻擦拭,黑色的硫化铅被双氧水氧化就变成了白色的硫酸铅。

现在,为了满足各行各业日益增长的需求,人们正用化学方法制造出越来越丰富多彩的颜料。

六、铁制品怎么生锈了

记得小时候搪瓷洗脸盆用旧了,磕碰得浑身"伤疤"露出铁坯,长了铁锈啦。慢慢地,锈烂出一个小眼,成了漏盆。崭新锃亮的铁钉,放着放着,锈了。一摸一手黄锈。露天的钢柱铁架,在油漆外皮剥落以后,日晒雨淋,很快生锈,好像酥皮月饼似的,一层层铁锈脱落下来,成了一堆废铁。锈蚀,是吞食金属的"老虎",尤其是钢铁的大敌。全世界每年因为生锈而报废的钢铁,达到几千万吨之多。

不知你注意了没有,铁桶如果长期放在潮湿的土地上,桶底先锈烂。这是由于潮湿的铁容易放出电子,变成带正电荷的铁离子溶解在水里。

我们和锈蚀作斗争,最简单、最常用的办法就是给钢铁穿上"衣服",隔绝氧气和水汽的侵袭。钢铁有形形色色的"外衣":涂上防锈油,刷上油漆,挂上搪瓷,喷上塑料,这些都是防锈的办法。还有一种最常用的办法,是在钢铁表面镀上一层难锈蚀的金属:钢笔帽、水果刀上镀的是亮闪闪的铬或镍;白铁桶、文具盒、取暖烟囱表皮镀的是像冰花一般的锌；罐头盒、铜暖锅里面镀的是锡；镀锌的铁丝，不少人误称作"铅丝"。镀锌铁皮做的水桶，按照老习惯叫"铅桶"。这些俗名并不确切，它们和铅毫无关系。

锌比铁活泼，如果遇到锈蚀，锌不断地放出电子，成为离子，锌是铁的卫士。用镀锌的办法保护内部的铁，效果挺好。在轮船的外壳上，铆上一块锌板，可以保护船体。锌板烂得差不多了，再换上一块新的。

由于锌有毒，罐头盒、餐具不能用镀锌的白铁皮做，应该镀锡衬里来防锈。锡抵抗腐蚀的本领也很强，但是，锡不如铁活泼，如果锡皮划破了口子，露出了里面的铁，铁就要受到腐蚀了。搪瓷脸盆的漏洞用焊锡补好后，反而烂得快，就是这个原因。你看，在焊锡周围的情景多么像破了口子的马口铁，铁的腐蚀速度加快了。因此，焊锡补漏后务必涂刷油漆，让锡和铁隔绝氧气和潮气。

七、最准确的钟

过去，人们确定时间都拿地球的自转为基准。地球是个天然的定时器，它昼夜绕轴自转1周，寒来暑往，年年如此。人们把地球自转1周所需的时间定为1天，1天分为24小时，1小时3600秒，所以1天的1/86400就是1秒，秒的单位就是这样来的。但是，后来人们发现地球并不是一个非常准确的钟。它的自转速度不很稳定，时快时慢，日积月累，误差就很大了。

有没有一种更准确的钟呢？用铯做成的原子钟最准确。铯原子核外由近而远围绕着六层电子。人们发现，最外层的最快绕着原子核旋转的速度，总是极其精确地在几十亿分之一秒的时间内完成一圈，稳定性比地球绕轴自转要高得多。于是，人们规定一秒就是铯原子最外层电子绕核旋转912 601 770次所需要的时间。铯原子钟诞生了，利用铯原子钟，人们可以十分精确地测量出1/100 000 000秒的时间。三百年来积累的时间总误差不超过5秒。铯原子钟是目前为止世界上最准确的钟。

现代科学技术往往需要精确的计量非常短暂的时间，如毫秒、微秒等。有了铯原子钟，人们就可能从事更为精细的科学研究和生产实践，比如对原子弹和氢弹的爆炸、火箭和导弹的发射等实行高度精确的控制。

八、霓虹灯的秘密

晚上，道路两旁的霓虹灯闪烁着五颜六色的光，看上去十分漂亮。你知道，霓虹灯的彩光是怎么来的吗？

原来，霓虹灯里"住"了几位特殊的"主人"，它们有一种特殊的本领，在电场的激发下能发出各种各样的光来。在霓虹灯的两端，装着两个用铁、铜、铝或镍制成的电极，灯管里的主人有氖、氩、氢和水银蒸汽。通电时，受到电场激发，氖使霓虹灯发出红光，氩使霓虹灯发出绿紫色的光。有时候人们把它们混合在一起装在霓虹灯中，就可以叫它们发出五颜六色的光来。

氖发出的红光在空气中透射力很强，甚至可以穿过浓雾。因此，氖灯常在港口、机场、水陆交通线的灯标上。氩气还用来填充普通的白炽灯泡，在氦、氖、氩、氪、氙等这个惰性气体家族中，氩气在空气中的含量最多，比较容易得到，而且氩分子的运动速度特别小，导热性差，把它装在电灯泡里，可大大延长灯泡的使用寿命。

第三节 关注我们的身体——化学与健康

健康的体魄是我们宝贵的财富，没有了健康的保障，我们几乎无法做成任何事情。随着生活水平的日益提高，与健康有关的饮食和环境成为人们的重要议题，显而易见，人们对自身的健康也越来越关注了。

一、空气与健康

1. 浅说空气

就像鱼一定要生活在水中一样，人类生活在地球上，每时每刻都离不开空气。空气是维持生命所必需的物质,没有空气也就没有生命。

空气是由好多种气体共同混合而成的。氮、氧、二氧化碳、氩、氖、氙、臭氧是高矮胖瘦各不相同的兄弟姐妹,它们相拥在一起就组成了空气。其中,氮气和氧气是两个大块头,分别达到体积分数的71%和28%。大约占总重量99%的空气是在30 km高度以下,而且只有在海平面以上6 km内才有足以维持生命的氧气。

空气中的各种化学物质,除氧为人体生命活动所必需的物质外,其它成分对生命既非必需,也无害处。大多数物质分子吸入肺后又吐出,只有持久留在肺中的才能影响我们的健康。虽然空气中污染物与氧、氮、二氧化碳相比只是比较小的量,但是,即使在晴朗的日子里,每次呼吸也能吸入两千万个污染物分子。可见,长期处于污染空气中,人自身会发生病变。虽然空气看不见摸不着,但是对我们的健康却有着如此重大的影响,因此纯净的空气对于我们是弥足珍贵的。

2. 空气污染与肺部疾病

现在纯净的空气十分难得,而且越来越难得。在工业文明出现之前,人类的肺部疾病很少,因为那时天空明净,空气清新,根本没有城市的空气污染。但现在生活在大中城市里,而且不但城市,甚至很多乡村也都无法享受到纯洁的新鲜空气。

污染几乎无处不在,空气纯净的地方越来越少,因此肺病患者越来越多。城市的空气中含有铅、铜、锌、二氧化硫、一氧化碳等有毒物质,而人们不得不每天呼吸这些恶劣的空气。在一些污染物排放严重的工业区附近,每天落下的污染物平均为每平方公里0.7 t以上;大量汽车排出的有害尾气也在天天污染空气;连高空飞行的飞机也会污染空气。

空气污染使人类与有毒物质的接触越来越密切,肺部比身体其它任何部位受有害空气损害的可能性都更大,因为肺的内部表皮面积比全身皮肤的面积大40倍。可想而知,肺部怎么能不受污染而损害呢?

二、维生素与健康

维生素是维持人体健康,防止疾病和辅助生长的具有特殊复杂结构的微量有机化合物。虽然维生素在体内储量很少,但如果缺少了它,就会生病。维生素对于人体健康非常重要,然而我们需要的大部分维生素都不能由自己体内合成,需要从外界摄取。维生素的种类很多,结构功能各不相同,对我们健康的影响也各不一样。目前已发现的维生素有三十多种,和我们关系密切的有维生素A、维生素B_1、维生素B_2、维生素C、维生素E。这些维生素主要存在于哪些食物中,对我们的健康又有什么影响呢?

1. 维生素A

维生素A大量存在于动物肝中。另外在萝卜、白菜中存在的胡萝卜素是其前体,可在人体内合成维生素A。维生素A有一定耐热性,可溶解在脂肪中。易被紫外线及氧气破坏,应避光封闭保存。适量维生素A为人体所必需,它不仅可促进体内组织蛋白的合成,加速儿童生长发育,并能维护夜视功能,防止夜盲症,还可维护上皮细胞组织。近年来,还发现维生素A具有防止正常细胞发生癌变的作用,可见维生素A对维护人体健康很重要。

但是不是服用维生素A越多越好呢?

事实证明,服用维生素过多,不仅对身体无益,反而有害,因过多会中毒。平时一般饮食不会引致维生素A过多症,如果食了狗肝、鲨鱼肝或熊肝,便有可能引起中毒。因此,服用维生素A丸时,应遵医生嘱咐,不要过多服用。

2. 维生素B族

维生素B_1在麦胚、胡萝卜、大豆中含量较多。有一定耐热性,能溶解在水中。维生素B_1可以治疗脚气病。维生素B_1还能促进人体发育,帮助消化,治疗皮肤病。

维生素B_2在肝、乳、花生、豆类、胡萝卜中含量较多。有耐热性,微溶于水可防治口角炎、皮肤炎、舌炎等。维生素B_2是人体内许多重要辅酶的组成成分,参与生物氧化酶体系,能维持身体健康,促进生长发育。其营养主要有促进蛋白质、脂肪、碳水化合物的代谢;对眼的感光过程具有重要作用。维生素 B_2 缺乏时眼睛就会发生干燥、畏光、迎风流泪、发痒、发热、视力下降,眼睛疲惫。

3. 维生素 C

维生素 C 大量贮存于蔬菜水果中。它受热易破坏,在碱性环境下也极易被破坏。易溶于水。由于维生素 C 不能在人体内积累,所以每天都需要吃一些蔬菜和水果。

维生素 C 能防止坏血病,促进外伤愈合,增强机体抵抗力,能避免牙龈出血;加大维生素 C 的摄入量,可以提高白细胞吞噬细菌的作用,能增强对疾病的抵抗力;维生素 C 能帮助人体对铁的吸收,从而具有防治缺铁贫血的作用,具有解毒的功能,可以缓解一些重金属毒物、砷化物、苯以及细菌毒素的毒性;维生素 C 有防止动脉硬化的作用;维生素 C 可以促进胆固醇的排泄,防止胆固醇在动脉内壁上的沉积,还可使已沉积的粥样斑块溶解,还能发挥肾上腺的功能。它还有防癌作用,还有抗氧化和节约其它维生素等作用,所以说维生素 C 是一种多功能维生素。尽管如此,还是不能无止境地加大其用量,否则会在体内生成大量草酸,容易得结石病。

4. 维生素 D 和维生素 E

维生素 D 在鱼肝油、肝、蛋黄、乳内含量较多。耐热、耐氧化、能溶于脂肪。人体皮肤下的某些有机物在阳光照射下,可转化成维生素 D,所以多在户外活动有益健康。它的主要生理是促进钙、磷在肠道的吸收,以促进骨组织的钙化。这一点很重要,骨质疏松时补了钙,如果维生素 D 跟不上,钙的吸收和发挥作用就难以实现。儿童的佝偻症、成人的软骨病、孕妇和乳母的血钙下降都与维生素 D 补给不足有关。所以现在的一些补钙营养物都加上了维生素 D,如 AD 钙奶等。维生素 D 有一种特性,在烹调或加热后,食物中的维生素 D 一般不被破坏,这是其它维生素所不如的。

另外,维生素 E 喜欢"居住"在糙米粗面中。它有一定耐热性,油溶性也较好。维 E 的结构中有活泼的酚基,在遇到致癌物或致病毒时,维 E 就挺身而出跟它们战斗,用活泼酚基作武器消灭它们,从而保护细胞组织。所以维生素 E 可抗机体衰老,迟缓老年性疾病,并可防止记忆力衰退。

第四节　化学与能源

一、火

燃烧是怎样发生的? 燃烧是人们最常见的一种现象,是物质跟空气中的氧气发生了剧烈的发光发热的化学反应。让我们做一个燃烧的实验:把一小块烧红的木炭伸进氧气瓶里,木炭立刻就会剧烈燃烧,发出耀眼的白光。燃烧需要一定的温度,这个温度就叫着火点。不同的物质具有不同的着火点,例如木材约为 300 ℃,煤炭约为 500 ℃,白磷只有 40 ℃。

我们烧的煤是由古代的植物变来的。中国人用煤做燃料已经有一千二三百年。但是,用煤做燃料是很大的浪费。这是因为,从煤里还可以提炼出煤焦油、氨水等重要的化工原料,在燃烧时都白白毁掉了,有效利用率很低。在一些城市里,就把煤改造成煤气。在煤气厂里,煤被放在空气不足的"铁箱子"里,从外面加热,煤就变成了煤气,同时又得到了焦炭、煤焦油和氨气,煤得到充分利用。煤气的主要成分是一氧化碳(由煤转化)和甲烷(来自油田,又称天然气)。不论在城市和农村,现在都很重视发展气体燃料。在农村,使用的是沼气。沼气的原料是粪便、秸秆和杂草,经过发酵,得到了甲烷——沼气,同时也得到了肥料。

二、煤

1. 煤是什么

煤通常被人们誉为"黑金"。今天的煤床,从前是广大的沼泽地。植物枯死后就沉积到沼泽下。表面的植物接触氧气多,就氧化为二氧化碳和水跑到空气中,而底部的植物在缺氧条件下,没完全腐烂,变得像粘土一样,这就是土煤。海水冲洗着土煤,带来泥沙和石头,改变着这里的土质。几百万年来,土煤在雨水、天然气和地壳变动等的不断挤压下,不断脱水,就形成了今天的煤。煤的主要成分是碳和一些复杂的有机物。除此之外,还含有一些矿煤是储藏量特别丰富的矿产资源,据估计,煤的资源远远超过石油。但是,煤是几百万年来经过复杂的气候变迁、化学变化、地壳运动而形成的。历史难以重演,煤是不可再生的。

2. 煤的综合利用

用煤做燃料是很大的浪费。热量的有效利用率很低,况且直接烧煤对环境污染严重,还有煤灰和煤渣等固体垃圾的处理问题。为了提高煤的利用率,人们将煤在隔绝空气的条件下加热,使煤分解,得到焦炭、煤焦油、焦炉气等重要的化工原料,煤既是能源,也是化工原料。我国是世界上最大的耗煤国家,70%的煤都被直接烧掉,造成了很大浪费。积极开展煤的综合利用是十分有意义的。

3. 谈谈煤气中毒

煤的主要成分是碳。煤在炉子里燃烧的时候,由于炉温比较低或氧气供应不足,燃烧不充分,就会产生一氧化碳。通常说的煤气,主要成分就是一氧化碳。一氧化碳是有毒气体。它被吸入人体后,透过肺泡进入血液,抢先和负责输送氧气的血红蛋白结合,生成"碳氧血红蛋白"。一氧化碳跟血红蛋白的结合能力比氧气跟血红蛋白的结合能力大200~300倍,人断绝了氧气的供应,就发生了所谓的"煤气中毒"。空气中一氧化碳含量达到千分之一时,人就会感到头疼、恶心;若一氧化碳含量达到百分之一,人就会在十分钟内一命呜呼。最危险的是,一氧化碳无色无味,既看不见,又嗅不到,通常在煤气中掺进一点点硫醇以起到"报警"的作用。万一发生了煤气中毒事故,轻者要及时转移到通风的地方,重者则应立即送到医院抢救。

三、石油

1. 像金子一样宝贵的石油

石油是由几百万年前海洋或湖泊中动植物遗体在地下深处,长期处在高温、高压和缺氧条件下,经过漫长而复杂的变化形成的。未经过加工的石油是一种黑色或暗棕色的油状液体。它除了含有碳和氢外,还含有少量的硫、氧和氮。和煤相比,石油的含氢量较高而含氧量较低。在开采石油的过程中,从油田中会产生一种可燃性气体,它的主要成分是甲烷、乙烷、丙烷、丁烷等。我们称它为油田伴生气。从地底下开采出石油,送进炼油厂,把中间一部分提炼成煤油,用来点灯、烧炉子。人们把石油里比煤油轻的部分,提炼成汽油,作汽车的燃料,又把比煤油重的部分炼成柴油,给拖拉机作燃料。石油中还有比柴油重的"重油"剩下来,怎么办呢?人们把重油中的油提炼出润滑油,留下的沥青来铺路。从石油中还能炼出石蜡、凡士林、油漆溶剂等,这些都是十分重要的工业原料。随着有机化学工业的迅猛发展,尤其是高分子化合物被应用于合成材料后,愈来愈感到基本原料的来源不足。于是人们千方百计地寻找合适的原料。首先找到了煤,后来才找到了石油,石油作为化工原料大有发展前途。今天,利用石油为原料,通过裂解、裂化、重整等生产工艺,可以生产出乙烯、丙烯、丁二烯、乙炔、苯、甲苯、二甲苯等基本有机化工原料。从这些原料出发,可以生产出塑料橡胶、合成纤维等许多化工产品。

2. 液化气

你家用液化气烧饭吗?液化气体的全称是"液化石油气",顾名思义,它来自开采石油或炼制石油时产生的副产品,主要成分是丙烷、丁烷、丙烯和丁烯等。它们都很易燃烧,是很好的燃料。液化石油气是石油工业的副产品,成本低廉,发热量大,是很好的气体燃料。它不仅给工农业带来新的动力,也给千家万户送来新燃料。液化石油气是可燃性气体,而且比空气重,泄露时,不易挥发,会停滞在低压处,极易发生爆炸。所以在使用时,要经常检查设备是否漏气。液化石油有一股难闻的特殊气味,容易察觉,一旦发现漏气,应及时打开门窗通风。

3. 生产"人造石油"

石油是重要的能源,是化学工业的重要原料。但地球上石油的储量是有限的,石油资源将越来越无法满足日益增长的工业需求。于是，人们开始积极地寻找石油的代用品，生产"人造石油"。其中一条途径就是将煤液化成为人造石油。我们知道，煤和石油的主要成分都是碳和氢，但煤中氢的含量却远远低于石油，而且煤中的平均分子质量大约是石油的 10 倍。煤在地球上的储量比石油大得多，于是有人设想将煤经过加工变为石油。这一设想已经变成现实。通常的办法是把煤加热裂解，使大分子变小，然后在催化剂的作用下加氢，就将煤液化成了人造石油。另一种途径说出来你一定难以相信，这就是"种植石油"。美国化学家卡达文怀着这种信念到处寻找生产石油的植物。功夫不负有心人，终于发现一种小灌木树干里含有大量像乳汁一样的东西，其主要成分就是和石油一样的碳氢化合物。这是一种可以"种"出来的石油。

四、新型能源

1. 氢气——一种有前途的能源

当今世界能源已成为人类关注的重大问题，石油、煤炭等矿物燃料有面临枯竭的危险，也有污染严重等问题。怎样才能满足对能源日益增加的需求，又能减少有害气体的排放呢？最理想的燃料就是氢气。

H_2 作为燃料有很多优点，H_2 的燃烧产物是水，对环境没有污染，它的发热量高，相当于同质量航空石油的 2.5 倍，而且不需要现有的动力设备进行根本的改造，就可以使用。但是，H_2 跟石油、煤炭等不同，在自然界中含量极少。要使氢气成为普遍使用的燃料，要解决的根本问题就是要有简单而且能大量生产的方法。

2. 用太阳能来发电

太阳能是一个巨大炽热的火球，内部温度高达两千万度以上。说来你也许不信，太阳主要是由一些最轻的元素——氢组成。在太阳内部高温高压条件下，它的核心部分好比一个庞大的核心反应堆，不断地发生着热核反应，产生巨大的热量，辐射到地球的热量相当于目前全世界能量消耗的 1.3 倍。这样巨大的能量如不充分利用开发就太可惜了。事实上，人类一直在利用太阳能。如风力和水力等能源的使用，煤、石油等能量也是古代生物蓄积起来的太阳能。在科学技术日新月异的今天，直接利用太阳能越来越受到人们的关注，目前研究应用最广泛的就是把太阳能变成热和电。如各种各样的太阳能热水器、太阳能干燥室、太阳能消毒器、太阳能电池等。

3. 打开原子能利用的大门

20 世纪人类在科学技术上取得了一个重大成就——原子能的开发利用。

原子普通化学反应的热效来自于外层电子的重排，而核反应热效却来源于原子核的变化，核反应伴随着巨大能量的变化，这就是原子能。

目前最有希望的核能源是氢元素的核聚变反应。自然界内最轻的元素是氢，氢有两个同位素，发生聚变反应后，生成氦核，没有放射性污染，而且海洋中蕴涵着大量的氘，提炼氘比提炼石油要容易得多。海洋是一个原子能的仓库，全世界海水中氘的含量就有约 50 亿吨，按目前能源消耗计算，能供人类使用 200 亿年，可谓"取之不尽，用之不竭"。

五、什么是绿色能源

进入 20 世纪，人类越来越关心自己的生存环境。绿色能源是在最近才出现的名词，所谓绿色能源，是指不生产有害排放物，对空气、环境不构成污染或污染很少的能源。包括太阳能、风能、潮汐能、地热能、氢能和原子能等。核能有放射性污染，但只要设计好，保证反应堆的安全，就可以避免放射性污染。

可以看出，绿色能源不再是直观的意义。一切绿色生物在燃烧时产生 CO_2 等有害物资，反而不算是绿色能源。目前，绿色能源的开发和利用成本很高，要做到全部使用绿色能源需要有一个较长的过程。

绿色能源的推广是众目所望，我们相信终有一天绿色能源会统治能源领域。

第五节　化学与环境

谁不想生活在一个山清水秀、鸟语花香的世界中呢？但日益严重的环境问题剥夺了人类的这个梦想，甚至使自然界本身也失去了往日的欢颜。难道日益发展的人类文明最终会把人类自身带入一个灾难重重的环境中？其实我们的归途掌握在自己的手中，只要我们制止一切短视的行为，从人类的长远利益着想，科学必将还我们一个蓝天碧水的世界！

一、温室效应

我们的地球就像一个大温室，地球大气中的 CO_2 和其它微量气体，它们几乎不吸取太阳光却能大量吸取地面的长波辐射，这些气体称为温室气体，其中最主要的就是 CO_2。

如果没有温室气体，实际地球表面的平均温度将不是现在的 15~16 ℃，而是约 -18 ℃，温室气体就像是给地球盖上了一条被子，使地球不会"着凉感冒"。温室效应曾对地球的发展起着积极的作用。

但是近十年来，由于人口急剧增加，工业迅速发展，温室气体远远超过了过去的水平，而且植被破坏、森林大量减少、水土流失、降水量大大降低，减少了 CO_2 转化为有机物的条件，破坏了 CO_2 的生成和转化的动态平衡，地球就像捂在一口锅里，温度逐渐升高，就形成"温室效应"。目前温室效应造成了地球气候变暖，出现了干旱、洪涝、飓风等自然灾害，更令人担忧的是，由于气温升高，将使两极地区冰川融化，海平面升高，许多沿海城市、岛屿或低洼地区将面临海水上涨的威胁，甚至被海水吞没。20 世纪 60 年代末，非洲撒哈拉牧区曾发生持续 6 年的干旱，饥饿致死者超过 150 万人。这是"温室效应"给人类带来灾害的典型事例。

因此，我们应积极开发各种更干净的能源，尽量节约供用矿石燃料，有效地控制 CO_2 含量增加，控制人口增长，加强植树造林，绿化大地……，维持地球的生态平衡，防止温室效应给地球带来的巨大灾难。

二、环境的保护神——臭氧

臭氧，无色，化学性质活泼，因有一种特殊的臭气而得名。

地球周围塞着一层厚厚的大气，人类和一切生物都生活在大气的"海洋"中。大气掩护着地球，使地球免遭紫外线等各种有害射线的袭击。如果太阳辐射出的紫外线全部畅通无阻地到达地面，那地球上现有的生命恐怕早就荡然无存了。大气中吸收紫外线的"主将"就是臭氧。

臭氧含量虽然低，吸收紫外线的能力却很强，所以臭氧被誉为"地球的保护伞"，这层薄薄的保护伞是经过自然界亿万年的演化才形成的，但人们现在却无情地撕毁它。

对臭氧威胁最大的是氟里昂。氟里昂广泛用于空调和冰箱的制冷剂、泡沫塑料的发泡剂等，它性质稳定，容易扩散到平流层，在紫外线作用下分解出氯原子，而一个氯原子可破坏掉十万个臭氧分子，从而造成平流层中臭氧含量的降低。

一旦失去臭氧层的保护，大量的紫外线射到地面，就会给地球上的生命带来灾难性的后果……。

保护臭氧层，时不我待。

三、关于酸雨

"好雨知时节，当春乃发生。随风潜入夜，润物细无声。"雨水对万物的生存有着极为重要的作用。但是，在全球许多地区，雨水已变得越来越酸，危害极大，以至被人称为"空中死神"。

SO_2 在形成酸雨的过程中扮演了重要的角色。SO_2（矿物质燃烧产物和主要工业尾气）进入大气后，在阳光、水汽、飘尘的作用下，发生化学反应，生成硫酸或硫酸盐的微滴，遇到降雨或降雪就冲洗下来；另外，来自汽车尾气的氮氧化物是造成酸雨的另一个"帮凶"。

被酸雨酸化了的水和土地,色素等生物就会死亡,甚至消失,使土壤更"酸"、更贫瘠,农作物减产。酸雨还会腐蚀建筑物。如意大利威尼斯的大理石建筑和一些艺术珍品已被酸雨严重腐蚀。

酸雨已经引起全世界人们的担忧和关切。解决酸雨的问题,最根本的办法就是减少 SO_2、氮氧化物的排放量。

开发利用绿色能源迫在眉睫。

四、新时代的"白色恐怖"

1. 新时代的"白色恐怖"——废塑料

塑料作为人工合成的高分子材料,随着石油化工的发展而得到迅速发展,已经成为一类与生活息息相关的不可替代材料,广泛用于家电、汽车、家具、包装等许多方面。到目前为止,世界塑料年产量已达1亿2千万吨,我国每年产量也超过 500 万吨。然而随着塑料产量增大、成本降低、大量的商品包装袋、液体容器以及农膜等,人们已经不再反复使用,而是用过即作为垃圾丢弃的消费品,就是大型成型件,最后也会随着产品的损坏而被丢弃,使塑料成为一类用过即被丢弃的产品的代表。废弃塑料带来的"白色污染",今天已经成为一种不能再被忽视的社会公害了。

2. 塑料引起的危害

早在 20 世纪 60 年代中期,人们就发现聚氯乙烯塑料中残存的氯乙烯单体,能引起使前指骨溶化称为"肢端骨溶解症"的怪病。从事聚氯乙烯树脂制造的工人常常会出现手指麻木、刺痛等所谓白蜡症(雷诺氏综合征)。当人们接触氯乙烯单体后就会发生手指、手腕、颜面浮肿、皮肤变厚、变僵、失去弹性和不能用力握物的皮肤硬化症,同时还有脾肿大、胃及食道静脉瘤、肝损伤、门静脉压亢进等症。70 年代后又在一些聚氯乙烯生产厂中,发现有人患有一种极少见的肝癌——血管肉瘤。

3. 消灭"白色恐怖",变废为宝

早在 1985 年,美国人均消费包装塑料量已达 23.4 kg,日本 20.1 kg,欧洲 15 kg,而我国到 1997 年人均消费包装塑料量 13 kg。但发达国家较早地意识到"白色污染"的危害,采取回收和替代双管齐下的方式防治,基本上消除了"白色污染"的危害。

在一些发达国家,人们的环保意识浓厚,很少有人随手乱扔废物,国家生活垃圾无害化处置率也较高。以美国为例,20 世纪 80 年代以前,主要是填埋废塑料,发现塑料长期不降解,转为回收废塑料。目前已建立严密的分类回收系统,废塑料回收利用率较高。一些国家还制定了专门的法律以保证废塑料的回收。

日本是工业发达国家,年产几千万吨垃圾,堆放的垃圾比山还高,甚至再也找不到堆垃圾的地方。靠垃圾焚烧炉焚烧,不仅产生温室气体二氧化碳,还会产生有毒物质释放在大气中,造成二次污染。日本一位工程师设计出了"裂解放心塑料装置"。他的方法是一种全新的方法,是根据波状运动原理,在锅炉里设计构成一种特殊的条件,从而产生波能,以波能击碎塑料的聚合分子链,并结合化学方法,不断加入 5 种不同的催化剂和一种特制溶液,以溶解被击碎的塑料,将塑料变成油。用这种方法,投入 1 kg 废塑料能产生 1.2 L 煤油。

现在,有些化学家正在研制非淀粉基生物可分解塑料。如已制成了乳酸基生物可分解塑料、多糖基的天然塑料。乳酸基塑料是以土豆等副食品废料为原料的,这些废料中多糖的含量很高,经过处理后,多糖先转换为葡萄糖,最后变成乳酸,乳酸再经聚合便可制得乳酸基塑料。化学家们还制出了生化聚合塑料,这种塑料是天然细菌的末端产品。它们能被土壤里的微生物在短期内分解。然而这些塑料性能虽佳,但成本要比普通塑料高出许多,因而也就限制了它们在社会生活中的应用。一旦这些可分解的塑料大量替代现在使用的塑料,那么塑料垃圾造成的环境污染必将得到完善的解决。

五、警惕无形杀手——居室污染

提起空气污染,人们一定会马上联想到化工厂、钢铁厂那冒出滚滚浓烟的烟囱及公路上成千上万辆排

放着废气的汽车,却很少想到自己家里的情况,好像居室里天生就是一尘不染的世外桃源,根本不存在什么污染的问题。其实不然。从国内外不少环境保护科学家实地调查的结果来看,家庭居室内空气污染的情况不亚于烟尘滚滚的室外,有时还相当严重。然而人的大部分时间是在家庭内度过的,所以居室空气的污染更不可忽视。

1. 厨房是居室污染的重要污染源之一

煤气和煤炉燃烧时会消耗大量的氧气并产生大量的二氧化碳气体和其它有害气体。在烧煤球或煤饼的时候,还会产生不少刺激性和腐蚀性都很强的二氧化硫等气体。二氧化硫在室内既会腐蚀家庭日常用品中的金属部件,又会危害人的身体健康;二氧化硫在空气中的浓度只要达到百万分之八,人就会感到难受,它能破坏呼吸道的屏障功能使支气管收缩,引起慢性支气管炎和气管炎。当二氧化硫和水壶中溢出的沸腾热水汽相结合时,产生的腐蚀作用和毒性会成倍地增加。另外烧煤炉时,还会产生强烈的致癌物——3,4-苯并芘等。厨房的另一个污染因素是炒菜时冒出的油烟气。

2. 室内吸烟是居室污染空气的常见因素

居室里也有不少能严重污染空气的因素。最常见的是室内吸烟。根据近年来许多科学家的调查论证,每年有成千上万名不吸烟的人死于肺癌、子宫颈癌、心脏病等。另有大量儿童患上气管炎、肺炎、喉炎、中耳炎、哮喘、咳嗽……,原因是家里有人吸烟。

3. 家具和装饰装修材料是居室污染的重要因素

居室的污染还来自家具、墙布、地板等。它们表面涂的各种涂料、有机类胶粘剂、塑料老化、纤维素分解、粘合剂及油漆变性等都会释放出苯、甲醛、醇类、酯类等有害气体,达到一定浓度时,严重刺激人的呼吸器官和皮肤。

现在室内装饰和家具常用的中高密度板、胶合板、大芯板等人工板材以及复合地板等都是甲醛的载体。甲醛超标对人体的危害具有长期性、潜伏性、隐蔽性的特点。长期接触低剂量甲醛可以出现眼睛、皮肤和呼吸系统的刺激症状,引起慢性呼吸道疾病、女性月经紊乱、妊娠综合征、新生儿体质降低、染色体异常;高浓度的甲醛对神经系统、免疫系统、肝脏等都有损害,严重时会诱发鼻腔、口腔、咽喉、皮肤和消化道的癌症。

苯是一种无色、具有特殊芳香气味的液体。甲苯、二甲苯属于苯的同系物。苯主要存在于油漆(苯、甲苯、二甲苯是油漆中不可缺少的溶剂)。油漆涂料添加剂与稀释剂、胶粘剂、防水材料中,尤其是一些用原粉加稀料配制成的防水涂料中,苯的含量较高,这样的材料在施工完15个小时后进行检测,室内空气中苯含量仍超过国家允许最高浓度的14.7倍。人在短时间内吸入高浓度的甲苯、二甲苯时,可导致中枢神经系统麻醉,轻者头晕、头痛、恶心、胸闷、乏力、意识模糊,严重者可致昏迷,导致呼吸、循环系统衰竭而死亡。长期接触一定浓度的甲苯、二甲苯会引起慢性苯中毒、导致障碍性贫血和胎儿的先天性缺陷等。

氡是由镭衰变产生的自然界唯一的天然放射性惰性气体,无色无味,在空气中能形成放射性而污染空气。室内氡的来源主要从房基土壤中析出,或从建筑材料中析出。氡是放射性气体,当与空气一起吸入到人体后,被呼吸道截留并进一步衰变,对周边细胞造成辐射损伤,诱发肺癌或上呼吸道癌。据不完全统计,我国每年因氡致肺癌的病例在50 000例以上,氡是除吸烟以外引起肺癌的第二大因素。

此外,人体呼吸过程排放的废气,人体皮肤、器官排出的汗、尿、粪便,以及脏衣物、鞋袜、香烟烟雾等,也能污染居室。还有家用电器的电磁波辐射、复印机及激光打字机操作时释放出的臭氧,也会污染空气。

参考文献

[1] 朱裕贞,顾达,黑恩成.现代基础化学[M].第3版.北京:化学工业出版社,2010.
[2] 天津大学无机化学教研室.无机化学[M].第4版.北京:高等教育出版社,2010.
[3] 宋天佑,程鹏,王杏乔.无机化学[M].第2版.北京:高等教育出版社,2009.
[4] 陈雪校.无机化学[M].北京:高等教育出版社,2009.
[5] 潘亚芬.基础化学[M]. 北京:清华大学出版社,2009.
[6] 贾之慎.无机及分析化学[M].北京:中国农业大学出版社,2009.
[7] 仝克勤,张长水.大学基础化学[M].北京:化学工业出版社,2009.
[8] 赵玉娥,王传胜,徐雅君.基础化学[M].第2版.北京:化学工业出版社,2009.
[9] 唐和清.工科基础化学[M].第2版.北京:化学工业出版社,2009.
[10] 徐春祥.基础化学[M].第2版.北京:高等教育出版社,2008.
[11] 祁嘉义.基础化学[M].第2版.北京:高等教育出版社,2007.
[13] 南京大学《无机及分析化学》编写组.无机与分析化学[M].第3版.北京:高等教育出版社,2005.
[14] 董元彦,左贤云,邬荆平.无机与分析化学[M].北京:科学出版社,2004.
[15] 刘耘,周磊.无机及分析化学[M].济南:山东大学出版社,2004.
[16] 李保山.基础化学[M].北京:科学出版社,2004.
[17] 陈虹锦.无机与分析化学[M].北京:科学出版社,2004.
[18] 慕慧.基础化学[M].北京:科学出版社,2003.
[19] 邵学俊,董平安,魏益海.无机化学[M].第2版.武汉:武汉大学出版社,2003.
[20] 陈吉书,张根成,卓立宏.无机化学[M].南京:南京大学出版社,2003.
[21] 北京师范大学编.无机化学(上下册)[M].第4版.北京:高等教育出版社,2002
[22] 揭念芹.基础化学[M].北京:科学出版社,2002.
[23] 李东方.基础化学[M].北京:科学出版社,2002.
[24] 严宣申,王长富.普通无机化学[M].第2版.北京:北京大学出版社,1999.
[25] 同济大学普通化学及无机化学教研室.普通化学[M].上海:同济大学出版社,1997.